2025年
国家统一法律职业资格考试
辅导用书

刑　法

国家统一法律职业资格考试辅导用书编辑委员会　组编

陈泽宪　张明楷／主编

撰稿人

陈泽宪（第一至四章）

张明楷　李立众（第五至八章，第十四至二十四章）

李立众（第九至十三章）

法律出版社

北京

图书在版编目（CIP）数据

刑法 / 国家统一法律职业资格考试辅导用书编辑委员会组编；陈泽宪，张明楷主编. -- 北京：法律出版社，2025. -- (2025年国家统一法律职业资格考试辅导用书). -- ISBN 978-7-5244-0095-0

Ⅰ. D924

中国国家版本馆CIP数据核字第2025RV9924号

刑法
XINGFA

国家统一法律职业资格考试辅导用书编辑委员会 组编
陈泽宪　张明楷 主编

责任编辑 李捷琳
装帧设计 李　瞻

出版发行 法律出版社
编辑统筹 法律考试·职业教育分社
责任校对 晁明慧
责任印制 胡晓雅
经　　销 新华书店

开本 787毫米×1092毫米　1/16
印张 21　**字数** 557千
版本 2025年5月第1版
印次 2025年5月第1次印刷
印刷 固安华明印业有限公司

地址：北京市丰台区莲花池西里7号（100073）
网址：www.lawpress.com.cn
投稿邮箱：info@lawpress.com.cn
举报盗版邮箱：jbwq@lawpress.com.cn
销售电话：010-83938349
客服电话：010-83938350
咨询电话：010-63939796

书号：ISBN 978-7-5244-0095-0
定价：55.00元

国家统一法律职业资格考试辅导用书
编辑委员会

出版说明

为了适应国家统一法律职业资格考试的需要，应广大应试人员的要求，我们组织编写了《2025 年国家统一法律职业资格考试辅导用书》。

本套辅导用书根据司法部制定颁布的《2025 年国家统一法律职业资格考试大纲》编写，是国家统一法律职业资格考试工作的重要依据，可以作为广大应试人员系统复习及应考的必备用书。

本套用书在撰写时力求反映和体现国家统一法律职业资格考试的特点，在注意学科科学性、系统性的同时，注重法学基本理论、法律实务与考试需求的结合，对应试人员应当掌握的各学科基本理论结合实际进行了系统阐释，有较强的指导性和适用性。在内容和体例编排上，为更加方便应试人员复习考试，本套用书结合备考规律，归纳提炼重要、疑难知识点及易错易混知识点和核心法条，进一步充实完善各学科每章的助考性提示内容和主要法律规定，同时增加了有关重要、疑难知识点的案例（实例）、本章/本编/本学科重点难点与疑点辨析阐释，并将新增或调整较大部分内容在目录中加以标示，以方便应试人员对比复习。

本套用书根据国家统一法律职业资格考试的试卷内容及学科特点分为 9 册，包括：《习近平法治思想·法理学·宪法·中国法律史·司法制度和法律职业道德》《民法》《刑法》《行政法与行政诉讼法》《民事诉讼法与仲裁制度》《刑事诉讼法》《商法》《知识产权法·经济法·环境资源法·劳动与社会保障法》《国际法·国际私法·国际经济法》，共计 18 门学科。

在本书出版之际，我们向参加 2025 年新版辅导用书编写工作的专家学者表示衷心的感谢！向参与以上用书编写、审稿及修订工作，特别是曾经参与并为本书奠定基本框架的法学院校、专家学者表示衷心的感谢！向中共中央办公厅法规局、最高人民法院、最高人民检察院、中国法学会、司法部等有关部门及单位给予的精心指导和大力支持帮助，表示衷心的感谢！

由于时间仓促，本书疏漏或不当之处，敬请广大应试人员和读者批评指正。

国家统一法律职业资格考试辅导用书编辑委员会

2025 年 5 月

目　　录

上　编
总　　论

下　编
分　　论

上编

总　论

本编导读

刑法总论研究刑法的基础知识、犯罪及其法律后果（主要是刑罚）的共性原理，可分为刑法概说（本书第一章）、犯罪论（本书第二章到第八章）与刑罚论（本书第九章到第十三章）三个知识模块。其中，刑法概说介绍与刑法本身相关的基础性知识，如刑法的概念、性质、任务、机能、刑法的基本原则与刑法的适用范围。犯罪论是指与犯罪认定相关的知识体系，包括犯罪概说、犯罪的成立要件理论（犯罪构成）、犯罪排除事由、犯罪未完成形态、共同犯罪与罪数等。刑罚论是指与刑罚相关的理论，包括刑罚概说、刑罚的种类、刑罚的裁量、刑罚的执行与消灭等内容。刑法总论的详细知识体系如图1所示。

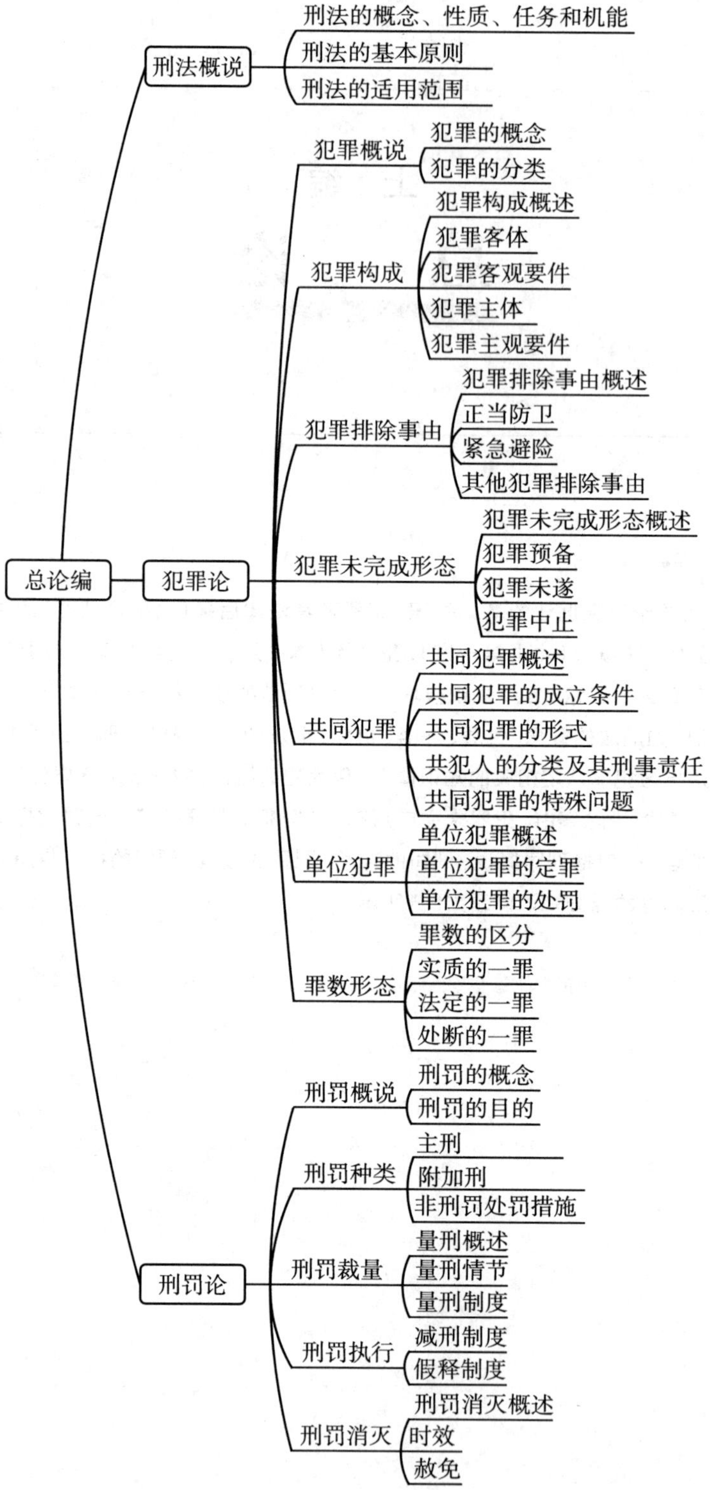
总论编
刑法概说
刑法的概念、性质、任务和机能
刑法的基本原则
刑法的适用范围
犯罪论
犯罪概说
犯罪的概念
犯罪的分类
犯罪构成
犯罪构成概述
犯罪客体
犯罪客观要件
犯罪主体
犯罪主观要件
犯罪排除事由
犯罪排除事由概述
正当防卫
紧急避险
其他犯罪排除事由
犯罪未完成形态
犯罪未完成形态概述
犯罪预备
犯罪未遂
犯罪中止
共同犯罪
共同犯罪概述
共同犯罪的成立条件
共同犯罪的形式
共犯人的分类及其刑事责任
共同犯罪的特殊问题
单位犯罪
单位犯罪概述
单位犯罪的定罪
单位犯罪的处罚
罪数形态
罪数的区分
实质的一罪
法定的一罪
处断的一罪
刑罚论
刑罚概说
刑罚的概念
刑罚的目的
刑罚种类
主刑
附加刑
非刑罚处罚措施
刑罚裁量
量刑概述
量刑情节
量刑制度
刑罚执行
减刑制度
假释制度
刑罚消灭
刑罚消灭概述
时效
赦免

图1　刑法总论知识体系

第一章
刑法概说

本章主要内容提示

本章要理解和掌握罪刑法定原则。

刑法是规定犯罪和刑罚的法律，其包括刑法典、单行刑法和刑法修正案。刑法是最为严厉的法律，是调整社会关系的最后手段，具有严厉性。在刑法的三大原则中，罪刑法定原则的意义最为重大。罪刑法定原则的具体要求是：禁止溯及既往（事前的罪刑法定）、排斥习惯法（成文的罪刑法定）、禁止类推适用（严格的罪刑法定）、刑罚法规的适当（确定的罪刑法定）。在刑事司法中贯彻罪刑法定原则，最为关键的问题是对刑法解释方法的运用要合理，要能够区分类推适用与扩大解释，绝对禁止不利于被告人的类推适用。

第一节　刑法的概念、性质、任务和机能

一、刑法的概念

刑法是以国家名义规定何种行为是犯罪和应给犯罪人以何种刑罚处罚，以有效应对犯罪和积极预防犯罪的法律。

我国在1979年制定了《刑法》。刑法制定的根据是宪法和司法实践经验。1979年《刑法》的特点是罪名较少、刑罚较为轻缓。1981年以后，随着社会转型的加快，犯罪现象日趋猖獗，为适应惩罚犯罪的需要，国家逐步制定单行刑法。截至1997年3月，我国先后又通过了20余个单行刑法，并在100余部行政法规中规定有罪责条款。这些刑法规范的颁布，对于稳定社会秩序、惩罚犯罪，是极其必要的。但是，单行刑法、附属刑法规范过多、过于分散，难免有相互矛盾之处，使司法适用上难度很大，也可能使法制的统一性受到影响。所以，我国在1997年对《刑法》进行修订。刑法修订的基本思路是：制定有特色、统一和完备的刑法典；保持刑法的连续性和稳定性，可改可不改的，尽量不改；尽量使新刑法明确与具体。

修订后的《刑法》共452条，在犯罪与刑罚的立法规定上都有重大改动。但是，最为引人注目的变化主要表现在：一方面，适应依法治国、建设社会主义法治国家的需要，规定了罪刑法定、罪刑相适应、刑法面前人人平等的刑法基本原则，废除了1979年《刑法》中的类推制度，并在罪刑关系设置的多个方面体现了保障人权的思想；另一方面，在刑法分则中，大量增设新罪名，严密法网。刑法分则共分10章，对400余个罪名作了规定，为准确认定犯罪提供了标准。

自1997年修订《刑法》之后，迄今为止，全国人大常委会又先后制定了12个《刑法修正案》、1个单行刑法（1998年12月29日《关于惩治骗购外汇、逃汇和非法买卖外汇犯罪的决定》），以及《香港特别行政区维护国家安全法》（2020年6月30日公布施行）第三章“罪行与处罚”的特别规定。

二、刑法的性质

刑法作为重要的部门法，具有以下法律性质：

（一）特定性

刑法只规范罪刑关系，其涉及的内容与对象都较为特殊。刑法规范并不像其他法律规范一样仅仅保护社会伦理、道德、经济、宗教等秩序，而对个人参与社会生活、从事社会活动所必不可少的重要权益都予以保护，即通过对违反规范的行为以国家的名义作出规范的、明确的否定性评价，以达到保护法益的目的。

（二）广泛性

刑法的目的是保护法益。需要用刑法加以保护的法益十分广泛，从总体上看包括个人法益、国家法益、社会法益三大类，每一类法益之下，又可以分为数十种具体法益，而各种具体罪名都与侵犯具体法益有关。可以说，其他法律保护的法益，刑法都保护。

（三）严厉性

在犯罪发生时，惩罚这种行为的措施是刑罚，这是强制力最强的手段。刑法与民法、行政法等其他法律部门的区别表现在：对犯罪这类违法行为，根据法律所可能承担的法律后果不同，而不在于它所调整的社会关系的不同。民法调整平等主体之间的利益关系，行政法对于为实现公共福利所采取的国家行动进行规范，从表面上看，它们与刑法在调整对象上不同，但是，在民事关系、行政关系被严重侵犯时，刑法规制有时就是难免的。从这个意义上看，刑法具有保障性，即保障其他法律的实施，例如，刑法通过规定妨害公务罪，来保障公务执行的措施和效率；通过规定走私罪，来保障海关法的施行等。

三、刑法的任务

根据《刑法》第2条的规定，我国刑法的任务是：（1）保卫人民民主专政的政权和社会主义制度。严厉打击危害我国人民民主专政的政权和社会主义制度的危害国家安全等犯罪行为，这是我国刑法的首要任务。（2）保护公共财产和公民私人所有的财产。国有财产和劳动群众集体所有的财产，是社会主义的物质基础，是我国进行现代化建设的物质保证。它们直接关系到我国政权和制度的巩固以及社会生活的正常和繁荣，因而保护公共财产是我国刑法的重要任务。公民私人所有的财产，是公民生产、工作、生活必不可少的物质条件。保护公民私人所有的财产，贯彻了宪法的相关原则。（3）保护公民的人身权利、民主权利和其他权利。保护人民是我们社会主义国家的根本任务，也是我国刑法任务的重要内容之一。（4）维护社会秩序和经济秩序。良好的社会秩序和经济秩序，是社会主义建设事业顺利进行的保障，同公民的切身利益密切相关，因此，维护社会秩序和经济秩序是刑法的一项重要任务。

四、刑法的机能

刑法的机能与任务不同：任务是刑法实际承担的职责；机能是刑法现实以及可能发挥的作用。在违反社会秩序，破坏合法权益的行为发生，破坏共同生活秩序的行为人出现之后，必须使用相应的刑法手段对之加以抑止。作为社会统治的有效手段，刑法具有以下现实的机能：规制机能、法益保护机能和权利保障机能。

（一）规制机能

刑法的规制机能，是指对于一定的犯罪，在刑法中规定施加一定的惩罚措施，以此来明确国家对该犯罪的规范性评价。这里的规范性评价意味着刑法既是行为规范，也是裁判规范。

刑法作为行为规范的机能是：刑法将一定的行为确定为犯罪，并规定科处一定刑罚，从而指出其应当受到法的无价值判断（评价机能），这样通过刑法的命令，就可以使普通人形成不实施类似行为的意思决定（意思决定机能），从而避免犯罪。

刑法作为裁判规范的机能是：在司法活动中，没有刑法规定的犯罪行为，就不能确定刑罚处罚，定罪和量刑都必须以刑法的明确规范为指导。所以，对司法者而言，刑法既是定罪量刑的依据，也是禁止法外定罪科刑的保障。

（二）法益保护机能

刑法要在社会中发挥作用，就必须保护人们公认的、对于社会存续有意义的法律上的利益，由此来保卫社会，维护现存的正常秩序，这就是刑法的保护机能。

从今天的世界范围内来看，国家的存续和发展（国家法益），社会生活的安宁与和谐（社会法益），人的生命、健康、自由、财产（个人法益），是各国刑法都必须要给予保护的。唯其如此，才能在整体上维持社会秩序。要实现刑法的社会秩序维持机能，刑罚就必须将特殊预防和一般预防结合起来考虑。刑法的保护机能表明，由于犯罪的本质是侵犯刑法所保护的法益，刑法的最终目的就应当定位于保护法益。

（三）权利保障机能

刑罚是一柄“双刃剑”，用之不当，会两败俱伤。换言之，刑法这种国家权力如果使用不当，既可能无法达到惩罚犯罪的功效，也可能会侵害无辜公民个人的人身权利、民主权利和财产权利。所以，为了使公民个人的权利免受国家权力的无端侵害，必须用法律对个人的合法权益进行保障。刑法的人权保障机能的实现，主要基于通过刑法确定这样一条原则：任何个人，如果没有犯罪行为，就不会受到刑罚的打击。由此，一方面，可以实现对普通人权利的保障；另一方面，由于刑法对每一种犯罪的构成要件、法定刑幅度都作了明确规定，这就使对犯罪者的处罚也有了便于司法人员把握的标准，超越法律规定对个人进行任意处罚是不被允许的。

第二节 刑法的基本原则

刑法本身所具有的，贯穿刑法始终，必须得到普遍遵循的具有全局性、根本性的准则，就是刑法的基本原则。我国刑法明文规定了三项基本原则。

一、罪刑法定原则

罪刑法定原则的经典表述是，“法无明文规定不为罪”，“法无明文规定不处罚”。《刑法》第3条明文规定了罪刑法定原则。罪刑法定原则产生的思想渊源是分权学说与心理强制说。但该原则的思想基础则是民主主义与尊重人权主义：民主主义要求，什么是犯罪，对犯罪如何处罚，必须由人民群众决定，具体表现为由人民群众选举产生的立法机关来决定。因此，罪刑法定的“法”，在我国指全国人民代表大会及其常务委员会制定的法律，而非其他法规。行政法规、地方性法规和部门规章等其他法规，不得规定犯罪与刑罚。尊重人权主义要求，为了保障公民的自由，必须使公民能够事先预测自己行为的性质与后果，故什么是犯罪，对犯罪如何处罚，必须在事前明文规定。

罪刑法定原则的具体要求是：(1)禁止溯及既往（事前的罪刑法定）。这是指犯罪及其惩罚必须在行为前预先规定，刑法不得对在其公布、施行前的行为进行追溯适用。因此，罪刑法定原则的本质，是行为时法原则，即罪刑法定的“法”，只能是行为时就已明文确立的法。这一要求也被称为禁止事后法。罪刑法定原则禁止不利于行为人的溯及既往，但允许有利于行为人的溯及既往。(2)排斥习惯法（成文的罪刑法定）。根据预测可能性原理，罪刑规范应当具有明确性、稳定性。刑事司法应当以成文法为准，排斥习惯法。(3)禁止类推适用（严格的罪刑法定）。类推适用，是指对于法律没有明文规定的行为，适用有类似规定的其他条文予以处罚。类推适用实际上是对事先在法律上没有明文规定要处罚的行为比照其他类似规定进行处罚，属于司法恣意地对国民的行动自由进行压制。刑罚是最严厉的制裁措施，因此，凡是处理结果对被告人不利的类推适用，都在禁止之列。但是，有利于被告人的类推被允许。(4)刑罚法规的适当，包含刑法明确性、禁止不确定刑和禁止处罚不当罚的行为三项内容(确定的罪刑法定)。刑法明确性，是指刑法条文应当清楚明确，使人能够了解什么是犯罪行为，让人具有判断可能性。禁止不确定刑，是指刑罚应当规定得清晰确定、判决宣告的刑罚必须确定。刑罚越不确定，越容易被滥用。禁止处罚不当罚的行为，是指刑罚的适用应保持补充性、谦抑性，适用范围应当遵循比例原则，合理适当。上述这些内容表明，刑罚法规应当明确、确定和适当。需要注意，刑法分则的罪状表述方式多种多样，部分条文对犯罪的状况不作具体描述，只是表述该罪的罪名的，并不违反罪刑法定原则。

在刑事司法中贯彻罪刑法定原则，最为关键的问题是对刑法的解释要合理。任何解释方法所得出的结论，都不能违反罪刑法定原则。不利于被告人的类推适用在方法上就与罪刑法定原则相抵触，故属禁止之列；采取其他解释方法时，其解释结论也必须符合罪刑法定主义，符合刑法目的。

刑法解释，从效力上来看，分为以下三种：(1)立法解释，即由立法机关所作的解释，具有与法律同等的效力。通常认为立法解释包括三种情况：一是在刑法或相关法律中所作的解释性规定；二是在“法律的起草说明”中所作的解释；三是在刑法施行过程中对发生歧义的规定所作的解释。狭义上的立法解释是指第三种解释，这种立法解释不能采取类推适用的方法。(2)司法解释，即最高人民法院和最高人民检察院经国家立法机关制定的法律授权，就审判和检察工作中如何具体应用法律的问题所作的解释，具有普遍适用的司法效力。司法解释必须遵守解释原理，不得进行类推适用。(3)学理解释，即未经国家授权的机关、团体、社会组织、学术机构以及专家学者等对刑法所作的解释，它们虽然没有法律效力，但对于刑事司法乃至立法活动具有重要参考价值。

刑法解释，从方法上看，常用的主要包括以下四种：(1)扩大解释，即刑法条文字面的通常含义比刑法的真实含义窄，于是扩张字面含义，使其符合刑法的真实含义。例如，将《刑法》第341条中的“出售”，解释为“包括出卖和以营利为目的的加工利用行为”，属于扩大解释。扩大解释是对用语通常含义的扩张，不能超出用语可能具有的含义；如果完全超出用语可能具有的含义，则是违反罪刑法定原则的类推适用。应否作扩大解释，还必须考虑处罚的必要性；对于一个行为而言，其处罚的必要性越大，将其解释为犯罪的可能性就越大，但如果行为离刑法用语核心含义的距离越远，则解释为犯罪的可能性就越小。所以，进行扩大解释时，不能仅考虑处罚的必要性。(2)缩小解释，即刑法条文的字面通常含义比刑法的真实含义广，于是限制字面含义，使其符合刑法的真实含义。例如，将《刑法》第111条规定的“情报”限定为“关系国家安全和利益、尚未公开或者依照有关规定不应公开的事项”，就是缩小解释。(3)当然解释，即刑法规定虽未明示某一事项，但依形式逻辑、规范目的及事物属性的当然道理，将该事项解释为包括在该规定的适用范围之内。例如，《刑法修正案(八)》第48条规定，为组织卖淫的人招募、运送人员或者有其他协助组织卖淫行为的，应当定罪处罚。为组织卖淫的人招募、运送人员是协助组织卖淫行为，将比招募、运送人员的行为性质更为恶劣的行为(如为组织卖淫的人充当打手)认定为“其他”协助组织卖淫行为，则是当然解释。再如，最高人民法院《关于审理抢劫、抢夺刑事案件适用法律若干问题的意见》规定：行为人仅以其所输赌资或所赢赌债为抢劫对象，一般不以抢劫罪定罪处罚。据此，行为人以他人欠其合法债务为抢劫对象的，不能以抢劫罪定罪处罚，因为抢劫非法财产(如赌资、赌债)的行为都不按抢劫罪定罪处罚，则为实现债权而抢劫合法财产这一危害更轻的行为就更不能按抢劫罪定罪处罚，这是理所当然的。进行当然解释时，不能仅以当然道理为根据，还必须符合刑法的文字含义。(4)反对解释，即根据刑法条文的正面表述，推导其反面含义的解释方法。例如，《刑法》第50条前段规定，判处死缓在缓期执行期间没有故意犯罪的，“二年期满后，减为无期徒刑”。据此，缓期执行期间没有满2年的不得减为无期徒刑，此即反对解释。反对解释只有在以下两种情况下才能采用：一是法条所确定的条件为法律效果的全部条件；二是法律规定所确定的条件为法律效果的必要条件。

这里特别要说明的是类推适用与扩大解释的区别。一般认为，罪刑法定原则并不禁止扩大解释，但如何厘定扩大解释与类推适用的界限，则是一个难题。（1）从用语含义上说，扩大解释所得出的结论，没有超出刑法用语可能具有的含义，即在刑法文义的“射程”之内进行解释；而类推适用所得出的结论，超出了用语可能具有的含义，即在刑法文义的“射程”之外进行解释。“可能具有的含义”，是指依一般语言用法，或者立法者标准的语言用法，该用语能够指称的意义。（2）从概念的相互关系上说，扩大解释时没有提升概念的阶位；而类推适用是将所要解释的概念提升到更上位的概念作出的解释。（3）从着重点上说，扩大解释着眼于刑法规范本身，仍然是对规范的逻辑解释；类推适用着眼于刑法规范之外的事实，是对事实的比较。（4）从论理方法上说，扩大解释是扩张性地划定刑法的某个概念，使应受处罚的行为包含在该概念中；类推适用则是认识到某行为不是刑法处罚的对象，而以该行为与刑法规定的相似行为具有同等的恶害性为由，将其作为处罚对象。（5）从实质上说，扩大解释的结论在公民预测可能性之内；类推适用则超出了公民预测可能性的范围。

罪刑法定原则禁止类推适用，要求合理地、客观地、准确地解释刑法。掌握罪刑法定原则，关键点之一是要正确理解刑法解释方法。例如，将盗窃罪对象的“公私财物”解释为“他人的财物”，属于当然解释，而不属于缩小解释；在《刑法》第171条同时规定出售假币罪、购买假币罪的场合，出售假币罪中的“出售”就只能解释为“销售”，而不能解释为“购买和销售”，对购买假币的“对向性”行为，应当以购买假币罪定罪处罚；将不能透支的借记卡解释为信用卡诈骗罪中的“信用卡”，是扩张解释，并不属于类推适用。

二、平等适用刑法原则

平等适用刑法，也即刑法面前人人平等，是指刑法规范在根据其内容应当得到适用的所有场合，都予以严格适用。《刑法》第4条明文规定了该原则。平等适用刑法，是维护合法权益的要求，是市场经济的要求，是预防犯罪的要求，是实现刑法价值的要求，是刑法规范的要求，是法治的要求，是宪法“公民在法律面前一律平等”原则的具体体现。

平等适用刑法的具体要求是：对刑法所保护的合法权益予以平等的保护；对于实施犯罪的任何人，都必须严格依照法律认定犯罪；对于任何犯罪人，都必须根据其犯罪事实与法律规定量刑；对于被判处刑罚的任何人，都必须严格按照法律的规定执行刑罚。

三、罪刑相适应原则

罪刑相适应的基本含义是，刑罚的轻重应与犯罪的轻重及其刑事责任的大小相适应。《刑法》第5条明文规定了这一原则。罪刑相适应，是适应人们朴素的公平意识的一种法律思想，是罪与刑的基本关系决定的，是预防犯罪的需要。

罪刑相适应原则的具体要求是，刑罚既要与犯罪的轻重程度相适应，又要与犯罪性质相适应，还要与犯罪人的人身危险性相适应。在立法上实现罪刑相适应原则，要求注重对各种犯罪的社会危害程度的宏观预测和遏制手段的总体设计，确定合理的刑罚体系、刑罚制度与法定刑；在量刑方面实现罪刑相适应原则，要求将量刑与定罪置于同等重要地位，强化量刑公正的司法观念，实现刑与罪的均衡协调；在行刑方面实现罪刑法定原则，要求注重犯罪人的人身危险程度的消长变化情况，合理地运用减刑、假释等制度。

第三节　刑法的适用范围

刑法的适用范围，也称刑法的效力，是指刑法在什么空间、时间内具有适用效力。

一、刑法的空间效力

（一）刑法的空间效力的概念

刑法的空间效力所解决的是一国刑法在什么地域、对什么人适用的问题。从各国刑法及国际条约的规定来看，一国刑法不仅能适用于本国领域内，而且在一定条件下也能适用于本国领域外，但刑法在国外的适用受到国际法的制约。制约刑法在空间上的适用范围的国际法原则，就是国家自我保护与国际协同。当行为与本国具有场所的、人的、物的关系，侵犯了本国国家或其公民的利益时，就有适用本国刑法的权力。防止犯罪和保障犯罪人的权利，是现代国际社会所共同关心的问题，是各国在刑事司法活动中相互协力追求的目标。

刑法在空间的适用范围，涉及对国内犯（发生在本国领域内的犯罪）与国外犯（发生在本国领域外的犯罪）的效力。

（二）对国内犯的适用原则

刑法对国内犯的基本适用原则是属地管辖原则，即一个国家对发生在本国领域内的犯罪人，不管行为人是谁，都适用本国刑法。《刑法》第6条第1款是对属地管辖原则的规定，即“凡在中华人民共和国领域内犯罪的，除法律有特别规定的以外，都适用本法”。

“领域”是指我国国境以内的全部区域，包括领陆（国境线以内的陆地以及陆地以下的底土）、领水（内水、领海及其领水的水床及底土）和领空（领陆、领水之上的空气空间）。

“法律有特别规定”包括以下几类情况：（1）不适用中国刑法（广义刑法）的情况，即享有外交特权和豁免权的外国人的刑事责任问题，通过外交途径解决，不适用中国刑法。（2）不适用中华人民共和国刑法典的情况，即我国香港特别行政区、澳门特别行政区适用其本地刑法，我国台湾地区适用其“刑法”，而不适用《中华人民共和国刑法》；但由于我国香港特别行政区、澳门特别行政区与我国台湾地区的“刑法”属于我国的区域性刑法，不能认为这些地区不适用“中国刑法”。根据我国《香港特别行政区维护国家安全法》，任何组织或者个人违反该法规定，实施其第三章规定的“分裂国家罪”“颠覆国家政权罪”“恐怖活动罪”“勾结外国或者境外势力危害国家安全罪”的，依照该法定罪处刑。（3）不适用刑法典的情况，即刑法典颁布后国家立法机关制定了特别刑法，出现法条竞合的情况时，根据特别法优于普通法的原则，不适用刑法典，而适用特别刑法。（4）不适用刑法典的部分条文的情况，即民族自治地区可能不全部适用刑法典，自治区或者省的人民代表大会根据当地民族的政治、经济、文化的特点和刑法规定的基本原则，制定了变通或者补充的规定时，行为符合该变通或者补充规定的，适用该变通或补充规定，而不适用刑法典条文。

作为属地管辖原则的补充原则是旗国主义，即挂有本国国旗的船舶或者航空器，不管其航行或停放在何处，对在船舶与航空器内的犯罪，都适用旗国的刑法。因此，凡在中华人民共和国船舶或者航空器内犯罪的，也适用中国刑法（《刑法》第6条第2款）。

犯罪行为具有多种因素，采取属地管辖原则与旗国主义，要求以一定的具体标准确定犯罪是否发生在本国领域、本国船舶或航空器内（犯罪地的确定）。我国刑法采取的标准是，犯罪的行为或者结果有一项发生在中华人民共和国领域内的，就认为是在中华人民共和国领域内犯罪（《刑法》第6条第3款）；基于同样的道理，犯罪的行为或者结果有一项发生在中华人民共和国船舶或者航空器内的，就认为是在中华人民共和国船舶或者航空器内犯罪。据此，行为与结果均发生在我国领域内的，适用我国刑法；仅行为或者仅结果发生在我国领域内的，也适用我国刑法；不仅如此，仅行为的一部分或仅结果的一部分发生在我国领域内的，也适用我国刑法。在未遂犯的场合，行为地与行为人希望结果发生之地、可能发生结果之地，都是犯罪地；在共同犯罪场合，共同犯罪的行为或者共同犯罪的结果有一部分发生在本国领域内，就认为是在本国领域内犯罪。

（三）对国外犯的适用原则

国外犯有三种情况：一是中国公民在国外实施的犯罪；二是外国人在国外实施的危害中国国家或者中国公民权益的犯罪；三是外国人在国外实施的危害国际社会共同利益的犯罪。我国刑法针对这几种情况，分别采取了不同的原则。

1.属人管辖原则。这里的属人管辖原则，是指积极的属人管辖原则，即本国公民在国外犯罪的，也适用本国刑法。根据《刑法》第7条的规定，中华人民共和国国家工作人员和军人在中华人民共和国领域外犯我国刑法规定之罪的，适用我国刑法；中华人民共和国公民在中华人民共和国领域外犯我国刑法规定之罪的，也适用我国刑法，但是按照我国刑法规定的最高刑为3年以下有期徒刑的，可以不予追究。

2.保护管辖原则。保护管辖原则的基本含义是，无论本国人还是外国人，其在国外的犯罪行为，只要侵犯了本国国家利益或者本国公民的权益，就适用本国刑法。其实质意义在于，保护本国国家利益与本国公民的权益。因侵犯本国国家利益而适用本国刑法的，称为国家保护原则；因侵犯本国公民权益而适用本国刑法的，称为国民保护原则（消极的属人管辖原则）。根据我国《刑法》第8条的规定，以保护管辖原则为根据适用我国刑法的，必须具备以下三个条件：（1）所犯之罪必须侵犯了中华人民共和国国家或者公民的利益；（2）所犯之罪按我国刑法规定的最低刑为3年以上有期徒刑；（3）所犯之罪按照犯罪地的法律也应受处罚。

3.普遍管辖原则。普遍管辖原则以保护国际社会的共同利益为标准，认为凡是国际公约或者条约所规定的侵犯国际社会共同利益的犯罪，不管犯罪人的国籍与犯罪地的属性，缔约国或参加国发现犯罪人在其领域之内时便行使刑事管辖权。根据国际公约及各国刑法的规定，适用普遍管辖原则受到一定限制：（1）适用该原则的犯罪必须是危害人类社会共同利益的犯罪；（2）管辖国应是有关公约的缔约国或参加国；（3）管辖国的国内刑法也规定该行为是犯罪；（4）犯罪人出现在管辖国的领域内。根据《刑法》第9条的规定，对于我国缔结或者参加的国际条约所规定的罪行，我国在所承担条约义务的范围内行使管辖权的，适用我国刑法。因此，根据普遍管辖原则行使刑事管辖权时，定罪量刑的法律根据是国内刑法，而非国际条约。

（四）对外国刑事判决的承认

不难发现，如果各国都同时采取上述管辖原则，必然产生刑事管辖的冲突：几个国家对同一犯罪都具有管辖权。于是产生了如下问题：本国具有刑事管辖权的行为，受到外国确定的有罪判决或无罪判决时，本国是否承认这一判决？

我国《刑法》第10条采取了消极承认的做法，即外国确定的刑事判决不制约本国刑罚权的实现。具体而言，不管外国确定的是有罪判决还是无罪判决，对同一行为本国可行使审判权，但对外国判决及刑罚执行的事实给予考虑。换言之，凡在中华人民共和国领域外犯罪，依照我国刑法的规定应当负刑事责任的，虽然经过外国审判，仍然可以依照我国刑法进行追究，但是在外国已经受过刑罚处罚的，可以免除或者减轻处罚。

二、刑法的时间效力

（一）刑法的时间效力的概念

刑法的时间效力所解决的问题是，刑法何时起至何时止具有适用效力，其内容主要包括三个方面：生效时间、失效时间与溯及既往的效力（溯及力）。根据罪刑法定原则的要求，定罪量刑应以行为时有法律的明文规定为限，因此，对于行为时不受处罚的行为，不能适用事后刑法定罪量刑；在刑法变更时，对行为时应受处罚的行为，不能适用比行为时更重的刑法；对行为时虽被禁止但法律没有规定法定刑的行为，事后不能判处刑罚。

（二）刑法的生效时间与失效时间

从我国的刑事立法实践来看，刑法的生效时间分为两种情况：（1）自公布之日起生效。例如,《关于惩治骗购外汇、逃汇和非法买卖外汇犯罪的决定》第9条规定:本决定自公布之日起施行。(2)公布后间隔一段时间才生效。例如,现行《刑法》于1997年3月14日通过并于同年10月1日起施行。相比之下,后一种情形更有利于公民预测自己行为的性质与结果。

刑法的失效时间,主要有两种情形:(1)由立法机关明文宣布原有法律效力终止或者废止。例如,现行《刑法》明文规定废止15个单行刑法。(2)新法的施行使原有法律自然失效。

(三)刑法的溯及力

刑法的溯及力,是指刑法生效后,对它生效前未经审判、判决未确定或者未裁定的行为是否具有追溯适用效力,如果具有适用效力,则是有溯及力,否则就是没有溯及力。罪刑法定原则禁止不利于行为人的溯及既往,但允许有利于行为人的溯及既往。

我国《刑法》第12条关于溯及力的规定采取了从旧兼从轻的原则。在1949年10月1日至1997年9月30日这段期间所发生的行为,如果未经法院审判或判决未确定,应按不同情况分别处理:(1)行为时的法律不认为是犯罪,而现行刑法认为是犯罪的,适用行为时的法律,即不追究刑事责任,现行刑法没有溯及力。(2)行为时的法律认为是犯罪,而现行刑法不认为是犯罪的,适用现行刑法,即不追究刑事责任,现行刑法具有溯及力。(3)行为时的法律与现行刑法都认为是犯罪,并且按照现行刑法总则第四章第八节的规定应当追诉的,按照行为时的法律追究刑事责任,即现行刑法没有溯及力;但是,如果现行刑法的处刑比行为时的法律处刑轻,则应当适用现行刑法,即刑法具有溯及力。《刑法》第12条规定的"处刑较轻",是指刑法对某种犯罪规定的刑罚即法定刑比修订前刑法规定的法定刑轻。法定刑较轻是指法定最高刑较轻;如果法定最高刑相同,则指法定最低刑较轻。如果刑法规定的某一犯罪只有一个法定刑幅度,法定最高刑或者最低刑是指该法定刑幅度的最高刑或者最低刑;如果刑法规定的某一犯罪有两个以上的法定刑幅度,法定最高刑或者最低刑是指具体犯罪行为应当适用的法定刑幅度的最高刑或者最低刑。(4)现行刑法施行前,依照当时的法律已经作出的生效判决,继续有效。

根据《刑法》第12条的精神以及有关司法解释,以下几点值得注意:(1)对于行为人1997年9月30日以前实施的犯罪行为,在人民检察院、公安机关、国家安全机关立案侦查或者在人民法院受理案件以后,行为人逃避侦查或者审判,超过追诉期限或者被害人在追诉期限内提出控告,人民法院、人民检察院、公安机关应当立案而不予立案,超过追诉期限的,是否追究刑事责任,适用1979年《刑法》(行为时法,以下简称旧刑法)第77条的规定。(2)对于酌定减轻处罚、累犯的认定、自首的认定、立功的认定、缓刑的撤销、假释的适用与撤销等问题,应坚持从旧兼从轻的原则,即有利于行为人的原则进行处理。例如,1997年9月30日以前犯罪,不具有法定减轻处罚情节,但是根据案件的具体情况需要在法定刑以下判处刑罚的,适用旧刑法第59条第2款的规定。(3)对于旧刑法没有明文规定的犯罪,根据旧刑法需要类推处理而没有处理的,不管现行刑法是否规定为犯罪,都不得以类推方式定罪量刑。(4)如果当时的法律不认为是犯罪,现行刑法认为是犯罪,而行为连续或继续到1997年10月1日以后的,对1997年10月1日以后的行为适用现行刑法追究刑事责任。

此外,根据2001年12月7日最高人民法院、最高人民检察院《关于适用刑事司法解释时间效力问题的规定》,司法解释自发布或者规定之日起施行,效力适用于法律的施行期间;对于司法解释实施前发生的行为,行为时没有相关司法解释,司法解释施行后尚未处理或者正在处理的案件,依照司法解释的规定办理;对于新的司法解释实施前发生的行为,行为时已有相关司法解释,依照行为时的司法解释办理,但适用新的司法解释对犯罪嫌疑人、被告人有利的,适用新的司法解释;对于在司法解释施行前已办结的案件,按照当时的法律和司法解释,认定事实和适用法律没有错误的,不再变动。

【本章主要法律规定】

《刑法》第1～12条

第二章 犯罪概说

本章主要内容提示

本章要理解和掌握我国《刑法》第13条关于犯罪概念的规定，它不仅揭示了犯罪的法律特征（刑事违法性），而且阐明了犯罪的实质内容（社会危害性），从而为区分罪与非罪的界限提供了原则标准，是相对完整的犯罪概念。《刑法》第13条"但书"部分的规定，将情节显著轻微危害不大的行为，明确排斥在犯罪范围之外。根据我国通说的刑法理论，犯罪的三大特征分别是：社会危害性、刑事违法性、应受刑罚处罚性。对于犯罪，按照不同的标准，可以作不同的分类。

第一节 犯罪的概念

我国刑法从形式与实质的统一上，对犯罪概念作了界定。《刑法》第13条规定，一切危害国家主权、领土完整和安全，分裂国家，颠覆人民民主专政的政权和推翻社会主义制度，破坏社会秩序和经济秩序，侵犯国有财产或者劳动群众集体所有的财产，侵犯公民私人所有的财产，侵犯公民的人身权利、民主权利和其他权利，以及其他危害社会的行为，依照法律应当受刑罚处罚的，都是犯罪。这一犯罪概念是对各种犯罪现象的理论概括，它不仅揭示了犯罪的法律特征（刑事违法性），而且阐明了犯罪的实质内容（社会危害性），从而为区分罪与非罪的界限提供了原则标准，是一个比较完整的犯罪概念。

此外，《刑法》第13条在"但书"部分明确规定："情节显著轻微危害不大的，不认为是犯罪"，这是从反面强调何种行为不是犯罪。这里的"不认为是犯罪"是指情节显著轻微危害不大的，立法上不认为其构成犯罪，司法上自然就不能将其作为犯罪处理，因此，对于"但书"规定，不能理解为情节显著轻微危害不大的，是犯罪，只是不作为犯罪处理。

根据《刑法》第13条的规定以及刑法理论，犯罪是具有社会危害性、刑事违法性与应受刑罚处罚性的行为。据此，犯罪具有三个特征。

一、社会危害性

行为具有一定的社会危害性，是犯罪的基本特征。犯罪的社会危害性是指犯罪对国家、集体和公民利益所造成的危害。犯罪的本质特征在于它危害了国家、集体和公民的利益。如果某种行为根本不可能对社会造成危害，刑法就没有必要把它规定为犯罪，也不会对它进行惩罚。某种行为虽然具有一定的社会危害性，但是情节显著轻微危害不大的，也不认为是犯罪。由此可见，没有社会危害性，就没有犯罪；社会危害性没有达到相当的程度，也不构成犯罪。因此，犯罪的社会危害性是质和量的统一。社会危害性的轻重、大小主要由以下因素所决定：

第一，决定于行为侵犯的客体，即行为侵犯了什么样的社会关系。例如，危害国家安全罪侵犯的是国家安全，即国家主权、国家领土的完整和安全，国家政权的稳定。因此，危害国家安全罪比其他犯罪的社会危害性要大。放火罪、爆炸罪危害的是公共安全，即不特定多数人生命财产的安全，社会危害性也很大。杀人罪危害人的生命，伤害罪危害人的健康，二者的社会危害性就有所不同。

第二，决定于行为的方式、手段、后果以及时间、地点。犯罪的手段是否凶狠，是否残忍，是否使用暴力，在很大程度上决定着社会危害性程度。例如，抢劫公私财物就比抢夺公私财物的危害性严重；杀人后碎尸就比一般故意杀人更为恶劣。危害后果是决定社会危害程度的重要情况。例如，盗窃500元与盗窃1万元、杀死一人与杀死数人，其社会危害程度显然是不同的。战时犯罪还是平时犯罪，社会危害性也不一样。自然灾害（如火灾、水灾、震灾）发生的时刻趁机作案（趁火打劫），在社会治安不好的时期进行抢劫、强奸等犯罪活动，社会危害性都更为严重。

第三，决定于行为人的一些主观因素。如故意还是过失；有预谋或者没有预谋；动机、目的是否卑劣；偶尔犯罪还是累犯、惯犯。这些情况，反映了行为人的人身危险性程度及其对社会心理的影响。所以，它们对社会危害性程度起制约作用。

行为具有一定程度的社会危害性，是该行为构成犯罪的根本原因之所在。在认定犯罪的时候，应当十分注意考察行为人的行为是否具有社会危害性以及社会危害性是否达到了犯罪的程度。那么，在现实生活中如何考察行为的社会危害性呢？考察行为的社会危害性应当注意以下几个问题：

第一，考察行为的社会危害性，应当坚持历史的观点。社会危害性是一个历史的范畴，随着社会的发展和社会条件的变化，社会危害性也随之发生变化。同一种行为，在这一时期符合社会发展，就被允许；而在另一时期，有害于社会发展，就不被允许。承认社会危害性的可变性，是一种唯物史观。因为在不同的历史时期，社会关系总是会发生变动，行为的社会危害性也会随之发生变化。这种变化表现为两种形式：一是社会危害性有无的变化，某种行为会因社会生活的变化由没有社会危害性变为具有社会危害性，某种行为因为社会生活的变化由具有社会危害性变为没有社会危害性。二是社会危害性大小变化，某种行为会因社会生活的变化由社会危害性较小变为较大，某种行为会因社会生活的变化由社会危害性较大变为较小。因此，要从历史变化的观点出发考察行为的社会危害性。

第二，考察行为的社会危害性，应当坚持全面的观点。社会危害性是由多种因素决定的，衡量社会危害性的大小，应当综合各种情况，不能仅看有形的、物质性的危害，还要看到对社会政治以及人们的社会心理带来的危害。

第三，考察行为的社会危害性，应当坚持本质的观点，也就是说，在认定某一行为是否具有社会危害性的时候，我们要透过现象抓住事物的本质。比如，某人把另一人杀了，就要问这是什么性质的杀人，有无社会危害性，危害性有多大，等等。也就是说，要透过杀人这一现象，把握事件的实质。

二、刑事违法性

刑事违法性，或称刑法的禁止性，即犯罪行为是违反刑法的行为，是刑法所禁止的行为。刑法对犯罪行为的禁止，是通过罪刑规范体现出来的，或者说是通过对某种行为规定刑罚后果来禁止该行为。因此，刑事违法性事实上是指行为符合罪刑规范所指明的设定条件，进一步而言，行为的刑事违法性与行为符合刑法规定的犯罪构成是统一的。违反刑法并不只是违反刑法分则，凡是违反广义刑法的禁止性规范的行为，均具有刑事违法性。从刑法规范与其他法律规范的关系来看，刑事违法性表现为两种情况：一是直接违反刑法规范，二是违反其他法律规范但因情节严重进而违反了刑法规范，故单纯违反其他法律而没有违反刑法的行为，不具有刑事违法性。

刑事违法性与社会危害性具有统一性。刑法之所以禁止某种行为，是因为该行为具有较大的社会危害性，故较大的社会危害性是刑事违法性的前提或基础，刑事违法性是较大的社会危害性的法律表现。从此意义上来说，刑事违法性的实质是社会危害性。

刑事违法性是司法机关认定犯罪的法律标准。司法机关不能凭直觉认定某种行为是否具有犯罪的社会危害性，只能通过刑法所确定的具体标准来认定行为是否构成犯罪，也不能在刑事违法性之外附加其他标准。

三、应受刑罚处罚性

犯罪不仅是具有社会危害性、触犯刑律的行为，而且是应受刑罚处罚的行为，即具有应受惩罚性。任何违法行为，都要承担相应的法律后果。民事违法行为要承担民事责任，如排除妨碍、返还财产、赔偿损失、支付违约金等。行政违法行为要受行政处罚，如罚款、行政拘留等；或者要受行政处分，如警告、记过、降职、撤职、开除公职等。对于违反刑法的犯罪行为来说，则要承担刑罚处罚的法律后果。犯罪是适用刑罚的前提，刑罚是犯罪的法律后果。因此，应受刑罚处罚也是犯罪的一个基本特征。这个特征将犯罪与刑罚这两种社会现象联系起来，也就是从一个现象与另一个现象的联系中来阐明这个现象的特性。这个特征表明，如果一个行为不应当受刑罚处罚，也就意味着它不是犯罪。

不应受惩罚和不需受惩罚是两个意思，应当加以区分。不应受惩罚，是指行为人的行为根本不构成犯罪，当然就不存在应受惩罚的问题；而不需受惩罚，是指行为人的行为已经构成了犯罪，本应惩罚，但考虑到具体情况，例如，犯罪情节轻微，或者有自首、立功等表现，从而免予刑事处罚。免予刑事处罚说明，行为还是构成犯罪的，只是不予刑罚处罚罢了，它与无罪不应当受惩罚是性质不同的，不能混淆。

犯罪的以上三个基本特征是紧密结合的。一定的社会危害性是犯罪最基本的属性，是刑事违法性和应受惩罚性的基础。社会危害性如果没有达到违反刑法、应受刑罚处罚的程度，也就不构成犯罪。因此，这三个特征都是必要的，是任何犯罪都必然具有的。

第二节 犯罪的分类

对于犯罪，按照不同的标准，可以作不同的分类。

一、自然犯、法定犯

从刑法与社会伦理的关系上，可以将犯罪分为自然犯和法定犯。

自然犯，是指对行为本身即使刑罚规范没有规定，也会受到社会伦理的非难的情形（刑事犯）。法定犯，是指刑罚规范的内容与社会伦理规范之间有时存在不一致之处，对于行为的犯罪性质，只有根据刑罚法规的规定才能加以确定并进行非难的情形（行政犯）。所以，二者之间有大致明确的界限。

二、亲告罪、非亲告罪

从告诉权由谁享有的角度，可以将犯罪分为亲告罪和非亲告罪。

亲告罪，是指对于犯罪是否进行追究，取决于个人的意思，在追诉之时必须经过有告诉权者告诉的犯罪。非亲告罪，是指侦查、起诉、审判程序由国家司法机关直接推动，起诉权利由检察机关享有，是否提起公诉不取决于个人意思的犯罪。

在我国刑法中，绝大多数犯罪是非亲告罪，只有侮辱、诽谤、暴力干涉婚姻自由、虐待、侵占等罪是亲告罪，在这些犯罪的危害轻微的场合，考虑被害人的追诉要求是合理的。有些亲告罪在具备某些法定情形时，亦可成为非亲告罪，如严重危害社会秩序和国家利益的侮辱罪和诽谤罪，即可由国家司法机关直接追诉。

三、危害国家安全罪、普通刑事罪

从犯罪的法益侵害性的角度，可以把犯罪分为危害国家安全罪和普通刑事罪。

危害国家安全罪，是指直接侵害国家统治秩序的犯罪，如我国《刑法》分则第一章规定的犯罪。这类犯罪所危害的法益具有特别重要性，对于统治阶级来讲，是最为严重的犯罪，所以，必须予以严惩。普通刑事罪，是指危害国家安全罪以外的侵犯个人、社会利益的犯罪。这类犯罪的具体类型广泛，轻重程度不同，对其处罚的方法也就存在差别。

四、基本犯、结果加重犯

基本犯，是指符合某个构成要件基本形态规定的犯罪形态。例如，符合《刑法》第234条第1款规定的，就成立故意伤害罪的基本犯。

结果加重犯，是指行为人出于基本构成要件的故意或者过失，在实施基本行为时，发生了超过基本构成要件结果的加重结果，因而导致刑罚加重的犯罪形态。例如，故意伤害致人死亡的，就成立故意伤害罪的结果加重犯。结果加重犯的成立要件有三个：(1)行为人实施了基本犯罪行为，出现了加重结果，基本犯罪行为与加重结果之间存在（直接性）因果关系；(2)行为人对加重结果至少有过失；(3)刑法就发生的加重结果特别地规定了加重的法定刑。

五、即成犯、状态犯和继续犯

从犯罪终了与法益侵害的关系出发，可以将犯罪分为即成犯、状态犯和继续犯。

即成犯，是指在法益侵害后果发生的同时，犯罪行为完成或者终了的情形。故意杀人罪是即成犯的典型例证。

状态犯，是指在法益侵害发生的同时，犯罪行为终了，但是，此后法益侵害的状态仍然继续的情形。盗窃罪是状态犯的适例，因为在行为人控制财物时，盗窃行为既遂，法益侵害发生的同时行为实施完毕。在此之后，赃物在一定的时间内被犯罪人所控制，所以，法益侵害状态继续，但是对这种违法状态，在状态犯的构成要件里进行包括的评价，行为人自身占有、销售赃物的，并不构成赃物犯罪；故意毁坏赃物的，也不成立故意毁坏财物罪（不可罚的事后行为）。

继续犯，是指在法益侵害持续进行期间，犯罪行为也持续进行的情形。继续犯是不法状态和实行行为同在，非法拘禁罪是继续犯的典型。

【本章主要法律规定】

《刑法》第13条

第三章 犯罪构成

本章主要内容提示

本章的主要知识点包括：犯罪构成是行为成立犯罪所必须具备的一切客观要件与主观要件的总和。根据我国通说的刑法理论，犯罪构成有四个方面的共同要件：犯罪客体要件、犯罪客观要件、犯罪主体要件、犯罪主观要件。

本章的难点是具有因果关系不等于有刑事责任；间接故意和有认识过失之间的界限较为模糊；对于打击错误，采取法定符合说或具体符合说，案件的处理结论会有所不同。

第一节 犯罪构成概述

一、犯罪构成的概念

我国刑法理论认为，犯罪构成是刑法规定的，决定某一行为的社会危害性及其程度，而为该行为成立犯罪所必须具备的一切客观要件与主观要件的有机整体。犯罪构成理论是对犯罪的一般成立要件进行分析、予以体系化的理论。

本书按照我国的犯罪构成四要件理论展开论述。考生需重点关注在理论和实务上都很重要的作为与不作为、因果关系、刑事责任能力、刑事责任年龄、犯罪故意和过失、认识错误等与犯罪成立与否直接有关的主、客观要素。

犯罪构成与犯罪概念既有联系又有区别。犯罪概念从宏观上揭示犯罪的本质与基本特征，犯罪构成是认定犯罪的具体法律标准；犯罪概念是犯罪构成的基础，犯罪构成是犯罪概念的具体化。

（一）犯罪构成的法定性

尽管我国刑事法律中没有出现“犯罪构成”这一术语，但刑法确实规定了构成各种犯罪必须具备的要件，刑法理论也正是将刑法的这种规定概括为犯罪构成，所以，刑法实际上规定了犯罪构成。在我国，刑法总则与分则作为有机整体规定了犯罪构成，表现在总则规定了一切犯罪必须具备的要件，分则只规定具体犯罪所特别需要具备的要件。由于犯罪构成是刑法规定的，刑法规定犯罪构成的目的在于禁止符合犯罪构成的行为，因此，行为符合犯罪构成就表明其行为具有了刑事违法性。

（二）犯罪构成的主客观统一性

犯罪构成由一系列主客观要件所形成，其中的要件就是成立犯罪必须具备的条件。这里的“客观”包括犯罪客体与犯罪客观要件，“主观”包括犯罪主体与犯罪主观要件。犯罪构成不是各个要件的简单相加，而是各个要件的有机统一；各个要件按照犯罪构成的要求相互联系、相互作用、协调一致，形成一个整体。如果主观要件与客观要件没有内在联系，也不能成为犯罪构成。例如，盗窃罪的客观要件与放火罪的主观要件，不可能形成一个犯罪构成。犯罪构成的主客观统一性告诉人们：如果某种行为只是符合某个或者某几个要件，而不符合全部要件，则该行为不符合犯罪构成，因而不成立犯罪。例如，不满14周岁的人诈骗他人财物数额较大的，不符合诈骗罪的犯罪构成，不成立诈骗罪，也不成立其他犯罪。

（三）犯罪构成与社会危害性的统一性

犯罪构成并不是一种抽象的法律概念，而是犯罪的社会危害性的法律标志。认定犯罪的实质标准是行为所具有的较大的社会危害性，但如果司法机关直接根据行为的社会危害性认定为犯罪，必然陷入罪刑擅断的局面。因此，必须由立法机关规定出犯罪的法律标准。犯罪构成要说明行为在何种条件下具有犯罪的社会危害性而成立犯罪，所以，必须以犯罪的社会危害性为实质依据。正因如此，只有那些对说明社会危害性及其程度具有决定意义的因素，才会被刑法规定为构成要件；基于同样的理由，如果行为符合犯罪构成，就表明该行为具有犯罪的社会危害性。

（四）犯罪构成的重要性

由于犯罪构成是刑法规定的，是主客观要件的有机整体，是犯罪的社会危害性的法律标志，因此，犯罪构成是认定犯罪的法律标准。任何行为，凡是符合某种犯罪构成的，就成立犯罪；凡是不符合犯罪构成的，就不成立犯罪。就认定犯罪的法律标准而言，除犯罪构成之外没有别的标准，也不能在犯罪构成之外附加其他任何条件。所以，犯罪构成是认定犯罪的唯一法律标准。由于犯罪构成是认定犯罪的法律标准，因而与符合犯罪构成的事实（犯罪构成事实）有别：前者是法律规定，后者是具体事实。二者的联系也显而易见：具体事实符合法定的犯罪构成时，才能称为犯罪构成事实。

犯罪构成及其理论是罪刑法定主义的产物。罪刑法定主义要求刑法明文、明确规定各种犯罪的成立条件与法律后果，犯罪构成正是犯罪成立条件，因此，犯罪构成使罪刑法定主义得以实现。罪刑法定是法治在刑法领域的体现，又是保护合法权益与保障公民自由的要求，所以，犯罪构成对实现法治、保护合法权益与保障公民自由具有重要意义。可以说，犯罪构成具有保护社会和保障犯罪人合法权益的双重保障机能。

犯罪构成作为法律规定，对刑事司法具有特别重要的意义：

1.它为区分罪与非罪提供了法律标准。行为符合犯罪构成就成立犯罪，否则便不成立犯罪。

2.它为区分此罪与彼罪提供了法律标准。不同的犯罪存在各自不同的犯罪构成，符合不同的犯罪构成就成立不同的犯罪。

3.它为区分一罪与数罪提供了法律标准。区分行为构成一罪还是数罪，基本上是以犯罪构成为法律标准的：行为符合一个罪的犯罪构成就成立一罪；行为符合数个罪的犯罪构成便成立数罪。

4.它为区分重罪与轻罪提供了法律标准。犯罪构成的内容不同，其所反映的社会危害性就不同，人们从某种犯罪构成的具体内容便可知道该罪的轻重。

二、犯罪构成的分类

对犯罪构成可以从不同角度进行不同的分类。

（一）基本的犯罪构成与修正的犯罪构成

一般认为，基本的犯罪构成，是指分则性条文就单独的既遂犯所规定的犯罪构成；修正的犯罪构成，是指总则性条文以基本的犯罪构成为基础并对之加以修正而就共犯、未遂犯等所规定的犯罪构成。据此，故意杀人既遂符合基本的犯罪构成；故意杀人未遂以及教唆他人故意杀人的行为符合修正的犯罪构成。

（二）完结的犯罪构成与待补充的犯罪构成

完结的犯罪构成，也称关闭的犯罪构成，是指刑法完整地规定了所有要件的犯罪构成；待补充的犯罪构成，也称开放的犯罪构成，是指刑法仅规定了部分要件，其他要件需要司法机关适用时进行补充的犯罪构成。当刑法规定了完结的犯罪构成时，司法机关应严格依法适用，不得附加或减少要件；当刑法规定了待补充的犯罪构成时，司法机关应依照刑法体系与相关规定补充构成要件。

（三）单一的犯罪构成与复杂的犯罪构成

单一的犯罪构成，是指刑法规定的各个要件均属单一的犯罪构成，即当刑法规定的犯罪构成中只含单一客体、单一行为、单一主体、单一罪过形式时，便是单一的犯罪构成。复杂的犯罪构成，是指刑法规定的要件内容可供选择或互有重叠的犯罪构成。主要表现为两类情况：一类是刑法规定了两种以上的行为、对象、主体等，只要具体事实符合其中之一，便成立犯罪，如《刑法》第305条；另一类是刑法规定了两种以上的客体、行为等，具体事实同时符合刑法规定时，才成立犯罪。

三、犯罪构成要件

犯罪构成要件是犯罪构成的组成要素，即各要件的总和形成犯罪构成。从认识论的角度来看，犯罪构成要件可以分为具体要件与共同要件。犯罪构成的具体要件，是指具体犯罪的成立必须具备的要件，是具体犯罪的社会危害性的法律标志。每一个犯罪都有其具体构成要件；任何行为只有符合某种犯罪的具体构成要件，才能成立犯罪；此罪与彼罪的界限，也是由具体构成要件决定的。犯罪构成的共同要件，是指任何犯罪的成立都必须具备的要件。共同要件是从具体要件中抽象出来的，即犯罪构成的具体要件形形色色、千差万别，但根据普遍与特殊、共性与个性的原理，可以从各种犯罪的具体要件中，科学地概括出各种不同犯罪构成的共同组成要素，这便是犯罪构成的共同要件。根据刑法理论，犯罪构成有四个方面的共同要件，即犯罪客体、犯罪客观要件、犯罪主体与犯罪主观要件。

此外，我国刑法分则有许多条文规定，某种行为只有“情节严重”才成立犯罪。例如，《刑法》第243条规定，捏造事实诬告陷害他人，意图使他人受刑事追究，情节严重的，成立诬告陷害罪。这表明，当刑法规定“情节严重”是构成要件时，只有情节严重的特定行为，才能认定为犯罪。当刑法未规定“情节严重”是构成要件时，一般情节的行为就表明其社会危害性达到了应受刑罚处罚的程度，应认定为犯罪。例如，抢劫、放火、故意杀人、强奸等，并非情节严重时才构成犯罪，而是只要实施该行为并符合相应的构成要件，就构成犯罪。在这种情况下，情节严重往往成为法定刑升格的依据或者从重处罚的情节。在以情节严重为构成要件时，其中的情节，不是指特定的某一方面的情节，而是指任何一个方面的情节，只要某一方面情节严重，其行为的社会危害性就达到了犯罪的程度，应认定为犯罪。

犯罪构成要件由具体要素组成。犯罪构成由犯罪客体要件、犯罪客观要件、犯罪主体要件与犯罪主观要件有机统一而组成。同样，各个要件也是由不同要素所组成，组成要件的要素，就是犯罪构成要件要素。例如，行为、结果、行为对象等属于犯罪客观要件的要素；年龄、辨认控制能力、身份等属于犯罪主体要件的要素；故意、过失、目的等属于犯罪主观要件的要素。对构成要件的认识与理解，有赖于对构成要件要素以及要素之间的相互关系的认识与理解；如果对某个构成要件的要素产生认识上的偏差，就必然导致对构成要件的认识产生偏差。所以，正确认识与理解构成要件要素，是正确认识构成要件乃至犯罪构成的前提。对构成要件要素可以进行不同分类。

（一）客观的构成要件要素与主观的构成要件要素

说明行为外部的、客观方面的要素即为客观的构成要件要素，如行为、结果、行为对象等；表明行为人内心的、主观方面的要素即为主观的构成要件要素，如故意、过失、目的等。

（二）记述的构成要件要素与规范的构成要件要素

按照刑法理论，在解释构成要件要素和认定是否存在符合构成要件要素的事实时，如果只需要法官的认识活动即可确定，这种构成要件要素便是记述的构成要件要素；如果需要法官规范的、评价的价值判断才能认定，这种构成要件要素就是规范的构成要件要素。例如，《刑法》第320条所规定的提供伪造、变造的出入境证件罪的客观要件为“为他人提供伪造、变造的护照、签证等出入境证件”。对这里的“提供”“伪造、变造”“护照、签证等出入境证件”的理解，以及对客观事实是否符合这些要素，都只需要一般的认识活动与基本的对比判断就可以得出结论，因而属于记述的构成要件要素。反之，《刑法》第237条规定的强制猥亵、侮辱罪的客观构成要件要素的“猥亵”“侮辱”，则需要司法人员的规范评价和价值判断，是规范的构成要件要素。

（三）积极的构成要件要素与消极的构成要件要素

通常的构成要件要素，是积极地、正面地表明成立犯罪必须具备的要素，这种要素就是积极的构成要件要素。但例外地也存在否定犯罪性的构成要件要素，这便是消极的构成要件要素。例如，《刑法》第389条第3款规定：“因被勒索给予国家工作人员以财物，没有获得不正当利益的，不是行贿。”这便是行贿罪的客观要件中的消极的构成要件要素。

（四）共同的构成要件要素与非共同的构成要件要素

共同的构成要件要素，是指犯罪构成共同要件中为任何犯罪的成立所必须具备的要素。例如，行为是客观要件的要素，也是任何犯罪的成立都必须具备的要素。非共同的构成要件要素，是指部分犯罪的成立所必须具备的要素。例如，身份与目的只是部分犯罪的成立必须具备的要素。

（五）成文的构成要件要素与不成文的构成要件要素

成文的构成要件要素，是指刑法明文规定的构成要件要素。绝大多数构成要件要素都是成文的构成要件要素。不成文的构成要件要素，是指刑法条文表面上没有明文规定，但根据刑法条文之间的相互关系、刑法条文对相关要素的描述所确定的，成立犯罪所必须具备的要素。就一些具体犯罪而言，由于众所周知的理由或者其他原因，刑法并没有将所有的构成要件要素完整地规定下来，而是需要法官在适用过程中进行补充。例如，“以非法占有为目的”就是盗窃罪中不成文的主观构成要件要素。

第二节　犯罪客体

一、犯罪客体的概念

犯罪客体，是指我国刑法所保护而为犯罪行为所侵犯的社会关系。社会关系就是人们在生产和共同生活活动过程中所形成的人与人之间的相互关系。社会关系有物质的社会关系和思想的社会关系之分，它们都有可能受到犯罪行为的侵犯而成为犯罪客体。政治、经济、思想、道德、文化等方面都存在人与人之间的关系。但是，作为犯罪客体的社会关系不是一般的社会关系，如友谊关系、民间借贷关系等，这些关系只能由道德规范或由民事、行政法律加以调整与保护，而不在刑法保护之列，因此不能成为犯罪客体。而我国刑法所保护的那种社会关系是指国家主权、领土完整和安全，人民民主专政的政权，社会主义制度，社会秩序和经济秩序，国有财产或者劳动群众集体所有的财产权，公民私人的财产所有权，公民的人身权利、民主权利和其他权利，等等。这些社会关系在我国《刑法》第13条已有明确的表述，它们一旦为犯罪行为所侵犯，就成为犯罪客体。

犯罪客体是犯罪构成的必要要件。没有一个犯罪是没有犯罪客体的。犯罪之所以具有社会危害性，首先是由其所侵犯的犯罪客体决定的。一个行为不侵犯任何客体，不侵犯任何社会关系，就意味着不具有社会危害性，也就不能构成犯罪。

二、犯罪客体的分类

在刑法学中，通常把犯罪客体分为三种，即一般客体、同类客体、直接客体。这三者是按照犯罪所侵犯的社会关系的范围所作的不同层次的概括，是一般与特殊、整体与部分的关系。

犯罪的一般客体，是指一切犯罪所共同侵犯的客体，即我国刑法所保护的整个社会关系。犯罪的一般客体体现了一切犯罪的共性，据此，可以把犯罪视为一个整体，提出犯罪的共同本质，阐明犯罪的社会危害性以及我国刑法同犯罪作斗争的社会政治意义。

犯罪的同类客体，是指某一类犯罪所共同侵犯的客体，即刑法所保护的社会关系的某一部分或者某一方面。例如，危害国家安全罪的同类客体是国家主权、领土完整和安全等；侵犯财产罪的同类客体是公、私财产关系；破坏社会主义市场经济秩序罪的同类客体是社会主义市场经济秩序，如此等等。我国刑法正是按照犯罪的同类客体把社会上形形色色的犯罪分为十大类。尤其值得注意的是，刑法鉴于某些类型的犯罪罪名较多，因而对刑法分则采取章下设节的体例。例如，《刑法》分则第三章破坏社会主义市场经济秩序罪又划分为生产、销售伪劣商品罪等八小类，《刑法》分则第六章妨害社会管理秩序罪又分为扰乱公共秩序罪等九小类。在这种情况下，同类客体实际上又存在两个层次的社会关系，我们分别称为同类章客体和同类节客体，简称章客体和节客体。总之，只有依据同类客体才能对犯罪做科学的分类，建立严整的、科学的刑法分则体系，这无论对司法实践还是对科学研究，都具有重要意义。

犯罪的直接客体，是指某一种犯罪所直接侵犯的具体的社会关系，即刑法所保护的社会关系的某个具体部分。例如，杀人罪的直接客体是他人的生命权利；伤害罪的直接客体是他人的健康权利。直接客体是每一个具体犯罪构成的必要要件，是决定具体犯罪性质的重要因素。它对于立法上建立每个具体犯罪构成，从而规定相应的量刑幅度；对于司法机关正确定罪量刑，都具有十分重要的意义。

一般来说，犯罪直接客体只能是一个，理论上称为单一客体，这是指一种犯罪行为只直接侵犯到一种具体社会关系，如盗窃罪、杀人罪。但也有犯罪行为直接侵犯到两种以上具体社会关系，如抢劫罪，不仅侵犯公、私财产关系，而且直接侵犯他人的人身权利。犯罪行为侵犯两种客体的，理论上称为复杂客体。在复杂客体中，两种客体在案件中有主次之分，不能等量齐观。立法者根据主要客体把它列入有关的某一类犯罪中，例如，把抢劫罪列入侵犯财产罪中。

三、确定直接客体的方法

对具体犯罪直接客体的认识不同，对该罪的其他构成要件的解释便不同。明确各种具体犯罪的直接客体，对于解释该罪的其他构成要件具有重大意义。对直接客体的确定，应以刑法规定为依据。基本方法如下：

1.根据具体犯罪所属的类罪确定直接客体的内容。各种具体的犯罪，总是隶属于某一类罪，而刑法对类罪的同类客体的内容都作了明确或提示性规定，明确了具体犯罪所属的类罪，便可以通过同类客体的内容，大体上明确分则具体条文所要保护的直接客体的内容。例如，《刑法》分则第四章是为了保护公民的各种人身权利与民主权利，故本章具体条文保护的直接客体，必须在各种人身权利与民主权利中予以确定。例如，强制猥亵、侮辱罪，属于侵犯人身权利的犯罪，故本罪的直接客体应是他人的性自主权和人格尊严，而不是社会管理秩序。

当刑法规定某种犯罪是为了保护复杂客体时，应当根据其所属类罪的同类客体的内容，确定刑法条文的主要目的，而不能本末倒置。例如，规定在《刑法》分则第二章的犯罪，都是危害公共安全的犯罪。因此，凡属于这一类罪中的具体犯罪，不仅其侵犯的客体都是特定领域的公共安全，而且在侵犯复杂客体的情况下，其主要内容也是特定领域的公共安全。例如，由于《刑法》第123条将暴力危及飞行安全罪规定在“危害公共安全罪”一章，故该条的主要目的是保护飞行安全，其次才是航空器上的人员的人身权利。

由于具体犯罪隶属于类罪，因此，对具体犯

罪的直接客体内容的确定，不应超出同类客体的范围。例如，刑法将盗窃、侮辱、故意毁坏尸体、尸骨、骨灰罪规定在《刑法》分则第六章的第一节即“扰乱公共秩序罪”中。因此，不能超出同类客体范围，认为本罪的直接客体为死者的人格、名誉。

2.依据刑法对具体犯罪的规定确定直接客体的内容。刑法分则条文对具体犯罪的规定，或明或暗，或直接或间接地揭示了犯罪的直接客体。因此，要善于依据刑法对具体犯罪的规定以及各种规定之间的关系，确定具体犯罪的直接客体。

（1）通过刑法条文对直接客体的明确规定确定直接客体。有的条文明确规定了直接客体，在这种情况下，应根据明文规定确定客体内容。例如，《刑法》第252条规定：“隐匿、毁弃或者非法开拆他人信件，侵犯公民通信自由权利，情节严重的，处一年以下有期徒刑或者拘役。”该条明文规定了直接客体为公民的通信自由权利，我们不可擅自确定为其他内容。

（2）通过刑法条文规定的行为特征确定直接客体。犯罪是侵犯刑法所保护的客体的行为。所以，通过行为特征可以明确直接客体。例如，《刑法》第226条规定：“以暴力、威胁手段强买强卖商品、强迫他人提供服务或者强迫他人接受服务，情节严重的，处三年以下有期徒刑或者拘役，并处或者单处罚金。”从行为特征就可以看出，本罪的直接客体是平等竞争、自由交易的市场秩序。

（3）通过刑法条文规定的结果特征确定直接客体。由于对客体的侵害表现为结果，故可以通过对结果内容的规定确定直接客体的内容。例如，《刑法》第309条规定：“有下列扰乱法庭秩序情形之一的，处三年以下有期徒刑、拘役、管制或者罚金：（一）聚众哄闹、冲击法庭的……”这里的“扰乱法庭秩序”是作为构成要件的结果加以规定的，也说明规定本罪的直接客体是法庭秩序。

（4）通过刑法条文规定的行为对象特征确定直接客体。一般来说，犯罪行为要通过作用于行为对象侵犯直接客体，行为对象本身又是体现客体的，故可以通过刑法对行为对象特征的规定确定直接客体的内容。例如，《刑法》第254条规定：“国家机关工作人员滥用职权、假公济私，对控告人、申诉人、批评人、举报人实行报复陷害的，处二年以下有期徒刑或者拘役；情节严重的，处二年以上七年以下有期徒刑。”由于报复陷害的对象仅限于控告人、申诉人、批评人与举报人，这说明本罪的直接客体是民主权利，即控告权、申诉权、批评建议权与举报权。

（5）通过刑法条文规定的犯罪所违反的法规内容确定直接客体。任何法律、法令都以保护一定的客体为目的，刑法条文指明的某种犯罪所违反的法规，也以保护一定客体为目的，因此，通过该法规所保护的客体，可以确定分则条文所保护的客体。例如，《刑法》第322条规定：“违反国（边）境管理法规，偷越国（边）境，情节严重的，处一年以下有期徒刑、拘役或者管制，并处罚金……”国（边）境管理法规的目的是保护国家对国（边）境的正常管理。因此，本罪的直接客体是国家对出入国（边）境的管理秩序。

（6）通过刑法条文规定的犯罪孳生之物、供犯罪行为使用之物的性质确定直接客体。例如，对于制作、复制、出版淫秽物品的犯罪而言，淫秽物品为犯罪孳生之物；对于传播淫秽物品的犯罪而言，淫秽物品是供犯罪行为使用之物；淫秽物品“是指具体描绘性行为或者露骨宣扬色情的诲淫性的书刊、影片、录像带、录音带、图片及其他淫秽物品”（《刑法》第367条）；淫秽物品的危害在于破坏国家对文化市场和性道德风尚的管理秩序，故本罪的直接客体是国家对文化市场和性风尚的管理秩序。

四、犯罪客体与犯罪对象的关系

犯罪对象是犯罪行为所作用的，社会关系的主体或者物质表现，如故意杀人罪中的“人”，盗窃罪中的“公私财物”就是犯罪对象。特定的犯罪对象在某些犯罪中是构成要件，行为只有作用于特定的对象，才能构成犯罪。例如，只有当行为人拐骗了不满14周岁的儿童时，才可能成立拐骗儿童罪。特定的犯罪对象在某些犯罪中影响此罪与彼罪的区分。例如，盗窃财物与盗窃枪支的，分别构成盗窃罪与盗窃枪支罪。

行为对象与组成犯罪行为之物有别。例如，贿赂是组成受贿罪、行贿罪之物，而不能认为是受贿罪、行贿罪的对象；再如，赌资是组成赌博罪之物，而不是赌博罪的对象。行为对象与行为孳生之物有别。行为孳生之物，是指犯罪行为所产生的物。例如，行为人伪造的文书、制造的毒品等，它们不是行为对象。因此，在走私、贩卖、运输、制造毒品罪中，相对于走私、贩卖、运输而言，毒品可谓行为对象，但对于制造行为而言，行为人所制造的毒品属于行为孳生之物，不是行为对象。行为对象与供犯罪行为使用之物有别。供犯罪行为使用之物主要是指犯罪工具。例如，使用伪造的信用卡进行诈骗时，伪造的信用卡不是行为对象，而是供犯罪行为使用之物。行为对象与作为犯罪行为的报酬取得之物有别。行为人杀人后从雇凶者处得到的酬金或者物品，也不是行为对象。

犯罪对象与犯罪客体的关系较为密切：犯罪对象反映犯罪客体，犯罪客体制约犯罪对象。但二者存在明显区别：(1)犯罪客体决定犯罪性质，犯罪对象则未必。犯罪对象本身不是社会关系，而是具体物或者具体人。犯罪对象只有通过其所体现的犯罪客体才能确定某种行为构成什么罪。比如，同样是盗窃枕木，某甲盗窃的是备用的枕木，某乙盗窃的是正在使用中的枕木，那么前者只构成盗窃罪，后者则构成破坏交通设备罪，二者的区别就在于犯罪对象所体现的社会关系不同。(2)犯罪客体是任何犯罪构成的要件，犯罪对象则不一定是任何犯罪都不可缺少的，它仅仅是某些犯罪的必要要件。比如，盗窃罪，必须有盗窃行为指向的财物，否则就不可能构成此罪。但是，偷越国(边)境、参加黑社会性质组织等罪都没有对象可言。(3)任何犯罪都会使犯罪客体受到危害，而犯罪对象却不一定受到损害。例如，某家电视机被盗，受到侵犯的是主人对电视机的所有权关系，而电视机本身则未必受到损害；相反，盗窃犯总是要把电视机保护好，才能销赃或者自用。(4)犯罪客体是犯罪分类的基础，犯罪对象则不是。刑法分则规定的十类犯罪是根据犯罪客体来划分的，如果按犯罪对象则无法分类。因为同样的对象可能分属于不同类别的犯罪。例如，同是公共财产，盗窃、诈骗的，属于侵犯财产罪；贪污、受贿的，属于贪污、受贿罪。因为它不仅侵犯了公共财产所有权，而且侵犯了国家工作人员职务行为的廉洁性。由此可见，犯罪对象不能成为犯罪分类的根据与标准。当然，在同一类犯罪中，犯罪对象有时可以起到划分各种犯罪之间界限的作用。例如，在危害公共安全罪中，就是因为对象不同而划分出不同的罪。例如，破坏交通工具罪和破坏交通设施罪的区别，就在于对象不同。前者破坏的是飞机、火车、船舶等；后者破坏的是桥梁、隧道、铁轨之类。伪造货币罪和伪造国家有价证券罪的区别，也在于犯罪对象的不同。

第三节 犯罪客观要件

犯罪客观要件，是刑法规定的成立犯罪所必须具备的客观事实特征；它说明某种犯罪是通过什么行为、在什么情况下对刑法所保护的社会关系造成了什么危害，是成立犯罪所必须具备的要件。犯罪客观要件的内容首先是危害社会的行为，危害行为是一切犯罪的共同要件，任何犯罪的成立都必须有刑法规定的危害行为。除危害行为以外，危害结果、危害行为与危害结果之间的因果关系，也是客观方面的重要内容，但一般认为它们不是一切犯罪的共同要件，只是某些犯罪的构成要件。此外，某些分则条文还对许多犯罪规定了数额较大、情节严重或者情节恶劣的要求。

一、危害行为

“无行为则无犯罪也无刑罚”，因此，行为在现代刑法中居于基础性的地位。在我国刑法中，“行为”一词具有多种含义，有时把它作为犯罪的同义语使用，如《刑法》第13条规定的犯罪定义中使用的行为；有时把它看作纯粹的身体动静，如《刑法》第18条规定的精神病人的行为；有时它仅指人的意识和意志支配的身体动静，如《刑法》第15条规定的意外事件中的行为。危害行为，即犯罪构成客观方面的行为，是指由行为人意识和意志支配的危害社会的身体举止。

行为是对客观世界产生影响的身体活动，危害行为也是如此。危害行为的身体活动既包括举动，也包括静止。人的身体举止不限于四肢的举动，还包括诸如以目示、语言教唆、默示等有意义的动作。现代刑法只把行为作为惩罚对象，没有表现为身体举止的行为，就不可能对客观世界发生影响和危害社会。坚持危害行为的这一客观特征，对于防止惩罚思想的错误做法具有重要意义。

危害行为的具体表现形式多种多样，但概括起来无非是两种基本形式，即作为和不作为。

（一）作为

作为，即积极的行为，是指以积极的身体举动实施刑法所禁止的行为。作为是危害行为的主要形式，在我国刑法中绝大部分犯罪一般情况下通常以作为的形式实施，如故意杀人罪、放火罪等；许多犯罪只能以作为形式实施，如抢劫罪、盗窃罪、强奸罪等。刑法意义上的作为一般并不仅指一个单独的举动，而通常是由人的一系列举动所组成。如抢劫行为即包含接近被害人、实施暴力或威胁、劫取财物等动作。作为不仅指利用自己身体实施的积极举动，还包括利用他人、利用物质工具、利用动物乃至利用自然力实施的举动。如教唆幼童偷窃他人财物、使用剧毒物杀人、训练恶狗咬人、决水破坏农田等。

（二）不作为

不作为，即消极行为，是指行为人在能够履行自己应尽义务的情况下不履行该义务。从表现形式上看，不作为是消极的身体动作；从违反法律规范的性质上看，不作为不仅违反了刑法的禁止性规范，而且直接违反了某种命令性规范。例如，遗弃罪中的不提供扶养的行为，表现为拒绝扶养不具有独立生活能力的人，该行为不仅违反了《刑法》第261条的禁止性规范，而且直接违反了《民法典》中的命令性规范。成立不作为犯在客观上必须具备以下条件：

1.行为人有作为义务。作为义务的来源主要有：（1）法律、法规明文规定的义务。例如，我国《民法典》规定，夫妻有相互扶养的义务，父母对未成年子女有抚养的义务，成年子女对缺乏劳动能力或者生活困难的父母有赡养的义务。因此，拒不抚养、赡养的行为，可能构成不作为犯罪。（2）职务或者业务要求的义务。例如，国家机关工作人员有履行相应职责的义务，值勤的消防人员有消除火灾的义务，等等。（3）法律行为引起的义务。例如，合同行为、自愿接受行为等可能导致行为人负有实施一定积极行为的义务。（4）先行行为所引起的义务，即行为人因自己的行为导致发生一定危害结果的危险，从而产生的采取积极行动防止危害结果现实发生的义务。先行行为客观上创设了危险，行为人有义务阻止危险后果的发生。例如，因为过失，将他人拘禁在某一场所，但随后发现自己的失误，行为人就有义务使他人恢复自由，如果不释放被害人，使拘禁状态继续维持的，可以成立不作为犯罪。又如，因为开玩笑，误将朋友推到河中，后者迅速陷入漩涡中，行为人先前的危险创设行为就使其产生了救助义务，在有能力救助的场合，拒不救助的，可以成立不作为的故意杀人罪。

对先行行为能否产生作为义务，必须做实质判断，此时，需要考虑：其一，法益是否存在现实的危险？其二，先行行为是否创造、设置了这种危险？某些行为貌似先行行为，但由于其自身没有创设危险，不可能成为作为义务的来源。其三，行为人是否因为与被害者之间存在特殊关系而被社会期待履行保护义务？换言之，需要考虑法益面临的现实风险是否为行为人所亲自造成。

2.行为人能够履行特定义务。法律规范与法律秩序只是要求能够履行义务的人履行义务，而不会强求不能履行义务的人履行义务。至于行为人能否履行义务，则应从行为人履行义务的主观能力与客观条件两方面进行判断。

3.行为人不履行特定义务，造成或者可能造成危害结果。不作为的核心是行为人没有履行义务，行为人在应当履行义务而不履行义务的期间所实施的其他行为，不是该不作为的内容，也不影响不作为的成立。例如，锅炉工在当班时，故意不给锅炉加水，造成锅炉爆炸的事故，这就是不作为犯罪。至于锅炉工当班时实施了其他何种行为，则不是不作为的内容。不作为之所以能够成为与作为相并列的行为，在于它与作为一样，造成或者可能造成危害结果，或者说它与作为一样，侵害或者威胁了刑法保护的社会关系。反过来说，只有当行为人履行作为义务可以避免结果发生时，其不作为才可能成立犯罪。例如，司机过失造成了交通事故，导致被害人颅脑严重损伤，即使立即送往医院也不能挽救生命，或者被害人将立即死亡时，即使司机没有救助，也仅成立交通肇事罪，而不成立不作为的故意杀人罪。

符合上述条件的，就具备了不作为犯罪的客观要件。但是，有三点特别值得注意：第一，由于刑法分则的某些条文在描述行为时所使用的动词能否包括不作为也不一定明确，特别是不纯正不作为犯应与作为犯具有等价性，所以，在判断某种不作为是否成立犯罪时，需要慎重。第二，行为符合不作为犯罪的一般客观条件，并不直接成立犯罪，只有当某种不作为符合具体的犯罪构成才成立犯罪。不能以不作为的成立条件取代犯罪构成要件。因此，即使存在某种“不作为”，但并不符合具体犯罪的构成要件时，也不能认定为犯罪。第三，不要将作为犯等同于故意犯，将不作为犯等同于过失犯。作为与不作为是客观行为的表现形式；故意与过失是行为人的心理状态。不作为既可能成立故意犯，也可能成立过失犯；过失犯既可能表现为作为，也可能表现为不作为。

刑法理论一般将不作为犯罪分为两种类型：一是纯正不作为犯或真正不作为犯，即刑法明文规定只能由不作为构成的犯罪。二是不纯正不作为犯或不真正不作为犯，即行为人以不作为形式实施的通常为作为形式的犯罪。我国刑法理论认为，许多犯罪既可能由作为构成，也可能由不作为构成。这种情况下的不作为犯，就是不纯正不作为犯。例如，《刑法》第416条规定的不解救被拐卖、绑架的妇女、儿童罪，就是纯正不作为犯。再如，行为人以不作为的方式故意导致他人死亡的，则是不纯正不作为犯。

二、危害结果

危害结果，是指危害行为对犯罪客体即刑法所保护的社会关系所造成的实际损害或现实危险。例如，故意伤害罪的危害结果是致使他人的身体健康受到损害，妨害国境卫生检疫罪的危害结果是引起传染病的传播或造成传染病传播的严重危险。

（一）危害结果的特征

一般认为，危害结果是危害行为给刑法所保护的社会关系造成的具体侵害事实，如杀人行为造成他人死亡的事实、盗窃行为造成公私财产损失的事实，就是危害结果。危害结果具有以下特点：

1.因果性。危害结果是由危害行为造成的，危害行为是因，危害结果是原因引起的后果；不是危害行为造成的结果，就不是危害结果。由于危害结果是由危害行为造成的，故危害结果的性质取决于危害行为的性质。危害结果固然是危害行为引起的，但不能认为，任何危害行为都必然造成危害结果。

2.侵害性。危害结果是表明刑法所保护的社会关系遭受侵害的事实特征，因而是反映社会危害性的事实。当危害结果是犯罪构成要件时，它对犯罪的社会危害性起决定性作用；当危害结果不是犯罪构成要件时，它对犯罪的社会危害性程度也起很大影响作用。如果某种事实现象并不反映行为的社会危害性，即使它是危害行为造成的，也不能认为是危害结果。当然，危害结果与社会危害性不是等同的概念。

3.现实性。危害结果是危害行为已经实际造成的侵害事实。危害行为本身所具有的侵害社会关系的危险性，不是危害结果，而是行为的属性。但行为造成的现实危险状态，则有可能属于危害结果。

4.多样性。危害结果形形色色，多种多样。危害结果的多样性，是由危害行为的多样性、社会关系的复杂性、犯罪对象的多样性决定的。因此不同的危害结果在定罪量刑中所起的作用是不完全相同的。

（二）危害结果的种类

由于危害结果具有多样性，故有必要从不同角度进行分类，以便深入理解危害结果的内涵与意义。

1.属于构成要件要素的危害结果与不属于构成要件要素的危害结果。这是以危害结果是否属于具体犯罪构成要件要素为标准所作的分类。前者是指成立某一具体犯罪所必须具备的危害结果，或者说，该危害结果是具体犯罪客观要件的内容，如果行为没有造成这种结果，就不可能成立犯罪。例如，根据《刑法》第397条的规定，国家机关工作人员的滥用职权或者玩忽职守行为，只有造成了公共财产、国家与人民利益的重大损失，才构成滥用职权罪或者玩忽职守罪。这里的“重大损失”属于构成要件要素的危害结果。后者是指不是成立犯罪所必需的、构成要件之外的危害结果。这种危害结果是否发生及其轻重如何，并不影响犯罪的成立；只是在行为构成犯罪的基础上，对反映社会危害性程度起一定作用，因而影响法定刑是否升格以及同一法定刑内的量刑轻重。例如，抢劫罪的成立并不要求发生致人重伤、死亡的结果，故重伤、死亡不属于抢劫罪基本构成要件要素的危害结果，即使抢劫行为造成了他人重伤或者死亡，该结果也不属于基本构成要件的危害结果，但由于发生该结果的抢劫行为比未发生该结果的抢劫行为的社会危害性严重，故刑法对此规定了较重的法定刑。

2.物质性危害结果与非物质性危害结果。这是根据危害结果的现象形态所作的分类。前者是指现象形态表现为物质性变化的危害结果，它往往是有形的，可以具体认定和测量的，如致人死亡、致人伤害、毁损财物等，都是物质性结果。后者是指现象形态表现为非物质性变化的危害结果，它往往是无形的，不能或者难以具体认定和测量，如对人格的损害、名誉的毁损等，属于非物质性危害结果。

3.直接危害结果与间接危害结果。这是根据危害结果与危害行为的联系形式所作的分类。前者是危害行为直接造成的侵害事实，它与危害行为之间具有直接因果关系，即二者之间没有独立的另一现象作为联系的中介。后者是指危害行为间接造成的侵害事实，在危害行为与间接危害结果之间，存在独立的另一现象作为联系的中介。

（三）危害结果的意义

危害结果作为犯罪客观方面的一个重要因素，具有重要意义。

1.区分罪与非罪的标准之一。当危害结果是犯罪构成要件要素时，如果行为没有造成法定的危害结果，就不成立犯罪，过失犯罪便是如此。但由于危害结果并非一切犯罪的构成要件要素，故当危害结果不是构成要件要素时，危害结果是否发生便不影响犯罪的成立。例如，抢劫行为没有取得财物、没有致人伤亡时，仍然成立抢劫罪，只不过是预备、未遂或中止罢了。

2.区分犯罪形态的标准之一。不管人们以什么标准区分犯罪的既遂与未遂，但可以肯定的是，在通常情况下，只有发生了危害结果时，才可能成立犯罪既遂。例如，在故意杀人罪中，没有发生死亡结果的，不可能成立故意杀人既遂。

3.影响量刑轻重的因素之一。在一切犯罪中，危害结果对量刑都起影响作用。因为危害结果是反映社会危害性的事实现象，刑罚必须与犯罪的社会危害性相适应，所以，危害结果的发生与否、轻重如何，必然影响量刑。危害结果对量刑的影响作用表现为三种情况：(1)作为选择法定刑的根据。例如，《刑法》第234条根据伤害行为造成的结果不同，规定了三个幅度的法定刑。据此，故意伤害造成他人轻伤的，司法机关应选择3年以下有期徒刑、拘役或者管制这一法定刑；造成重伤的，应选择3年以上10年以下有期徒刑这一法定刑，如此等等。（2）作为法定的量刑情节。例如，中止犯没有造成损害的，应当免除处罚；造成损失的，应当减轻处罚。（3）作为酌定的量刑情节。当刑法没有将危害结果规定为法定刑升格的条件和法定量刑情节时，危害结果的情况便是酌定量刑情节。

三、行为的时间、地点与方法

对于大多数犯罪而言，刑法并没有要求行为人在特定的时间、地点，以特定方法实施，在此意义上说，行为的时间、地点、方法不是犯罪构成的共同要件。但有三点应当注意：第一，有的条文明文要求行为必须在特定的时间、地点或以特定的方法实施。例如，《刑法》第340条与第341条规定的非法捕捞水产品罪与非法狩猎罪，就将禁渔期、禁猎期、禁渔区、禁猎区、禁用的工具、方法等作为构成要件。第二，有的条文明确将特定的时间、地点、方法作为法定刑升格的条件或从重处罚的情节。例如，《刑法》第237条规定，在通常情形下犯强制猥亵、侮辱罪的，处5年以下有期徒刑或者拘役，而聚众或者在公共场所当众犯强制猥亵、侮辱罪的，处5年以上有期徒刑。第三，即使刑法没有明文将行为的时间、地点、方法规定为影响定罪与量刑的因素，行为的时间、地点与方法也会影响行为本身的社会危害性程度，因而成为量刑的酌定情节。

四、刑法上的因果关系

（一）刑法上因果关系的概念

我国刑法理论一般认为，刑法上的因果关系，是危害行为与危害结果之间的一种引起与被引起的关系。在发生了某种危害结果时，司法机关首先要确定谁的行为造成了该危害结果，然后进一步判断该行为是否符合犯罪构成，最后得出是否构成犯罪的结论。研究因果关系，显然不是研究危害行为与危害结果本身，而是研究如何确定某种危害结果是由某种危害行为造成的。

（二）刑法上因果关系的认定

如何认定刑法上的因果关系，是中外刑法理论界长期争论的问题，存在各种各样的学说。我国刑法理论以前采取的是必然因果关系说，即当危害行为中包含危害结果产生的根据，并符合规律地产生了危害结果时，危害行为与危害结果之间就是必然因果关系；只有这种必然因果关系，才是刑法上的因果关系。这一学说认为，因果关系具有以下特点：（1）作为某种原因的行为必须具有危害结果发生的实在可能性，这是该行为与危害结果之间具有因果关系的必要前提。所谓某种行为具有危害结果发生的实在可能性，是指该行为中存在使危害结果发生的客观根据；如果该行为不具有使危害结果发生的客观根据，那它就不是结果发生的原因，只能是结果发生的条件。（2）具有上述实在可能性还不能说明具有因果关系，只有当具有结果发生的实在可能性的某一现象已经合乎规律地引起某一结果的发生时，才能确定某一现象与所发生的结果之间具有因果关系。如果某一现象虽然有发生结果的实在可能性，但在某发展过程中，偶然地与另一因果性的锁链联系在一起，以致由另一现象合乎规律地产生这一结果时，那么，前一现象和所发生的结果之间就没有因果关系。（3）因果关系只能是在一定条件下的因果关系。因此，在确定某种行为与某种结果之间是否具有因果关系时，不能脱离该行为实施时的具体条件孤立地进行考察，而应联系当时的具体条件进行判断。

由于这种学说不能合理解释所有因果关系的成立情形，后来发展出了偶然因果关系说。该说的基本观点是，当危害行为本身并不包含产生危害结果的根据，但在其发展过程中，偶然介入其他因素，并由介入因素合乎规律地引起了危害结果时，危害行为与危害结果之间就是偶然因果关系，介入因素与危害结果之间是必然因果关系。必然因果关系与偶然因果关系都是刑法上的因果关系。该学说还认为，不能将条件与原因绝对分开，条件是相对于根据而言的，条件和根据都是原因，只是处于不同的等级和层次而已。从重要性来说，与根据相比，条件是次要的、第二位的，但就必要性来说，条件与根据都是不可缺少的。只有根据和条件相互作用，才能产生结果。只有根据没有条件，结果就不会发生，也就谈不上原因。

近年来，又出现了在国外审判实践中长期采用的条件说，即当危害行为与危害结果之间存在“没有前者就没有后者”的关系（条件关系）时，前者就是后者的原因。条件说还认为：（1）作为条件的行为必须是有导致结果发生可能性的行为，否则不能承认有条件关系。例如，甲劝说乙乘坐火车旅游，希望乙乘坐的火车倾覆而导致乙死亡。倘若果真如此，甲的劝说行为也不是乙死亡的条件，因为该行为不具有导致结果发生的可能性。（2）条件关系中的“结果”是指具体的、特定形态、特定规模与特定时间发生的结果。（3）条件关系是一种客观联系，与行为人预想的发展过程是否符合，并不影响条件关系的成立与否。（4）行为是结果发生的条件之一时便可认定条件关系，并非唯一条件时才肯定条件关系；在数个行为共同导致一个结果的情况下，如果除去一个行为结果将发生，除去全部行为结果将不发生，则全部行为都是结果发生的原因。例如，甲与乙没有意思联络，分别向丙的饮食中投放了100%致死量的毒药，而且毒药同时起作用，导致丙死亡。对此，应认为甲的行为与乙的行为都是结果发生的原因。（5）与前“条件”无关的后条件直接导致结果发生，而且即使没有前“条件”也将发生结果时，前“条件”与结果之间没有因果关系。例如，甲以杀人故意向乙的食物中投放了足以致死的毒药，但在该毒药还没有起作用时，与甲没有意思联络的丙开枪杀死了乙。甲的行为与乙的死亡之间，不存在没有前者就没有后者的条件关系，所以没有因果关系。（6）在因果关系的发展进程中，如果由于介入第三人独立、偶然的行为或者特殊自然事实导致了结果发生，那么，前一实行行为与结果之间就不存在因果关系。例如，甲驾车将乙撞死后逃逸，第三人丙拿走乙包中的贵重财物的，乙的财产损失与甲的肇事行为之间便不具有因果关系。

在认定因果关系时一定要注意以下几点：（1）因果关系只是研究某种行为是否是某种结果的原因，即所研究的是行为与结果之间的引起与被引起的关系，而不是对行为与结果本身的研究；由于危害行为本身具有法定性，故不能以因果关系的认定取代对危害行为本身的认定。（2）因果关系是一种客观联系，不以人的意志为转移，行为人是否认识到了自己的行为可能发生危害结果，不影响对因果关系的认定；因果关系又是一种特定条件下的客观联系，不能离开客观条件认定因果关系，行为人是否认识到了特定条件，不能左右对因果关系的认定。（3）一个危害结果完全可能由数个危害行为造成，因此，在认定某种行为是某种危害结果的原因时，不能轻易否认其他行为同时也是该结果发生的原因；反之，一个危害行为可能造成数个危害结果。所以，在认定某种行为造成了某一危害结果时，也不要轻易否认该行为同时造成了其他危害结果。（4）在大量案件中，存在条件关系就可以得出因果关系存在的结论。但是，在行为人的行为实施后，介入了第三人或被害人的行为而导致结果发生的场合，还应该在判断条件关系之后，再进行实质的相当性判断，即判断某种结果是否是行为人的行为所造成时，就应当考察行为人的行为导致结果发生的可能性的大小、介入情况的异常性大小以及介入情况对结果发生作用的大小，从而在实质上考察某一结果能否被认定为是行为人行为的结果。例如，甲以杀人故意对乙实施暴力行为，导致乙身体重伤，乙前往医院途中，被丙驾驶的汽车撞死。由于介入了丙的异常行为，而且由丙的行为导致了乙的死亡，甲的行为与乙的死亡之间没有因果关系。再如，A以杀人故意对B实施暴力，导致B遭受濒临死亡的重伤。B在医院接受治疗时，医生C存在轻微的过失，未能挽救B的生命。由于A的行为导致死亡结果的危险性大，而介入情况（轻微过失）对死亡结果发生的作用小，故应认定A的行为与B的死亡之间具有因果关系。（5）在结果是由被害人自己的行为所引起的场合，行为人的行为与结果之间没有因果关系。

(三)不作为犯的因果关系

现在的刑法理论一般肯定不作为与危害结果之间具有因果关系。一方面，从权利义务的关系上来看，如果义务主体不履行义务，权利主体就不能享受权利，从而使法律关系受到侵害。不作为正是因为行为人负有特定义务而不履行义务，才使法律关系遭受破坏，造成具体的危害结果。另一方面，作为与危害结果之间的关系一般表现为：如果没有该行为，危害结果便不会发生，故该作为是原因。不作为与危害结果之间的关系则表现为：如果行为人履行义务，危害结果“十之八九”不会发生，故不履行义务是原因；正是因为行为人没有履行其应当履行的义务，所以发生了危害后果。由此一来，不作为犯其实也符合“没有前者就没有后者”的条件关系公式。例如，根据《刑法》第416条第1款的规定，对被拐卖、绑架的妇女、儿童负有解救职责的国家机关工作人员，在接到被拐卖、绑架的妇女、儿童及其家属的解救要求或者接到其他人的举报时，如果对被拐卖、绑架的妇女、儿童进行解救，就不会造成严重后果的，不解救行为与危害结果之间的因果关系就可以确定。

(四)刑法上的因果关系与刑事责任

肯定因果关系不等于行为人有罪。认定某种行为与某种危害结果之间具有因果关系，只是确立了行为人的行为造成了特定危害结果。一方面，行为人的行为与所造成的结果在客观上是什么性质，在刑法上属于何种类型，这不是因果关系所能解决的问题，需要根据刑法的规定判断行为与结果的性质。另一方面，应否负刑事责任不仅取决于客观事实，还取决于行为人对自己行为及所造成的结果的心理状态；在具有因果关系的情况下，行为人可能没有刑法所要求的故意与过失，因而不可能追究行为人的刑事责任。所以，有因果关系不等于有刑事责任。例如，甲因琐事与乙发生争执，向乙的胸部猛推一把，导致乙心脏病发作，救治无效而死亡的，甲的行为与乙的死亡之间存在条件关系，但是，如果甲对乙的异常体质并不知情，对死亡结果的发生没有预见可能性，就不应当承担过失致人死亡罪的刑事责任，而应认定甲无罪。

第四节　犯罪主体

一、犯罪主体概述

犯罪主体要件由刑法明文规定。刑法总则规定了犯罪主体的一般要件，例如，《刑法》第17条对犯罪主体的年龄条件（刑事责任年龄）作了规定，第18条对辨认控制能力（刑事责任能力）作了规定；刑法分则的部分条文规定了犯罪主体的特殊要件，如有的条文规定犯罪主体必须是国家机关工作人员，有的条文规定犯罪主体必须是现役军人等。犯罪主体要件是实施犯罪行为的人本身必须具备的条件，包含人的自然属性（如年龄、性别等）与社会属性（身份、单位的性质等）的条件。

根据刑法的规定，犯罪主体分为两类，即自然人犯罪主体与单位犯罪主体。因此，犯罪主体要件也相应地分为自然人犯罪主体要件与单位犯罪主体要件。自然人犯罪主体又分为两种情况：一般犯罪主体与特殊犯罪主体。单位犯罪主体也可以分为两种情况：无特别限定的企业、事业单位、机关、团体与特定的企业、事业单位、机关、团体。这里仅论述自然人犯罪主体的条件，单位犯罪在第七章专门论述。

二、自然人犯罪主体

自然人犯罪主体的一般要件是：达到刑事责任年龄，具有刑事责任能力。但某些犯罪除了要求行为人具有这两个条件外，还必须具有特殊身份。

(一)刑事责任年龄

1.刑事责任年龄的概念。刑事责任年龄，是指刑法所规定的，行为人实施刑法所禁止的犯罪行为所必须达到的年龄。如果行为人没有达到刑事责任年龄，其实施的行为就不可能成立犯罪，故刑事责任年龄事实上是犯罪年龄。达到刑事责任年龄，是自然人犯罪主体必须具备的条件之一。

2.刑事责任年龄的规定。我国刑法基于我国的政治、经济、文化的发展水平，少年儿童接受教育的条件，依据我国的地理、气候条件，根据国家对少年儿童的政策，对刑事责任年龄作了如下规定：(1)不满12周岁的人，一律不负刑事责任，即不满12周岁的人所实施的任何行为，都不构成犯罪。刑法理论称为绝对无刑事责任时期或完全无刑事责任时期。(2)已满12周岁不满14周岁的人，犯故意杀人罪、故意伤害罪，致人死亡或者以特别残忍手段致人重伤造成严重残疾，情节恶劣，经最高人民检察院核准追诉的，应当负刑事责任。(3)已满14周岁不满16周岁的人，犯故意杀人、故意伤害致人重伤或者死亡、强奸、抢劫、贩卖毒品、放火、爆炸、投放危险物质罪的，应当负刑事责任。第(2)(3)项属于相对负刑事责任时期。刑法作这样的限定，除考虑犯罪的严重性之外，还考虑了犯罪的常发性。还有一些犯罪或许重于这里所列举的犯罪，但由于处于这一年龄阶段的人不可能实施或者很少实施，刑法未作规定。《刑法》第17条第2款规定的八种犯罪，是指具体犯罪行为而不是具体罪名。“犯故意杀人、故意伤害致人重伤或者死亡”，是指只要故意实施了杀人、伤害行为并且造成了致人重伤、死亡后果的，都应负刑事责任。对司法实践中出现的已满14周岁不满16周岁的人绑架人质后杀害被绑架人，拐卖妇女、儿童而故意造成被拐卖妇女、儿童重伤或死亡的行为，依据刑法是应当追究其刑事责任的；已满14周岁不满16周岁的人奸淫幼女，或者在拐卖妇女、儿童的过程中，强奸妇女或者奸淫幼女的，也应追究刑事责任。例如，15周岁的甲绑架他人后故意杀害他人的，应以故意杀人罪追究刑事责任；其他已满16周岁的共同犯罪人则应当构成绑架罪，共同犯罪人的罪名虽然不同，但不影响共犯关系的成立。但是，已满14周岁不满16周岁的人参与绑架他人，(过失)致使被绑架人死亡的，不负刑事责任。15周岁的乙在拐卖妇女的过程中强奸妇女的，应以强奸罪追究刑事责任。但是，已满14周岁不满16周岁的人偶尔与幼女发生性行为，情节轻微、未造成严重后果的，不认为是犯罪。已满14周岁不满16周岁的人盗窃、诈骗、抢夺他人财物，为窝藏赃物、抗拒抓捕或者毁灭罪证，当场使用暴力，故意伤害致人重伤或者死亡，或者故意杀人的，应当分别以故意伤害罪或者故意杀人罪定罪处罚。已满14周岁不满16周岁的人使用轻微暴力或者威胁，强行索要其他未成年人随身携带的生活、学习用品或者钱财数量不大，且未造成被害人轻微伤以上或者不敢正常到校学习、生活等危害后果的，不认为是犯罪。(4)已满16周岁的人犯罪，应当负刑事责任。即已满16周岁的人对一切犯罪承担刑事责任，此即完全负刑事责任时期。(5)不满18周岁的人犯罪，应当从轻或者减轻处罚。此外，《刑法》第17条之一规定：“已满七十五周岁的人故意犯罪的，可以从轻或者减轻处罚；过失犯罪的，应当从轻或者减轻处罚。”

除上述规定之外，《刑法》第17条第5款还规定，因不满16周岁不予刑事处罚的，责令其父母或者其他监护人加以管教；在必要的时候，依法进行专门矫治教育。

关于刑事责任年龄，有以下问题值得注意：(1)年龄的计算。刑法所规定的年龄，是指实足年龄，不是指虚岁。实足年龄以日计算，并且按照公历的年、月、日计算，例如，已满14周岁，是指过了14周岁生日，从第二天起，才是已满14周岁。(2)行为跨年龄段的处理。对于不满12周岁实施危害行为，一直延续到成年时期的，只能追究其达到刑事责任年龄阶段以后的行为的责任。行为人已满16周岁后实施了危害社会的行为，在已满12周岁不满16周岁时也实施过同样的行为，如果行为属于《刑法》第17条第2款和第3款所规定的犯罪，应一并追究，否则，只能追究已满16周岁以后实施的行为。(3)年龄计算的基准。在行为实施和结果发生有较长的时间间隔的场合，需要讨论是按照行为时，还是按照结果发生时计算年龄的问题。例如，行为人实施故意伤害行为时差一天满12周岁，发生死亡结果时已满12周岁的，是否可以根据《刑法》第17条第3款追究其刑事责任？比较合理的见解是：对年龄应以行为发生时为基准进行判断。理由在于：犯罪是表现于外的行为，责任能力是辨认、控制自己行为的能力，所以，辨认、控制能力必须是行为当时的能力。当然，如果行为人实施一定身体动作以后，具有防止结果发生的义务，就应根据不作为犯罪的发生时间计算年龄。

（二）刑事责任能力

1.刑事责任能力的概念。刑事责任能力，是指行为人对自己行为的辨认能力与控制能力。辨认能力，是指行为人认识自己特定行为的性质、结果与意义的能力；控制能力，是指行为人支配自己实施或者不实施特定行为的能力。辨认能力与控制能力密切联系。辨认能力是控制能力的基础和前提，没有辨认能力就谈不上有控制能力。控制能力则反映辨认能力。有控制能力通常表明行为人具有辨认能力。但在某些情况下，有辨认能力的人可能由于某种原因而丧失控制能力。所谓具有刑事责任能力，是指同时具有辨认能力与控制能力；如果缺少其中一种能力，则属于没有刑事责任能力。

2.刑事责任能力的认定。达到刑事责任年龄的人通常具有刑事责任能力，故刑事责任能力的判断只是一种消极判断。在判断行为人的刑事责任能力时，需要注意以下问题：(1)对于无责任能力的判断，应同时采用医学标准与心理学标准。即首先判断行为人是否患有精神病，其次判断是否因为患有精神病而不能辨认或者不能控制自己的行为。前者由精神病医学专家鉴定，后者由司法工作人员判断。司法工作人员在判断精神病人有无责任能力时，除了以精神病医学专家的鉴定意见为基础外，还应注意以下几点：第一，要注意审查精神病的种类以及程度轻重，因为精神病的种类与程度轻重对于判断精神病人是否具有责任能力具有极为重要的意义。第二，要在精神病人的左邻右舍调查其言行与精神状况。第三，要进一步判断精神病人所实施的行为与其精神病之间有无直接联系。(2)间歇性精神病人在精神正常的时候犯罪的，应当负刑事责任。即间歇性精神病人实施行为的时候，如果精神正常，具有辨认控制能力，就应当追究其刑事责任；反之，如果实施行为的时候，精神不正常，不具有辨认控制能力，该行为便不成立犯罪，因而不负刑事责任。由此可见，间歇性精神病人的行为是否成立犯罪，应以其实施行为时是否具有责任能力为标准，而不是以侦查、起诉、审判时是否精神正常为标准。(3)尚未完全丧失辨认或者控制自己行为能力的精神病人犯罪的，应当负刑事责任，但是可以从轻或者减轻处罚。(4)醉酒的人犯罪应当负刑事责任。(5)又聋又哑的人或者盲人犯罪，可以从轻、减轻或者免除处罚。

（三）特殊身份

特殊身份，是指行为人在身份上的特殊资格，以及其他与一定的犯罪行为有关的、行为人在社会关系上的特殊地位或者状态，如亲属关系、国家工作人员等。这些特殊身份不是自然人犯罪主体的一般要件，只是某些犯罪的自然人主体必须具备的要件。

特殊身份必须是行为人开始实施犯罪行为时就已经具有的特殊资格或已经形成的特殊地位或者状态，因为实施犯罪才在犯罪活动或者犯罪组织中形成的特殊地位（如首要分子）不是特殊身份。特殊身份是行为人在人身方面的特殊资格、地位或状态，并具有一定的持续性。因此，特定犯罪目的与动机等心理状态，不宜归入特殊身份。特殊身份总是与一定的犯罪行为密切联系的，与犯罪行为没有联系的资格等情况，不是特殊身份。例如，在叛逃罪中，国籍以及是否为国家工作人员与犯罪行为有密切联系，属于特殊身份，但在故意杀人罪中，国籍以及是否为国家工作人员与犯罪行为没有密切联系，因而不是特殊身份。特殊身份既可能是终身具有的身份，也可能是一定时期或临时具有的身份，这取决于身份的类型与刑法的规定。特殊身份既可能是由于出生等事实关系所形成的身份，如亲属关系；也可能是由于法律规定所形成的身份，如证人、依法被关押的罪犯；还可能是同时由于事实关系与法律规定所形成的身份，对于年老、年幼、患病或者其他没有独立生活能力的人负有扶养义务的人，一方面有基于亲属关系所形成的自然身份，另一方面也有基于法律规定的法定身份。

根据我国刑法分则的规定，特殊身份主要包括以下几类：(1)以特定公职为内容的特殊身份，如司法工作人员、邮政工作人员、税务机关工作人员等国家工作人员；(2)以特定职业为内容的特殊身份，如航空人员、铁路职工、医务人员等；(3)以特定法律义务为内容的特殊身份，如纳税人、扣缴义务人等；(4)以特定法律地位为内容的特殊身份，如证人、鉴定人、记录人、翻译人等；(5)以持有特定物品为内容的特殊身份，如依法配备公务用枪的人员等；(6)以参与某种活动为内容的特殊身份，如投标人、公司发起人等；(7)以患有特定疾病为内容的特殊身份，如严重性病患者；(8)以居住地和特定组织成员为内容的特殊身份，如境外黑社会组织的人员等。

作为犯罪主体要件的特殊身份，只是针对该犯罪的实行犯而言，至于教唆犯与帮助犯，则不受特殊身份的限制。例如，贪污罪的主体必须是国家工作人员或者受国家机关、国有公司、企业、事业单位、人民团体委托管理、经营国有资产的人员，但这只是就实行犯而言，不具有上述特殊身份的人教唆或者帮助具有上述特殊身份的人犯贪污罪的，成立共犯。又如，受贿罪的实行犯必须是国家工作人员，但国家工作人员的亲属等非国家工作人员，可以成为受贿罪的共犯。

第五节　犯罪主观要件

一、犯罪主观要件概述

犯罪主观要件，是指刑法规定成立犯罪必须具备的、犯罪主体对其实施的危害行为及其危害结果所持的心理态度。这里的“主观”，是反映支配行为人外在活动的主观意识。犯罪心理态度的基本内容是故意与过失（合称为罪过），此外还有犯罪目的与动机。罪过属于心理态度的范畴，具有心理学的内容：它由认识因素与意志因素构成，认识因素与意志因素直接反映行为人的情感态度。罪过又是一个法学概念，具有刑法学的意义：它是犯罪主体对自己实施的危害行为及其危害结果所持的心理态度，它直接反映行为人对刑法所保护的社会关系的悖反态度。罪过与犯罪客观要件密切联系：罪过是对危害行为与危害结果的故意与过失；罪过必须表现在一定的危害行为中；罪过只能是行为时的心理态度，罪过的有无以及罪过形式与内容都应以行为时为准，而不以行为前或行为后为准。刑法总则明文规定了故意与过失的含义，任何犯罪的成立都要求行为人主观上具有故意或者过失；不具有故意与过失的行为，称为无罪过事件，不可能成立犯罪。

二、犯罪故意

根据《刑法》第14条第1款的规定，犯罪故意是指明知自己的行为会发生危害社会的结果，并且希望或者放任这种结果发生的一种心理态度。犯罪故意包括认识因素和意志因素两个方面的内容。

（一）犯罪故意的认识因素

犯罪故意的认识因素是指行为人明知自己的行为会发生危害社会的结果的心理态度。换言之，行为人认识到了自己的行为及结果是具有社会危害性的。具备这种认识因素是犯罪故意与一般心理活动的故意的根本区别之所在。犯罪故意的认识因素是对犯罪构成客观事实特征的认识，具体包括以下几方面的内容：(1)对犯罪客体或犯罪对象情况的认识。认识某种犯罪客体的事实情况，是成立某种犯罪故意的条件之一。如果行为人没有认识到其行为所侵犯的客体，就不可能具备该种犯罪故意。如行为人误把人认作兽而杀害，即没有杀人故意。在犯罪对象作为犯罪构成要件之一的犯罪中，成立该种犯罪故意，还必须具备对该种对象的认识。如构成盗窃枪支弹药罪，行为人必须知道其盗窃的是枪支弹药。如果行为人以为是一般财物而盗窃，事后才知是枪支弹药的，其只有一般盗窃罪的故意而没有盗窃枪支弹药罪的故意。当然，其行为也就不构成盗窃枪支弹药罪。(2)对行为性质的认识。行为人只有认识到自己行为的实际性质，才有可能认识到该行为所产生的危害结果。对行为性质的认识包括对其行为的内容、作用的认识。行为人在对其行为内容、作用有所认识的基础上才会认识到其行为具有可能引起一定危害结果发生的社会危害性。对行为性质的认识是否包括对行为违法性的认识？这是一个理论上存在较大分歧的问题。根据我国的实际情况，一般来说，认识到行为会发生危害社会的结果因而具有社会危害性，自然也会知道这种行为是法律所禁止的。所以没有必要把违法性认识作为犯罪故意的内容，以防止行为人借此逃避制裁。但如果行为人确实因不知道其行为违法并使其因此不可能知道其行为会发生危害社会的结果，则不应认为其有犯罪故意。(3)对危害结果的认识。对危害结果的认识是犯罪故意认识因素中最根本的内容。只有行为人对其行为会发生危害社会的结果有所认识，其对行为性质等其他客观事实情况的明知也才具有了刑法意义。而行为人对危害结果有所认识，也必然体现出其对行为性质等情况是清楚的。在一些行为性质相似，造成同样后果的案件中，行为对结果的认识与否，直接决定了行为构成何种性质的犯罪，如故意伤害致死与故意杀人。当然对危害结果的认识并不排斥对行为性质等情况的认识，对后者的认识也是检验对前者认识与否的重要标志。

故意是认识因素与意志因素的统一。一般而言，认识到行为会发生危害社会的结果，就认识到自己行为的社会危害性，自然会认识到自己的行为是法律所禁止的。因此，“不知法者不免责”，不允许行为人以没有认识到自己的行为违法为借口逃避法律制裁。故意的认识内容包括认识到自己行为的性质或社会意义，否则行为人就不会认识到自己行为的社会危害性。贩卖淫秽物品时，只有认识到自己所贩卖的物品具有淫秽性，才是对行为的社会意义的认识，才会认识到自己行为的社会危害性。如果不懂外文的行为人只认识到自己在贩卖外文书刊，没有认识到该外文书刊的淫秽性，就缺乏对行为的社会危害性的认识，因而不具有贩卖淫秽物品牟利罪的故意。有些犯罪的对象是特定的，需要行为人对此有所认识。例如，贩卖毒品罪的成立，要求行为人认识到贩卖的对象是毒品，否则，不成立故意。

（二）犯罪故意的意志因素

犯罪故意的意志因素，是指行为人希望或者放任危害结果发生的心理态度。犯罪故意的意志因素是行为人在明知自己的行为会发生危害社会的结果的基础上仍决意实施这种行为的主观心理态度，因此，认识因素是构成犯罪故意的前提和基本条件，意志因素则是构成犯罪故意的决定性因素，是认定犯罪故意的主要依据。

犯罪故意的意志因素包括希望和放任两种形式。希望，表明行为人积极追求危害结果发生的态度，这种犯意明显而坚决；放任，表明行为人虽不追求但有意纵容危害结果发生的态度，这种犯意较为模糊而随意。二者体现出来的主观恶性程度有所不同。依不同标准，对犯罪故意可以作多种分类。

根据《刑法》第14条第1款的规定，犯罪故意可分为以下两种类型：

1.直接故意。直接故意是指行为人明知自己的行为会发生危害社会的结果，并且希望这种结果发生的心理态度。根据认识因素的不同内容，直接故意又可以区分为两种情况：一种是行为人明知自己的行为必然发生危害社会的结果，并且希望这种结果发生的心理态度；另一种是行为人明知自己的行为可能发生危害社会的结果，并且希望这种结果发生的心理态度。在实践中，绝大多数犯罪都是出于故意而实施的，而在故意犯罪中，主要的又是直接故意犯罪。直接故意犯罪由于行为人对危害结果发生持希望态度，因此在犯罪实行过程中，行为人犯罪目的都是明确的，而且多具有较强的意志力，对所遇到的困难或阻力多会想方设法排除以实现犯罪目的。因此，直接故意具有较大的主观恶性。

2.间接故意。间接故意是指行为人明知自己的行为可能发生危害社会的结果，并且有意放任，以致发生这种结果的心理态度。与直接故意不同，间接故意的认识因素只是指行为人认识到自己的行为可能发生危害社会的结果，而不包括认识到自己的行为必然发生危害社会的结果。因为放任是以行为人认识到危害结果具有可能发生也可能不发生这种或然性为前提的，如果行为人已认识到自己的行为必然发生危害结果而又决意实施的，则根本不存在放任的可能，其主观意志只能是属于希望结果发生的直接故意。间接故意的意志因素，是指行为人对危害结果的发生，不希望、不积极追求，而是抱着听之任之的态度，即不管发生与否，都不违背其意志。正因如此，危害结果的实际发生是认定间接故意的必要条件。如果没有发生危害结果，就不能认定行为人具有放任危害结果发生的心理态度。

间接故意在实践中一般通过以下三种情况表现出来：一是行为人为追求某一犯罪目的而放任了另一危害结果的发生，如甲为放火烧乙的房屋而放任了将睡在房中的乙烧死；二是行为人为追求某一非犯罪目的而放任某一危害结果发生，如甲为打一野兔而置正在附近采摘果实的某乙于不顾，并开枪击中某乙致死；三是突发性犯罪中行为人不计后果放任某种严重危害结果的发生，如某甲因违法犯罪被某乙当场抓获，为挣脱逃跑，某甲掏出匕首向某乙刺去，致某乙心脏被刺破伤重而死。以上三种情况中，行为人对被害人死亡结果的发生，都是持间接故意的心理态度。

（三）故意的认定

对犯罪故意的理解与认定除了掌握上述种类与特征外，还要注意以下几点：

1.要将犯罪故意与一般生活意义上的“故意”相区别。犯罪故意具有社会危害性的特定内容，具体表现为对自己实施的危害行为及其危害结果的认识与希望或放任态度，而一般生活意义上的“故意”只是表明行为人有意识地实施某种行为。例如，行为人为了抽烟而划火柴但因疏忽造成火灾的，不能认定为故意犯罪；其划火柴的“故意”不是刑法上的犯罪故意。

2.要将犯罪故意与单纯的认识或者单纯的目的相区别。故意是认识因素与意志因素的统一。因此，既不能用意志因素代替故意，也不能用认识因素代替故意。用“具有……目的”代替犯罪故意时，可能将间接故意排除在故意之外；用“认识到……”代替故意时，可能将过失归入故意。这都是不妥当的。

3.要将总则条文规定的“明知”与分则条文规定的“明知”相区别。刑法总则规定犯罪故意的认识因素是“明知”自己的行为会发生危害社会的结果，刑法分则某些条文对犯罪规定了“明知”的特定内容（参见《刑法》第312条）。这两种“明知”既有联系又有区别。总则上的“明知”是故意的一般构成要素，分则上的“明知”是故意的特定构成要素；只有具备分则中的“明知”，才能产生总则中的“明知”，但分则中的“明知”不等于总则中的“明知”，只是总则中的“明知”的前提。

4.要将合理推定与主观臆断相区别。这里的推定是指根据客观事实推导行为人的心理状态。客观事实是检验行为人心理状态的根据，通过运用证据而得出结论与通过推定而得出结论这种手段之间的区别仅仅是一种程度上的区别。司法机关可以运用推定方法证明行为人有无故意心理状态，如根据行为人接受赃物的时间、地点、品种、数量、价格等推定行为人是否明知是犯罪所得的赃物。当然，推定必须以客观事实为根据，这是与主观臆断的区别所在；推定时应允许被告人提出相反证据以克服推定在特殊情况下的虚假性；推定方法只应在“故意”有无不清，又无法找出证据证明时加以运用，不得一概以推定方法代替调查取证。

（四）事实认识错误

故意是认识因素与意志因素的统一，因此，对客观事实的认识错误就可能影响故意。错误是指行为人的认识与实际情况不一致。对事实的认识错误分为具体的事实认识错误与抽象的事实认识错误。

1.具体的事实认识错误，是指行为人认识的事实与实际发生的事实虽然不一致，但没有超出同一犯罪构成的范围，即行为人只是在某个犯罪构成的范围内发生了对事实的认识错误，因而也被称为同一犯罪构成内的错误。具体的事实错误主要包括对象错误、打击错误与因果关系的错误。对于具体的事实错误，存在具体的符合说与法定的符合说的争论。前者认为，行为人所认识的事实与实际发生的事实具体地相一致时，才成立故意的既遂犯；后者认为，行为人所认识的事实与实际发生的事实，只要在犯罪构成范围内是一致的，就成立故意的既遂犯。我国的刑法理论采取法定符合说。

（1）对象错误，是指行为人误把甲对象当作乙对象加以侵害，而甲对象与乙对象体现相同的法益，行为人的认识内容与客观事实仍属同一犯罪构成的情况。例如，行为人本欲杀甲，黑夜里误将乙当作甲进行杀害。根据法定符合说，刑法规定故意杀人罪是为了保护人的生命，而不只是保护特定的甲或者特定乙的生命。因此，只要行为人主观上想杀人，而客观上又杀了人，那么就符合故意杀人罪的构成要件，成立故意杀人罪的既遂。而根据具体符合说，由于行为人本欲杀甲，而客观上却杀害了乙，二者没有具体地相符合，行为人对甲应成立故意杀人未遂，对乙应成立过失致人死亡。但现在的具体符合说论者也都认为，这种对象错误并不重要，因而不影响故意犯罪既遂的成立。所以，就这种对象错误而言，具体符合说与法定符合说的结论完全相同。

（2）打击错误（也称“方法错误”），是指由于行为本身的差误，导致行为人所欲攻击的对象与实际受害的对象不一致，但这种不一致仍然没有超出同一犯罪构成。例如，行为人举枪射击甲，但因没有瞄准而击中了乙，导致乙死亡。

甲本欲枪杀乙，但由于未能瞄准，将乙身旁的丙杀死，这一错误属于打击错误。对此，法定符合说认为，因为甲对故意杀人罪中的“人”（乙是人）存在认识，故其具有杀人故意，对丙的死亡成立故意杀人既遂。但是，根据具体符合说，因为甲的内心只有杀害乙的故意，没有杀害丙的故意，有杀害乙的故意不等于有杀害丙的故意，甲所认识的事实与实际发生的事实不能具体地一致，故对丙的死亡不能认定甲构成故意杀人罪，只成立过失致人死亡罪；甲成立杀乙的故意杀人未遂与对丙的过失致人死亡罪，按照想象竞合犯从一重罪处断原则，应以故意杀人罪未遂处理。

在具体的事实认识错误中，对于对象错误，无论是采取法定符合说还是现在的具体符合说，最终结论并无不同；但是，对于打击错误，采取法定符合说或具体符合说，案件的处理结论会有所不同。因此，严格区分对象错误与打击错误，有其特殊意义。一般认为，对象错误与打击错误的区分在于，对象错误属于主观认识错误，行为人对行为所指向的对象存在主观认识错误；而打击错误属于客观结果错误，行为人对行为所指向的对象不存在主观认识错误，错误的结果是由行为方法等客观因素造成的。例如，甲本欲电话诈骗乙，但拨错了号码，对接听电话的丙实施了诈骗的，甲是在主观上出现了错误，以为在诈骗乙，实际上却诈骗了丙，这属于对象错误，不是打击错误。对于同一构成要件范围内的对象认识错误，无论是按照法定符合说（甲认识到自己在诈骗被害人的财物，至于被害人是乙还是丙并不重要），还是按照现在的具体符合说（甲明确认识到自己正在诈骗接听电话的“那个人”的财物），都存在诈骗故意，成立诈骗罪既遂。

（3）因果关系的错误，是指侵害的对象没有错误，但造成侵害的因果关系的发展过程与行为人所预想的发展过程不一致，以及侵害结果推后或者提前发生的情况。因果关系的错误主要有三种情况：狭义的因果关系的错误、事前故意与构成要件的提前实现。

狭义的因果关系的错误，是指结果的发生不是按照行为人对因果关系的发展所预见的进程来实现的情况。例如，甲以杀人的故意用刀刺杀乙，使乙受伤，但乙为血友病患者，因流血过多而死亡。再如，甲为了使乙溺死而将乙推入井中，但井中没有水，乙摔死在井中。又如，甲以杀人故意向乙开枪射击，乙为了避免子弹打中自己而后退，结果坠入悬崖而死亡。要解决因果关系的认识错误问题，关键是要明确故意的成立所要求的对因果关系的认识，是一种什么程度的认识。只要行为人对因果关系的基本部分有认识即可，而不要求对因果关系发展的具体样态有明确认识。所以，行为人对因果关系发展的具体样态的认识错误，不影响故意犯罪既遂的成立。换言之，指向同一结果的因果关系发展过程的错误，在犯罪构成的评价上并不重要，因为既然行为人具有实现同一结果的故意，现实所发生的结果与行为人所实施的行为也具有因果关系，就必须肯定行为人对现实所产生的结果具有故意，因而成立故意犯罪既遂。

事前的故意，是指行为人误认为第一个行为已经造成结果，出于其他目的实施第二个行为，实际上是第二个行为才导致预期的结果的情况。例如，甲以杀人故意对乙实施暴力（第一行为），造成乙休克后，甲以为乙已经死亡，为了隐匿罪迹，将乙扔至水中（第二行为），实际上乙是溺死于水中。刑法理论上对这种情况有多种处理意见：第一种观点认为，行为人的第一行为成立故意杀人未遂，第二行为成立过失致人死亡罪；其中有人认为成立想象竞合犯，有人主张成立数罪。但以杀人的故意杀害了所要杀害的人，却成立杀人未遂，违反了社会的一般观念。第二种观点认为，如果在实施第二行为之际，对于死亡持未必的故意（或间接故意），则整体上成立一个故意杀人既遂；如果在实施第二行为之际，相信死亡结果已经发生，则成立故意杀人未遂与过失致人死亡罪。但行为的客观事实完全相同，只因行为人是否误信结果发生，来决定是否将行为分割为两个行为，还缺乏理由。第三种观点认为，将两个行为视为一个行为，将支配行为的故意视为概括的故意，只成立一个故意杀人既遂。第四种观点认为，将前后两个行为视为一体，视为对因果关系的认识错误处理，只要因果关系的发展过程是在相当的因果关系之内，就成立一个故意杀人既遂。通常认为，在这种场合，第一行为与死亡结果之间的因果关系并未中断，即仍应肯定第一行为与结果之间的因果关系，而且现实所发生的结果与行为人意欲实现的结果完全一致，故应以故意犯罪既遂论处。

犯罪构成要件的提前实现，是指提前实现了行为人所预想的结果。例如，甲准备使乙吃安眠药熟睡后将其绞死，但未待甲实施绞杀行为时，乙由于吃了过量的安眠药而死亡。再如，甲准备将乙的贵重物品搬至院墙外毁坏，但刚拿起贵重物品时，贵重物品从手中滑落而摔坏。要认定这种行为是否成立故意犯罪既遂，关键在于行为人在实施第一行为时，是否已经着手实行，如果能得出肯定结论，则应认定为故意犯罪既遂，如果得出否定结论，则否认故意犯罪既遂。

2.抽象的事实认识错误，是指行为人所认识的事实与现实所发生的事实，分别属于不同的犯罪构成；或者说，行为人所认识的事实与所发生的事实跨越了不同的犯罪构成，因而也被称为不同犯罪构成间的错误。抽象的事实错误只有对象错误与打击错误两种情况：前者是指，行为人误把甲对象当作乙对象加以侵害，而甲对象与乙对象体现不同的法益，分属不同的犯罪构成。例如，行为人本欲盗窃一般财物，却误将枪支当作一般财物进行盗窃。这种认识错误超出了犯罪构成的范围，行为人所认识的事实（盗窃财物）与现实所发生的事实（盗窃枪支）分别属于不同的犯罪构成。后者是指，由于行为本身的差误，导致行为人所欲攻击的对象与实际受害的对象不一致，而且这种不一致超出了同一犯罪构成。例如，行为人本欲射击乙，但因没有瞄准，而将乙身边价值近万元的宠物打死。同样，行为人所认识的事实（杀人）与现实所发生的事实（毁坏财物）分别属于不同的犯罪构成。抽象的事实错误实际上存在两种类型：一是主观方面轻而客观方面重，即行为人本欲犯轻罪，客观上却是重罪的犯罪事实，本欲毁坏财物却杀了人就是如此。二是主观方面重而客观方面轻，即行为人本欲犯重罪，客观上却是轻罪的犯罪事实，本欲杀人却打死了宠物就是如此。

根据法定符合说，对于抽象的事实认识错

误，应当在主观故意与客观事实相一致的范围内认定犯罪。详言之，不能仅根据行为人的故意内容或仅根据行为的客观事实认定犯罪，而应在故意内容与客观事实相符合的范围内认定犯罪。在重罪不处罚未遂，以及在重罪处罚未遂但轻罪的既遂犯重于重罪的未遂犯的情况下，如果重罪与轻罪同质，则在重合的限度内成立轻罪的既遂犯。例一，A出于盗窃财物（轻罪）的故意实际上却盗窃了枪支（重罪）时，由于主观上没有盗窃枪支的故意，故不能认定为盗窃枪支罪；A具有盗窃罪的故意，也实施了盗窃行为，枪支同时具有财产价值，因而可以评价为财物，于是，A的行为同时符合了盗窃罪的客观构成要件与主观构成要件，故应认定为盗窃罪。例二，B将他人占有的财物误认为是遗忘物而据为己有。B虽然在客观上实施的是盗窃行为（重罪），具备盗窃罪的客观要件，但主观上仅具有侵占遗忘物（轻罪）的故意，不具备盗窃罪的主观要件；只有认定为侵占罪，才符合责任主义原则。例三，C以为是尸体而实施奸淫行为，但事实上被害人并未死亡。行为虽然符合强奸罪（重罪）的客观构成要件，但主观上仅有侮辱尸体（轻罪）的故意，只能认定为侮辱尸体既遂。由此看来，对于抽象的事实错误（在重罪不处罚未遂以及在重罪处罚未遂但轻罪的既遂犯重于重罪的未遂犯的情况下），应当首先从轻罪的主观认识或轻罪的客观事实出发，然后再判断有无与之相对应的客观事实或主观认识，从而得出正确结论。如果主观认识是轻罪，而客观事实是重罪，则从主观认识出发，判断有无与之相对应的客观事实，如有，则认定为轻罪的既遂犯；如果客观事实是轻罪，而主观认识是重罪，则从客观事实出发，判断有无与之相对应的主观认识；如有，则认定为轻罪的既遂犯。但是，如果重罪处罚未遂犯，且重罪的未遂犯重于轻罪的既遂犯，则应以重罪的未遂犯论处。例如，甲出于杀意向乙开枪射击，但因为没有瞄准而导致丙轻伤。对此，应认定为故意杀人未遂，而不能认定为故意伤害既遂。

行为人误将非犯罪对象当作犯罪对象加以侵害的（如行为人本欲杀害甲，黑夜里误将一只有害野兽当作甲杀死），或者行为人误将犯罪对象当作非犯罪对象加以侵害的（如行为人本欲杀死有害野兽，黑夜里误认某人为野兽而开枪射击致人死亡），虽然也存在认识错误，但主要属于未遂犯与不能犯、过失与意外事件的问题。

三、犯罪过失

（一）过失的概念

根据《刑法》第15条第1款的规定，犯罪过失是指行为人应当预见自己的行为可能发生危害社会的结果，因为疏忽大意而没有预见，或者已经预见而轻信能够避免，以致发生这种结果的心理态度。

犯罪过失是我国刑法规定的另一种罪过形式。相对于犯罪故意，犯罪过失的主观恶性要小得多。与明知故犯的犯罪故意相比，犯罪过失这一主观心理态度表现出以下两个特点：一是实际认识与认识能力相分离，即行为人有能力、有条件认识到自己的行为在当时的条件下可能发生危害社会的结果，但行为人事实上没有认识到，或者虽然认识到，但错误地认为可以避免这种危害结果发生；二是主观愿望与实际结果相分离，即行为人主观上并不希望危害社会的结果发生，但由于其错误认识而导致了偏离其主观愿望危害结果的发生。

（二）过失的种类

根据刑法的规定，过失可以分为疏忽大意的过失与过于自信的过失。

1.疏忽大意的过失，是指应当预见自己的行为可能发生危害社会的结果，因为疏忽大意而没有预见，以致发生这种结果的心理状态。

疏忽大意的过失是一种无认识的过失，即行为人没有预见到自己的行为可能发生危害社会的结果；没有预见的原因并非行为人不能预见，而是在应当预见的情况下由于疏忽大意才没有预见；如果行为人小心谨慎、认真负责，就会预见进而避免危害结果的发生。但从司法实践来看，判断行为人是否具有疏忽大意的过失，并不是先判断行为人是否疏忽大意，而是先判断行为人是否应当预见自己的行为可能发生危害结果，如果应当预见而没有预见，就说明行为人疏忽大意了。因此，认定疏忽大意过失的关键是确定应当预见的前提与应当预见的内容。

应当预见的前提是行为人能够预见。应当预见显然是一种预见义务，这种义务不仅包括法律、法令、职务与业务方面的规章制度所确定的义务，而且包括日常生活准则所提出的义务。但是，国家只是要求那些有能力履行义务的人履行义务，即应当履行是以能够履行为前提的，所以，预见义务以预见可能为前提。而预见可能因人而异，需要具体确定。在判断行为人能否预见自己的行为可能发生危害结果时，应当把行为人的知能水平与行为本身的危险程度以及行为时的客观环境结合起来进行考察。有些行为人，按其智能水平来说，能够预见危险程度高的行为可能发生危害结果，但不能预见危险程度低的行为可能发生危害结果；有些行为人，在一般条件下能够预见某种行为可能发生危害结果，但在某种特殊情况下，由于客观环境的限制，却不能预见某种行为可能发生危害结果；在同样的客观环境下或对于危险程度相同的行为，有的行为人知能水平高因而能够预见危害结果，有的行为人知能水平低因而不能够预见危害结果，因而需要具体情况具体分析。

应当预见的内容是法定的危害结果。过失犯罪以发生危害结果为构成要件，构成要件是由刑法规定的，所以，行为人应当预见的结果不是一般意义的结果，也不是任何危害结果，而是刑法分则明文规定的危害结果。例如，在过失致人死亡时，行为人所应当预见的是自己的行为可能发生他人死亡的危害结果。

行为人能够预见因而应当预见自己的行为可能发生危害社会的结果，因为疏忽大意而没有预见，因而导致危害结果发生的，就成立疏忽大意的过失犯罪。

2.过于自信的过失，是指已经预见自己的行为可能发生危害社会的结果，但轻信能够避免，以致发生这种结果的心理状态。

过于自信的过失是有认识的过失。行为人已经预见自己的行为可能发生危害社会的结果，同时又轻信能够避免危害结果，这就是过于自信的过失的认识因素。行为人之所以在已经预见危害结果的情况下还实施该行为，是因为他轻信自己能够避免危害结果的发生，这表明行为人希望危害结果不发生。轻信能够避免，是指在预见到结果可能发生的同时，又凭借一定的主客观条件，相信自己能够防止结果的发生，但所凭借的主客观条件并不可靠，并不充分。轻信能够避免主要表现为过高地估计自己的主观能力，或者不当地估计了现实存在的客观条件对避免危害结果的作用，或者误以为结果发生的可能性小，因而可以避免结果发生。

过于自信的过失与间接故意具有相似之处，如二者均认识到危害结果发生的可能性，都不是希望危害结果发生，但二者的区别也是明显的：间接故意是放任危害结果发生，结果的发生不违背行为人的意志，而过于自信的过失是希望危害结果不发生，结果的发生违背了行为人的意志；间接故意的行为人是为了实现其他意图而实施行为，主观上根本不考虑是否可以避免危害结果的发生，客观上也没有采取避免结果发生的措施，而过于自信的过失的行为人之所以实施其行为，是因为考虑到可以避免危害结果的发生；从法律用语上来看，间接故意是“明知”危害结果可能发生，而过于自信的过失是“预见”危害结果可能发生。

故意和过失都是责任形式，但是二者在侵害合法权益时的态度不同，所代表的罪过程度或非难可能性也不同，过失比故意的罪过程度要低很多。因此，刑法对过失犯罪规定了比故意犯罪轻得多的法定刑。间接故意和过于自信过失的界限比较模糊，需要考生认真掌握。间接故意是对结果的发生有认识，且对该结果的发生能够接受。过于自信的过失，是指已经预见自己的行为可能发生危害社会的结果，但轻信能够避免，以致发生这种结果。这表明：在间接故意中，危害结果的发生不违背行为人的意愿。而就过于自信的过失而言，危害结果的发生违背了行为人的意愿。这也是过于自信过失与间接故意的区别所在。

（三）过失的认定

在认定疏忽大意的过失时，一方面，应当从分析行为入手，根据行为本身的危险程度、行为的客观环境以及行为人的智能水平，判断行为人在当时的情况下能否预见结果的发生，而不能站在事后的立场进行判断；不能因为结果严重就断定行为人能够预见、应当预见；也不能因为行为人所实施的是不道德或一般违法行为，就认定行为人能够预见危害结果的发生。另一方面，要注意区分疏忽大意的过失与意外事件。行为虽然在客观上造成了损害结果，但不是出于故意或者过失，而是由于不能预见的原因所引起的，不是犯罪。这便是意外事件。意外事件与疏忽大意的过失有相似之处，即都没有预见自己行为的结果，客观上又都发生了结果，但前者是不能够预见、不应当预见，后者是能够预见、应当预见，只是疏忽大意才没有预见。在这个问题上，应当根据前述判断能否预见的标准，全面、客观、准确地判断行为人能否预见，从而正确区分意外事件与疏忽大意的过失犯罪。

在认定过于自信的过失时，不能将合理信赖认定为轻信能够避免，例如，汽车司机在封闭的高速公路上驾驶汽车时，因合理信赖行人不会横穿公路而正常行驶，如果行人违反交通规则横穿公路而被汽车撞死的，该汽车司机不承担过失犯罪的刑事责任；不能将遵循了行为规则的行为认定为过于自信的过失，例如，从事科学试验的人总是预见了试验失败的可能性，但只要他们遵循了科学试验规则，即使试验失败造成了损失，也不能认定为过于自信的过失。此外，过于自信的过失犯罪与不可抗力存在本质区别。行为虽然在客观上造成了损害结果，但不是出于故意或者过失，而是由于不能抗拒的原因所引起的，不是犯罪。这就是不可抗力。所谓不能抗拒，是指行为人虽然认识到自己的行为会发生损害结果，但由于当时主客观条件的限制，不可能排除或者防止结果的发生。例如，行为人赶马车时，马意外受惊后往人行道奔跑。行为人虽然认识到不制止马的奔跑可能造成他人死伤，但行为人无论如何也不能制止马的奔跑，结果造成他人死亡。对于这种不可抗力，不能追究行为人的刑事责任。

由于业务及其他社会生活上的关系，在特定的人与人之间、人与物之间形成了一种监督与被监督的关系。监督者对被监督者的行为，在事前要进行教育、指导、指示、指挥，在事中要进行监督，在事后要进行检查；对自己所管理的事项，要确立安全的管理体制。进行这种监督与管理，是监督者的义务或职责。如果监督者不履行或者不正确履行自己的监督或者管理义务，导致被监督者产生过失行为引起了危害结果，或者由于没有确立安全管理体制，而导致危害结果发生，监督者主观上对该危害结果就具有监督过失。监督过失可以分为两种类型：一是因缺乏对被监督者的行为的监督所构成的狭义的监督过失；二是由于没有确立安全管理体制所构成的管理过失。

四、犯罪主观要件的其他问题

（一）无罪过事件

《刑法》第16条规定，行为在客观上虽然造成了损害结果，但不是出于故意或者过失，而是由于不能抗拒或者不能预见的原因所引起的，不是犯罪。这里规定的即是无罪过事件，它包括不可抗力和意外事件两种情形。

任何罪过都是认识因素与意志因素的统一。意外事件与不可抗力，或者是缺乏认识因素，或者是缺乏意志因素，从而不具备构成罪过的条件。因此，不管客观上造成了多么严重的损害结果，但是行为人对此没有罪过（故意、过失）的，仍然不能追究其刑事责任。刑法关于无罪过事件的规定表明：责任主义（而不是结果责任）在我国得到了贯彻。

1.不可抗力，是指行为人在客观上虽然造成了损害结果，但不是出于故意或者过失，而是由于不能抗拒的原因所引起的情形。

不能抗拒，是指行为人虽然认识到自己的行为会发生损害结果，但由于主客观条件的限制，行为人不可能排除或者防止结果的发生。

2.意外事件，是指行为在客观上虽然造成了损害结果，但不是出于故意或者过失，而是由于不能预见的原因所引起的情形。

不能预见，是指根据当时各方面的情况，行为人不可能预见、不应当预见自己的行为会发生损害后果。由此可见，意外事件和疏忽大意过失的区别是比较明显的，后者是有义务预见且能够预见，由于疏忽大意而没有预见；而前者是完全不能预见。

（二）犯罪的动机、目的

动机，是推动人们进行某种活动的内心起因，犯罪动机是指激起和推动犯罪人实施犯罪行为的内心起因。犯罪动机是产生直接故意的源泉，它不仅确定犯罪目的，而且促使危害结果的实现。由于犯罪动机的性质、强弱直接反映行为人主观恶性程度大小，因而是决定社会危害性程度的重要因素之一，对量刑具有重要意义。

目的，是人们追求一定结果的一种主观愿望。犯罪目的则是指犯罪人希望通过实施犯罪行为达到某种危害结果的心理态度。犯罪目的是直接故意的重要内容，它不仅表明行为人对行为可能发生的危害结果已有认识，而且反映了行为人对之积极追求的主观愿望。因此，犯罪目的对直接故意的形成具有重要的意义，在某些特定犯罪中，犯罪目的是构成要件要素之一，如走私淫秽物品罪必须“以牟利或者传播为目的”，对犯罪的成立与否发生影响；在某些犯罪中，犯罪目的是区分此罪与彼罪的标准之一，例如，以出卖为目的收买被拐卖的妇女、儿童的，构成拐卖妇女、儿童罪，不具有这种目的的，只构成收买被拐卖的妇女、儿童罪。

犯罪动机与犯罪目的是仅存在于直接故意犯罪中，还是存在于一切故意犯罪中，在理论上存在一定分歧。由于犯罪动机是推动实施犯罪行为的内心起因，犯罪目的是行为人希望通过实施犯罪行为追求某种危害结果发生的心理态度，因此在实施行为时，行为人对行为的非法性质是已有认识的。而间接故意犯罪行为的性质在危害结果发生前并不确定，危害结果的发生也不是行为人追求的结果，因此间接故意犯罪不存在犯罪动机与犯罪目的。当然，间接故意犯罪可能存在其他动机与目的，但不能把它作为间接故意犯罪的犯罪动机与犯罪目的看待，两者是有区别的。过失犯罪都是不意误犯，所以没有犯罪动机和目的的存在。

犯罪动机与犯罪目的虽然都是通过行为人的危害行为表现出来的主观心理活动，但两者存在以下区别：（1）从顺序上看，犯罪动机产生在前，犯罪目的产生在后。（2）从内容、性质、作用上看，犯罪动机表明行为人的犯罪起因，比较抽象，对犯罪行为起推动作用；犯罪目的表明行为人所追求的危害结果，比较具体，对犯罪行为起指引方向的作用。（3）同一性质的犯罪，犯罪目的相同，犯罪动机则可以各种各样；不同性质的犯罪，犯罪目的各不相同，犯罪动机可能相同。（4）犯罪目的既可以影响量刑，还可以影响定罪；犯罪动机主要影响量刑。因此，对犯罪动机与犯罪目的应当注意区分。

案例分析　能力训练

【本章主要法律规定】

《刑法》第14～19条

第四章
犯罪排除事由

本章主要内容提示

本章要理解和掌握正当防卫的成立条件;特殊防卫权行使的前提条件。主要知识点包括:犯罪排除事由是行为造成了一定的损害结果,从形式上看符合某些犯罪的客观要件,但实质上没有社会危害性,因而是具有正当性的行为。我国刑法明确规定的排除犯罪事由包括正当防卫和紧急避险两种,它们的成立都要求具有起因条件、对象条件、主观条件(防卫或避险意思)、时间条件、限度条件等。《刑法》第20条第3款还特别规定了特殊正当防卫。法令行为、正当业务行为、经被害人承诺的行为、自救行为、自损行为、义务冲突等是其他犯罪排除事由。

第一节　犯罪排除事由概述

一、犯罪排除事由的概念

犯罪排除事由,是指行为虽然在客观上造成了一定损害结果,表面上符合某些犯罪的客观要件,但实际上没有犯罪的社会危害性,并不符合犯罪构成,依法不成立犯罪的事由。例如,正当防卫行为,客观上给不法侵害人造成了一定损害,其行为表面上符合故意杀人罪、故意伤害罪的客观要件,但实质上没有犯罪的社会危害性,实际上也不符合故意杀人罪、故意伤害罪的犯罪构成,不仅不成立犯罪,而且是法律所鼓励的行为。

从客观上来看,犯罪排除事由造成了一定的损害结果,表面上符合某些犯罪的客观要件,但实质上没有社会危害性。说“造成了一定的损害结果”,是就一般意义而言,而不是犯罪的危害结果,相反是刑法允许造成的结果;说“行为表面上符合某些犯罪的客观要件”,是就纯客观角度比较而言,而不是确实符合犯罪的客观要件,相反是刑法允许实施的行为。

从主观上来看,犯罪排除事由,在日常生活意义上是行为人“故意”实施的,但行为人根本不具有刑法意义上的故意与过失。相反,在许多情况下是为了保护国家、公共利益、本人或者他人的人身、财产或者其他权利免受侵害或者威胁。所以,行为人主观上根本没有罪过,不能认为正当防卫等行为具有刑法意义上的故意与过失。

二、犯罪排除事由的分类

对于犯罪排除事由,可以从理论上进行不同的分类,如以刑法有无明文规定为标准,分为法定的犯罪排除事由与非法定(超法规)的犯罪排除事由。刑法明文规定了正当防卫与紧急避险两种排除犯罪的事由，但从刑法的相关规定来看，事实上还存在其他排除犯罪的事由，如法令行为、正当业务行为、经被害人承诺的行为、自救行为、自损行为、义务冲突，等等。研究犯罪排除事由的具体种类，不仅要说明这些行为本身在具备一定条件下不成立犯罪，还要特别注意研究犯罪排除事由与犯罪行为的区别。

第二节　正当防卫

正当防卫不负刑事责任，是我国刑法的一项重要制度，它的主要意义在于保障公共利益和其他合法权益免受正在进行的不法侵害，鼓励公民和正在进行的不法侵害作斗争，震慑犯罪分子，使其不敢轻举妄动。正当防卫制度的设立，发挥了积极的作用。

一、正当防卫的概念

《刑法》第20条第1款规定："为了使国家、公共利益、本人或者他人的人身、财产和其他权利免受正在进行的不法侵害，而采取的制止不法侵害的行为，对不法侵害人造成损害的，属于正当防卫，不负刑事责任。"刑法关于正当防卫的这一法定概念确切、具体地揭示了正当防卫的内容，对于在司法实践中正确认定正当防卫行为，科学地区分正当防卫与防卫过当都具有十分重要的意义。

二、正当防卫的构成

正当防卫是公民依法享有的权利，行使正当防卫权利的诸条件的统一，就是正当防卫的构成。根据《刑法》第20条关于正当防卫概念的规定，正当防卫的构成是主观条件和客观条件的统一。现在分述如下：

（一）防卫起因

不法侵害是正当防卫的起因，没有不法侵害就谈不上正当防卫。因此，防卫起因是正当防卫构成的客观条件之一。作为防卫起因的不法侵害必须具备两个基本特征：

1.社会危害性。这里所谓社会危害性，是指某一行为直接侵害国家、公共利益、本人或者他人的人身、财产等合法权利，具有不法的性质，这种不法侵害行为不一定是构成犯罪的行为。

2.侵害紧迫性。这里所谓侵害紧迫性，并不限于那些带有暴力性和破坏性的严重不法行为，而是指该不法行为对我国刑法所保护的国家、公共利益和其他合法权利造成的侵害具有一定的紧迫性。

只有同时具备以上两个特征，才能成为正当防卫的起因。行为的社会危害性，是正当防卫起因的质的特征。没有社会危害性就不存在正当防卫的现实基础，因此不发生侵害紧迫性的问题。侵害紧迫性是正当防卫起因的现实特征，它排除了那些没有不法侵害紧迫性的行为成为防卫起因的可能性，从而使正当防卫的起因限于为实现正当防卫的目的所允许的范围。总之，作为正当防卫起因的不法侵害，是具有社会危害性的不法侵害，亦即使国家、公共利益和其他合法权利受到了紧迫、现实的危害。不法侵害既包括侵犯生命、健康权利的行为，也包括侵犯人身自由、公私财产等权利的行为，还包括侵害国家、公共利益的行为；既包括犯罪行为，也包括违法行为。不应将不法侵害不当限缩为暴力侵害或者犯罪行为。

不法侵害是正当防卫的起因，没有不法侵害也就没有正当防卫可言。只有在不法侵害是真实地发生的情况下，才存在正当防卫的问题。在现实生活中，往往发生这样的情形，即一个人确实由于主观认识上的错误，实际上并不存在不法侵害，却误认为存在，因而对臆想中的不法侵害实行了所谓正当防卫，造成他人的无辜损害，这就是刑法理论上的假想防卫。假想防卫属于刑法中的认识错误，具体地说，是行为人在事实上认识的错误，是行为人对自己行为的实际性质发生错误认识而产生的行为性质的错误。因此，对于假想防卫应当按照对事实认识错误的一般原则解决其刑事责任问题，即(1)假想防卫不可能构成故意犯罪。(2)在假想防卫的情况下，如果行为人主观上存在过失，应以过失犯罪论处。(3)在假想防卫的情况下，如果行为人主观上没有罪过，其危害结果是由于不能预见的原因引起的，则是意外事件，行为人不负刑事责任。

(二)防卫对象

正当防卫是通过对不法侵害人造成一定损害的方法，使国家、公共利益、本人或者他人的人身、财产等合法权利免受正在进行的不法侵害的行为。正当防卫的性质决定了它只能通过对不法侵害人的人身或者财产造成一定损害的方法来实现防卫意图。因此，防卫对象的确定对于正当防卫的认定具有重要意义。一般来说，防卫对象主要是不法侵害人的人身。因为不法侵害是人的积极作为，它通过人的一定的外部身体动作来实现其侵害意图。为了制止这种正在进行的不法侵害必须对其人身采取强制性、暴力性的防卫手段。应当指出，在某些特定情况下，物也可以成为防卫对象。

正当防卫的性质决定了其防卫对象只能是不法侵害人本身，对于多人共同实施不法侵害的，既可以针对直接实施不法侵害的人进行防卫，也可以针对在现场共同实施不法侵害的人进行防卫。明知侵害人是无刑事责任能力人或者限制刑事责任能力人的，应当尽量使用其他方式避免或者制止侵害；没有其他方式可以避免、为制止不法侵害，或者不法侵害严重危及人身安全的，可以进行反击。防卫第三者的行为，不得视为正当防卫。所谓防卫第三者，就是对不法侵害人之外的第三者实行了所谓正当防卫即加害于没有进行不法侵害的其他人，使之遭受损害。一般来说，对于防卫第三者应当根据以下三种情况处理：(1)防卫第三者而符合紧急避险的条件的，应以紧急避险论，不负刑事责任；(2)防卫第三者而出于侵害之故意的，应以故意犯罪论；(3)防卫第三者而出于对事实的认识错误，但主观上具有过失的，应以过失犯罪论。

(三)防卫意图

正当防卫是公民和正在进行的不法侵害作斗争的行为。因此，防卫人主观上必然具有某种防卫意图，这就是正当防卫构成的主观条件。所谓防卫意图，是指防卫人意识到不法侵害正在进行，为了保护国家、公共利益、本人或者他人的人身、财产等合法权利，而决意制止正在进行的不法侵害的心理状态。因此，防卫意图可以包括两个方面的内容：

1.对于正在进行的不法侵害的认识，即正当防卫的认识因素。这是所谓对不法侵害的认识，是防卫人意识到国家、公共利益、本人或者他人的人身、财产等合法权利受到正在进行的不法侵害。因此，认识内容包括防卫起因、防卫人产生正当防卫意志的主观基础，是对客观存在的不法侵害的正确反映。没有正当防卫的认识，就不可能产生正当防卫的意志，也就没有防卫意图可言。

2.对于制止正在进行的不法侵害的决意，即正当防卫的意志因素。正当防卫意志体现在对防卫行为的自觉支配或者调节作用，推动防卫人实施防卫行为，并且积极地追求保护国家、公共利益和其他合法权利的正当防卫的目的。因此，防卫意图是正当防卫的认识因素和意志因素的统一。

防卫意图作为正当防卫构成的主观条件，对于正当防卫成立具有十分重要的意义。某些行为，从形式上看似乎符合正当防卫的客观条件，但由于主观上不具备防卫意图，因此，其行为不能视为正当防卫。这种情况可以包括以下两种：

(1)防卫挑拨。在刑法理论上，把故意地挑逗对方进行不法侵害而借机加害于不法侵害人的行为，称为防卫挑拨。在防卫挑拨中，虽然存在一定的不法侵害，挑拨人也实行了所谓正当防卫，形式上符合正当防卫的客观条件；但由于该不法侵害是在挑拨人的故意挑逗下诱发的，其主观上具有犯罪意图而没有防卫意图，客观上实施了犯罪行为，因而依法构成犯罪。

（2）互相斗殴。在刑法理论上，互相斗殴是指参与者在其主观上的不法侵害故意的支配下，客观上所实施的互相侵害的行为。在互相斗殴的情况下，由于行为人主观上没有防卫意图，其行为也不得视为正当防卫。应当特别强调的是，不能简单地认为双方都动手了就是互相斗殴，而应细致分析是否不法侵害在先，防卫反击在后。准确区分防卫行为与互相斗殴，要坚持主客观相统一原则，通过综合考量案发起因、对冲突升级是否有过错、是否使用或者准备使用凶器、是否采用明显不相当的暴力、是否纠集他人参与打斗等客观情节，准确判断行为人的主观意图和行为性质。

（四）防卫时间

正当防卫的时间是正当防卫的客观条件之一，它所要解决的是在什么时候可以进行正当防卫的问题。正当防卫是为制止不法侵害而采取的还击行为，必须面临着正在进行的不法侵害才能实行。所谓不法侵害之正在进行，是指侵害处于实行阶段，这个实行阶段可以表述为已经发生并且尚未结束。因此，防卫时间可以从以下两方面进行认定：

1.开始时间。这里的关键是要正确地认定不法侵害行为的着手。在确定不法侵害的着手，从而判断正当防卫的开始时间的时候，不能苛求防卫人，而是应该根据当时的主观和客观的因素全面分析。对于不法侵害已经形成现实、紧迫危险的，应当认定为不法侵害已经开始。例如，对于入室犯罪来说，只要已经开始入室，未及实施其他侵害行为，也应当视为已经开始不法侵害。在个别情况下，不法侵害虽然还没有进入实行阶段，但其实施却已逼近，侵害在即，形势紧迫，不实行正当防卫不足以保护国家、公共利益和其他合法权益。在这种情况下，可以实行正当防卫。

2.结束时间。在不法侵害终止以后，正当防卫的前提条件已经不复存在，因此，一般不再发生防卫的问题。所以，必须正确地确定不法侵害的终止，以便确定正当防卫权利的消失时间。我国刑法中正当防卫的目的是使国家、公共利益、本人或者他人的人身、财产等合法权利免受正在进行的不法侵害，因此，不法侵害的终止应以不法侵害的危险是否排除为其客观标准。对于不法侵害虽然暂时中断或者被暂时制止，但不法侵害人仍有继续实施侵害的现实可能性的，应当认定为不法侵害仍在进行；对于不法侵害人确已失去侵害能力或者确已放弃侵害的，应当认定为不法侵害已经结束；对于多数人共同实施不法侵害，部分不法侵害人已被制伏，但其他不法侵害人仍在继续实施侵害的，仍可以进行防卫。在以下三种情况下，应当认为不法侵害已经终止，不得再实行正当防卫：第一，不法行为已经结束；第二，不法侵害行为确已自动中止；第三，不法侵害人已经被制伏或者已经丧失侵害能力。在以上三种情况下，正当防卫人之所以必须停止防卫行为，是因为客观上已经不存在危险，或者不需通过正当防卫排除其危险。

不法侵害已经结束，是指合法权益不再处于紧迫、现实的侵害、威胁之中，或者说不法侵害行为当时已经不可能继续侵害或者威胁法益。在不法侵害是财产性违法犯罪的情况下，不法侵害人虽已取得财物，但通过追赶、阻击等措施能够追回财物的，可以视为不法侵害尚未结束，可以实行防卫。例如，甲抢劫出租车司机乙，用匕首刺乙一刀，强行抢走财物后下车逃跑。乙发动汽车追赶，在甲往前跑了50米处将其撞成重伤并夺回财物的，乙成立正当防卫（而无须解释为超法规的自救行为）。

不法侵害之正在进行是正当防卫的时间。正确认定不法侵害的着手和终止，对于判断正当防卫是否适时具有重大意义。所以，凡是违反防卫时间条件的所谓防卫行为，在刑法理论上称为防卫不适时。防卫不适时可以分为两种形式：（1）事前防卫，指在不法侵害尚未发生的时候所采取的所谓防卫行为。由于在这种情况下，不法侵害没有现实地发生，而且不存在侵害即将发生的紧迫情形，因此其行为不得视为正当防卫。（2）事后防卫，指不法侵害终止以后，对不法侵害人的所谓防卫。公民实施防卫行为，已使不法侵害人丧失了侵害能力，有效地制止了不法侵害以后，又对不法侵害人实施侵害的，属于不法行为。这种不法侵害行为构成犯罪的，应当负刑事责任。

（五）防卫限度

正当防卫的必要限度是它和防卫过当相区别的一个法律界限。正当防卫必要限度应当从以下几个方面进行考察。

1.不法侵害的强度。在确定必要限度时，首先需要考察不法侵害的强度。所谓不法侵害的强度，是指行为的性质、行为对客体已经造成的损害结果的轻重以及造成这种损害结果的手段、工具的性质和打击部位等因素的统一。对于不法侵害实行正当防卫，如果用轻于或相当于不法侵害的防卫强度不足以有效地制止不法侵害的，可以采取大于不法侵害的防卫强度。当然，如果大于不法侵害的防卫强度不是为制止不法侵害所必需，明显超过了必要限度并造成重大损害则构成防卫过当。

2.不法侵害的缓急。不法侵害的强度虽然是考察正当防卫是否超过必要限度的重要因素，但我们不能把侵害强度在考察必要限度中的作用绝对化，甚至认为这是唯一的因素。在某些情况下，不法侵害已经着手，形成了侵害的紧迫性，但侵害强度尚未发挥出来，因此，此种情形下无法以侵害强度为标准，只能以侵害的紧迫性为标准，确定是否超过了正当防卫的必要限度。所谓不法侵害的缓急是指侵害的紧迫性，即不法侵害所形成的对国家、公共利益、本人或者他人的人身、财产等合法权利的危险程度。不法侵害的缓急对于认定防卫限度具有重要意义，尤其是在防卫强度大于侵害强度的情况下，考察该大于不法侵害的防卫强度是否为制止不法侵害所必需，更应考虑不法侵害的缓急等因素。

3.不法侵害的权益。不法侵害的权益，就是正当防卫保护的权益，它是决定必要限度的因素之一。根据不法侵害的权益在确定是否超过必要限度中的作用，为保护重大的权益而将不法侵害人杀死，可以认为是为制止不法侵害所必需因而没有超过正当防卫的必要限度。而为了保护轻微的权益，即使是非此不能保护，造成了不法侵害人的重大伤亡，就可以认为是超过了必要限度。

4.一般的超过必要限度并不必然成立防卫过当，只有“明显”超过必要限度并造成重大损害的，才能认定为防卫过当。在许多案件中，在紧迫情势下，很难要求面临不法侵害的防卫人冷静地判断不法侵害的强度和选择恰到好处的防卫力度。所以，只有在防卫行为明显超过必要限度并造成重大损害的，才属于防卫过当。防卫是否“明显超过必要限度”，应当综合不法侵害的性质、手段、强度、危害程度和防卫的时机、手段、强度、损害后果等情节，考虑双方力量对比，立足防卫人防卫时所处情境，结合社会公众的一般认知作出判断。

5.“明显超过必要限度”与“造成重大损害”是认定防卫过当所必须满足的两项缺一不可的法定标准。“造成重大损害”是指造成不法侵害人重伤、死亡。造成轻伤及以下损害的，不属于重大损害。要特别注意避免“唯结果论”，即认为只要造成重大损害就是明显超过必要限度。这种错误认识导致一些正当防卫案件被误定为防卫过当。所以应当明确，如果防卫行为没有明显超过必要限度，纵使造成重大损害，或者防卫行为虽然明显超过必要限度但没有造成重大损害的，均不构成防卫过当。

三、防卫过当的处罚

根据《刑法》第20条第2款的规定，正当防卫明显超过必要限度造成重大损害的，是防卫过当。防卫过当应当负刑事责任。在我国刑法中，防卫过当并不是一个独立的罪名。因此，在司法实践中，对于防卫过当应当根据行为人的主观罪过与客观后果，援引相应的刑法分则条文定罪。根据我国刑法规定，对于防卫过当的，应当减轻或者免除处罚。防卫过当之所以应当减轻或者免除处罚，这是因为：(1)从主观上来看，防卫人具有保护国家、公共利益和其他合法权利的防卫动机，虽然对于过当行为所造成的重大损害具有罪过，但和一般犯罪相比，其主观恶性要小得多。(2)从客观上来看，在防卫过当的全部损害结果中，由于存在正当防卫的前提，所以这种损害结果实际上可以分解为两部分：

一是应有的损害；二是不应有的损害。防卫过当只对其不应有的危害结果承担刑事责任，而不对全部损害结果承担刑事责任。以上就是我国刑法明文规定防卫过当应当减轻或者免除处罚的主观和客观的根据，这一规定是罪刑均衡的基本原则的体现。

司法中，还要综合考虑案件情况，特别是不法侵害人的过错程度、不法侵害的严重程度以及防卫人面对不法侵害的恐慌、紧张等心理，对于因侵害人实施严重贬损他人人格尊严、严重违反伦理道德的不法侵害，或者多次、长期实施不法侵害所引发的防卫过当行为，在量刑时应当充分考虑，确保刑罚裁量适当、公正。

四、特殊正当防卫

鉴于严重危及人身安全的暴力犯罪的严重社会危害性，为了更好地保护公民的人身权利，《刑法》第20条第3款规定了特殊正当防卫，即对正在进行行凶、杀人、抢劫、强奸、绑架以及其他严重危及人身安全的暴力犯罪，采取防卫行为，造成不法侵害人伤亡的，不属于防卫过当，不负刑事责任。

特殊正当防卫的条件，除了要求不法侵害正在进行、防卫人有防卫意识、针对不法侵害人进行防卫外，更重要的条件是，对正在进行行凶、杀人、抢劫、强奸、绑架以及其他严重危及人身安全的暴力犯罪进行防卫。对此应注意以下几点：（1）对于非暴力犯罪以及作为一般违法行为的暴力行为，不适用上述规定。（2）对于轻微暴力犯罪或者一般暴力犯罪，不适用上述规定。只有对严重危及人身安全的暴力犯罪进行正当防卫，才没有防卫过当的问题。（3）只有当上述暴力犯罪严重危及人身安全时，才适用上述规定。例如，对于采取不会造成他人伤亡的一般麻醉方法进行抢劫的不法侵害进行防卫的，就不能适用上述规定。（4）严重危及人身安全的暴力犯罪，也并不限于刑法条文所列举的上述犯罪，还包括其他与杀人、抢劫、强奸、绑架行为相当，并具有致人重伤或者死亡的紧迫危险和现实可能的暴力犯罪，如抢劫枪支弹药、劫持航空器等。（5）在严重危及人身安全的暴力犯罪已经结束后，行为人将不法侵害人杀死、杀伤的，不适用上述规定。例如，甲使用严重暴力抢劫乙的财物，乙进行防卫已经制止了甲的抢劫行为。在这种情况下，乙不得继续“防卫”造成甲的伤亡，否则属于事后防卫。（6）准确理解和把握“行凶”。“行凶”一般是指杀人与伤害的界限不清的暴力犯罪行为。根据《刑法》第20条第3款的规定和相关司法解释，下列行为应当认定为“行凶”：使用致命性凶器，严重危及他人人身安全的；未使用凶器或者未使用致命性凶器，但是根据不法侵害的人数、打击部位和力度等情况，确已严重危及他人人身安全的。虽然尚未造成实际损害，但已对人身安全造成严重、紧迫危险的，可以认定为“行凶”。

第三节　紧急避险

一、紧急避险的概念

根据《刑法》第21条第1款的规定，紧急避险是指在法律所保护的权益遇到危险而不可能采用其他措施加以避免时，不得已而采用的损害另一个较小的权益以保护较大的权益免遭损害的行为。我国刑法规定，紧急避险行为不负刑事责任。

正当防卫与紧急避险最根本的区别在于：正当防卫是合法权益与不法权益之间的冲突，紧急避险则是两个合法权益之间的冲突，是“两害相权取其轻”的问题。正当防卫打击的是不法侵害人的利益，紧急避险损害的则是第三者的合法利益。

紧急避险之所以不负刑事责任，是因为从主观上来看，实行紧急避险的目的，是使国家、公共利益、本人或者他人的人身、财产和其他权利免受正在发生的危险；从客观上来看，它是在处于紧急危险的状态下，不得已采取的以损害较小的合法权益来保全较大的合法权益的行为。因此，紧急避险行为不具备犯罪构成。从总体上说，它不仅没有社会危害性，而且是有利于社会的行为。

二、紧急避险的构成

紧急避险是采用损害一种合法权益的方法以保全另一种合法权益，因此，必须符合法定条件才能排除其社会危害性，真正成为对社会有利的行为。这些条件是：

（一）避险起因

避险起因是指只有存在对国家、公共利益、本人或者他人的人身、财产和其他权利的危险，才能实行紧急避险。不存在一定的危险，也就无所谓避险可言。一般来说，造成危险的原因是以下这些：首先是人的行为，而且必须是危害社会的违法行为。前面已经说过，对于合法行为，不能实行紧急避险。其次是自然界的力量，如火灾、洪水、狂风、大浪、山崩、地震等。最后是来自动物的侵袭，如牛马践踏、猛兽追扑等。在以上原因对国家、公共利益和其他合法权利造成危险的情况下，可以实行紧急避险。

如果实际并不存在危险，由于对事实的认识错误，行为人误认为存在这种危险，因而实行了所谓紧急避险，在刑法理论上称为假想避险。假想避险的责任，适用对事实认识错误的解决原则。

（二）避险对象

紧急避险是采取损害一种合法权益的方法保全另一种合法权益。因此，紧急避险所损害的客体是第三者的合法权益。明确这一点，对于区分紧急避险和正当防卫具有重大的意义。在行为人的不法侵害造成对国家、公共利益和其他合法权利的危险的情况下，如果通过损害不法侵害人的利益的方法来保护合法权益，那就是正当防卫。如果通过损害第三者的合法权益的方法来保护合法权益，那就是紧急避险。损害的对象不同，是紧急避险与正当防卫的重要区别之一。

（三）避险意图

避险意图是紧急避险构成的主观条件，指行为人实行紧急避险的目的在于使国家、公共利益、本人或者他人的人身、财产和其他权利免受正在发生的危险。因此，行为人实行紧急避险，必须是为了保护合法利益。为了保护非法利益，不允许实行紧急避险。例如，脱逃犯为了逃避公安人员的追捕而侵入他人的住宅，不能认为是紧急避险，仍应负非法侵入他人住宅罪的刑事责任。

（四）避险时间

紧急避险的时间条件，是指正在发生的危险必须是迫在眉睫，对国家、公共利益和其他合法权利已直接构成了威胁。对于尚未到来或已经过去的危险，都不能实行紧急避险，否则就是避险不适时。例如，海上大风已过，已经不存在对航行的威胁，船长这时命令把货物扔下海去，这就是避险不适时。船长对由此而造成的重大损害，应负刑事责任。

（五）避险可行性

紧急避险的可行性条件，是指只有在不得已即没有其他方法可以避免危险时，才允许实行紧急避险。这也是紧急避险和正当防卫的重要区别之一。因为紧急避险是通过损害一个合法权益而保全另一合法权益，所以对于紧急避险的可行性不能不加以严格限制，只有当紧急避险成为唯一可以免遭危险的方法时，才允许实行。

《刑法》第21条第3款规定：关于避免本人危险的规定，不适用于职务上、业务上负有特定责任的人。这是因为在发生紧急危险的情况下，这些负有特定责任的人应积极参加抢险救灾，履行其特定义务，而不允许他们以紧急避险为由临阵脱逃，玩忽职守。

（六）避险限度

紧急避险的限度条件，是指紧急避险行为不能超过其必要限度，造成不应有的损害。那么，以什么标准来衡量紧急避险是否超过必要限度造成不应有的损害呢？对此，法律没有明文规定。我们认为，其标准是：紧急避险行为所引起的损害应小于所避免的损害。

紧急避险行为所引起的损害之所以应小于所避免的损害，就在于紧急避险所保护的权益同避险所损害的第三者的权益，两者都是法律所保护的。法律之所以允许损害一个合法权益，只有在两利保其大、两弊取其小的场合，紧急避险才是对社会有利的合法行为。所以，紧急避险所保全的权益，必须明显大于紧急避险所损害的权益。

那么，在司法实践中如何衡量权益的大小呢？一般来说，在衡量权益的大小时，应该明确以下几点：首先，在一般情况下，人身权利大于财产权利。所以，不允许牺牲他人的生命以保全本人的财产，即使这种财产的价值再大。其次，在人身权利中，生命权是最高的权利，不容许为了保护一个人的健康而牺牲另一个人的生命，也不容许牺牲别人的生命来保全自己的生命。最后，在财产权益中，应该用财产的价格进行比较，不容许为了保护一个较小的财产权益而牺牲另一个较大的财产权益，尤其不允许牺牲较大的国家、公共利益以保全本人较小的财产权益。

三、避险过当的处罚

《刑法》第21条第2款规定，紧急避险超过必要限度造成不应有的损害的，应当负刑事责任，但是应当减轻或者免除处罚。

第四节　其他犯罪排除事由

一、法令行为

法令行为，是指基于成文法律、法令、法规的规定，作为行使权利或者承担义务所实施的行为。由于法令行为是法律本身所允许乃至鼓励的、形成法秩序的一部分的行为，因而是合法行为，不是犯罪行为。

法令行为包括四类行为：一是法律基于政策理由排除犯罪性的行为，即某类行为本来具有犯罪性，但法律基于政策上的考虑，将其中的某种行为规定为合法行为。例如，发行彩票本来可谓赌博行为，但基于财政政策等理由，有关法律允许特定机构以特定形式发行彩票。这种行为便不成立犯罪。二是法律有意明示了合法性条件的行为，即某类行为本来具有犯罪性，但法律特别规定，符合一定条件时属合法行为。三是职权（职务）行为，即公务人员根据法律行使职务或者履行职责的行为，既包括基于法律的直接规定实施的行为，也包括基于上级的职务命令实施的行为，如司法工作人员对犯罪嫌疑人实行逮捕。四是权利（义务）行为，即在法律规定上作为公民的权利（义务）的行为，如一般人扭送现行犯。

法令行为是基于法律、法令、法规的规定所实施的行为。因此，如果行为人所实施的行为没有法律、法令、法规的根据，或者虽有一定根据但在实体上或程序上违反了法律、法令或法规的规定，则不属于法令行为，而可能构成犯罪。

二、正当业务行为

正当业务行为，是指虽然没有法律、法令、法规的直接规定，但在社会生活中被认为是正当的业务上的行为。业务是指基于社会生活中的职业地位反复实施的行为，但并非因为是“业务”就不成立犯罪，而是因为“正当”才排除犯罪。所以，即使一般来说属于正当业务，但超出正当范围的行为并不排除犯罪的成立。例如，一般来说，记者的采访报道活动属于正当业务行为，但记者捏造事实诽谤他人的，并不排除犯罪的成立。因此，只有业务本身是正当的，而且没有超出业务的范围时，才排除犯罪。职业性的体育活动，属于正当业务行为。遵守了体育规则的行为，即使造成了他人伤害，也不成立故意伤害罪。律师的辩护活动也是正当业务行为。医生基于患者的承诺或推定的承诺，采取医学上所承认的方法，客观上伤害患者身体的治疗行为，可谓正当业务行为。但其排除犯罪的条件更为严格：治疗行为在医学上是被承认的方法，其实质是具有安全性、有效性与必要性；必须有患者的承诺或推定的承诺；必须以医治疾病为目的。人体实验、性转换手术，不属于治疗行为。

三、被害人承诺

被害人的承诺，符合一定条件，便可以排除损害被害人法益的行为的违法性。罗马法上就有“得承诺的行为不违法”的格言，但不能望文生义地予以适用。被害人请求或者许可行为人侵害其法益，表明其放弃了该法益，放弃了对该法益的保护。既然如此，法律就没有必要予以保护；损害被放弃的法益的行为，就没有侵害法益，因而没有违法性。但这并不意味着只要行为得到了被害人的承诺就不成立犯罪。有些承诺并不影响犯罪的成立。如拐卖儿童的行为，即使得到儿童的承诺，也不影响拐卖儿童罪的成立。由此可见，只有在以违反被害人意志为前提的犯罪中，被害人的承诺才可能阻却违法性，如非法侵入住宅罪、故意毁坏财物罪等。此处讨论的仅限于这种情况。

经被害人承诺的行为符合下列条件时，才能排除行为的犯罪性：(1)承诺者对被侵害的法益具有处分权限。对于国家、公共利益与他人利益，不存在被害人承诺的问题，故只有被害人承诺侵害自己的法益时，才有可能排除犯罪的成立。但即使是承诺侵害自己的法益时，也有一定限度。如经被害人承诺而将其杀害的行为，仍然成立故意杀人罪。(2)承诺者能够理解所承诺的事项的意义、范围，具有承诺能力。(3)承诺必须出于被害人的真实意志，戏言性的承诺、基于强制或者威压作出的承诺，不排除犯罪的成立。值得讨论的是基于错误的承诺的效力。应当肯定的是，如果仅仅是关于承诺动机的错误，应认为该承诺具有效力，排除犯罪的成立。例如，妇女以为与对方发生性关系，对方便可以将其丈夫从监狱释放；但发生性关系后，对方并没有释放其丈夫。这种错误仅仅与承诺的动机有关，故不影响其效力，对方的行为不成立强奸罪。但是，如果因为受骗而对所放弃的法益的种类、范围或者危险性发生了错误认识（所谓法益关系的错误），其所作出的承诺则无效。行为人冒充妇女的丈夫实施奸淫行为时，黑夜中的妇女以为对方是自己的丈夫而同意发生性关系的，其承诺无效。(4)必须存在现实的承诺（现实上没有被害人的承诺，但如果被害人知道事实真相后当然会承诺，在这种情况下，推定被害人的意志所实施的行为，是基于推定的承诺的行为。如发生火灾之际，为了避免烧毁被害人的贵重财产，闯入屋内搬出贵重物品的行为，就是基于推定的承诺的行为。基于推定的承诺所实施的行为，符合一定条件的，也排除犯罪的成立）。(5)承诺必须在结果发生前作出。被害人在结果发生前变更承诺的，则原来的承诺无效。事后承诺不影响行为成立犯罪；否则国家的追诉权就会受被害人意志的任意左右。(6)经承诺所实施的行为不得超出承诺的范围。例如，甲同意乙砍掉自己的一个小手指，而乙砍掉了甲的两个手指，这种行为仍然成立故意伤害罪。

符合上述条件的，排除犯罪的成立。但是，经承诺所实施的行为是否侵犯其他法益因而构成其他犯罪，则是另一问题。例如，即使妇女同意数人同时对其实施淫乱行为，但如果数人以不特定或者多数人可能认识到的方式实施淫乱行为时，行为人虽不构成强奸罪，但不排除聚众淫乱罪的成立。

四、自救行为

自救行为，是指权利受到违法行为侵害的人，在国家机关尚未依照法律程序采取措施之前，依靠自己的力量救济，实现自己权利的行为。

自救行为的成立条件是：(1)行为人是先前受到损害的直接被害人，其试图恢复的权利具有正当性；(2)恢复权利的手段具有社会相当性；(3)存在恢复权利的现实必要性和紧迫性，等待公权力救济难以有效实现自己的权利；(4)相对方（侵害人）不会因为自救行为受到额外的损害。

自救行为和正当防卫之间的界限是:(1)二者具有排斥关系,某一行为被认定为正当防卫之后,就不宜再确定为自救行为。(2)正当防卫行为是紧急行为,是法律规定的阻却违法事由;自救行为不是紧急行为,是超法规的违法阻却事由。因此,就辩解效果而言,主张正当防卫对行为人更为有利。(3)正当防卫必须在面临现实、紧迫的不法侵害时实施,自救行为所针对的是过去已然发生但处于继续侵害状态的不法侵害,不法侵害和自救行为之间在时空条件上有比较明显的间隔。

案例分析 能力训练

【本章主要法律规定】

1.《刑法》第20~21条

2.最高人民法院、最高人民检察院、公安部《关于依法适用正当防卫制度的指导意见》

第五章
犯罪未完成形态

本章主要内容提示

犯罪预备与犯罪未遂的区别在于是否已经着手实行犯罪。犯罪预备、未遂与犯罪中止的区别在于未发生犯罪结果是否为行为人意志以外的原因所致。犯罪未遂、中止与犯罪既遂的区别在于是否发生了行为人所希望或者放任的、行为性质所决定的犯罪结果。应注意联系刑法分则规定判断各种具体犯罪处于何种未完成形态。

第一节　犯罪未完成形态概述

一、犯罪未完成形态的概念

刑法分则规定的犯罪构成都是以既遂为模式的，既遂犯罪称为犯罪完成形态。从形式上来看，犯罪行为是一个过程，但并非任何犯罪行为都能顺利得以实施，并非任何犯罪人都能实现预期的目的。有的人为了实行犯罪而准备工具、制造条件，但由于意志以外的原因未能着手实行（犯罪预备）；有的人着手实行犯罪后，由于意志以外的原因而未得逞（犯罪未遂）；有的人在犯罪过程中，自动地放弃犯罪或者自动有效地防止犯罪结果发生（犯罪中止）。从实质上来看，犯罪行为未必都能对刑法所保护的客体（法益）造成实害，因而出现了犯罪未完成形态。相对于既遂犯而言，犯罪预备、犯罪未遂、犯罪中止称为犯罪未完成形态。犯罪未完成形态与犯罪完成形态，合称为（故意）犯罪形态。

犯罪未完成形态只能出现在犯罪过程中，在犯罪过程以外出现的某种状态，不构成犯罪未完成形态。例如，某甲因与某乙有仇，而产生了杀害某乙的犯意，但经过反复考虑后打消了杀害某乙的犯意。由于仅有犯意并不构成犯罪，故犯意的产生不处于犯罪过程中，因此，某甲打消犯意的情形，不是犯罪未完成形态。再如，某丙盗窃了某丁的财物，数日后又自动将所盗财物返还给某丁。这是犯罪既遂后所实施的行为，也不是犯罪未完成形态。

犯罪未完成形态是在犯罪过程中由于某种原因停止下来所呈现的状态，这种停止不是暂时性的停顿，而是结局性的停止，即该犯罪行为由于某种原因不可能继续向前发展。因此，犯罪未完成形态，是静止的犯罪行为状态，而不是运动的犯罪行为状态。就同一犯罪行为而言，出现了一种未完成形态后，不可能再出现另一种犯罪形态。就基本犯而言，犯罪未完成形态不是就犯罪行为的某一部分而言，而是就已经实施的基本犯罪行为整体而言的。就加重犯、结合犯而言，犯罪未完成形态可能只是就加重部分、结合部分而言的，如虽然作为基本犯的抢劫罪既遂，但作为加重犯的抢劫杀人可能未遂，或者虽然作为基本犯的绑架罪既遂，但作为结合犯的杀害被绑架人可能未遂。

犯罪未完成形态只能存在于故意犯罪中。没有出现危害结果（犯罪结果）时，不可能成立过失犯罪。所以，过失犯罪没有犯罪预备、犯罪未遂与犯罪中止形态。由于过失犯罪没有未遂，也没有必要肯定其有犯罪既遂。所以，对于过失犯罪而言，只有成立与否的问题，而没有既遂与未遂的问题。间接故意犯罪，一般也不可能为犯罪准备工具、制造条件；在没有发生危害结果的情况下，也难以认定行为人有间接故意。所以，间接故意犯罪不可能有犯罪预备、犯罪未遂与犯罪中止形态。基于同样的理由，间接故意犯罪只有成立与否的问题，而没有既遂与未遂的问题。因此，一般认为，只有直接故意犯罪才存在犯罪未完成形态。

二、犯罪未完成形态与犯罪阶段的关系

故意犯罪是一个过程，存在不同阶段。犯罪过程大体上可以分为犯罪预备阶段与犯罪实行阶段。一般认为，犯罪的着手是实行阶段的起点，犯罪行为的终了是实行行为完成的标志（不等于既遂标准）。犯罪预备阶段与犯罪实行阶段密切相连，前者是为后者做准备的阶段，后者是前者的发展。处于预备阶段的行为是预备行为，处于实行阶段的行为是实行行为。大体而言，只有在实行行为终了之后，才可能出现犯罪完成形态（持续犯除外）；而犯罪未完成形态，既可能出现在预备阶段，也可能出现在实行阶段。

三、犯罪未完成形态与犯罪构成的关系

我国刑法理论认为，刑法分则所规定的犯罪构成以犯罪既遂为模式，从此意义上来说，犯罪既遂是完全符合犯罪构成的。但刑法也处罚犯罪预备、犯罪未遂与犯罪中止，故刑法总则对分则所规定的犯罪构成进行了修正，形成了修正的犯罪构成。犯罪预备、犯罪未遂与犯罪中止虽然没有完全符合刑法分则所规定的以既遂为模式的基本犯罪构成，但符合了刑法总则所规定的修正的犯罪构成。因此，在总论中只讨论犯罪预备、未遂与中止。

我国刑法总则规定原则上处罚犯罪预备、犯罪未遂和犯罪中止，但事实上，犯罪预备、犯罪未遂和犯罪中止的处罚具有例外性，仅在事实上的预备、未遂、中止行为达到值得科处刑罚的程度时，才作为犯罪预备、犯罪未遂和犯罪中止追究刑事责任。当然，我国刑法分则对于哪些犯罪应当处罚犯罪预备、未遂与中止，没有作出明文规定，所以，必须实质考察各种具体故意犯罪的未完成形态的可罚性。

第二节　犯罪预备

一、犯罪预备的概念与特征

根据《刑法》第22条第1款的规定，作为一种未完成形态的犯罪预备，是指为了犯罪，准备工具，制造条件，但由于行为人意志以外的原因而未能着手实行犯罪的情形。据此，犯罪预备具有以下四个特征：

（一）主观上为了犯罪

成立犯罪预备，要求行为人主观上为了犯罪。从犯罪预备阶段与犯罪实行阶段的关系来看，这里的“为了犯罪”实际上是指为了实行犯罪，即为了实施犯罪的实行行为。为了犯罪，包括为了自己实行犯罪（理论上称为自己预备罪）与为了他人实行犯罪（理论上称为他人预备罪）；为了犯罪，不是一种独立的罪过，但表明行为人具有明确的犯罪故意，因为行为人在具体的犯罪故意支配下，才能为具体犯罪的实行行为准备工具、制造条件；为了犯罪，表明行为人在具备犯罪故意的前提下，认识到自己的预备行为是为实行行为服务的，认识到预备行为对危害结果的发生起促进作用；为了犯罪，表明

行为人在该心理支配下实施的行为是犯罪预备行为，因而与犯意的形成、犯意的表示具有本质区别。

（二）客观上实施了犯罪预备行为

预备行为是为犯罪的实行创造便利条件，以利于犯罪结果顺利实现的行为，这种行为是整个犯罪行为的一部分，如果不是由于某种原因停顿下来，预备行为就会进一步发展为实行行为，从而导致结果发生。所以，一方面，预备行为已经对刑法所保护的客体构成了威胁，这是能够处罚犯罪预备的客观依据。另一方面，预备行为只是为实行行为创造便利条件，因而不可能直接造成实行行为所要造成的危害结果，故对预备犯可以从轻、减轻或者免除处罚。

总体来说，预备行为是为实行犯罪制造条件的行为，但刑法将预备行为规定为两类，即准备工具与制造条件。准备工具事实上也是为实行犯罪制造条件的行为，只因是最常见的预备行为，故刑法予以特别规定。准备工具，即准备实行犯罪的工具，主要表现为：购买某种物品作为犯罪工具；制造犯罪工具；改装物品使之适应犯罪需要；租借他人物品作为犯罪工具；盗窃他人物品作为犯罪工具等。制造条件，是指除准备工具以外的一切为实行犯罪制造条件的预备行为，如调查犯罪场所与被害人行踪，出发前往犯罪地点或者守候被害人的到来，诱骗被害人前往犯罪场所，等等。在认定犯罪预备行为时，不能过于绝对。相对于不同的犯罪而言，预备行为有不同的表现。换言之，此罪中的预备行为可能是彼罪中的实行行为，反之亦然。

（三）事实上未能着手实行犯罪

犯罪预备必须在预备阶段停顿下来，事实上未能着手实行犯罪。未能着手实行犯罪包括两种情况：一是预备行为没有完成，因而不可能着手实行犯罪；二是预备行为虽已完成，但由于某种原因未能着手实行犯罪。

（四）未能着手实行犯罪是由于行为人意志以外的原因

犯罪预备在预备阶段停顿下来，未能着手实行犯罪，必须是由于行为人意志以外的原因所致。如果行为人自动放弃预备行为或者自动不着手实行犯罪，则不成立犯罪预备，而成立犯罪中止。

二、犯罪预备的类型

（一）自己预备罪与他人预备罪

自己预备罪，是指为了自己实行犯罪而准备工具、制造条件，但由于行为人意志以外的原因未能着手实行犯罪的情形。他人预备罪是指为了他人实行犯罪而准备工具、制造条件，但由于行为人意志以外的原因未能着手实行犯罪的情形。在他人预备罪的场合，由于预备犯的处罚具有例外性，所以，在甲为了乙实行犯罪而实施预备时，只有当乙至少实施了预备行为时，甲才成立预备罪。

（二）从属预备罪与独立预备罪

从属预备罪，是指刑法将预备行为作为基本犯罪构成要件行为（实行行为）之前的行为予以规定的情形，在我国是由刑法总则规定的。独立预备罪是指刑法分则将预备行为规定为独立的犯罪类型的情形，可谓预备行为的实行行为化，或者预备犯的既遂犯化。例如，《刑法》第120条之二将原本是恐怖活动的预备行为，规定为独立的准备实施恐怖活动罪，就是典型的独立预备罪。对于独立预备罪，不再适用刑法总则关于预备犯的处罚规定。

三、犯罪预备与犯意表示的区别

犯意表示一般是指以口头、书面或者其他方法，将真实犯罪意图表现于外部的行为。

犯罪预备行为与犯意表示的最本质区别在于：犯罪预备行为是准备工具、制造条件，为实行犯罪起促进作用的行为，因而对刑法所保护的客体构成了现实的威胁；而犯意表示并没有为实行犯罪起促进作用，只是单纯流露犯意的行为，对刑法所保护的客体没有构成现实的威胁。

四、预备犯的刑事责任

我国刑法虽然原则上处罚犯罪预备，但应当肯定处罚犯罪预备的例外性。其一，犯罪预备行为不能直接造成侵害结果。况且，犯罪预备行为的外部形态往往是日常生活行为(如行为人购买胡椒粉，打算在抢劫时撒向被害人眼睛)。如果大量处罚犯罪预备，就必然导致原本不是犯罪预备的日常生活行为也受到怀疑。其二，在犯罪预备阶段，行为人可能随时放弃犯罪决意。如果广泛地处罚预备行为，反而可能促使行为人着手实行犯罪。基于以上理由，只能将实质上值得处罚的犯罪预备作为犯罪处罚。首先，只有从刑事政策的角度来看，需要尽早预防某些犯罪时，才有必要处罚犯罪预备。换言之，只有当某种预备行为的发展，必然或者极有可能造成重大犯罪结果时，才有必要处罚犯罪预备。其次，只有当行为人的犯罪故意确定，确实将实行某一特定犯罪，并实施了相应的预备行为时，才有必要作为犯罪预备处罚。恐怖主义组织实施的犯罪预备行为，都具备上述特征，应当予以处罚。

由于预备犯还没有着手实行犯罪，没有造成犯罪结果，其危害性通常小于既遂犯。因此，根据《刑法》第22条第2款的规定，对于预备犯，可以比照既遂犯从轻、减轻或者免除处罚。

第三节　犯罪未遂

一、犯罪未遂的概念与特征

根据《刑法》第23条第1款的规定，已经着手实行犯罪，由于犯罪分子意志以外的原因而未得逞的，是犯罪未遂。犯罪行为在客观上具有侵害法益的紧迫危险，是处罚未遂犯的根据所在。犯罪未遂必须具备以下特征：

(一)已经着手实行犯罪

一般来说，着手是实行行为的起点；着手标志着犯罪行为进入了实行阶段，行为人所实施的是实行行为，着手本身就是实行行为的一部分。我国刑法理论认为，实行行为是刑法分则所规定的具体犯罪构成要件的行为，故着手意味着开始实施刑法分则所规定的具体犯罪构成要件的行为。换言之，开始实施刑法分则所规定的具体犯罪构成要件的行为时就是着手。例如，开始实施杀人行为时，就是故意杀人罪的着手；开始窃取公私财物时，就是盗窃罪的着手。但是，在判断行为人是否开始实施杀人行为、盗窃行为时，又必须从实质考察行为是否具有致人死亡或者转移他人占有的财物的紧迫危险。换言之，仅在犯罪行为具有侵犯法益的紧迫危险时，才能认定行为人已经着手实行犯罪。在刑法分则条文所规定的实行行为包含多个环节或多种形式时，行为人开始实施其中任何一个环节或者任何一种形式的行为，原则上也应认定为着手。例如，抢劫罪的实行行为包含两个环节：一是使用暴力、胁迫或者其他强制手段；二是取得财物。因此，当行为人开始实施暴力或者胁迫等行为时，就是已经着手实施抢劫行为。再如，拐卖妇女、儿童罪的实行行为，包括拐骗、绑架、收买、贩卖、接送、中转等形式。所以，当行为人以出卖为目的，开始拐骗、绑架、收买妇女、儿童时，就是拐卖妇女、儿童罪的着手，而不是待行为人开始贩卖时才是着手。

但是，由于刑法分则规定了诸多具体犯罪，而且同一具体犯罪的行为方式也不完全相同，如同样是杀人，不同的行为人会采取不同的方式杀人；同样是盗窃，不同的行为人会选择不同的盗窃对象与场所。因此，在认定行为人是否着手实行犯罪时，要根据不同犯罪、不同案件的具体情况，来判断行为是否具有侵犯法益的紧迫危险。例如，要考察行为人是否已经接触或者接近行为对象，行为人是否已经开始使用所准备的犯罪工具，行为人是否开始利用了所制造的条件，所实施的行为是否可以直接造成犯罪结果，如此等等。

(二)犯罪未得逞

我国刑法理论认为，犯罪未得逞，是指犯罪行为没有具备刑法分则条文规定的某一犯罪的全部构成要件。其理由在于：刑法分则条文所规定的犯罪构成是以既遂为模式的。例如，刑法规定的故意杀人罪的犯罪构成，是以杀人行为已经导致被害人死亡为模式的，而杀人未得逞要么表现为杀人行为本身没有实行终了因而被害人没有死亡，要么表现为杀人行为虽然实行终了但由于某种原因没有造成被害人死亡，因而不完全符合故意杀人罪的犯罪构成，即没有具备死亡这一要件，不完全符合以既遂为模式的基本犯罪构成。但刑法总则又修正了分则的规定，即在未得逞的情况下，也得以犯罪未遂论处，故上述行为成立故意杀人未遂。

犯罪是否得逞，是犯罪既遂与犯罪未遂的界限所在。犯罪得逞时，表现为法益受到侵害，发生了行为人所希望或者放任的、行为性质所决定的犯罪结果。因此，犯罪未得逞应指法益虽然面临威胁但尚未被侵害，没有发生行为人所希望或者放任的、行为性质所决定的犯罪结果。

犯罪未得逞通常具体表现为没有发生犯罪结果，但这绝不意味着凡是发生了犯罪结果的都是已经得逞。因为犯罪行为的性质不同，犯罪结果的类型就不相同。同样的结果，相对于此罪而言，是构成要件的结果，而相对于彼罪而言，不是构成要件的结果。例如，伤害结果相对于故意伤害罪而言，是构成要件的结果，但相对于故意杀人罪而言，还不是构成要件的结果。因此，在造成了伤害结果的情况下，相对于故意伤害罪而言，已经既遂；但相对于故意杀人罪而言，则只成立未遂。

（三）犯罪未得逞是由于犯罪分子意志以外的原因

犯罪分子意志以外的原因，是指违背犯罪分子意志的，客观上使犯罪不可能既遂，或者使犯罪人认为不可能既遂因而被迫停止犯罪的原因。在犯罪未遂的情况下，行为人希望得逞的意志并没有改变与放弃，故未得逞是与其犯罪意志相冲突的。犯罪分子意志以外的原因包括三种情况：

1.抑止犯罪意志的原因，即某种事实使犯罪分子认为自己客观上已经不可能继续实行犯罪，从而被迫停止犯罪。例如，行为人正在他人住宅内实施抢劫，忽然听到警车声音，以为是警察来抓自己，便被迫逃离现场。即使该车并不是警车或者虽然是警车但并不是来抓行为人，但由于行为人认为自己客观上已经不可能继续实行犯罪，仍然属于意志以外的原因，成立抢劫未遂。

2.抑止犯罪行为的原因，即某种情况使行为人在客观上不可能继续实行犯罪或者不可能造成犯罪结果。例如，行为人正在实行犯罪时，被第三者发现而制止。

3.抑止犯罪结果的原因，即行为人已将其认为应当实行的行为实行终了，但意外情况阻止了结果的发生。例如，行为人将被害人打昏后拖入水中，以为被害人必死无疑，但适逢过路人将被害人救活。

犯罪未遂的上述三个特征使其分别与犯罪预备、犯罪既遂、犯罪中止相区别。只有同时符合上述三个特征的，才能成立犯罪未遂。

二、犯罪未遂的类型

犯罪未遂有不同的类型，不同的类型也反映不同程度的社会危害性。

（一）实行终了的未遂与未实行终了的未遂

这是以实行行为是否实行终了为标准所作的区分。一般认为，实行终了的未遂，是指犯罪人已将其认为达到既遂所必需的全部行为实行终了，但由于犯罪人意志以外的原因而未得逞。例如，犯罪人向被害人食物中投放了毒药，被害人中毒后被他人发现后送往医院抢救脱险。未实行终了的未遂，是指由于意志以外的原因，使犯罪人未能将其认为达到既遂所必需的全部行为实行终了，因而未得逞。例如，在举刀杀人时，被第三者制伏。

“行为是否实行终了”中的行为，是指导致犯罪既遂所必需的行为，不包括既遂后行为人为了其他目的所实施的行为。例如，行为人打算致人死亡后再碎尸，行为是否实行终了，应以行为人自认为致人死亡所必需的行为是否实行终了为标准，而不以是否碎尸为标准。

一般来说，实行终了的未遂对法益的侵犯

程度重于未实行终了的未遂，这是在量刑时应予考虑的。

（二）能犯未遂与不能犯未遂

这是以犯罪行为本身能否既遂为标准所作的区分。能犯未遂，是指犯罪人所实施的行为本身可能达到既遂，但由于犯罪人意志以外的原因而未得逞。例如，犯罪人手持装有5发子弹的手枪开枪射击被害人，开第一枪时没有瞄准，在准备开第二枪时，被警察当场抓获。不能犯未遂，是指犯罪人所实施的行为本身有一定危险性，但不可能达到既遂因而未得逞。不能犯未遂可以进一步分为对象不能犯未遂与手段不能犯未遂。例如，甲以为乙的口袋中有钱包，便将手伸进乙的口袋，但乙的口袋中并无钱包，甲未能得逞，这是对象不能犯未遂。再如，甲向乙的食物中投放毒药，但毒药没有达到致死量，因而不可能得逞，这是手段不能犯未遂。

手段不能犯未遂与迷信犯具有本质区别。迷信犯是指意欲造成某种结果而采用迷信方法（丝毫不具有发生既遂结果的危险性）的情况。例如，行为人意欲某甲死亡，以为盐水可以致人死亡，便将盐水给某甲喝。手段不能犯时，行为人所实施的行为与其所认识（或本欲实施）的行为完全不同，而迷信犯所实施的行为与其所认识（或本欲实施）的行为完全相同；手段不能犯是由于认识错误所致，而迷信犯是由于愚昧无知所致；如果不是由于认识错误，手段不能犯可能导致危害结果发生，而迷信犯的行为在任何情况下都不可能导致危害结果发生。因此，手段不能犯成立犯罪未遂，而迷信犯则不成立犯罪。

需要指出的是，由于犯罪未遂时行为人已经着手实行犯罪，又由于实行行为必须是具有导致危害结果发生的危险性的行为，所以，上述对象不能犯与手段不能犯，都仅限于具有导致危害结果发生的危险性的情形。倘若某种行为完全不可能导致危害结果发生，属于不可罚的不能犯，不应作为未遂犯处罚。至于客观行为是否具有导致结果发生的危险性，应以行为时存在的所有客观事实为基础，站在行为时的立场，根据客观的因果法则进行判断。

三、未遂犯的刑事责任

根据《刑法》第23条第2款的规定，对于未遂犯，可以比照既遂犯从轻或者减轻处罚。

值得研究的是，犯罪未遂与犯罪既遂并存时应如何处理的问题。在法益的数量可以增减的场合，行为只侵害了一部分法益时，可能出现犯罪未遂与犯罪既遂并存的现象。例如，甲意图诈骗乙50万元，已经着手诈骗，乙被骗准备交出50万元，但由于身上只有5万元，乙便将5万元交给甲，答应第二日交出45万元，但当晚乙发现受骗报警的，对甲已经骗得的5万元无疑应认定为诈骗既遂，对于尚未骗得但客观上完全可能骗得的45万元则应认定为诈骗未遂。2011年3月最高人民法院、最高人民检察院《关于办理诈骗刑事案件具体应用法律若干问题的解释》第6条规定："诈骗既有既遂，又有未遂，分别达到不同量刑幅度的，依照处罚较重的规定处罚；达到同一量刑幅度的，以诈骗罪既遂处罚。"可见，第一，犯罪未遂与犯罪既遂的并存已被实务承认。第二，上述规定为犯罪未遂与犯罪既遂的并存提供了处理方案，即在同一宗犯罪中，既有既遂，又有未遂，达到同一量刑幅度的，应以犯罪既遂酌情从重处罚；如果既有既遂，又有未遂，分别达到不同量刑幅度的，应当依照处罚较重的规定酌情从重处罚。当然，对此在理论上还有其他解决方案。

第四节　犯罪中止

一、犯罪中止的概念

根据《刑法》第24条的规定，在犯罪过程中，自动放弃犯罪或者自动有效地防止犯罪结果发生的，是犯罪中止。犯罪中止存在两种情况：一是在犯罪预备阶段或者在实行行为还没有实行终了的情况下，自动放弃犯罪；二是在实行行为实行终了的情况下，自动有效地防止犯罪结果的发生。

作为犯罪未完成形态的犯罪中止，是指行为人已经开始实施犯罪而又中止了犯罪的形态。犯罪中止形态与中止犯罪行为具有密切关系：没有中止行为就不可能有犯罪中止形态，中止行为是犯罪中止形态的决定性原因。犯罪中止形态与中止行为本身又具有区别：中止行为本身不是犯罪，而是刑法所鼓励的行为；犯罪中止形态则是犯罪的状态，应当负刑事责任。换言之，中止行为之前的行为属于犯罪行为，是行为人应当负刑事责任的事实根据，中止行为本身避免了犯罪结果的发生，与既遂犯相比客观危害减少、主观恶性减少，故对虽然造成一定损害的中止犯应当减轻处罚；对没有造成损害的中止犯应当免除处罚。

二、犯罪中止的特征

由于中止行为是犯罪中止形态的决定性原因，犯罪中止的特征与中止行为的特征就成为表里关系，论述了中止行为本身的成立条件，也就说明了犯罪中止的特征。

（一）中止的时间性

中止必须发生在“犯罪过程中”，即在犯罪行为开始实施之后、犯罪呈现结局之前均可中止。“在犯罪过程中”首先表明，犯罪中止既可以发生在犯罪预备阶段，也可以发生在犯罪实行阶段，这是犯罪中止与犯罪预备、犯罪未遂的重要区别。“在犯罪过程中”也表明，中止前的行为处于犯罪过程中，已经属于犯罪行为，故产生犯意后没有实施任何犯罪行为便放弃犯意的，不成立犯罪中止。“在犯罪过程中”还表明，犯罪还没有形成结局，既不是已经形成了犯罪预备形态，也不是已经未遂，更不是已经既遂。因此，犯罪既遂后自动恢复原状的，不成立犯罪中止。同样，犯罪未遂后也不可能出现犯罪中止。例如，甲在杀乙的过程中，由于警察到来而逃走，即使甲以后打消了继续杀乙的念头，但由于其故意杀人已经未遂，故不成立故意杀人中止。

（二）中止的自动性

成立犯罪中止，要求行为人“自动”放弃犯罪或者“自动”有效地防止犯罪结果发生。这是犯罪中止与犯罪预备、犯罪未遂在主观上的区分标志。中止的自动性，是指行为人认识到客观上可能继续实施犯罪或者可能既遂，但自愿放弃原来的犯罪意图。首先，行为人认识到客观上可能继续实施犯罪或者可能既遂。这表明，行为人面临两种可能性：或者继续犯罪，使犯罪既遂；或者放弃犯罪，不使犯罪既遂。在存在选择余地的情况下，行为人未继续犯罪、不使犯罪既遂，就表明行为人中止犯罪具有自动性。其次，行为人自愿放弃原来的犯罪意图，不再希望犯罪结果发生，而是希望犯罪结果不发生。区分中止与未遂可以采取这样的公式：“能达目的而不欲”时是中止，“欲达目的而不能”时是未遂。对于其中的“能”与“不能”，一般应以行为人本人的认识为标准进行判断，即只要行为人认为可能既遂而不愿达到既遂的，即使客观上不可能既遂，也是中止。例如，甲为了杀乙而向乙的食物中投放毒药，见乙神态痛苦而反悔，将乙送往医院抢救脱险。即使甲投放的毒药没有达到致死量，不送往医院乙也不会死亡，甲也成立犯罪中止。反之，只要行为人认为不可能既遂而放弃的，即使客观上可能既遂，也是未遂。例如，丙在实施抢劫行为时听到警车声便逃走的，成立抢劫未遂。即使路过的并非警车而是救护车，丙也不成立犯罪中止。

行为人中止犯罪的原因是多种多样的，有的出于真诚悔悟，有的因为对被害人产生同情心，有的由于惧怕刑罚处罚，有的为了争取宽大处理，如此等等。一方面，不能将引起行为人中止犯罪的原因，当作意志以外的原因从而否认中止的自动性。另一方面，也不能因为存在客观障碍就否认中止的自动性。在存在客观障碍的情况下，有时行为人并没有认识到，而是出于其他原因放弃犯罪的，应认定为中止；有时行为人认识到了客观障碍但同时认为该客观障碍并不足以阻止其继续犯罪，而是由于其他原因放弃犯罪的，也应认定为中止。

（三）中止的客观性

中止不只是一种内心状态的转变，还要求客观上有中止行为。中止行为分为两种情况：在犯罪预备阶段以及实行行为尚未实行终了，只要不继续实施行为就不会发生犯罪结果的情况下，中止行为表现为放弃继续实施犯罪，即不再继续实施犯罪行为。在这种情况下，行为人必须是真实地放弃犯罪行为，而不是等待时机继续实施该行为。例如，行为人侵入仓库后发现财物过多，打算回去开车来窃取的，不是中止行为。再如，行为人打算窃取现金，但因为有宝石，而只窃取宝石、不窃取现金的，不是中止行为。但是，应予注意的是，行为人自动放弃重复侵害行为的，是犯罪中止，即行为人实施了足以导致犯罪结果发生的行为后，犯罪结果并没有发生，行为人也认识到结果还没有发生，认识到还可以继续实施犯罪，但基于某种动机自动放弃继续侵害的，成立犯罪中止，而不是犯罪未遂。

在实行行为终了、不采取有效措施就会发生犯罪结果的情况下，中止行为表现为采取积极有效措施防止犯罪结果发生。有效防止犯罪结果发生的行为，不以行为人单独实施为必要，但行为人必须作出了真挚的努力，其行为对防止犯罪结果发生起到了重要作用，否则不成立犯罪中止。例如，行为人在其放火行为还没有既遂的情况下，喊了一声“救火呀”，然后便逃走了，即使他人将火扑灭，也不能认为行为人的犯罪属于中止形态。对于不作为犯罪的中止而言，其中止行为一般表现为履行自己原本应当履行的义务。

（四）中止的有效性

不管是哪一种中止，都必须是没有发生作为既遂标志的犯罪结果。行为人虽然自动放弃犯罪或者自动采取措施防止结果发生，但如果发生了作为既遂标志的犯罪结果，就不成立犯罪中止。例如，甲为杀乙而向乙的静脉注射大量空气，尽管甲反悔后将乙送往医院抢救，但乙仍然死亡。甲的行为成立故意杀人既遂，而非中止。

行为人为防止结果的发生作了积极努力，但其行为本身偶然不能使结果发生或者由于他人行为防止了结果发生时，仍然成立中止犯。概言之，以下三种情况均成立犯罪中止：(1)行为人的中止行为独立防止了结果发生时，成立犯罪中止。(2)行为人的中止行为与其他人的协力行为，共同防止了结果发生时，只要能够认定行为人作出了真挚的努力，也成立犯罪中止。例如，行为人向被害人的食物投放毒药后，见被害人痛苦难忍而顿生悔意，立即拨打急救电话，将被害人送往医院，由医生抢救脱险的，理当成立犯罪中止。(3)行为人在犯罪过程中自动放弃犯罪，或者自动采取有效措施防止结果发生，而且结果没有发生，即使行为本身偶然未能导致结果发生，或者客观上完全由于他人行为防止了结果发生的，也成立犯罪中止。例如，行为人意欲杀人，但其客观上所投放的毒药没有达到通常致死量；在发现他人呕吐不止、十分痛苦的情况下，行为人自动将他人送往医院抢救；即使不予急救也不至于发生死亡结果时，也属于中止，而非未遂。因为行为人是在认识到能够既遂的情况下自动采取有效措施的，在结果没有发生的情况下，应认为符合犯罪中止的本质特征；否则会导致刑罚的不均衡。

案例分析　能力训练

需要注意的是，虽然发生了犯罪结果，但该结果是由于异常的介入因素所导致，与中止之前的犯罪行为缺乏因果关系的，只要中止行为足以避免既遂结果，就应评价为行为人属于“自动有效地防止犯罪结果发生”，成立犯罪中止。如甲杀乙致其轻伤后，主动送乙去医院，后因医生的重大失误致乙死亡的，医生重大失误属于异常的介入因素，乙的死亡结果应归责于医生的行为（医生构成医疗事故罪），与甲的杀人行为之间没有因果关系。甲的行为足以避免乙的死亡，甲成立故意杀人罪的犯罪中止。

此外，犯罪中止的成立并不要求没有发生任何犯罪结果，而是只要求没有发生作为既遂标志的犯罪结果。例如，作为故意杀人罪既遂标志的结果是被害人死亡。行为人在杀人过程中，自动放弃犯罪或者自动采取有效措施防止了死亡结果发生时，成立犯罪中止；即使造成了他人身体伤害，也应以故意杀人罪的中止犯论处，不能以故意伤害罪既遂追究刑事责任，这样有利于最大限度地鼓励行为人中止犯罪。

犯罪中止的上述四个特征，使其与犯罪预备、犯罪未遂、犯罪既遂相区别。同时具备上述四个特征的，才成立犯罪中止。

三、中止犯的刑事责任

根据《刑法》第24条第2款的规定，对于中止犯，没有造成损害的，应当免除处罚；造成损害的，应当减轻处罚。对该款中的“造成损害”，应理解为造成了一定的法益侵害结果（构成某种轻罪的既遂犯），但没有造成行为人原本希望或者放任的犯罪结果。如强奸犯以暴力实施猥亵行为后，自动中止强奸行为的，其先前行为已经侵害了妇女的性自主权（强制猥亵既遂），属于造成了损害，对此只能减轻处罚，不能免除处罚。

【本章主要法律规定】

《刑法》第22～24条

第六章
共同犯罪

本章主要内容提示

是否成立共同犯罪，共犯人各自成立何罪，各自的犯罪形态如何，各自的刑事责任如何，以及各种共犯理论，是本章难点。尤其需要注意的是，只要查明行为人的故意行为与犯罪结果之间存在因果关系，在客观上其就应对犯罪结果负责；至于最终能否负责，取决于其是否符合犯罪主体要件；至于行为人应当如何负责（成立何罪），则取决于其犯罪故意的内容。在此意义上，成立共同犯罪，并不意味着共犯人最终被宣告的罪名完全相同。

第一节　共同犯罪概述

一、共同犯罪的概念

相对于单独犯罪而言，共同犯罪是一种复杂的犯罪现象，一人犯罪（单独犯）的很多原理不能直接套用于共同犯罪。根据《刑法》第25条第1款的规定，共同犯罪是指二人以上共同故意犯罪。这一定义科学地概括了共同犯罪的内在属性，为处理共同犯罪提供了法律根据，为理论上研究共同犯罪指明了方向。

刑法关于共同犯罪的规定，要求我们特别注意以下几点：一是共同犯罪的主客观统一性。共同犯罪要求二人以上既有共同故意，又有共同行为，而且二者之间具有统一关系。二是共同犯罪的整体性。共同犯罪是二人以上在共同故意支配下实施犯罪行为形成的一个整体，不是个人行为的简单相加。司法实践与刑法理论都不能孤立地看待各共同犯罪人的行为。三是共同犯罪类型、共同犯罪人的差异性。共同犯罪的类型不同，其社会危害性便不同。共同犯罪有二个以上的共同犯罪人，但各共同犯罪人在共同犯罪中所起的作用不同，各共同犯罪人行为的主观恶性不同，因而需要区别对待。

二、共同犯罪与犯罪构成的关系

通常的共同犯罪，仍以具备犯罪构成为前提，即“二人以上”是两个以上符合犯罪主体要件的人；“共同故意”必须是某种犯罪的故意；“共同行为”必须是符合某种犯罪构成要件的行为，如此等等。所以，从犯罪构成的意义上说，共同犯罪并没有什么特殊性。共同犯罪的特殊性，表现在各个行为人的犯罪故意与犯罪行为的“共同”这一点上。

但应注意的是，由于犯罪概念本身具有不同含义，所以，共同犯罪也可能仅指具备犯罪构成的客体与客观要件意义上的共同犯罪。例如，16周岁的乙应15周岁的甲的要求，为甲入室盗窃望风。在这种情形下，应认为乙与甲成立具备犯罪的客体与客观要件意义上的共同犯罪。乙符合犯罪主体与主观要件，因而是共同犯罪（盗窃）中的从犯（在这种场合，不能认定乙是间接正犯）。但由于甲没有达到刑事责任年龄，不符合犯罪主体要件，对甲不能以盗窃罪定罪量刑。

共同犯罪一般应以符合同一个犯罪构成要件为前提。但是，二人以上在同一犯罪构成要件的前提下，分别具有不同的加重情节或者减轻情节的，不影响共同犯罪的成立。或者说，只要二人以上的行为符合某一犯罪的构成要件，即使对二人以上应分别适用不同的法定刑，也不影响共同犯罪的成立。例如，甲教唆乙在马路边抢劫，而乙接受教唆后入户抢劫的，在抢劫罪的故意与犯罪行为这一点上是共同的，因而成立抢劫罪的共犯，但对甲与乙适用的法定刑不同。

如果二人以上持不同的故意共同实施了某种行为，则只就他们所实施的性质相同的部分（或重合部分）成立共同犯罪（部分犯罪共同说）。例如，丙邀约丁为自己的盗窃望风，丙盗窃财物时被被害人发现，丙为了抗拒抓捕而对被害人实施暴力行为。丙的行为构成抢劫罪无疑，而丁不知情，没有抢劫的故意，不可能构成抢劫罪的共犯。如果否定丙与丁成立共同犯罪，则意味着对丁的行为不能作为犯罪处理。其不合理性比较明显：倘若丙在被害人家仅实施了盗窃行为，丁属于共犯，应受到刑罚处罚；而丙现实中对被害人实施了更为严重的犯罪（事实上丁的望风行为也对丙的抢劫行为起到了促进作用），丁的行为反而不成立犯罪。这难以被人接受。对丁的行为也不能单独认定为盗窃罪（不能认为丁是单独犯罪），因为将丁作为单独的盗窃犯处理，要求丁实施了盗窃罪的实行行为，但丁没有实施任何实行行为。如果认为丁与丙成立抢劫罪的共同犯罪，也明显不妥当，因为丁没有抢劫的故意。在这种情况下，应认定丁与丙在盗窃罪的范围内成立共同犯罪；既然如此，对丁就必须追究盗窃罪的刑事责任；但由于丙的行为另成立更重的抢劫罪，故对丙的行为只能认定为抢劫罪。这并不是对丁的行为单独定罪。换言之，将丁的行为认定为盗窃罪，是以丁与丙构成盗窃罪的共犯为前提的；没有这一前提，就不能认定丁的行为构成盗窃罪。再者，如果对丙、丁完全分别按抢劫罪与盗窃罪论处，而不考虑丁在盗窃罪中的共犯关系，就不可能认定丁为从犯（因为单独犯罪是无所谓主犯与从犯之分的），因而对丁不能从轻、减轻或者免除处罚；而肯定丙与丁在盗窃罪的范围内成立共犯，丁便是盗窃罪的从犯，故应当根据刑法总则的规定从轻、减轻或者免除处罚。

根据上述原理，A以杀人故意、B以伤害故意共同对C实施暴力的，A与B在故意伤害罪的范围内成立共同犯罪，但由于A具有杀人故意与行为，对A应以故意杀人罪论处。甲以绑架的故意、乙以非法拘禁的故意，共同对丙实施拘禁行为的，甲与乙在非法拘禁罪的范围内成立共同犯罪，但由于甲具有绑架的故意与行为，对甲应以绑架罪论处。张三以为境外窃取、刺探、收买国家秘密罪（《刑法》第111条）的故意，李四以非法获取国家秘密罪（《刑法》第282条第1款）的故意，共同窃取、刺探、收买国家秘密的，张三与李四在非法获取国家秘密罪的范围内成立共同犯罪，但由于张三具有为境外窃取、刺探、收买国家秘密罪的故意与行为，对张三应以为境外窃取、刺探、收买国家秘密罪论处。

总之，成立共同犯罪与各个共犯人是否最终都负刑事责任，以及各个共犯人以何种罪名承担刑事责任，二者不是一回事。

第二节　共同犯罪的成立条件

共同犯罪的成立条件，是指共同犯罪这一特殊的犯罪形式的成立必须具备的条件，它揭示共同犯罪与单独犯罪的区别。成立共同犯罪后，各个共犯人具体构成何罪，取决于各人的故意犯罪行为符合何种具体犯罪的构成要件。根据我国刑法的规定，共同犯罪的成立条件是：必须二人以上、必须有共同故意、必须有共同行为。

一、必须二人以上

共同犯罪的主体必须是“二人以上”，即二人共同故意犯罪时便可成立共同犯罪。“二人”是最低要求，至于“以上”至多少人，则并无限制。由于刑法规定单位可以成为某些犯罪的主体，故两个以上的单位以及单位与单位之外的自然人共同实施的犯罪，可能构成共同犯罪。共同犯罪理论主要是为了解决“法益侵害结果归责于谁的行为”这一问题，至于最终哪些人应承担刑事责任，还取决于各个行为人是否满足相应的主体、主观要件。根据上述条件以及刑法关于犯罪主体的规定，以下两点特别值得注意：

1.达到刑事责任年龄、具有刑事责任能力的人，支配没有达到刑事责任年龄、不具有刑事责任能力的人实施犯罪行为的，不构成共同犯罪。利用者被称为间接正犯。但是，如果被利用者在事实上具有一定的辨认控制能力，利用者并没有支配被利用者时，二者能够成立共同犯罪。例如，18周岁的甲唆使15周岁的乙盗窃财物，乙根据现场情况随机应变顺利窃取了财物的，甲不构成间接正犯，二人成立盗窃罪的共犯，这样有利于对甲适用“教唆不满十八周岁的人犯罪的，应当从重处罚”的规定。

2.单位犯罪时，直接负责的主管人员及其他直接责任人员，与该单位本身不成立共同犯罪。

二、必须有共同故意

（一）共同故意的含义

根据《刑法》第25条第1款的规定，共同犯罪必须“共同故意”犯罪。“共同故意”包括以下内容：

首先，共犯人均具有犯罪故意。即共犯人不仅认识到自己有犯罪故意，而且认识到其他人也有犯罪的故意。当共犯人都有犯罪的故意时，即使各自的故意内容并不完全相同，也无妨其相互协作，共同造成犯罪结果的发生。因此，虽然在多数情况下，共同故意表现为共犯人均有相同的犯罪故意，但是，成立共同犯罪，并不要求共犯人故意犯罪的内容必须完全相同。

其次，共犯人都有相互协作的意思。“共同故意”的核心是共犯人具有相互协作的意思。因此，成立共同故意，要求共犯人主观上存在意思联络，相互沟通，都认识到自己不是在孤立地实施犯罪，而是在和他人一起共同犯罪。

值得研究的是“片面共犯”。片面共犯是指参与同一犯罪的人中，一方认识到自己是在和他人共同犯罪，而另一方没有认识到有他人和自己共同犯罪。片面共犯可能存在三种情况：一是片面的共同实行，即实行的一方没有认识到另一方的实行行为。例如，乙正欲对丙实施强奸行为时，甲在乙不知情的情况下，使用暴力将丙打伤，乙得以顺利实施奸淫行为。二是片面的教唆，即被教唆者没有意识到自己被教唆的情况。例如，甲将乙的妻子丙与他人通奸的照片和一支枪放在乙的桌子上，乙发现后立即产生杀人故意，将丙杀死。三是片面的帮助，即实行的一方没有认识到另一方的帮助行为。例如，甲明知乙正在追杀丙，由于其与丙有仇，便暗中设置障碍物将丙绊倒，从而使乙顺利地杀害丙。对此如何处理，中外刑法理论上都存在较大争议。有人否认片面共犯的概念，认为片面共犯不成立共同犯罪；有人肯定片面共犯的概念，认为所有片面共犯都成立共同犯罪；有人只承认片面教唆犯与片面帮助犯；有人仅承认片面帮助犯。我国刑法理论大多肯定片面帮助犯。从原理上来说，既然能够肯定片面帮助犯，也便能够肯定片面的实行犯与片面的教唆犯。

（二）没有共同故意的情形

根据“共同故意”这一条件的要求，下列情形不成立共同犯罪：

1.共同过失犯不成立共同犯罪。因为共同犯罪之所以比单独犯罪具有更大的危害性，在于它是基于共同犯罪故意结成的犯罪活动的整体。而过失犯罪的特点决定了共同过失犯罪不可能具有共同犯罪所要求的那种整体性。共同过失犯罪时，只要根据各人过失犯罪的情况分别定罪量刑即可，不需要以共同犯罪论处（参见《刑法》第25条第2款）。

2.故意犯罪行为与过失犯罪行为不成立共同犯罪，如看守所值班武警擅离职守，重大案犯趁机脱逃。前者为过失，后者为故意，客观上虽然有一定联系，但不成立共同犯罪。故意（过失）行为与无罪过行为，更不可能成立共同犯罪。

3.同时犯不成立共同犯罪。同时犯是指二人以上同时以各自行为侵害同一对象，但彼此之间无意思联络的情况。例如，甲、乙二人趁商店失火之机，不谋而合地同时到失火地点窃取商品。由于二人主观上没有意思联络，故不成立共同犯罪。

4.先后故意实施的相关犯罪行为，彼此没有主观联系的，不成立共同犯罪。例如，甲先到丙家窃取电视机，乙后到丙家窃取一辆摩托车。二人虽然实施了相同的盗窃行为，且都是在丙家作案，但由于缺乏“共同”故意，所以不成立共同犯罪。

5.超出共同故意之外的犯罪，不是共同犯罪。例如，甲教唆乙盗窃丙女的财物，乙除实施盗窃行为之外，还强奸了丙女，甲对此毫不知情。甲、乙二人固然成立盗窃罪的共同犯罪，但不成立强奸罪的共同犯罪。

6.事前无通谋、事后实施的窝藏、包庇、掩饰、隐瞒犯罪所得或者犯罪所得收益的行为，不构成共同犯罪。但如果事前有通谋的，则成立共同犯罪（参见《刑法》第310条第2款）。

三、必须有共同行为

没有共同行为，就没有共同犯罪。“共同行为”是指各个共犯人经过意思联络，相互协作，形成一个有机整体，共同指向犯罪结果。“共同行为”意味着各个共犯人的行为都是共同犯罪行为这一整体的组成部分。在发生了犯罪结果的情况下，各个共犯人的行为作为一个整体与犯罪结果之间具有因果关系，因而也可以肯定各个共犯人的行为与犯罪结果之间具有因果关系，因而均应对犯罪结果负责。

共同行为的表现形式可能出现三种情况：一是共同作为，即各共犯人的行为都是作为；二是共同不作为，即各共犯人的行为都是不作为；三是作为与不作为相结合，即部分共犯人的行为是作为，部分共犯人的行为是不作为。

共同行为在分工上可能表现为四种情况：一是实行行为，是指刑法分则所规定的构成要件的行为；二是组织行为，即组织、策划、指挥共同犯罪的行为；三是教唆行为，即故意唆使他人犯罪的行为；四是帮助行为，即对实行犯罪起辅助作用的行为。

第三节　共同犯罪的形式

共同犯罪的形式，也即共同犯罪的结构，是指各共犯人的故意犯罪行为之间相互联系、相互作用的方式。共同犯罪的形式不同，其对社会的危害就不同。

一、任意共同犯罪与必要共同犯罪

刑法分则规定的一人能够单独实施的犯罪由二人以上共同故意实施时，就是任意共同犯罪，如故意杀人罪、放火罪等，既可以由一人单独实施，也可以由二人以上共同实施。当二人以上共同故意杀人或放火时，就是任意共同犯罪。刑法总则规定的共同犯罪主要是任意共同犯罪。对于任意共同犯罪，应当根据分则的有关条文以及总则关于共同犯罪的规定定罪量刑。

刑法分则明文规定必须由二人以上共同故意实施的犯罪，就是必要共同犯罪。例如，《刑法》第317条第2款规定的聚众持械劫狱罪，不可能由一个人单独实施。对这类犯罪通常直接根据刑法分则的规定定罪量刑。

必要共同犯罪包括聚众共同犯罪、集团共

同犯罪和某些对向犯。需要说明的是对向犯。对向犯（对立的犯罪），是指以存在二人以上相互对向的行为为要件的犯罪。对向犯分三种情况：一是双方的罪名与法定刑相同，如重婚罪；二是双方的罪名与法定刑都不同，如贿赂罪中的行贿罪与受贿罪；三是只处罚一方的行为（片面的对向犯）。例如，贩卖淫秽物品牟利罪，只处罚贩卖者，不处罚购买者（第三种情况并不是共同犯罪，称为对向“犯”似乎不合适，但这种犯罪以存在购买方的行为为要件，故刑法理论仍然称之为对向犯。事实上，前两种对向犯也不必然构成共同犯罪，但人们均认为它是对向犯）。问题是，在第三种情况下能否直接根据刑法总则的规定将购买者作为共犯（教唆犯或帮助犯）处罚？一般认为，在具有对向犯性质的A、B两个行为中，立法者仅将A行为作为犯罪类型予以规定时，当然预想到了B行为，既然立法者没有规定处罚B行为，就表明立法者认为B行为不可罚。如果将B行为以教唆犯或帮助犯论处，则不符合立法意图。换言之，B行为之所以不可罚，是因为其对向性的参与行为的定型性、通常性。因此，如果参与行为超出了定型性、通常性的程度，就应以教唆犯、帮助犯论处。例如，购买淫秽物品的人即使主动请求卖主出售给自己，也不构成教唆犯与帮助犯。但是，如果对方原本并不出售淫秽物品，而购买者积极地推动对方，劝导其去获取并出售淫秽物品给自己的，则成立教唆犯。

二、事前通谋的共同犯罪与事前无通谋的共同犯罪

在着手实行犯罪之前，各共犯人已经形成共同犯罪故意，就实行犯罪进行了策划或商议的，就是事前通谋的共同犯罪。“通谋”一般是指二人以上为了实行特定的犯罪，以将各自的意思付诸实现为内容而进行的谋议。

在刚着手实行或者实行犯罪的过程中形成共同犯罪故意的，则是事前无通谋的共同犯罪。如果各共犯人是在刚着手实行时形成共同犯罪故意，并共同实施犯罪行为，则各共犯人均应对共同犯罪行为及其结果承担刑事责任。如果先行为人已实施一部分实行行为后，后行为人以共同犯罪的意思参与实行或者提供帮助，则为承继的共同犯罪。后行为人就其参与后的行为与先行为人构成共同犯罪，但应区分不同情形。例如，甲意欲抢劫而对A实施了暴力，在压制了A的反抗后，乙到了现场，并且明知甲在抢劫A的财物，乙与甲一起共同强取了A的财物。在这种情况下，后行为人乙与甲仍然成立抢劫罪的共同犯罪。再如，丙意欲抢劫B的财物而对其实施暴力，并且造成了B的重伤，此时丁到了现场，明知丙要抢劫B的财物，丁与丙共同强取了B的财物。后行为人丁虽然与丙构成抢劫罪的共同犯罪，但丁不对B的重伤承担刑事责任，只有丙对B的重伤承担刑事责任。

三、简单共同犯罪与复杂共同犯罪

二人以上共同故意实行犯罪时，就是简单共同犯罪。在这种情况下，各共犯人都是正犯（实行犯），故在刑法理论上又叫共同正犯（共同实行犯）。例如，甲、乙二人共同故意持凶器刺杀丙，成立故意杀人的共同正犯。成立共同正犯必须具备两个基本条件：一是有共同实行的意思；二是有共同实行的事实。对简单共同犯罪追究刑事责任应遵循以下原则：

1.部分实行全部责任的原则，即哪怕只实施了一部分实行行为，无论最终结果是否是该实行行为所导致，行为人都应对最终结果承担刑事责任。例如，甲、乙二人共同故意杀A，即使只是甲的一发子弹打中了A，乙也应承担杀人既遂的责任。再如，丙、丁二人共同故意伤害B，其中一人重伤B，但不知道是谁的行为导致了B的重伤，对此，丙、丁二人均应对B的重伤承担责任。还如，X与Y共同故意对C实施暴力，导致C死亡，C仅有一处致命伤，但不知由谁的行为造成，而且事后查明，X具有杀人的故意，Y仅有伤害的故意。对此，应认定X成立故意杀人罪（既遂），Y成立故意伤害（致死）罪。

2.区别对待原则，即在坚持部分实行全部责任原则的前提下，对各共犯人应区别对待，根据各共犯人在共同实行犯罪中所起的作用大小，分清主犯、从犯与胁从犯，依照刑法的有关

规定予以处罚。

3.罪责自负原则。各共犯人只能对共同故意实行的犯罪承担责任，对他人超出共同故意实行的犯罪不承担刑事责任。

二人以上的共同犯罪存在实行、组织、教唆、帮助等分工时，就是复杂共同犯罪。在这种情况下，存在实行犯、组织犯、教唆犯、帮助犯之分，他们的行为以及故意的具体内容均有差异。根据刑法的规定，对这几种共犯人应按其在共同犯罪中所起的作用大小，分别处罚。

四、一般共同犯罪与特殊共同犯罪

一般共同犯罪是指没有组织的共同犯罪，包括两种情况：一是二人即可构成，没有组织、没有首要分子、不存在众人可能随时参与状态的共同犯罪。二是由首要分子组织、策划、指挥众人所实施的共同犯罪，即聚众共同犯罪。

特殊共同犯罪是指集团犯罪，即三人以上有组织地实施的共同犯罪。实施犯罪的组织称为犯罪集团，犯罪集团是指三人以上为共同实施犯罪而组成的较为固定的犯罪组织。犯罪集团通常具有以下特征：

1.人数较多。即三人以上，二人不足以成为集团。

2.较为固定。表现为有明显的首要分子；重要成员固定或者基本固定；集团成员以首要分子为核心结合得比较紧密；实施一次或数次犯罪后，其组织形式往往继续存在。

3.目的明确。犯罪集团的形成是为了反复多次实施一种或者数种犯罪行为。

第四节　共犯人的分类及其刑事责任

对共犯人进行分类并规定相应的处罚原则，有利于正确处理共同犯罪。我国刑法规定了主犯、从犯、胁从犯与教唆犯。

一、主犯及其刑事责任

（一）主犯的概念与种类

根据《刑法》第26条第1款的规定，组织、领导犯罪集团进行犯罪活动或者在共同犯罪中起主要作用的，是主犯。可见，主犯包括两类：一是组织、领导犯罪集团进行犯罪活动的犯罪分子，即犯罪集团中的首要分子。“组织”主要是指为首纠集他人组成犯罪集团；“领导”就是策划、指挥；“策划”主要是指为犯罪集团的犯罪活动出谋划策，主持制订犯罪活动计划；“指挥”主要是指根据犯罪集团的计划，直接指使、安排集团成员的犯罪活动。二是其他在共同犯罪中起主要作用的犯罪分子，即除犯罪集团的首要分子以外的在共同犯罪中对共同犯罪的形成、实施与完成起决定或重要作用的犯罪分子。犯罪分子是否起主要作用，应从主客观方面进行综合判断。对主犯的认定，应以共犯人的主客观事实为依据，以《刑法》第26条的规定为准绳，不能任意扩大或者缩小主犯的范围。

（二）主犯与首要分子的关系

根据《刑法》第97条的规定，首要分子分为两类：一是犯罪集团中的首要分子；二是聚众犯罪中的首要分子。但犯罪集团中的主犯不一定是首要分子，因为在犯罪集团中，除了首要分子是主犯以外，其他起主要作用的犯罪分子也是主犯，但他们不是首要分子。在聚众犯罪构成共同犯罪的情况下，原则上也可以认定其中的首要分子是主犯。但在聚众犯罪并不构成共同犯罪的情况下（如刑法规定只处罚首要分子，而首要分子只有一人时，参见《刑法》第291条），不存在主犯、从犯之分，其中的首要分子当然无所谓主犯。

（三）主犯的刑事责任

对于组织、领导犯罪集团进行犯罪活动的首要分子，按照集团所犯的全部罪行处罚，即除了对自己直接实施的具体犯罪及其结果承担刑事责任外，还要对集团成员按该集团犯罪计划所犯的全部罪行承担刑事责任。这样处理完全符合主客观相统一的原则，因为这些罪行是由首要分子组织、策划、指挥实施的。需要注意的是，按照“集团所犯”的全部罪行处罚，不等于按照“集团成员所犯”的全部罪行处罚。首要分子对于集团成员超出集团犯罪计划（集团犯罪故意）所实施的罪行，不承担刑事责任。

对于犯罪集团的首要分子以外的主犯，应分为两种情况处罚：对于组织、指挥共同犯罪的人（如聚众共同犯罪中的首要分子），应当按照其组织、指挥的全部犯罪处罚（例如，在聚众斗殴案件中，首要分子要对参加者的斗殴行为造成的结果承担刑事责任）；对于没有从事组织、指挥活动但在共同犯罪中起主要作用的人，应按其参与的全部犯罪处罚（例如，盗窃集团中首要分子以外的主犯，不应对集团的全部盗窃数额承担责任，只是对自己参与盗窃的全部数额承担责任）。

二、从犯及其刑事责任

根据《刑法》第27条第1款的规定，在共同犯罪中起次要或者辅助作用的，是从犯。可见，从犯包括两种人：一是在共同犯罪中起次要作用的犯罪分子，即对共同犯罪的形成与共同犯罪行为的实施、完成起次于主犯作用的犯罪分子；二是在共同犯罪中起辅助作用的犯罪分子，即为共同犯罪提供有利条件的犯罪分子，通常是指帮助犯。

从犯是相对于主犯而言的。主犯是共同犯罪中的核心人物，没有主犯就不可能成立共同犯罪（当然，“主犯”可能因为不具备犯罪主体条件而不承担刑事责任）。在共同犯罪中，只有主犯（需两人以上）没有从犯的现象是存在的，而只有从犯没有主犯的现象则不可能存在。

从犯也应对自己参与的全部犯罪承担刑事责任，但根据《刑法》第27条第2款的规定，对于从犯，应当从轻、减轻或者免除处罚。

三、胁从犯及其刑事责任

根据《刑法》第28条的规定，胁从犯是被胁迫参加犯罪的人，即在他人威胁下不完全自愿地参加共同犯罪，并且在共同犯罪中起较小作用的人。如果行为人起先是因为被胁迫而参加共同犯罪，但后来发生变化，积极主动实施犯罪行为，在共同犯罪中起主要作用，则不宜认定为胁从犯。由于胁从犯是共犯人的一种，具有犯罪故意与犯罪行为，故行为人身体完全受强制、完全丧失意志自由时实施的某种行为，以及符合紧急避险条件的行为，不成立胁从犯。

对于胁从犯，应当按照他的犯罪情节减轻处罚或者免除处罚。其中的“情节”主要是指被胁迫的程度、在共同犯罪中所起的作用。

四、教唆犯及其刑事责任

（一）教唆犯的概念与成立条件

教唆犯，是指以授意、怂恿、劝说、利诱或者其他方法故意唆使他人犯罪的人。成立教唆犯需要具备以下条件：

1.根据通行刑法理论，教唆犯所教唆的对象（被教唆的人）是达到刑事责任年龄、具有刑事责任能力的人，否则不成立教唆犯，而成立间接正犯。例如，成年人唆使严重精神病患者杀人的，成立故意杀人罪的间接正犯；成年人唆使8岁儿童窃取他人财物的，成立盗窃罪的间接正犯。在这些情形中，被唆使的人为唆使者所支配，纯粹是唆使者犯罪的工具，故唆使者成立间接正犯。上述观点是极端从属性说的看法。如果采取限制从属性说，则被唆使的人虽未达刑事责任年龄、没有刑事责任能力，但事实上具有一定的辨认控制能力，能够随机应变实施犯罪时，其也可以成为教唆的对象。

2.必须有教唆行为。教唆行为的实质是引起他人的犯罪故意。如果教唆行为引起了被教唆人的犯罪故意，被教唆人进而实施了被教唆的犯罪行为，则教唆行为与被教唆人的犯罪行为构成共同犯罪；如果教唆犯实施了教唆行为，但被教唆的人没有犯被教唆的罪，则教唆犯与被教唆的人不成立共犯，但教唆犯仍然应当承担刑事责任。教唆行为的形式没有限制，既可以是口头的，也可以是书面的，还可以是示意性的动作。教唆行为的方式多种多样，如劝告、嘱托、哀求、指示、利诱、怂恿、命令、威胁、强迫等。但如果威胁、强迫达到了使被教唆人丧失意志自由的程度，则成立间接正犯。教唆行为必须是唆使他人实施较为特定的犯罪的行为，让他人实施完全不特定的犯罪的，难以认定为教唆行为。但是，只要所教唆的是较为特定的犯罪，即使该犯罪的对象还不存在，而是以出现对象为条件的，也不失为教唆行为。例如，教唆怀孕的妇女在分娩后杀死婴儿的，也成立教唆行为。教唆行为的成立不要求行为人就具体犯罪的时间、地点、方法、手段等作出指示。

3.必须有教唆故意。教唆犯只能由故意构成，过失不可能成立教唆犯。一般来说，教唆犯认识到自己的教唆行为会使被教唆人产生犯罪故意进而实施犯罪，认识到被教唆人实施的犯罪行为会发生危害社会的结果，希望或者放任被教唆人实施犯罪行为并导致危害结果的发生。

（二）教唆犯的认定

1.按照刑法理论，对于教唆犯，应当按照教唆行为所符合的犯罪构成定罪，而不能笼统地定为教唆罪。如教唆他人犯抢劫罪的，定抢劫罪；教唆他人犯放火罪的，定放火罪。如果被教唆的人对被教唆的罪理解错误，实施了其他犯罪，或者在犯罪时超出了被教唆之罪的范围，教唆犯只对自己所教唆的犯罪承担刑事责任。

2.对于间接教唆的也应按教唆犯处罚。间接教唆是指教唆教唆者的情况。例如，甲教唆乙，（让）乙教唆丙实施抢劫罪，甲的行为便是间接教唆。对于间接教唆，也应按教唆犯处罚，即按照所教唆的罪定罪。因为“教唆他人犯罪的”是教唆犯，教唆行为本身也是犯罪行为，故教唆他人实施教唆犯罪的，仍然是教唆犯。

3.当刑法分则条文将教唆他人实施特定犯罪的行为规定为独立犯罪时，对教唆者不能依所教唆的罪定罪，而应直接依照刑法分则的规定定罪，不再适用刑法总则关于教唆犯的规定（参见《刑法》第104条第2款）。

（三）教唆犯的处罚

根据《刑法》第29条的规定，处罚教唆犯应当注意以下三点：

1.教唆他人犯罪的，应当按照他在共同犯罪中所起的作用处罚，即在教唆犯与被教唆的人构成共同犯罪的情况下，以及被教唆的人虽然没有犯被教唆的罪，但在二人以上共同故意教唆他人犯罪因而构成共同犯罪的情况下，对于教唆犯应当按照他在共同犯罪中所起的主次作用来处罚。如果起主要作用，就按主犯处罚；如果起次要作用，则按从犯从轻、减轻或者免除处罚。

2.教唆不满18周岁的人犯罪的，应当从重处罚。这是因为选择不满18周岁的人作为教唆对象，既说明行为人的主观恶性严重，又说明教唆行为本身的腐蚀性大，社会危害性严重，理应从重处罚。此外，保护青少年健康成长，也是上述规定的政策理由。所应注意的是，对“教唆不满十八周岁的人犯罪”这一规定，应根据教唆犯的成立条件以及《刑法》第17条的规定进行理解。

3.如果被教唆的人没有犯被教唆的罪，对于教唆犯可以从轻或者减轻处罚。这种情况在刑法理论上称为教唆未遂（教唆未遂与未遂的教唆是不同的概念，后者指故意唆使他人实施不能既遂的犯罪行为）。一般认为，“被教唆的人没有犯被教唆的罪”包括以下情况：被教唆的人拒绝教唆犯的教唆；被教唆的人虽然接受教唆，但并没有实施犯罪行为；被教唆的人实施犯罪并不是教唆犯的教唆行为所致；被教唆的人虽然实施了犯罪，但所犯之罪的性质与教唆犯所教唆之罪的性质完全不同。在上述情况下，教唆行为并没有造成危害结果，故对教唆犯可以从轻或者减轻处罚。

第五节　共同犯罪的特殊问题

一、共同犯罪与身份

不具有构成身份的人与具有构成身份的人共同实施真正身份犯（以特殊身份为构成要件的犯罪）时，构成共同犯罪。例如，一般公民不可能单独犯脱逃罪，但可以教唆、帮助依法被关押的罪犯、被告人、犯罪嫌疑人脱逃，因而构成脱逃罪的共犯。首先，刑法分则所规定的国家工作人员等特殊主体仅就实行犯而言。至于教唆犯与帮助犯，则完全不需要特殊身份。其次，我国刑法有关共犯人的规定已经指明了这一点。例如，《刑法》第29条第1款前段的规定：教唆他人犯罪的，应当按照他在共同犯罪中所起的作用处罚。其中的“犯罪”与“共同犯罪”当然包括以特殊身份为行为主体要件的故意犯罪。因此，只要被教唆的人犯被教唆的罪，教唆犯与被教唆犯就构成共同犯罪。根据《刑法》第27条第1款的规定，从犯只能存在于共同犯罪之中。这表明，起帮助作用的人，也与被帮助的人成立共犯。当然，帮助犯也可能是胁从犯，但第28条的规定说明，胁从犯也只存在于共犯之中。这三条足以表达以下含义：一般主体教唆、帮助特殊主体实施以特殊身份为构成要件的犯罪的，以共犯论处。最后，如果认为无身份者与有身份者共同故意实施以特殊身份为要件的犯罪时，一概不成立共犯（除有明文规定的贪污罪之外），刑法总则关于共同犯罪的规定就难以起到指导分则的作用。例如，一般公民教唆国家机关工作人员叛逃的，一般公民教唆、帮助司法工作人员刑讯逼供的，一般公民帮助在押人员脱逃的，一般公民教唆国家工作人员挪用公款的，均不成立共犯，而且通常只能宣告无罪。但这些结论无论如何不能得到普遍的认同。

问题是，在上述情况下，应如何确定犯罪的性质？对于类似问题，尽管刑法理论上莫衷一是，但司法解释有所涉及。最高人民法院《关于审理贪污、职务侵占案件如何认定共同犯罪几个问题的解释》就审理贪污或者职务侵占犯罪案件如何认定共同犯罪问题解释如下：行为人与国家工作人员勾结，利用国家工作人员的职务便利，共同侵吞、窃取、骗取或者以其他手段非法占有公共财物的，以贪污罪共犯论处。行为人与公司、企业或者其他单位的人员勾结，利用公司、企业或者其他单位人员的职务便利，共同将该单位财物非法占为己有，数额较大的，以职务侵占罪共犯论处。公司、企业或者其他单位中，不具有国家工作人员身份的人与国家工作人员勾结，分别利用各自的职务便利，共同将本单位财物非法占为己有的，按照主犯的犯罪性质定罪。在司法实践中，如果根据案件的实际情况，各共同犯罪人在共同犯罪中的地位、作用相当，难以区分主从犯的，可以贪污罪定罪处罚。

二、共同犯罪的认识错误

共同犯罪的认识错误，是相当复杂的问题。如果共犯人具有法律认识错误或事实认识错误，原则上也适用本书第三章第五节处理法律认识错误与事实认识错误的原则。但共同犯罪的认识错误也存在特殊之处，其中主要是共犯的事实认识错误。

1.同一共犯形式内的错误，是指认识错误不影响共犯形式的情形，具体包括共同正犯的认识错误、间接正犯的认识错误、教唆犯的认识错误与帮助犯的认识错误。这些认识错误又可分为同一构成要件范围内的错误与不同构成要件间的错误。例如，甲、乙共谋伤害丙，在共同实行时，都认为前方是丙，但实际上杀死的是丁。这是共同正犯的对象错误的情形，属于同一构成要件范围内的错误，甲、乙成立故意杀人既遂的共同正犯。再如，丙与丁并排站立，甲教唆乙“杀死站在右边的丁”，乙误听成“杀死站在左边的丙”，开枪打死了丙。这是教唆犯的认识错误，属于同一构成要件范围内的错误，乙构成故意杀人既遂，甲成立故意杀人罪的教唆犯（至于甲是故意杀人既遂还是未遂，存在争论）。

2.不同共犯形式的错误，是指认识错误影响共犯形式的情形。对于不同共犯形式的错误，应成立其中较轻的共犯形式。例如，行为人以帮助的故意实施心理的帮助行为，事实上起到了教唆的作用的，只能认定为帮助犯。再如，他人已经产生犯罪的决意，行为人以为他人还没有产生犯罪决意而实施教唆行为的，也只成立帮助犯。比较复杂的是教唆犯、帮助犯与间接正犯之间的错误。例如，甲以为乙是没有刑事责任能力的人，以间接正犯的意图唆使乙实施盗窃行为，事实上乙具有刑事责任能力，并实施了盗窃行为。如果刑法将共犯人分为正犯、教唆犯与帮助犯，则必须确定甲是间接正犯还是教唆犯。尽管我国刑法将共犯人分为主犯、从犯与胁从犯，对于教唆犯，应当按照他在犯罪过程中所起的作用处罚，但在是否成立共犯的意义上说，仍然有必要分清甲是间接正犯还是教唆犯。对此，刑法理论上有人主张甲成立间接正犯，有人主张甲成立教唆犯。根据刑法原理，应在主客观相统一的范围内，将甲认定为教唆犯。在相反情况下，即以为对方具有刑事责任能力进行教唆，实际上对方没有刑事责任能力，产生了间接正犯的结果的，也只能在主客观相统一的范围内，认定为教唆犯。

3.共犯过剩。大体是指正犯的行为与结果超出了其他共犯人的故意内容的情形。例如，甲邀约乙对丙实施暴力，乙以为甲只是希望伤害丙，事实上甲具有杀人的故意，甲、乙共同对丙实施暴力，导致丙死亡。在这种情况下，只能在故意伤害罪的范围内认定甲与乙构成共同犯罪（共同正犯），并都对死亡结果承担责任。但由于甲具有杀人故意与杀人行为，对甲应另认定为故意杀人罪。再如，甲、乙共谋杀害在博物馆工作的丙，并同时举枪向丙射击，甲击中了国家保护的珍贵文物，乙没有击中任何目标。由于甲、乙对丙有共同杀人故意，但没能造成丙的死亡，故成立杀人未遂的共同正犯。甲的行为还触犯了过失损毁珍贵文物罪，是一行为触犯数罪名，属于想象竞合犯，故对甲实际上只能以杀人未遂论处；乙不构成过失损毁珍贵文物罪的共犯，故乙不成立想象竞合犯。再如，甲教唆乙盗窃，但乙抢劫了他人财物的，乙成立抢劫罪，甲只承担盗窃罪既遂的责任。

三、共同犯罪与犯罪形态

在单独犯罪中，行为人已经着手实行犯罪，但由于意志以外的原因而未得逞时，该犯罪属犯罪未遂形态，该行为人是未遂犯；行为人自动中止犯罪时，该犯罪属犯罪中止形态，该行为人是中止犯；依此类推。但共同犯罪是二人以上共同故意犯罪，在同一共同犯罪中可能有的共犯人是未遂犯，有的共犯人是中止犯，这是因为犯罪未遂与犯罪中止在客观上存在共同点——都没有发生特定的犯罪结果。而之所以没有发生特定的犯罪结果，相对于部分共犯人而言，是基于自动中止，相对于另一部分人而言属于意志以外的原因所致，因而对不同的犯罪人应当确定为不同的犯罪形态。从此意义上来说，共同犯罪的形态，应是共同犯罪中的各共犯人的犯罪形态。但是，这种情况只能出现在未遂与中止、预备与中止的场合。换言之，只要共犯人中没有人成立犯罪中止，那么，共同犯罪的形态与各个共犯人的犯罪形态，则基本上是统一的（如前所述，教唆犯也可能存在例外）。例如，如果共犯人中一人的行为导致既遂，则其他共犯人均成立既遂；如果共犯人中的一人着手实行犯罪，其他共犯人不可能成立犯罪预备。

根据刑法总则有关共同犯罪的规定以及宽严相济的刑事政策，对共犯人必须区别对待。因此，研究同一共同犯罪中的共犯人是预备犯、未遂犯、中止犯还是既遂犯，就具有特别重要的意义。共同犯罪与预备、未遂、既遂的关系是比较好解决的问题。例如，二人以上为了实行犯罪而共同预备，但由于意志以外的原因而未能着手实行的，均为预备犯；共同正犯已着手实行犯罪，由于意志以外的原因而未得逞的，就是共同正犯的未遂；二人以上共同实行犯罪，部分人的行为导致结果发生，部分人的行为未导致结果发生的，根据“部分实行全部责任”的原则，均以既遂犯论处。如上所述，共犯人与中止犯的关系则比较复杂。

就共同正犯而言，当所有正犯者都自动中止犯罪时，均成立中止犯。共同正犯中的一部分正犯自动停止犯罪，并阻止其他正犯实行犯罪或防止结果发生时，这部分正犯就是中止犯；其他没有自动中止意图与中止行为的正犯，则是未遂犯。如果共同正犯中的一部分正犯中止自己的行为，但其他正犯的行为导致结果发生时，均不成立中止犯，而是均成立既遂犯。因为共同正犯者之间具有相互利用、相互补充的关系，形成一个有机整体，即使中止了自己的“行为”，也不能认为中止了“犯罪”。例如，甲、乙、丙三人共谋对丁女实施轮奸，共同对丁女实施暴力后，甲、乙实施了奸淫行为，但丙自动地没有实施奸淫行为。对此，不得认定丙成立强奸罪的中止。因为对共同正犯采用“部分实行全部责任”的原则，丙不仅要对自己的行为及结果负责，还要对甲、乙的行为及其结果负责。既然甲、乙的行为已经造成了犯罪结果或者说已经既遂，丙理当对甲、乙的犯罪既遂承担刑事责任。所以，丙只是放弃了自己的行为，并没有中止犯罪。当然，丙放弃奸淫行为的情节，对丙而言是一个十分重要的酌定量刑情节。

教唆犯、帮助犯自动中止教唆行为、帮助行为，并阻止实行犯的行为或其结果时，成立教唆犯、帮助犯的中止犯。反之，实行犯自动中止犯罪，对于教唆犯、帮助犯来说属于意志以外的原因时，实行犯是中止犯，教唆犯、帮助犯属未遂犯。

由上可见，对于共犯人的犯罪形态，仍应根据刑法所规定的各种形态的特征予以认定，不得另立认定标准。在各共犯人的犯罪形态相同的情况下，各共犯人的犯罪形态与整个共同犯罪的形态具有一致性；在各共犯人的犯罪形态不相同的情况下，就难以（也无必要）确定整个共同犯罪的形态。

【本章主要法律规定】

《刑法》第25～29条

第七章
单位犯罪

本章主要内容提示

单位犯罪的成立要件、单位犯罪的处罚，是本章的重点。单位犯罪以刑法有明文规定为前提。对于分则常见罪名，应牢记哪些属于单位犯罪、哪些不构成单位犯罪。对于以单位名义实施的不能追究单位刑事责任的犯罪行为，应以自然人犯罪追究相关人员的刑事责任。

第一节　单位犯罪概述

单位犯罪，一般是指公司、企业、事业单位、机关、团体为本单位谋取非法利益或者以单位名义为本单位全体成员或者多数成员谋取非法利益，由单位的决策机构按照单位的决策程序决定，由直接责任人员具体实施的，且刑法明文有规定的犯罪。单位犯罪具有以下特点：

1.单位犯罪是公司、企业、事业单位、机关、团体犯罪，即是单位本身犯罪。单位犯罪不同于个人犯罪，不能将单位犯罪视为自然人犯罪行为的简单相加，而应视为单位本身所实施的犯罪行为。单位犯罪也不同于共同犯罪，一个单位犯罪时，该单位是犯罪主体，就单位而言只有一个主体，不是单位中的所有成员共同犯罪。

2.单位犯罪是由单位的决策机构按照单位的决策程序决定，由直接责任人员实施的。单位犯罪虽然是单位本身犯罪，但具体犯罪行为需要决定者与实施者。单位犯罪是在单位整体意志支配下实施的。单位意志不是单位内部某个成员的意志，也不是各个成员意志的简单相加，而是单位内部成员在相互联系、相互作用、协调一致的条件下形成的意志，即单位的整体意志。从形式上来说，这种整体意志是由单位的决策机构按照单位的决策程序形成的；从法律上来说，这种整体意志就是单位整体的罪过。单位整体意志形成后，便由直接责任人员具体实施。因此，在单位犯罪中，主体实际上可以分为两类：一是单位犯罪主体；二是单位内部的自然人主体。二者密切联系、不可分割。没有单位本身作为犯罪主体，其中的某些自然人便是独立的自然人犯罪主体；如果没有单位内部的自然人主体，也不可能有单位犯罪。基于上述理由，盗用、冒用单位名义实施犯罪，违法所得由实施犯罪的个人私分的，或者单位内部成员未经单位决策机构批准、同意或者认可而实施犯罪的，或者单位内部成员实施与其职务活动无关的犯罪行为的，都不属于单位犯罪，应当依照刑法有关自然人犯罪的规定定罪处罚。

3.单位犯罪通常是为本单位谋取非法利益

或者以单位名义为本单位全体成员或者多数成员谋取非法利益。为单位谋取合法利益的行为，不可能成立任何犯罪；仅仅为单位少数成员谋取非法利益的行为，也不成立单位犯罪。为本单位谋取非法利益，是指为单位本身谋取非法利益，违法所得由单位本身所有，但不排除以各种理由将非法所得分配给单位全体成员享有。

4.单位犯罪以刑法有明文规定为前提。即只有当刑法规定了单位可以成为某种犯罪的行为主体时，才可能将单位实施的危害行为认定为单位犯罪。换言之，某种罪行虽然“由单位实施”，但只要刑法没有将单位规定为该罪的犯罪主体，就不构成单位犯罪，不能追究单位的刑事责任。当然，这并不意味着直接负责的主管人员和其他直接责任人员也是无罪的，只要自然人符合相关犯罪的犯罪构成，就应依法追究自然人的刑事责任。对此，2014年4月24日全国人民代表大会常务委员会《关于〈中华人民共和国刑法〉第三十条的解释》明确指出：“公司、企业、事业单位、机关、团体等单位实施刑法规定的危害社会的行为，刑法分则和其他法律未规定追究单位的刑事责任的，对组织、策划、实施该危害社会行为的人依法追究刑事责任。”值得注意的是，我国《刑法》分则第一章“危害国家安全罪”没有单位犯罪的规定，但根据我国《香港特别行政区维护国家安全法》第31条的规定，公司、团体等法人或者非法人组织违反该法规定，实施其第三章规定的“分裂国家罪”“颠覆国家政权罪”“恐怖活动罪”“勾结外国或者境外势力危害国家安全罪”的，对该组织判处罚金。

第二节　单位犯罪的定罪

对单位犯罪，应当按照其所触犯的犯罪构成所对应的罪名定罪。这里所讨论的单位犯罪的定罪，是指具备哪些要件犯罪行为构成单位犯罪。

一、单位犯罪的主体要件

单位犯罪的主体，是公司、企业、事业单位、机关、团体。

公司是指依照《公司法》在中国境内设立的有限责任公司和股份有限公司。企业，是指以从事生产、流通、科技等活动为内容，以获取赢利和增加积累、创造社会财富为目的的一种营利性的社会经济组织。公司也是企业的一种，但这里的企业是指公司以外的企业。事业单位，是指依法成立的从事各种社会公益活动的组织，包括国家事业单位与集体事业单位。除法律有特别规定的以外，公司、企业、事业单位的所有制性质，不影响其作为单位犯罪主体。换言之，《刑法》第30条规定的“公司、企业、事业单位”，既包括国有、集体所有的公司、企业、事业单位，也包括依法设立的合资经营、合作经营企业和具有法人资格的独资、私营等公司、企业、事业单位。机关，是指履行国家的领导、管理职能和保卫国家安全职能的机构，包括立法机关、行政机关、司法机关、军事机关等。团体，是指各种群众性组织，如工会、共青团、妇联、协会等。

单位犯罪的主体，应是依法成立，拥有一定财产或者经费，能以自己的名义承担责任的公司、企业、事业单位、机关、团体。

单位犯罪的主体应是依法成立的组织。个人为进行违法犯罪活动而设立的公司、企业、事业单位实施犯罪的，或者公司、企业、事业单位设立后，以实施犯罪为主要活动的，不以单位犯罪论处，而应以共同犯罪（主要是集团共同犯罪）论处。依法成立意味着单位成立的目的与宗旨合法，而且履行了规定的登记、报批手续。单位犯罪一般是为本单位谋取非法利益，对单位犯罪一般实行双罚制，包括对单位判处罚金，这就意味着单位犯罪的主体应当拥有一定的财产或者经费。否则，不能成为单位犯罪的主体。这里的财产或者经费，是单位本身所有的财产或者经费，即是超越单位成员集合利益以外的财产或者经费，而不是单位成员财产的集合。单位犯罪的主体必须能以自己的名义承担责任，这意味着单位必须有自己的名称、机构与场所，意味着单位能以自己独立的资产对外承担责任。

符合我国法人资格条件的外国公司、企业、事业单位，在我国领域内实施危害社会的行为，根据我国刑法构成犯罪的，应当依照我国刑法关于单位犯罪的规定追究刑事责任。个人在我国领域内进行违法犯罪活动而设立的外国公司、企业、事业单位实施犯罪的，或者外国公司、企业、事业单位设立后在我国领域内以实施违法犯罪为主要活动的，不以单位犯罪论处。

单位是一个外延很广的概念。有些单位明显属于独立的单位，如××总公司、××制造厂、××大学、××厅（局）、××工会等。有些单位也明显具有相对的独立性，如××分公司、××分厂。这些具有独立性的单位，才可以成为单位犯罪的主体。有些单位没有相对独立性，如工厂的车间、国家机关中的处室、学会中的分会等。根据司法实践，以单位的分支机构或者内设机构、部门的名义实施犯罪，违法所得亦归分支机构或者内设机构、部门所有的，应认定为单位犯罪。不能因为单位的分支机构或者内设机构、部门没有可供执行罚金的财产，就不将其认定为单位犯罪，而按照个人犯罪处理。

二、单位犯罪的客观要件

单位犯罪的成立，必须符合单位犯罪的客观要件。刑法分则对各种单位犯罪都规定了客观要件，只有当单位的行为完全符合刑法所规定的客观要件时，才可能成立单位犯罪。首先，任何单位犯罪都必须有行为，没有行为就不可能实施犯罪。其次，许多单位犯罪的成立，都要求发生特定的危害结果。例如，根据《刑法》第189条的规定，单位在票据业务中，对违反票据法规定的票据予以承兑、付款或者保证，造成重大损失的，才成立对违法票据承兑、付款、保证罪。最后，一些单位犯罪的成立，还必须具备特定的时间、地点、手段等条件。概言之，就纯正的单位犯罪而言，刑法分则明文规定了其客观要件；就不纯正的单位犯罪而言，刑法分则对自然人犯罪规定的客观要件，同时也是单位犯罪的客观要件。但是，要将一定的行为及其结果，认定为单位的行为及其结果，就要求该行为由单位的决策机构按照单位的决策程序决定，并由直接责任人员实施。自然人以单位名义实施的犯罪，既不符合单位犯罪的主体条件，也不符合单位犯罪的客观要件。

三、单位犯罪的主观要件

单位犯罪并非严格责任犯罪，而是与自然人一样，要求具有故意或者过失，在有的情况下，还要求特定的目的。例如，单位成立票据诈骗罪，要求具有票据诈骗的故意与非法占有目的，否则不成立本罪。此外，单位行为不符合其他主观要件的，依然不成立单位犯罪。

就故意、过失内容本身而言，单位犯罪与自然人犯罪没有区别。刑法总则关于故意、过失的规定，同样适用于单位犯罪。但是，认定单位犯罪的故意，要求单位的决策机构按照单位的决策程序作出了故意犯罪的决定，如单位决策机构研究决定实施走私犯罪，并具有走私犯罪故意的认识因素与意志因素的，就具备了单位犯罪的故意。认定单位犯罪的过失，也要求构成过失犯罪的行为本身，是由单位的决策机构按照单位的决策程序作出的。这并不意味着决策机构作出了过失犯罪的决定，而是指决策机构的决定构成了过失犯罪的行为本身。例如，《刑法》第137条规定：“建设单位、设计单位、施工单位、工程监理单位违反国家规定，降低工程质量标准，造成重大安全事故的，对直接责任人员，处五年以下有期徒刑或者拘役，并处罚金；后果特别严重的，处五年以上十年以下有期徒刑，并处罚金。”只有由建设单位、设计单位、施工单位、工程监理单位的决策机构按照单位的决策程序作出降低工程质量标准的决定，并造成了相应的结果，才能认定为单位的过失犯罪。

第三节 单位犯罪的处罚

一、单位犯罪的处罚根据

处罚单位犯罪，必须具有法律依据。换言之，只有当刑法规定了单位可以成为某种犯罪的主体时，才可能将单位实施的危害性行为认定为单位犯罪。《刑法》第30条规定："公司、企业、事业单位、机关、团体实施的危害社会的行为，法律规定为单位犯罪的，应当负刑事责任。"这表明，刑法没有规定单位可以成为犯罪主体时，只能由自然人作为犯罪主体。例如，刑法没有规定单位可以成为信用卡诈骗罪的主体，故对于单位实施的信用卡诈骗行为，不能以信用卡诈骗罪处罚单位，但对于相关自然人则应以信用卡诈骗罪追究刑事责任。

二、单位犯罪的处罚原则

对于单位犯罪，原则上除了处罚单位本身外，还要处罚单位直接负责的主管人员和其他直接责任人员。此即双罚制或两罚制。《刑法》第31条前段规定："单位犯罪的，对单位判处罚金，并对其直接负责的主管人员和其他直接责任人员判处刑罚。"这里分为两种情况：(1)对单位判处罚金，对直接负责的主管人员和其他直接责任人员规定的法定刑，与自然人犯罪的法定刑相同(参见《刑法》第150条)；(2)对单位判处罚金，但对直接负责的主管人员和其他直接责任人员规定了较自然人犯罪轻的法定刑(参见《刑法》第386条、第387条)。直接负责的主管人员，是在单位犯罪中起决定、批准、授意、纵容、指挥等作用的人员，一般是单位的主管负责人，包括法定代表人。其他直接责任人员，是在单位犯罪中具体实施犯罪并起较大作用的人员，既可以是单位的经营管理人员，也可以是单位的职工，包括聘任、雇用的人员。但应当注意的是，根据我国的刑事政策以及单位犯罪的特点，在单位犯罪中，对于受单位领导指派或奉命而参与实施了一定犯罪行为的人员，一般不宜作为直接责任人员追究刑事责任。对单位犯罪中的直接负责的主管人员和其他直接责任人员，应根据其在单位犯罪中的地位、作用和犯罪情节，分别处以相应的刑罚，主管人员与直接责任人员，在个案中，不是当然的主犯、从犯关系，有的案件，主管人员与直接责任人员实施犯罪行为的主从关系不明显的，可不分主犯、从犯。但具体案件可以分清主犯、从犯，且不分清主、从犯，在同一法定刑档次、幅度内量刑无法做到罪刑相适应的，应当分清主犯、从犯，依法处罚。

不过，也有例外情况，即有些犯罪法条表述为单位犯罪，但刑法规定只处罚直接责任人员，而不处罚单位本身，于是，《刑法》第31条后段规定："本法分则和其他法律另有规定的，依照规定。"即如果刑法分则和其他法律规定没有规定双罚制的，就实行单罚制。从刑法的规定来看，主要有三种情况：(1)对并非为本单位谋取利益，而是以单位名义实施的私分国家资产、私分罚没财物等犯罪，不实行双罚，只处罚直接负责的主管人员与其他直接责任人员；(2)对单位的过失犯罪仅处罚直接责任人员，而不实行双罚(参见《刑法》第137条)；(3)虽然属于单位犯罪，但因处罚单位会损害无辜者的利益，因而不实行双罚，仅处罚直接负责的主管人员与其他直接责任人员。例如，《刑法》第161条第1款规定公司向股东和社会公众提供虚假财会报告的，只处罚直接负责的主管人员与其他直接责任人员，因为该行为已经侵害了股东的利益，如果再对公司判处罚金，会进一步损害股东的利益。此外需要注意的是，涉嫌犯罪的单位被撤销、注销、吊销营业执照或者宣告破产的，应当根据刑法关于单位犯罪的相关规定，对实施犯罪行为的该单位直接负责的主管人员和其他直接责任人员追究刑事责任，对该单位不再追诉。

【本章主要法律规定】

1.《刑法》第30～31条
2.全国人民代表大会常务委员会《关于〈中华人民共和国刑法〉第三十条的解释》

第八章
罪数形态

本章主要内容提示

罪数形态的判断是本章的难点。应掌握各种罪数形态的特征、归类、处理以及各种罪数形态之间的区分。尤其应当注意分则条文对罪数的特别规定，能够准确判断常见罪名的一罪与罪数。

第一节　罪数的区分

一、区分罪数的意义

罪数，是指一个人所犯之罪的数量。区分罪数，也就是区分一罪与数罪。行为人的行为究竟是构成一罪还是成立数罪，是司法实践中经常遇到的问题，正确区分一罪与数罪具有重要意义。

正确区分罪数，有利于准确定罪。准确定罪的含义，除了包括准确地认定行为是否构成犯罪、是构成此罪还是彼罪之外，还包括准确地认定行为是构成一罪还是数罪。这三者又是密切联系的。一方面，如果没有正确区分罪数，定罪就不准确。另一方面，如果没有正确区分罪数，就会影响罪名的确定。例如，行为人以抢劫的故意持刀杀死被害人后，立即取走其财物。如果认定为一罪，就是抢劫罪；如果认定为数罪，就可能是故意杀人罪与盗窃罪。

正确区分罪数，有利于适当量刑。刑罚以犯罪为前提，刑罚应与犯罪相适应，故对构成一罪的只能处罚一罪、对数罪应当并罚。将一罪定为数罪，常常会导致无根据地加重行为人的刑事责任；将数罪定为一罪时，往往会导致无根据地减轻行为人的刑事责任。只有正确区分罪数，才能为适当量刑提供前提条件。

二、区分罪数的标准

关于区分一罪与数罪的标准，通常采取犯罪构成说，即行为符合一个犯罪构成的就是一罪，行为符合数个犯罪构成的就是数罪，行为数次符合同一个犯罪构成的也是数罪。但在适用这一标准时，涉及对犯罪构成本身以及符合犯罪构成事实的认识。

犯罪构成是具有实质内容的，其实质内容又决定了它有特定的外延。因此，如果现实发生的事实完全属于某一犯罪构成所预定的内容，就应认为行为符合一个犯罪构成。例如，抢劫是故意以暴力、胁迫或者其他方法强取公私财物的行为。因此，行为人故意以暴力方法强取他人财物时，就符合抢劫罪的犯罪构成。不能认为其中的暴力行为另符合故意伤害罪或者故意杀人罪的犯罪构成，因为抢劫罪结果加重犯的构成要件所预定的内容包含了以暴力方法致人伤亡。显然，采取犯罪构成说，首先要求对各种犯罪构成本身有正确认识。

在判断现实所发生的犯罪事实是否完全属于某一犯罪构成所预定的内容时，既要注意分析客观行为的性质，又要考察行为人对符合客观要件的事实是否具有故意与过失。

在认定行为是一罪还是数罪时，还要注意刑法的特殊规定。例如，《刑法》第196条第3款规定，盗窃他人信用卡并使用的，以盗窃罪论处。因此，不能将这种行为认定为盗窃罪与信用卡诈骗罪。再如，《刑法》第198条规定，行为人故意造成财产损失的保险事故或者被保险人死亡、伤残、疾病，骗取保险金的，依照数罪并罚的规定处理，故不能将这种行为从一重罪处罚。又如，《刑法》第399条规定，司法工作人员贪赃枉法，同时触犯受贿罪与徇私枉法、民事、行政枉法裁判等罪的，依照处罚较重的规定定罪处罚，而不能实行数罪并罚。

由此可见，区分一罪与数罪时，虽然原则上应以犯罪构成为标准，但同时也要考虑刑法的特殊规定，参照合理的司法实践经验。具体地说，在以犯罪构成标准说为基础的同时，还要综合考虑以下几点：（1）是否只对一个客体造成侵害？如果得出肯定结论，原则上就以一罪论处。例如，盗窃他人财物后又毁坏所盗财物的，或者侵占他人财物后使用诈骗方法使他人免除其返还义务的，由于实质上只侵犯了一个客体，故以一罪论处。假如得出否定结论，则可能成立数罪（还要联系其他情况考虑）。（2）行为是否具有持续性与连续性？如果得出肯定结论，原则上应以一罪论处；如果得出否定结论，就可能成立数罪。（3）对几次相同的犯罪行为能否进行一次评价？如果得出肯定结论，原则上就以一罪论处。如对于几次走私相同物品的犯罪、几次实施的相同财产犯罪等，可以进行一次评价，即累计犯罪数额作为一罪论处。倘若得出否定结论，则不能以一罪论处。如一次盗窃犯罪与一次诈骗犯罪，不能累计其犯罪数额作一罪处理。（4）对一个犯罪行为的法律评价能否包含对另一犯罪行为的法律评价？如果得出肯定结论，原则上就以一罪论处。例如，对破坏交通设施罪的法律评价，能够包含对其中的故意毁坏财物（交通设施）的法律评价，故仅认定为一罪即可。如若得出否定结论，则不能以一罪论处。例如，为了杀人而盗窃枪支，并利用所盗窃枪支杀人的，不能认定为一罪。因为对故意杀人罪的法律评价，不可能包含对盗窃枪支罪的法律评价；反之亦然。再如，故意造成被保险人死亡、伤残，然后骗取保险金的行为，仅评价为故意杀人或者故意伤害罪，就不能包含对保险诈骗行为的法律评价；反之，仅评价为保险诈骗，就不能包含对杀人、伤害行为的评价，故应认定为数罪。（5）相关法条所规定的法定刑升格的条件是否包括了数行为？如果包括，则不能认定为数罪，而应适用升格的法定刑以一罪论处；如果不包括，则可能成立数罪。例如，盗掘古文化遗址、古墓葬，并盗窃珍贵文物的，是盗掘古文化遗址、古墓葬罪的法定刑升格的条件之一，故对上述行为不得认定为数罪。反之，在非法采矿时发现珍贵文物而盗窃的，则应认定为数罪。

一般来说，单纯的一罪与典型的数罪，是容易认定的。所谓单纯的一罪，是指行为人以一个罪过、实施一个行为，侵犯一个客体的犯罪。如行为人以一个杀人故意，开枪将一个人杀死，就是单纯的一罪。典型的数罪，是指行为人以数个罪过，实施数个行为，侵犯数个客体，而且数个行为之间没有牵连、连续等关系的数个犯罪。如行为人第一次实施了盗窃行为，第二次实施了强奸行为，没有疑问成立数罪。难以区分的是一些介于一罪与数罪之间的情况，其中主要是一些貌似数罪而实为一罪（当然也有例外）的情况。下面只讨论这类现象，刑法理论通常将其分为实质的一罪、法定的一罪与处断的一罪。

第二节　实质的一罪

一、继续犯

继续犯，也称持续犯，是指行为从着手实行到由于某种原因终止以前，一直处于持续状态的犯罪。非法拘禁罪，被认为是典型的继续犯，即行为人从着手非法剥夺他人人身自由到恢复他人人身自由为止，其非法剥夺他人人身自由的行为一直处于持续状态中。继续犯具有以下特征：

1.继续犯必须是犯罪行为与不法状态同时继续，而不仅仅是不法状态的继续。这是继续犯与状态犯的主要区别。状态犯是指犯罪行为结束后，其造成的不法状态仍然在持续的情形。例如，行为人窃取他人财物后，盗窃行为已经结束，但非法占有他人财物的状态一直在持续，这便是状态犯。而继续犯是犯罪行为本身的持续，行为的持续也导致不法状态的持续，但不仅仅是不法状态的持续。

2.继续犯必须是犯罪行为在一定时间内不间断地持续存在。一方面，继续犯罪的犯罪行为必须具有时间上的继续性，即在一定时间内持续，持续的时间长短不影响继续犯罪的成立，但瞬间性的行为不可能构成继续犯。另一方面，犯罪行为必须没有间断，即从开始到结束一直没有间断。

3.继续犯必须是一个行为侵犯了同一具体的客体，即犯罪行为自始至终都针对同一对象，侵犯同一客体。如果数行为侵犯同一客体，或者一行为侵犯数种客体，则不是继续犯。

4.继续犯必须出于一个罪过。一般来说，继续犯是出于一个故意，出于数个故意的行为不可能成立继续犯。

对于继续犯，不论其持续时间长短，均应以一罪论处，因为持续性的行为是在一个罪过心理支配下实施的，并且是针对同一对象侵犯同一具体的客体，因而符合一个犯罪构成。规定继续犯的犯罪构成，也预定了该罪行为会持续一定时间，故犯罪行为的持续性包括在犯罪构成所预定的范围内。甲在实施继续犯的过程中，乙中途加入该继续犯的，成立共同犯罪。此外，根据《刑法》第89条的规定，对继续犯的追诉期限，从犯罪行为终了之日起算，这也说明对继续犯只能以一罪论处。

二、法条竞合犯

法条竞合犯，是指一个行为同时符合了数个法条规定的构成要件，但从数个法条之间的逻辑关系来看，只能适用其中一个法条，当然排除适用其他法条的情况。

从形成原因上来看，法条竞合犯表现为以下情况：(1)因行为主体形成的法条竞合。如军人战时造谣惑众，动摇军心的行为，既符合《刑法》第433条的战时造谣惑众罪的犯罪构成，又符合《刑法》第378条的战时造谣扰乱军心罪的犯罪构成。(2)因行为对象形成的法条竞合。如与现役军人配偶结婚的行为，既符合《刑法》第258条的重婚罪的犯罪构成，又符合《刑法》第259条的破坏军婚罪的犯罪构成。(3)因行为手段形成的法条竞合。如冒用他人名义签订合同骗取财物的行为，既符合《刑法》第224条规定的合同诈骗罪的犯罪构成，又符合《刑法》第266条规定的诈骗罪的犯罪构成。(4)因危害结果形成的法条竞合。如交通肇事致人死亡的，既符合《刑法》第233条规定的过失致人死亡罪的犯罪构成，又符合《刑法》第133条规定的交通肇事罪的犯罪构成。(5)因犯罪目的形成的法条竞合。如以牟利为目的传播淫秽物品的行为，既符合《刑法》第363条第1款规定的传播淫秽物品牟利罪的犯罪构成，又符合《刑法》第364条规定的传播淫秽物品罪的犯罪构成。(6)因手段、对象等形成的法条竞合。如以特定手段诈骗贷款的行为，既符合《刑法》第266条规定的诈骗罪的犯罪构成，又符合《刑法》第193条规定的贷款诈骗罪的犯罪构成。

从法律上来看，法条竞合犯表现为两种情况：(1)一个行为同时符合相异法律中的普通刑法与特别刑法。“相异法律”指仅从形式上而言不是一个法律文件，但实质上都是刑法。(2)一个行为同时触犯同一法律的不同条款。如前述第(1)至(6)种情况。此外，还可以按照其他标准对法条竞合犯的表现形式进行分类。

可以肯定的是，法条竞合犯最基本的情形是特别法条与普通法条的竞合。对于特别法条与普通法条的竞合，应采用如下原则处理：

1.一个行为同时符合相异法律之间的普通刑法与特别刑法规定的犯罪构成时，应严格依照特别法优于普通法的原则论处。

在上述情况下，之所以严格依照特别法优于普通法的原则论处，是由特别刑法与普通刑法的关系决定的。普通刑法，是在一般范围内普遍适用的刑法；特别刑法，是在特定范围内适用的刑法。特别刑法的效力，或者仅及于具有特定身份的人，或者仅及于特定地域，或者仅及于特定犯罪。国家在普通刑法之外又制定特别刑法，是为了惩治特定犯罪，保护特定的客体。其用意是将特定犯罪依特别刑法论处，从而对特定的客体予以特殊保护。所以，行为符合特别刑法的规定时，应适用特别刑法，而不适用普通刑法。否则，特别刑法就丧失了应有意义。

2.一个行为同时符合同一法律的普通条款与特别条款规定的犯罪构成时，应依具体情况与法律规定，分别适用特别法优于普通法、重法优于轻法的原则。

同一法律内部条款之间，也可能存在普通条款与特别条款的关系。这种情况既会发生在普通刑法之内，也会发生在特别刑法之内。普通条款是指在一般场合普遍适用的刑法条款；特别条款是指在普通条款基础上附加特定条件、在特别场合适用的刑法条款。例如，《刑法》第266条是普通条款(诈骗罪)；《刑法》第192条至第198条是特别条款(金融诈骗罪)。定罪量刑时应视具体情况与法律规定采取不同原则。

(1)当一个行为同时触犯同一法律的普通条款与特别条款时，在通常情况下，应依照特别法优于普通法的原则论处。这是因为，立法者在普通条款之外又设特别条款，是为了对特定犯罪给予特定处罚，或因为某种犯罪特别突出而予以特别规定。因此，行为符合特别条款时，应按特别条款的规定论处。

(2)当一个行为同时触犯同一法律的普通条款与特别条款时，在特殊情况下，应适用重法优于轻法的原则，即按照行为所触犯的法条中法定刑最重的法条定罪量刑。这里的“特殊情况”是指以下两种情况：

第一，法律明文规定按重罪定罪量刑。例如，《刑法》分则第三章第一节第149条第2款规定：“生产、销售本节第一百四十一条至第一百四十八条所列产品，构成各该条规定的犯罪，同时又构成本节第一百四十条规定之罪的，依照处罚较重的规定定罪处罚。”该节第140条规定的是生产、销售一般伪劣产品的行为，第141条至第148条规定的是生产、销售特定伪劣产品的行为。因此，第140条是普通条款，第141条至第148条是特别条款。行为既符合特别条款又符合普通条款的规定时，原则上依照特别条款的规定定罪量刑；但如果普通条款处刑较重时，则按照普通条款的规定定罪量刑。

第二，法律虽然没有明文规定按普通条款规定定罪量刑，但对此也没作禁止性规定，而且按特别条款定罪不能做到罪刑相适应时，按照重法优于轻法的原则定罪量刑。从我国刑法的规定来看，许多特别条款规定的犯罪并不轻，但其法定刑轻于普通条款的法定刑，如果绝对地采取特别法优于普通法的原则定罪量刑，就会造成罪刑不均衡的现象。在这种情况下，只要刑法没有禁止适用重法，或者说只要刑法没有指明适用轻法，为了贯彻罪刑相适应的基本原则，就应按照重法优于轻法的原则定罪量刑。

例如，保险诈骗行为都利用了保险合同，在此意义上说，保险诈骗行为都触犯了保险诈骗罪与合同诈骗罪(以其他方法骗取对方当事人财物)，人们可能认为规定合同诈骗罪的第224条与规定保险诈骗罪的第198条，存在普通法条与特别法条的关系。在这种前提下，如果一概适用特别法条优于普通法条的原则，会出现不合理现象：利用保险合同诈骗保险金的，无论数额多少、情节多么严重，最高只能判处15年有期徒刑；而利用其他经济合同骗取财物的，最高可能判处无期徒刑。因此，如果认为《刑法》第

198条与第224条之间存在特别法条与普通法条的关系，在符合适用重法条优于轻法条原则条件的前提下，宜适用该原则，以实现罪刑相适应原则。首先，利用保险合同骗取保险金的行为，触犯的是同一法律的普通法条与特别法条；其次，同一法律的特别法条规定的法定刑，明显低于普通法条规定的法定刑，而且，根据案件的情况，适用特别法条不符合罪刑相适应原则；最后，《刑法》第224条没有禁止适用普通法条，即没有像《刑法》第266条那样明文规定必须适用特别法条。既然如此，就可以适用重法条优于轻法条的原则。

根据以上分析，适用重法优于轻法的原则必须符合以下三个条件：其一，行为触犯的是同一法律的普通条款与特别条款，否则，应严格适用特别法优于普通法的原则。其二，同一法律的特别条款规定的法定刑，明显低于普通条款规定的法定刑，而且，根据案件的情况，适用特别条款明显不符合罪刑相适应原则。其三，刑法没有禁止适用普通条款，或者说没有指明必须适用特别条款。否则，必须适用特别条款。即当刑法条文规定了“本法另有规定的，依照规定”时，禁止适用普通条款，或者虽然没有这样的规定，但从立法精神来看，明显只能适用特别条款时，禁止适用普通条款。后者如军人犯违反职责罪的行为，同时触犯普通条款时，只能适用刑法分则第十章的条款，不得适用普通条款。

三、想象竞合犯

想象竞合犯，也称想象的数罪、观念的竞合、一行为数罪，是指一个行为侵犯了数个客体，触犯了数个罪名的情况。例如，行为人开一枪而致一人死亡、一人重伤，一个开枪行为同时触犯了故意杀人罪与故意伤害罪。再如，对正在依法执行公务的国家机关工作人员实施暴力使之受轻伤的，同时触犯了妨害公务罪与故意伤害罪。想象竞合犯具有两个基本特征：

1.行为人只实施了一个行为。一般认为，所谓一个行为，不是从构成要件的评价上看是一个行为，而是基于自然的观察，在社会的一般观念上被认为是一个行为。但是，这里的一个行为与触犯数罪名相关联，故除了进行社会一般观念的理解外，还要进行某种程度的规范评价。即当某个行为还能被分为两个行为时，要根据二者之间有无重合关系来判断是否属于一个行为。例如，甲以前一直非法持有枪支，后来持枪杀人，因持枪行为与杀人行为在主要部分不重合，不是一个行为，不构成想象竞合犯，应数罪并罚；如果甲为了杀人而非法持有枪支，因主要部分重合，属于一个行为，成立想象竞合犯。

2.一个行为必须触犯数个罪名，即在犯罪构成的评价上，该行为符合数个犯罪构成。一个行为触犯数个罪名，往往是因为该行为具有多重属性或者造成多种结果。

想象竞合犯和法条竞合犯具有相似之处，二者的区分标准为：第一，竞合关系取决于案件事实还是取决于法条本身的关系？竞合关系取决于法条之间是否具有包容、交叉关系的，是法条竞合犯；竞合关系取决于案件事实的，是想象竞合犯（想象竞合犯时，行为触犯了数个法条，这些法条之间未必具有包容、交叉关系）。第二，具有几个法益侵害事实？只有一个法益侵害事实的，是法条竞合犯；具有数个法益侵害事实的，是想象竞合犯（想象竞合犯时，一行为因侵犯了数个罪刑规范的保护法益，因而触犯了数个法条）。由于我国刑法分则对于部分犯罪的分类尚需完善，故只有实质地而不是形式地确定相关犯罪的保护法益，才能准确区分法条竞合犯与想象竞合犯。

对于想象竞合犯，应按行为所触犯的罪名中的一个重罪论处，而不以数罪论处。刑法分则的某些条文肯定了这一处理原则。例如，《刑法》第329条第1款、第2款分别规定了抢夺、窃取国有档案罪与擅自出卖、转让国有档案罪，第3款接着规定：有前两款行为，同时又构成本法规定的其他犯罪的，依照处罚较重的规定定罪处罚。如果窃取的档案是国家秘密，则同时触犯了窃取国有档案罪与非法获取国家秘密罪（《刑法》第282条），对此，只按其中的一个重罪定罪处罚。但是，如果认为《刑法》第204条第2

款规定的犯罪可能包括想象竞合犯，则对该款规定的犯罪必须实行并罚。

四、结果加重犯

结果加重犯，亦称加重结果犯，是指法律规定的一个犯罪行为（基本犯罪），由于发生了严重结果而加重其法定刑的情况。故意伤害致死是其适例。结果加重犯具有以下特征：

1.行为人实施了基本犯罪行为，但造成了加重结果。基本犯罪行为与加重结果之间具有因果关系。如果加重结果不是由于基本行为造成的，则不成立结果加重犯。

2.行为人对基本犯罪一般持故意，对加重结果至少有过失。首先，行为人对基本犯罪一般持故意，但也有少数情况是对基本犯罪持过失（参见《刑法》第132条）。其次，对加重结果至少有过失，如果对加重结果没有过失，则不成立结果加重犯。其中，部分结果加重犯对加重结果只能是过失。例如，故意伤害致死，行为人对死亡只能是过失，如果对死亡结果持故意，则成立故意杀人罪。部分结果加重犯对加重结果既可以是过失也可以是故意，如抢劫致人重伤、死亡的，属于结果加重犯，行为人对重伤、死亡结果既可能是过失，也可能是故意。这需要根据犯罪的性质、法定刑以及犯罪之间的关系进行分析，得出正确结论。

3.刑法就发生的加重结果加重了法定刑。所谓加重了法定刑，是相对于基本犯罪而言，即结果加重犯的法定刑高于基本犯罪的法定刑。如果刑法没有加重法定刑，结果再严重也不是结果加重犯。例如，强奸妇女致其重伤的，由于刑法加重了法定刑，属于结果加重犯；而强制猥亵、侮辱妇女致其重伤的，因为刑法没有加重法定刑，故不是结果加重犯。

由于刑法对结果加重犯规定了加重的法定刑，故对结果加重犯只能认定为一罪，并且根据加重的法定刑量刑，既不能以数罪论处，也不能按基本犯罪的法定刑量刑。

第三节　法定的一罪

一、结合犯

结合犯，是指数个原本独立的犯罪行为，根据刑法分则的明文规定，结合成为另一独立的新罪的情况。结合犯具有以下特征：

1.结合犯所结合的数罪，原本为刑法上数个独立的犯罪。所谓独立的犯罪，是指不依附于其他任何犯罪，符合独立的犯罪构成的行为。数个独立的犯罪，必须是数个不同的犯罪，而不是数个相同的犯罪。

2.典型的结合犯是将数个原本独立的犯罪，结合成为另一个独立的新罪，用公式表示就是：甲罪+乙罪=丙罪，丙罪便是结合犯。刑法将数个独立的犯罪结合成为其中的一个罪的（如刑法规定，绑架他人并杀害被绑架人的，仍以绑架罪论处），也可谓结合犯。

3.数个原本独立的犯罪被结合为另一新罪后，就失去原有的独立犯罪的意义，成为新罪的一部分。

4.数个原本独立的犯罪结合为另一个独立新罪，是基于刑法分则的明文规定。如果刑法没有明文规定结合为新罪，则不是结合犯。而刑法之所以将数个原本独立的犯罪规定成为另一独立新罪，有的是因为原本独立的数罪之间存在密切联系，容易同时发生；有的是因为一罪是为另一罪服务的；有的是因为数罪的实施条件相同。

对于结合犯，当然以所结合的新罪论处，即以一罪论处，而不能以数罪论处。

二、集合犯

集合犯，是指犯罪构成预定了数个同种类的行为的犯罪。一般认为，包括常习犯、职业犯与营业犯。犯罪构成预定具有常习性的行为人反复多次实施行为的，称为常习犯；犯罪构成预定将一定的犯罪作为职业或业务反复实施的，称为职业犯；犯罪构成预定以营利为目的反复实施一定犯罪的，称为营业犯。

我国刑法没有规定常习犯。《刑法》第303条所规定的“以赌博为业的”行为，属于营业犯。以赌博为业意味着行为人以营利为目的，反复实施赌博行为。每次赌博行为本身并不构成独立的赌博罪，刑法将反复实施的赌博行为类型化为一个犯罪构成，故只成立一罪。《刑法》第336条规定的非法行医罪，可谓职业犯，即未取得医生执业资格的人将行医作为一种业务而反复从事行医活动。如果不是将行医作为一种业务，则不成立本罪。

营业犯与职业犯具有相同点：首先，都要求行为人主观上具有反复、多次实施犯罪行为的意思。其次，都将犯罪行为作为一种业务、职业而反复多次实施。但只要性质上是要反复、继续实施的，或者只要行为人是以反复、继续实施的意思实施犯罪活动的，其第一次实施犯罪行为时，就可能被认定为营业犯或者职业犯（如非法行医）。再次，都不要求行为人将犯罪行为作为唯一职业，行为人在具有其他职业的同时，将犯罪行为作为副业、兼业的，也不影响营业犯、职业犯的成立。最后，都不要求具有不间断性，只要行为具有反复实施的性质，即使具有间断性，也不影响对营业犯、职业犯的认定。营业犯与职业犯的关键区别，在于刑法是否要求行为人主观上出于营利目的，要求具有营利目的的，属于营业犯；不要求具有营利目的的，属于职业犯。

第四节　处断的一罪

一、连续犯

连续犯，是指基于同一的或者概括的犯罪故意，连续实施性质相同的数个行为，触犯同一罪名的犯罪。连续犯的基本特征有：

1.必须是行为人基于同一的或者概括的犯罪故意。一般来说，同一的犯罪故意，是指行为人具有数次实施同一犯罪的故意；概括的犯罪故意，是指行为人主观上具有只要有条件就实施特定犯罪的故意。

2.必须实施性质相同的数个行为。只实施一次行为的，不可能成立连续犯。数个行为是指两个以上的行为。连续犯一般仅限于每次行为能独立构成犯罪的情形。如果连续实施同一种行为，但每次都不能独立构成犯罪，只是这些行为的总和才构成犯罪的，被认为是徐行犯。但从我国刑法的规定来看，连续犯的数次行为，应包括数次行为都独立构成犯罪、数次行为都不独立构成犯罪、数次行为中有的独立构成犯罪有的不独立构成犯罪三种情况。例如，行为人连续诈骗，每次诈骗数额都较大的、每次诈骗都没有达到数额较大但整体上达到数额较大的、数次中有的达到数额较大有的没有达到数额较大的，都可以认定为连续犯。这样来认定，一方面可以防止行为人逃避刑罚处罚，另一方面有利于正确计算追诉时效。

3.数次行为具有连续性。是否具有连续性，应从主客观两个方面进行判断。既要看行为人有无连续实施某种犯罪行为的故意，又要通过分析客观行为的性质、对象、方式、环境、结果等来判断是否具有连续性。

4.数次行为必须触犯同一罪名。触犯同一罪名，是指数次行为触犯同一具体罪名，而不包括触犯同类罪名的情况。值得注意的是，有的条文规定了不同的具体犯罪。因此，触犯同一条文的，不等于触犯同一罪名。

将连续犯以一罪论处，具有法律依据。例如，《刑法》第153条第3款规定：对多次走私未经处理的，按照累计走私货物、物品的偷逃应缴税额处罚。《刑法》第263条将“多次抢劫”规定为法定刑升格的条件。《刑法》第383条第2款规定：对多次贪污未经处理的，按照累计贪污数额处罚。这清楚地表明了对连续犯以一罪论处的含义。《刑法》第89条规定，对于连续犯的追诉期限应从犯罪行为终了之日起计算，也表明对连续犯应以一罪论处。

二、吸收犯

吸收犯，是指事实上存在数个不同的行为，其中一行为吸收其他行为，仅成立吸收行为一个罪名的犯罪。例如，行为人盗窃枪支后，私藏在家里，私藏枪支的行为被盗窃枪支的行为所吸收，仅成立盗窃枪支罪。吸收犯具有以下特征：

1.具有数个独立的符合构成要件的犯罪行为。如果只有一个行为符合犯罪构成要件，则不可能成立吸收犯。

2.数个行为必须触犯不同罪名。如果数个行为触犯同一罪名，则不可能是吸收犯，而可能是连续犯。

3.数行为之间具有吸收关系，即前行为是后行为发展的所经阶段，后行为是前行为发展的当然结果。一般认为，吸收关系有三种情况：一是重行为吸收轻行为，即罪质严重的、法定刑高的犯罪行为，吸收罪质轻微的、法定刑低的犯罪行为。例如，伪造货币后又出售或者运输伪造的货币的，由伪造货币罪吸收出售、运输假币罪。二是针对同一客体的犯罪，实行行为吸收预备行为，即行为人已经着手实行了犯罪，而预备行为触犯另一罪名时，对预备行为不独立定罪，而由实行行为吸收。例如，入室抢劫的行为，其预备行为触犯了非法侵入住宅罪，其实行行为是抢劫，抢劫罪吸收非法侵入住宅罪。三是主行为吸收从行为，即在共同犯罪中，行为人分别起到了主要作用、次要作用与较小作用时，由起主要作用的行为吸收其他行为。例如，先教唆他人犯罪，后又帮助他人实行犯罪的，应当按教唆犯处罚。

由于吸收犯的前后行为之间存在必经阶段与当然发展之间的关系，故只能以一罪论处，而不能认定为数罪，例如，《刑法》第171条第3款规定，伪造货币并出售或者运输伪造的货币的，依照伪造货币罪定罪从重处罚。

刑法理论中还存在“不可罚的事后行为”（共罚的事后行为）的概念。不可罚的事后行为，是指在状态犯的场合，利用该犯罪行为的结果的行为，如果孤立地看，符合其他犯罪的犯罪构成，具有可罚性，但由于被综合评价在该状态犯中，故没有必要另认定为其他犯罪。不可罚的事后行为之所以不另成立其他犯罪，主要是因为事后行为没有侵犯新的法益，也可能是事后行为缺乏期待可能性。例如，行为人盗窃他人财物后又毁坏该财物的，其毁坏财物的行为属于不可罚的事后行为，不另成立故意毁坏财物罪。再如，行为人侵占了代为保管的他人财物后，谎称财物被盗而使被害人免除其返还财物的义务的，后一欺骗行为属于不可罚的事后行为，不另成立诈骗罪。但是，将盗窃的仿真品（数额较大）故意冒充文物出卖给他人，骗取财物的，因侵犯了新的财产法益，故应以盗窃罪与诈骗罪实行并罚。可见，不可罚的事后行为与吸收犯有相似甚至相同之处，但二者不是等同概念。不可罚的事后行为在成立条件与处罚原则上，也不同于想象竞合犯与牵连犯。

三、牵连犯

一般认为，牵连犯，是指犯罪的手段行为或者结果行为，与目的行为或者原因行为分别触犯不同罪名的情况，即在犯罪行为可分为手段行为与目的行为时，如手段行为与目的行为分别触犯不同的罪名，便成立牵连犯；在犯罪行为可分为原因行为与结果行为时，若原因行为与结果行为分别触犯不同的罪名，也成立牵连犯。前者如，以伪造公文的方法（手段行为）骗取公私财物（目的行为）；后者如，盗窃财物（原因行为）后，为了销赃而伪造印章（结果行为）。通常认为，牵连犯具有三个特征：

1.以实施一个犯罪为目的。如为了诈骗财物而伪造国家机关公文。牵连犯的本罪是一个犯罪，他罪是围绕本罪而成立的。如果行为人出于实施数个犯罪的目的实施数个行为，则不构成牵连犯。

2.行为人必须实施了数行为，而且数行为之间存在手段行为与目的行为、原因行为与结果行为的牵连关系。一般认为，对于是否具有牵连关系，要从主客观两个方面进行认定。仅仅客观上具有牵连关系而主观上不存在牵连关系的，不宜认定为牵连犯。例如，行为人在一年前为了狩猎而盗窃了枪支，一年后为了抢劫银行而使用了该枪支。两个行为虽然在客观上有牵连关系，但主观上不存在牵连关系，故应否认牵连犯的成立。但应当注意的是，虽然手段行为与目的行为之间在主观上有牵连关系，但如果手段行为与目的行为之间的牵连关系不具有通常性（为了实现目的行为，一般都会采取该手段行为），也不应认定为牵连犯。例如，为了抢劫银行而盗窃枪支，然后利用所盗窃枪支抢劫银行的，应认定为数罪，而不应认定为牵连犯。再如，为了冒充军人招摇撞骗而盗窃军车，然后驾驶冒充军人招摇撞骗的，应当认定为数罪，而不能认定为牵连犯。总之，只有当某种手段通常用于实施某种犯罪，或者某种原因行为通常导致某种结果行为时，才宜认定为牵连犯。

3.在目的行为或者原因行为触犯了一个罪名的情况下，手段行为或结果行为又触犯了另一个罪名。

刑法总则没有明文规定牵连犯的概念与处罚原则。刑法理论一般认为，对牵连犯应从一重处罚或者从一重从重处罚（按其中的一个重罪定罪并且从重处罚）。刑法分则对牵连犯表现出不同的态度：分则条文对大多数牵连犯的处罚没有作出明文规定，有的条文规定对牵连犯从一重处罚；有的条文规定对牵连犯从一重从重处罚；有的条文对牵连犯规定了独立的较重法定刑；有的条文规定对牵连犯实行数罪并罚。目前，刑法理论对牵连犯的概念与处罚原则还没有形成一致认识。一般来说，在刑法没有特别规定的情况下，对牵连犯实行从一重处罚的原则。

第九章 刑罚概说

本章主要内容提示

在本章中，能够理解刑罚的概念、刑罚目的的具体内容、特殊预防与一般预防的关系即可。

第一节 刑罚的概念

刑罚，是国家为了防止犯罪行为对法益的侵犯，由法院根据刑事立法，对犯罪人适用的建立在剥夺性痛苦基础上的最严厉的强制措施。刑罚具有如下特征：

一、本质的严厉性

刑罚的属性在于对犯罪人权益的限制或剥夺，这表明它是一种最严厉的法律制裁措施。因为刑罚中的自由刑可以限制或剥夺犯罪人的人身自由，生命刑还可以剥夺犯罪人的生命，资格刑、财产刑可以剥夺犯罪人的政治权利和财产权利。这种严厉性正是刑罚区别于其他法律制裁方法的本质特征。

二、对象的特定性

适用刑罚是以行为人的行为构成犯罪为前提的，刑罚是因犯罪行为所产生的当然的法律后果，是对犯罪行为所作出的否定评价。因此，刑罚处罚的对象只能是实施了犯罪行为的自然人或法人。

三、根据的法定性

按照罪刑法定原则的要求，不仅犯罪需由成文刑法事先作出明文规定，而且刑罚也必须由刑法明文载于法条。这就意味着，刑法总则要对刑罚的种类作出明文规定。对刑法没有明文规定的制裁方法，不能以刑罚之名适用于犯罪分子。

四、适用主体的单一性

刑罚适用的主体只能是代表国家行使审判权的人民法院。检察院虽然可以对部分案件作不起诉处理，但这不属于适用刑罚。

刑罚是一种恶，其正当化根据在于，一方面是为了满足恶有恶报、善有善报的正义要求；另一方面也必须是防止犯罪所必需且有效的，应当在报应刑的范围内实现一般预防与特殊预防的目的。

第二节　刑罚的目的

一、刑罚目的的概念

刑罚目的，是指国家制定刑罚、适用刑罚和执行刑罚所希望达到的结果。

刑罚的目的是预防犯罪，具体表现为特殊预防和一般预防。因为刑罚是作为犯罪的对立物而存在的，因此，创制、适用和执行刑罚的目的，只能是为了预防犯罪。由于预防的对象不同，故把刑罚的目的区分为特殊预防和一般预防。

二、特殊预防

所谓特殊预防，是指防止犯罪人重新犯罪。特殊预防的对象只能是犯罪人，即实施了危害社会的行为，依法应当承担刑事责任的人。

特殊预防主要通过两个途径实现：一是对罪行极其严重的犯罪人适用死刑，永远剥夺其重新犯罪的能力。但在当今社会，这种方式不应成为实现特殊预防的主要途径。二是对犯罪人适用刑罚，使犯罪人不能犯罪、不敢犯罪乃至不愿犯罪。例如，通过剥夺犯罪人的人身自由，使其终身或在一定期间内与社会隔离，因而不可能实施犯罪行为；通过限制犯罪人的人身自由，使其在一定期间内难以实施犯罪行为；通过剥夺犯罪人的财产，使其在一定时间内丧失再犯罪的物质条件；通过剥夺犯罪人的某种权利，防止其利用这些权利再次犯罪。这些方法同时对犯罪人具有威慑与教育改造作用，促使他们认识到，如果再次犯罪，就必将承受剥夺性痛苦；只有不再犯罪，才能享受本来具有的权益；于是，他们不敢再以身试法、也不愿再以身试法，从而实现特殊预防目的。

三、一般预防

传统上的一般预防，是指防止尚未犯罪的人（包括有犯罪危险的危险分子、不稳定分子、刑事被害人以及其他社会成员）走上犯罪道路。这是消极的一般预防论，也称威慑预防论。

新近，出现了积极的一般预防论，是指通过适用刑罚，唤醒和强化国民对法的忠诚、对法秩序的存在力与贯彻力的信赖，从而预防犯罪。

消极的一般预防与积极的一般预防并不是对立的。两者的目的都是预防犯罪，这一点没有任何区别。二者的区别在于对刑罚功能的强调不同：消极的一般预防论旨在通过发挥刑罚的威慑功能，使一般人不敢犯罪（有的人可能想犯罪但担心受刑罚处罚而不敢犯罪），而积极的一般预防论则旨在发挥刑罚的规范强化功能、教育功能、安抚功能等，使一般人不愿犯罪。

刑罚的一般预防贯穿刑罚的创制、裁量和执行的全过程。立法者通过创制刑法确定法定刑，这就向人们提供了一个具体犯罪与刑罚的对价表。意欲犯罪者对罪刑之间的对应关系有所了解以后，就会因为考虑到犯罪的代价过于昂贵而打消犯罪的念头。人民法院对犯罪分子适用刑罚，将犯罪与刑罚紧密联系起来，不仅直接地惩罚了犯罪分子，预防其重新犯罪，而且对社会上不稳定分子也起到了警戒和抑制作用，使他们不敢轻举妄动、自投法网。社会上的不稳定分子、没有改造好的刑满释放分子、服刑人员等遇有适当的时机就可能进行危害社会的犯罪活动，人民法院通过对犯罪分子判处刑罚，用具体实际的案例说明什么行为是法律禁止的行为，并警告社会上的不稳定分子，法不可违，罪不可犯，在我们的国家里谁犯了罪都脱逃不了刑罚处罚。这就是用刑罚的威力震慑有可能犯罪的人，促使他们及早醒悟，消除犯罪意念，不重蹈犯罪分子的覆辙，从而预防犯罪的发生。犯罪之后需要实际承担刑事责任的现实，使国民深信不可破坏、违反刑法，是刑法规范保证了社会的安全与安宁，因而都不愿意实施犯罪。

四、特殊预防和一般预防的关系

特殊预防与一般预防显然不是对立关系，完全可以并存。既然对于一般国民都有预防犯罪的必要，那么，对于已经犯罪的人更有预防其再犯罪的必要。刑罚完全可能非常协调地对一般国民、可能犯罪的人与已经犯罪的人发挥不同的功能。从事实上来看，制定、适用和执行刑罚，都具有对犯罪人的特殊预防和对社会上其他人的一般预防两方面的目的。特殊预防的实现，有利于一般预防的实现；同样，一般预防的实现，也有助于特殊预防的实现。

当然，特殊预防与一般预防的统一，并不排除在立法上与执法上分别对特殊预防与一般预防的某一方面有所侧重。在刑事立法上，侧重一般预防；在量刑与刑罚执行上，侧重特殊预防。刑罚执行时侧重特殊预防是理所当然的，不仅如此，在量刑上也应主要考虑特殊预防。因为如果在量刑时过于重视一般预防的效果，就必然使犯罪人成为实现一般预防目的的工具，必然造成刑罚与罪行不相适应，从而伤害报应的正义性。

我国的刑事审判，可谓两个预防并重，但法院一般因下列情况不同，适用刑罚的思想侧重点也有所不同：(1)因人不同。例如，对于惯犯、累犯等特殊预防必要性大的犯罪人，侧重于特殊预防的需要；对初犯、偶犯等特殊预防必要性小的犯罪人，则侧重于一般预防的需要。(2)因罪不同。例如，对少发、偶发的犯罪，往往侧重于特殊预防的需要；对多发、常发的犯罪，则侧重于一般预防的需要。(3)因社会形势不同。例如，对一定时期、一定地区危害重大的犯罪，适用刑罚侧重考虑一般预防的需要；反之，则侧重考虑特殊预防的需要。应当注意的是，无论侧重哪一方面的需要，适用刑罚的轻重程度都必须以法定刑为标准。

第十章 刑罚种类

本章主要内容提示

本章需要重点掌握各种主刑与各种附加刑的具体适用（如适用条件、刑期计算、具体执行），尤其需要掌握死缓的适用条件，以及死缓期满后的处理。此外，禁止令以及从业禁止也是近年来常见的考点。

第一节 主　　刑

主刑，是对犯罪分子独立适用的主要刑罚方法。

主刑只能独立适用，不能附加适用；一个罪行只能适用一个主刑，不能同时适用两个或两个以上主刑。当然，行为人犯有数罪被判处有期徒刑和管制，或者被判处拘役和管制的，将会同时适用两个主刑，这并不违反一罪一主刑原则。根据《刑法》第33条的规定，主刑包括管制、拘役、有期徒刑、无期徒刑、死刑5种。

一、管制

管制，是指对犯罪分子不实行关押，但限制人身自由，依法实行社区矫正的刑罚方法。不予关押使管制成为5种主刑中最轻的刑种，限制人身自由、实行社区矫正（如对一些社区矫正对象可以使用电子定位装置）使管制具有刑罚的特征。管制作为一种限制人身自由的刑罚，其期限为3个月以上2年以下；数罪并罚时最高不能超过3年。管制的内容包括：

1.遵守管制犯的义务。

根据《刑法》第39条的规定，被判处管制的犯罪分子，在执行期间，应当遵守下列规定：（1）遵守法律、行政法规，服从监督；（2）未经执行机关批准，不得行使言论、出版、集会、结社、游行、示威自由的权利；（3）按照执行机关规定报告自己的活动情况；（4）遵守执行机关关于会客的规定；（5）离开所居住的市、县或者迁居，应当报经执行机关批准。

当然，管制犯仅是自由受限，其他权利均受法律保护，故对于被判处管制的犯罪分子，在劳动中应当同工同酬，不得克扣、减少其应得收入。管制犯的人身安全、合法财产和辩护、申诉、控告、检举以及其他未被依法剥夺或者限制的权利均不受侵犯。在就学、就业和享受社会保障等方面，不受歧视。

2.被宣告禁止令的，应遵守禁止令。

根据《刑法》第38条第2款的规定，判处管制，可以根据犯罪情况，同时禁止犯罪分子在执行期间从事特定活动，进入特定区域、场所，接触特定的人。被宣告禁止令后违反禁止令的，由公安机关依照《治安管理处罚法》的规定处罚。2011年4月28日最高人民法院、最高人民检察院、公安部、司法部《关于对判处管制、宣告缓刑的犯罪分子适用禁止令有关问题的规定（试行）》对禁止令的适用作了详细规定：（1）被禁止从事的特定活动主要包括：个人为进行违法犯罪活动而设立公司、企业、事业单位或者在设立公司、企业、事业单位后以实施犯罪为主要活动的，禁止设立公司、企业、事业单位；实施证券犯罪、贷款犯罪、票据犯罪、信用卡犯罪等金融犯罪的，禁止从事证券交易、申领贷款、使用票据或者申领、使用信用卡等金融活动；利用从事特定生产经营活动实施犯罪的，禁止从事相关生产经营活动；附带民事赔偿义务未履行完毕，违法所得未追缴、退赔到位，或者罚金尚未足额缴纳的，禁止从事高消费活动；其他确有必要禁止从事的活动。（2）被禁止进入的特定区域、场所主要包括：禁止进入夜总会、酒吧、迪厅、网吧等娱乐场所；未经执行机关批准，禁止进入举办大型群众性活动的场所；禁止进入中小学校区、幼儿园园区及周边地区，确因本人就学、居住等原因，经执行机关批准的除外；其他确有必要禁止进入的区域、场所。（3）被禁止接触特定的人员主要包括：未经对方同意，禁止接触被害人及其法定代理人、近亲属；未经对方同意，禁止接触证人及其法定代理人、近亲属；未经对方同意，禁止接触控告人、批评人、举报人及其法定代理人、近亲属；禁止接触同案犯；禁止接触其他可能遭受其侵害、滋扰的人或者可能诱发其再次危害社会的人。对于管制犯，禁止令的期限既可以与管制执行的期限相同，也可以短于管制执行的期限，但不得少于3个月。管制犯在判决执行以前先行羁押以致管制执行的期限少于3个月的，禁止令的期限不受前述最短期限的限制。禁止令的执行期限，从管制执行之日起计算。

管制由社区矫正机构委托的司法所负责执行，表现为管制犯在司法所的监督下接受社区矫正。所谓社区矫正，是指对被判处管制、宣告缓刑、假释或者暂予监外执行的罪犯，在社区矫正机构（司法所）和其他社会力量的监督、协助下，对其监督管理、教育帮扶，矫正其犯罪心理和不良行为，促进其顺利融入社会，预防和减少犯罪的开放性刑罚执行方式。被判处管制、宣告缓刑、假释和暂予监外执行的罪犯，属于社区矫正的对象。社区矫正对象在社区矫正期间应当遵守法律、行政法规，履行判决、裁定、暂予监外执行决定等法律文书确定的义务，遵守国务院司法行政部门关于报告、会客、外出、迁居、保外就医等监督管理规定，服从社区矫正机构的管理。社区矫正机构应当根据裁判内容和社区矫正对象的性别、年龄、心理特点、健康状况、犯罪原因、犯罪类型、犯罪情节、悔罪表现等情况，制定有针对性的矫正方案，实现分类管理、个别化矫正。社区矫正机构根据社区矫正对象的表现，依照有关规定对其实施考核奖惩。对社区矫正对象的考核结果，可以作为认定其是否确有悔改表现或者是否严重违反监督管理规定的依据。社区矫正对象矫正期满或者被赦免的，社区矫正机构应当向社区矫正对象发放解除社区矫正证明书，并通知社区矫正决定机关、所在地的人民检察院、公安机关。社区矫正对象被裁定撤销缓刑、假释，被决定收监执行，或者社区矫正对象死亡的，社区矫正终止。

管制的刑期，从判决执行之日起计算；判决执行前先行羁押的，羁押1日折抵刑期2日。之所以规定羁押1日折抵刑期2日，是因为判决执行以前先行羁押的属于剥夺自由，而管制只是限制自由。

被判处管制的犯罪分子，管制期满，执行机关应立即向本人和其所在单位或居住地的群众宣布解除管制，并且发给本人解除管制通知书。附加剥夺政治权利的，同时宣布恢复政治权利。

二、拘役

拘役，是剥夺犯罪人短期人身自由，就近在看守所实行劳动改造的刑罚方法。

根据《刑法》的规定，拘役的期限为1个月以上6个月以下。数罪并罚时，最高不得超过1年。拘役的上限刑期与有期徒刑的下限刑期（6个月）相衔接，使刑罚体系更为连贯和严密。

被判处拘役的犯罪分子，由公安机关在就近的看守所执行。在执行期间，被判处拘役的犯罪分子每月可以回家1天至2天；参加劳动的，可以酌量发给报酬。拘役的刑期从判决执行之日起计算。判决以前先行羁押的，羁押1日折抵刑期1日。

三、有期徒刑

有期徒刑，是剥夺犯罪分子一定期限的人身自由，实行强制劳动改造的刑罚方法。有期徒刑是剥夺自由刑的主体，其刑罚幅度变化较大，从较轻犯罪到较重犯罪都可以适用，在我国刑罚体系中居于中心地位。

《刑法》第45条规定，有期徒刑的期限为6个月以上15年以下。在一般情况下，对犯罪分子所犯的一个罪一次判处的有期徒刑最高不能超过15年，最低不能低于6个月。但是，有两种情况例外：第一，根据《刑法》第50条的规定，判处死刑缓期执行的，在死刑缓期执行期间，如果确有重大立功表现，2年期满以后可减为25年有期徒刑。第二，根据《刑法》第69条的规定，数罪并罚时，有期徒刑总和刑期不满35年的，最高不超过20年；总和刑期在35年以上的，最高不能超过25年。

有期徒刑的刑期，刑法规定从判处执行之日起计算；判决执行以前先行羁押的，羁押1日折抵刑期1日。所谓“判决执行之日”，是指人民法院签发执行通知书之日。由于“先行羁押”也是剥夺人身自由，因而在计算有期徒刑的刑期时，应当予以折抵。如果被告人只是取保候审，并未剥夺人身自由，不能算作羁押。在实践中，有些罪犯在判决前曾经屡次被拘留又屡次逃跑，并继续犯罪，最后逮捕判刑的，能够折抵刑期的只是最后一次被羁押的时间，在此之前多次羁押的时间，均不能折抵刑期。

我国刑法对有期徒刑的执行场所和执行方式有明确规定。根据《刑法》第46条的规定，被判处有期徒刑的犯罪分子，在监狱或者其他执行场所执行。“其他执行场所”，是指少年犯管教所、拘役所等。凡是被判有期徒刑的罪犯，有劳动能力的，都应当参加劳动，接受教育和改造。根据《监狱法》的规定，监狱对参加劳动的犯罪分子，应当按照有关规定给予报酬并执行国家有关劳动保护的规定。犯罪分子服刑期满，监狱应当按期释放并发给释放证明书。

四、无期徒刑

无期徒刑是剥夺犯罪分子终身自由，并强制劳动改造的刑罚方法。作为死刑的替代，无期徒刑具有积极作用。

无期徒刑有三个特征：（1）对犯罪分子进行关押。这体现了无期徒刑作为刑罚的惩罚性。（2）剥夺犯罪分子终身自由。这是无期徒刑的最突出特征。（3）对犯罪分子进行强制劳动改造。这体现了无期徒刑矫正、教育罪犯，使之成为社会新人的积极作用。

无期徒刑是自由刑中最严厉的刑罚方法，故只能对非常严重的犯罪才能适用无期徒刑。由于对未成年人不得适用死刑，所以，未成年人犯罪只有罪行极其严重的，才可以适用无期徒刑。根据司法解释，对已满14周岁不满16周岁的犯罪分子，一般不判处无期徒刑。

由于无期徒刑是剥夺终身自由，故判决确定前的羁押时间不可能折抵刑期。根据《刑法》第57条的规定，对于判处无期徒刑的犯罪分子，应当附加剥夺政治权利终身。

根据刑法和监狱法的有关规定，被判无期徒刑的犯罪分子，在监狱或者其他场所执行；凡是有劳动能力的，都应当参加劳动，接受教育和改造。无期徒刑犯的劳动时间、劳动报酬与劳动保护情况，与有期徒刑犯相同。

根据刑法有关减刑和假释的规定，被判处无期徒刑的犯罪分子在执行期间，认罪服法，接受教育、改造，确有悔改或者立功表现的，可获得减刑（由无期徒刑减为有期徒刑）；如果实际执行13年以上，还可以获得假释，但累犯以及因杀人、爆炸、抢劫、强奸、绑架等暴力犯罪被判处无期徒刑的犯罪分子除外。在司法实践中，大多数被判处无期徒刑的犯罪分子，经过一段时间的改造，依法被减为有期徒刑，有的还得到假释。无期徒刑减为有期徒刑的，刑期从人民法院裁定减刑之日起计算。

五、死刑

（一）死刑的概念

死刑是剥夺犯罪分子生命的刑罚方法。死刑是刑罚体系中最严厉的惩罚手段。在理论界，有人主张我国应当废止死刑，但是，“保留死刑，严格控制死刑”是我国的基本死刑政策。我国现在还不能立即废除死刑，但应逐步并尽量减少死刑的适用，尤其要杜绝冤错案件的发生。

（二）死刑的适用

《刑法》第48条规定，死刑只适用于罪行极其严重的犯罪分子。

这里的罪行极其严重是指从客观上看，犯罪性质和后果极其严重，给社会造成的损失特别巨大。如果犯罪的客观危害没有达到罪行极其严重的程度，即便犯罪分子的主观恶性和人身危险性特别大，属于蓄意实施特定罪行，不思悔改，极端蔑视法制，也不能对罪犯适用死刑。对于罪行是否极其严重，还应联系相应的刑法分则条文加以确定。

根据《刑法》第49条的规定，犯罪的时候不满18周岁的人和审判的时候怀孕的妇女，不适用死刑；审判的时候已满75周岁的人，不适用死刑，但以特别残忍手段致人死亡的除外。这里的不适用死刑，既包括不适用死刑立即执行，也包括不适用死刑缓期二年执行，因为后者也属于死刑。这一规定充分体现了对“一老一小”、妇女的保护态度和人道主义精神。需要指出的是，这里的“审判的时候”不是仅指法院审判阶段，而是指从羁押到判决宣告前的整个诉讼期间；“怀孕”是指在羁押期间妇女曾处于怀孕状态。对被告人在羁押期间流产的（无论是人工流产还是自然流产），应视为审判的时候怀孕的妇女，不能判处死刑；更不能为了判处死刑而强制怀孕的被告人做人工流产。此外，怀孕妇女因涉嫌犯罪在羁押期间自然流产后，又因同一事实被起诉、交付审判的，应当视为“审判的时候怀孕的妇女”，依法不适用死刑。对审判的时候已满75周岁的人，以特别残忍手段致人死亡的，可以适用死刑。这里的“以特别残忍手段致人死亡”通常是指以暴力方式实施的故意杀人、故意伤害致人死亡。过失致人死亡的，不属于以特别残忍手段致人死亡。

我国刑事法律对死刑的判决和核准程序作了特别规定。根据刑法和刑事诉讼法的有关规定，判处死刑立即执行的案件，除依法由最高人民法院判决的以外，都应当报请最高人民法院核准；判处死刑缓期执行的案件，可以由高级人民法院判决或者核准。如果被判处死刑立即执行，在我国，采用枪决或注射等方法执行。采用注射方法执行死刑的，应当在指定的刑场或者羁押场所内执行。

（三）死刑缓期执行

1.死刑缓期执行的含义。《刑法》第48条第1款规定，对于应当判处死刑的犯罪分子，如果不是必须立即执行的，可以判处死刑同时宣告缓期二年执行。这就是我国刑法中的死刑缓期执行制度，简称死缓，是死刑制度的重要组成部分。

死缓不是一个刑种，而是死刑的执行方式。死缓没有适用的独立性，所以刑罚体系中没有规定死缓。死缓只有在对罪犯判处死刑的前提下，才有适用的可能性。没有规定死刑的犯罪，都不能适用死缓。死缓犯人最终是否需要执行死刑，取决于其在死刑缓期执行期间是否故意犯罪、情节恶劣。

死缓是我国刑罚在死刑适用方面的一个独创，具有保留死刑和限制死刑的双重功能。它既可以对罪行极其严重的犯罪分子保持最严厉的制裁，又给那些罪该判处死刑但又不是必须立即执行的犯罪分子留了一条生路，从而大大地减少了死刑的实际适用。

2.适用条件。根据《刑法》第48条的规定，适用死缓必须同时具备两个条件：

其一，应当判处死刑。这是适用死缓的前提条件，它表明适用死缓的对象和适用死刑的对象均是罪行极其严重的犯罪分子。如果罪行不应当判处死刑，就不存在适用死缓的问题。

其二，不是必须立即执行。这是区分死刑缓期执行与死刑立即执行的原则界限，是适用死缓的本质条件。法律对这一条件没有明确、具体的规定，主要靠审判机关判断。

3.死缓的执行场所。根据《监狱法》第2条的规定，犯罪分子被判处死刑缓期执行的，在监狱内执行刑罚。

4.死缓的结局。根据《刑法》第50条第1款的规定，对于被判处死缓的犯罪人，有如下四种结局：(1)在死刑缓期执行期间，如果没有故意犯罪，2年期满以后，减为无期徒刑。(2)在死刑缓期执行期间，如果确有重大立功表现，2年期满以后，减为25年有期徒刑。犯罪人的表现是否属于“重大立功表现”，应根据《刑法》第78条第1款予以确定。(3)在死刑缓期执行期间，如果故意犯罪，情节恶劣的，由最高人民法院核准，执行死刑。这里的“故意犯罪”，需要经过法院的审判才能确定。对于“故意犯罪，情节恶劣”，应根据死缓制度的精神与目的予以把握。在应当判处死刑的前提下，对犯罪人适用死缓的重要原因之一是犯罪人还具有改善的可能，故仅当故意犯罪本身的情节恶劣，并且表明犯罪人抗拒改造情节恶劣时，才属于“故意犯罪，情节恶劣”，才能对其执行死刑。犯罪人故意犯罪，情节恶劣，同时又有重大立功表现的，考虑到死缓制度本身就是为了减少死刑执行，既然出现了可以不执行死刑的机遇，就不应执行死刑。(4)在死刑缓期执行期间，故意犯罪未执行死刑的，死刑缓期执行的期间重新计算，并报最高人民法院备案。犯罪人在死刑缓期执行期间过失犯罪的应当如何处理，《刑法》第50条未作规定，对此应根据《刑法》第71条的规定，将对过失犯罪所判处的刑罚与原来的死缓进行并罚，结局是重新计算死刑缓期执行期间。

5.死缓期间的计算。根据《刑法》第51条的规定，死刑缓期执行期间，从判决确定之日起计算。死刑缓期执行减为有期徒刑的刑期，从死刑缓期执行期满之日起计算。

第二节 附加刑

附加刑，是补充主刑适用的刑罚方法。附加刑既可以附加于主刑适用，又可以独立适用。在附加适用时，可以同时适用两个以上附加刑。在独立适用时，主要是针对较轻的罪行。根据《刑法》第34条、第35条的规定，附加刑有罚金、剥夺政治权利、没收财产和驱逐出境。

一、罚金

罚金是人民法院判处犯罪人向国家缴纳一定数额金钱的刑罚方法。

罚金具有广泛的适用性。它既可适用于处刑较轻的犯罪，也可适用于处刑较重的犯罪。

从犯罪性质上来看，我国刑法中的罚金主要适用于三种犯罪：(1)经济犯罪。在我国刑法中，经济犯罪主要是《刑法》分则第三章规定的破坏社会主义市场经济秩序罪，共有90多个条文，基本上都规定了罚金的独立或附加适用。(2)财产犯罪。《刑法》分则第五章规定的侵犯财产罪，共有14个条文，其中9个法条规定了罚金，占条文总数的50%以上。(3)其他故意犯罪。主要是指《刑法》分则第六章规定的妨害社会管理秩序罪，共有90余个法条，其中约50%的法条规定了罚金。此外，《刑法》分则第四章侵犯公民人身权利、民主权利罪中的部分条文也规定了并处或者单处罚金。

《刑法》第52条规定，判处罚金，应当根据犯罪情节决定罚金数额。决定罚金数额时，还应遵循刑法分则的规定。刑法分则对罚金数额的规定分为两种情况：(1)没有规定具体数额(无限额罚金)。根据司法解释，刑法没有明确规定罚金数额标准的，罚金的最低数额不能少于1000元。(2)明确或者变相规定了相对确定的数额(限额罚金)。如《刑法》第192条、第193条均明确规定了罚金数额的上限与下限，《刑法》第160条第2款、第175条根据一定的基准(如处违法所得)也可以确定罚金数额的上限与下限。对于限额罚金，人民法院应在法定幅度内，适度考虑犯罪分子缴纳罚金的能力，判处与犯罪分子罪行相适应的罚金数额。

罚金的执行机关为人民法院。根据《刑法》第36条的规定，被人民法院判处承担民事赔偿责任的犯罪分子，同时被判处罚金，其财产不足以全部支付的，应当先承担对被害人的民事赔偿责任。依法对犯罪分子所犯数罪分别判处罚金的，应当实行并罚，将所判处的罚金数额相加，执行总和数额。

根据《刑法》第53条的规定，罚金的缴纳分为五种情况：

1.限期一次缴纳。主要适用于罚金数额不多或者数额虽然较多，但缴纳并不困难的情况，罪犯应在指定的期限内将罚金一次缴纳完毕。

2.限期分期缴纳。主要适用于罚金数额较多，罪犯无力一次缴纳的情况。这样在时间上有一定伸缩余地，在金额支付上可化整为零，有利于罚金刑的执行。

3.强制缴纳。判决缴纳罚金，指定的期限届满，罪犯有缴纳能力而拒不缴纳，人民法院强制其缴纳，强制措施包括查封、扣压、冻结等。

4.随时追缴。对于不能全部缴纳罚金的，人民法院在任何时候，发现被执行人有可以执行的财产的，应当随时追缴。

5.延期缴纳、减少缴纳或者免除。如果罪犯遭遇不能抗拒的灾祸等原因，如地震、水灾、火灾、车祸、家庭成员死亡等，缴纳罚金确实有困难的，经人民法院裁定，可以延期缴纳、酌情减少或者免除。

二、剥夺政治权利

（一）剥夺政治权利的概念

剥夺政治权利，是指剥夺犯罪人参加国家管理和政治活动权利的刑罚方法。

根据我国《刑法》第54条的规定，剥夺政治权利是指同时剥夺犯罪分子下列四项权利：（1）选举权和被选举权；（2）言论、出版、集会、结社、游行、示威自由的权利；（3）担任国家机关职务的权利；（4）担任国有公司、企业、事业单位和人民团体领导职务的权利。认为剥夺政治权利可以只剥夺某一项或者某几项政治权利的看法，不符合《刑法》第58条第2款“不得行使本法第五十四条规定的各项权利”的规定。

（二）剥夺政治权利的适用

剥夺政治权利的适用相当广泛，既可以附加适用，也可以独立适用；既适用于严重犯罪，也适用于较轻犯罪；既适用于危害国家安全的犯罪，也适用于普通刑事犯罪。

1.附加适用剥夺政治权利的，由刑法总则规定，分为两种情况：

其一，应当附加剥夺政治权利。《刑法》第56条、第57条规定，对下列两类犯罪分子应当附加剥夺政治权利：第一，对于危害国家安全的犯罪分子，应当附加剥夺政治权利。第二，对于被判处死刑、无期徒刑的犯罪分子，应当剥夺政治权利终身。

其二，可以附加剥夺政治权利。《刑法》第56条规定，对于故意杀人、强奸、放火、爆炸、投毒、抢劫等严重破坏社会秩序的犯罪分子，可以附加剥夺政治权利。这里的“投毒”，宜理解为投放危险物质。在这种情况下，是否附加剥夺政治权利，由法院具体裁量。根据相关司法解释，对其他严重破坏社会秩序的犯罪分子，也可以附加剥夺政治权利，如对故意伤害、盗窃等其他严重破坏社会秩序的犯罪，犯罪分子主观恶性较深、犯罪情节恶劣、罪行严重的，也可以依法附加剥夺政治权利。根据司法解释的精神，对严重经济犯罪分子、严重的贪污或受贿犯罪分子、严重的渎职犯罪分子，也可以附加剥夺政治权利。

根据司法解释，除刑法规定“应当”附加剥夺政治权利外，对未成年罪犯一般不判处附加剥夺政治权利。如果对未成年罪犯判处附加剥夺政治权利的，应当依法从轻判处。对实施被指控犯罪时未成年、审判时已成年的罪犯判处附加剥夺政治权利，亦应同样处理。

2.独立适用剥夺政治权利的，由刑法分则规定。对于部分罪质较轻的犯罪或罪质严重但情节较轻的犯罪，刑法分则条文在法定刑中除主刑外还设置了剥夺政治权利。据此独立适用剥夺政治权利时，无须对犯罪分子判处主刑。

(三)剥夺政治权利的期限

剥夺政治权利的期限,除独立适用的以外,依所附加的主刑不同而有所不同,分为以下四种情况:(1)对于判处死刑、无期徒刑的犯罪分子,应当剥夺政治权利终身。(2)在死刑缓期执行减为有期徒刑,或者无期徒刑减为有期徒刑的时候,应当将附加剥夺政治权利的期限改为3年以上10年以下。(3)独立适用或者判处有期徒刑、拘役附加适用剥夺政治权利的期限,为1年以上5年以下。(4)判处管制附加剥夺政治权利的期限与管制的期限相等。

剥夺政治权利的刑期起算与执行分为以下几种情况:(1)被判处管制附加剥夺政治权利的刑期,与管制的期限同时起算、同时执行。(2)独立适用剥夺政治权利的,按照执行判决的一般原则,从判决执行之日起计算并执行。(3)判处有期徒刑、拘役附加剥夺政治权利的刑期,以及死缓、无期徒刑减为有期徒刑附加剥夺政治权利的刑期,从徒刑、拘役执行完毕之日起或者从假释之日起开始计算;剥夺政治权利的效力当然施用于主刑执行期间。即对于这类犯罪分子,在有期徒刑、拘役执行期间,当然剥夺政治权利。被判处有期徒刑、拘役、管制而没有附加剥夺政治权利的犯罪分子,在执行期间仍然享有政治权利。(4)判处死刑、无期徒刑因而剥夺政治权利终身的,从主刑执行之日起开始执行剥夺政治权利。

(四)剥夺政治权利的执行

对被判处剥夺政治权利的犯罪分子,由公安机关执行。执行期满,应当由执行机关书面通知本人及其所在单位、居住地基层组织。除剥夺政治权利终身的以外,剥夺政治权利的期限届满时,应宣布恢复政治权利。恢复政治权利后,便享有法律赋予的政治权利,但有的政治权利因为法律的特别规定不可能再享有,如根据《法官法》的规定,受过刑事处罚的人,不能担任法官。

三、没收财产

(一)没收财产的概念

没收财产是将犯罪分子个人合法所有的财产的一部或者全部强制无偿地收归国有的刑罚方法。没收财产的对象为犯罪分子本人所有的财产。在判处没收财产的时候,不得没收属于犯罪分子家属所有或者应有的财产。

(二)没收财产的适用

1.没收财产的前提。

没收财产只能适用于刑法分则明文规定可以判处没收财产的那些犯罪。从刑法分则的规定来看,没收财产主要适用于危害国家安全罪、破坏社会主义市场经济秩序罪、侵犯财产罪、贪污贿赂罪。

2.没收财产的种类。

没收财产包括没收部分财产与没收全部财产。没收全部财产的,应当对犯罪分子个人及其扶养的家属保留必需的生活费用。对犯罪分子是没收全部财产还是没收部分财产,要根据犯罪的危害程度与犯罪分子的人身危险程度确定。凡法律规定并处没收财产的,均应当依法并处,被告人的执行能力不能作为是否判处没收财产的依据。判处没收部分财产的,应当在判决书中明确没收的具体财物或者金额。

3.没收财产的执行。

判处没收财产的,判决生效后,应当立即执行。根据《刑事诉讼法》第272条的规定,没收财产的判决,无论附加适用或者独立适用,都由人民法院执行;在必要的时候,可以会同公安机关执行。一人犯数罪依法同时并处罚金和没收财产的,应当分别执行;对于判处没收全部财产,同时判处罚金刑的,根据司法解释,应决定执行没收全部财产,不再执行罚金。

根据《刑法》第60条的规定,没收财产以前犯罪分子所负的正当债务,需要以没收的财产偿还的,经债权人请求,应当偿还。“没收财产以前犯罪分子所负的正当债务”,是指犯罪分子在判决生效前所负他人的合法债务。根据《刑法》第36条的规定,承担民事赔偿责任的犯罪分子,同时被判处没收财产的,应当先承担对被害人的民事赔偿责任。

4.没收财产与没收犯罪物品。

《刑法》第64条规定:“犯罪分子违法所得

的一切财物，应当予以追缴或者责令退赔；对被害人的合法财产，应当及时返还；违禁品和供犯罪所用的本人财物，应当予以没收。没收的财物和罚金，一律上缴国库，不得挪用和自行处理。”该条不是没收财产的规定，而是没收犯罪物品（涉案财物）的规定。由于该条使用了“没收”一词，导致没收财产与没收犯罪物品易被混淆。没收犯罪物品，包括没收（追缴）违法所得的财物、没收违禁品、没收供犯罪所用的本人财物三类。这些被没收的物品原本就不能为犯罪分子合法所有，或者因为犯罪导致不能为犯罪分子合法所有，故没收犯罪物品并不具有剥夺犯罪分子合法权益的刑罚属性，仅是一种行政罚措施或者刑事诉讼措施。而作为刑罚之一的没收财产，没收的是犯罪分子的合法财产。因此，没收财产与没收犯罪物品的本质不同，不得以没收犯罪物品来代替或折抵没收财产。对于没收犯罪物品，需要注意以下几点：

其一，没收（追缴）违法所得的财物。违法所得的财物，包括犯罪分子通过犯罪行为获得的财物及其产生的收益。如犯罪分子用所盗金钱进行投资或者置业的，对因此形成的财产及其收益，应予没收（追缴）。犯罪分子将违法所得的财物与其他合法财产共同投资或者置业，对因此形成的财产中与赃款赃物对应的份额及其收益，应予没收（追缴）。作为没收（追缴）对象的违法所得的财物，既包括犯罪分子本人占有的违法所得的财物，也包括已经转移至他人的违法所得的财物，但违法所得的财物已被第三人善意取得的，不得没收（追缴）。如果违法所得的财物已不存在，如犯罪分子盗窃他人价值昂贵的人参后吃掉该人参的，对此只能责令赔偿，无法没收（追缴）。

其二，没收违禁品。违禁品是指毒品、枪支、弹药等禁止个人持有的物品。无论违禁品是原本就存在的，还是通过犯罪行为产生的（如非法制造得来的假币），都应被没收。

其三，没收供犯罪所用的本人财物。（1）供犯罪使用的本人财物，仅限于犯罪分子所有的财物。因此，供犯罪所用的他人财物，不得没收，但如果他人是共犯人，则可针对共犯人予以没收。如果供犯罪所用的本人财物已被第三人善意取得，则不应没收。（2）供犯罪所用的本人财物，包括已经用于犯罪的财物和以犯罪为目的而准备使用的财物，如准备在抢劫时捆绑被害人的绳索，即使在现场没有使用，也应当没收。（3）供犯罪使用的本人财物，不仅包括犯罪工具，而且包括组成犯罪行为之物，如聚众赌博者的赌资、行贿人用于行贿的财物，也应当没收。（4）供犯罪所用的本人财物，不仅包括供符合构成要件的行为使用的财物，而且包括在构成要件的行为完成后当场为了确保犯罪结果而使用的财物，如犯罪分子多次翻墙进入封闭院落，将所盗财物扔到院墙外，再用停放在院外的三轮车运走所盗财物的，该三轮车属于供犯罪所用的本人财物，也应没收。

四、驱逐出境

驱逐出境，是强迫犯罪的外国人离开中国国（边）境的刑罚方法。驱逐出境既可独立适用，也可附加适用。独立适用驱逐出境，是指对宣告有罪的外国人不判处其他刑罚，直接判处驱逐出境，在判决生效后将犯罪的外国人驱逐出境。附加适用驱逐出境，是指对宣告有罪的外国人判处其他刑罚，同时判处驱逐出境，在其他刑罚执行完毕后再将其驱逐出境。

第三节　非刑罚处罚措施

一、非刑罚处罚措施的概念

非刑罚处罚措施，是指人民法院根据案件的不同情况，对犯罪分子直接适用或建议有关部门适用的刑罚以外的其他处理方法的总称。非刑罚处罚措施虽然不具有刑罚的性质、作用和后果，但也具有一定的惩罚或者教育功能，是刑罚的必要补充。

二、非刑罚处罚措施的种类

（一）《刑法》第37条中的非刑罚处罚措施

《刑法》第37条规定，对于犯罪情节轻微不需要判处刑罚的，可以免予刑事处罚，但是可以根据案件的不同情况，予以训诫或者责令具结悔过、赔礼道歉、赔偿损失，或者由主管部门予以行政处罚或者行政处分。

根据司法解释，未成年罪犯根据其所犯罪行，可能被判处拘役、3年以下有期徒刑，如果悔罪表现好，且系又聋又哑的人或者盲人，或系防卫过当或者避险过当，或系犯罪预备、中止或者未遂，或系共同犯罪中从犯、胁从犯，或者犯罪后自首或者有立功表现，或者其他犯罪情节轻微不需要判处刑罚的，应当依照《刑法》第37条的规定免予刑事处罚。在《刑法》第37条中，非刑罚处罚措施主要包括以下类型。

1.教育措施。

教育措施有三种：（1）训诫。人民法院以口头的方式对犯罪分子当庭公开批评、谴责和训教，责令其改正，不再犯罪的教育方法。训诫多以口头方式进行。对于训诫，记录在案即可，可不载于判决书中。（2）具结悔过。人民法院责令犯罪分子用书面方式保证悔过，以后不再重新犯罪的教育方法。悔罪书应当庭宣读。（3）赔礼道歉。人民法院责令犯罪分子公开向被害人当面承认罪行，表示歉意，请求谅解的教育方法。这种非刑罚处罚措施，具有教育罪犯和安抚被害人的双重功能。

2.民事处罚措施。

责令赔偿损失，是民事性质的非刑罚处罚措施，是指人民法院对免予刑事处罚的犯罪分子，责令其向被害人支付一定数额的金钱的处理方法。作为犯罪的法律后果，责令赔偿并不以被害人提起民事诉讼为前提，被害人没有提起民事诉讼的，法院也可以根据案件的具体情况，责令犯罪分子赔偿损失。

《刑法》第36条规定：由于犯罪行为而使被害人遭受经济损失的，对犯罪分子除依法给予刑事处罚外，并应根据情况判处赔偿经济损失。承担民事赔偿责任的犯罪分子，同时被判处罚金，其财产不足以全部支付的，或者被判处没收财产的，应当先承担对被害人的民事赔偿责任。该条规定的判决赔偿损失，以给予刑罚处罚为前提，仅适用于犯罪行为给被害人造成了经济损失的情形。而作为犯罪的法律后果的非刑罚处罚，以免除刑罚为前提。因此，《刑法》第37条规定的责令赔偿损失，不同于《刑法》第36条规定的赔偿经济损失，不能将二者混为一谈。

3.行政处罚措施。

包括行政处罚和行政处分两种，即人民法院根据案件的情况，向特定的主管部门提出司法建议，由主管部门给予犯罪分子行政制裁或者内部纪律处分的措施。这种非刑罚处罚措施的特点在于，不是由法院直接给予行政处罚或者行政处分，而是法院提出建议，由有关主管部门给予行政处罚或者行政处分。如法院认为需要给予勒令停业处分的，应向市场监督管理部门提出司法建议；法院认为需要给予记过处分的，应向犯罪人的所在单位提出司法建议。

（二）《刑法》第37条之一中的非刑罚处罚措施

《刑法》第37条之一第1款规定，因利用职业便利实施犯罪，或者实施违背职业要求的特定义务的犯罪被判处刑罚的，人民法院可以根据犯罪情况和预防再犯罪的需要，禁止其自刑罚执行完毕之日或者假释之日起从事相关职业，期限为3年至5年。这被称为从业禁止，是由《刑法修正案（九）》增设的具有保安处分性质的非刑罚处罚措施。

适用从业禁止的条件是：（1）因利用职业便利实施犯罪，或者实施违背职业要求的特定义务的犯罪被判处刑罚。（2）根据犯罪情况，在刑罚执行完毕或者假释后仍有预防犯罪分子再犯罪的需要。当然，如果其他法律、行政法规对其从事相关职业另有禁止或者限制性规定的，从其规定。从业禁止的期限为3年至5年，自刑罚执行完毕之日或者假释之日起开始计算。如果其他法律、行政法规对从业禁止的期限另有规定的，人民法院应当根据其他法律、行政法规规定宣告从业禁止的时间。例如，教职员工利用职业便利，或者违背职业要求的特定义务，实施性侵害、虐待、拐卖、暴力伤害等犯罪的，人民法院应当依照《未成年人保护法》第62条的规定，判决禁止其从事密切接触未成年人的工作；实施上述犯罪以外的其他犯罪，人民法院可以根据犯罪情况和预防再犯罪的需要，依照《刑法》第37条之一第1款的规定，判决禁止其自刑罚执行完毕之日或者假释之日起从事相关职业，期限为3年至5年。

从业禁止与禁止令有相似之处，如都禁止犯罪分子从事特定活动，都不是刑罚，二者的不同之处在于：从业禁止是一种刑罚执行完毕或者假释后的非刑罚处罚措施，仅适用于因利用职业便利实施犯罪或者实施违背职业要求的特定义务的犯罪而被判处刑罚的犯罪分子；而禁止令是管制、缓刑执行期间的一种非刑罚处罚措施，不论犯罪是否与职业有关，只要能够促进犯罪分子的教育矫正、有效维护社会秩序，即可适用禁止令。

被禁止从事相关职业的人违反人民法院作出的从业禁止决定的，由公安机关依法给予处罚；情节严重的，依照《刑法》第313条的规定定罪处罚。

【本章主要法律规定】

1.《刑法》第32～60条

2.最高人民法院《关于适用财产刑若干问题的规定》

第十一章
刑罚裁量

本章主要内容提示

本章要理解和掌握累犯、自首、立功的成立条件；数罪并罚的计算方法。量刑，是人民法院根据事实和法律对犯罪分子裁量决定刑罚的过程。量刑情节包括法定情节和酌定情节两种，其适用必须遵守一定规则。累犯是从重处罚情节。一般累犯的成立包括罪过条件、时间条件、刑度条件和年龄条件。对于缓刑犯、被假释的人和累犯之间的关系，需要仔细辨析。自首、立功、坦白是三种法定从轻、减轻处罚情节，法律对其各自成立条件有严格限制。行为人有数个犯罪行为的，应当并罚。限制加重原则、先减后并、先并后减的并罚方法，适用对象不同，法律效果有别，需要掌握。

本章的难点是缓刑犯、假释犯和累犯的关系；数罪并罚时，何时先并后减，何时先减后并。

第一节　量刑概述

一、量刑概念

量刑，即刑罚裁量，是指人民法院对犯罪分子依法裁量决定刑罚的一种审判活动。

量刑作为人民法院运用刑罚的一项活动，在刑事审判中具有重要的作用：一方面，从刑事司法的过程性上来看，由于量刑是在认定行为人的行为构成犯罪即定罪的基础上进行的一项刑事诉讼活动，同时，它又是刑罚执行的先决条件，所以，在国家刑事活动的三个环节即定罪、量刑、行刑中，量刑处于中心地位，有承上启下的作用。另一方面，从量刑活动的功能上来看，量刑是使法定的罪刑关系变成实在的罪刑关系的必要要件。因为只有通过量刑，才能使刑罚的特殊预防功能和一般预防功能切实得以发挥，进而为刑罚目的的实现奠定不可缺少的基础。量刑的偏差或者失当，都会对刑罚目的的实现造成不良影响；相反，量刑正确，就可以有效地实现预防犯罪的刑罚目的。

二、量刑原则

量刑的一般原则，是指人民法院在法定刑的范围内或基础上，决定对犯罪分子是否适用刑罚或者处罚轻重的指导思想和准则。

我国《刑法》第61条规定，对于犯罪分子决定刑罚的时候，应当根据犯罪的事实、犯罪的性质、情节和对于社会的危害程度，依照本法的有关规定判处。根据这一规定，量刑的一般原则可以概括为：以犯罪事实为根据，以刑事法律为准绳。

（一）以犯罪事实为根据

犯罪事实是量刑的客观根据，没有犯罪事

实就无法确定犯罪，量刑就失去了前提。犯罪事实有广义与狭义之分，这里讲的犯罪事实是广义的犯罪事实。广义的犯罪事实是指客观存在的与犯罪有关的各种事实情况的总和。它既包括犯罪构成的基本事实，也包括犯罪性质、情节和对社会的危害程度。因此，作为量刑根据的犯罪事实包括以下四项内容：

1.（狭义的）犯罪事实。它是指犯罪构成要件的各项基本事实情况。查清犯罪事实就是要查明何人在何种心态支配之下，针对何种对象实施了危害行为，并造成了何种危害结果，侵犯了何种合法权益。另外，对于某些以"情节严重"为构成要件的犯罪来说，犯罪的事实还包括犯罪情节，这种情节称为定罪情节。犯罪事实是量刑的首要根据，也是正确认定犯罪性质、分析犯罪情节和衡量犯罪社会危害程度的前提。

2.犯罪的性质。它是指犯罪行为的法律性质，即某一危害社会的行为经由法律规定并通过审判机关确认的犯罪属性，表现为行为人的行为构成什么罪，应定什么罪名。在量刑前应当在查清犯罪事实的基础上，运用犯罪构成的理论和刑法分则的有关规定，正确地认定犯罪性质。因为我国刑法分则对各种不同的具体犯罪规定了不同的法定刑，所以确定了犯罪性质就意味着选定了与之相对应的法定刑，从而为准确量刑提供了准备。

3.犯罪情节。刑法上的犯罪情节有两种：一种是定罪情节，即影响犯罪性质的情节，它是构成犯罪的必备要素。另一种是量刑情节，是指犯罪构成基本事实以外的其他影响和说明犯罪社会危害性程度的各种事实情况。如犯罪的动机、手段、环境和条件，以及犯罪分子的一贯表现、犯罪后的态度、直接或间接的损害后果等。这些事实情况虽然不影响定罪，但其在一定程度上决定着量刑。这主要是因为量刑情节不同，犯罪行为的社会危害程度和犯罪人的人身危险性大小也有不同，因而量刑时所判处的刑罚也必然不同。刑法正是根据不同的量刑情节，对同一犯罪规定了不同的量刑幅度。因此，量刑时在确定了犯罪性质后，必须全面掌握犯罪情节，根据不同的情节，决定在哪个量刑幅度内或者以下裁量应处刑罚或者免除刑罚。

4.对于社会的危害程度。它是指犯罪行为对社会造成或者可能造成损害结果的程度。社会危害性是犯罪的最本质特征。社会危害性程度大小是区分罪与非罪，罪轻与罪重以及由此而决定的对犯罪分子是否适用刑罚、如何适用刑罚的重要根据。社会的危害程度，是由犯罪的一系列主观因素和客观因素综合而成的，包括犯罪事实、犯罪的性质、情节以及犯罪人的主观恶性程度等。因此，正确地判断犯罪行为对社会的危害程度，必须将犯罪的各种因素全面综合地加以考虑，防止片面地强调其中某一方面的因素。只有这样才能避免出现量刑畸重畸轻、罪刑不相适应的现象。

（二）以刑事法律为准绳

量刑必须以刑法为准绳，是指人民法院在认定犯罪事实的基础上，必须按照刑法的有关规定对犯罪分子是否判刑、判什么刑、判刑轻重以及如何执行刑罚作出判处。

依法量刑，是社会主义法制原则的必然要求，也是罪刑法定这一基本的刑法原则在量刑中的体现。量刑以刑法为准绳，主要是遵守以下规定：

1.刑法总则中关于刑罚原则、制度、方法及其适用条件的一般规定。如对预备犯、中止犯、未成年犯罪人，共同犯罪中的主犯、从犯、教唆犯、胁从犯的处罚原则；有关自首、坦白、立功、累犯、缓刑、数罪并罚等制度；有关从重、从轻、减轻以及免除刑罚处罚的规定。

2.刑法分则中有关各种具体犯罪的法定刑及其量刑幅度的具体规定。刑法分则对每一具体犯罪都规定了法定刑，除极少数犯罪只有一个法定刑幅度外，绝大多数犯罪都有两个或两个以上的法定刑幅度。在对实施了不同具体犯罪的犯罪分子裁量刑罚时，必须按照刑法分则所确定的法定刑进行。在一个罪有几个法定刑幅度的情况下，应按照与具体犯罪情况相对应的量刑幅度量刑。在量刑时超越法定的刑种和量刑幅度即为违法。

三、量刑步骤

量刑时，应以定性分析为主，定量分析为辅，依次确定量刑起点、基准刑和宣告刑，具体量刑步骤如下：(1)根据基本犯罪构成事实在相应的法定刑幅度内确定量刑起点。(2)根据其他影响犯罪构成的犯罪数额、犯罪次数、犯罪后果等犯罪事实，在量刑起点的基础上增加刑罚量确定基准刑。(3)根据量刑情节调节基准刑，并综合考虑全案情况，依法确定宣告刑。

第二节 量刑情节

一、量刑情节的概念

量刑情节，是指由刑事法律规定或认可的定罪事实以外的，体现犯罪行为社会危害程度和犯罪人的人身危险性大小，据以决定对犯罪人是否处刑以及处刑轻重所应当或可以考虑的各种具体事实情况。

二、量刑情节的分类

量刑情节繁多，可以根据不同标准从不同角度对量刑情节进行不同分类。

(一)法定量刑情节、酌定量刑情节

以刑法有无明文规定为标准，可将量刑情节分为法定量刑情节与酌定量刑情节。法定量刑情节，是指刑法明文规定的量刑情节，简称法定情节。根据情节被刑法规定在总则还是分则中，法定量刑情节进一步分为总则量刑情节与分则量刑情节。前者如《刑法》第67条第3款规定：犯罪嫌疑人虽不具有前两款规定的自首情节，但是如实供述自己罪行的，可以从轻处罚；因其如实供述自己罪行，避免特别严重后果发生的，可以减轻处罚。后者如《刑法》第236条第2款规定：奸淫不满14周岁的幼女的，以强奸论，从重处罚。

酌定量刑情节，又称裁判情节，是指刑法没有明文规定，根据立法精神从审判实践经验中总结出来的，反映犯罪行为的社会危害性程度和犯罪人的人身危险性程度，在量刑时酌情适用的情节。酌定情节多种多样，常见的酌定情节主要有：(1)犯罪动机；(2)犯罪手段；(3)犯罪的时间、地点等当时的环境和条件；(4)犯罪侵害的对象；(5)犯罪所造成的损害结果；(6)犯罪人的个人情况和一贯表现；(7)犯罪人犯罪后的态度；等等。酌定量刑情节与法定量刑情节一样，能够反映犯罪行为的社会危害性程度和犯罪人的人身危险性程度，从罪责刑相适应原则出发，是量刑时必须认真考虑的情节。

(二)应当型量刑情节、可以型量刑情节

以法官是否必须适用量刑情节所对应的后果，可将量刑情节分为应当型量刑情节与可以型量刑情节。应当型量刑情节是指法官没有自由裁量余地，必须适用相应后果的情节。可以型量刑情节是指根据案件的具体情况，法官有权不适用相应后果的情节。可以型量刑情节表明了立法者的倾向，即针对该情节，通常需要适用相应的后果，但在特殊情况下适用该后果会导致罪责刑不相适应的，法官可以不适用该后果。刑法中“可以……”的情节都是可以型量刑情节，除此之外的其他情节都是应当型量刑情节。《刑法》第17条之一规定：已满75周岁的人故意犯罪的，可以从轻或者减轻处罚；过失犯罪的，应当从轻或者减轻处罚。该条后段属于应当型量刑情节，只要已满75周岁的人所犯之罪为过失犯罪，不管过失犯罪的性质如何，也不管过失犯罪的后果多么严重，法官都必须无条件地对已满75周岁的人从轻或者减轻处罚(当然，在从轻处罚还是减轻处罚这一点上，法官具有自由裁量的空间)。该条前段属于可以型量刑情节，已满75周岁的人故意犯罪的，通常可以从轻或者减轻处罚，但是，如果该故意犯罪性质严重、后果重大、动机卑劣，对该已满75周岁的人也可不从轻或者减轻处罚(判处通常之刑)。

（三）从宽量刑情节、从严量刑情节

以量刑情节对量刑产生的轻重性质为标准，可以将量刑情节分为从宽量刑情节与从严量刑情节。从宽量刑情节是指对犯罪人的量刑产生从宽或有利影响的情节，包括免除处罚情节、减轻处罚情节与从轻处罚情节。《刑法》第22条第2款规定：对于预备犯，可以比照既遂犯从轻、减轻处罚或者免除处罚。这是典型的从宽量刑情节。从严量刑情节是对犯罪人的量刑产生从严或不利影响的情节，即从重处罚情节。如《刑法》第29条第1款后段规定：教唆不满18周岁的人犯罪的，应当从重处罚。《刑法》第347条第6款规定：利用、教唆未成年人走私、贩卖、运输、制造毒品，或者向未成年人出售毒品的，从重处罚。这些是典型的从严量刑情节。

（四）单功能量刑情节、多功能量刑情节

以同一情节对量刑影响的功能多少为标准，可以将量刑情节分为单功能量刑情节与多功能量刑情节。前者对量刑的影响只有一种可能性，如累犯只能对量刑产生从重影响（《刑法》第65条第1款），属于单功能情节；后者对量刑的影响具有两种以上可能性，如从犯情节可能产生从轻、减轻与免除处罚的影响（《刑法》第27条第2款）。

三、量刑情节的适用

1.从轻处罚、从重处罚、减轻处罚与免除处罚的适用。根据《刑法》第62条的规定，从轻处罚、从重处罚是指在法定刑的限度以内（包含本数）判处相对较轻或者相对较重的刑罚。根据《刑法》第63条的规定，减轻处罚是指犯罪分子具有刑法规定的减轻处罚情节的，应当在法定刑以下（不含本数）判处刑罚，如果有数个量刑幅度的，应当在法定量刑幅度的下一个量刑幅度内判处刑罚；犯罪分子虽然不具有刑法规定的减轻处罚情节，但是根据案件的特殊情况，经最高人民法院核准，也可以在法定刑以下判处刑罚。免除处罚，是指仅对犯罪分子作有罪宣告，不予刑罚处罚（既不判处主刑，也不判处附加刑）。

2.数个量刑情节的适用。一个犯罪人可能具有数个从严情节，或具有数个从宽情节。在这种情况下，不能任意改变量刑情节所具有的功能。例如，犯罪人同时具有几个从轻处罚情节时，只能进行较大幅度的从轻处罚，不能减轻处罚；犯罪人同时具有几个减轻处罚情节时，只能进行较大幅度的减轻处罚，而不能免除处罚。再如，犯罪人同时具有几个从重处罚的情节时，也只能是从重处罚，不能加重处罚，即不能高于法定最高刑判处刑罚。一个犯罪人也可能同时具有从宽情节与从严情节。在这种情况下，一般根据各个量刑情节的调节比例，采用同向相加、逆向相减的方法调节基准刑；具有未成年人犯罪、老年人犯罪、限制行为能力的精神病人犯罪、又聋又哑的人或者盲人犯罪，防卫过当、避险过当、犯罪预备、犯罪未遂、犯罪中止，从犯、胁从犯和教唆犯等量刑情节的，先适用该量刑情节对基准刑进行调节，在此基础上，再适用其他量刑情节进行调节。

3.多功能情节的适用。我国刑法规定的从宽情节，绝大多数属于多功能情节，其核心是从某一量刑情节所包含的多种功能中选择其中一种功能，并将其适用于具体案件的量刑。在这种情况下，首先要考虑罪行的轻重程度，罪行相当轻微的，应选择较大的从宽功能；反之，则选择较小的从宽功能。例如，不满18周岁的人犯相同的罪，甲犯罪的情节严重，应考虑从轻处罚；乙犯罪的情节轻微，应考虑减轻处罚。其次要考虑量刑情节本身的情况。例如，同样是自首，甲是犯罪后立即自动投案，并如实供述了全部罪行，应考虑减轻处罚；乙是犯罪后过了较长时间才自动投案，并如实供述了自己的主要罪行，应考虑从轻处罚。最后要考虑刑法规定的顺序，如有的规定可以"免除或者减轻处罚"，有的则规定可以"减轻或者免除处罚"。这种顺序的排列，反映了刑事立法的倾向性意图，启示审判人员首先考虑排列在前面的功能。

四、累犯

（一）累犯的概念

累犯，是指因犯罪而受过一定的刑罚处罚，在刑罚执行完毕或者赦免以后，在法定期限内又犯一定之罪的罪犯。

我国《刑法》第65条规定了一般累犯，第66条规定了特别累犯。两种累犯在构成条件上存在差别。

（二）一般累犯

一般累犯，是指被判处有期徒刑以上刑罚的犯罪分子，刑罚执行完毕或者赦免以后，在5年内再犯应当判处有期徒刑以上刑罚之罪的犯罪分子。

一般累犯的构成条件包括以下方面：

1.罪过条件。前罪与后罪都是故意犯罪。如果前后两罪都是过失犯罪，或者前后两罪中其一是过失犯罪，则不构成累犯。刑法将过失犯罪排除在累犯之外，对累犯的主观构成要件作了严格的限制，这主要是因为：一方面，故意犯罪的犯罪人比过失犯罪的犯罪人具有更为严重的人身危险性和更大的主观恶性，理应受到重罚；另一方面，在我国，经常发生且对国家、社会和公民危害最大的主要是故意犯罪而非过失犯罪，因此，将累犯制度设立为防止犯罪人再犯故意之罪的法律措施，是有实际意义的。

2.刑度条件。前罪被判处有期徒刑以上刑罚，后罪应当被判处有期徒刑以上刑罚。换言之，构成累犯的前罪被判处的刑罚和后罪应判处的刑罚都是有期徒刑以上刑罚，如果前后各罪所判处的刑罚都低于有期徒刑，或者有一罪低于有期徒刑的，都不构成累犯。所谓“前罪被判处有期徒刑以上刑罚”，是指人民法院根据犯罪的全部情况，最后确定其宣告刑为有期徒刑以上刑罚的。这里的有期徒刑以上刑罚，除有期徒刑以外，还包括无期徒刑和死刑缓期2年执行。所谓“后罪应当被判处有期徒刑以上刑罚”，是根据后罪社会危害性的大小，实际上应当判处有期徒刑以上刑罚。

3.时间条件。后罪发生在前罪的刑罚执行完毕或者赦免以后5年之内。我国刑法以刑满或赦免以后5年内再犯罪作为累犯成立的时间条件，如果后罪发生在前罪的刑罚执行期间，则不构成累犯，而应适用数罪并罚；如果后罪发生在前罪刑满或赦免5年以后，也不构成累犯。这里的“刑罚执行完毕”，是指刑罚到期应予释放之日。认定累犯，确定刑罚执行完毕以后“5年”以内的起始日期，应当从刑满释放之日起计算。主刑执行完毕以后5年内又犯罪的，即使附加刑还未执行完毕，也可以构成累犯。

与时间条件有关的两个问题，需要特别注意：(1)根据相关批复，被判处有期徒刑宣告缓刑的犯罪分子，在缓刑考验期满后5年内再犯应当判处有期徒刑以上刑罚之罪的，因前罪判处的有期徒刑并未执行，不具备《刑法》第65条规定的“刑罚执行完毕”的要件，故不应认定为累犯，但可作为对新罪确定刑罚的酌定从重情节予以考虑。(2)被假释的犯罪分子，如果在假释考验期内又犯新罪的，不构成累犯，而应撤销假释数罪并罚。因为假释是附条件提前释放，在假释犯撤销假释后，原判的刑罚仍须继续执行，而不是已执行完毕。但是，如果假释犯在假释考验期满后5年内再犯新罪的，可以构成累犯。

4.年龄条件。根据《刑法》第65条第1款的规定，不满18周岁的人犯罪的，不成立累犯。这说明，累犯必须是前后两次犯罪都已满18周岁的人，而不包括不满18周岁的人犯罪。因此，以下两种情形都不成立累犯：(1)行为人前后两次犯罪都不满18周岁的；(2)行为人第一次犯罪时未满18周岁，第二次犯罪时已满18周岁的。换言之，行为人的前后两罪中，只要犯其中一罪时不满18周岁的，就不成立累犯。

（三）特别累犯

特别累犯，是指危害国家安全犯罪、恐怖活动犯罪、黑社会性质的组织犯罪的犯罪分子，在刑罚执行完毕或者赦免以后，在任何时候再犯上述任一类罪的情形。

特别累犯的构成条件是：

1.前罪和后罪必须均为特定犯罪。即前罪是危害国家安全犯罪、恐怖活动犯罪、黑社会性质的组织犯罪中的某一类犯罪，后罪也是这三类犯罪中的某一类犯罪。如果行为人实施的前后两罪都不属于危害国家安全犯罪、恐怖活动犯罪、黑社会性质的组织犯罪的范畴，或者其中之一不是这三类罪中的某一类罪，就不能构成特别累犯。当然，这并不排除其构成一般累犯的可能。

2.前罪被判处的刑罚和后罪应判处的刑罚的种类及其轻重不受限制。即使前后两罪或者其中一罪判处管制、拘役甚至单处附加刑，也不影响特别累犯的构成。

3.后罪可以发生在前罪刑罚执行完毕或者赦免后的任何时候，不受两罪相隔时间长短的限制。

（四）累犯的处罚

根据我国《刑法》第65条的规定，对累犯应当从重处罚。据此，对累犯裁量刑罚，确定其应当承担的刑事责任时，应注意把握以下几个方面的问题：

1.对累犯"应当"从重处罚，而不是"可以"从重处罚。"可以"是选择性规范，即适用者可以选择从重，也可以不选择从重。"应当"从重则是命令性规范，法官没有灵活选择的余地，即凡是符合累犯条件而构成累犯的，审判人员就必须对犯罪人在法定刑的幅度内处以较重的刑罚，否则就有悖于罪刑相适应的刑法原则。

2.对累犯不适用缓刑（《刑法》第74条），对累犯不得假释（《刑法》第81条第2款）。在最近两次的特赦中，对累犯也不得特赦。因为缓刑、假释和特赦的适用，都要求以犯罪人不致再危害社会为条件，而累犯则属于屡教不改，具有较大人身危险性的人。对累犯适用缓刑、假释或者特赦，不利于对累犯的教育、改造，起不到预防犯罪的刑罚目的，更不能保证社会的安全。

3.对被判处死刑缓期执行的累犯，人民法院根据犯罪情节等情况可以同时决定对其限制减刑（《刑法》第50条第2款）。此外，在犯罪分子符合死刑的适用条件时，犯罪分子是否属于累犯，也是决定对其是否判处死刑立即执行的重要考虑因素。

五、自首

（一）自首的概念

自首，是指犯罪以后自动投案，如实供述自己罪行的行为，或者被采取强制措施的犯罪嫌疑人、被告人和正在服刑的罪犯，如实供述司法机关（含办理职务犯罪的监察机关，下同）还未掌握的本人其他罪行的行为。

我国刑法设置的自首制度及其所确立的对自首犯从宽处罚的原则，对分化瓦解犯罪势力，迅速侦破刑事案件，感召犯罪分子主动投案，激励犯罪分子改过自新，减少社会不安定因素，及时打击和预防犯罪起着积极的作用。根据《刑法》第67条的规定，自首分为一般自首和特别自首两种。

（二）一般自首

一般自首，是指犯罪分子犯罪以后自动投案，如实供述自己罪行的行为。一般自首的成立条件：

1.自动投案。所谓自动投案，是指犯罪分子于犯罪之后，被动归案之前，自行投于有关机关或个人，承认自己实施了犯罪，并自愿置于所投机关或个人的控制之下，等候交代犯罪事实，并最终接受司法机关的审理和裁判的行为。对此，可从以下几个方面来加以理解：

第一，自动投案须发生在尚未归案之前。所谓尚未归案，是对自动投案的时间限定。投案行为通常实行于犯罪分子犯罪之后，犯罪事实未被司法机关发觉以前；或者犯罪事实虽然已被司法机关发觉，但犯罪人尚未被查获以前；或者犯罪事实和犯罪分子均已被发觉，而司法机关尚未对犯罪分子进行讯问或者采取强制措施以前。没有自动投案，在办案机关调查谈话、讯问、采取调查措施或者强制措施期间，犯罪分子如实交代办案机关掌握的线索所针对的事实的，不能认定为自首。

第二，自动投案必须有实际行动。罪行未被有关部门、司法机关发觉，仅因形迹可疑被盘问、教育后，主动交代了犯罪事实的，应当视为自动投案，但有关部门、司法机关在其身上、随身携带的物品、驾乘的交通工具等处发现与犯罪有关的物品的，不能认定为自动投案。犯罪分子因病、因伤或为了减轻犯罪后果，委托他人代为投案；或者先以信件、电报、电话投案；犯罪分子在犯罪后，在被通缉、追捕的过程中，自动投案；经查实犯罪分子确已准备去投案，或者正在去投案的途中，被公安机关逮捕的，也应视为自动投案。至于犯罪后被群众扭送归案的，或被公安机关逮捕归案的，或者在追捕过程中走投无路当场被捕的，或者经司法机关传讯、采用强制措施被动归案的，均不能认为是自动投案。

犯罪嫌疑人具有以下情形之一的，也应当视为自动投案：(1)犯罪后主动报案，虽未表明自己是作案人，但没有逃离现场，在司法机关询问时交代自己罪行的；(2)明知他人报案而在现场等待，抓捕时无拒捕行为，供认犯罪事实的；(3)在司法机关未确定犯罪嫌疑人，尚在一般性排查询问时主动交代自己罪行的；(4)因特定违法行为被采取行政拘留、司法拘留、强制隔离戒毒等行政、司法强制措施期间，主动向执行机关交代尚未被掌握的犯罪行为的；(5)其他符合立法本意，应当视为自动投案的情形。

交通肇事后保护现场、抢救伤者，并向公安机关报告的，应认定为自动投案，构成自首的，因上述行为同时系犯罪嫌疑人的法定义务，对其是否从宽、从宽幅度要适当从严掌握。交通肇事逃逸后自动投案，如实供述自己罪行的，应认定为自首，但应依法以较重法定刑为基准，视情决定对其是否从宽处罚以及从宽处罚的幅度。

第三，自动投案必须是基于犯罪分子本人的自愿意志。也就是说，犯罪分子的归案，并不是由违背犯罪分子本意的原因所造成的。

自动投案的动机是多种多样的，有的出于真诚悔罪，有的为了争取宽大处理，有的经亲友规劝而醒悟，有的慑于法律的威严，有的潜逃在外生活无着落，等等。这些动机都不影响归案行为的自动性。

司法实践中经常出现的送子女或亲友归案的情形，一般并非出于犯罪分子的主动，但其仅仅在家长、亲友的语言规劝、陪同下投案的，无论是公安机关通知犯罪分子的家长后，或者家长、监护人主动报案后，犯罪分子被送去归案的，只要犯罪人后来如实供述了自己的罪行，一般也应按自首处理。至于犯罪嫌疑人被亲友采用强制捆绑等手段送到办案机关，或者在亲友带领侦查人员前来抓捕时无拒捕行为，并如实供认犯罪事实的，不能认定为自动投案，但可以参照法律对自首的有关规定酌情从轻处罚。

第四，自行投于有关机关或个人。自动投案，通常是指向有关机关投案。这些机关首先是指对犯罪负有侦查、起诉、审判职能的公安机关、监察机关、人民检察院和人民法院及其派出单位，如街道派出所、基层人民法庭等。其次是指这些机关以外的其他国家机关以及犯罪人所属的国家机关、国有公司、企业、事业单位、人民团体的保卫部门或乡、村政府及其治保组织。犯罪人投案的机关，未必是对其犯罪具有刑事管辖权的机关或与自己有关的机关、单位、组织等。

犯罪分子犯罪后，也可以向某些个人投案。也就是说，犯罪分子于犯罪之后，投案于肯定会把自己的犯罪事实告知司法机关及其他机关、单位的人，也应属于自动投案。这些“个人”主要是指非在执行职务之中的司法机关及其他国家机关、企业事业单位的国家工作人员。如果是向正在依法执行职务的国家工作人员投案，则属于向其所属的机关、单位投案。此外，接受投案的“个人”也可以指某些非国家工作人员，如村民委员会主任、治保主任等。

犯罪人投案于有关机关或个人，并不限于必须到有关机关去或者直接投向有关个人。犯罪分子因病、因伤委托他人代为投案；或者先以信件、电报、电话投案的，也应允许。

第五，承认自己所犯的特定之罪。投案人不能空泛地承认自己犯罪，还要求其必须承认自己实施了特定犯罪事实，或者承认某一犯罪是自己所为。当然，这并不是要求其进一步交代犯罪的具体情况，因为详细供述犯罪事实已是投案之后要实施的行为。

投案人必须承认下列事实：在犯罪事实已经发生但尚未被发现的情况下，只要承认自己实施了何种犯罪即可；在犯罪事实虽已被发现，但尚未查清犯罪人是谁的情况下，只要承认某犯罪是自己所为即可；在犯罪事实和犯罪人均已被发觉，但犯罪人尚未归案的条件下，只要承认自己是某一特定犯罪的行为人即可。

第六，必须置于有关机关或个人的控制之下，并等待交代犯罪事实。换言之，犯罪人必须将人身自由权利自行交由有关机关或者个人支配，自愿服从其管理，并在此基础上，等候向有关机关的办案人员进一步交代犯罪事实。

在司法实践中，有的犯罪人匿名将赃物送回司法机关或者物主处，或者用电话、书信向司法机关报案或指出赃物所在。这类行为并没有将自身置于司法机关的控制之下，因而不能成立自首。但是，这种主动交出赃物的行为，也是悔罪的一种表现，在处理时可以考虑适当从宽。

根据最高人民法院、最高人民检察院《关于办理职务犯罪案件认定自首、立功等量刑情节若干问题的意见》的相关规定，没有自动投案，但办案机关所掌握线索针对的犯罪事实不成立，在此范围外犯罪分子交代同种罪行的，也成立自首。

2.如实供述自己的罪行。犯罪分子自动投案以后，只有如实供述自己的罪行，才能足以证明其具有真诚悔罪的表现。所以，能否如实供述自己的罪行是自首成立的一个重要条件。

第一，如实供述自己的罪行，指的是主要犯罪事实，而不是指犯罪的全部事实细节。所谓主要犯罪事实，也就是足以证明行为人的行为构成犯罪的基本事实。如果犯罪人在供述罪行的过程中推诿责任，保全自己，意图逃避制裁；大包大揽，庇护同伙，意图包揽罪责；歪曲罪质、隐瞒情节，企图蒙混过关；掩盖真相，避重就轻，试图减轻罪责；等等，都不属于“如实供述自己的罪行”，不能成立自首。当然，交代犯罪事实时，只要犯罪人对自己犯罪事实的认识和表述与客观存在的犯罪事实基本相一致即可，而并非要求完全一致。犯罪嫌疑人自动投案时虽然没有交代自己的主要犯罪事实，但在办案机关掌握其主要犯罪事实之前主动交代的，应认定为如实供述自己的罪行。

第二，如实供述自己的罪行，除供述自己的主要犯罪事实外，还应包括姓名、年龄、职业、住址、前科等情况。犯罪嫌疑人供述的身份等情况与真实情况虽有差别，但不影响定罪量刑的，应认定为如实供述自己的罪行。犯罪嫌疑人自动投案后隐瞒自己的真实身份等情况，影响对其定罪量刑的，不能认定为如实供述自己的罪行。

第三，犯罪嫌疑人多次实施同种罪行的，应当综合考虑已交代的犯罪事实与未交代的犯罪事实的危害程度，决定是否认定为如实供述主要犯罪事实。虽然投案后没有交代全部犯罪事实，但如实交代的犯罪情节重于未交代的犯罪情节，或者如实交代的犯罪数额多于未交代的犯罪数额，一般应认定为如实供述自己的主要犯罪事实。无法区分已交代的与未交代的犯罪情节的严重程度，或者已交代的犯罪数额与未交代的犯罪数额相当，一般不认定为如实供述自己的主要犯罪事实。

此外，犯罪人供述自己罪行的方式是多种多样的，可以是口头的，也可以是书面的；可以是直接的，也可以是间接的。

如实供述，是指如实交代自己的“主要”犯罪事实，即构成要件所要求的主要事实，包括危害行为及其结果、罪过这两方面的内容。行为人自动投案后，如实交代自己的故意杀人行为的，就属于已经交代了“主要”的犯罪事实。即便其拒绝说明凶器藏匿地点，也可以成立自首。行为人犯有故意伤害、抢夺罪，自动投案后，如实供述抢夺行为，对抢夺犯罪可以成立自首；对伤害行为能够如实作出供述，即便其一直主张自己是正当防卫的，也可以成立自首。行为人涉嫌贪污10万元被传唤，其虽未自动投案，但办案机关所掌握线索针对的贪污10万元的事实完全不成立，此时其犯罪事实办案机关完全不知晓，如其主动交代办案机关并不掌握的另一起贪污30万元的罪行的，应当成立自首。犯罪嫌疑人自动投案并如实供述自己的罪行后又翻供的，不能认定为自首；但在“一审判决”前又能如实供述的，应当认定为自首。当然，行为人翻供后，在“二审判决”前才如实供述的，不成立自首。

（三）特别自首

特别自首，亦称准自首，是指被采取强制措施的犯罪嫌疑人、被告人和正在服刑的罪犯，如实供述司法机关还未掌握的本人其他罪行的行为。根据《刑法》第67条第2款的规定，特别自首的成立条件包括以下两个方面：

1.特别自首的主体必须是被采取强制措施的犯罪嫌疑人、被告人和正在服刑的罪犯。这里的强制措施是指我国刑事诉讼法所规定的拘传、取保候审、监视居住、拘留和逮捕等措施。所谓正在服刑的罪犯，是指已经人民法院判决，正在被执行所判刑罚的人。只有上述三种人，才能构成特别自首的主体。

2.必须如实供述司法机关还未掌握的本人其他罪行。这有两方面的内容：一是所供述的必须是本人已经实施但司法机关还不知道、不了解或尚未掌握的犯罪事实；二是被采取强制措施的犯罪嫌疑人、被告人和正在服刑的罪犯所供述的罪行在犯罪性质或者罪名上与司法机关已经掌握的罪行不同。至于某种罪行属同种罪行还是不同种罪行，一般应以罪名区分。虽然如实供述的其他罪行的罪名与司法机关已掌握犯罪的罪名不同，但如实供述的其他犯罪与司法机关已掌握的犯罪属选择性罪名或者在法律、事实上密切关联（如因受贿被采取强制措施后，又交代因受贿为他人谋取利益行为，构成滥用职权罪的），应认定为同种罪行。

（四）自首的处罚

各国刑法对自首从宽的规定有所不同，有的采取相对从宽处罚原则，有的采取绝对从宽处罚原则。我国《刑法》第67条第1款规定，对于自首的犯罪分子，可以从轻或者减轻处罚。其中，犯罪较轻的，可以免除处罚。可见，我国采取了相对从宽处罚的原则。

六、坦白

坦白，是指犯罪分子被动归案之后，如实供述自己罪行的行为。

对有坦白情节的犯罪分子，可以从轻处罚；因其如实供述自己罪行，避免特别严重后果发生的，可以减轻处罚。

坦白和自首均属于犯罪人犯罪后对自己所犯罪行的态度范畴。自首和坦白存在以下相同之处：均以行为人实施了犯罪行为为前提；在归案后犯罪人都能如实交代自己的犯罪事实；两者都要求犯罪人接受国家的审查和裁判；两者都是从宽处罚情节。

但是，也必须看到，自首与坦白存在明显的区别：自首是犯罪人自动投案之后，主动如实供述自己犯罪事实的行为，这表明犯罪人的人身危险性相对较轻。也正是因为这一点，对于自首的犯罪分子，可以从轻或者减轻处罚；其中，犯罪较轻的，可以免除处罚。坦白是犯罪人被动归案之后，如实交代自己所被指控的犯罪事实的行为，犯罪人的人身危险性与自首犯比相对较重，因此，《刑法》第67条第3款规定，对坦白，可以从轻处罚。只有在因罪犯如实供述自己罪行，避免特别严重后果发生的，才可以减轻处罚。

此外，对犯罪嫌疑人、被告人具有自首、坦白情节，同时认罪认罚的，应当在法定刑幅度内给予相对更大的从宽幅度。认罪认罚与自首、坦白不作重复评价。

七、立功

立功，是指犯罪分子揭发他人的犯罪行为，查证属实的，或者提供重要线索，从而得以侦破其他案件等的行为。

《刑法》第68条规定了立功的两种形式：（1）犯罪分子揭发他人的犯罪行为，并经查证属实的。犯罪分子被羁押或者归案后，不仅如实地交代自己的犯罪，而且还主动地揭发其他人的犯罪行为，包括揭发同案犯共同犯罪事实以外的其他犯罪行为。这种揭发必须经办案机关查证属实。如果经过查证，发现其揭发的情况不是事实，或者无法证实，或者不属于犯罪行为，则这种揭发不是立功。（2）犯罪分子提供重要线索，使侦查机关从而得以侦破其他案件的。重要线索应是指办案机关尚未掌握的重要犯罪线索，即能够证明犯罪的重要事实、犯罪人或者有关证人等。提供的重要线索必须是实事求是的，办案机关能够据此查明犯罪，侦破案件。如果经过侦查，发现提供的线索不实，或者无法证明发生过犯罪，或者不属于犯罪行为的，就不应当认定为立功。

对于立功的表现形式，立法上采取了列举和概括式相结合的立法方法。根据立法的精神和最高人民法院的有关司法解释，下列情形也属于立功：（1）犯罪分子阻止他人的犯罪活动的。这种情况一般发生在羁押场所，或者在监狱里。犯罪分子为制止他人的犯罪活动，协助司法机关维护劳动改造场所的秩序，承担了一定的风险，这是以实际行动证实其有悔改的诚意，所以应属立功表现。(2)犯罪分子协助办案机关缉捕其他犯罪嫌疑人，包括同案犯的。这种协助可以是多种方式，如为办案机关指认、辨认犯罪嫌疑人的，带领办案人员去犯罪嫌疑人住处、隐匿处抓捕犯罪嫌疑人，协助办案人员堵截、诱捕犯罪嫌疑人，等等。(3)犯罪分子有其他有利于国家和社会的突出表现的。如有重要的发明创造，对提高生产、促进建设有利；积极抢险救灾，减少或防止了国家损失，保护了他人的安全；等等。

立功必须是犯罪分子本人实施的行为。为使犯罪分子得到从轻处理，犯罪分子的亲友直接向有关机关揭发他人犯罪行为，提供侦破其他案件的重要线索，或者协助办案机关抓捕其他犯罪嫌疑人的，不应当认定为犯罪分子的立功表现。据以立功的线索、材料来源有下列情形之一的，也不能认定为立功：(1)本人通过非法手段或者非法途径获取的；(2)本人因原担任的查禁犯罪等职务获取的；(3)他人违反监管规定向犯罪分子提供的；(4)负有查禁犯罪活动职责的国家机关工作人员或者其他国家工作人员利用职务便利提供的。

根据《刑法》第68条的规定，对于有立功表现的犯罪分子应按以下不同情形分别予以从宽处罚：(1)犯罪分子有一般立功表现的，可以从轻或者减轻处罚。(2)犯罪分子有重大立功表现的，可以减轻或者免除处罚。这里所说的“重大立功”，是指经犯罪分子揭发并查证属实的他人罪行属于重大罪行；犯罪分子提供重要线索并据以侦破了重大案件；等等。“重大案件”“重大犯罪嫌疑人”“重大罪行”的标准，一般是指犯罪嫌疑人、被告人可能被判处无期徒刑以上刑罚，或者在本省、自治区、直辖市或者在全国范围内有较大影响的案件等情况。

案例分析　能力训练

第三节　量刑制度

一、数罪并罚制度

（一）数罪并罚的概念

数罪并罚，是指人民法院对于行为人在法定时间界限内所犯数罪分别定罪量刑后，按照法定的并罚原则及刑期计算方法决定其应执行的刑罚的制度。

（二）数罪并罚的原则

所谓数罪并罚的原则，是指对一人所犯数罪合并处罚所依据的原则。简单地说，就是对数罪如何实行并罚。各国刑法基于不同的刑事政策规定了不同的数罪并罚原则，大致可归纳为以下几种：

1.并科原则。并科原则，是指将一人所犯数罪分别宣告的各罪刑罚绝对相加、合并执行的合并处罚原则。

并科原则在某种程度上是报应论刑罚思想的产物，形似公允且持之有故，但该原则实际弊端很多，既难以执行，又使刑罚显得过于严酷，有悖于现代法治国家刑罚制度的基本精神。因此，世界上单纯采纳并科原则的国家并不多见。

2.吸收原则。吸收原则，是指在对数罪分别宣告的刑罚中，选择其中最重的刑罚为执行的刑罚，其余较轻的刑罚被最重的刑罚所吸收，不予执行的合并处罚原则。

吸收原则虽然对于死刑、无期徒刑等刑种的并罚较为适宜，且适用颇为便利，但若普遍采用，即适用于其他刑种（如有期徒刑、财产刑等），则弊端较为明显。

3.限制加重原则。限制加重原则，是指以一人所犯数罪中法定（应当判处）或已被判处的最重刑罚为基础，再在一定的限度之内对其予以加重作为执行并罚的合并处罚原则。

限制加重原则的特点是：克服了并科原则和吸收原则或过于严酷且不便于具体适用，或过于宽泛而不足以惩罚犯罪的弊端；既使数罪并罚制度贯彻了有罪必罚和罪刑相适应的原则，又采取了较为灵活、合乎情理的合并处理方式。

我国《刑法》第69条从总体上确立了限制加重原则，同时兼顾考虑了并科原则和吸收原则，具体来说：

第一，对判决宣告的数个主刑为有期自由刑、拘役或管制的，采取限制加重原则。有期徒刑、拘役和管制本身都有一定的期限，因此，在数刑的综合刑期以下、数刑中最高刑期以上酌情决定执行的刑期是比较恰当的。但是，如果总和刑期过高，决定执行的刑罚就可能过长，因而我国刑法对最高刑期加以限制，即管制最高不能超过3年；拘役最高不能超过1年；有期徒刑总和刑期不满35年的，最高不能超过20年；有期徒刑总和刑期在35年以上的，最高不能超过25年。例如，某甲先后犯有抢劫、故意伤害、集资诈骗等罪行，分别被判处15年、12年、13年有期徒刑，三个罪的总和刑期为40年，数刑中最高刑为15年，本来可以在15年以上40年以下的范围内决定执行的刑期，但因有期徒刑总和刑期在35年以上的，最高不能超过25年。所以，只能在15年以上25年以下的幅度内酌情决定执行的刑期。

第二，对判处死刑或无期徒刑的，采取吸收原则。数罪中宣告几个死刑或最重刑为死刑的，仅应决定执行一个死刑，而不得决定执行二个以上的死刑或其他主刑；数罪中宣告几个无期徒刑或最重为无期徒刑的，执行一个无期徒刑，不执行其他刑罚。此外，《刑法》第69条第2款规定，数罪中有判处有期徒刑和拘役的，仅执行有期徒刑，立法上采用的也是吸收原则。

第三，对判有附加刑的，一般采取并科原则，附加刑仍须执行。数罪中主刑不论执行死刑、无期徒刑、有期徒刑、拘役或者管制，如有判处附加刑的，附加刑仍须执行，因为附加刑与主刑的性质不同，不妨碍并科。此外，《刑法》第69条第2款规定，数罪中有判处有期徒刑和管制，或者拘役和管制的，有期徒刑、拘役执行完毕后，管制仍须执行。这也是对并科原则的运用。

（三）数罪并罚的适用

根据《刑法》第69条、第70条、第71条的规定，适用数罪并罚有以下三种情况：

1.判决宣告前一人犯数罪的并罚。《刑法》第69条规定，判决宣告以前一人犯数罪的，除判处死刑和无期徒刑的以外，应当在总和刑期以下、数刑中最高刑期以上，酌情决定执行的刑期。但是管制最高不能超过3年，拘役最高不能超过1年，有期徒刑总和刑期不满35年的，最高不能超过20年，有期徒刑总和刑期在35年以上的，最高不能超过25年。如果数罪中有判处附加刑的，附加刑仍须执行。

必须注意，如果判决宣告以前发现的数罪为同种数罪时，是否应当并罚？对此，立法上并未作出明确规定，一般的见解是，对于判决宣告以前发现的同种数罪，原则上无须并罚，只要在特定犯罪的法定刑范围内作为一罪从重处罚即可以实现罪刑相适应的刑法原则。但是，当特定犯罪的法定刑过轻，且非并罚即难以使处罚结果与罪刑相适应原则符合时，在法律未明文禁止时，也可以有限制地对同种数罪实行并罚。

2.判决宣告后发现漏罪的并罚。《刑法》第70条规定，判决宣告以后，刑罚执行完毕以前，发现被判刑的犯罪分子在判决宣告以前还有其他罪没有判决的，应当对新发现的罪作出判处，把前后两个判决所判处的刑罚，依照本法第69条的规定，决定执行的刑罚。已经执行的刑期，应当计算在新判决决定的刑期以内。依照该条规定，对新发现的漏罪的合并处罚具有以下几个特点：

（1）必须在判决宣告以后，刑罚执行完毕以前发现漏罪，且漏罪是指被判刑的犯罪分子在判决宣告以前实施的并未被判决的罪。其中，“判决宣告以后”，具体是指判决业已宣告并发生法律效力之后。如果漏罪被发现的时间不是在判决宣告以后至刑罚执行完毕以前的期限内，而是在刑罚执行完毕之后，或者所发现的罪行不是在判决宣告之前实施的，而是在刑罚执行期间实施的，则不得适用《刑法》第70条进行合并处罚。

（2）对于新发现的漏罪，无论与前罪的性质是否相同，也即无论是异种数罪还是同种数罪，都应当单独作出判处。

（3）应当把前后两个判决所判处的刑罚，即前罪所判处的刑罚与漏罪所判处的刑罚，按照相应的数罪并罚原则，决定执行的刑罚。

（4）在计算刑期时，应当将已经执行的刑期，计算在新判决决定的刑期之内，也就是说，前一判决已经执行的刑期，应当从前后两个判决所判处的刑罚合并而决定执行的刑期中扣除。这种刑期计算方法，称为“先并后减”。例如，某甲犯贪污罪判处有期徒刑12年，在刑罚执行5年以后，发现他在判决宣告以前，还犯有受贿罪没有处理。这时应当对新发现的受贿罪作出判决，如果可判处有期徒刑7年，则应在12年以上19年以下决定执行的刑期。假设决定执行的刑期为16年，应将已经执行的5年计算在16年之内。也就是说，某甲只需再执行11年刑期就届满。

3.判决宣告后又犯新罪的并罚。《刑法》第71条规定，判决宣告以后，刑罚执行完毕以前，被判刑的犯罪分子又犯罪的，应当对新犯的罪作出判处，把前罪没有执行的刑罚和后罪所判处的刑罚，依照本法第69条的规定，决定执行的刑罚。

依照该条规定，对判决宣告后又犯新罪的合并处罚具有以下特点：

（1）必须在判决宣告以后，刑罚执行完毕以前，被判刑的犯罪分子又犯新罪，即在刑罚执行期间犯罪分子又实施了新的犯罪。其中，“判决宣告以后”具体应指判决已经宣告并发生法律效力之后。“刑罚执行完毕以前”应是指主刑执行完毕以前。如果被告人主刑已执行完毕，只是罚金尚未执行完毕的，应当由人民法院继续执行尚未执行完毕的罚金，不必与新罪判处的罚金数罪并罚。

（2）对于犯罪分子所实施的新罪，无论与前罪的性质是否相同，也即无论是异种数罪还是同种数罪，都应当单独作出判决。

（3）应当把前罪没有执行的刑罚和后罪所判处的刑罚，依照刑法规定的相应原则，决定执行的刑罚。也就是说，首先应从前罪判决决定执行的刑罚中减去已经执行的刑罚，然后将前罪未执行的刑罚与后罪所判处的刑罚并罚，决定执行的刑罚。此种计算刑期的方法称为“先减后并”。例如，某甲犯抢劫罪被判处有期徒刑12年，在服刑5年后，又犯了强奸罪，应被判处有期徒刑8年。裁量刑罚时要将某甲抢劫罪没有执行完毕的刑罚7年有期徒刑同强奸罪所判的刑罚8年有期徒刑合并，总和刑期是15年，并罚时应在8年以上15年以下决定应执行的刑期。假定决定执行有期徒刑12年，由于前罪刑罚已执行5年不计算在新判决决定的刑期内，因此，该罪犯实际上可能会被执行有期徒刑17年。

对新罪的“先减后并法”与发现漏罪的“先并后减法”有重大的区别，具体表现在：采用“先减后并法”的犯罪分子在服刑期间不思悔改，继续作恶，又犯新罪，表明其难以改造，人身危险性较大，所以对其应当贯彻从严惩处的精神，这就导致了其决定执行刑期的最低期限高，而且实际执行的刑期有的可能超过法定的数罪并罚最高期限。例如，甲犯有抢劫罪，被判有期徒刑12年，刑罚执行8年后，在监狱服刑期间，又犯故意伤害罪，应判15年有期徒刑，后犯脱逃罪，应判4年有期徒刑，在脱逃期间又抢劫他人数额巨大的财物，应判13年有期徒刑，按数罪并罚的“先减后并法”应当在15年以上36年以下决定执行的刑期，假设决定执行24年，那么，犯罪分子前后实际总共被执行的刑期是32年，超过了数罪并罚时有期徒刑总和刑期在35年以上的，最高不超过25年的规定。而采用“先并后减法”时的考虑重点则有所不同：司法机关尽管在对犯罪分子执行刑罚期间发现其有漏罪，犯罪人也试图隐瞒部分犯罪，但是漏罪毕竟是既往的犯罪事实，属于“旧账”，所以对前罪判决宣告前发生的犯罪的处理应当贯彻相对从宽的刑事政策，那么，犯罪分子实际被执行的刑期与判决宣告以前一人犯数罪时所应受到的处罚并无差别。

对再犯新罪的，在数罪并罚时采用“先减后并法”，由于犯罪分子是在服刑期间不思悔改，继续作恶，表明其不堪改造，人身危险性较大，所以，对其并罚后实际执行的刑期有可能超过法定的数罪并罚最高期限。在发现漏罪时使用“先并后减法”，由于处罚漏罪是“秋后算账”，所以，对前罪判决宣告前发生的犯罪的处理，应当贯彻相对从宽的刑事政策。

二、缓刑制度

（一）缓刑的概念

在我国，缓刑是指对于被判处拘役、3年以下有期徒刑的犯罪人，根据其犯罪情节和悔罪表现，如果暂缓执行刑罚没有再犯罪的危险，对所居住社区没有重大不良影响的，就规定一定的考验期，暂缓刑罚的执行；在考验期内，如果遵守一定条件，原判刑罚就不再执行的一项制度。简言之，缓刑是有条件地不执行所判决的刑罚。从裁量是否执行所判刑罚的意义上来说，缓刑是一种量刑制度；从刑罚执行的意义上来说，缓刑也是一种刑罚执行制度。

（二）缓刑的适用条件

根据《刑法》第72条、第74条的规定，适用缓刑必须符合以下条件：

1.犯罪情节较轻。这里的犯罪情节，是一个综合性概念，既包括客观方面的情节，也包括主观方面的情节；既包括案中情节，也包括案外情节。总的来说，情节较轻的，才能适用缓刑。判断犯罪情节轻重，以犯罪人是否应当被判处拘役或者3年以下有期徒刑作为考察指标。（1）这里所说的被判处拘役或者3年以下有期徒刑，是就宣告刑而言，而不是指法定刑；即使法定最低刑高于3年有期徒刑，但因具有减轻处罚情节而判处3年以下有期徒刑的，也可能适用缓刑；基于同样的理由，如果所判处的刑罚高于3年有期徒刑，就不能适用缓刑。（2）对被判处管制或者单处附加刑的，不能适用缓刑。因为管制或者单处附加刑都不存在剥夺人身自由的问题，适用缓刑没有实际意义。（3）如果一人犯数罪，实行数罪并罚后，决定执行的刑罚为3年以下有期徒刑或者拘役的，也可以适用缓刑。

2.有悔罪表现。即犯罪后有悔恨自己罪行的表现，如犯罪后积极退赃，在羁押期间遵守监管法规、坦白交代罪行等。

3.无再犯可能性。对被判处拘役或者3年以下有期徒刑的犯罪人，并不是都可以适用缓刑。适用缓刑的实质条件是，暂不执行所判刑罚，犯罪人也确实不致再危害社会。

4.宣告缓刑对所居住社区没有重大不良影响，罪犯能够很好地融入社会，重新开始社会生活。

不满18周岁的人、怀孕的妇女和已满75周岁的人，符合上述缓刑条件的，应当宣告缓刑。

宣告缓刑，可以根据犯罪情况，同时禁止犯罪分子在缓刑考验期限内从事特定活动，进入特定区域、场所，接触特定的人。

此外，对于累犯和犯罪集团的首要分子，不适用缓刑。因为累犯是在执行一定刑罚之后再次犯罪，说明其人身危险性严重，难以改造；犯罪集团的首要分子在共同犯罪中起组织、策划、指挥作用，是共同犯罪的积极推动者，对上述两种人如果不执行所判处的刑罚，其再次犯罪的可能性更大，故对累犯和犯罪集团的首要分子不能适用缓刑。

宣告缓刑应当同时符合以下四个条件：（1）犯罪情节较轻；（2）有悔罪表现；（3）没有再犯罪的危险；（4）宣告缓刑对所居住社区没有重大不良影响。如果犯罪分子仍具有再犯可能性的，就不能适用缓刑。因此，被宣告缓刑的犯罪分子，如果在考验期内再犯新罪，就充分表明其仍具有再犯罪的危险，即便其新犯的罪属于轻罪，也不符合缓刑适用条件，不能再次适用缓刑。宣告缓刑，可以根据犯罪情况，同时禁止犯罪分子在缓刑考验期限内从事特定活动，进入特定区域、场所，接触特定的人。黑社会性质组织属于犯罪集团，因此对黑社会性质组织的首要分子，不能适用缓刑。被宣告缓刑的犯罪分子，在缓刑考验期限内，不是由公安机关考察，而是依法实行社区矫正。

（三）缓刑的考验期限与考察

缓刑的考验期限，是指对被宣告缓刑的犯罪人进行考察的一定期间。缓刑是对所判处的刑罚有条件的不执行，为了考验犯罪人是否遵守这种条件，就要在决定缓刑的同时，确定一个对犯罪人进行考验的期限，这便是缓刑的考验期限。

根据《刑法》第73条的规定，拘役的缓刑考验期限为原判刑期以上1年以下，但是不能少于2个月；有期徒刑的缓刑考验期限为原判刑期以上5年以下，但是不能少于1年。可见，缓刑考验期限不得短于原判刑期，可以等于或者长于原判刑期。（1）拘役的考验期限最低不能少于2个月，最长不得超过1年，有期徒刑的缓刑考验期限最低不能少于1年，最高不能超过5年，在此范围内，缓刑考验期限等于或者长于原判刑期。（2）必须注意原判刑期与缓刑考验期限的比例关系，一般来说，考验期限应适当长于原判刑期。例如，对于被判处1年有期徒刑的犯罪人宣告缓刑考验期限为5年，对于被判处3年有期徒刑的犯罪人宣告缓刑考验期限为3年，虽然也是合法的，但不太合适。（3）缓刑的考验期限，从判决确定之日起计算。判决确定以前先行羁押的，不能折抵考验期限。因为缓刑考验期限不是刑罚执行期限；规定考验期限是为了考察犯罪人在此期限内是否遵守一定条件，如果将羁押日期折抵考验期限，就失去了规定考验期限的意义；先前的羁押期实际上也是人民法院考察犯罪人有无悔罪表现，从而决定是否宣告缓刑的日期，不能折抵考验期限。

给宣告缓刑的犯罪人规定一定的考验期限，是为了对他进行考察、矫正；没有必要的考察、矫正，缓刑就难以发挥其应有的作用。《刑法》第76条规定："对宣告缓刑的犯罪分子，在缓刑考验期限内，依法实行社区矫正，如果没有本法第七十七条规定的情形，缓刑考验期满，原判的刑罚就不再执行，并公开予以宣告。"

根据《刑法》第75条的规定，被宣告缓刑的犯罪人，应当遵守下列规定：（1）遵守法律、行政法规，服从监督；（2）按照考察机关的规定报告自己的活动情况；（3）遵守考察机关关于会客的规定；（4）离开所居住的市、县或者迁居，应当报经考察机关批准。

此外，根据《刑法》第72条第2款的规定，被宣告缓刑的犯罪人，如果被判处附加刑的，附加刑仍须执行。这说明，缓刑的效力不及于附加刑。

（四）缓刑考验期满与缓刑撤销

缓刑考验期满，是指犯罪人在缓刑考验期内，没有再犯新罪，没有发现判决宣告以前还有其他罪没有判决，没有情节严重的违反有关缓刑的监督管理规定的行为，并且经过了考验期限。根据《刑法》第76条的规定，被宣告缓刑的犯罪人，如果没有上述三种情形，缓刑考验期满，原判的刑罚就不再执行，并公开予以宣告。"原判的刑罚就不再执行"，是指原判决的有罪宣告仍然有效，原判的刑罚也没有错误，但由于犯罪人在考验期内符合法定条件，原判决所宣告的刑罚不再执行。

缓刑的撤销，是指由于犯罪人在缓刑考验期内，没有遵守法定条件，而将原判决宣告的缓刑予以撤销，使犯罪人执行原判刑罚。缓刑的撤销包括两种情况：

1.被宣告缓刑的犯罪人，在缓刑考验期内犯新罪，或者发现判决宣告以前还有其他罪没有判决的，应当撤销缓刑，将新犯的罪或者新发现的罪作出判决，把前罪和后罪所判处的刑罚，依照《刑法》第69条的规定，决定执行的刑罚。如果原判决宣告以前先行羁押的，羁押日期应当折抵刑期。需要说明的是，只要是在缓刑考验期内犯新罪，即使经过了缓刑考验期限后才发现新罪，也应当撤销缓刑。

2.根据《刑法》第77条第2款的规定，被宣告缓刑的犯罪分子，在缓刑考验期限内，违反法律、行政法规或者国务院有关部门关于缓刑的监督管理规定，或者违反人民法院判决中的禁止令，情节严重的，应当撤销缓刑，执行原判刑罚。

【本章主要法律规定】

1.《刑法》第61～87条

2.最高人民法院《关于处理自首和立功具体应用法律若干问题的解释》

3.最高人民法院《关于处理自首和立功若干具体问题的意见》

第十二章 刑罚执行

本章主要内容提示

本章要理解和掌握减刑、假释的条件、程序、法律后果。主要知识点：减刑，是指对于被判处管制、拘役、有期徒刑、无期徒刑的犯罪分子，在刑罚执行期间，如果认真遵守监规，接受教育改造，确有悔改表现，或者有立功表现的，适当减轻原判刑罚的制度。假释，是指对于被判处有期徒刑、无期徒刑的部分犯罪分子，在执行一定刑罚之后，确有悔改表现，不致再危害社会，附条件地予以提前释放的制度。减刑、假释都必须具备前提条件和实质条件。减刑的实质条件是确有悔改表现，即行为人认罪悔罪；认真遵守法律法规及监规，接受教育改造；积极参加思想、文化、职业技术教育；积极参加劳动，努力完成劳动任务。假释的实质条件是没有再犯罪的危险。

第一节　减刑制度

一、减刑的概念

减刑，是指对于被判处管制、拘役、有期徒刑、无期徒刑的犯罪分子，在刑罚执行期间，如果认真遵守监规，接受教育改造，确有悔改表现，或者有立功表现的，适当减轻原判刑罚的制度。如被判处无期徒刑的犯罪分子，在执行期间确有立功表现，将无期徒刑减为23年有期徒刑；被判处8年有期徒刑的犯罪分子，在执行期间确有悔改表现，将8年有期徒刑减为7年有期徒刑。

根据《刑法》第78条的规定，减刑分为两种情况：一是可以减刑，即具备一定条件时，人民法院可以裁定减刑。二是应当减刑，即有重大立功表现时，人民法院应当减刑。从减刑的方法与效果来看，减刑也分为两种情况：一是将无期徒刑减为有期徒刑，这是刑种的变更；二是将管制、拘役、有期徒刑的刑期减少，不能变更刑种。

减刑不同于改判。改判是指原判决有错误，撤销原判决而重新作出判决；改判的结果是多种多样的。减刑并不改变原判决，而是在肯定原判决的基础上，基于法定原因将原判决的刑罚予以减轻。减刑与减轻处罚的区别则更为明显。

二、减刑的条件

具备一定条件才能减刑。根据《刑法》第78条的规定，减刑必须具备两个基本条件：

（一）对象条件

被判处管制、拘役、有期徒刑、无期徒刑四种刑罚之一的犯罪分子，无论其犯罪行为是故意还是过失，是重罪还是轻罪，是危害国家安全罪还是其他刑事犯罪，只要具备了法定的减刑条件，都可以减刑。

《刑法》第50条第2款对减刑的对象条件进行了限制，即对被判处死刑缓期执行的累犯以及因故意杀人、强奸、抢劫、绑架、放火、爆炸、投放危险物质或者有组织的暴力性犯罪被判处死刑缓期执行的犯罪分子，人民法院根据犯罪情节等情况可以同时决定对其限制减刑。

对部分犯罪分子不得减刑。根据《刑法》第383条、第386条的规定，犯贪污罪、受贿罪的犯罪分子被判处死刑缓期执行，且人民法院根据犯罪情节等情况同时决定在其死刑缓期执行2年期满依法减为无期徒刑后，终身监禁的，不得减刑。

（二）实质条件

1.可以减刑的实质条件是，犯罪分子在刑罚执行期间，认真遵守监规，接受教育改造，确有悔改表现，或者有立功表现。具体地说，在下列两种情形下，可以减刑：（1）犯罪分子在执行期间，认真遵守监管法规，接受教育改造，确有悔改表现的。“确有悔改表现”是指同时具备以下条件：①认罪悔罪；②遵守法律法规及监规，接受教育改造；③积极参加思想、文化、职业技术教育；④积极参加劳动，努力完成劳动任务。人民法院办理减刑、假释案件时，还须审查原生效刑事或者刑事附带民事裁判中财产性判项的执行情况，以此作为判断犯罪分子是否“确有悔改表现”的因素之一。财产性判项未执行完毕的，人民法院应当着重审查犯罪分子的履行能力：有财产性判项履行能力的，应在履行后方可减刑、假释；确有履行能力而不履行的，不予认定其确有悔改表现，除法律规定情形外，一般不予减刑、假释；确无履行能力的，不影响对其确有悔改表现的认定；但犯罪分子因重大立功减刑的，依照相关法律规定处理，一般不受财产性判项履行情况的影响。对职务犯罪、破坏金融管理秩序和金融诈骗犯罪、组织（领导、参加、包庇、纵容）黑社会性质组织犯罪等犯罪分子，不积极退赃、协助追缴赃款赃物、赔偿损失的，不认定其确有悔改表现。总之，既要注重审查罪犯教育改造等客观方面的表现，也要注重审查犯罪分子思想改造等主观方面的表现，综合判断犯罪分子是否确有悔改表现。不过，罪犯在刑罚执行期间的申诉权利应当依法保护，对其正当申诉不能不加分析地认为是不认罪悔罪。（2）有立功表现的。阻止他人实施犯罪活动的；检举、揭发监狱内外犯罪活动，或者提供重要的破案线索，经查证属实的；协助司法机关抓捕其他犯罪嫌疑人的；在生产、科研中进行技术革新，成绩突出的；在抗御自然灾害或者排除重大事故中，表现积极的；对国家和社会有其他较大贡献的。需要注意的是，对于检举、揭发监狱内外犯罪活动，或者提供重要破案线索的，应当注重审查线索的来源。对于揭发线索来源存疑的，应当进一步核查，如果查明线索系通过贿买、暴力、威胁或者违反监规等非法手段获取的，不认定罪犯具有立功表现。对于技术革新、发明创造，应当注重审查罪犯是否具备技术革新、发明创造的专业能力和条件，对于罪犯明显不具备相应专业能力及条件、不能说明技术革新或者发明创造原理及过程的，不认定罪犯具有立功或重大立功表现。

对于罪犯符合“可以减刑”条件的案件，在办理时应当综合考察罪犯犯罪的性质和具体情节、社会危害程度、原判刑罚及生效裁判中财产性判项的履行情况、交付执行后的一贯表现等因素。

2.应当减刑的实质条件是，犯罪分子在刑罚执行期间，有重大立功表现。根据《刑法》第78条的规定，有下列重大立功表现之一的，应当减刑：（1）阻止他人实施重大犯罪活动的；（2）检举监狱内外重大犯罪活动，经查证属实的；（3）有发明创造或者重大技术革新的；（4）在日常生产、生活中舍己救人的；（5）在抗御自然灾害或者排除重大事故中，有突出表现的；（6）对国家和社会有其他重大贡献的。

三、减刑的限度与幅度

具备上述两个条件的，便可以或者应当减刑。但是，减刑得有一定限度。如果减得过多，则违背罪刑相适应原则，有损法院判决的严肃性；如果减得过少，就难以对犯罪分子的改造起鼓励作用，也失去了减刑制度的意义。根据《刑法》第78条第2款的规定：减刑以后实际执行的刑期，判处管制、拘役、有期徒刑的，不能少于原判刑期的1/2；判处无期徒刑的，不能少于13年。对被判处死刑缓期执行的累犯以及因故意杀人、强奸、抢劫、绑架、放火、爆炸、投放危险物质或者有组织的暴力性犯罪被判处死刑缓期执行的犯罪分子，人民法院根据犯罪情节等情况同时决定对其限制减刑的，缓期执行期满后依法减为无期徒刑的，实际执行的刑期不能少于25年；缓期执行期满后依法减为25年有期徒刑的，实际执行的刑期不能少于20年。

四、减刑的程序、效力与减刑后的刑期计算

《刑法》第79条规定，对于犯罪分子的减刑，由执行机关向中级以上人民法院提出减刑建议书。人民法院应当组成合议庭进行审理，对确有悔改或者立功事实的，裁定予以减刑。非经法定程序不得减刑。

罪犯被裁定减刑后，刑罚执行期间因故意犯罪而数罪并罚时，原判死刑缓期执行减为无期徒刑、有期徒刑，或者无期徒刑减为有期徒刑的裁定继续有效。经减刑裁定减去的刑期不计入已经执行的刑期。

罪犯被裁定减刑后，刑罚执行期间因发现漏罪而数罪并罚的，原减刑裁定自动失效。如漏罪系罪犯主动交代的，对其原减去的刑期，由执行机关报请有管辖权的人民法院重新作出减刑裁定，予以确认；如漏罪系有关机关发现或者他人检举揭发的，由执行机关报请有管辖权的人民法院，在原减刑裁定减去的刑期总和之内，酌情重新裁定。

减刑后的刑期计算方法，因原判刑罚的种类不同而有所区别：对于原判刑罚为管制、拘役、有期徒刑的，减刑后的刑期应从原判决执行之日起计算；原判刑期已经执行的部分时间，应计算到减刑后的刑期以内。对于无期徒刑减为有期徒刑的，有期徒刑的刑期从裁定减刑之日起计算；已经执行的刑期以及判决宣告以前先行羁押的日期，不得计算在裁定减刑后的有期徒刑的刑期以内。对于无期徒刑减为有期徒刑以后再次减刑的，其刑期的计算，则应按照有期徒刑减刑的方法计算。

被判处死缓的犯罪分子，减为无期徒刑后再减刑的，其实际执行的刑期，从死刑缓期执行期满之日起计算。被判处死缓并同时被决定限制减刑的犯罪分子，减为无期徒刑后再减为有期徒刑的，或者直接减为有期徒刑的，其应当实际执行的刑期，也从死刑缓期执行期满之日起计算；亦即，缓期执行期满后依法减为无期徒刑的，判决确定后的实际关押时间不少于27年，缓期执行期满后依法减为25年有期徒刑的，判决确定后的实际关押时间不少于22年。

第二节　假释制度

一、假释的概念

假释，是指对于被判处有期徒刑、无期徒刑的部分犯罪分子，在执行一定刑罚之后，确有悔改表现，不致再危害社会，附条件地予以提前释放的制度。附条件，是指被假释的犯罪分子，如果遵守一定条件，就认为原判刑罚已经执行完毕；如果没有遵守一定条件，就收监执行原判刑罚乃至数罪并罚。

假释是追求积极的刑罚效果而采取的处理手段，但不同于暂予监外执行，也不同于减刑。

二、假释的条件

适用假释得当，就有利于发挥假释制度的积极功能；而适用假释得当与否，取决于是否遵守了刑法规定的假释条件。根据《刑法》第81条的规定，适用假释的条件如下：

（一）对象条件

假释只适用于被判处有期徒刑、无期徒刑

的犯罪分子。因此，对被判处其他刑罚的犯罪分子，不得假释。被判处管制的，因为并没有剥夺犯罪分子的人身自由，不存在假释问题；被判处拘役的，由于刑期很短，适用假释没有实际意义；被判处死刑缓期二年执行的，不能直接适用假释，只有将死缓减为无期徒刑或者有期徒刑后，具备适用假释条件的，才可以假释。

对以下犯罪分子，不得假释：(1)根据《刑法》第81条第2款的规定，对累犯以及因故意杀人、强奸、抢劫、绑架、放火、爆炸、投放危险物质或者有组织的暴力性犯罪被判处10年以上有期徒刑、无期徒刑的犯罪分子，不得假释。首先，不管累犯被判处的是什么刑种与刑期，对累犯不得假释。其次，故意杀人、强奸、抢劫、绑架、放火、爆炸、投放危险物质或者有组织的暴力性犯罪被判处10年以上有期徒刑、无期徒刑的犯罪分子，不得假释。"暴力性犯罪"除了上述列举的几种犯罪外，还包括其他对人身行使有形力的犯罪，如伤害、武装叛乱、武装暴乱、劫持航空器等罪。如果犯罪分子所实施的不是暴力性犯罪，或者虽然是暴力性犯罪但所判处的刑罚低于10年有期徒刑的，仍然可以假释。所以，只是对严重暴力性犯罪不适用假释。刑法这样规定，是考虑到上述严重暴力性犯罪的社会危害性严重、行为人的人身危险性严重，适用假释不利于防止其再次犯罪。最后，对于被判处10年以上有期徒刑、无期徒刑的暴力性犯罪分子，即使减刑后其刑期低于10年有期徒刑的，也不得假释。(2)根据《刑法》第383条第4款、第386条的规定，犯贪污罪、受贿罪的犯罪分子被判处死刑缓期执行，且人民法院根据犯罪情节等情况同时决定在其死刑缓期执行2年期满依法减为无期徒刑后，终身监禁的，不得假释。

(二)限制条件

假释只适用于已经执行一部分刑罚的犯罪分子。这一方面是因为只有经过一定的服刑期，才能判断犯罪分子是否具有悔改表现；另一方面是为了防止滥用假释，避免引起刑罚执行的混乱，避免损害刑罚的严肃性与人民法院判决的稳定性。被判处有期徒刑的犯罪分子，执行原判刑期1/2以上，被判处无期徒刑的犯罪分子，实际执行13年以上，才可以假释。为充分保障犯罪分子的合法权益，按照《刑法》中刑期折抵的规定，"执行原判刑期1/2以上"应包含犯罪分子先行羁押期限。如果有特殊情况，经最高人民法院核准，可以不受上述执行刑期的限制。这里的"特殊情况"，是指有国家政治、国防、外交等方面特殊需要的情况。

(三)实质条件

假释只适用于在刑罚执行期间，认真遵守监规，接受教育改造，确有悔改表现，没有再犯罪的危险。这是适用假释的一个最重要条件。认真遵守监规，是指一贯遵守罪犯改造行为规范，遵守监狱管理规范。接受教育改造，是指积极参加政治、文化、技术学习，积极参加劳动，完成劳动任务。确有悔改表现，是指确实认罪服法、悔罪自新，其认定标准参见前述关于减刑部分的分析。

认定"没有再犯罪的危险"，除符合《刑法》第81条规定的情形外，还应当根据犯罪的具体情节、原判刑罚情况，在刑罚执行中的一贯表现，罪犯的年龄、身体状况、性格特征，假释后生活来源以及监管条件等因素综合考虑。对于报请假释的罪犯，应当认真审查刑罚执行机关提供的反映罪犯服刑期间现实表现和生理、心理状况的材料，并认真审查司法行政机关或者有关社会组织出具的罪犯假释后对所居住社区影响的材料，同时结合罪犯犯罪的性质、具体情节、社会危害程度、原判刑罚及生效裁判中财产性判项的履行情况等，综合判断罪犯假释后是否具有再犯罪危险性。

根据司法解释的规定，对下列罪犯适用假释时可以依法从宽掌握：(1)过失犯罪的罪犯、中止犯罪的罪犯、被胁迫参加犯罪的罪犯；(2)因防卫过当或者紧急避险过当而被判处有期徒刑以上刑罚的罪犯；(3)犯罪时未满18周岁的罪犯；(4)基本丧失劳动能力、生活难以自理，假释后生活确有着落的老年罪犯、患严重疾病罪犯或者身体残疾罪犯；(5)服刑期间改造表现特别突出的罪犯；(6)具有其他可以从宽假释情形的罪犯。罪犯既符合法定减刑条件，又符合法定假释条件的，可以优先适用假释。

根据2019年4月最高人民法院《关于办理减刑、假释案件具体应用法律的补充规定》的规定，对《刑法修正案（九）》施行后，依照《刑法》分则第八章贪污贿赂罪判处刑罚的原具有国家工作人员身份的罪犯的减刑、假释，应适当从严掌握，如对拒不认罪悔罪的，或者确有履行能力而不履行或者不全部履行生效裁判中财产性判项的，不予假释，一般不予减刑。

此外，《刑法》第81条第3款规定，“对犯罪分子决定假释时，应当考虑其假释后对所居住社区的影响”。

三、假释的程序

根据《刑法》第82条的规定，对于犯罪分子的假释，由执行机关向中级以上人民法院提出假释建议书，人民法院应当组成合议庭进行审理，对符合假释条件的，裁定予以假释。非经法定程序不得假释。

四、假释考验期限与假释的撤销

假释是附条件的提前释放，所附条件是犯罪分子在一定期限内应当遵守一定条件。这里的一定期限就是假释的考验期限。考验期限如果过短，就起不到假释的作用；如果过长，也不利于犯罪分子的改造。所以，刑法规定了与原判刑罚轻重相适应的考验期，即有期徒刑的假释考验期限，为没有执行完毕的刑期；无期徒刑的假释考验期限为10年。假释考验期限，从假释之日起计算。

被假释的犯罪分子，应当遵守下列规定：（1）遵守法律、行政法规，服从监督；（2）按照监督机关的规定报告自己的活动情况；（3）遵守监督机关关于会客的规定；（4）离开所居住的市、县或者迁居，应当报经监督机关批准。

《刑法》第85条规定：“对假释的犯罪分子，在假释考验期限内，依法实行社区矫正，如果没有本法第八十六条规定的情形，假释考验期满，就认为原判刑罚已经执行完毕，并公开予以宣告。”

由于假释是附条件的提前释放，因此，如果被假释的犯罪分子在考验期限内没有遵守一定的条件或出现了不符合条件的事实，就应当撤销假释。根据《刑法》第86条的规定，假释的撤销包括以下三种情况：

1.被假释的犯罪分子，在假释考验期限内犯新罪的，应当撤销假释，按照《刑法》第71条规定的先减后并的方法实行并罚。假释后所经过的考验期，不得计算在新判决决定的刑期之内。需要说明的是，只要是在假释考验期内犯新罪，即使经过了假释考验期限后才发现新罪，也应当撤销假释，按照先减后并的方法实行并罚。

2.在假释考验期限内，发现被假释的犯罪分子在判决宣告以前还有其他罪没有判决的，应当撤销假释，按照《刑法》第70条规定的先并后减的方法实行并罚，已经执行的刑期，计算在新判决决定的刑期以内，但假释后所经过的考验期，不得计算在新判决决定的刑期以内。值得注意的是，如果在假释考验期满后，才发现被假释的犯罪人在判决宣告以前还有其他罪没有判决的，不能撤销假释，只能对新发现的犯罪另行侦查、起诉、审判，不得与前罪的刑罚并罚。

3.被假释的犯罪分子，在假释考验期限内，有违反法律、行政法规或者国务院有关部门关于假释的监督管理规定的行为，尚未构成新的犯罪的，应当依照法定程序撤销假释，收监执行未执行完毕的刑罚。在这种情况下，不存在数罪并罚的问题。

【本章主要法律规定】

1.《刑法》第78～86条

2.最高人民法院《关于办理减刑、假释案件具体应用法律若干问题的规定》

第十三章
刑罚消灭

本章主要内容提示

本章要理解和掌握追诉时效的计算、无限延长。主要知识点：刑罚消灭意味着代表国家的司法机关不能对犯罪人行使具体的刑罚权。刑罚消灭的主要事由有：超过追诉时效的；经特赦令免除刑罚的。追诉时效的期限长短，与犯罪行为的社会危害程度、刑罚的轻重相适应。追诉时效期限以法定最高刑为标准，而不是以实际应当判处的刑罚为标准。

本章的难点是追诉期限从犯罪之日起计算；犯罪行为有连续或者继续状态的，从犯罪行为终了之日起计算；追诉时效可能因为公安、检察机关立案侦查，或者人民法院受理案件，或者被害人提出控告而无限延长，也可能因为行为人在追诉期内犯新罪而中断。

第一节　刑罚消灭概述

一、刑罚消灭的概念

刑罚消灭，是指由于法定的或事实的原因，致使代表国家的司法机关不能对犯罪人行使具体的刑罚权。

刑罚消灭以行为人的行为构成犯罪为前提。因为刑罚消灭以应当适用刑罚或者正在执行刑罚为前提，而应当适用刑罚或者正在执行刑罚以行为构成犯罪为前提，故刑罚消灭事实上以行为构成犯罪为前提。

刑罚消灭并不影响国家的制刑权，只是使代表国家的司法机关不能对犯罪人行使量刑权与行刑权。具体地说，在行为构成犯罪应当适用刑罚但已超过追诉期限等情况下，刑罚消灭意味着量刑权消灭，行刑权也随之消灭；在被告人死亡等情况下，刑罚消灭意味着量刑权消灭，行刑权也随之丧失；在已经适用刑罚但国家宣告特赦等情况下，刑罚消灭意味着行刑权消灭。

刑罚消灭必须基于一定的事由。其中，有些主要是由于法律的规定而导致刑罚消灭，如超过追诉时效。在这种情况下，虽然司法机关事实上可能行使刑罚权，但法律规定不得行使刑罚权。有些主要是由于特定事实的出现而导致刑罚消灭，如犯罪嫌疑人、被告人死亡。在后一种情况下，虽然也有法律规定（参见《刑事诉讼法》第16条），但即使没有法律的规定，司法机关事实上也难以行使刑罚权。

二、刑罚消灭的事由

刑罚消灭的事由，分为在判决确定前使观念的刑罚权消灭的事由与在判决确定后使现实的刑罚权消灭的事由，其中有些事由兼有双重事由的性质。概括起来，刑罚消灭的事由有：（1）超过追诉时效的；（2）经特赦令免除刑罚的；（3）告诉才处理的犯罪，没有告诉或者撤回告诉的；（4）犯罪嫌疑人、被告人死亡的；（5）其他法定事由。

对于告诉才处理的犯罪，如果原告人没有告诉或者告诉后在判决确定以前撤回告诉的，导致刑罚消灭。在犯罪嫌疑人、被告人死亡后，司法机关难以行使刑罚权，也导致刑罚消灭。其他法定事由，如被判处罚金的犯罪人由于遭遇不能抗拒的灾祸等原因缴纳确实有困难的，经人民法院裁定而免除缴纳罚金，此即罚金执行权消灭。一般认为，刑罚执行完毕、缓刑考验期满、假释考验期满也是刑罚消灭事由。不过，它与上面所列举的几种刑罚消灭事由具有性质上的区别。下面仅探讨时效与赦免两种刑罚消灭事由。

第二节　时　　效

一、时效概述

时效分为追诉时效与行刑时效。

追诉时效，是刑法规定的追究犯罪人刑事责任的有效期限；在此期限内，司法机关有权追究犯罪人的刑事责任；超过了此期限，司法机关就不能再追究刑事责任。因此，超过追诉时效，意味着不能行使量刑权与行刑权，因而导致刑罚消灭。

我国刑法规定了追诉时效制度。规定追诉时效制度显然不是故意放纵犯罪，而是为了有效地实现刑法的目的。规定追诉时效制度体现了刑罚目的，体现了惩办与宽大相结合的刑事政策，体现了“历史从宽、现行从严”的政策，有利于司法机关集中精力惩治现行犯罪活动，有利于社会秩序的安定，有利于调动一切积极因素、团结一切可以团结的力量。

行刑时效，是指刑法规定的，对被判处刑罚的人执行刑罚的有效期限；在此期限内，司法机关有权执行刑罚；超过了此期限，司法机关就不能执行刑罚。因此，超过行刑时效，意味着对先前作出的罪刑宣告也不能行使行刑权。

我国刑法没有规定行刑时效。《刑法》第53条规定：对于不能全部缴纳罚金的，人民法院在任何时候发现被执行人有可以执行的财产，应当随时追缴。该规定意味着我国刑罚的执行没有期限的限制。

二、追诉时效的期限

根据《刑法》第87条的规定，犯罪经过下列期限不再追诉：（1）法定最高刑为不满5年有期徒刑的，经过5年。（2）法定最高刑为5年以上不满10年有期徒刑的，经过10年。（3）法定最高刑为10年以上有期徒刑的，经过15年。（4）法定最高刑为无期徒刑、死刑的，经过20年；如果20年以后认为必须追诉的，须报请最高人民检察院核准。

刑法规定的追诉时效期限有两个方面的根据：一方面，追诉时效的期限长短，与犯罪行为的社会危害程度、刑罚的轻重相适应。即社会危害程度低、刑罚轻的，追诉时效期限就短；反之，社会危害程度高、刑罚重的，追诉时效期限就长。可以认为，这是罪刑相适应原则在追诉期限上的体现。另一方面，刑法充分估计到行为人犯罪后隐匿、逃避的时间，使犯罪人利用时效制度逃避法律制裁的可能性相当小。

追诉时效期限以法定最高刑为标准，而不是以实际应当判处的刑罚为标准。这是因为在没有追诉、没有审判的情况下，以应当判处的刑罚为标准不具有可操作性，会导致追诉与否的随意性，从而有损刑罚的公正性，故只能以法定最高刑为标准。以法定最高刑为标准，是指根据行为人所犯罪行的轻重，判定应当适用的刑法条款与相应的量刑幅度，按其法定最高刑来计算追诉期限。如果所犯罪行的刑罚，分别规定有几条或几款时，即按其罪行应当适用的条或款的法定最高刑计算；如果同一条或同一款中有几个量刑幅度时，即按其罪行应当适用的量刑幅度的法定最高刑计算；如果条文只规定了单一的量刑幅度，则按此条的法定最高刑计算。例如，甲犯有强奸行为，按其罪行应当适用的条款看，法定最高刑为10年有期徒刑，经过15年就不能再追诉。但是，如具有强奸致人死亡、轮奸等特殊情形时，法定最高刑为死刑，追诉时效是20年。

对于共同犯罪，按各共犯人应当适用的法定刑幅度，分别计算追诉期限。例如，甲、乙共同故意伤害他人致人重伤，甲为主犯，应适用“三年以上十年以下有期徒刑”的法定刑，其追诉期限为15年；乙为从犯，应当减轻处罚适用“三年以下有期徒刑、拘役或者管制”的法定刑，其追诉期限为5年。在共同犯罪的情况下，如果一部分人超过了追诉时效，另一部分人没有超过追诉时效，就只能对后者进行追诉。例如，甲以杀人故意、乙以伤害故意，共同对丙实施暴力，导致丙重伤。甲成立故意杀人（未遂）罪，乙成立故意伤害罪。经过15年后，只能追诉甲，而不能追诉乙。再如，A与B共同犯故意杀人罪，根据案件情况，对A（主犯）应适用“死刑、无期徒刑或者十年以上有期徒刑”的法定刑，对B（从犯）应适用“三年以上十年以下有期徒刑”的法定刑。经过15年后，只能追诉A，不能追诉B。对于结合犯，应当按照刑法对结合犯所规定的法定刑确定追诉时效的期限。对于想象竞合犯与牵连犯，应当按所触犯的各罪的法定刑分别计算追诉时效的期限；如果其中的重罪在追诉时效内，而轻罪超过了追诉时效，就按单一的重罪追诉，不再按想象竞合犯、牵连犯处理（个别说）。例如，甲于某日伪造国家机关公文（情节一般）并骗取了数额特别巨大的财物，经过5年后，诈骗罪在追诉时效内，而伪造国家机关公文罪已经超过了追诉时效。在这种情况下，仅追究单一的诈骗罪的刑事责任，伪造国家机关公文的事实不得追诉、也不得作为从重量刑情节。

如果法定最高刑为有期徒刑的，经过15年以后即使认为必须追诉的，也不得追诉；只有法定最高刑为无期徒刑、死刑，20年以后认为必须追诉的，经过最高人民检察院核准，才能追诉。“认为必须追诉的”犯罪，应限于那些罪行特别严重，行为人的再犯可能性特别大，所造成的社会影响极大、经过20年以后仍没有被社会遗忘的一些重大犯罪。报请核准追诉的案件应当同时符合下列条件：（1）有证据证明存在犯罪事实，且犯罪事实是犯罪嫌疑人实施的；（2）涉嫌犯罪的行为应当适用的法定量刑幅度的最高刑为无期徒刑或者死刑的；（3）涉嫌犯罪的性质、情节和后果特别严重，虽然已过20年追诉期限，但社会危害性和影响依然存在，不追诉会严重影响社会稳定或者产生其他严重后果，而必须追诉的；（4）犯罪嫌疑人能够及时到案接受追诉的。

三、追诉期限的计算

根据《刑法》第88条、第89条的规定，追诉期限的计算有四种情况：

（一）一般犯罪追诉期限的计算

这里所说的一般犯罪，是指没有连续与继续状态的犯罪。这种犯罪的“追诉期限从犯罪之日起计算”（第89条第1款前段）。“犯罪之日”应是犯罪成立之日，即行为符合犯罪构成之日。由于刑法对各种犯罪规定的构成要件不同，因而认定犯罪成立的标准也就不同。对不以危害结果为要件的犯罪而言，实施行为之日即是犯罪之日；对以危害结果为要件的犯罪而言，危害结果发生之日，才是犯罪之日。

刑法规定了追诉期限计算的起始时间，并未规定终止时间。例如，计算到起诉时没有超过追诉期限，但审判时超过了追诉期限的，对此该如何处理？一般认为，只要案件开始进入刑事诉讼程序时尚未超过追诉期限，即可追诉。若对《刑法》第88条进行反对解释，认为追诉期限应从犯罪之日计算到审判之日为止，可能更为合理。

（二）连续或继续犯罪追诉期限的计算

“犯罪行为有连续或者继续状态的，从犯罪行为终了之日起计算”（第89条第1款后段）。犯罪行为有连续状态的，属于连续犯；犯罪行为有继续状态的，属于继续犯或持续犯。对于惯犯的追诉期限的计算，刑法没有明文规定，但从刑法规定的精神以及惯犯与连续犯的关系来看，对于惯犯的追诉期限，也应从最后一次犯罪之日起计算。

（三）追诉时效的延长

追诉时效的延长，是指在追诉时效的进行期间，因为发生法律规定的事由，而使追诉时效暂时停止执行。我国刑法规定了两种追诉时效延长的情况：

1.《刑法》第88条第1款规定：在人民检察院、公安机关、国家安全机关立案侦查或者在人民法院受理案件以后，逃避侦查或者审判的，不受追诉期限的限制。据此，这种时效延长的情况必须具备两个条件：（1）被人民检察院、公安机关、国家安全机关立案侦查或者人民法院受理了案件；（2）行为人逃避侦查或者审判。这里的“逃避侦查与审判”，应限于积极的、明显的、致使侦查、审判工作无法进行的逃避行为，主要是指在司法机关已经告知其不得逃跑、藏匿甚至采取强制措施后而逃跑或者藏匿；对于行为人实施毁灭证据、串供等行为的，不宜认定为“逃避侦查与审判”。在共同犯罪中，逃避侦查或者审判的共犯人，不受追诉期限的限制，但没有逃避侦查或者审判的共犯人，仍然受追诉期限的限制。

案例分析 能力训练

具备上述条件的，无论经过多长时间，任何时候都可以追诉。在司法机关立案侦查或者受理案件以后，行为人并没逃避侦查与审判的，仍然受追诉期限的限制。

2.《刑法》第88条第2款规定：被害人在追诉期限内提出控告，人民法院、人民检察院、公安机关应当立案而不予立案的，不受追诉期限的限制。因此，被害人在追诉期限内提出控告，符合立案条件而应当立案的，不管司法机关出于何种原因没有立案，不论行为人是否逃避侦查或者审判，不论经过多长时间，任何时候都可以追诉。

被司法机关立案侦查或受理的案件虽然不受追诉期限的限制，但其后的犯罪行为仍然受追诉期限的限制。例如，行为人的甲罪被司法机关立案侦查，但行为人逃避侦查与审判，其后又犯了乙罪。先前的甲罪虽然不受追诉期限的限制，但后来的乙罪仍然受追诉期限的限制。

（四）追诉时效的中断

追诉时效的中断，也称追诉时效的更新，是指在时效进行期间，因发生法律规定的事由，而使以前所经过的时效期间归于无效，法律规定的事由终了之时，时效重新开始计算。

《刑法》第89条第2款规定：在追诉期限以内又犯罪的，前罪追诉的期限从犯后罪之日起计算，即在追诉期限以内又犯罪的，前罪的追诉时效便中断，其追诉时效从后罪成立之日起重新计算。例如，行为人于1980年1月1日犯一般情节的抢劫罪，法定最高刑为10年有期徒刑，但行为人在1988年1月1日又犯了一般情节的强奸罪。这时，抢劫罪的时效就中断，即先前的抢劫罪的追诉期限从1988年1月1日起重新开始计算，再经过16年，才不追诉。在本案中，先前的抢劫罪，实际上要经过23年才不追诉。

对于追诉时效的中断，可以从追诉时效的根据中寻找立法理由。既然行为人实施了某种犯罪之后又重新犯罪，就说明其并没有悔改，或者说前罪所反映的人身危险性并没有消失，故需要从犯后罪之日起重新计算。

在前罪的追诉期限从犯后罪之日起计算时，如果后罪的法定最高刑轻于前罪，后罪的追诉期限届满，而前罪的追诉期限未满，则只追究前罪的刑事责任。例如，行为人于1990年12月1日犯一般情节的抢劫罪，追诉期限为15年；他于1995年12月1日又犯了故意伤害罪（轻伤），追诉期限为5年；抢劫罪的追诉期限从1995年12月1日起重新计算；到2000年12月2日，后罪（故意伤害罪）已超过追诉期限，但前罪（抢劫罪）没有超过追诉期限。在这种情况下，只能追究抢劫罪的刑事责任，不能再追究故意伤害罪的刑事责任。

追诉时效的中断与追诉时效的延长相竞合

（或结合）时，应适用追诉时效延长的规定。例如，行为人于2008年1月1日犯抢劫罪，在公安机关立案侦查后逃避侦查，并于2013年1月1日犯故意伤害罪。在这种情况下，对抢劫罪不能适用追诉时效中断的规定，而应适用追诉时效延长的规定。

第三节 赦　免

一、赦免的概念

赦免是国家宣告对犯罪人免除其罪、免除其刑的一种法律制度，包括大赦与特赦。

大赦，通常是指国家对某一时期内犯有一定罪行的不特定犯罪人免予追诉和免除刑罚执行的制度。大赦的对象既可能是国家某一时期的各种犯罪人，也可能是某一地区的全体犯罪人，还可能是某一类或者某一事件的全体犯罪人；大赦的效果涉及罪与刑两个方面，既赦其罪，也赦其刑，即罪与刑同时免除。

特赦，一般是指国家对较为特定的犯罪人免除执行全部或者部分刑罚的制度。特赦的对象是较为特定的犯罪人；特赦的效果只是免除刑罚执行，而不免除有罪宣告。

我国已经取消了大赦制度，《刑法》第65条、第66条所指的赦免应仅限于特赦。根据《刑事诉讼法》第16条的规定，“经特赦令免除刑罚的”，是刑罚消灭的事由。

我国现行宪法规定的特赦，由全国人大常委会决定，由国家主席发布特赦令。

二、我国特赦制度的特点

新中国成立以来，我国共实行了九次特赦：第一次是1959年在中华人民共和国成立10周年庆典前夕，对在押的确已改恶从善的蒋介石集团和伪满洲国战争罪犯、反革命犯和普通刑事犯实行特赦。第二次、第三次特赦分别于1960年、1961年实行，都是对蒋介石集团和伪满洲国战争罪犯中确有改恶从善表现者进行特赦。第四次、第五次、第六次分别于1963年、1964年、1966年实行，与前两次相比，只是在特赦对象上增加了伪蒙疆自治政府的战争罪犯，其他内容完全相同。第七次是1975年，对全部在押战争罪犯实行特赦释放，给予公民权。第八次是2015年8月29日，为纪念中国人民抗日战争暨世界反法西斯战争胜利70周年，体现依法治国理念和人道主义精神，对依据2015年1月1日前人民法院作出的生效判决正在服刑，释放后不具有现实社会危险性的特定罪犯实行特赦。第九次是2019年6月29日，为庆祝中华人民共和国成立70周年，体现依法治国理念和人道主义精神，根据宪法，决定对依据2019年1月1日前人民法院作出的生效判决正在服刑的下列罪犯实行特赦：（1）参加过中国人民抗日战争、中国人民解放战争的；（2）中华人民共和国成立以后，参加过保卫国家主权、安全和领土完整对外作战的；（3）中华人民共和国成立以后，为国家重大工程建设做过较大贡献并获得省部级以上“劳动模范”“先进工作者”“五一劳动奖章”；（4）曾系现役军人并获得个人一等功以上奖励的；（5）因防卫过当或者避险过当，被判处3年以下有期徒刑或者剩余刑期在1年以下的；（6）年满75周岁、身体严重残疾且生活不能自理的；（7）犯罪的时候不满18周岁，被判处3年以下有期徒刑或者剩余刑期在1年以下的；（8）丧偶且有未成年子女或者有身体严重残疾、生活不能自理的子女，确需本人抚养的女性，被判处3年以下有期徒刑或者剩余刑期在1年以下的；（9）被裁定假释已执行1/5以上假释考验期的，或者被判处管制的。

上述九类对象中，具有以下情形之一的，不得特赦：（1）第二、三、四、七、八、九类对象中系贪污受贿犯罪，军人违反职责犯罪，故意杀人、强奸、抢劫、绑架、放火、爆炸、投放危险物质或者有组织的暴力性犯罪，黑社会性质的组织犯罪，贩卖毒品犯罪，危害国家安全犯罪，恐怖活动犯罪的罪犯，其他有组织犯罪的主犯，累犯的；(2)第二、三、四、九类对象中剩余刑期在10年以上的和仍处于无期徒刑、死刑缓期执行期间的；(3)曾经被特赦又因犯罪被判处刑罚的；(4)不认罪悔改的；(5)经评估具有现实社会危险性的。

由最近两次的特赦可见，当前我国特赦制度具有以下特点：(1)特赦时机方面，在国家重大纪念日进行特赦。与此相应，对中华人民共和国的诞生与建设作出过重要贡献的人员，是首要的特赦对象。(2)特赦的范围方面，仅限于全国各地某类罪犯中的一部分人，主要是年满75周岁的老年人、犯罪时不满18周岁的人、有子女确需本人扶养的妇女以及其他宣告刑期或者剩余刑期较短的服刑罪犯。在刑事政策上属于严厉打击的犯罪分子，不予特赦。如在第九次特赦中，对于危害国家安全犯罪、恐怖活动犯罪、黑社会性质的组织犯罪、贩卖毒品犯罪、贪污受贿犯罪等犯罪的罪犯分子，不得特赦。(3)特赦的条件是，罪犯经过服刑改造，确已认罪悔改、改恶从善，经评估不再具有现实社会危险性。(4)特赦的效力，只及于刑罚，不及于罪行。(5)特赦的程序是，由党中央提出建议，经全国人大常委会审议决定，由国家主席发布特赦令，对于符合特赦条件的服刑罪犯，经人民法院依法作出裁定后，予以释放。

【本章主要法律规定】

《刑法》第87～89条

本编重点、难点与疑点辨析

从犯罪与刑罚的关系看，犯罪是科处刑罚的前提，科处刑罚是犯罪的后果。要保障人权，首先需要扎紧犯罪认定这个入口。因此，与以前极为重视刑罚论不同，当前各国刑法学极为重视犯罪论，犯罪论更为复杂、严密。在法学院，刑法学的教学重点、教学时长都向犯罪论倾斜。这自然对国家统一法律职业资格考试产生一定影响：相较于刑法基础论与刑罚论，犯罪论的测试占比最高，需要重点学习与把握。

在犯罪论中，犯罪构成理论是最为核心的知识模块，其中，危害行为又具有基础性地位。以危害行为为抓手，能够串联起整个犯罪论，甚至能够往前延伸至刑法基础论。因此，在学习刑法总论时，可以危害行为为中心进行相关学习，具体而言如下：

第一，以危害行为的类型为纽带，犯罪论与刑法基础论中的刑法解释、罪刑法定原则建立起关联。军警人员明示自己军警人员的身份实施抢劫的，是否属于“冒充”军警人员抢劫？行为人捡起摔伤在地的被害人的钱包扬长而去的，是“盗窃”还是“抢夺”他人财物？如何认定危害行为的行为类型，离不开刑法解释，最终结论都要接受罪刑法定原则的检验。以危害行为的类型为中介，犯罪论与刑法基础论的关系变得紧密起来。罪刑法定原则禁止通过某种巧妙的解释，将刑法并不处罚的行为类型解释为属于刑法明文禁止的行为类型，从而将其认定为犯罪。关于罪刑法定原则的测试，经常涉及危害行为的类型认定问题。例如，2014年司法考试卷二第51题B项要求判断“将卡拉OK厅未经著作权人许可大量播放其音像制品的行为，认定为侵犯著作权罪中的‘发行’”这一看法是否违反罪刑法定原则。《刑法》第217条第1项中的“复制发行”包括复制、发行或者既复制又发行、为发行而复制的行为。其中的“发行”，是指非法制作侵犯著作权的产品，通过出售、出租、出借、散发等方式提供复制作品的行为；“发行”要求侵权复制品有一定的载体，且意味着取得侵权复制品的人具有可以随时或者反复使用侵权复制品的可能性。卡拉OK厅未经著作权人许可大量播放其音像制品的行为虽然侵权，但是客观上既不存在具有一定载体的侵权复制品，又没有使第三人在本人的空间内（而不是只能在卡拉OK厅）可以随时或者反复使用侵权复制品的可能性，故卡拉OK厅的行为不属于侵犯著作权罪中的“发行”行为。B选项的看法违反罪刑法定原则。

第二，行为人的身体举止是否属于危害行为，直接决定行为的罪与非罪。危害行为具有排除功能，单纯的思想以及犯意表示之所以被排除在犯罪之外，原因就在于客观上不存在危害行为。危害行为是指由行为人的意思与意志支配之下的危害社会的身体举止，具有有意性、有体性与有害性三个特性，其中“有害性”是指行为人的身体举止创设了侵犯刑法所保护的社会关系（犯罪客体）的客观危险。危害行为的核心就在于针对刑法所保护的社会关系，行为人的身体举止创设除了超越日常危险的危险，使犯罪客体处于危险之中。行为人虽然主观上追求威胁或者侵害某种刑法所保护的社会关系，但这并不意味着客观上其身体举止果真就能威胁或者侵害犯罪客体，只有行为人的举止在客观上确实能威胁或者侵害刑法所保护的社会关系时，才能认定该身体举止属于刑法上的危害行为。掌握了是否存在有害性的判断，便能准确判断某一身体举止是否属于危害行为。例如，甲女得知男友乙移情，怨恨中送其一双滚轴旱冰鞋，企盼其运动时摔伤；乙穿此鞋运动时，果真摔成重伤（2013年司法考试卷二第5题）。甲女赠送男友旱冰鞋的行为即使存在导致男友有摔伤的危险，该危险也属于日常危险——如果穿旱冰鞋并不安全，具有经常致人摔伤的危险，法律就不会允许生产、销售这样的商品。既然甲女并未创设出超越日常危险的更高程度的危险，甲女的行为就不属于危害行为，因而没有构成故意伤害罪的余地。如果没有掌握判断有害性的要领，便会因为甲女主观上有伤害故意，就将其赠送旱冰鞋的行为评价为危害行为，从而得出其构成故意伤害罪的错误结论。

第三，暂且不论属于危害行为表现形式之一的不作为，是经常测试的考点，准确把握危害行为，也有助于判断因果关系。关于判断因果关系的考题几乎每年都有，对于此类考题需要注意如下两点：其一，刑法上的因果关系是指危害行为与危害结果之间引起与被引起的关系。如果行为人的身体举止不能被评价为刑法上的危害行为，就没有判断因果关系的必要。例如，甲女赠送男友旱冰鞋致其摔伤案，甲女的行为不属于刑法上的危害行为，因而，虽然在事实上存在关联，但不能认定甲的行为与乙的重伤之间存在刑法上的因果关系。所以，认为"甲的行为与乙的重伤之间存在刑法上的因果关系"就是错误的。其二，虽然作为知识点，危害行为与因果关系属于各自独立的刑法学问题，但是，如何判断因果关系绝非与危害行为毫无关系。

第四，犯罪故意的内容以及犯罪故意的成立，也与危害行为存在密切关联。一方面，犯罪故意的内容受制于危害行为的性质。这是因为，犯罪故意的认识内容不是漫无边际的，受到客观构成要件要素的制约，仅在行为人对客观构成要件要素（如行为性质、行为对象、危害结果、犯罪的时间、地点等附随情况）存在相应的认识，才有可能认定行为人存在犯罪故意。例如，仅在行为人认识到自己通过压制他人的反抗取得财物时，才能认定行为人具有抢劫故意。同样，仅在行为人认识到自己实施欺诈行为，使他人产生认识错误并进而处分财物，才能认定行为人具有诈骗故意。另一方面，如果行为人对危害行为的性质欠缺认识，就不能肯定犯罪故意的存在。例如，农民甲醉酒在道路上驾驶拖拉机，其认为拖拉机不属于《刑法》第133条之一规定的机动车（2016年司法考试卷二第4题），关于能否认定甲存在危险驾驶罪的犯罪故意问题，对此应作肯定回答。"机动车"属于规范的构成要件要素，只要甲对自己醉酒在道路上驾驶拖拉机这一基础性事实存在认识，即可作出甲存在危险驾驶罪的犯罪故意的规范评价。至于甲认为拖拉机不属于《刑法》第133条之一规定的"机动车"，这属于违法性错误（甲误以为自己的行为不为刑法所禁止），该错误并非不可避免，故无法据此否定甲的犯罪故意。

第五，是否存在危害行为，也影响反击行为能否成立正当防卫的认定。客观上存在不法侵害，是成立正当防卫的起因条件。从《刑法》第20条的规定看，不法侵害只能是来自人的不法侵害。对于来自人的不法侵害，完全可以将其转换表述为危害行为。因此，在语言表述的意义上，也可认为正当防卫的前提是客观上存在危及防卫人的危害行为。制服不法侵害人之后，又对其实施加害行为的，由于来自不法侵害人的危害行为已经不复存在，故继续加害行为不成立正当防卫。可见，从是否存在危害行为的角度判断反击行为的性质，是完全可能的。例如，陈某抢劫出租车司机甲，用匕首刺甲一刀，强行抢走财物后下车逃跑；甲发动汽车追赶，在陈某往前跑了40米处将其撞成重伤并夺回财物（2007年司法考试卷二第2题）。陈某下车逃跑的行为属于继续侵害司机财产的危害行为，故司机的适度反击行为能够成立正当防卫。

第六，准确把握危害行为（实行行为），有助于正确认定未遂犯。在认定未遂犯时，需要注意其与不可罚的不能犯的区分。所谓不可罚的不能犯，是指行为人主观上有实行犯罪的意思，但其身体举止并无造成危害结果的可能性，客观上根本不可能侵害刑法所保护的社会关系（犯罪客体），因而不受处罚的情形。不可罚的不能犯和未遂犯之间具有本质差别：在不可罚的不能犯中，因不存在危及犯罪客体的危害行为（实行行为），因而没有实现犯罪的可能性，而在未遂犯中，客观上存在危害行为（实行行为），具有实现犯罪的可能性。所以，并非所有以犯罪的意思实施某种身体举动，由于对象或者工具的原因，最终未能发生危害结果的情形，都能被评价为对象不能犯或者工具不能犯。要被评价为对象不能犯或者工具不能犯，最低限度要求行为人的身体举止能被评价为属于刑法上的危害行为（实行行为），在行为当时存在侵犯刑法所保护的社会关系的现实的、紧迫的危险。掌握这一点有助于准确识别未遂犯。例如，因乙移情别恋，甲将硫酸倒入水杯带到学校欲报复乙；课间，甲、乙激烈争吵，甲欲以硫酸泼乙，但情急之下未能拧开杯盖，后甲因追乙离开教室；丙到教室，误将甲的水杯当作自己的杯子，拧开杯盖时硫酸淋洒一身，灼成重伤（2012年司法考试卷二第53题）。本题A选项认为，甲未能拧开杯盖，其行为属于不可罚的不能犯。A选项错误。杯盖通常都能被拧开，且事实上也被丙拧开了，因此，装在水杯中的硫酸泼向乙的可能性极大，乙遭受伤害的危险是现实的、紧迫的，故甲未能拧开杯盖的举止也属于危害行为，其行为成立未遂犯，而不是不可罚的不能犯。再如，丙见商场橱柜展示有几枚金锭（30万元/枚），打开玻璃门拿起一枚就跑，其实是值300元的仿制品，真金锭仍在，丙属于犯罪未遂（2016年司法考试卷二第53题C选项）。这一判断是正确的。商场橱柜展示的几枚金锭中虽有仿制品，但也有真金锭，丙以数额巨大的财物为盗窃目标，拿起金锭就跑时有很大的可能取得真金锭。既然丙的行为在客观上具有侵犯他人财产的高度危险，就应成立未遂犯，而不属于不可罚的不能犯。

第七，准确把握危害行为，也有助于共同犯罪的判断。成立共同犯罪，要求存在共同行为。共同行为包括共同作为、共同不作为、一方作为与另一方不作为的结合、对他人不作为的参与等情形。后两种情形在测试中经常出现。例如，甲、乙夫妇因8岁的儿子严重残疾，生活完全不能自理而非常痛苦；一天，甲往儿子要喝的牛奶里放入“毒鼠强”时被乙看到，乙说：“这是毒药吧，你给他喝呀？”见甲不说话，乙叹了口气后就走开了；毒死儿子后，甲、乙二人一起掩埋尸体并对外人说儿子因病而死（2008年司法考试卷二第7题）。本题中，并非只有甲构成故意杀人罪，乙也构成故意杀人罪，因为对于甲杀儿子的行为，身为监护人的乙负有保护儿子安全的义务，应当阻止甲的投毒行为，但其以不作为的形式参与了甲的杀人行为，构成一方作为与另一方不作为的共同犯罪。再如，甲意外将6岁幼童撞入河中，甲欲施救，乙劝阻，甲便未救助，致幼童溺亡；因只有甲有救助义务，乙的行为不成立犯罪（2013年司法考试卷二第51题C选项）。C选项的判断是错误的。甲的先前行为导致幼童有被淹死的危险，甲负有救助幼童的义务，其能履行该义务而不履行该义务，成立不作为犯罪。甲本无不作为犯罪的意思，在乙的唆使下实施了不作为犯罪，导致幼童溺亡。乙参与了甲的不作为犯罪，成立甲不作为故意杀人罪的教唆犯。C选项认为只有甲有救助义务、乙的行为不成立犯罪，这是错误的。

第八，危害行为的个数，对于罪数判断同样具有重要价值。罪数的判断也是常见考题，解题要点之一在于判断行为的个数。无论是想象竞合还是法条竞合，都只存在一个危害行为。而如果是牵连犯或者吸收犯，一定存在数个危害行为。所以，通过判断行为人的身体举止属于几个行为，即可判断行为成立想象竞合犯还是属于牵连犯或者吸收犯。

综上所述，危害行为不仅贯穿整个犯罪论，还与刑法解释、罪刑法定原则存在紧密关联，是学习刑法总论的重要抓手，应当予以高度重视。

下 编
分 论

本编导读

刑法分论研究具体犯罪及其法律后果。与刑法总论的知识联系紧密、协同作战、具有极强的体系性不同，刑法分论各章以及各个具体犯罪“单兵作战”的特色较强。因此，学习刑法分论，应以各章为单位，以各个具体犯罪为中心，精耕各个具体犯罪的犯罪构成、罪与非罪以及本罪与其他犯罪的关系等知识。

刑法分论的知识体系如图2所示，还需指出的是，刑法分论虽然具有相对独立性，但刑法学知识其实是一体的，仅是出于立法技术以及教学的需要，才将刑法分为总论与分论两编。刑法总论是在归纳各种具体犯罪共性问题的基础上产生的。刑法总论产生之后，又反过来指导、制约刑法分论，如刑法分论中很多罪名的写作都很简略，与这些罪名相关的犯罪主体要件、犯罪主观要件、既遂与未遂的区分、共同犯罪的认定等内容，都可依据刑法总论的相关知识进行补足。目光只有不断在刑法总论与刑法分论之间来回穿梭，才能真正学好刑法学。

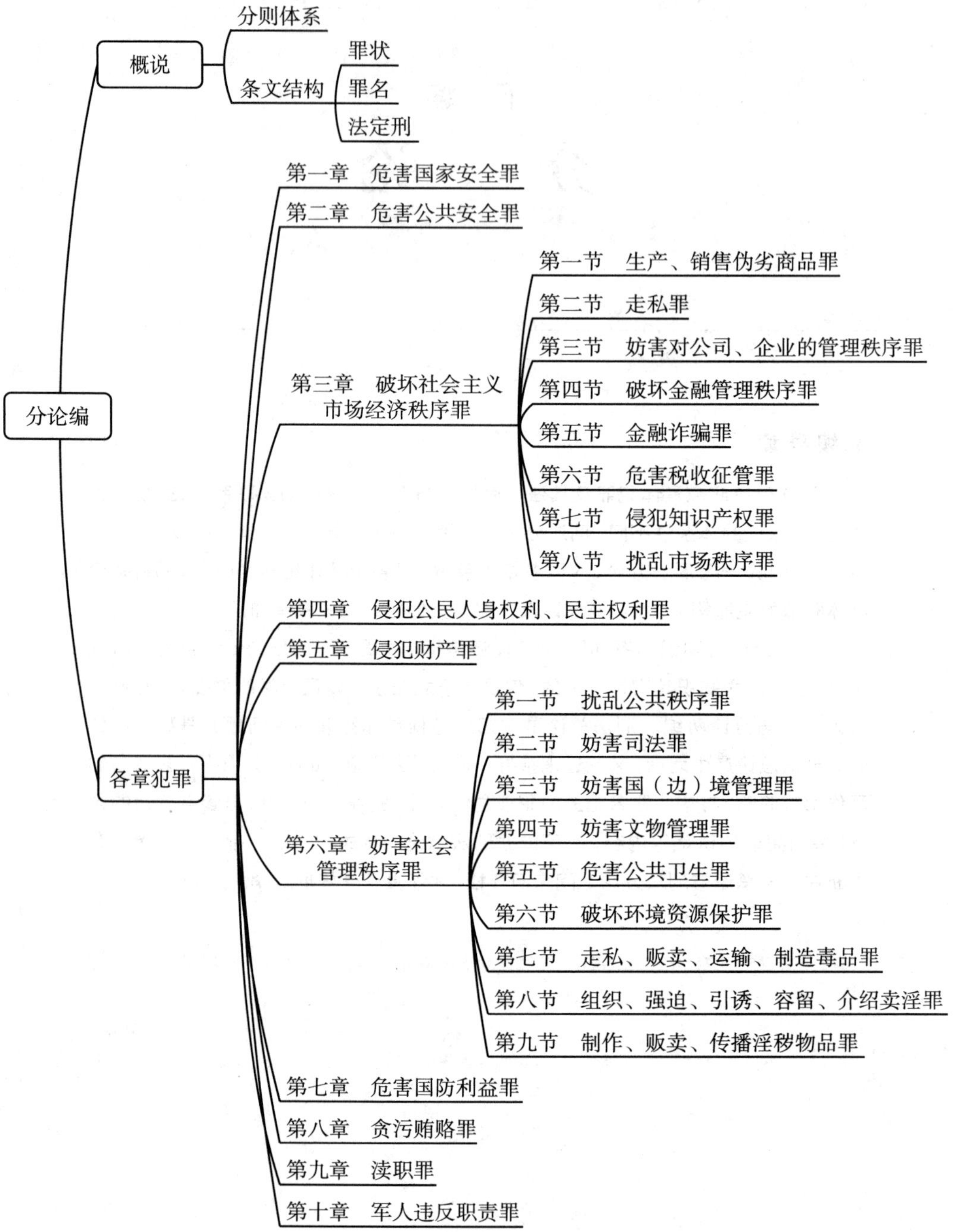
分论编
概说
分则体系
条文结构
罪状
罪名
法定刑
各章犯罪
第一章　危害国家安全罪
第二章　危害公共安全罪
第三章　破坏社会主义市场经济秩序罪
第一节　生产、销售伪劣商品罪
第二节　走私罪
第三节　妨害对公司、企业的管理秩序罪
第四节　破坏金融管理秩序罪
第五节　金融诈骗罪
第六节　危害税收征管罪
第七节　侵犯知识产权罪
第八节　扰乱市场秩序罪
第四章　侵犯公民人身权利、民主权利罪
第五章　侵犯财产罪
第六章　妨害社会管理秩序罪
第一节　扰乱公共秩序罪
第二节　妨害司法罪
第三节　妨害国（边）境管理罪
第四节　妨害文物管理罪
第五节　危害公共卫生罪
第六节　破坏环境资源保护罪
第七节　走私、贩卖、运输、制造毒品罪
第八节　组织、强迫、引诱、容留、介绍卖淫罪
第九节　制作、贩卖、传播淫秽物品罪
第七章　危害国防利益罪
第八章　贪污贿赂罪
第九章　渎职罪
第十章　军人违反职责罪

图2　刑法分论知识体系

第十四章
罪刑各论概说

本章主要内容提示

本章论述了刑法分则的体系与刑法分则的条文结构。依据条文对罪状的描述方式，罪状分为简单罪状、叙明罪状、引证罪状与空白罪状四类。注意类罪名与具体罪名，单一罪名与选择罪名、概括罪名的区分。在具体案件中，应注意妥善确定罪名。

第一节　刑法分则的体系

一、刑法分则体系的概念

刑法分则体系，是指分则对犯罪的分类及排列次序。分则规定具体犯罪及其法定刑，而具体犯罪的种类繁多，这就需要以一定标准将具体犯罪分为若干类（类罪），再以一定标准对类罪进行合理排列，同时对各类罪中的具体犯罪进行排列，从而形成分则体系。可见，分则体系实际上是犯罪分类问题。

犯罪分类是罪刑法定主义的要求。罪刑法定主义要求刑法明确规定犯罪的构成要件与法定刑。如果不对犯罪进行分类，就意味着没有具体犯罪的成立条件（犯罪构成）与法律后果，意味着刑法规定“凡犯罪者处……”就够了，这便违反了罪刑法定主义。合理而明确的分则体系是罪刑法定主义的要求，有利于司法机关正确定罪量刑。

二、刑法分则体系的特点

我国刑法典的分则将具体犯罪分为十类，每一章规定一类犯罪，其排列顺序依次为：危害国家安全罪，危害公共安全罪，破坏社会主义市场经济秩序罪，侵犯公民人身权利、民主权利罪，侵犯财产罪，妨害社会管理秩序罪，危害国防利益罪，贪污贿赂罪，渎职罪，军人违反职责罪。刑法分则体系就是根据上述分类建立起来的，其特点如下：

首先，原则上依据犯罪的同类客体对犯罪进行分类。不同种类的犯罪所侵犯的客体不同，因而其危害性不同。根据犯罪的同类客体对犯罪进行分类，有利于把握各类犯罪的性质、特征与危害程度，有利于贯彻区别对待的政策，有利于司法机关正确定罪量刑。

其次，总体上依据各类犯罪的罪行轻重对类罪进行排列。类罪的排列反映了刑法的矛头所向与打击重点，反映了立法者对各类犯罪的认识与态度。我国刑法基本上以各类犯罪的罪行轻重为依据，按由重到轻的顺序进行排列。

再次，大体上依据犯罪的罪行轻重以及犯罪之间的内在联系对具体犯罪进行安排。刑法分则在安排各类犯罪中的具体犯罪时，首先考虑的是具体犯罪的罪行轻重，如将背叛国家罪、放火罪、故意杀人罪、抢劫罪等分别规定在各章之首，就是因为这些犯罪在各章之中最为严重。与此同时，刑法分则又考虑了具体犯罪之间的内在联系，如在故意杀人罪之后规定过失致人死亡罪，在重婚罪之后规定破坏军婚罪，就是照顾到它们之间的内在联系。

最后，基本上依据犯罪侵犯的主要客体对犯罪进行归类。一些犯罪同时侵犯了两种以上的客体，刑法分则根据该犯罪侵犯的主要客体将其归入不同的类罪，如将抢劫罪归入侵犯财产罪。

第二节　刑法分则的条文结构

刑法分则条文通常由罪状（假定条件）与法定刑（法律后果）构成，表述结构为“……的，处……”例如，《刑法》第236条第1款规定：“以暴力、胁迫或者其他手段强奸妇女的，处三年以上十年以下有期徒刑。”前一句是罪状，其中暗含了罪名，后一句是法定刑。

一、罪状

罪状是分则罪刑规范对犯罪具体状况的描述，指明适用该罪刑规范的条件，行为只有符合某罪刑规范的罪状，才能适用该规范。

罪状可以分为两大类：一类是对具体犯罪基本特征（成立要件）的描述（基本罪状），另一类是对加重或减轻法定刑的适用条件的描述（加重、减轻罪状）。例如，前述《刑法》第236条第1款与第2款规定的罪状，就是基本罪状，它是对强奸罪的基本特征的描述，不符合这种基本罪状的，就不可能构成强奸罪。该条第3款规定的“强奸妇女、奸淫幼女情节恶劣”等六项内容则属于加重罪状，是对法定刑升格条件的描述。再如，《刑法》第232条前半段规定的是基本罪状，后半段规定的“情节较轻”，就属于减轻罪状，是对法定刑降低条件的描述。刑法分则对任何犯罪都规定了基本罪状，但并非任何犯罪都有加重、减轻罪状。刑法分则对两种罪状又有不同的描述方式。

分则条文对基本罪状的描述方式，可以分为四种情况，即简单罪状、叙明罪状、引证罪状、空白罪状（参见罪状）。

简单罪状仅写出犯罪名称，没有具体描述犯罪特征。例如，《刑法》第232条规定的“故意杀人的”，第233条规定的“过失致人死亡的”等，都是简单罪状。简单罪状的特点是：简单概括，避免烦琐。

叙明罪状的特点，是在罪刑规范中对具体犯罪的基本特征作了详细的描述。例如，《刑法》第305条规定：“在刑事诉讼中，证人、鉴定人、记录人、翻译人对与案件有重要关系的情节，故意作虚假证明、鉴定、记录、翻译，意图陷害他人或者隐匿罪证的，处三年以下有期徒刑或者拘役；情节严重的，处三年以上七年以下有期徒刑。”它对伪证罪的构成要件作了较为详细的描述，属于叙明罪状。叙明罪状的特点是：要件明确，避免歧义。

引证罪状表现为引用刑法的其他条款来说明和确定某一犯罪的基本特征。如《刑法》第124条第1款规定了破坏广播电视设施、公用电信设施罪的罪状与法定刑，其第2款规定：“过失犯前款罪的，处三年以上七年以下有期徒刑……”该款便是引用第1款的罪状，来说明和确定过失破坏广播电视设施、公用电信设施罪的罪状。引证罪状的特点是：条文简练，避免重复。

空白罪状没有具体说明某一犯罪的基本特征，但指明了必须参照的其他法律、法令，规定空白罪状的法条也称为空白刑法或白地刑法。我国的刑法分则中，没有典型的空白罪状，因为被称为空白罪状的条文，在指明了参照法规的同时，也描述了部分构成要件（《刑法》第345条第2款）。空白罪状的特点是：参照其他法规，避免复杂表述。

应当注意的是，刑法分则有些条文规定了两种以上的行为，其中有的是一个犯罪有供选择的几个基本罪状（《刑法》第347条），有的则是几个犯罪的基本罪状（《刑法》第247条），这是研究罪刑各论所不能忽视的。

加重、减轻罪状分为加重罪状与减轻罪状。刑法分则对加重罪状的规定有三种情况：一是设专条规定加重罪状与法定刑，如《刑法》第119条；二是设专款规定加重罪状与法定刑，如《刑法》第257条第2款；三是在基本罪状与法定刑之后，紧接着在同款内规定加重罪状与法定刑，如《刑法》第254条。刑法分则对减轻罪状的规定，一般设立在规定基本罪状与法定刑的同一条款内，没有设专条或专款规定减轻罪状。减轻罪状的内容都是"情节较轻"。

二、罪名

（一）罪名的概念

罪名就是犯罪名称，是对具体犯罪本质或主要特征的高度概括；正因如此，一提罪名，人们就对犯罪内容有大体了解。

由于罪名只是犯罪名称，罪名本身并不是确定和解释该犯罪具体构成要件的依据。换言之，在确定具体犯罪的构成要件时，应以刑法分则明文规定的罪状、总则条文的相关规定以及其他相关条文的内容为依据，而不能直接以罪名为依据确定具体犯罪的构成要件。

在我国，除了个别刑法条文之外，刑法条文本身没有规定罪名，而是由最高人民法院、最高人民检察院以发布司法解释的方式确定罪名。

（二）罪名的分类

这里讲的罪名分类，不是指刑法分则规定了哪些具体的罪名，而是归纳既有罪名的类型，从而进一步明确罪名的含义，正确适用罪名。一般来说，罪名可分为以下几类：

1.类罪名与具体罪名。

类罪名是某一类犯罪的总名称。在我国刑法中，类罪名是以犯罪的同类客体为标准进行概括的，共有十个类罪名。类罪名之下，包括了具有该类性质的所有具体罪名。因此，理解类罪名有助于理解该类具体犯罪的性质。在刑法分则中，类罪名是章的标题，没有具体的罪状与法定刑。理解类罪名，有利于理解该类具体犯罪的构成要件。由于现实中的犯罪都是具体的，故类罪名不能成为定罪得以引用的根据，不能根据类罪名定罪。

具体罪名是各种具体犯罪的名称。每个具体罪名都有其定义、犯罪构成与法定刑。这种规定具体罪名与法定刑的分则规范，是典型的罪刑规范。具体罪名是定罪时得以引用的罪名，即只能根据具体罪名定罪。

2.单一罪名与选择罪名、概括罪名。

单一罪名，是指所包含的犯罪构成的具体内容单一，只能反映一个犯罪行为，不能分解拆开使用的罪名。例如，故意杀人罪、盗伐林木罪等，它们所表示的是具体犯罪行为，不可能对它们进行分解。行为触犯一个单一罪名的，没有疑问地构成一罪。我国刑法分则中的大部分罪名是单一罪名。

选择罪名，是指所包含的构成要件的具体内容复杂，反映出多种犯罪行为，既可概括使用，也可分解拆开使用的罪名。例如，拐卖妇女、儿童罪，它是一个罪名，但它包括了拐卖妇女的行为与拐卖儿童的行为，于是可以分解为两个罪名。当行为人只拐卖妇女时，定拐卖妇女罪；当行为人只拐卖儿童时，定拐卖儿童罪；当行为人既拐卖妇女又拐卖儿童时，定拐卖妇女、儿童罪，不实行数罪并罚。选择罪名的特点是可以包括许多具体犯罪，又避免具体罪名繁杂。

概括罪名是指其包含的构成要件的具体内容复杂，反映出多种犯罪行为，但只能概括使用，不能分解拆开使用的罪名。如信用卡诈骗罪，包括了使用伪造的信用卡或者使用以虚假的身份证明骗领的信用卡、使用作废的信用卡、冒用他人信用卡、恶意透支四种行为。不管行为人是实施其中一种还是数种行为，都定信用卡诈骗罪。例如，行为人只是恶意透支的，定信用卡诈骗罪，而不是定恶意透支罪；行为人实施了上述几种行为时，仍定信用卡诈骗罪，也不实行数罪并罚。由此可见，概括罪名是介于单一罪名与选择罪名之间的一种罪名。从罪名本身没有选择余地的角度来看，它具有单一罪名的特点；但从其包含了多种行为，只实施其中之一就构成犯罪而言，它具有选择罪名的特点。

（三）罪名的确定

罪名的确定有两个含义：一是司法机关对已经发生的犯罪行为如何定罪，即对某种犯罪行为适用何种罪名。二是如何根据刑法分则的规定概括各种具体犯罪的罪名。当然，这两个问题又密切联系。这里主要侧重对后一种含义进行讨论。

事先根据刑法的规定概括出各种具体犯罪的罪名，是司法机关正确定罪的前提之一，因而具有十分重要的意义。

罪名确定实际上包含两个方面的内容：其一，确定刑法分则的某一条款所规定的是一个罪名还是数个罪名。例如，《刑法》第277条规定的是一个犯罪（一个罪名）还是多个犯罪（多个罪名）？其二，确定每一个具体犯罪的名称。例如，《刑法》第360条第1款所规定的犯罪，是概括成传播性病罪合适，还是概括成性病患者卖淫、嫖娼罪合适？

确定罪名时应注意罪名的合法性、科学性与概括性。

三、法定刑

（一）法定刑的概念

所谓法定刑，是指刑法分则及其他刑事法律中的分则性规范对各种具体犯罪所规定的刑种与刑度（刑罚的幅度）。刑法总则规定了五种主刑和四种附加刑。刑法分则及单行刑法中的法定刑，是依照刑法总则的规定、根据具体犯罪的危害程度而确定的刑种与刑度。

法定刑与刑种不是等同概念，一个法定刑中既可能只有一个刑种，也可能包括几个刑种。例如，《刑法》第232条规定的故意杀人罪，共有两档法定刑，前一档法定刑为“死刑、无期徒刑或者十年以上有期徒刑”，其中包含了三个刑种，但应认为只是一个法定刑，而不能认为其中有三个法定刑。因此，当适用这一法定刑减轻处罚时，只能判处低于10年有期徒刑的刑罚。判处死缓、无期徒刑或者10年以上有期徒刑时，不属于减轻处罚。

法定刑反映国家对犯罪行为的否定评价和对犯罪人的谴责态度；反映国家对具体罪行的评价。国家对具体犯罪规定的法定刑，实际上是从刑事立法上实践罪刑相适应的原则。刑事立法上的罪刑相适应，是刑事司法上的罪刑相适应的前提。这一方面表明，如果法定刑与犯罪不相适应，刑事司法上就不可能做到罪刑相适应；另一方面表明，法定刑是人民法院量刑的法律依据，即在通常情况下，人民法院只能在法定刑的范围内选择与犯罪相适应的刑种与刑度。在法律有减轻的特别规定时，人民法院的量刑可以低于法定刑，但这种减轻仍应以法定刑为依据，而不是摆脱法定刑任意减轻。

（二）法定刑的种类

1.绝对确定的法定刑，是指在条文中只规定单一的刑种与固定的刑度。例如，《刑法》第121条规定：“以暴力、胁迫或者其他方法劫持航空器的，处十年以上有期徒刑或者无期徒刑；致人重伤、死亡或者使航空器遭受严重破坏的，处死刑。”应当认为，该条后段规定的是绝对确定的法定刑。但是，一方面，它只是针对劫持航空器罪中“致人重伤、死亡或者使航空器遭受严重破坏”的情形而言，并不是针对该种犯罪的所有情形；另一方面，它不是出于对法官的不信任，而是因为立法者认为对劫持航空器并发生上述结果的犯罪，应当而且只能判处死刑。

2.相对确定的法定刑，是指在条文中规定一定的刑种与刑度，并明确规定最高刑与最低刑。其特点是立法上有确定的刑种与刑度，司法上有具体裁量的余地。这种法定刑适应我国的实际情况，有利于法制的协调统一；适应惩罚犯罪的需要，有利于贯彻宽严相济的刑事政策；适应具体犯罪的不同情况，有利于实践罪刑相适应的原则；适应犯罪的危害程度的变化，有利于刑法的相对稳定。由于我国刑法分则通常规定的是相对确定的法定刑，有必要对这种法定刑再作具体分类。

（1）规定最高限度的法定刑。即分则规范只规定刑罚的最高限度，刑罚的最低限度根据刑法总则的规定确定。例如，《刑法》第433条第1款前段规定："战时造谣惑众，动摇军心的，处三年以下有期徒刑。"依据《刑法》第45条的规定，有期徒刑的最低期限为6个月。因此，人民法院应在6个月以上3年以下的幅度内裁量刑罚。依照《刑法》第99条的规定，"以上""以下"包括本数。

（2）规定最低限度的法定刑。即分则规范只规定刑罚的最低限度，刑罚的最高限度根据总则规定确定。例如，《刑法》第317条规定："组织越狱的首要分子和积极参加的，处五年以上有期徒刑。"依据《刑法》第45条的规定，有期徒刑的最高刑期为15年。所以，人民法院应在5年以上15年以下的幅度内裁定刑期。

（3）规定最高限度与最低限度的法定刑。即分则规范同时规定了刑罚的最高刑期与最低刑期，无须再根据刑法总则的规定确定最高刑期与最低刑期。例如，《刑法》第118条规定："破坏电力、燃气或者其他易燃易爆设备，危害公共安全，尚未造成严重后果的，处三年以上十年以下有期徒刑。"显然，人民法院应在此幅度内决定刑期。

以上三种相对确定的法定刑主要是针对有期徒刑而言，因为死刑与无期徒刑没有刑度问题，拘役、管制以及剥夺政治权利的期限幅度较小，无须在分则条文中详细规定，直接根据刑法总则规定的期限进行裁量即可。

（4）规定两种以上主刑或者规定两种以上主刑并规定附加刑的法定刑。由于规定了两种以上的主刑，人民法院不仅有刑期的选择权限，而且有刑种的选择权限。在其规定的两种以上的主刑中，对有期徒刑又可分为前述三种情况。例如，《刑法》第275条前段规定："故意毁坏公私财物，数额较大或者有其他严重情节的，处三年以下有期徒刑、拘役或者罚金。"该条规定了两种主刑和一种附加刑，人民法院在量刑时可以在这三种刑罚中选择其一。由于这种法定刑有可供选择的几种刑罚，故法理上称为选择法定刑。

3.浮动法定刑，也称机动刑，是指法定刑的具体期限或具体数量并非确定，而是根据一定的标准升降不居，处于一种相对不确定的游移状态。如《刑法》第227条规定，对犯倒卖车票、船票罪的，并处或单处票证价额1倍以上5倍以下罚金。浮动法定刑具有以下特点：（1）只见之于罚金刑，这显然是因为罚金刑的数额可以根据刑法规定的某种事实标准予以确定的缘故。（2）只适用于经济犯罪、财产犯罪，对其他犯罪难以甚至不可能规定浮动法定刑。（3）刑罚（罚金）的具体幅度（数量）要根据案件的一定事实确定。这是浮动法定刑与相对确定法定刑的区别。在刑法规定相对确定的法定刑时，不管案件发生与否，人们可以事先得知刑罚的具体幅度；而刑法规定浮动法定刑时，只有查清了刑法规定的特定事实，才能得知刑罚的具体幅度。所以，浮动法定刑不同于相对确定的法定刑。将罚金刑规定为浮动刑，有利于体现罪刑相适应原则；有利于考虑犯罪人的经济状况；有利于刑法的稳定。

（三）法定刑与宣告刑的区别

宣告刑是人民法院对具体犯罪判决宣告的应当执行的刑罚。法定刑不同于宣告刑。法定刑是立法机关在制定刑法时确定的，宣告刑是司法机关在审理具体案件时确定的；法定刑有可供选择的刑种与刑度，宣告刑只能是特定的刑种与刑度。但宣告刑必须以法定刑为依据，即使从轻、从重、减轻处罚时，也要以法定刑为依据。可见，法定刑是立法上的规定，宣告刑是司法中的适用。

第十五章
危害国家安全罪

本章主要内容提示

应注意把握本章各种犯罪的犯罪构成。没有危害国家安全的属性的行为，不能构成危害国家安全罪。例如，从事客观上不会危害国家安全的间谍活动（如从事单纯的商业间谍活动）的，不构成间谍罪，视情况成立侵犯商业秘密罪等犯罪。此外，应注意本章犯罪与其他章相关犯罪的区别。

危害国家安全罪，是指故意危害中华人民共和国的主权、领土完整与安全，颠覆国家政权、推翻社会主义制度的行为。为了节省篇幅，本书在写作分则罪名时，对于实务中容易认定的犯罪构成要件将不写或者略写，不一定写全犯罪构成的四个要件；对于各罪的处罚，原则上也从简处理。

一、资助危害国家安全犯罪活动罪

本罪是指境内外机构，组织或者个人资助他人实施背叛国家罪，分裂国家罪，煽动分裂国家罪，武装叛乱、暴乱罪，颠覆国家政权罪，煽动颠覆国家政权罪的行为。本罪的犯罪构成如下：

本罪的客体为国家安全。

本罪在客观上表现为境内外机构、组织或者个人资助他人实施背叛国家罪，分裂国家罪，煽动分裂国家罪，武装叛乱、暴乱罪，颠覆国家政权罪，煽动颠覆国家政权罪的行为。所谓资助，是指向有危害国家安全行为的他人提供经费、场所和物资；给他人提供用于进行危害国家安全活动的经费、场所和物资。资助的对象没有限定，包括组织与个人；被资助的对象是在境内还是在境外，在所不问；资助的具体方式没有限制；资助的时间也没有限定，在被资助的对象实施上述特定犯罪之前、之中、之后进行资助的，都成立本罪。刑法已将原本属于共同犯罪的资助行为规定为独立的犯罪，故对资助行为直接按照本罪定罪处罚，不再适用刑法总则关于共同犯罪的规定。如果行为人超出资助的范围，直接参与上述罪行的，应按上述相关犯罪定罪处罚。

本罪的主体为境内外机构、组织或者个人。境内外机构、组织犯本罪的，由于《刑法》第107条并不处罚单位，故只能追究境内外机构、组织中的直接责任人员的刑事责任。

本罪主观方面为故意。不明知他人实施背叛国家、分裂国家等特定犯罪行为而资助的，不构成本罪。

犯本罪的，根据《刑法》第107条、第113条和第56条的规定处罚。

二、叛逃罪

叛逃罪，是指国家机关工作人员在履行公

务期间，擅离岗位，叛逃境外或者在境外叛逃的行为。成立本罪要求：(1)必须发生在履行公务期间；(2)擅离岗位；(3)叛逃境外或者在境外叛逃。成立本罪，叛逃行为至少要有危害国家安全的抽象危险。掌握国家秘密的国家工作人员叛逃境外或者在境外叛逃的，从重处罚。犯本罪的，根据《刑法》第109条、第113条和第56条的规定处罚。

三、间谍罪

间谍罪，是指参加间谍组织，接受间谍组织及其代理人的任务，或者为敌人指示轰击目标，危害国家安全的行为。

本罪在客观上表现为三种危害国家安全的行为：一是参加间谍组织充当间谍。二是接受间谍组织及其代理人的任务，进行间谍活动；间谍组织代理人，是指受间谍组织或者其成员的指使、委托、资助，进行或者授意、指使他人进行危害中华人民共和国国家安全活动的人。三是为敌人指示轰击目标。实施上述三种行为之一的，即构成本罪，同时实施这三种行为的，也不实行并罚。本罪主观上只能出于故意，故意的内容因行为方式不同而不完全相同：参加间谍组织的，必须明知是间谍组织而参加；接受间谍任务的，必须明知是间谍组织或其代理人派遣的任务而接受；指示轰击目标的，必须明知对方是敌人而向其指示轰击目标。但不论行为人实施何种行为，都明知自己的行为会发生危害国家安全的结果，并且希望或者放任这种结果发生。

犯本罪的，根据《刑法》第110条、第113条和第56条的规定处罚。

四、为境外窃取、刺探、收买、非法提供国家秘密、情报罪

本罪是指为境外的机构、组织或者个人窃取、刺探、收买、非法提供国家秘密或者情报的行为。本罪名为选择性罪名。

1.本罪客观方面具有以下特征：(1)必须是为境外的机构、组织、个人窃取、刺探、收买、非法提供国家秘密或者情报。境外机构、组织、个人的性质没有限定，即境外机构、组织与个人是否与我国为敌，并不影响本罪的成立。但为境内的机构、组织、个人窃取、刺探、收买国家秘密或者情报后，非法直接或者间接提供给境外机构、组织或者个人的，仍然成立为境外非法提供国家秘密、情报罪。(2)行为表现为四种方式：窃取，是指通过盗取文件或者使用计算机、电磁波、照相机等方式取得国家秘密或者情报；刺探，是指使用探听或者一定的侦察技术获取国家秘密或者情报；窃取与刺探没有重要区别；收买，是指利用金钱、物质或其他利益换取国家秘密或者情报；非法提供，是指违反法律规定，将国家秘密、情报直接或者间接使境外机构、组织或者个人知悉，通过互联网将国家秘密或者情报非法发送给境外的机构、组织、个人的，属于非法提供。(3)行为的对象是国家秘密或者情报。国家秘密是指关系国家安全和利益，依法确定的在一定时间内只限一定范围内的人员知悉的事项。国家秘密分为绝密、机密与秘密三个密级，任何密级的国家秘密都可能成为本罪对象。"情报"，是指关系国家安全和利益、尚未公开或者依照有关规定不应公开的事项。

2.本罪主观方面只能是故意，即明知是国家秘密或者情报，而故意为境外机构、组织、个人窃取、刺探、收买或者非法提供。行为人知道没有标明密级的事项关系国家安全和利益，而为境外窃取、刺探、收买、非法提供的，以本罪论处。

犯本罪的，根据《刑法》第111条、第113条和第56条的规定处罚。

【本章主要法律规定】

《刑法》第102～113条

第十六章
危害公共安全罪

本章主要内容提示

应注意掌握本章各种犯罪的犯罪构成。本章犯罪与其他章犯罪的区别在于是否危害公共安全。放火杀人或者烧毁财物、破坏交通工具、驾驶车辆碾压他人，只有危害公共安全的，才能构成相应的危害公共安全罪，否则只能成立故意杀人罪、故意毁坏财物罪等犯罪。此外，应能准确认定枪支犯罪、车辆犯罪与恐怖类罪。

一、放火罪

放火罪，是指故意引起火灾，危害公共安全的行为。本罪犯罪构成如下：

1.客体是不特定或者多数人的生命、健康或公私财产安全。

2.客观方面实施了放火行为。“放火”是指故意使对象物燃烧、引起火灾的行为；火灾是指在时间上或者空间上失去控制的燃烧所造成的灾害。放火的方法没有限制，既可以是作为，也可以是不作为；既可以直接使对象燃烧，也可以通过媒介物使对象燃烧，还可以通过既存的火力引起对象燃烧。燃烧的对象主要是财物，也可能是财物以外的对象。自焚行为足以危害公共安全的，也成立放火罪。燃烧财物时，不管财物是他人所有还是自己所有，只要足以危害公共安全，就属于放火。燃烧他人财物不足以危害公共安全的，只能构成故意毁坏财物罪；燃烧自己财物不足以危害公共安全的，不构成犯罪。由于放火是危险性很大的行为，故只要实施了足以危害公共安全的放火行为就构成放火罪，不要求造成实际的危害结果。

使对象物燃烧的行为是否属于本罪的放火行为，关键在于它是否危害公共安全，这便需要正确判断。首先，要将所有客观事实作为判断资料，如行为本身的危险性，对象物本身的性质、结构、价值，对象物周围的状况，对象物与周围可燃物的距离，行为时的气候、气温等。其次，要根据客观的因果法则进行判断，对象物燃烧的行为是否足以形成在时间上或空间上失去控制的燃烧状态。

3.主体是已满14周岁、具有辨认和控制自己行为能力的自然人。

4.主观方面只能是故意，即明知自己的放火行为会发生危害公共安全的结果，并且希望或者放任这种结果的发生。放火的动机可能多种多样，但它们只影响量刑。

《刑法》第114条与第115条对放火罪规定了两个层次的法定刑：尚未造成严重后果的，适用第114条，处3年以上10年以下有期徒刑；致人重伤、死亡或者使公私财产遭受重大损失的，适用第115条，处10年以上有期徒刑、无期徒刑或者死刑。行为人在一个放火故意支配下实施一个放火行为，造成多种结果的只能认定为一个放火罪。但是，行为人实施了其他犯罪行为后为了销毁罪证而放火，或者为了骗取保险金而放火并且已经着手骗取保险金的，应实行数罪并罚。

二、爆炸罪

爆炸罪，是指故意引起爆炸物或其他设备、装置爆炸，危害公共安全的行为。引起爆炸物爆炸，主要是指引起炸弹、炸药包、手榴弹、雷管及各种易爆的固体、液体、气体物品爆炸。引起其他设备、装置爆炸，主要是指利用各种手段，导致机器、锅炉等设备或装置爆炸。爆炸行为必须足以危害不特定或者多数人的生命、健康或重大财产。犯本罪的，根据《刑法》第114条和第115条的规定处罚。

三、投放危险物质罪

本罪是指故意投放毒害性、放射性、传染病病原体等物质，危害公共安全的行为。

1.客观方面具有以下特征：(1)行为人投放的必须是毒害性、放射性、传染病病原体等危险物质，包括危险气体、液体、固体。(2)必须有投放行为。投放行为的主要方式：一是将危险物质投放于供不特定或多数人饮食的食品或饮料中；二是将危险物质投放于供人、畜等使用的河流、池塘、水井等中；三是释放危险物质，如将沙林、传染病病原体释放于一定场所。(3)投放危险物质的行为必须危害公共安全。

2.主观上必须出于故意，行为人明知自己投放危险物质的行为会发生危害不特定或多数人的生命、健康或重大财产的结果，并且希望或者放任这种结果的发生。

犯本罪的，根据《刑法》第114条与第115条的规定处罚。

四、以危险方法危害公共安全罪

本罪是指故意使用放火、决水、爆炸、投放危险物质以外的危险方法危害公共安全的行为。

刑法条文仅规定了本罪行为的对象、性质等方面的要素，没有明文规定本罪的具体行为方式，故对本罪的犯罪构成应采取限制解释的态度：(1)“以其他危险方法”仅限于与放火、决水、爆炸、投放危险物质相当的方法，而不是泛指任何具有危害公共安全性质的方法。例如，醉酒后驾驶机动车在高速公路上逆向高速行驶的行为，即使没有造成人员伤亡，也应适用《刑法》第114条。再如，已经确诊身患传染性较强、危害较严重的传染性疾病的病人擅自脱离隔离治疗，进入公共场所或者公共交通工具，故意传播病原体的，属于“以其他危险方法”危害公共安全。(2)单纯造成多数人心理恐慌或者其他轻微后果，不足以造成《刑法》第114条、第115条第1款规定的具体的公共危险或者侵害结果的行为，不得认定为以危险方法危害公共安全罪。(3)如果某种行为符合其他犯罪的构成要件，且符合罪刑相适应原则的，应尽量认定为其他犯罪，不宜认定为本罪。本罪主观上只能由故意构成。

以下一些错误的观点，明显扩大了本罪的适用范围，分析其原因以及提出相应的规则，对本罪的适用具有重要意义。

第一，有的观点由于没有认识到以危险方法危害公共安全罪是具体危险犯，或者由于没有正确判断具体危险的有无，导致将原本不构成犯罪的行为认定为本罪。例如，将对象物点燃但没有危害公共安全的行为认定为本罪。对此应当确立的规则是：采用放火、爆炸、决水、投放危险物质的行为方式，却又不能构成放火罪、爆炸罪、决水罪、投放危险物质罪的行为，也不可能成立本罪。

第二，有的观点由于没有意识到以危险方法危害公共安全罪必须是足以造成他人重伤、死亡或者使公私财物遭受重大损失的物质性结果的行为，导致将只能造成非物质性结果的行为也认定为本罪。例如，将造成特定人精神上的高度紧张，同时引起周围人们的恐慌的行为认定为本罪。对此应当确立的规则是：以危险方法危害公共安全罪足以造成或者已经造成的侵害结果，仅限于致人重伤、死亡或者使公私财物遭受重大损失；不足以造成这三类物质性结果的行为，即使造成了其他物质性或者非物质性结果，也不可能成立本罪。换言之，单纯造成多数人心理恐慌或者其他轻微后果，不足以造成《刑法》第114条、第115条第1款规定的具体的公共危险或者侵害结果的行为，不得认定为本罪。

第三，有的观点由于误解了危害公共安全罪中的作为行为对象的“不特定人”的含义，导致将其他犯罪认定为本罪。例如，将从人行天桥上往下扔砖头的行为认定为本罪。对此应当确定的规则是：如果行为只能导致少数人伤亡，而不可能随时扩大或者增加被害范围的，即使事前不能确定伤亡者是谁，也不能认定为本罪。

第四，有的观点由于误以为社会法益优于个人法益，导致将故意杀伤多人的行为均认定为本罪。例如，将行为人随意刺杀、刺伤多人的行为认定为本罪。我们应当确立社会法益并不优越于个人法益的观念，并应遵守以下规则：对于以危险方法杀害他人（包括多人）的行为，应当认定为故意杀人罪与危害公共安全罪的想象竞合犯，按照通说以危害公共安全罪定罪处罚；对于并非以危险方法杀害或者伤害多人的行为（如持刀刺人），只能认定为故意杀人罪、故意伤害罪。

第五，有的观点由于误以为《刑法》第114条关于以危险方法危害公共安全罪的规定是《刑法》分则第二章的兜底规定，没有遵循同类解释规则，导致将危险性没有达到与放火、决火、爆炸等程度相当的行为，认定为本罪。例如，将盗窃多个消防栓铜芯的行为认定为本罪。对此应当确定的规则是：行为方法不是像放火、决水、爆炸等那样，一旦发生就无法立即控制结果的情形，不能成立本罪。例如，在没有发生火灾之际，损坏灭火用具的行为，并不属于危害公共安全的犯罪，或者说并不具有危害公共安全的具体危险，只具有抽象危险。正因如此，在没有发生火灾之际，损坏灭火用具的行为，只能认定为故意毁坏财物罪。即使在发生火灾之际，隐藏或者损坏灭火用具的行为所产生的公共危险，与放火并不相当，一般也只是认定为其他犯罪。

第六，有的观点由于难以区分具体案件符合何种犯罪的构成要件，将原本应当认定为其他犯罪的案件认定为以危险方法危害公共安全罪。例如，在难以确定对行为是应以破坏易燃易爆设备罪论处，还是以爆炸罪或者故意杀人罪论处的情况下，以本罪论处。对此应当确立的规则如下：其一，只要行为符合《刑法》分则规定的其他犯罪的构成要件，即使就其他犯罪而言存在区分此罪与彼罪的困难，也应当在其他犯罪中选择，而不能认定为本罪。其二，既要正确处理此罪与彼罪的关系，又要善于运用想象竞合犯、包括的一罪的原理，妥当处理行为同时触犯两个以上罪名的案件。

犯本罪的，应视具体情节，分别根据《刑法》第114条与第115条的规定处罚。

五、失火罪

失火罪是指过失引起火灾，危害公共安全，致人重伤、死亡或者使公私财产遭受重大损失的行为。失火罪在客观上要求引起了火灾，造成了他人重伤、死亡或者使公私财物遭受重大损失，危害了公共安全。仅有失火行为，但没有造成严重后果的，不能认定为失火罪。失火行为虽然造成了严重后果，但没有危害不特定或者多数人的生命、健康或财产安全的，也不能认定为失火罪。失火罪在主观上只能是过失，如果由于不能预见或不能抗拒的原因导致火灾，则不构成失火罪。犯本罪的，根据《刑法》第115条第2款的规定处罚。

六、破坏交通工具罪

本罪是指故意破坏火车、汽车、电车、船只、航空器，足以使其发生倾覆、毁坏危险或者造成严重后果的行为。

1.客观方面具有以下特征：（1）行为破坏的对象是关涉不特定或者多数人的生命、健康或者重大财产安全的火车、汽车、电车、船只、航空器。刑法理论一般对其中的“汽车”作扩大解释，包括大型拖拉机。由于本罪属于危害公共安全的犯罪，故只有当火车、汽车等交通工具关涉公共安全时，才能成为本罪对象。火车、汽车等交通工具是否关涉公共安全，主要从交通工具所处的状态进行判断。一般来说，交通工具处于下列状态时，便成为本罪对象：第一，交通工具正在行驶（飞行）中；第二，交通工具处于已交付随时使用的状态；第三，交通工具处于不需再检修便可使用的状态，如交付检修的汽车的刹车系统并无故障，但汽车检修人员首先破坏刹车系统，然后只检修其他部件，再交付使用的，仍然构成破坏交通工具罪。（2）实施了破坏行为，通常是指对上述交通工具的整体或者重要部件的破坏；不影响交通运输安全的行为不包括在内。劫持航空器、船只、汽车的行为成为其他独立犯罪，不成立本罪；但刑法没有将劫持火车、电车的行为规定为独立犯罪，从实质上看，劫持火车、电车的行为也足以使火车、电车发生倾覆、毁坏危险，故应将劫持火车、电车的行为视为本罪的破坏行为。（3）破坏行为必须足以使火车、汽车、电车、船只或者航空器发生倾覆、毁坏危险。实际上的倾覆与毁坏是本罪法定刑升格的条件；行为人窃取交通工具的部件且数额较大或者多次窃取，但不可能发生上述危险的，只能认定为盗窃罪。

2.主观上出于故意，即明知自己破坏火车、汽车、电车、船只、航空器的行为会发生使其倾覆或者毁坏的危害结果，并且希望或者放任这种结果的发生。犯罪动机不影响本罪的成立。出于贪利动机窃取交通工具的关键部件，足以发生使其倾覆或毁坏危险的，也成立破坏交通工具罪。

犯本罪的，根据《刑法》第116条和第119条的规定处罚。

七、破坏交通设施罪

本罪是指故意破坏轨道、桥梁、隧道、公路、机场、航道、灯塔、标志或者进行其他破坏活动，足以使火车、汽车、电车、船只、航空器发生倾覆、毁坏危险或者造成严重后果的行为。犯本罪的，根据《刑法》第117条和第119条的规定处罚。

八、破坏电力设备罪

破坏电力设备罪，是指故意破坏电力设备，危害公共安全的行为。本罪的行为对象是电力设备，包括发电设备、变电设备与电力线路设备等。从犯罪客体公共安全出发，本罪中的电力设备必须是处于运行、应急等使用中的电力设备，包括已经通电使用，只是由于枯水季节或电力不足等原因暂停使用的电力设备，以及已经交付使用但尚未通电的电力设备；但不包括尚未安装完毕，或者已经安装完毕但尚未交付使用的电力设备。破坏电力设备的方式没有限定，既可以是作为，也可以是不作为；既可以是物理性破坏，也可以是功能性破坏。构成本罪，破坏行为必须危害公共安全，但不要求必须造成严重后果。采用放火、爆炸等方法破坏电力设备危害公共安全的，同时构成本罪与放火罪、爆炸罪等犯罪，依照处罚较重的规定定罪处罚。本罪主观方面为故意，过失损坏电力设备的，不构成本罪，应以过失损坏电力设备罪追究刑事责任。

实践中，破坏电力设备的案件时有发生，既涉及罪与非罪的界限，也涉及本罪与盗窃等犯罪的关系。破坏电力设备，没有危害公共安全的，如破坏已经安装完毕但尚未交付使用的电力设备的，不构成本罪，已达故意毁坏财物罪的追诉标准的，应以故意毁坏财物罪论处。盗窃电力设备，危害公共安全，但不构成盗窃罪的，以破坏电力设备罪定罪处罚；同时构成盗窃罪和破坏电力设备罪的，依照处罚较重的规定定罪处罚。盗窃电力设备，没有危及公共安全，但应当追究刑事责任的，可以根据案件的不同情况，按照盗窃罪等犯罪处理。

犯本罪的，根据《刑法》第118条、第119条的规定处罚。

九、破坏易燃易爆设备罪

本罪是指故意破坏燃气或者其他易燃易爆设备，危害公共安全的行为。本罪对象是指交通工具、交通设施、电力设备以外的燃气或者其他易燃易爆设备，正在使用的油田输油管道，属于易燃易爆设备。破坏行为的方式没有限定。

在实施盗窃油气等行为过程中，采用切割、打孔、撬砸、拆卸手段的（但是明显未危害公共安全的除外），或者采用开、关等手段足以引发火灾、爆炸等危险的，属于破坏易燃易爆设备，危害公共安全。犯本罪的，根据《刑法》第118条和第119条的规定处罚。

十、组织、领导、参加恐怖组织罪

本罪是指组织、领导或者参加恐怖活动组织的行为。

恐怖活动组织，是指三人以上为实施恐怖活动而组成的犯罪组织，既包括境内的恐怖活动组织，也包括境外的恐怖活动组织；既包括由官方确认的恐怖活动组织，也包括未经官方确认的恐怖活动组织（以符合相关特征为前提）。恐怖活动，是指具有恐怖主义性质的行为，即通过暴力、破坏、恐吓等手段，制造社会恐慌、危害公共安全、侵犯人身财产，或者胁迫国家机关、国际组织，以实现其政治、意识形态等目的的行为。组织，主要是指组建恐怖活动组织；领导，主要是指策划、指挥恐怖活动组织的具体活动；参加，是指加入恐怖活动组织，使自己成为该组织成员。行为人实施组织、领导、参加行为之一的，便成立本罪。如果行为人实施的是组织、领导或者参加行为之外的其他行为的，不构成本罪。例如，资助恐怖活动组织的，应以帮助恐怖活动罪论处。本罪是围绕恐怖活动组织，禁止任何人组织、领导或者参加恐怖活动组织的犯罪，如果行为人并未围绕恐怖活动组织而实施恐怖活动的，也不构成本罪。例如，组织恐怖活动培训或者积极参加恐怖活动培训的，应以准备实施恐怖活动罪论处。

行为人犯本罪并实施杀人、爆炸、绑架等犯罪的，依照数罪并罚的规定处罚。

犯本罪的，根据《刑法》第120条第1款的规定处罚。

十一、帮助恐怖活动罪

本罪是指故意资助恐怖活动组织、实施恐怖活动的个人，或者资助恐怖活动培训，以及为恐怖活动组织、实施恐怖活动或者恐怖活动培训招募、运送人员的行为。本罪行为包括以下类型：（1）资助恐怖活动组织；（2）资助实施恐怖活动的个人；（3）资助恐怖活动培训；（4）为恐怖活动组织招募、运送人员；（5）为实施恐怖活动招募、运送人员；（6）为恐怖活动培训招募、运送人员。所谓“资助”，是指以募捐、变卖房产、转移资金等方式为恐怖活动组织、实施恐怖活动的个人、恐怖活动培训筹集、提供经费，或者提供器材、设备、交通工具、武器装备等物资，或者提供其他物质便利的行为。资助的具体方式没有限制，资助的时间也没有限定，但精神上的帮助不属于本罪的资助。明知是恐怖活动犯罪所得及其产生的收益，为掩饰、隐瞒其来源和性质，而提供资金账户，协助将财产转换为现金、金融票据、有价证券，通过转账或者其他结算方式协助资金转移，协助将资金汇往境外的，不属于本罪的资助，对此应以洗钱罪定罪处罚（事先通谋的，以相关恐怖活动犯罪的共同犯罪论处）。“实施恐怖活动的个人”，既包括已经实施恐怖活动的个人，也包括准备实施、正在实施恐怖活动的个人；既包括在我国领域内实施恐怖活动的个人，也包括在我国领域外实施恐怖活动的个人；既包括我国公民，也包括外国公民和无国籍人。“恐怖活动培训”，既包括为实施恐怖活动而组织培训的行为，也包括参加或者接受恐怖活动培训的行为，不论培训是在境内还是境外。“招募”是指通过各种途径与方法，面向特定或者不特定的群体招收、募集、征集人员。“运送”，是指利用各种交通工具运送自己或者他人招募的人员。本罪的主要内容是帮助犯的正犯化，故本罪的成立不以恐怖活动组织或者人员实施具体的恐怖活动犯罪为前提。例如，只要行为人提供的资助被恐怖活动组织或者人员接收，就成立本罪的既遂。基于同样的理由，教唆或者帮助他人实施本罪的资助行为或者招募、运送人员的，成立本罪的教唆犯与帮助犯。如果行为超出了资助的范围，与恐怖活动组织或者个人共同故意组织、领导恐怖活动组织，策划、实施恐怖犯罪活动，则同时触犯本罪与相关恐怖活动犯罪，根据具体情况认定为想象竞合或者数罪。即使没有超出资助的范围，但同时触犯其他犯罪的，应认定为想象竞合，从一重罪处罚。本罪只能由故意构成。犯本罪的，根据《刑法》第120条之一的规定处罚。

十二、准备实施恐怖活动罪

本罪是指为实施恐怖活动准备凶器、危险物品或者其他工具，或者组织恐怖活动培训或者积极参加恐怖活动培训，或者为实施恐怖活动与境外恐怖活动组织或者人员联络，以及为实施恐怖活动进行策划或者其他准备的行为。作为故意犯罪，本罪行为包括以下类型：（1）为实施恐怖活动准备凶器、危险物品或者其他工具，如为实施恐怖活动制造、购买、储存、运输凶器，易燃易爆、易制爆品，腐蚀性、放射性、传染性、毒害性物品等危险物品，或者其他工具。“准备”的方法没有限定，目的必须是为实施恐怖活动。（2）组织恐怖活动培训或者积极参加恐怖活动培训。“恐怖活动培训”，既包括传授、灌输恐怖主义思想、主张的培训，也包括实施具体恐怖活动的方法、技能的培训。培训的方法没有限定，如当面传授、开办培训班、组建训练营、举办论坛、组织收听相关音视频资料等，或者利用网站、网页、论坛、博客、微博客、网盘、即时通信、通讯群组、聊天室等网络平台、网络应用服务组织恐怖活动培训。组织与积极参加恐怖活动培训的，成立本罪。讲授恐怖活动内容的行为，至少属于本罪的“积极参加”行为。（3）为实施恐怖活动与境外恐怖活动组织或者人员联络。“与境外恐怖活动组织或者人员联络”，既包括利用各种通讯方式联络，如利用电话、电子邮件、短信、网站、网页、论坛、博客、微博、网盘、即时通信、通讯群组、聊天室等联络，也包括直接见面联络；联络的目的是“为实施恐怖活动”，其内容既可以是参加境外恐怖活动组织或者具体恐怖活动，也可以向对方提供相关情报，还可以是寻求支持、支援与帮助等。（4）为实施恐怖活动进行策划或者其他准备。“为实施恐怖活动进行策划”，是指就实施恐怖活动的时间、地点、目标、方法等进行筹划、谋划。“其他准备”实际上是《刑法》第120条之二第1款的兜底规定，故其他准备行为都能够包括在其中，如为实施恐怖活动出入境或者组织、策划、煽动、拉拢他人出入境。由于本罪属于预备行为的实行行为化，故对于教唆、帮助他人实施本罪行为的，就当以教唆犯、帮助犯论处。行为人已经着手实行本罪的准备行为，由于意志以外的原因而没有完成准备行为的，成立本罪的未遂犯。犯本罪的，根据《刑法》第120条之二的规定处罚。

十三、劫持船只、汽车罪

劫持船只、汽车罪，是指使用暴力、胁迫或者其他方法劫持船只、汽车的行为。劫持，是指违背船只、汽车的控制人员或者驾驶人员的意志，由行为人决定船只、汽车的行驶方向、行驶速度或者目的地的行为。主要表现为两种情况：一是迫使船只、汽车的驾驶人员离开驾驶位置，由行为人驾驶船只、汽车；二是强迫船只、汽车的驾驶人员按照行为人的命令驾驶船只、汽车。暴力、胁迫或者其他方法，其本质在于使船只、汽车的控制人员或者驾驶人员不能反抗、不敢反抗或者不知反抗。本罪劫持的对象为船只、汽车，劫持火车、电车的不成立本罪，宜以破坏交通工具罪或者以危险方法危害公共安全罪论处。行为人实际控制了船只、汽车的驾驶时，成立本罪的既遂。成立本罪，行为人主观上只能出于故意。

考虑到本罪危害公共安全的属性，行为人使用暴力、胁迫方法，迫使小型出租车司机下车，行为人自己开走车辆的，不应认定为本罪，应视情形按照寻衅滋事罪、故意毁坏财物罪或者抢劫罪等犯罪定罪量刑。行为人使用暴力、胁迫方法迫使小型出租车司机开往某地的，一般不应认定为本罪（行为人不付出租车费用的，可认定为抢劫罪），但行为人使用暴力、胁迫方法逼使出租车司机横冲直撞，或者劫夺后直接驾驶出租车横冲直撞的，应认定为劫持汽车罪。在车辆行驶过程中，行为人因口角而殴打驾驶人员或者抢控驾驶操纵装置，危害公共安全的危险极低的，不构成本罪，应以妨害安全驾驶罪论处。劫持船只、汽车的行为同时触犯抢劫罪的，按想象竞合犯处理。

犯本罪的，根据《刑法》第122条的规定处罚。

十四、非法制造、买卖、运输、邮寄、储存枪支、弹药、爆炸物罪

非法制造、买卖、运输、邮寄、储存枪支、弹药、爆炸物罪，是指违反国家有关枪支、弹药、爆炸物管理法规，擅自制造、买卖、运输、邮寄、储存枪支、弹药、爆炸物，危害公共安全的行为。由于枪支、弹药、爆炸物的杀伤力、破坏力极大，故刑法将本罪以及其他有关枪支、弹药、爆炸物的犯罪，规定为危害公共安全的犯罪，并将本罪规定为抽象危险犯。

1.本罪的客观要件为，违反国家有关枪支、弹药、爆炸物管理法规，擅自制造、买卖、运输、邮寄、储存枪支、弹药、爆炸物的行为。（1）制造、买卖、运输、邮寄、储存的必须是枪支、弹药与爆炸物。对于非法制造、买卖、运输、邮寄、储存、持有、私藏、走私以压缩气体为动力且枪口比动能较低的枪支的行为，在决定是否追究刑事责任以及如何裁量刑罚时，不仅应当考虑涉案枪支的数量，而且应当充分考虑涉案枪支的外观、材质、发射物、购买场所和渠道、价格、用途、致伤力大小、是否易于通过改制提升致伤力，以及行为人的主观认知、动机目的、一贯表现、违法所得、是否规避调查等情节，综合评估社会危害性，坚持主客观相统一，确保罪责刑相适应。对于非法制造、买卖、运输、邮寄、储存、持有、私藏、走私气枪铅弹的行为，在决定是否追究刑事责任以及如何裁量刑罚时，应当综合考虑气枪铅弹的数量、用途以及行为人的动机目的、一贯表现、违法所得、是否规避调查等情节，综合评估社会危害性，确保罪责刑相适应。（2）必须有非法制造、买卖、运输、邮寄、储存枪支、弹药、爆炸物的行为。非法制造，是指未经国家许可擅自制造（包括改装、配装）枪支、弹药、爆炸物。非法买卖，是指违反有关法规，购买或者出售枪支、弹药、爆炸物（不要求买入后再卖出）；介绍买卖枪支、弹药、爆炸物的，以买卖枪支、弹药、爆炸物罪的共犯论处。对于以枪支换枪支、以弹药换弹药或者以枪支换弹药的行为需要判断其是否增加了公共危险，如果得出肯定结论，也应以本罪论处。例如，甲持有两支手枪而无相应的子弹，而乙持有多发子弹却无相应的手枪，乙用部分子弹换取甲的一支手枪的，应认定甲、乙成立非法买卖枪支、弹药罪。一般来说，上述各种交换行为都会增加公共危险，只有当交换对象的性能与数量完全相同时，才可能认为没有增加公共危险。非法运输，是指违反有关法规，转移枪支、弹药、爆炸物存放地的行为。运输行为必须是与非法制造、买卖相关联的行为。根据《刑法》第130条的规定，并非任何在公共交通工具上持有枪支、弹药的，都属于运输枪支、弹药。《刑法》第151条规定了走私武器、弹药罪，但没有规定走私爆炸物罪；走私爆炸物的行为，同时触犯走私普通货物、物品罪与非法运输爆炸物罪，宜认定为想象竞合犯，从一重罪处罚。非法邮寄，是指违反有关法规，通过邮政部门寄递枪支、弹药、爆炸物。根据最高人民法院2009年11月16日修正后的《关于审理非法制造、买卖、运输枪支、弹药、爆炸物等刑事案件具体应用法律若干问题的解释》的规定，非法储存，是指明知是他人非法制造、买卖、运输、邮寄的枪支、弹药而为其存放的行为，或者非法存放爆炸物的行为。这一司法解释虽然对区分储存行为与持有行为具有意义，但使储存行为的范围过于窄小。对于非法保存、控制大量枪支、弹药的行为，即使与非法制造、买卖、运输邮寄没有关联，也应认定为储存。（3）虽然条文本身并无明文规定，但本罪属于重罪，故对枪支、弹药、爆炸物具有数量上的要求。例如，非法制造、买卖、运输、邮寄、储存以压缩气体等为动力的其他非军用枪支，必须达2支以上，才构成犯罪。至于枪支、弹药、爆炸物数量方面的具体要求，司法解释有明确的规定；未达到司法解释所要求的，不能按本罪处理。

2.主体既可以是自然人，也可以是单位。

3.主观方面为故意。行为人必须明知是枪支、弹药、爆炸物而非法制造、买卖、运输、邮寄或者储存。不明知是枪支、弹药、爆炸物而实施上述行为的，不成立本罪。

犯本罪的，根据《刑法》第125条第1款、第3款的规定处罚。

十五、非法制造、买卖、运输、储存危险物质罪

本罪是指故意非法制造、买卖、运输、储存毒害性、放射性、传染病病原体等物质，危害公共安全的行为。本罪属于具体的危险犯。其中的运输既包括境内的运输，也包括从境内运往境外和从境外运往境内；毒鼠强等禁用剧毒化学品，属于危险物质。犯本罪的，根据《刑法》第125条的规定处罚。

十六、盗窃、抢夺枪支、弹药、爆炸物、危险物质罪

本罪是指以非法占有为目的，窃取或者抢夺枪支、弹药、爆炸物的，或者窃取、抢夺毒害性、放射性、传染病病原体等危险物质，危害公共安全的行为。

本罪客观方面表现为盗窃或者抢夺枪支、弹药、爆炸物，或者盗窃、抢夺毒害性、放射性、传染病病原体等危险物质，危害公共安全的行为。盗窃是指违反占有者的意志，将枪支、弹药、爆炸物或者其他危险物质转移为自己或者第三者占有；抢夺是指直接夺取他人紧密占有的枪支、弹药、爆炸物的行为。至于他人占有枪支、弹药等是否合法，则不影响本罪的成立。盗窃、抢夺枪支、弹药、爆炸物，属于抽象的危险犯；只要行为人实施了盗窃、抢夺枪支、弹药、爆炸物的行为，便可根据社会一般生活经验，得出具有公共危险的结论。但盗窃、抢夺危险物质的，属于具体的危险犯，需要根据危险物质的种类、盗窃与抢夺的行为方式等具体判断是否具有公共危险；如果没有危害公共安全，则不成立本罪。本罪主观方面只能是故意，并具有非法占有目的。实践中有时出现行为人为了窃取一般财物而实际上窃取了枪支、弹药的案件，由于行为人并不明知是枪支、弹药，不能认定为本罪，只能认定为盗窃罪；如果盗窃后非法持有、私藏的，则另构成非法持有、私藏枪支、弹药罪。

犯本罪的，根据《刑法》第127条第1款的规定处罚。

十七、非法持有、私藏枪支、弹药罪

本罪是指违反枪支、弹药管理规定，非法持有、私藏枪支、弹药的行为。

非法持有，是指没有合法根据地实际占有或控制枪支、弹药，非法替他人保管枪支、弹药的行为，也属于非法持有；非法私藏实际上是非法持有的一种表现形式。2009年11月16日最高人民法院《关于审理非法制造、买卖、运输枪支、弹药、爆炸物等刑事案件具体应用法律若干问题的解释》第8条规定，“非法持有”，是指不符合配备、配置枪支、弹药条件的人员，违反枪支管理法律、法规的规定，擅自持有枪支、弹药的行为。“私藏”，是指依法配备、配置枪支、弹药的人员，在配备、配置枪支、弹药的条件消除后，违反枪支管理法律、法规的规定，私自藏匿所配备、配置的枪支、弹药且拒不交出的行为。枪支、弹药的来源没有限制，如他人赠与的、自己拾得的；但非法制造后又持有、私藏的，属于吸收犯，应以非法制造枪支、弹药罪论处，不实行数罪并罚。接受枪支质押进而实际占有或者控制枪支的，属于非法持有枪支。非法持有、私藏以故意为前提，即以行为人认识到持有、私藏的是枪支、弹药为前提。

犯本罪的，根据《刑法》第128条第1款的规定处罚。

十八、非法出租、出借枪支罪

本罪是指依法配备公务用枪的人员与单位，非法出租、出借枪支的，或者依法配置枪支的人员与单位，非法出租、出借枪支，造成严重后果的行为。非法出租枪支，是指违反《枪支管理法》的规定，擅自将公务用枪在一段时间内有偿提供给他人使用的行为；依法配备公务用枪的人员，违反法律规定，将公务用枪用作借债质押物，使枪支处于非依法持枪人的控制、使用之下的行为，成立非法出借枪支罪。如果是永久性地有偿转让给他人，则成立非法买卖枪支罪。非法出借枪支，一般是指违反《枪支管理法》的规定，擅自将公务用枪在一段时间内

无偿提供给他人使用的行为；非法将公务用枪赠与他人的，可以认为是永久性无偿提供给他人使用的行为，应认定为非法出借枪支。行为人明知他人使用枪支实施杀人、伤害、抢劫、绑架等犯罪行为，而出租、出借枪支的，与他人成立相关犯罪的共犯。犯本罪的，根据《刑法》第128条的规定处罚。

十九、丢失枪支不报罪

本罪是指依法配备公务用枪的人员，丢失枪支不及时报告，造成严重后果的行为。不及时报告是一种不作为。这里的严重后果，应当包括直接危害结果与间接危害结果，但一般表现为枪支落入不法分子之手后，不法分子利用行为人丢失的枪支实施犯罪行为造成严重后果；丢失枪支本身不是本罪所说的“严重后果”。犯本罪的，根据《刑法》第129条的规定处罚。

二十、交通肇事罪

本罪是指违反交通运输管理法规，因而发生重大交通事故，致人重伤、死亡或者使公私财产遭受重大损失的行为。

1.客体是公共交通安全。

2.客观方面表现为违反交通运输管理法规，因而发生重大交通事故，致人重伤、死亡或者使公私财产遭受重大损失的行为。

（1）必须有违反交通运输管理法规的行为。这里的交通运输管理法规，主要指公路、水上交通运输中的各种交通规则、操作规程、劳动纪律等，同时也包括铁路、航空交通运输中的各种管理法规。

（2）必须发生重大交通事故，致人重伤、死亡或者使公私财产遭受重大损失。单纯违反交通运输管理法规的行为，不成立本罪。

（3）重大交通事故必须发生在交通过程中以及与交通有直接关系的活动中。问题是，利用非机动交通工具从事交通运输违章造成重大事故的，能否以本罪论处？对此，理论上存在肯定说与否定说。通说认为，如果这种行为发生在公共交通管理的范围内，具有危害公共安全的性质，就应以本罪处理，否则只能认定为其他犯罪。例如，在城区或其他行人较多、有机动车往来的道路上违章骑三轮车，造成重大事故的，就具有危害公共安全的性质，应认定为交通肇事罪。但是，在行人稀少、没有机动车来往的道路上违章骑三轮车致人重伤或死亡的，就不具有危害公共安全的性质，只能分别认定为过失致人重伤罪或过失致人死亡罪。

（4）交通肇事的结果必须由违反规范保护目的的行为所引起。换言之，行为虽然违反交通运输管理法规，也发生了结果，但倘若结果的发生超出了规范保护目的，就不能认定为本罪。例如，交通运输管理法规禁止酒后驾驶的目的，是防止驾驶者因为饮酒而导致驾驶能力减退或者丧失进而造成交通事故。如果酒后驾驶并未导致驾驶能力减退或者丧失，而是由于车辆出现了驾驶者不能预见的刹车故障而造成交通事故，对驾驶者不能以交通肇事罪论处。再如，禁止驾驶没有经过年检的车辆的目的，是防止因车辆故障导致交通事故。如果行为人驾驶没有年检的车辆，但该车并无故障，而是由于被害人横穿高速公路造成了交通事故，对行为人也不以交通肇事罪论处。

3.主体为一般主体。从法律规定上看，本罪不属于身份犯。公路、水上运输人员以及其他相关人员造成公路、水上交通事故的，成立本罪；航空人员、铁路职工以外的人员造成重大飞行事故或铁路运营事故的，成立本罪；航空人员违反交通运输法规，造成飞行事故以外的交通事故的，成立本罪；铁路职工违反交通运输法规，造成铁路运营安全事故以外的交通事故的，成立本罪。在偷开机动车辆过程中因过失撞死、撞伤他人或者撞坏车辆的，成立交通肇事罪。2000年11月10日最高人民法院《关于审理交通肇事刑事案件具体应用法律若干问题的解释》（以下简称《交通案件解释》）规定，单位主管人员、机动车辆所有人或者机动车辆承包人指使、强令他人违章驾驶造成重大交通事故的，以交通肇事罪定罪处罚。监督过失理论可以为这一解释结论提供理论根据。基于同样的理由，车主将自己的机动车交给醉酒者、无驾驶资格者驾驶，没有防止伤亡结果发生的，驾驶者与车主均成立交通肇事罪。此外，在高速公路上实施拉车乞讨等行为，引起交通事故的，也可能构成交通肇事罪。由此可见，非交通运输人员也能成为本罪主体，而且对非交通运输人员不必做出某种限制。一方面，刑法并没有对行为主体做出限定；另一方面，没有从事交通运输的人员也完全可能违反交通运输管理法规，造成交通事故，而且对之认定为交通肇事罪具有合理性。

4.主观方面为过失，即应当预见自己违反交通运输管理法规的行为可能发生重大交通事故，因为疏忽大意而没有预见或者已经预见而轻信能够避免，以致发生这种结果。需要注意的是，本罪既可能是危险驾驶罪的结果加重犯，也可能与危险驾驶罪构成想象竞合。危险驾驶是故意犯罪，但危险驾驶行为过失造成他人伤亡，符合交通肇事罪的犯罪构成的，应以交通肇事罪论处。此时，行为人对基本犯（危险驾驶罪）是故意，对加重结果为过失。当危险驾驶罪与交通肇事罪构成想象竞合时，行为人虽然对危险驾驶罪是故意的，但对交通肇事罪仍然是过失。

认定本罪，需要注意以下几点：

1.正确区分交通肇事罪与一般违章行为。虽然违反交通运输管理法规，但并没有造成重大交通事故的，或者虽然造成了严重后果，但行为人主观上没有过失的，不能认定为交通肇事罪。发生交通事故的原因往往比较复杂，在许多情况下，行为人与被害人均有责任，如果行为人对事故不应负全部责任或主要责任，则不能认定为交通肇事罪。

根据《交通案件解释》的规定，违反交通运输管理法规，发生重大交通事故，在分清事故责任的基础上，定罪处罚。交通肇事具有下列情形之一的，以本罪论处：（1）死亡1人或者重伤3人以上，负事故全部或者主要责任的；（2）死亡3人以上，负事故同等责任的；（3）造成公共财产或者他人财产直接损失，负事故全部或者主要责任，无能力赔偿数额在30万元以上的。交通肇事致1人以上重伤，负事故全部或者主要责任，并具有下列情形之一的，以交通肇事罪定罪处罚：（1）酒后、吸食毒品后驾驶机动车辆的；（2）无驾驶资格驾驶机动车辆的；（3）明知是安全装置不全或者安全机件失灵的机动车辆而驾驶的；（4）明知是无牌证或者已报废的机动车辆而驾驶的；（5）严重超载驾驶的；（6）为逃避法律追究逃离事故现场的。

交通肇事罪与一般违章行为的区分，以正确区分刑法上的责任与交通行政管理上的责任为前提。行为是否构成交通肇事罪，在很大程度上取决于对行为人责任的认定。在发生交通事故的场合，通常由交通管理部门认定行为人的责任，而交通管理部门只是根据交通运输管理法规认定责任，这种认定常常是出于交通管理的需要，并不是刑法上的责任。因此，法院在审理行为是否构成交通肇事罪时，应根据刑法所规定的交通肇事罪的构成要件进行实质的分析判断。

2.正确处理交通肇事罪与其他犯罪的关系。过失损坏交通工具、过失损坏交通设施导致他人发生交通事故，造成伤亡结果的，应认定为过失损坏交通工具罪、过失损坏交通设施罪。行为人利用交通工具故意杀害或者伤害他人，应认定为故意杀人罪、故意伤害罪。对于符合重大飞行事故罪、铁路运营安全事故罪的犯罪构成的行为，不能认定为交通肇事罪。

值得讨论的是交通肇事罪与（过失）以危险方法危害公共安全罪的关系。首先，从客观方面来说，交通肇事罪与（过失）以危险方法危害公共安全罪不是对立关系。只要行为违反交通运输管理法规，造成了伤亡实害结果，行为人对伤亡实害结果具有过失，就成立交通肇事罪；但是，倘若行为人违反交通运输管理法规的驾驶行为，产生了与放火、爆炸、投放危险物质相当的具体的公共危险，且行为人对具体的公共危险具有故意，就不能仅认定为交通肇事罪，而应认定为以危险方法危害公共安全罪。所以，（过失）以危险方法危害公共安全罪的成立，并不是对交通肇事罪的否定。其次，从罪过形式来说，虽然交通肇事罪是过失犯罪，以危险方法危害公共安全罪是故意犯罪，但二者不是对立关系，而是高低度关系。据此，可以得出如下结论：(1)行为人实施高度危险驾驶行为，对具体的公共危险与伤亡的实害结果仅有过失时，可能同时触犯交通肇事罪与过失以危险方法危害公共安全罪。例如，行为人应当预见到刹车存在缺陷，仍然以危险的高速度驾驶车辆的，属于一个行为同时触犯交通肇事罪与(过失)以危险方法危害公共安全罪，一般宜认定为交通肇事罪。(2)行为人实施高度危险驾驶行为，客观上存在与放火、爆炸、投放危险物质相当的具体的公共危险，行为人对具体的公共危险具有认识和希望或放任态度，但对已经发生的伤亡实害结果仅有过失的，同时触犯交通肇事罪与以危险方法危害公共安全罪，应当认定为以危险方法危害公共安全罪。概言之，任何危险驾驶行为，凡是造成伤亡实害结果的，只要不是意外事件，首先成立交通肇事罪；在此前提下，还需要作出进一步的判断：其一，行为是否已经产生了与放火、爆炸、投放危险物质相当的具体的公共危险，行为人对具体的公共危险是否具有故意，如得出肯定结论，就应认定为以危险方法危害公共安全罪；其二，在行为产生了与放火、爆炸、投放危险物质相当的具体的公共危险且发生了伤亡实害结果的前提下，如果行为人对伤亡实害结果持过失，则是过失的结果加重犯，适用《刑法》第115条第1款；如果行为人对伤亡实害结果有故意，则是结果犯(也可能被人们认定为故意的结果加重犯)，依然适用《刑法》第115条第1款；不过，对二者的量刑是应当有区别的。下列行为不可能成立以危险方法危害公共安全罪，但在发生伤亡实害结果的情况下，能成立交通肇事罪：行为违反交通运输法规，虽然具有公共危险，但不具有与放火、爆炸、投放危险物质相当的具体的公共危险；行为虽然具有与放火、爆炸、投放危险物质相当的具体的公共危险，但行为人对该具体的公共危险仅有过失。

3.数罪的认定。在盗窃他人机动车过程中或者盗窃后，违反交通运输管理法规，造成交通事故，构成犯罪的，应当以交通肇事罪与盗窃罪实行并罚。先前的行为构成交通肇事罪，后来的行为构成以危险方法危害公共安全罪或者故意杀人等罪的，应当实行数罪并罚。

4.共犯的认定。《交通案件解释》第5条第2款规定："交通肇事后，单位主管人员、机动车辆所有人、承包人或者乘车人指使肇事人逃逸，致使被害人因得不到救助而死亡的，以交通肇事罪的共犯论处。"

根据《刑法》第133条的规定，犯本罪的，处3年以下有期徒刑或者拘役；交通运输肇事后逃逸或者有其他特别恶劣情节的，处3年以上7年以下有期徒刑；因逃逸致人死亡的，处7年以上有期徒刑。

《交通案件解释》指出，"交通运输肇事后逃逸"，是指行为人在发生了构成交通肇事罪的交通事故后，为逃避法律追究而逃跑的行为。交通肇事具有下列情形之一的，属于"其他特别恶劣情节"：(1)死亡2人以上或者重伤5人以上，负事故全部或者主要责任的；(2)死亡6人以上，负事故同等责任的；(3)造成公共财产或者他人财产直接损失，负事故全部或者主要责任，无能力赔偿数额在60万元以上的。司法解释将交通运输肇事后"逃逸"解释为"为逃避法律追究而逃跑"，但理论上对此还有不同看法。

二十一、危险驾驶罪

本罪是指在道路上驾驶机动车，追逐竞驶，情节恶劣；或者在道路上醉酒驾驶机动车；或者在道路上驾驶机动车，从事校车业务或者旅客运输，严重超过额定乘员载客或者严重超过规定时速行驶；或者在道路上驾驶机动车，违反危险化学品安全管理规定运输危险化学品，危及公共安全的行为。目前，本罪的发案量极大，对其应当予以严格认定。本罪分为四个类型。

1.追逐竞驶。

一般来说，追逐竞驶，是指行为人在道路上高速、超速行驶，随意追逐、超越其他车辆，频繁、突然并线，近距离驶入其他车辆之前的危险驾驶行为。追逐竞驶属于危害公共安全的危险犯，但刑法没有将本罪规定为具体的公共危险犯，而是以情节恶劣限制处罚范围。换言之，只要追逐竞驶行为具有类型化的抽象危险，并且情节恶劣，就构成犯罪。(1)本罪行为不要求发生在公共道路（公路）上，只需要发生在道路上即可。在校园内、大型厂矿内的道路上，以及在人行道上追逐竞驶的，因为对不特定或者多数人的生命、身体产生了抽象的危险，依然可能成立本罪。（2）追逐竞驶以具有抽象危险性的高速、超速驾驶为前提，缓慢驾驶的行为不可能成立本罪。但是，单纯的高速驾驶或者超速驾驶，并不直接成立本罪。换言之，不能将本罪等同于国外的超速驾驶罪。（3）追逐竞驶要求以产生抽象的交通危险的方式驾驶，行为的基本方式是随意追逐、超越其他车辆，频繁并线、突然并线，或者近距离驶入其他车辆之前等。（4）追逐竞驶既可能是二人以上基于意思联络而实施，也可能是单个人实施。机动车驾驶人员出于竞技、追求刺激、斗气或者其他动机，在道路上曲折穿行、快速追赶行驶的，属于追逐竞驶。驾驶机动车针对救护车、消防车等车辆实施追逐竞驶行为的，可能成立本罪。（5）成立本罪要求情节恶劣。情节恶劣的基本判断标准是追逐竞驶行为的危险程度。对此，应以道路上车辆与行人的多少、驾驶的路段与时间、驾驶的速度与方式、驾驶的次数等进行综合判断。大体可以肯定的是，如果发生了具体的公共危险，就能够得出情节恶劣的结论。换言之，追逐竞驶虽未造成人员伤亡或财产损失，但综合考虑超过限速、闯红灯、强行超车、抗拒交通执法等严重违反《道路交通安全法》的行为，足以威胁他人生命、财产安全的，属于危险驾驶罪中“情节恶劣”的情形。在没有其他车辆与行人的荒野道路上追逐竞驶的行为，不应认定为情节恶劣。追逐竞驶的罪过形式为故意，不要求行为人以赌博竞技或者追求刺激为目的。因为基于任何目的与动机的故意追逐竞驶行为，只要产生了抽象的公共危险且情节恶劣，就值得科处刑罚。

2. 醉酒驾驶。

醉酒驾驶，是指在醉酒状态下在道路上驾驶机动车的行为。醉驾案件中“道路”“机动车”的认定适用《道路交通安全法》有关“道路”“机动车”的规定。对机关、企事业单位、厂矿、校园、居民小区等单位管辖范围内的路段是否认定为“道路”，应当以其是否具有“公共性”，是否“允许社会机动车通行”作为判断标准。只允许单位内部机动车、特定来访机动车通行的，可以不认定为“道路”。

根据2023年12月13日最高人民法院、最高人民检察院、公安部、司法部《关于办理醉酒危险驾驶刑事案件的意见》（以下本部分简称《意见》）的规定，在道路上驾驶机动车，经呼气酒精含量检测，显示血液酒精含量达到80毫克/100毫升以上，除情节显著轻微、危害不大，不认为是犯罪的情形之外，成立危险驾驶罪。行为人是否属于“醉酒”驾驶，主要以血液酒精含量鉴定意见作为依据。行为人经呼气酒精含量检测，显示血液酒精含量达到80毫克/100毫升以上，在提取血液样本前脱逃或者找人顶替的，可以以呼气酒精含量检测结果作为认定其醉酒的依据。行为人在公安机关依法检查时或者发生道路交通事故后，为逃避法律追究，在呼气酒精含量检测或者提取血液样本前故意饮酒的，可以以查获后血液酒精含量鉴定意见作为认定其醉酒的依据。根据《意见》，醉酒驾驶具有下列情形之一，不具有《意见》所规定的造成交通事故且负事故全部或者主要责任、造成交通事故后逃逸等15种从重处理的情形，可以认定为情节显著轻微、危害不大，不构成危险驾驶罪：（1）血液酒精含量不满150毫克/100毫升的；（2）出于急救伤病人员等紧急情况驾驶机动车，且不构成紧急避险的；（3）在居民小区、停车场等场所因挪车、停车入位等短距离驾驶机动车的；（4）由他人驾驶至居民小区、停车场等场所短距离接替驾驶停放机动车的，或者为了交由他人驾驶，自居民小区、停车场等场所短距离驶出的；（5）其他情节显著轻微的情形。醉酒后出于急救伤病人员等紧急情况，不得已驾驶机动车，构成紧急避险的，依照《刑法》第21条紧急避险的规定处理。

本罪是抽象危险犯，不需要司法人员具体判断醉酒行为是否具有公共危险。一方面，抽象的危险犯实际上是类型化的危险犯，司法人员只需要进行类型化的判断即可。另一方面，没有抽象危险的行为，不可能成立本罪。例如，在没有车辆与行人的荒野道路上醉酒驾驶机动车的，因为不具有抽象的危险，不应以本罪论处。

关于醉酒型危险驾驶罪的罪过形式，刑法理论存在不同观点。通说认为，醉酒驾驶属于故意犯罪，行为人必须认识到自己是在醉酒状态下驾驶机动车。但是，对于醉酒状态的认识不需要十分具体（不需要认识到血液中的酒精具体含量），只要有大体上的认识即可。一般来说，只要行为人知道自己喝了一定量的酒，事实上又达到了醉酒状态，并驾驶机动车的，就可以认定其具有醉酒驾驶的故意。认为自己只是酒后驾驶而不是醉酒驾驶的辩解，不能排除故意的成立。即使行为人没有主动饮酒（饮料中被他人掺入酒精），但驾驶机动车之前或者当时意识到自己已经饮酒的，也应认定具有醉酒驾驶的故意。当然，如果没有主动饮酒，也没有意识到自己已经饮酒的，排除故意的成立。

醉酒驾驶既不是亲手犯，也不是身份犯。教唆他人醉酒驾驶的，成立教唆犯；明知他人即将驾驶机动车，而暗中在其饮料中掺入酒精，驾驶者不知情而驾驶机动车的，对掺入酒精者应以间接正犯论处。

3.超员、超速行驶。

超员、超速行驶，是指从事校车业务或者旅客运输，严重超过额定乘员载客，或者严重超过规定时速行驶的行为。本类型的危险驾驶罪属于抽象危险犯。依照国务院《校车安全管理条例》的规定，“校车”是指用于接送接受义务教育的学生上下学的机动车。本罪中的校车既包括依照国家规定取得使用许可的校车，也包括没有取得使用许可的违章从事接送学生业务的校车。从事旅客运输的车辆，是指从事公路客运、公交客运、出租客运、旅游客运等从事旅客运输的车辆；既包括具有营运资格的车辆，也包括非法从事旅客运输的车辆。一般超员、超速的行为不成立本罪，只有严重超员、超速的行为才成立本罪。本罪的成立不以发生人员伤亡等后果为要件。机动车所有人、管理人对严重超员、超速行驶负有直接责任的，以本罪论处。例如，机动车所有人、管理人强令、指使驾驶人员超员、超速行驶的，或者明知驾驶人员超员、超速行驶而放任的，应以本罪论处。概言之，所谓“负有直接责任”，是指超员、超速行驶的状态能够归属于机动车所有人、管理人的作为或者不作为的情形。本类型的危险驾驶罪只能由故意构成。

4.违规运输危险化学品。

违规运输危险化学品，是指违反危险化学品安全管理规定运输危险化学品，危及公共安全的行为。本类型的危险驾驶罪属于具体危险犯。危险化学品，是指具有毒害、腐蚀、爆炸、燃烧、助燃等性质，对人体、设施、环境具有危害的剧毒化学品和其他化学品。根据《危险化学品安全管理条例》的规定，从事危险化学品道路运输的，应当取得危险货物道路运输许可，并向相关管理部门办理登记手续；危险化学品道路运输企业应当配备专职安全管理人员；危险化学品道路运输企业的驾驶人员、装卸管理人员、押运人员、申报人员、集装箱装箱现场检查员应当经交通运输主管部门考核合格，取得从业资格；运输危险化学品，应当根据危险化学品的危险特性采取相应的安全防护措施，并配备必要的防护用品和应急救援器材；用于运输危险化学品的槽罐以及其他容器应当封口严密，能够防止危险化学品在运输过程中因温度、湿度或者压力的变化发生渗漏、洒漏；槽罐以及其他容器的溢流和泄压装置应当设置准确、起闭灵活；通过道路运输危险化学品的，应当按照运输车辆的核定载质量装载危险化学品，不得超载；危险化学品运输车辆应当符合国家标准要求的安全技术条件，并按照国家有关规定定期进行安全技术检验；运输危险化学品途中因住宿或者发生影响正常运输的情况，需要较长时间停车的，驾驶人员、押运人员应当采取相应的安全防范措施；等等。违反上述《危险化学品安全管理条例》的规定，并且危及公共安全的，成立本罪。行为是否危及公共安全，要根据行为人所运输的危险化学品的种类、数量、运输的时间、路线、车辆的安全状况、发生实害事故的可能性程度等进行综合判断。机动车所有人、管理人对上述违规行为负有直接责任的，以本罪论处。本类型的危险驾驶罪的罪过形式只能是故意，行为人必须认识到自己违规运输的是危险化学品（不必认识到具体种类），并且希望或者放任公共危险的发生。

在危险驾驶罪的罪数方面，危险驾驶行为同时构成其他犯罪的，依照处罚较重的规定定罪处罚。例如，追逐竞驶或者醉酒驾驶行为，过失造成他人伤亡或者重大财产损失结果，构成交通肇事罪的，应以交通肇事罪论处（此时的交通肇事罪属于结果加重犯）。但是，如果致人伤亡的交通事故不是由追逐竞驶或者醉酒驾驶行为引起，而是由其他违反交通运输管理法规的行为（如无视交通信号）所引起，则应对危险驾驶罪与交通肇事罪实行数罪并罚。再如，违规运输化学危险品，发生重大事故，造成严重后果的，应以危险物品肇事罪论处（此时的危险物品肇事罪属于结果加重犯）。但是，如果违规运输化学危险品，危及公共安全，又由于闯红灯而造成交通事故的，则应对危险驾驶罪与交通肇事罪实行数罪并罚。如果在危险驾驶行为之外，又实施其他行为构成犯罪的，对此应当数罪并罚。如追逐竞驶或者醉酒驾驶，又以暴力、威胁方法阻碍公安机关依法检查，构成妨害公务罪、袭警罪等其他犯罪的，应以危险驾驶罪与妨害公务罪、袭警罪等犯罪实行数罪并罚。

危险驾驶行为具有与放火、爆炸等相当的具体的公共危险，行为人对该具体的公共危险具有故意的，应当认定以危险方法危害公共安全罪。例如，在高速公路上逆向追逐竞驶或者醉酒高速驾驶，但没有造成严重后果的，应当适用《刑法》第114条，认定为以危险方法危害公共安全罪。当然，对以危险方法危害公共安全罪的认定必须采取严格的限制态度。危险驾驶行为具有与放火、爆炸等相当的具体的公共危险，且造成人身伤亡等严重后果（如在高速公路上逆向追逐竞驶或者醉酒高速驾驶造成他人死亡），行为人对该具体的公共危险或者人身伤亡等严重后果具有故意的，应当适用《刑法》第115条第1款。

犯本罪的，根据《刑法》第133条之一的规定处罚。

二十二、妨害安全驾驶罪

本罪是指对行驶中的公共交通工具的驾驶人员使用暴力或者抢控驾驶操纵装置，干扰公共交通工具正常行驶，危及公共安全，或者驾驶人员在行驶的公共交通工具上擅离职守，与他人互殴或者殴打他人，危及公共安全的行为。

成立本罪，要求行为发生在行驶中的车辆、船舶、飞机等公共交通工具上。如果公共交通工具处于停止状态，如司机将公交车停在公交站台，然后起身殴打乘客的，不构成本罪。妨害安全驾驶行为有两种：一是驾驶人员以外的其他人员（主要是乘客），对行驶中的公共交通工具的驾驶人员使用暴力或者抢控驾驶操纵装置，干扰公共交通工具正常行驶；二是驾驶人员，其在行驶的公共交通工具上擅离职守，与他人互殴或者殴打他人。妨害安全驾驶行为，必须危及公共安全，才能成立本罪。乘客在公共交通工具行驶过程中，随意殴打其他乘客，追逐、辱骂他人，或者起哄闹事，不危及公共安全，但妨害公共交通工具运营秩序，符合《刑法》第293条规定的，只能以寻衅滋事罪定罪处罚，不成立本罪。驾驶人员遭到妨害安全驾驶行为侵害时，为避免公共交通工具倾覆或者人员伤亡等危害后果发生，采取紧急制动或者躲避措施，造成公共交通工具、交通设施损坏或者人身损害，符合法定条件的，应当认定为紧急避险。

本罪是具体危险犯，但对危险程度的要求低于本章其他具体危险犯的要求。妨害安全驾驶行为完全可能具有危害公共安全的紧迫危险，此时妨害安全驾驶行为还构成如以危险方法危害公共罪等其他犯罪。对此，《刑法》第133条之二第3款规定：同时构成其他犯罪的，依照处罚较重的规定定罪处罚。例如，公交车在弯道处与其他车辆会车时，乘客忽然抢控公交车的方向盘，致使公交车与对面车辆相撞的，乘客构成本罪与以危险方法危害公共罪的想象竞合犯，应按以危险方法危害公共安全罪定罪处罚。

犯本罪的，根据《刑法》第133条之二的规定处罚。

二十三、重大责任事故罪

本罪是指在生产、作业中违反有关安全管理的规定，因而发生重大伤亡事故或者造成其他严重后果的行为。客观方面表现为在生产、作业中违反有关安全管理的规定，因而发生了重大伤亡事故或者造成了其他严重后果；主体包括对生产、作业负有组织、指挥或者管理职责的负责人、管理人员、实际控制人、投资人等人员，以及直接从事生产、作业的人员；主观方面为过失。在生产、作业中违反有关安全管理的规定，擅自移动窨井盖或者未做好安全防护措施等，发生重大伤亡事故或者造成其他严重后果的，应以本罪定罪处罚。犯本罪的，根据《刑法》第134条第1款的规定处罚。

二十四、危险作业罪

本罪是指在生产、作业中违反有关安全管理的规定，实施了特定的具有发生重大伤亡事故或者其他严重后果的现实危险的生产作业活动或者相关行为。首先，本罪发生在生产、作业过程中，生产作业活动或者相关行为违反了有关安全管理的规定。其次，危险作业行为具体表现为：(1)关闭、破坏直接关系生产安全的监控、报警、防护、救生设备、设施，或者篡改、隐瞒、销毁其相关数据、信息。(2)因存在重大事故隐患被依法责令停产停业、停止施工、停止使用有关设备、设施、场所或者立即采取排除危险的整改措施，而拒不执行。"重大事故隐患"，依照法律、行政法规、部门规章、强制性标准以及有关行政规范性文件进行认定。有下列情形之一的，属于"拒不执行"：①无正当理由故意不执行各级人民政府或者负有安全生产监督管理职责的部门依法作出的上述行政决定、命令的；②虚构重大事故隐患已经排除的事实，规避、干扰执行各级人民政府或者负有安全生产监督管理职责的部门依法作出的上述行政决定、命令的；③以行贿等不正当手段，规避、干扰执行各级人民政府或者负有安全生产监督管理职责的部门依法作出的上述行政决定、命令的。上述行为同时构成行贿罪、单位行贿罪等犯罪的，依照数罪并罚的规定处罚。认定是否属于"拒不执行"，应当综合考虑行政决定、命令是否具有法律、行政法规等依据，行政决定、命令的内容和期限要求是否明确、合理，行为人是否具有按照要求执行的能力等因素进行判断。(3)涉及安全生产的事项未经依法批准或者许可，擅自从事矿山开采、金属冶炼、建筑施工，以及危险物品生产、经营、储存等高度危险的生产作业活动。"危险物品"，依照《安全生产法》第117条的规定确定。根据相关规定，在易燃易爆危险物品生产、经营、储存等高度危险的生产作业活动中违反有关安全管理的规定，有下列情形之一，具有发生重大伤亡事故或者其他严重后果的现实危险的，应以危险作业罪定罪处罚：①委托无资质企业或者个人储存易燃易爆危险物品的；②在储存的普通货物中夹带易燃易爆危险物品的；③将易燃易爆危险物品谎报或者匿报为普通货物申报、储存的；④其他涉及安全生产的事项未经依法批准或者许可，擅自从事易燃易爆危险物品生产、经营、储存等活动的情形。最后，危险作业行为必须具有发生重大伤亡事故或者其他严重后果的现实危险。本罪主体除直接从事生产、作业的人员之外，还包括对生产、作业负有组织、指挥或者管理职责的负责人、管理人员、实际控制人、投资人等人员。本罪虽是故意犯，但属于抽象危险犯，所以处罚相对较轻。如果危险作业行为导致发生重大伤亡事故或者其他严重后果，应以重大责任事故罪、重大劳动安全事故罪等犯罪论处。犯本罪的，根据《刑法》第134条之一的规定处罚。

二十五、不报、谎报安全事故罪

本罪是指在安全事故发生后，负有报告职责的人员不报或者谎报事故情况，贻误事故抢救，情节严重的行为。"负有报告职责的人员"，是指负有组织、指挥或者管理职责的负责人、管理人员、实际控制人、投资人，以及其他负有报告职责的人员。本罪仅限于在安全事故发生后应当报告而不报告或者谎报的情形；如果在安全事故发生后，应当救助而不救助，导致他人死伤的，则根据案件的性质与情节，成立不作为的故意杀人、故意伤害等罪。认定本罪，要重点审查谎报行为与贻误事故抢救结果之间的因果关系，只有谎报事故的行为造成贻误事故抢救的后果，即造成事故后果扩大或致使不能及时有效开展事故抢救，才可能构成本罪。如果事故已经完成抢救，或者没有贻误抢救时机（危害结果不可能加重或扩大），则不构成本罪。在安全事故发生后，与负有报告职责的人员串通，不报或者谎报事故情况，贻误事故抢救，情节严重的，以共犯论处。犯本罪的，根据《刑法》第139条之一的规定处罚。

【本章主要法律规定】

1.《刑法》第114～139条之一

2.最高人民法院《关于审理交通肇事刑事案件具体应用法律若干问题的解释》

第十七章 破坏社会主义市场经济秩序罪

第一节 生产、销售伪劣商品罪

本节主要内容提示

应注意掌握本节各种犯罪的犯罪构成。生产、销售伪劣产品罪与生产、销售、提供假药等其他特定伪劣产品的犯罪存在法条竞合关系。生产、销售、提供假药等特定伪劣产品，不构成各该条规定的犯罪，但是销售金额在5万元以上的，依照生产、销售伪劣产品罪定罪处罚。生产、销售、提供假药等特定伪劣产品，构成各该条规定的犯罪，同时又构成生产、销售伪劣产品罪的，依照处罚较重的规定定罪处罚。

一、生产、销售伪劣产品罪

本罪是指生产者、销售者在产品中掺杂、掺假，以假充真，以次充好或者以不合格产品冒充合格产品，销售金额5万元以上的行为。

1.犯罪客体是国家产品质量监管秩序和消费者的合法权益。

2.犯罪客观方面表现为在产品中掺杂、掺假，以假充真，以次充好或者以不合格产品冒充合格产品，销售金额5万元以上的行为。

（1）生产、销售的是伪劣产品。其中的伪产品主要是指“以假充真”的产品，劣产品是指掺杂、掺假的产品，以次充好的产品及冒充合格产品的不合格产品。这里的“产品”，应是指经过加工、制作，用于销售的产品。

（2）行为表现为四种情况：在产品中掺杂、掺假，以假充真，以次充好，以不合格产品冒充合格产品。“在产品中掺杂、掺假”，主要表现为在产品中掺入杂质或者异物，致使产品质量不符合国家法律、法规或者产品明示质量标准规定的质量要求，降低、失去应有使用性能。如在芝麻中掺沙子、在磷肥中掺入颜色相同的泥土等。“以假充真”，主要表现为以不具有某种使用性能的产品冒充具有该种使用性能的产品。如将党参冒充人参、将猪皮鞋冒充牛皮鞋等。“以次充好”，主要表现为以低等级、低档次产品冒充高等级、高档次产品，或者以残次、废旧零配件组合、拼装后冒充正品或者新产品。“不合格产品”，是指不符合产品质量法规定的质量要求的产品。对本条规定的上述行为难以确定的，应当委托法律、行政法规规定的产品质量检验机构进行鉴定。需要注意的是，上述四种行为有时很难绝对地区分，也没有必要硬性区分某种行为属于哪一类。只要实施其中一种行为便可能构成生产、销售伪劣产品罪，同时实施多种行为的，也只以一罪论处。

（3）生产、销售伪劣产品构成犯罪的，要求销售金额在5万元以上。“销售金额”，是指生产者、销售者出售伪劣产品后所得和应得的全部违法收入。多次实施生产、销售伪劣产品行为，未经处理的，伪劣产品的销售金额或货值金额累计计算。最高人民法院、最高人民检察院《关于办理生产、销售伪劣商品刑事案件具体应用法律若干问题的解释》第2条第2款规定：“伪劣产品尚未销售，货值金额达到刑法第一百四十条规定的销售金额三倍以上的，以生产、销售伪劣产品罪（未遂）定罪处罚。”

生产、销售伪劣产品，同时构成侵犯知识产权、非法经营等犯罪的，依照处罚较重的规定定罪处罚。犯本罪，又以暴力、威胁方法抗拒查处，构成妨害公务等罪的，依照数罪并罚的规定处罚。

3.犯罪主体是生产者与销售者。至于生产者、销售者是否取得了有关产品的生产许可证或营业执照，不影响本罪的成立。生产者与销售者既可以是自然人，也可以是单位。知道或者应当知道他人实施生产、销售伪劣产品犯罪，而为其提供贷款、资金、账号、发票、证明、许可证件，或者提供生产、经营场所或者运输、仓储、保管、邮寄等便利条件，或者提供制假生产技术的，以本罪的共犯论处。

4.犯罪主观方面只能是故意。行为人明知自己生产、销售伪劣产品的行为会发生破坏国家产品质量监管秩序，侵害用户、消费者合法权益的危害结果，并且希望或者放任这种结果发生。

犯本罪的，根据《刑法》第140条、第150条的规定处罚。

二、生产、销售、提供假药罪

本罪是指故意生产、销售假药，以及药品使用单位的人员明知是假药而提供给他人使用的行为。本罪是抽象危险犯。

1.犯罪客体是国家药品监管秩序和人体健康。

2.本罪客观方面具有以下特征：

首先，生产、销售、提供的必须是假药。根据2019年修订后的《药品管理法》第98条第2款的规定，有下列情形之一的，为假药：（1）药品所含成分与国家药品标准规定的成分不符；（2）以非药品冒充药品或者以他种药品冒充此种药品；（3）变质的药品；（4）药品所标明的适应证或者功能主治超出规定范围。刑法对生产、销售假农药、假兽药的行为另设了规定，故本罪中的假药只限于人用药品与非药品，但这又不意味着上述药品客观上都能够用于人体，有些物品本来不能用于人体，但行为人将其假冒为药品而提供给人使用的，就是本罪中的假药。行为人生产、销售国务院药品监督管理部门禁止使用的药品，未取得药品相关批准证明文件生产、进口药品或者明知是上述药品而销售，足以严重危害人体健康的，如该药品不能认定为假药，对行为人应按《刑法》第142条之一妨害药品管理罪定罪量刑；如该药品属于假药，同时构成生产、销售、提供假药罪与妨害药品管理罪，应以生产、销售、提供假药罪论处。还需注意的是，出售民间有效偏方的，不应以本罪论处，因为偏方本身不属于药品的范畴。

其次，具有生产、销售、提供假药的行为。（1）生产假药，是指以生产、销售、提供假药为目的，合成、精制、提取、储存、加工炮制药品原料，或者在将药品原料、辅料、包装材料制成成品过程中，进行配料、混合、制剂、储存、包装的行为。对于印制包装材料、标签、说明书的行为，如果是生产行为人同时实施的附随行为，应当一并纳入“生产”予以评价；如果属于其他人为生产药品者实施的行为，则属于帮助行为，应当按照生产假药罪的共同犯罪予以处理。（2）销售假药，是指一切向不特定或者多数人有偿提供假药的行为。销售的方式既可能是公开的，也可能是秘密的；既可能是批量销售，也可能是零散销售；既可能是行为人请求对方购买，也可能是对方请求行为人转让；既可能是直接交付对方，也可能是间接交付对方；有偿转让假药既可能是获取金钱，也可能是获取其他利益；既可能是在交付假药的同时获得利益，也可能是先交付假药后获取利益或者先获取利益后交付假药。假药的来源既可能是自己生产的，也可能是自己购买的，还可能是通过其他方法取得的。销售的对方（购买者）没有限制。（3）提供假药，是指药品使用单位及其工作人员明知是假药、劣药而无偿提供给他人使用的行为；如果是有偿提供给他人使用，属于销售假药。

只要具有生产、销售、提供假药的行为，即构成本罪。至于所生产、销售、提供的假药是否足以严重危害人体健康，在所不问。因为只要生产、销售、提供了假药，就会破坏国家的药品监管秩序。如果生产、销售、提供的假药对人体健康造成严重危害或者有其他严重情节，则是本罪法定刑升格的条件。根据司法解释，根据民间传统配方私自加工药品或者销售所加工的药品，数量不大，且未造成他人伤害后果或者延误诊治的，或者不以营利为目的实施带有自救、互助性质的生产、进口、销售药品的行为，不应当认定为犯罪。对于是否属于民间传统配方难以确定的，根据地市级以上药品监督管理部门或者有关部门出具的认定意见，结合其他证据作出认定。

3.生产、销售假药的行为主体为自然人与单位（非身份犯）。提供假药的主体是药品使用单位及其工作人员（身份犯）。单位犯本罪的，依照自然人犯罪的定罪量刑标准处罚。

4.犯罪主观方面为故意。行为人明知自己生产、销售、提供的是假药，会危害国家药品监管秩序与人体健康，并且希望或者放任这种结果发生。办理生产、销售、提供假药刑事案件，应当结合行为人的从业经历、认知能力、药品质量、进货渠道和价格、销售渠道和价格以及生产、销售方式等事实综合判断认定行为人的主观故意。具有下列情形之一的，可以认定行为人有实施相关犯罪的主观故意，但有证据证明确实不具有故意的除外：(1)药品价格明显异于市场价格的；(2)向不具有资质的生产者、销售者购买药品，且不能提供合法有效的来历证明的；(3)逃避、抗拒监督检查的；(4)转移、隐匿、销毁涉案药品、进销货记录的；(5)曾因实施危害药品安全违法犯罪行为受过处罚，又实施同类行为的；(6)其他足以认定行为人主观故意的情形。

认定本罪，需要注意以下问题：

1.罪数。《刑法》第149条第2款规定：生产、销售本节第141条至第148条所列产品，构成各该条规定的犯罪，同时又构成本节第140条规定之罪的，依照处罚较重的规定定罪处罚。从竞合原理出发，实施生产、销售、提供假药行为，同时构成本罪与生产、销售伪劣产品，侵犯知识产权、非法经营、非法行医、非法采供血等犯罪的，依照处罚较重的规定定罪处罚。

2.共犯。明知他人生产、销售、提供假药，而有下列情形之一的，以生产、销售、提供假药罪的共犯论处：(1)提供资金、贷款、账号、发票、证明、许可证件的；(2)提供生产、经营场所、设备或者运输、储存、保管、邮寄、销售渠道等便利条件的；(3)提供生产技术或者原料、辅料、包装材料、标签、说明书的；(4)提供虚假药物非临床研究报告、药物临床试验报告及相关材料的；(5)提供广告宣传的；(6)提供其他帮助的。需要注意的是，以提供给他人生产、销售、提供药品为目的，违反国家规定，生产、销售不符合药用要求的原料、辅料，符合《刑法》第140条规定的，司法解释主张以生产、销售伪劣产品罪从重处罚（同时构成其他犯罪的，依照处罚较重的规定定罪处罚），不以共同犯罪论处。

犯本罪的，根据《刑法》第141条、第150条的规定处罚。

三、生产、销售、提供劣药罪

生产、销售、提供劣药罪，是指生产、销售劣药，以及药品使用单位及其工作人员明知是劣药而提供给他人使用，对人体健康造成严重危害的行为。

本罪与生产、销售、提供假药罪的区别主要在于行为对象是假药还是劣药。根据2019年修订后的《药品管理法》第98条第3款的规定，劣药是指下列药品：(1)药品成分的含量不符合国家药品标准；(2)被污染的药品；(3)未标明或者更改有效期的药品；(4)未注明或者更改产品批号的药品；(5)超过有效期的药品；(6)擅自添加防腐剂、辅料的药品；(7)其他不符合药品标准的药品。本罪中生产、销售、提供行为的含义，与生产、销售、提供假药罪中生产、销售、提供行为的含义一致。生产、销售、提供劣药，具有下列情形之一的，应当认定为“对人体健康造成严重危害”：(1)造成轻伤或者重伤的；(2)造成轻度残疾或者中度残疾的；(3)造成器官组织损伤导致一般功能障碍或者严重功能障碍的；

(4)其他对人体健康造成严重危害的情形。

本罪主体与生产、销售、提供假药罪的犯罪主体一致。

本罪主观方面为故意，要求行为人明知自己生产、销售、提供的是劣药。本罪故意的认定，与生产、销售、提供假药罪的犯罪故意的认定原理一致。如果实施生产、销售、提供行为时，行为人误将假药当成劣药，或者误将劣药当成假药的，应按错误论原理处理。

犯本罪的，根据《刑法》第142条、第150条的规定处罚。

四、妨害药品管理罪

本罪是指违反药品管理法规，在药品申请注册或者生产、销售过程中妨害药品管理，足以严重危害人体健康的行为。

本罪中妨害药品管理行为特指下列行为：(1)生产、销售国务院药品监督管理部门禁止使用的药品的；(2)未取得药品相关批准证明文件生产、进口药品或者明知是上述药品而销售的；(3)药品申请注册中提供虚假的证明、数据、资料、样品或者采取其他欺骗手段的；(4)编造生产、检验记录的。如果行为人实施的是上述四种情形以外的其他妨害药品管理行为，即使足以严重危害人体健康，也不构成本罪(但可能构成其他犯罪)。需要注意的是，情形(1)、情形(2)中的药品如被认定为假药或者劣药，行为同时构成本罪与生产、销售、提供假药罪，生产、销售、提供劣药罪。药品注册申请单位的工作人员指使药物非临床研究机构、药物临床试验机构、合同研究组织的工作人员，提供情形(3)中虚假的证明、数据、资料、样品的，行为同时构成本罪与提供虚假证明文件罪的共同犯罪。对于这些情形的罪数问题，《刑法》第142条之一第2款规定：妨害药品管理行为同时又构成《刑法》第141条、第142条规定之罪或者其他犯罪的，依照处罚较重的规定定罪处罚。

实施妨害药品管理的行为，只有足以严重危害人体健康的，才构成本罪。根据最高人民法院、最高人民检察院《关于办理危害药品安全刑事案件适用法律若干问题的解释》的规定，具有下列情形之一的，应当认定为“足以严重危害人体健康”：(1)生产、销售国务院药品监督管理部门禁止使用的药品，综合生产、销售的时间、数量、禁止使用原因等情节，认为具有严重危害人体健康的现实危险的；(2)未取得药品相关批准证明文件生产药品或者明知是上述药品而销售，涉案药品属于本解释第1条第1项至第3项规定情形的；(3)未取得药品相关批准证明文件生产药品或者明知是上述药品而销售，涉案药品的适应证、功能主治或者成分不明的；(4)未取得药品相关批准证明文件生产药品或者明知是上述药品而销售，涉案药品没有国家药品标准，且无核准的药品质量标准，但检出化学药成分的；(5)未取得药品相关批准证明文件进口药品或者明知是上述药品而销售，涉案药品在境外也未合法上市的；(6)在药物非临床研究或者药物临床试验过程中故意使用虚假试验用药品，或者瞒报与药物临床试验用药品相关的严重不良事件的；(7)故意损毁原始药物非临床研究数据或者药物临床试验数据，或者编造受试动物信息、受试者信息、主要试验过程记录、研究数据、检测数据等药物非临床研究数据或者药物临床试验数据，影响药品的安全性、有效性和质量可控性的；(8)编造生产、检验记录，影响药品的安全性、有效性和质量可控性的；(9)其他足以严重危害人体健康的情形。对于“足以严重危害人体健康”难以确定的，根据地市级以上药品监督管理部门出具的认定意见，结合其他证据作出认定。

犯本罪的，根据《刑法》第142条之一、第150条的规定处罚。

五、生产、销售不符合安全标准的食品罪

本罪是指生产、销售不符合安全标准的食品，足以造成严重食物中毒事故或者其他严重食源性疾病的行为。

首先，行为人必须生产、销售了不符合安全标准的食品。食品是指各种供人食用或者饮用的成品、原料以及按照传统既是食品又是药品的物品(但不包括烟草和以治疗为目的的物品)。不符合安全标准的食品，是指不符合食

品安全法规定的安全标准的食品。根据司法解释，生产、销售不符合食品安全标准的食品添加剂，用于食品的包装材料、容器、洗涤剂、消毒剂或者用于食品生产经营的工具、设备等，或者生产、销售用超过保质期的食品原料、超过保质期的食品、回收食品作为原料的食品，或者以更改生产日期、保质期、改换包装等方式销售超过保质期的食品、回收食品，符合《刑法》第140条规定的，以生产、销售伪劣产品罪定罪处罚；若因上述原因导致食品不符合安全标准或者有毒、有害，同时构成生产、销售不符合安全标准的食品罪，生产、销售不符合安全标准的产品罪等其他犯罪的，依照处罚较重的规定定罪处罚。

其次，构成本罪要求生产、销售不符合安全标准食品的行为足以造成严重食物中毒事故或者其他严重食源性疾病。根据司法解释，生产、销售不符合食品安全标准的食品，具有下列情形之一的，属于"足以造成严重食物中毒事故或者其他严重食源性疾病"：(1)含有严重超出标准限量的致病性微生物、农药残留、兽药残留、生物毒素、重金属等污染物质以及其他严重危害人体健康的物质的；(2)属于病死、死因不明或者检验检疫不合格的畜、禽、兽、水产动物肉类及其制品的；(3)属于国家为防控疾病等特殊需要明令禁止生产、销售的；(4)特殊医学用途配方食品、专供婴幼儿的主辅食品营养成分严重不符合食品安全标准的；(5)其他足以造成严重食物中毒事故或者严重食源性疾病的情形。在食品生产、销售、运输、贮存等过程中，违反食品安全标准，超限量或者超范围滥用食品添加剂，或者在食用农产品种植、养殖、销售、运输、贮存等过程中，违反食品安全标准，超限量或者超范围滥用添加剂、农药、兽药等，足以造成严重食物中毒事故或者其他严重食源性疾病的，以本罪定罪处罚。生产、销售不符合食品安全标准的食品，无证据证明足以造成严重食物中毒事故或者其他严重食源性疾病，不构成生产、销售不符合安全标准的食品罪，但构成生产、销售伪劣产品罪，妨害动植物防疫、检疫罪等其他犯罪的，依照该其他犯罪定罪处罚。

本罪与生产、销售有毒、有害食品罪是特别关系，成立生产、销售有毒、有害食品罪的行为，也必然符合本罪的犯罪构成。由于生产、销售有毒、有害食品罪属于特别法条，故对生产、销售有毒、有害食品的行为，应认定为生产、销售有毒、有害食品罪。当然，在生产、销售的食品中掺入非食品原料，未达到有毒、有害的程度，但该食品不符合食品安全标准，足以造成严重食物中毒事故或者其他严重食源性疾病的，应以本罪论处。

犯本罪的，根据《刑法》第143条、第150条的规定处罚。

六、生产、销售有毒、有害食品罪

本罪是指在生产、销售的食品中掺入有毒、有害的非食品原料，或者销售明知掺有有毒、有害的非食品原料的食品的行为。

本罪客体是国家食品安全监管秩序和人的健康权利。

本罪客观方面表现为三种行为：一是在生产的食品中掺入有毒、有害的非食品原料；二是在销售的食品中掺入有毒、有害的非食品原料；三是明知是掺有有毒、有害的非食品原料的食品而销售。概括起来说，行为人生产、销售了掺入有毒、有害的非食品原料的食品：(1)本罪中的"食品"与生产、销售不符合安全标准的食品罪中的"食品"含义一致，包括加工食品、半成品、未加工食品以及保健食品等食品。在保健食品或者其他食品中非法添加国家禁用药物等有毒、有害的非食品原料的，以及在食用农产品种植、养殖、销售、运输、贮存等过程中，使用禁用农药、食品动物中禁止使用的药品及其他化合物等有毒、有害的非食品原料的，都构成本罪。在非食品(如药品)中掺入有毒、有害的原料的，不构成本罪，视情况成立生产、销售伪劣产品罪、投放危险物质罪等犯罪。(2)有毒、有害的非食品原料，具体包括：①因危害人体健康，被法律、法规禁止在食品生产经营活动中添加、使用的物质；②因危害人体健康，被国务院有关部门列入《食品中可能违法添加的非食用物质名单》《保健食品中可能非法添加的物质名单》和国务院有关部门公告的禁用农药、《食品动物中禁止使用的药品及其他化合物清单》等名单上的物质；③其他有毒、有害的物质。行为人在食品生产经营中添加的虽然不是国务院有关部门公布的《食品中可能违法添加的非食用物质名单》和《保健食品中可能非法添加的物质名单》中的物质，但如果该物质与上述名单中所列物质具有同等属性，并且根据检验报告和专家意见等相关材料能够确定该物质对人体具有同等危害的，应当认定为有毒、有害的非食品原料。（3）在食品加工、销售、运输、贮存等过程中，在食品中掺入非食品原料。在食品生产、销售、运输、贮存等过程中，使用不符合食品安全标准的食品包装材料、容器、洗涤剂、消毒剂，或者用于食品生产经营的工具、设备等，造成食品被污染，符合《刑法》第143条、第144条规定的，以生产、销售不符合安全标准的食品罪或者生产、销售有毒、有害食品罪定罪处罚。在畜禽屠宰相关环节，对畜禽使用食品动物中禁止使用的药品及其他化合物等有毒、有害的非食品原料，以生产、销售有毒、有害食品罪定罪处罚；对畜禽注水或者注入其他物质，足以造成严重食物中毒事故或者其他严重食源性疾病的，以生产、销售不符合安全标准的食品罪定罪处罚（虽不足以造成严重食物中毒事故或者其他严重食源性疾病，但符合《刑法》第140条规定的，以生产、销售伪劣产品罪定罪处罚）。（4）掺入的非食品原料必须对人体有毒或者有害。有毒、有害的共同点是可能造成严重食物中毒或者其他严重食源性疾患。使用盐酸克仑特罗等禁止在饲料和动物饮用水中使用的药品或者含有该类药品的饲料养殖供人食用的动物，或者销售明知是使用该类药品或者含有该类药品的饲料养殖的供人食用的动物的，以本罪论处。明知是使用盐酸克仑特罗等禁止在饲料和动物饮用水中使用的药品或者含有该类药品的饲料养殖的供人食用的动物，而提供屠宰等加工服务，或者销售其制品的，成立本罪。

本罪主体既可以是自然人，也可以是单位。

主观方面只能是故意，过失不成立本罪。行为人是否“明知”掺有有毒、有害的非食品原料，应当综合行为人的认知能力、食品质量、进货或者销售的渠道及价格等主、客观因素进行认定；具有下列情形之一的，可以认定为“明知”，但存在相反证据并经查证属实的除外：（1）长期从事相关食品、食用农产品生产、种植、养殖、销售、运输、贮存行业，不依法履行保障食品安全义务的；（2）没有合法有效的购货凭证，且不能提供或者拒不提供销售的相关食品来源的；（3）以明显低于市场价格进货或者销售且无合理原因的；（4）在有关部门发出禁令或者食品安全预警的情况下继续销售的；（5）因实施危害食品安全行为受过行政处罚或者刑事处罚，又实施同种行为的；（6）其他足以认定行为人明知的情形。

本罪与投放危险物质罪有相似之处。一般来说，前者表现为生产、销售了掺入有毒、有害的非食品原料的食品，后者表现为在食品、河流、水井乃至公共场所等地投放毒害性、放射性等危险物质；前者是在客观的生产、经营活动中实施行为，后者一般与生产、经营活动没有关系；本罪的自然人主体必须已满16周岁，单位可以成为本罪主体；后者的自然人主体只需已满14周岁，单位不能成为其主体。但是，不排除二者会发生竞合关系。

犯本罪的，根据《刑法》第144条、第150条的规定处罚。

七、生产、销售不符合安全标准的产品罪

本罪是指生产不符合保障人身、财产安全的国家标准、行业标准的电器、压力容器、易燃易爆产品或者其他不符合保障人身、财产安全的国家标准、行业标准的产品，或者销售明知是以上不符合保障人身、财产安全的国家标准、行业标准的产品，造成严重后果的行为。犯本罪的，根据《刑法》第146条、第150条的规定处罚。

【本节主要法律规定】

1.《刑法》第140～150条
2.最高人民法院、最高人民检察院《关于办理生产、销售伪劣商品刑事案件具体应用法律若干问题的解释》
3.最高人民法院、最高人民检察院《关于办理危害药品安全刑事案件适用法律若干问题的解释》

第二节 走私罪

本节主要内容提示

应注意把握本节各种走私犯罪的犯罪构成。各种走私犯罪的区别，主要在于走私对象不同。行为人具有走私犯罪的故意，但对其走私的具体对象不明确的，只能在故意内容与客观事实重合的限度内认定为轻罪的既遂犯。如行为人误以为自己走私的是普通货物，但客观上走私了武器，对此确实不明知的，只能认定为走私普通货物、物品罪。但是，客观上走私了武器，行为人误以为走私的是弹药的，由于属于同一犯罪构成内的错误，不影响走私武器罪（既遂）的成立。

一、走私武器、弹药罪

本罪是指违反海关法规，走私武器、弹药的行为。

1.本罪客体是海关监管秩序。

2.客观上实施了走私武器、弹药的行为。本罪的对象为能够使用的武器、弹药（包括各种弹药的弹头、弹壳）。走私枪支散件的，可构成走私武器罪。走私各种弹药的弹头、弹壳，可构成走私弹药罪。走私报废或者无法组装并使用的各种弹药的弹头、弹壳，构成犯罪的，以走私普通货物、物品罪定罪处罚；属于废物的，以走私废物罪定罪处罚。走私国家禁止或者限制进出口的仿真枪、管制刀具，构成犯罪的，以走私国家禁止进出口的货物、物品罪定罪处罚。

走私行为主要表现为以下几种形式：(1)未经国务院或国务院授权的部门批准，不经过设立海关的地点，非法运输、携带武器、弹药进出国（边）境；(2)虽然通过设立海关的地点进出国（边）境，但采取隐匿、伪装、假报等欺骗手段，逃避海关监管、检查，非法盗运、偷带或者非法邮寄武器、弹药；(3)直接向走私人非法收购武器、弹药；(4)在内海、领海运输、收购、贩卖武器、弹药；(5)与走私武器、弹药的罪犯通谋，为其提供贷款、资金、账号、发票、证明，或者为其提供运输、保管、邮寄或者其他方便。

走私武器、弹药的行为，可能同时触犯非法买卖、运输、邮寄、储存枪支、弹药罪，由于刑法将走私行为作了特别规定，所以，凡是符合走私武器、弹药罪的构成要件的，不再认定为非法运输、邮寄、储存枪支、弹药罪；但是，行为人走私武器、弹药进境后，又非法出售的，应另成立非法买卖枪支、弹药罪。

走私犯罪分子在实施走私犯罪或者逃避追缉过程中，实施碰撞、挤别、抛撒障碍物、超高速行驶、强光照射驾驶人员等危险行为，危害公共安全的，以走私罪和以危险方法危害公共安全罪数罪并罚。以暴力、威胁方法抗拒缉私执法，以走私罪和袭警罪或者妨害公务罪数罪并罚。武装掩护走私的，依照《刑法》第151条第1款规定从重处罚。

3.犯罪主体既可以是自然人，也可以是单位。

4.主观方面只能是故意，行为人必须明知走私的是国家禁止进出口的武器、弹药，过失不成立本罪。

犯本罪的，根据《刑法》第151条第1款、第4款的规定处罚。

二、走私假币罪

本罪是指违反海关法规，走私伪造的货币的行为。走私的对象是伪造的货币，其中的“货币”是指在境内外正在流通的以下货币：(1)人民币（含普通纪念币、贵金属纪念币）、港元、澳门元、新台币；(2)其他国家及地区的法定货币。走私变造的货币的行为，不成立本罪。走私假币行为的表现形式与走私武器、弹药罪的表现形式相同。行为人主观上必须明知是伪造的货币而走私。犯本罪的，根据《刑法》第151条第1款、第4款和第157条的规定处罚。

三、走私文物罪

本罪是指违反海关法规，走私国家禁止出口的文物的行为。国家禁止出口的文物，依照文物保护法规定的“国家禁止出境的文物”的范围认定。本罪的走私方式，与走私武器、弹药罪相同，但是本罪仅限于将文物从境内走私至境外的行为。将文物从境外走私至境内的，成立走私普通货物、物品罪。犯本罪的，根据《刑法》第151条第2款、第4款和第157条的规定处罚。

四、走私贵重金属罪

本罪是指违反海关法规，走私国家禁止出口的黄金、白银或者其他贵重金属的行为。本罪的走私方式，与走私武器、弹药罪相同，但是本罪仅限于将贵重金属从境内走私至境外的行为。将贵重金属从境外走私至境内的，成立走私普通货物、物品罪。犯本罪的，根据《刑法》第151条第2款、第4款和第157条的规定处罚。

五、走私国家禁止进出口的货物、物品罪

本罪是指违反海关法规，走私珍稀植物及其制品等国家禁止进出口的其他货物、物品的行为。本罪的走私行为的表现方式与走私武器、弹药罪表现方式相同。运动员、运动员辅助人员走私兴奋剂目录所列物质，或者其他人员以在体育竞赛中非法使用为目的走私兴奋剂目录所列物质，涉案物质属于国家禁止进出口的货物、物品，需要追究刑事责任的，应以本罪定罪处罚。非设关地走私进口未取得国家检验检疫准入证书的冻品，应认定为国家禁止进口的货物，构成犯罪的，按本罪定罪处罚。犯本罪的，根据《刑法》第151条第3款、第157条的规定处罚。

六、走私淫秽物品罪

本罪是指违反海关法规，以牟利或者传播为目的，走私淫秽的影片、录像带、录音带、图片、书刊或者其他淫秽物品的行为。本罪客观上要求走私淫秽物品。走私非淫秽的影片、影碟、录像带、录音带、音碟、图片、书刊、电子出版物等物品的，按走私普通货物、物品罪定罪处罚。走私行为的表现形式与走私武器、弹药罪相同。本罪主观上不仅要求故意，而且要求以牟利或者传播为目的。行为人是否具有这种目的，应主要通过走私淫秽物品的数量、次数等进行判断。但是否实现了牟利或传播目的，不影响本罪的成立。犯本罪的，根据《刑法》第152条、第157条的规定处罚。

七、走私普通货物、物品罪

本罪是指违反海关法规，走私《刑法》第151条、第152条、第347条规定以外的货物、物品，偷逃应缴税额较大或者一年内曾因走私被给予二次行政处罚后又走私的行为。

1.本罪客体是国家海关监管秩序。

2.本罪的客观方面表现为违反海关法规，走私“普通”货物、物品，数量较大的行为。如走私成品油，构成犯罪的，应以走私普通货物罪定罪处罚。根据司法解释，取得许可，但超过许可数量进出口国家限制进出口的货物、物品，构成犯罪的，以走私普通货物、物品罪定罪处罚。

本罪的走私对象是《刑法》第151条、第152条、第347条规定以外的货物、物品，包括限制进出口的货物、物品，应当缴纳关税的货物、物品以及特殊情况下的特定免税货物、物品。根据司法解释，在走私的货物、物品中藏匿《刑法》第151条、第152条、第347条、第350条规定的货物、物品，构成犯罪的，以实际走私的货物、物品定罪处罚；构成数罪的，实行数罪并罚。

本罪的走私行为包括以下方式：(1)未经国务院或国务院授权的部门批准，不经过设立海关的地点，非法运输、携带国家禁止或限制进出口的货物、物品或者依法应当缴纳关税的

下编 分论

货物、物品进出国(边)境的。(2)虽然通过设立海关的地点进出国(边)境,但采取隐匿、伪装、假报等欺骗手段,逃避海关监管、检查,非法盗运、偷带或者非法邮寄国家禁止或限制进出口的货物、物品或者依法应当缴纳关税的货物、物品的。(3)未经国务院批准或者海关许可并补缴关税,擅自将批准进口的来料加工、来件装配、补偿贸易的原材料、零件、制成品、设备等保税货物或者海关监管的其他货物、进境的海外运输工具等,非法在境内销售牟利的。其中的“保税货物”,是指经海关批准,未办理纳税手续进境,在境内储存、加工、装配后应予复运出境的货物,包括通过加工贸易、补偿贸易等方式进口的货物,以及在保税仓库、保税工厂、保税区或者免税商店内等储存、加工、寄售的货物。“销售牟利”,是指行为人主观上为了牟取非法利益而擅自销售海关监管的保税货物、特定减免税货物。该种行为是否构成犯罪,应当根据偷逃的应缴税额是否达到《刑法》第153条及相关司法解释规定的数额标准予以认定。实际获利与否或者获利多少并不影响其定罪。(4)假借捐赠名义进口货物、物品,或者未经海关许可并补缴关税,擅自将减税、免税进口捐赠货物、物品或者其他特定减税、免税进口用于特定企业、特定地区、特定用途的货物、物品,非法在境内销售牟利的。(5)直接向走私人非法收购国家禁止进口物品的,或者直接向走私人非法收购走私进口的其他货物、物品,数额较大的。“直接向走私人非法收购走私进口的其他货物、物品”,是指明知是走私行为人而向其非法收购走私进口的其他货物、物品。如收购人直接向走私人购买走私的成品油,数额较大的,应以走私犯罪论处(但向非直接走私人购买走私的成品油的,根据其主观故意,分别依照洗钱罪或者掩饰、隐瞒犯罪所得、犯罪所得收益罪定罪处罚)。(6)在内海、领海、界河、界湖运输、收购、贩卖国家禁止进出口物品的,或者运输、收购、贩卖国家限制进出口货物、物品,数额较大,没有合法证明的。“内海”包括内河的入海口水域。(7)与走私罪犯通谋,为其提供贷款、资金、账号、发票、证明,或者为其提供运输、保管、邮寄或者其他方便的。

偷逃应缴税额较大或者一年内曾因走私被给予二次行政处罚后又走私的,才以本罪论处。“应缴税额”,包括进出口货物、物品应当缴纳的进出口关税和进口环节海关代征税的税额。应缴税额以走私行为实施时的税则、税率、汇率和完税价格计算;多次走私的,以每次走私行为实施时的税则、税率、汇率和完税价格逐票计算;走私行为实施时间不能确定的,以案发时的税则、税率、汇率和完税价格计算。

根据司法解释,实施走私犯罪,具有下列情形之一的,应当认定为犯罪既遂:(1)在海关监管现场被查获的;(2)以虚假申报方式走私,申报行为实施完毕的;(3)以保税货物或者特定减税、免税进口的货物、物品为对象走私,在境内销售的,或者申请核销行为实施完毕的。

3.本罪主体既可以是自然人,也可以是单位。

4.本罪主观方面只能是故意,故意的认识因素的具体内容,因走私行为的具体方式以及走私对象的不同而有所区别。

经许可进口国家限制进口的可用作原料的废物时,偷逃应缴税额,构成犯罪的,以走私普通货物罪定罪处罚;既未经许可,又偷逃应缴税额,同时构成走私废物罪和走私普通货物罪的,应当按照刑法处罚较重的规定定罪处罚。虽经许可,但超过许可数量进口国家限制进口的可用作原料的废物,超过部分以未经许可论。

犯本罪的,根据《刑法》第153条、第157条的规定处罚;对于多次走私未经处理(未经行政处罚处理)的,按照累计走私货物、物品的偷逃应缴税额处罚。以暴力、威胁方法抗拒缉私的,实行数罪并罚。

【本节主要法律规定】

《刑法》第151～157条

第三节　妨害对公司、企业的管理秩序罪

本节主要内容提示

应注意把握本节各种犯罪的犯罪构成。非国家工作人员受贿罪与受贿罪的主要区别在于犯罪主体不同。

一、非国家工作人员受贿罪

本罪是指公司、企业或者其他单位的工作人员利用职务上的便利，索取他人财物或者非法收受他人财物，为他人谋取利益，数额较大的行为。《刑法修正案（十一）》修改、完善了本罪的法定刑，但对本条罪状未作修改。

1.本罪客体是国家对公司、企业或者其他单位的工作人员廉洁从业的监督管理秩序。

2.客观方面表现为利用职务上的便利，索取他人财物或者非法收受他人财物，为他人谋取利益，数额较大的行为。（1）必须利用职务上的便利，即他人有求于行为人的职务行为时，行为人以职务行为或允诺职务行为作为条件，实施受贿行为。（2）必须索取或者非法收受他人财物，并且数额较大。这里的财物应包括有形财物、无形财物及财产性利益。“数额较大”是指数额在3万元以上。（3）无论是索取他人财物还是收受他人财物，都必须为他人谋取利益。但“为他人谋取利益”只要求是一种允诺行为，不要求行为人实际上为他人谋取了利益。（4）公司、企业或者其他单位的工作人员在经济往来中，违反国家规定，收受各种名义的回扣、手续费，归个人所有的，成立本罪。违反国家规定，是指违反全国人民代表大会及其常委会制定的法律和决定，国务院制定的行政法规、规定的行政措施、发布的决定和命令，不包括单纯违反地方性规定的行为。

本罪与受贿罪的主要区别在于犯罪主体不同。国有公司、企业或者其他国有单位中从事公务的人员以及其他国家工作人员利用职务上的便利索取、收受财物的，不成立本罪，构成受贿罪。

3.本罪的主体必须是公司、企业或者其他单位的工作人员，包括国有公司、企业以及其他国有单位中并不从事公务的非国家工作人员。“其他单位”，既包括事业单位、社会团体、村民委员会、居民委员会、村民小组等常设性的组织，也包括为组织体育赛事、文艺演出或者其他正当活动而成立的组委会、筹委会、工程承包队等非常设性的组织。根据《刑法》第184条的规定，银行或者其他金融机构的工作人员（国有金融机构工作人员和国有金融机构委派到非国有金融机构从事公务的人员除外），在金融业务活动中索取他人财物或者非法收受他人财物，为他人谋取利益的，或者违反国家规定，收受各种名义的回扣、手续费，归个人所有的，以本罪论处。

4.主观方面只能是故意，过失不可能构成本罪。

医疗机构中的医务人员，利用开处方的职务便利，以各种名义非法收受药品、医疗器械、医用卫生材料等医药产品销售方财物，为医药产品销售方谋取利益，数额较大的，成立本罪。学校及其他教育机构中的非国家工作人员，在教材、教具、校服或者其他物品的采购等活动中，利用职务上的便利，索取销售方财物，或者非法收受销售方财物，为销售方谋取利益，数额较大的，以本罪论处。学校及其他教育机构中的教师，利用教学活动的职务便利，以各种名义非法收受教材、教具、校服或者其他物品销售方财物，为教材、教具、校服或者其他物品销售方谋取利益，数额较大的，成立本罪。依法组建的评标委员会、竞争性谈判采购中谈判小组、询价采购中询价小组的组成人员，在招标、政府采购等事项的评标或者采购活动中，索取他人财物或者非法收受他人财物，为他人谋取利益，数额

较大的，以本罪论处。

认定本罪时，应将违反国家规定，收受各种名义的回扣、手续费的行为，与正当业务行为相区别。《反不正当竞争法》规定，经营者在交易活动中，可以以明示方式向交易相对方支付折扣，或者向中间人支付佣金。经营者向交易相对方支付折扣、向中间人支付佣金的，应当如实入账。接受折扣、佣金的经营者也应当如实入账。折扣，即商品购销中的让利，是指经营者在销售商品时，以明示并如实入账的方式给予对方的价格优惠；佣金，是指经营者在市场交易中给予为其提供服务的具有合法经营资格的中间人的劳动报酬。所接受的折扣、佣金符合法律规定的，不能认定为受贿；但对违反国家规定，收受各种名义的回扣、手续费，如收受折扣、佣金后不如实入账，归个人所有的，应认定为受贿。

犯本罪的，根据《刑法》第163条的规定处罚。

二、对非国家工作人员行贿罪

本罪是指为谋取不正当利益，给予公司、企业或者其他单位的工作人员以财物，数额较大的行为。

本罪客观上必须是给予公司、企业或者其他单位的工作人员以数额较大的财物。这里的公司、企业或者其他单位的工作人员一般不包括外国公职人员或者国际公共组织官员。为谋取不正当商业利益，给予外国公职人员或者国际公共组织官员以财物的，构成对外国公职人员、国际公共组织官员行贿罪。

主体既可以是自然人，也可以是单位。个人行贿数额在3万元以上，单位行贿数额在20万元以上的，应予立案追诉。主观方面必须出于故意，并且是为了谋取不正当利益。利益是否正当，应进行具体判断，而非抽象判断。至于实际上是否获取了不正当利益，则不影响本罪的成立。

犯本罪的，根据《刑法》第164条的规定处罚。行贿人在被追诉前主动交代行贿行为的，可以减轻处罚或者免除处罚。

三、非法经营同类营业罪

本罪是指国有公司、企业的董事、监事、高级管理人员，利用职务便利，自己经营或者为他人经营与其所任职公司、企业同类的营业，获取非法利益，数额巨大，或者其他公司、企业的董事、监事、高级管理人员违反法律、行政法规规定，利用职务便利，自己经营或者为他人经营与其所任职公司、企业同类的营业，致使公司、企业利益遭受重大损失的行为。2023年12月29日通过的《刑法修正案（十二）》扩大了本罪的主体范围，尤其是将本罪主体扩大至国有公司、企业之外的其他公司、企业的董事、监事、高级管理人员。根据刑法的时间效力原理，对于《刑法修正案（十二）》施行之前发生的其他公司、企业的董事、监事、高级管理人员的非法经营同类营业行为，不能以本罪论处。

构成本罪，在客观上要求行为人利用职务便利，自己经营或者为他人经营与其所任职公司、企业同类的营业。“利用职务便利”，是指行为人利用自己在所任职公司、企业担任董事、监事、高级管理人员所获得的权限、地位以及掌握的人脉、信息等便利条件。“经营与其所任职公司、企业同类的营业”，是指行为人从事与其所任职公司、企业相同或者近似的业务。无论是自己经营还是为他人经营与其所任职公司、企业同类的营业，都能构成本罪。如国有粮食公司、企业的董事利用职务便利，帮助自己经营的公司、企业借用其任职国有公司、企业的资质，从事与其任职国有公司、企业相同的营业行为，抢占、排挤任职国有公司、企业的交易机会的，行为人属于经营与其所任职公司、企业同类的营业。如果国有公司、企业的董事、监事、高级管理人员直接利用职务之便为相关公司、企业提供帮助，从中获得所谓利润分成的，不属于为他人经营与其所任职公司、企业同类的营业，不能以本罪论处，应以受贿罪定罪处罚。国有公司、企业的董事、监事、高级管理人员非法经营同类营业，并通过虚设交易环节，非法占有公共财物，同时构成贪污罪的，应视行为数量与情节从一重罪处罚或者实行数罪并罚。

本罪是身份犯，犯罪主体分为两类：（1）国有公司、企业的董事、监事、高级管理人员。国有公司、企业的其他职员，只要不属于董事、监事或者高级管理人员，即使属于国家工作人员，也不能单独构成本罪。根据《公司法》第265条的规定，“高级管理人员”是指董事、监事之外的公司、企业的主管人员和其他重要管理人员，如公司、企业的经理、副经理、财务负责人等。该类主体构成本罪，要求行为人获取非法利益，数额巨大。（2）其他公司、企业的董事、监事、高级管理人员。该类主体构成本罪，要求行为人违反法律、行政法规规定，致使公司、企业利益遭受重大损失。如果行为人经营同类营业行为并不违反法律、行政法规规定，如向公司董事会或者股东会报告并获得同意后，自己经营与其所任职公司、企业同类的营业的，不构成本罪。该类主体成立本罪，不要求行为人必须获取非法利益，数额巨大，只要其行为致使公司、企业利益遭受重大损失，即构成本罪。

犯本罪的，根据《刑法》第165条的规定处罚。

四、为亲友非法牟利罪

本罪是指国有公司、企业、事业单位的工作人员，利用职务便利，为亲友非法牟利，致使国家利益遭受重大损失，或者其他公司、企业的工作人员违反法律、行政法规规定，利用职务便利，为亲友非法牟利，致使公司、企业利益遭受重大损失的行为。2023年12月29日通过的《刑法修正案（十二）》将本罪主体扩大至国有公司、企业、事业单位之外的其他公司、企业的工作人员。对于《刑法修正案（十二）》施行之前发生的其他公司、企业的工作人员为亲友非法牟利的行为，不能以本罪论处。

成立本罪，要求行为人利用职务便利（利用自己主管、管理、经营、经手公司、企业业务的便利），实施下列行为之一：（1）将本单位的盈利业务交由自己的亲友进行经营；（2）以明显高于市场的价格从自己的亲友经营管理的单位采购商品、接受服务或者以明显低于市场的价格向自己的亲友经营管理的单位销售商品、提供服务；（3）从自己的亲友经营管理的单位采购、接受不合格商品、服务。不存在上述行为，如行为人以正常的市场价格从自己的亲友经营管理的单位采购商品、接受服务，或者以正常的市场价格向自己的亲友经营管理的单位销售商品、提供服务的，不构成本罪。对于这里的“亲友”，不宜作过于狭隘的理解，应以与行为人是否存在利益关系进行实质把握。

本罪的主体分为两类。其一，国有公司、企业、事业单位的工作人员。该类主体成立本罪，要求行为人利用职务便利，为亲友非法牟利行为致使国家利益遭受重大损失。其二，其他公司、企业的工作人员。与前一类主体不同，《刑法修正案（十二）》并未将本罪主体扩大到“其他事业单位”。因此，像民办学校、民办医院中的工作人员为亲友非法牟利的，不构成本罪。该类主体成立本罪，要求行为人违反法律、行政法规规定，为亲友非法牟利行为致使公司、企业利益遭受重大损失。如果为亲友非法牟利的行为并未违反法律、行政法规规定的，不构成本罪。《公司法》第183条规定：董事、监事、高级管理人员，不得利用职务便利为自己或者他人谋取属于公司的商业机会。但是，有下列情形之一的除外：（1）向董事会或者股东会报告，并按照公司章程的规定经董事会或者股东会决议通过；（2）根据法律、行政法规或者公司章程的规定，公司不能利用该商业机会。据此，向董事会或者股东会报告并获得同意，或者公司不能利用该商业机会，行为人将该盈利业务交由自己的亲友进行经营，即使亲友从中获利，也不构成本罪。此外，个人独资企业等公司、企业的实控人，自愿将本公司、企业的盈利业务交由自己的亲友进行经营，或者从自己的亲友经营管理的单位采购、接受不合格商品、服务的，实控人的决策并未损害他人利益，谈不上违反法律、行政法规规定，因此，即使该行为使得公司、企业利益遭受损失，实控人也不构成本罪。

犯本罪的，根据《刑法》第166条的规定处罚。

五、签订、履行合同失职被骗罪

本罪是指国有公司、企业、事业单位直接负

责的主管人员，在签订、履行合同过程中，因严重不负责任被诈骗，致使国家利益遭受重大损失的行为。

本罪主体只限于国有公司、企业、事业单位的直接负责的主管人员。客观方面表现为在签订、履行合同的过程中，因严重不负责任被诈骗，致使国家利益遭受重大损失。所应注意的是，并非在签订、履行合同过程中严重不负责任的一切行为，都成立本罪。因严重不负责任而不能履行合同，致使国家利益遭受重大损失的，不成立本罪；只有因严重不负责任被诈骗，从而致使国家利益遭受重大损失的，才成立本罪；但也不是凡是被诈骗的都成立本罪，只有因为严重不负责任被诈骗才可能成立本罪。本罪主观方面为过失。犯本罪的，根据《刑法》第167条的规定处罚。

六、徇私舞弊低价折股、出售公司、企业资产罪

本罪是指国有公司、企业或者其上级主管部门直接负责的主管人员，徇私舞弊，将国有资产低价折股或者低价出售，致使国家利益遭受重大损失，或者其他公司、企业直接负责的主管人员，徇私舞弊，将公司、企业资产低价折股或者低价出售，致使公司、企业利益遭受重大损失的行为。2023年12月29日通过的《刑法修正案（十二）》将本罪主体扩大至国有公司、企业之外的其他公司、企业直接负责的主管人员。构成本罪，要求行为人徇私舞弊，将公司、企业资产低价折股或者低价出售。这意味着本罪为故意犯罪，过失不构成本罪。如在公司、企业资产重组、收购过程中，行为人由于经验不足、决策失误或者市场行情变化，致使公司、企业资产在折股、出售过程中价格偏低的，不构成本罪。国有公司、企业或者其上级主管部门直接负责的主管人员，与他人串通，私自将国有资产低价折股或者低价出售给他人，同时触犯本罪与贪污罪的，对行为人应以贪污罪论处。犯本罪的，根据《刑法》第169条的规定处罚。

【本节主要法律规定】

《刑法》第158～169条之一

第四节　破坏金融管理秩序罪

本节主要内容提示

应注意把握本节各种犯罪的犯罪构成，同时应注意相关犯罪的区分：变造的货币与变造前的货币是否具有同一性，是变造货币罪与伪造货币罪的界限所在；行为人是否具有非法占有的目的，是非法吸收公众存款罪与贷款诈骗罪的界限所在；上游犯罪是否特定的7种犯罪，是洗钱罪与掩饰、隐瞒犯罪所得、犯罪所得收益罪的界限所在。

一、伪造货币罪

本罪是指没有货币发行权的人，非法制造外观上足以使一般人误认为是货币的假货币，妨害货币的公共信用的行为。

1.本罪客体是国家货币管理秩序。

2.客观行为表现为制造外观上足以使一般人误认为是货币的假货币。(1)伪造，是指制造外观上足以使一般人误认为是货币的假货币的行为。根据司法解释，伪造货币必须是仿照真币的图案、形状、色彩等特征非法制造假币来冒充真币。在这种情况下，存在与伪造的货币相对应的（或相当的）真币。至于伪造的方法，则没有任何限制，如机器印制、石印、影印、复印、手描等。同时采用伪造和变造手段，制造真伪拼凑货币的，以伪造货币罪定罪处罚。(2)伪造货币包括伪造正在流通的中国货币、外国货币，包括硬币(含普通纪念币和贵金属纪念币)与纸币。伪造正在流通的境外货币，即使该境外货币不可在境内市场流通或者兑换，同样构成本罪。行为人所伪造的货币必须是正在流通的货币，如果伪造已经停止流通的古钱、废钞，则不成立本罪。以使用为目的，伪造停止流通的货币，或者使用伪造的停止流通的货币的，以诈骗罪定罪处罚。(3)所伪造以及可能伪造出来的货币应在外观上足以使一般人误认为是货币，即对于所伪造的货币必须特别加以注意，或者具有一定检测手段、具有专业知识方能发现(这只是对伪造行为的限定，并不意味着本罪不存在未遂犯。只要实施了伪造行为，客观上可能制造出足以使一般人误认为真币的假币，即使没有完成全部印制工序，也构成伪造货币罪)。行为人制造出来的物品完全不可能被人们误认为是货币的，不可能成立伪造货币罪。但是，也不要求伪造的货币与真币完全相同，且不以与真币所具有的特征完全一致为条件。如不具有真币的号码或印章的，也是伪造的货币。

3.伪造货币罪的主体必须是没有货币发行权的自然人，单位不能成为本罪主体。行为人制造货币版样或者与他人事前通谋，为他人伪造货币提供版样的，以本罪论处。

4.伪造货币罪的主观方面只能是故意，即明知自己的行为会发生妨害货币的公共信用的结果，并且希望或者放任这种结果发生。明知他人意图伪造货币，通过网络提供伪造货币技术或者设备、材料的人员，与直接实施伪造货币的人员构成伪造货币共同犯罪。为直接实施伪造货币人员提供专门用于伪造货币的技术或者设备、材料的，应当认定其具有伪造货币的共同犯罪故意。

犯本罪的，根据《刑法》第170条的规定处罚。

二、出售、购买、运输假币罪

本罪是指明知是伪造的货币而出售、购买或者运输，数额较大的行为。伪造货币并出售或者运输伪造的货币的，以伪造货币罪从重处罚，不另成立出售、运输假币罪。但这仅限于行为人出售、运输自己伪造的假币的情形。如果行为人不仅伪造货币，而且出售或者运输他人伪造的货币，即伪造的假币与出售、运输的假币不具有同一性时，则应当实行数罪并罚。在出售假币时被抓获的，除现场查获的假币应认定为出售假币的数额外，现场之外在行为人住所或者其他藏匿地查获的假币，也应认定为出售假币的数额，但有证据证实后者是行为人有实施其他假币犯罪的除外。犯本罪的，根据《刑法》第171条第1款的规定处罚。

三、持有、使用假币罪

本罪是指明知是伪造的货币而持有、使用，数额较大的行为。

1.本罪客观上表现为持有、使用伪造的货币，数额较大的行为。本罪的对象为伪造的货币。使用数额较大的变造的货币的，不构成使用假币罪，应以诈骗罪论处。持有，是指将假币置于行为人事实上的支配之下，不要求行为人实际上握有假币。使用，是将假币作为真币而使用。既可以是以外表合法的方式使用假币，如购买商品、兑换另一货币、存入银行、赠与他人，或者将假币用于缴纳罚金或者罚款等；也可以是以非法的方式使用假币，如将假币用于赌博。此外，将假币交付给不知情的他人使用的，以及向自动售货机中投入假币以取得商品的，均成立使用假币罪。伪造货币的共犯分配假币、向知情的人出售假币的，不属于使用假币的行为；将假币作为证明自己信用能力的资本而给他人查看的，为了与对方签订合同，将假币给对方查看，以证明自己有能力履行合同的，不是使用行为。成立本罪还要求持有、使用假币数额较大。

2.本罪主观方面只能是故意，即明知是假币而非法持有或者使用。

使用假币罪与出售假币罪通常容易区别，但行为人使用假币兑换另一种货币时(如使用假美元兑换真美元)，究竟是使用还是出售假币，尚需进一步研究。从刑法的规定来看，使用假币罪的法定刑轻于出售假币罪的法定刑，因此，前者的危害程度应轻于后者。从司法实践上看，出售假币往往表现为以远远低于假币面值的价格出售，如将面额100元的假币以50元的价格出售，将面额100美元的假币以人民币100元的价格出售；而使用通常表现为依照假币的面额予以流通。从表面上看，使用假币的行为人所获得的利益或许更高，但事实上，由于出售的数量较多，故危害程度更为严重。从对方的心理状态来看，使用假币时，对方并不明知是假币；而出售假币时，对方一般明知是假币。从使用的含义来看，在金融机构用假币兑换另一种真币，是将假币直接置于流通的行为，故属于使用假币；基于同样的理由，使用假币与他人进行黑市交易以通常价格兑换另一种真币的，也应认为是使用假币。

行为人购买假币后使用，构成犯罪的，以购买假币罪定罪，从重处罚，不另认定为使用假币罪；但行为人出售、运输假币构成犯罪，同时有使用假币行为的，应当实行数罪并罚。

犯本罪的，根据《刑法》第172条的规定处罚。

四、变造货币罪

本罪是指非法对真币进行各种方式的加工，改变真币的价值或者形态，数额较大的行为。变造的方式没有限制，如剪贴、挖补、揭层、涂改、移位、重印等。变造一般表现为改变真币的价值，如将50元的真币变造成为100元的货币。变造还包括改变真币的形态，如将50元真币中的年号“1990”改为“1980”，这样可在钱币收藏市场上卖出高价。减少金属货币的金属含量的行为，也应认定为变造。变造是对真币的加工行为，故变造的货币与变造前的货币具有同一性。如果加工的程度导致其与真币丧失同一性，则属于伪造货币。以真币为材料，制作成丧失了真币外观的假币的行为，应认定为伪造货币罪。如将金属货币熔化后，制作成较薄的、更多的金属货币的行为，属于伪造货币。以货币碎片为材料，加入其他纸张，制作成假币的，不属于变造货币，而成立伪造货币。如甲偶然翻动造纸厂内的碎纸堆时，发现纸堆下面有碎币（后查实属报废的货币碎片），拿回家后将货币碎片粘贴成残币10元、50元、100元券若干张，合计5000余元，并以该钱被老鼠咬破为由将粘贴的残币带到某银行兑换。甲的行为应成立伪造货币罪。

构成本罪，要求变造的货币数额较大。犯本罪的，根据《刑法》第173条的规定处罚。

五、高利转贷罪

本罪是指以转贷牟利为目的，套取金融机构信贷资金高利转贷他人，违法所得数额较大的行为。凡是用于借贷牟取非法收入而取得金融机构贷款的，均属于套取金融机构贷款。至于行为人采取何种方式取得金融机构的贷款，刑法并没有限定。高利转贷他人，是指从金融机构套取信贷资金后，再以更高的利率借贷给他人或者其他单位。行为人出于其他目的取得金融机构信贷资金，然后产生将信贷资金高利转贷他人的意图进而实施这种行为的，不应以犯罪论处。

构成本罪，要求违法所得数额较大（数额在50万元以上）。犯本罪的，根据《刑法》第175条的规定处罚。

六、骗取贷款、票据承兑、金融票证罪

本罪是指以欺骗手段取得银行或者其他金融机构贷款、票据承兑、信用证、保函等，给银行或者其他金融机构造成重大损失的行为。本罪主观方面为故意，但不要求具有非法占有目的。如果行为人具有非法占有目的，则应按照相应的金融诈骗罪或者其他犯罪论处。例如，以非法占有为目的，骗取银行贷款的，成立贷款诈骗罪；以非法占有为目的，骗取信用证的，成立信用证诈骗罪。成立本罪虽不要求行为人具有非法占有目的，但应以危害金融资金安全为要件。行为人虽然采用欺骗手段（如提供了虚假的申请材料）从银行获取贷款的数额特别巨大，但其提供了足额真实抵押，未给银行造成损失，不会危及金融资金安全的，不构成本罪。

犯本罪的，依照《刑法》第175条之一的规定处罚。

七、非法吸收公众存款罪

本罪是指非法吸收公众存款或者非法变相吸收公众存款，扰乱金融秩序的行为。本罪犯罪构成如下：

1.本罪客体是国家的金融管理秩序。

2.本罪客观方面表现为非法吸收公众存款或者变相吸收公众存款，扰乱金融秩序的行为。

成立本罪，首先，要求行为具有非法性。认定“非法性”，应以国家金融管理法律法规作为依据。对于国家金融管理法律法规仅作原则性规定的，可以根据法律规定的精神并参考中国人民银行、国家金融监督管理总局、中国证券监督管理委员会等行政主管部门依照国家金融管理法律法规制定的部门规章或者国家有关金融管理的规定、办法、实施细则等规范性文件的规定予以认定。行政部门对于非法集资的性质认定，不是非法集资刑事案件进入刑事诉讼程序的必经程序。违反国家金融管理法律规定，向社会公众（包括单位和个人）吸收资金的行为，同时具备下列四个条件的，除刑法另有规定的以外，应当认定为“非法”吸收公众存款或者变相吸收公众存款：（1）未经有关部门依法许可或者借用合法经营的形式吸收资金；（2）通过网络、媒体、推介会、传单、手机信息等途径向社会公开宣传；（3）承诺在一定期限内以货币、实物、股权等方式还本付息或者给付回报；（4）向社会公众即社会不特定对象吸收资金。未向社会公开宣传，在亲友或者单位内部针对特定对象吸收资金的，不属于非法吸收或者变相吸收公众存款。但是，在向亲友或者单位内部人员吸收资金的过程中，明知亲友或者单位内部人员向不特定对象吸收资金而予以放任的，或者以吸收资金为目的，将社会人员吸收为单位内部人员，并向其吸收资金的，属于向社会公众吸收资金。

其次，必须存在非法吸收公众存款或者非法变相吸收公众存款的行为。非法吸收公众存款，是指以存款的形式非法吸收公众资金，表现为行为人没有吸收存款的主体资格，却以存款的形式非法吸收公众资金，或者虽有吸收存款的主体资格，但超出允许范围非法吸收公众资金。变相吸收公众存款，是指不以存款的名义，而是承诺通过出资可以获得回报，从而吸收公众资金的行为。如单位或个人假借开展网络借贷信息中介业务之名，未经依法许可，归集不特定公众的资金设立资金池，控制、支配资金池中的资金，并承诺还本付息的，构成本罪。非法吸收公众存款或者非法变相吸收公众存款行为的本质是非法吸收公众资金，具体行为形式不限，从实务看主要表现为：（1）不具有房产销售的真实内容或者不以房产销售为主要目的，以返本销售、售后包租、约定回购、销售房产份额等方式非法吸收资金的；（2）以转让林权并代为管护等方式非法吸收资金的；（3）以代种植（养殖）、租种植（养殖）、联合种植（养殖）等方式非法吸收资金的；（4）不具有销售商品、提供服务的真实内容或者不以销售商品、提供服务为主要目的，以商品回购、寄存代售等方式非法吸收资金的；（5）不具有发行股票、债券的真实内容，以虚假转让股权、发售虚构债券等方式非法吸收资金的；（6）不具有募集基金的真实内容，以假借境外基金、发售虚构基金等方式非法吸收资金的；（7）不具有销售保险的真实内容，以假冒保险公司、伪造保险单据等方式非法吸收资金的；（8）以网络借贷、投资入股、虚拟币交易等方式非法吸收资金的；（9）以委托理财、融资租赁等方式非法吸收资金的；（10）以提供“养老服务”、投资“养老项目”、销售“老年产品”等方式非法吸收资金的；（11）利用民间“会”“社”等组织非法吸收资金的；（12）其他非法吸收资金的行为。需要注意的是，司法解释规定，违反国家规定，未经依法核准擅自发行基金份额募集基金，情节严重的，不以本罪定罪处罚，而以非法经营罪定罪处罚。

非法吸收公众存款或者变相吸收公众存款，扰乱金融秩序，涉嫌下列情形之一的，应予立案追诉：（1）非法吸收或者变相吸收公众存款数额在100万元以上的；（2）非法吸收或者变相吸收公众存款对象150人以上的；（3）非法吸收或者变相吸收公众存款，给集资参与人造成直接经济损失数额在50万元以上的。非法吸收或者变相吸收公众存款数额在50万元以上或者给集资参与人造成直接经济损失数额在25万元以上，同时涉嫌下列情形之一的，应予立案追诉：(1)因非法集资受过刑事追究的；(2)2年内因非法集资受过行政处罚的；(3)造成恶劣社会影响或者其他严重后果的。

犯本罪的手段不限。通过传销手段向社会公众非法吸收资金，构成本罪的同时，又构成组织、领导传销活动罪的，依照处罚较重的规定定罪处罚。

所吸收资金的用途，不影响本罪的认定，但非法吸收或者变相吸收公众存款，主要用于正常的生产经营活动，能够在提起公诉前清退所吸收资金，可以免予刑事处罚；情节显著轻微危害不大的，不作为犯罪处理。

3.本罪主体既可以是自然人，也可以是单位。单位犯本罪的，适用自然人犯本罪的定罪量刑标准。

4.本罪主观方面是故意，不要求有非法占有目的。如果行为人具有非法占有目的，则应以集资诈骗罪论处。行为人是否具有非法占有目的，应当围绕融资项目真实性、资金去向、归还能力等事实、证据进行综合判断。

犯本罪的，根据《刑法》第176条的规定处罚。行为人在提起公诉前积极退赃退赔，减少损害结果发生的，可以从轻或者减轻处罚；在提起公诉后退赃退赔的，可以作为量刑情节酌情考虑。

八、伪造、变造金融票证罪

本罪是指伪造、变造汇票、本票、支票，委托收款凭证、汇款凭证、银行存单及其他结算凭证，信用证或者附随的单据、文件以及伪造信用卡的行为。

1.本罪客体是国家金融票证管理秩序。

2.客观方面表现为伪造、变造各种金融票证。这里的伪造包括两种情况：一是有形伪造，即没有金融票证制作权的人，假冒他人(包括虚无人)的名义，擅自制造外观上足以使一般人误认为是真实金融票证的假金融票证。至于采取何种方法，虚假金融票证是否具有法律上的有效形式与要件、其记载的内容与事实是否相符合等，都不影响伪造的成立。二是无形伪造，即有金融票证制作权的人，超越其制作权限，违背事实制造内容虚假的金融票证，如银行工作人员制作虚假的银行存单交付他人。变造，是指没有权限的人擅自对真正的金融票证进行各种形式的加工，改变数额、日期或者其他内容。伪造、变造金融票证，包括下列情形：

(1)伪造、变造汇票、本票、支票。汇票，是指出票人签发的，委托人在见票时或者在指定日期，无条件支付确定的金额给收款人或持票人的票据。本票，是指出票人签发的，承诺由自己在见票时无条件支付确定的金额给收款人或持票人的票据。支票，是指出票人签发的，委托办理支票存款业务的银行或者其他金融机构在见票时无条件支付确定的金额给收款人或持票人的票据。行为人伪造、变造其中一种票证的，便成立犯罪。

(2)伪造、变造委托收款凭证、汇款凭证、银行存单等银行结算凭证。委托收款凭证，是指收款人向银行提供的，委托其向付款人收取款项的结算凭证。汇款凭证，是指汇款人委托银行给异地收款人进行汇兑结算的凭证，包括信汇凭证与电汇凭证。银行存单，是银行发行的可以用于支付债务的工具，它一般不记名、定额、可自由流通。行为人伪造、变造其中一种票证的，便成立犯罪。

(3)伪造、变造信用证或者附随的单据、文件。信用证，是指应客户要求和指示，或自己主动向受益人签发的，如受益人满足约定条件开证行就向其支付规定金额的书面文件。附随的单据、文件，是指由信用证受益人向金融机构提供的，与信用证条款规定相一致的代表货物的单据、文件。行为人伪造、变造其中一种票证的，便成立犯罪。

伪造、变造汇票、本票、支票，或者伪造、变造委托收款凭证、汇款凭证、银行存单等其他银行结算凭证，或者伪造、变造信用证或附随的单据、文件，总面额在1万元以上或者数量在10张以上的，应以本罪立案追诉。

（4）伪造信用卡。信用卡，是指由商业银行或者其他金融机构发行的具有消费支付、信用贷款、转账结算、存取现金等全部功能或者部分功能的电子支付卡。复制他人信用卡，将他人信用卡信息资料写入磁条介质、芯片的行为属于伪造信用卡。伪造信用卡1张以上，或者伪造空白信用卡10张以上的，应以本罪立案追诉。

3.主体既可以是自然人，也可以是单位。

4.主观方面只能是故意。虽然刑法并没有将本罪规定为目的犯，但将使用或行使的目的作为本罪的主观要件要素，是比较合适的。

犯本罪的，根据《刑法》第177条的规定处罚。

九、妨害信用卡管理罪

本罪是指以特定方式妨害信用卡管理的行为。根据《刑法》第177条之一的规定，下列行为构成本罪：

（1）明知是伪造的信用卡而持有、运输的，或者明知是伪造的空白信用卡而持有、运输，数量较大。“数量较大”是指信用卡的数量累计在10张以上。

（2）非法持有他人信用卡，数量较大。“持有”的认定，以事实上的支配为标准。实务界认为，非法持有他人信用卡既可以是行为人直接持有他人信用卡，也可以是通过第三人间接持有他人信用卡。“数量较大”是指信用卡的数量累计在5张以上。行为人为上游实施信息网络犯罪收购、租借他人银行卡后非法持有的，在案证据无法证明这些银行卡被用于帮助他人进行违法犯罪活动，但持有数量较大的，可以妨害信用卡管理罪论处。对于有证据证明这些银行卡被用于上游信息网络犯罪的，其行为同时构成妨害信用卡管理罪和帮助信息网络犯罪活动罪，择一重罪论处。

（3）使用虚假的身份证明骗领信用卡。以虚假的身份证明骗领信用卡，并不要求身份证明本身是虚假的；违背他人意愿，使用其居民身份证、军官证、士兵证、港澳居民往来内地通行证、台湾居民来往大陆通行证、护照等身份证明申领信用卡的，或者使用伪造、变造的身份证明申领信用卡的，应当认定为“使用虚假的身份证明骗领信用卡”。以虚假的身份证明骗领信用卡，还包括使用虚假的保证人身份证明骗领信用卡。骗领信用卡，还包括以他人的身份证明挂失他人的信用卡并骗领补办的信用卡。

（4）出售、购买、为他人提供伪造的信用卡或者以虚假的身份证明骗领的信用卡。

犯本罪的，根据《刑法》第177条之一的规定处罚。

十、窃取、收买、非法提供信用卡信息罪

本罪是指故意窃取、收买或者非法提供他人信用卡信息资料的行为。信用卡信息资料，是指可用于伪造信用卡的电子数据等基础信息，如有关发卡行代码，持卡人账户、密码等内容的加密电子数据。行为人收购、出售、出租信用卡的主要目的是直接使用信用卡，而非利用其中的信息资料伪造信用卡的，一般不以本罪追究刑事责任。窃取、收买或者非法提供他人信用卡信息资料，足以伪造可进行交易的信用卡，或者足以使他人以信用卡持卡人名义进行交易，涉及信用卡1张以上的，应以本罪立案追诉。犯本罪的，根据《刑法》第177条之一的规定处罚；银行或者其他金融机构工作人员利用职务上的便利犯本罪的，从重处罚。

十一、内幕交易、泄露内幕信息罪

本罪是指证券、期货交易内幕信息的知情人员或者非法获取证券、期货交易内幕信息的人员，在涉及证券的发行，证券、期货交易或者其他对证券、期货交易价格有重大影响的信息尚未公开前，买入或者卖出该证券，或者从事与该内幕信息有关的期货交易，或者泄露该信息，或者明示、暗示他人从事上述交易活动，情节严重的行为。

本罪主体为证券、期货交易内幕信息的知情人员或者非法获取证券、期货交易内幕信息的人员与单位。（1）内幕信息的界定。证券交易“内幕信息”，是指证券交易活动中，涉及发

行人的经营、财务或者对该发行人证券的市场价格有重大影响的尚未公开的信息，包括《证券法》第80条第2款、第81条第2款所列重大事件。期货交易“内幕信息”，是指可能对期货交易价格产生重大影响的尚未公开的信息，包括国务院期货监督管理机构以及其他相关部门制定的对期货交易价格可能发生重大影响的政策，期货交易所作出的对期货交易价格可能发生重大影响的决定，期货交易所会员、客户的资金和交易动向以及国务院期货监督管理机构认定的对期货交易价格有显著影响的其他重要信息。(2)知情人员的界定。根据《证券法》第51条的规定，证券交易内幕信息的“知情人员”包括：①发行人及其董事、监事、高级管理人员；②持有公司5%以上股份的股东及其董事、监事、高级管理人员，公司的实际控制人及其董事、监事、高级管理人员；③发行人控股或者实际控制的公司及其董事、监事、高级管理人员；④由于所任公司职务或者因与公司业务往来可以获取公司有关内幕信息的人员；⑤上市公司收购人或者重大资产交易方及其控股股东、实际控制人、董事、监事和高级管理人员；⑥因职务、工作可以获取内幕信息的证券交易场所、证券公司、证券登记结算机构、证券服务机构的有关人员；⑦因职责、工作可以获取内幕信息的证券监督管理机构工作人员；⑧因法定职责对证券的发行、交易或者对上市公司及其收购、重大资产交易进行管理可以获取内幕信息的有关主管部门、监管机构的工作人员；⑨国务院证券监督管理机构规定的可以获取内幕信息的其他人员。期货交易内幕信息的“知情人员”，是指由于其管理地位、监督地位或者职业地位，或者作为雇员、专业顾问履行职务，能够接触或者获得内幕信息的人员，包括期货交易所的管理人员以及其他由于任职可获取内幕信息的从业人员，国务院期货监督管理机构和其他有关部门的工作人员以及国务院期货监督管理机构规定的其他人员。(3)具有下列行为的人员应当认定为非法获取证券、期货交易内幕信息的人员：①利用窃取、骗取、套取、窃听、利诱、刺探或者私下交易等手段获取内幕信息的；②内幕信息知情人员的近亲属或者其他与内幕信息知情人员关系密切的人员，在内幕信息敏感期内，从事或者明示、暗示他人从事，或者泄露内幕信息导致他人从事与该内幕信息有关的证券、期货交易，相关交易行为明显异常，且无正当理由或者正当信息来源的；③在内幕信息敏感期内，与内幕信息知情人员联络、接触，从事或者明示、暗示他人从事，或者泄露内幕信息导致他人从事与该内幕信息有关的证券、期货交易，相关交易行为明显异常，且无正当理由或者正当信息来源的。

本罪行为表现为三种类型：一是在涉及证券的发行，证券、期货交易或者其他对证券、期货交易价格有重大影响的信息尚未公开前，买入或者卖出该证券，或者从事与该内幕信息有关的期货交易；二是泄露该信息；三是明示、暗示他人从事上述交易活动。构成本罪，要求上述行为情节严重。

本罪主观方面为故意，行为人必须明知涉及证券的发行，证券、期货交易或者其他对证券、期货交易价格有重大影响的信息尚未公开而实施本罪行为。

犯本罪的，根据《刑法》第180条的规定处罚。

十二、违法发放贷款罪

本罪是指银行或者其他金融机构的工作人员或者单位违反国家规定发放贷款，数额巨大（数额在200万元以上）或者造成重大损失（直接经济损失数额在50万元以上）的行为。犯本罪的，依照《刑法》第186条第1款的规定处罚。违反国家规定，向关系人发放贷款，数额巨大或者造成重大损失的，依照《刑法》第186条第1款的法定刑从重处罚。

十三、吸收客户资金不入账罪

本罪是指银行或者其他金融机构的工作人员以及单位，吸收客户资金不入账，数额巨大或者造成重大损失的行为。“吸收客户资金不入账”，是指不记入金融机构的法定存款账目，以逃避国家金融监管，至于是否记入法定账目以外设立的账目不影响该罪成立。不入账的客户资金数额在200万元以上的，属于“数额巨大”。造成直接经济损失数额在50万元以上的，属于“造成重大损失”。犯本罪的，依照《刑法》第187条的规定处罚。

十四、洗钱罪

本罪是指为掩饰、隐瞒毒品犯罪、黑社会性质的组织犯罪、恐怖活动犯罪、走私犯罪、贪污贿赂犯罪、破坏金融管理秩序犯罪、金融诈骗犯罪的所得及其产生的收益的来源和性质，而提供资金账户，将财产转换为现金、金融票据、有价证券，通过转账或者其他支付结算方式转移资金，跨境转移资产，或者以其他方法掩饰、隐瞒犯罪所得及其收益的来源和性质的行为。

1.本罪客体是国家对金融资产的来源与性质的监管秩序。

2.客观方面表现为掩饰、隐瞒毒品犯罪、黑社会性质的组织犯罪、恐怖活动犯罪、走私犯罪、贪污贿赂犯罪、破坏金融管理秩序犯罪、金融诈骗犯罪（以下简称上游犯罪）的所得及其产生的收益的来源和性质的行为。（1）本罪掩饰、隐瞒的对象（洗钱对象）为七种上游犯罪的犯罪所得及其产生的收益。其中，毒品犯罪是指《刑法》分则第六章第七节所规定的犯罪。黑社会性质的组织犯罪是指黑社会性质组织及其成员实施的相关犯罪。恐怖活动犯罪是指以恐怖活动组织及其成员为主体实施的各种犯罪。走私犯罪是指《刑法》分则第三章第二节规定的各种走私犯罪。贪污贿赂犯罪包含《刑法》分则第八章规定的各种犯罪，除此之外，是否还包括其他犯罪存在不同看法。理论上有人主张，非国家工作人员受贿罪等犯罪所得及其产生的收益，也属于洗钱对象。破坏金融管理秩序犯罪是指《刑法》分则第三章第四节规定的各种犯罪。金融诈骗犯罪是指《刑法》分则第三章第五节规定的各种犯罪。构成洗钱罪，应以上游犯罪事实成立为认定前提。上游犯罪尚未依法裁判但有证据证明确实存在的；有证据证明上游犯罪确实存在，但行为人逃匿未到案、因行为人死亡等原因依法不予追究刑事责任或者同时构成其他犯罪而以其他罪名定罪处罚的，均不影响洗钱罪的认定。“所得及其产生的收益”，是指由上游犯罪直接或者间接获得的利益，以及将这些利益用于生产、投资等活动进一步获得的收益。例如，黑社会性质的组织犯罪的所得及其产生的收益，是指黑社会性质组织及其成员实施相关犯罪的所得及其产生的收益，包括黑社会性质组织的形成、发展过程中，该组织及组织成员通过违法犯罪活动聚敛的全部财物、财产性权益及其孳息、收益。（2）本罪掩饰、隐瞒的内容为，掩饰、隐瞒上游犯罪的犯罪所得及其收益的“来源和性质”。洗钱者采用各种行为掩盖、遮蔽相关财产的来源（系通过上游犯罪获得）和性质（系犯罪所得而非合法所得），试图使相关财产合法化。（3）本罪掩饰、隐瞒行为既可以由上游犯罪人本人实施，也可以由其他人实施。前者称为自洗钱，即上游犯罪行为人为自己（本人）洗钱；后者称为他洗钱，即其他人为上游犯罪人（他人）洗钱。自洗钱与他洗钱的实质一致，都是掩饰、隐瞒上游犯罪的所得及其产生的收益的性质和来源。在自洗钱的场合，要严格区分上游犯罪的自然延伸的行为与洗钱行为，对于上游犯罪的自然延伸的行为，如上游犯罪人单纯持有上游犯罪所得的，或者将上游犯罪所得藏匿在秘密地点的，不属于洗钱行为，不构成本罪。

本罪的具体行为类型包括：（1）提供资金账户，是指提供银行账户、股票交易账户、期货交易账户等各种资金账户，为接收、转移上游犯罪的资金提供方便，从而掩饰、隐瞒上游犯罪所得及其收益的来源和性质。只要提供的账户能够接收、转移资金，无论资金账户是真名账户、匿名账户还是假名账户，也不问资金账户是已有的还是临时开设的，均属于提供资金账户。（2）将财产转换为现金、金融票据或者有价证券，是指上游犯罪人本人或者其他人协助上游犯罪人将上游犯罪所得及其产生的收益（含实物、债权、现金、虚拟货币等），通过交易等方式转换为现金或者汇票、本票、支票等金融票据或者股票、债券等有价证券，以掩饰、隐瞒犯罪所得及其收益的来源和性质。无论是将实物、债权、虚拟货币转化为现金、金融票据或者有价证券，还是将现金和金融票据互换，或者将各种币种的现金互换、将各种金融票据互换，均构成本罪。(3)通过转账或者其他支付结算方式转移资金，是指上游犯罪人本人或者第三人协助上游犯罪人通过转账、票据承兑和贴现、委托付款等方式，转移上游犯罪所得及其收益的资金，从而掩饰、隐瞒犯罪所得及其收益的来源和性质。地下钱庄经常利用这一方式洗钱。(4)跨境转移资产，是指上游犯罪人本人或者第三人协助上游犯罪人以各种方式，将上游犯罪所得及其产生的收益进行跨境转移，包括从境内转移到境外，从境外转移到境内，以及从境外某国转移至另一国，从而掩饰、隐瞒犯罪所得及其收益的来源和性质。“境外”不仅包括国外，而且包括我国香港特别行政区、澳门特别行政区以及台湾地区。跨境转移资产的方法不限，如通过运输、邮寄、携带等方式跨越国(边)境实现资产转移，以投资等方式购买境外资产，或者犯罪集团控制境内外分别设立的两个资金池，当境内完成收款后，通知境外资金向外放款等，均属于跨境转移资产。(5)以其他方法掩饰、隐瞒犯罪所得及其产生的收益的来源和性质。这是兜底性规定，表明本罪的方法不限，只要具有掩饰、隐瞒七种上游犯罪所得及其产生的收益的来源和性质的效果，就能构成本罪。对此，2024年最高人民法院、最高人民检察院《关于办理洗钱刑事案件适用法律若干问题的解释》第5条规定，实施下列行为之一的，属于“以其他方法掩饰、隐瞒犯罪所得及其收益的来源和性质”：①通过典当、租赁、买卖、投资、拍卖、购买金融产品等方式，转移、转换犯罪所得及其产生的收益的；②通过与商场、饭店、娱乐场所等现金密集型场所的经营收入相混合的方式，转移、转换犯罪所得及其产生的收益的；③通过虚构交易、虚设债权债务、虚假担保、虚报收入等方式，转移、转换犯罪所得及其产生的收益的；④通过买卖彩票、奖券、储值卡、黄金等贵金属等方式，转换犯罪所得及其产生的收益的；⑤通过赌博方式，将犯罪所得及其产生的收益转换为赌博收益的；⑥通过“虚拟资产”交易、金融资产兑换方式，转移、转换犯罪所得及其产生的收益的；⑦以其他方式转移、转换犯罪所得及其产生的收益的。

3.本罪主体既包括自然人，也包括单位。《刑法修正案(十一)》将自洗钱行为纳入洗钱罪的规制范围，因而上游犯罪的行为人也可以成为本罪的主体。

4.本罪主观方面为故意。成立本罪，要求行为人明知掩饰、隐瞒的对象是七种上游犯罪的所得及其收益，否则不构成本罪。至于行为人将本条规定的某一上游犯罪的犯罪所得及其产生的收益，认作该条规定的上游犯罪范围内的其他犯罪所得及其产生的收益的，不影响本罪故意的认定。自洗钱时，行为人对自己实施的上游犯罪当然是明知的。较为复杂的是，行为人为上游犯罪人掩饰、隐瞒犯罪所得及其产生的收益的来源和性质时，如何判断行为人对上游犯罪存在“明知”。对此，应当根据行为人所接触、接收的信息，经手他人犯罪所得及其产生的收益的情况，犯罪所得及其产生的收益的种类、数额，犯罪所得及其产生的收益的转移、转换方式，交易行为、资金账户等异常情况，结合行为人职业经历、与上游犯罪人员之间的关系以及其供述和辩解，同案人指证和证人证言等情况综合审查判断。有证据证明行为人确实不知的，不能认定其具有本罪的故意。

认定本罪需要正确处理罪数问题。(1)行为人掩饰、隐瞒上游犯罪的犯罪所得及其产生的收益，构成洗钱罪，同时又构成掩饰、隐瞒犯罪所得、犯罪所得收益罪的，有人认为应当择一重罪处罚，也有人认为应当根据特别规定以洗钱罪定罪处罚。根据2024年司法解释，对此依照洗钱罪规定定罪处罚。此类案件还需注意两点：一是，银行账户内的赃款既有上游犯罪所得又有其他犯罪所得，行为人将该账户内的赃款转移至其他账户或境外账户的，构成本罪与掩饰、隐瞒犯罪所得、犯罪所得收益罪的竞合犯，应依照处罚较重的洗钱罪定罪处罚。二是，行为人基于两个犯罪故意，实施的两个掩饰、隐瞒行为分别触犯了本罪与掩饰、隐瞒犯罪所得、犯罪所得收益罪的，应实行数罪并罚。(2)行为人的行为构成洗钱罪，同时又构成第120条之一帮助恐怖活动罪、第177条之一妨害信用卡管理罪、第225条非法经营罪、第349条窝藏、转移、隐瞒毒品、毒赃罪的，依照处罚较重的规定定罪处罚。(3)还需讨论的是，对上游犯罪人自洗钱的情形，是实行数罪并罚，还是仅按上游犯罪处罚或者仅按重罪处罚。如果在自洗钱的场合对行为人仅按上游犯罪处罚，刑法处罚自洗钱的范围就极为有限。如果在某些情况下仅按洗钱罪处罚，则完全没有评价上游犯罪行为，明显不当。所以，上游犯罪人自洗钱的，原则上应对上游犯罪与洗钱罪实行数罪并罚。如上游犯罪行为人完成上游犯罪并取得或控制犯罪所得后，进一步实施掩饰、隐瞒犯罪所得及其收益的来源和性质的行为的，应以上游犯罪和洗钱罪数罪并罚。

认定本罪还需准确区分洗钱罪与上游犯罪的共犯。实务上认为，洗钱罪是在上游犯罪完成、取得或控制犯罪所得及其产生的收益后实施的新的犯罪活动，与上游犯罪分别具有独立的构成。在上游犯罪实行过程中提供资金账户、协助转账汇款等帮助上游犯罪实现的行为，是上游犯罪的组成部分，应当认定为上游犯罪的共犯，不能认定为洗钱罪；上游犯罪完成后掩饰、隐瞒犯罪所得及其产生的收益的来源和性质的行为，才成立洗钱罪。但理论界有人反对这一方案，认为上游犯罪所得及其产生的收益的来源与性质，在既遂前就可以确定，因此，洗钱罪的成立不以上游犯罪既遂或实际控制财物为前提。这意味着行为人作为上游犯罪的共犯，同时构成洗钱罪，二者可以竞合。

犯本罪的，根据《刑法》第191条的规定处罚。

【本节主要法律规定】

1.《刑法》第170～191条

2.最高人民法院、最高人民检察院《关于办理妨害信用卡管理刑事案件具体应用法律若干问题的解释》

第五节 金融诈骗罪

本节主要内容提示

应注意把握本节各种犯罪的犯罪构成。所有的金融诈骗罪，都必须具备非法占有的目的。单位不能成为贷款诈骗罪、信用卡诈骗罪的犯罪主体。我国刑法对信用卡犯罪规定了严密的法网：伪造信用卡的，构成伪造金融票证罪；明知是伪造的信用卡而出售、购买、为他人提供、运输、持有的，构成妨害信用卡管理罪；以非法占有为目的利用信用卡进行诈骗活动的，构成信用卡诈骗罪。

一、集资诈骗罪

本罪是指以非法占有为目的，使用诈骗方法非法集资，数额较大的行为。《刑法修正案(十一)》修改了本罪，但对罪状未作修改。

1.本罪客体是国家金融监管秩序和公私财产权利。

2.本罪客观方面必须使用诈骗方法非法集资，并且数额较大。诈骗方法，是指行为人采取虚构资金用途，以虚假的证明文件和高回报率为诱饵，或者其他骗取集资款的手段。非法集资，是指单位或者个人，违反法律、法规有关集资的实体规定或者程序规定，向社会公众募集资金的行为。集资以承诺回报(如承诺还本付息或者承诺分红等)为前提，但所承诺的回报不必具有确定性。非法集资数额较大的，即数额在10万元以上的，才成立本罪。集资诈骗的数额以行为人实际骗取的数额计算，在案发前已归还的数额应予扣除。行为人为实施集资诈骗活动而支付的广告费、中介费、手续费、回扣，或者用于行贿、赠与等费用，不予扣除。行为人为实施集资诈骗活动而支付的利息，除本金未归还可予折抵本金以外，应当计入诈骗数额。

3.本罪主体既可以是自然人，也可以是单位。单位犯本罪的，适用自然人犯本罪的定罪量刑标准。

4.本罪主观方面只能是故意，并且具有非法占有的目的。这里的非法占有目的，不是指暂时占有、使用的目的，而是指非法占为己有（包括使第三者或者单位不法所有）的目的。换言之，行为人没有履行债务（如还本付息）和回报出资人的意图。集资诈骗罪中的非法占有目的，应当区分情形进行具体认定：行为人部分非法集资行为具有非法占有目的的，对该部分非法集资行为所涉集资款以集资诈骗罪定罪处罚；非法集资共同犯罪中部分行为人具有非法占有目的，其他行为人没有非法占有集资款的共同故意和行为的，对具有非法占有目的的行为人以集资诈骗罪定罪处罚。

认定集资诈骗罪，应注意区分罪与非罪的界限。对骗取数额较小资金且情节较轻的行为，不宜认定为犯罪。但情节严重的，即使实际上没有非法占有集资款的，也应认定为集资诈骗未遂。对没有非法占有目的，在特定范围内（如面向单位职工）筹集资金，即使使用了一定欺诈手段，也不能认定为本罪。

集资诈骗等金融诈骗犯罪都是以非法占有为目的的犯罪。在司法实践中，认定是否具有非法占有的目的，应当坚持主客观相一致的原则，既要避免单纯根据损失结果客观归罪，也不能仅凭被告人自己的供述，而应当根据案件具体情况具体分析。

集资诈骗罪和欺诈发行证券罪、非法吸收公众存款罪在客观上均表现为向社会公众非法募集资金。区别的关键在于行为人是否具有非法占有的目的。以非法占有为目的而非法集资，或者在非法集资过程中产生了非法占有他人资金的故意，均构成集资诈骗罪。在处理具体案件时要注意以下两点：一是不能仅凭较大数额的非法集资款不能返还的结果，推定行为人具有非法占有目的；二是行为人将大部分资金用于投资或生产经营活动，而将少量资金用于个人消费或挥霍的，不应仅据后一事实认定具有非法占有的目的。

网络借贷信息中介机构或其控制人，利用网络借贷平台发布虚假信息，非法建立资金池募集资金，所得资金大部分未用于生产经营活动，主要用于借新还旧和个人挥霍，无法归还所募资金数额巨大，应认定为具有非法占有目的，以集资诈骗罪追究刑事责任。

犯本罪的，根据《刑法》第192条的规定处罚。量刑时，既要考虑诈骗数额，也要考虑其他情节。

二、贷款诈骗罪

本罪是指以非法占有为目的，使用欺诈方法，诈骗银行或者其他金融机构的贷款，数额较大的行为。

1.客观方面必须是使用欺诈方法，诈骗银行或者其他金融机构的贷款，数额较大的行为。欺诈方法是指：(1)编造引进资金、项目等虚假理由的；(2)使用虚假的经济合同的；(3)使用虚假的证明文件的；(4)使用虚假的产权证明作担保或者超出抵押物价值重复担保的；(5)以其他方法诈骗贷款的。使用上述方法之一的，即可成立本罪；同时使用几种方法的，也只成立一罪。不管使用何种贷款诈骗方法，都要求行为符合下列构造：行为人实施欺骗行为—金融机构的工作人员陷入认识错误—基于认识错误发放贷款—行为人取得贷款—金融机构遭受财产损失。诈骗贷款“数额较大”是指数额在5万元以上。

2.主观方面必须是故意，而且必须具有非法占有目的。合法取得贷款后，采取欺骗手段不归还贷款的，不能认定为本罪。

贷款诈骗罪与借贷纠纷容易混淆。实践中经常有人从银行或者其他金融机构获得贷款，但到期拖欠不还或者无力偿还。有些人虽有归还本息的意思，但在贷款时也可能使用了一定的欺骗手段。此外，贷款诈骗罪与高利转贷罪也有相似之处，后者也可能套取银行或者金融机构的信贷资金后，高利转贷他人但由于某种原因不能偿还贷款。区分贷款诈骗罪与借贷纠纷、骗取贷款罪、高利转贷罪的关键，是看行为人主观上有无非法占有的目的。这就要从以下几个方面判断：申请贷款时是否使用了刑法规定的诈骗手段（对于合法取得贷款后，没有按规定的用途使用贷款，到期没有归还贷款的，不能以贷款诈骗罪定罪处罚）；取得贷款后是否按贷款用途使用；是否使用贷款进行违法犯罪活动；是否携款潜逃；到期后是否积极准备偿还贷款；等等。对于确有证据证明行为人不具有非法占有的目的，因不具备贷款的条件而采取了欺骗手段获取贷款，案发时有能力履行还贷义务，或者案发时不能归还贷款是因为意志以外的原因，如因经营不善、被骗、市场风险等，不应以贷款诈骗罪定罪处罚。

在办理骗取贷款等犯罪案件时，应当充分考虑企业“融资难”“融资贵”的实际情况，注意从借款人采取的欺骗手段是否属于明显虚构事实或者隐瞒真相，是否与银行工作人员合谋、受其指使，是否非法影响银行放贷决策、危及信贷资金安全，是否造成重大损失等方面，合理判断其行为危害性，不苛求企业等借款人。对于借款人因生产经营需要，在贷款过程中虽有违规行为，但未造成实际损失的，一般不作为犯罪处理。对于借款人采取欺骗手段获取贷款，虽给银行造成损失，但证据不足以认定借款人有非法占有目的的，不能以贷款诈骗罪定性处理。

犯本罪的，根据《刑法》第193条的规定处罚。量刑时，既要考虑诈骗数额，也要考虑其他情节。

三、票据诈骗罪

本罪是指以非法占有为目的，利用金融票据进行诈骗活动，骗取数额较大财物的行为。

1.本罪客体是国家金融票证管理秩序和公私财产权利。

2.客观方面必须是利用金融票据进行诈骗活动，骗取数额较大财物的行为。利用金融票据进行诈骗是指：（1）明知是伪造、变造的汇票、本票、支票而使用。这里的使用，是指按照票据的通常使用方式，将伪造、变造的票据作为真实票据予以利用，从而骗取财物。将伪造、变造的票据质押给贷款人的，属于使用行为。（2）明知是作废的汇票、本票、支票而使用。作废的汇票、本票、支票，是指根据法律和有关规定不能使用的票据，包括过期的票据、无效的票据与依法宣布作废的票据。（3）冒用他人的汇票、本票、支票。这是指假冒票据权利人或其授权的代理人，行使本应属于他人的票据权利，从而骗取财物的行为。行为人所冒用票据的来源，不影响冒用他人票据的性质；冒用的对方必须是不明真相的人。（4）签发空头支票或者与其预留印鉴不符的支票，骗取财物。空头支票，是指出票人所签发的支票超过其付款时在付款人处实有的存款金额。签发与其预留印鉴不符的支票，一般是指票据签发人在其签发的支票上加盖与其预留于银行或者其他金融机构处的印鉴不一致的财务用章或者支票签发人的名章等。（5）汇票、本票的出票人签发无资金保证的汇票、本票或者在出票时作虚伪记载，骗取财物。进行金融票据诈骗活动，数额在5万元以上的，属于数额较大，应以本罪追诉。

3.主体既可以是自然人，也可以是单位。

4.主观上只能是故意，行为人使用伪造、变造、作废的金融票据进行诈骗时，必须明知是伪造、变造、作废的票据；行为人冒用他人票据时，必须明知是他人的票据；行为人签发空头支票时，必须明知自己在银行账户内没有资金或者资金不足；等等。虽然《刑法》分则第三章第五节在第192条、第193条明文规定了“以非法占有为目的”，但第194条至第198条的金融诈骗罪也应将非法占有目的作为主观要素。

犯本罪的，根据《刑法》第194条、第200条的规定处罚。量刑时，既要考虑诈骗数额，也要考虑其他情节。

四、金融凭证诈骗罪

本罪是指使用伪造、变造的委托收款凭证、汇款凭证、银行存单或其他银行结算凭证，骗取财物的行为。犯本罪的，根据《刑法》第194条和第200条的规定处罚。

五、信用卡诈骗罪

本罪是指以非法占有为目的，利用信用卡进行诈骗活动，骗取数额较大财物的行为。

1.客观上必须利用信用卡进行诈骗活动，骗取数额较大的财物。利用信用卡进行诈骗是指：（1）使用伪造的信用卡或者使用以虚假的身份证明骗领的信用卡。使用所谓变造的信用卡（如磁条内的信息被变更的信用卡）的，应认定为使用伪造的信用卡。使用，是指按照信用卡的通常使用方法，将伪造的信用卡作为真实有效的信用卡予以利用。（2）使用作废的信用卡。使用者不限于持卡人。（3）冒用他人信用卡。即非持卡人以持卡人名义使用合法持卡人的信用卡进行骗取财物的行为。如拾得他人信用卡后使用的；骗取他人信用卡后使用的；窃取、收买、骗取或者以其他非法方式获取他人信用卡信息资料，并通过互联网、通讯终端等使用的；等等。使用伪造的信用卡、以虚假的身份证明骗领的信用卡、作废的信用卡或者冒用他人信用卡，进行诈骗活动，数额在5000元以上的，属于本罪的数额较大。（4）恶意透支。根据司法解释，持卡人以非法占有为目的，超过规定限额或者规定期限透支，经发卡银行两次有效催收后超过3个月仍不归还的，应当认定为恶意透支。这里的“持卡人”，应指向发卡银行申领、取得信用卡的人。对于是否以非法占有为目的，应当综合持卡人信用记录、还款能力和意愿、申领和透支信用卡的状况、透支资金的用途、透支后的表现、未按规定还款的原因等情节作出判断，不得单纯依据持卡人未按规定还款的事实认定非法占有目的。“有效催收”，是指催收应当同时符合下列条件，即在透支超过规定限额或者规定期限后进行，催收应当采用能够确认持卡人收悉的方式，但持卡人故意逃避催收的除外，两次催收至少间隔30日，符合催收的有关规定或者约定。恶意透支，数额在5万元以上的，属于本罪的数额较大。恶意透支的数额，是指公安机关刑事立案时尚未归还的实际透支的本金数额，不包括利息、复利、滞纳金、手续费等发卡银行收取的费用。归还或者支付的数额，应当认定为归还实际透支的本金。恶意透支，数额在5万元以上不满50万元的，在提起公诉前全部归还或者具有其他情节轻微情形的，可以不起诉；在一审判决前全部归还或者具有其他情节轻微情形的，可以免予刑事处罚。但是，曾因信用卡诈骗受过两次以上处罚的除外。

2.主观方面必须是故意，而且必须具有非法占有的目的。采用真实个人信息申领信用卡进行透支、透支款项用于生产经营且主观上不具有非法占有目的的信用卡欠款逾期不还的行为，不构成信用卡诈骗罪。

认定信用卡诈骗罪，应注意区分罪与非罪的界限。对于误用他人信用卡，或者经过持卡人同意而使用他人信用卡的，不能认定为犯罪。善意透支行为，不成立本罪。正确区分善意透支与恶意透支的关键，是看行为人是否具有非法占有目的，而是否具有这种目的，又需要根据客观事实认定。一般来说，有以下情形之一的，应当认定为《刑法》第196条第2款规定的“以非法占有为目的”：（1）明知没有还款能力而大量透支，无法归还的；（2）使用虚假资信证明申领信用卡后透支，无法归还的；（3）透支后通过逃匿、改变联系方式等手段，逃避银行催收的；（4）抽逃、转移资金，隐匿财产，逃避还款的；（5）使用透支的资金进行犯罪活动的；（6）其他非法占有资金，拒不归还的情形。

根据《刑法》第196条第3款的规定，盗窃信用卡并使用的，依照《刑法》第264条关于盗窃罪的规定定罪处罚（盗窃数额根据行为人盗窃信用卡后使用的数额认定）。这里的信用卡仅限于他人的真实有效的信用卡，如果盗窃伪造或作废的信用卡并使用的，应认定为信用卡诈骗罪；盗窃了他人真实有效的信用卡但并不使用的行为，目前还难以成立盗窃罪，也不能构成信用卡诈骗罪。行为人盗窃他人信用卡后在自动取款机（ATM）上使用的，理所当然成立盗窃罪。行为人盗窃他人信用卡并对自然人使用（如在特约商户刷卡）的，虽然属于“冒用他人信用卡”，但根据《刑法》第196条第3款的规定，应按盗窃罪定罪处罚。

犯本罪的，根据《刑法》第196条的规定处罚。量刑时，既要考虑诈骗数额，也要考虑其他情节。

六、保险诈骗罪

本罪是指投保人、被保险人、受益人，以使自己或者第三者获取保险金为目的，采取虚构保险标的、保险事故或者制造保险事故等方法，骗取保险金，数额较大的行为。

1.本罪客体是国家保险监管秩序和公私财产权利。

2.客观方面表现为采取虚构保险标的、保险事故或者制造保险事故等方法，骗取保险人的保险金，数额较大的行为。具体表现为以下五种行为：（1）投保人故意虚构保险标的，骗取保险金的；（2）投保人、被保险人或者受益人对发生的保险事故编造虚假的原因或者夸大损失的程度，骗取保险金的；（3）投保人、被保险人或者受益人编造未曾发生的保险事故，骗取保险金的；（4）投保人、被保险人故意造成财产损失的保险事故，骗取保险金的；（5）投保人、受益人故意造成被保险人死亡、伤残或者疾病，骗取保险金的。行为人已经着手实施保险诈骗罪行为，但由于意志以外的原因未能获得保险赔偿的，是诈骗未遂，情节严重的，应依法追究刑事责任。进行保险诈骗活动，数额在5万元以上的，属于保险诈骗数额较大。

3.主体是投保人、被保险人与受益人，但刑法根据行为方式对主体范围作了具体限定。如虚构保险标的的，只限于投保人；虚构保险事故的，包括投保人、被保险人与受益人；等等。单位可以成为本罪的主体。保险事故的鉴定人、证明人、财产评估人故意提供虚假的证明文件，为他人诈骗提供条件的，以及其他人对保险诈骗实施教唆或者帮助行为的，以保险诈骗罪的共犯论处。

4.主观方面只能是故意，具有非法获取保险金的目的。

犯本罪的，根据《刑法》第198条的规定处罚。量刑时，既要考虑诈骗数额，也要考虑其他情节。行为人制造财产保险事故或人身保险事故，同时构成其他犯罪的，实行数罪并罚。

【本节主要法律规定】

1.《刑法》第192～200条

2.最高人民法院、最高人民检察院《关于办理妨害信用卡管理刑事案件具体应用法律若干问题的解释》

第六节　危害税收征管罪

本节主要内容提示

应注意把握本节各种犯罪的犯罪构成。纳税人缴纳税款后，采取假报出口等欺骗方法，骗取所缴纳的税款的，成立逃税罪；对于骗取税款超过所缴纳的税款部分，则应认定为骗取出口退税罪，与逃税罪实行并罚。税务机关工作人员与纳税人、扣缴义务人相勾结，共同实施逃税行为的，成立逃税罪的共犯；行为同时触犯徇私舞弊不征、少征税款罪的，属于想象竞合犯，从一重罪论处。

一、逃税罪

本罪是指纳税人、扣缴义务人采取欺骗、隐瞒手段进行虚假纳税申报或者不申报，逃避缴纳税款数额较大并且占应纳税额10%以上的行为。

1.本罪客体是国家税收征管秩序。

2.客观方面表现为采取欺骗、隐瞒手段进行虚假纳税申报或者不申报，逃避缴纳税款数额较大并且占应纳税额10%以上的行为。本罪行为既可以表现为采取欺骗、隐瞒手段进行虚假纳税申报，也可以表现为干脆不申报。进行虚假纳税申报所采用的“欺骗、隐瞒手段”是指为不缴、少缴税款而采取的各种误导征税人员的手段，具体包括：（1）伪造、变造、转移、隐匿、擅自销毁账簿、记账凭证或者其他涉税资料的；（2）以签订“阴阳合同”等形式隐匿或者以他人名义分解收入、财产的；（3）虚列支出、虚抵进项税额或者虚报专项附加扣除的；（4）提供虚假材料，骗取税收优惠的；（5）编造虚假计税依据的；（6）为不缴、少缴税款而采取的其他欺骗、隐瞒手段。具有下列情形之一的，应当认定为本罪的“不申报”：（1）依法在登记机关办理设立登记的纳税人，发生应税行为而不申报纳税的；（2）依法不需要在登记机关办理设立登记或者未依法办理设立登记的纳税人，发生应税行为，经税务机关依法通知其申报而不申报纳税的；（3）其他明知应当依法申报纳税而不申报纳税的。本罪行为既可以发生在尚未缴纳税款之前，也可以发生在已经缴纳税款之后。根据《刑法》第204条第2款的规定，纳税人缴纳税款后，采取假报出口或者其他欺骗手段，骗取所缴纳的税款的，依照本罪定罪处罚。

构成本罪，要求逃避缴纳税款数额较大（数额在10万元以上）并且占应纳税额10%以上。“逃避缴纳税款数额”，是指在确定的纳税期间，不缴或者少缴税务机关负责征收的各税种税款的总额。“应纳税额”，是指应税行为发生年度内依照税收法律、行政法规规定应当缴纳的税额，不包括海关代征的增值税、关税等及纳税人依法预缴的税额。“逃避缴纳税款数额占应纳税额的百分比”，是指行为人在一个纳税年度中的各税种逃税总额与该纳税年度应纳税总额的比例；不按纳税年度确定纳税期的，按照最后一次逃税行为发生之日前一年中各税种逃税总额与该年应纳税总额的比例确定。纳税义务存续期间不足一个纳税年度的，按照各税种逃税总额与实际发生纳税义务期间应纳税总额的比例确定。逃税行为跨越若干个纳税年度，只要其中一个纳税年度的逃税数额及百分比达到10%以上，即构成逃税罪。各纳税年度的逃税数额应当累计计算，逃税额占应纳税额百分比应当按照各逃税年度百分比的最高值确定。对多次实施逃避缴纳税款行为，未经处理的，按照累计数额计算。“未经处理”，包括未经行政处理和刑事处理。

纳税人与扣缴义务人逃避缴纳税款行为已经符合逃税罪的构成要件，但存在处罚阻却事由的，不能以本罪追究行为人的刑事责任。《刑法》第201条第4款规定：有第一款行为，经税务机关依法下达追缴通知后，补缴应纳税款，缴纳滞纳金，已受行政处罚的，不予追究刑事责任；但是，5年内因逃避缴纳税款受过刑事处罚或者被税务机关给予二次以上行政处罚的除外。此为本罪处罚阻却事由的规定。对于该款前段，相关司法解释规定：纳税人有逃避缴纳税款行为，在公安机关立案前，经税务机关依法下达追缴通知后，在规定的期限或者批准延缓、分期缴纳的期限内足额补缴应纳税款，缴纳滞纳金，并全部履行税务机关作出的行政处罚决定的，不予追究刑事责任。纳税人有逃避缴纳税款行为，税务机关没有依法下达追缴通知的，依法不予追究刑事责任。

3.本罪主体是纳税人与扣缴义务人。纳税人，是指法律、行政法规规定的负有纳税义务的单位或者个人。扣缴义务人是指法律、行政法规规定的负有代扣代缴、代收代缴税款义务的单位或者个人。扣缴义务人承诺为纳税人代付税款，在其向纳税人支付税后所得时，应当认定扣缴义务人“已扣、已收税款”。扣缴义务人采取欺骗、隐瞒手段进行虚假纳税申报或者不申报，不缴或者少缴已扣、已收税款，数额较大的，构成本罪。根据《刑法》第211条的规定，本罪主体包括单位。

4.本罪的主观方面只能是故意，过失不成立本罪。例如，因为记账错误导致少缴税款的，不成立本罪。

认定本罪需要注意以下问题：

1.正确区分逃税与漏税。漏税，是指纳税单位或者个人属于无意识而发生的漏缴或少缴税款的行为，如由于不了解、不熟悉税法规定和财务制度或因工作粗心大意，错用税率、漏报应税项目，不计应税数量、销售金额和经营利润等。漏税行为不构成犯罪，它与逃税的区别主要表现在两个方面：（1）逃税行为只能是故意实施的，而漏税不是故意实施的。（2）逃税行为表现为采取欺骗性、逃避性的非法手段不缴或者少缴税款；而漏税行为并没有采取这种非法手段。

2.正确处理共犯与罪数问题。税务机关工作人员与纳税人、扣缴义务人相勾结，共同实施逃税行为的，成立逃税罪的共犯；行为同时触犯徇私舞弊不征、少征税款罪的，属于想象竞合犯，从一重罪论处。

犯本罪的，根据《刑法》第201条、第211条及第212条的规定处罚。被判处罚金、没收财产的，在执行前，应当先由税务机关追缴税款。

二、抗税罪

本罪是指以暴力、威胁方法拒不缴纳税款的行为。其中的暴力包括两种情况：一是对人暴力，即对履行税收职责的税务人员的人身不法行使有形力，使其不能正常履行职责；二是对物暴力，即冲击、打砸税务机关，使税务机关不能从事正常的税收活动。虽然不要求暴力达到严重程度，但暴力过于轻微，如连轻微伤都没有造成的，一般不宜以本罪论处。威胁方法，是指对履行税收职责的税务人员实行精神强制，使其不敢正常履行税收职责。暴力、威胁是手段行为，目的行为是拒绝缴纳税款。实施抗税行为致人重伤、死亡，符合《刑法》第234条、第232条规定的，以故意伤害罪、故意杀人罪定罪处罚。本罪主体只能是自然人，即纳税人或者扣缴义务人。其他自然人（非纳税人或者扣缴义务人）单独以暴力、威胁方法阻碍税务机关工作人员履行税收职责的，成立妨害公务罪；如果该自然人与纳税人、扣缴义务人共同实施抗税行为的，以抗税罪的共犯处罚。根据《刑法》第211条的规定，单位不能构成本罪。本罪主观方面是故意。犯本罪的，根据《刑法》第202条、第212条的规定处罚。

三、逃避追缴欠税罪

本罪是指纳税人欠缴应纳税款，采取转移或者隐匿财产的手段，致使税务机关无法追缴欠缴的税款，数额在1万元以上的行为。纳税人欠缴应纳税款，为逃避税务机关追缴，具有下列情形之一的，应当认定为“采取转移或者隐匿财产的手段”：（1）放弃到期债权的；（2）无偿转让财产的；（3）以明显不合理的价格进行交易的；（4）隐匿财产的；（5）不履行税收义务并脱离税务机关监管的；（6）以其他手段转移或者隐匿财产的。成立本罪，要求逃避追缴欠税数额在1万元以上。这里的“数额”既不是指转移、隐匿财产的数额，也不是欠税数额，而是指使税务机关无法追缴的数额。本罪主体是欠税人，包括自然人与单位。主观方面只能是故意。犯本罪的，根据《刑法》第203条、第211条及第212条的规定处罚。

四、骗取出口退税罪

本罪是指以假报出口或者其他欺骗手段，骗取国家出口退税款，数额较大的行为。

本罪客观方面表现为行为人以假报出口或者其他欺骗手段，骗取国家出口退税款，数额较大的行为。具有下列情形之一的，应当认定为“假报出口或者其他欺骗手段”：（1）使用虚开、非法购买或者以其他非法手段取得的增值税专用发票或者其他可以用于出口退税的发票申报出口退税的；（2）将未负税或者免税的出口业务申报为已税的出口业务的；（3）冒用他人出口业务申报出口退税的；（4）虽有出口，但虚构应退税出口业务的品名、数量、单价等要素，以虚增出口退税额申报出口退税的；（5）伪造、签订虚假的销售合同，或者以伪造、变造等非法手段取得出口报关单、运输单据等出口业务相关单据、凭证，虚构出口事实申报出口退税的；（6）在货物出口后，又转入境内或者将境外同种货物转入境内循环进出口并申报出口退税的；

(7)虚报出口产品的功能、用途等，将不享受退税政策的产品申报为退税产品的；(8)以其他欺骗手段骗取出口退税款的。构成本罪，要求骗取国家出口退税款数额较大，即数额在10万元以上。行为人实际骗取10万元以上出口退税款的，构成本罪既遂。行为人实施骗取国家出口退税行为，没有实际取得出口退税款或者实际取得的出口退税款低于10万元，但具有骗取国家数额较大的出口退税款的可能的，构成本罪的未遂犯。本罪主体既可以是自然人，也可以是单位。本罪主观方面只能是故意，行为人明知自己的行为会骗取国家出口退税款，而故意实施该行为，其目的在于不法占有国家出口退税款。

行为人只有在没有缴纳税款的情况下才可能成立本罪。纳税人缴纳税款后，采取假报出口等欺骗方法，骗取所缴纳的税款的，成立逃税罪。对于骗取税款超过所缴纳的税款部分，则应认定为骗取出口退税罪，与逃税罪实行并罚。

犯本罪的，根据《刑法》第204条、第211条、第212条的规定处罚。

五、虚开增值税专用发票、用于骗取出口退税、抵扣税款发票罪

本罪是指个人或者单位故意虚开增值税专用发票或者虚开用于骗取出口退税、抵扣税款的其他发票的行为。

本罪客观方面表现为虚开增值税专用发票或者虚开用于骗取出口退税、抵扣税款的其他发票的行为。虚开增值税专用发票或者虚开用于骗取出口退税、抵扣税款的其他发票，是指有为他人虚开、为自己虚开、让他人为自己虚开、介绍他人虚开行为之一的。“虚开”的实质是开具的发票与实际经营活动不符。具有下列情形之一的，应当认定为“虚开增值税专用发票或者虚开用于骗取出口退税、抵扣税款的其他发票”：(1)没有实际业务，开具增值税专用发票、用于骗取出口退税、抵扣税款的其他发票的；(2)有实际应抵扣业务，但开具超过实际应抵扣业务对应税款的增值税专用发票、用于骗取出口退税、抵扣税款的其他发票的；(3)对依法不能抵扣税款的业务，通过虚构交易主体开具增值税专用发票、用于骗取出口退税、抵扣税款的其他发票的；(4)非法篡改增值税专用发票或者用于骗取出口退税、抵扣税款的其他发票相关电子信息的；(5)违反规定以其他手段虚开的。虽然刑法对成立本罪并无明确的数额要求，但在实务上，虚开增值税专用发票、用于骗取出口退税、抵扣税款的其他发票，税款数额在10万元以上的，才以犯罪论处。以同一购销业务名义，既虚开进项增值税专用发票、用于骗取出口退税、抵扣税款的其他发票，又虚开销项的，以其中较大的数额计算。以伪造的增值税专用发票进行虚开，税款数额在10万元以上的，应以虚开增值税专用发票罪追究刑事责任。本罪主体既可以是自然人，也可以是单位。本罪主观方面只能是故意，行为人明知虚开增值税专用发票或者用于骗取国家出口退税、抵扣税款的其他发票会造成国家税款的流失，而故意实施该行为。在实务上，构成本罪要求行为人具有骗抵税款的目的。因此，为虚增业绩、融资、贷款等不以骗抵税款为目的，没有因抵扣造成税款被骗损失的，不以本罪论处，构成其他犯罪的，依法以其他犯罪追究刑事责任。

犯本罪的，根据《刑法》第205条、第212条的规定处罚。

六、伪造、出售伪造的增值税专用发票罪

本罪是指自然人或者单位，伪造增值税专用发票或者出售伪造的增值税专用发票的行为。其中的伪造，不仅包括无制作权的人制造使一般人误认为是真实增值税专用发票的假增值税专用发票，而且包括对真实增值税专用发票进行加工的变造增值税专用发票的行为。伪造并出售同一增值税专用发票的，以伪造、出售伪造的增值税专用发票罪论处，数量不重复计算。根据司法解释，伪造或者出售伪造的增值税专用发票，具有下列情形之一的，应以本罪定罪处罚：(1)票面税额10万元以上的；(2)伪造或者出售伪造的增值税专用发票10份以上且票面税额6万元以上的；(3)违法所得1万元以上的。犯本罪的，根据《刑法》第206条的规定处罚。

七、非法出售增值税专用发票罪

本罪是指自然人或者单位，违反国家发票管理法规，故意非法出售增值税专用发票的行为。出售的对象仅限于真实的增值税专用发票，如果出售伪造的增值税专用发票，则成立出售伪造的增值税专用发票罪。犯本罪的，根据《刑法》第207条、第211条的规定处罚。

【本节主要法律规定】

《刑法》第201～212条

第七节　侵犯知识产权罪

本节主要内容提示

应注意把握本节各种犯罪的犯罪构成与罪数处理。行为人实施假冒注册商标犯罪，又销售该假冒注册商标的商品构成犯罪的，应以假冒注册商标罪定罪处罚；但又销售明知是他人的假冒注册商标的商品构成犯罪的，则应以假冒注册商标罪与销售假冒注册商标的商品罪数罪并罚。行为人实施侵犯著作权犯罪，又销售该侵权复制品构成犯罪的，以侵犯著作权罪定罪处罚，但又销售明知是他人的侵权复制品构成犯罪的，则应以侵犯著作权罪与销售侵权复制品罪数罪并罚。

一、假冒注册商标罪

本罪是指未经注册商标所有人的许可，在同一种商品、服务上使用与其注册商标相同的商标，情节严重的行为。

1.本罪客体是国家商标管理制度和注册商标专用权。

2.本罪客观方面为，未经注册商标所有人的许可，在同一种商品、服务上使用与其注册商标相同的商标，且情节严重。

首先，行为人所假冒的商标，必须是他人的注册商标。“他人”是指向商标局申请商标注册，并依法取得商标专用权的企业、事业单位及个体工商业者，包括外国企业和外国人。根据《商标法》第3条的规定，经商标局核准注册的商标为“注册商标”，包括商品商标、服务商标和集体商标、证明商标。其中，服务商标是指金融、运输、广播、建筑、旅馆等服务行业为把自己的“服务”业务同他人的“服务”业务相区别而使用的商标；集体商标，是指以团体、协会或者其他组织名义注册，供该组织成员在商事活动中使用，以表明使用者在该组织中的成员资格的标志；证明商标，是指由对某种商品或者服务具有监督能力的组织所控制，而由该组织以外的单位或者个人使用于其商品或者服务，用以证明该商品或者服务的原产地、原料、制造方法、质量或者其他特定品质的标志。商品商标、服务商标、集体商标、证明商标均属于假冒注册商标罪的规制范围，因此，在同一种服务项目上，使用与他人注册的服务商标相同的商标的，构成假冒注册商标罪。假冒他人没有注册的商标的，不构成假冒注册商标罪。此外，商品特有的名称、包装、装潢等与注册商标不是一回事，擅自使用有一定影响的商品特有的名称、包装、装潢，或者使用与有一定影响的商品近似的名称、包装、装潢，造成和他人的有一定影响的商品相混淆，使购买者误认为是该有一定影响的商品的，虽属于不正当竞争行为，但不属于假冒注册商标行为，不构成本罪。

其次，使用与他人注册商标相同的商标，未经注册商标所有人许可。经过注册商标所有人许可，在同一种商品、服务上使用该注册商标的，是合法行为，不构成假冒注册商标罪。《商标法》第43条第2款规定：经许可使用他人注册商标的，必须在使用该注册商标的商品上标明被许可人的名称和商品产地。实践中有的被许可人使用他人注册商标，却不在商品上标明被许可人的名称和商品产地。这种行为违反了《商标法》，也侵犯消费者的合法权益，不过，既然使用注册商标本身得到了注册商标所有人的许可，就不构成假冒注册商标罪。

还应注意的是，商标注册人申请商标注册前，他人已经在同一种商品或者类似商品上先于商标注册人使用与注册商标相同或者近似并有一定影响的商标的，注册商标专用权人虽然可以要求其附加适当区别标识，但无权禁止该使用人在原使用范围内继续使用该商标。该使用人在原使用范围内继续使用该商标的，不构成假冒注册商标罪。

再次，在同一种商品、服务上使用与他人注册商标相同的商标。其一，认定“同一种商品、服务”，应当在权利人注册商标核定使用的商品、服务和行为人实际生产销售的商品、实际提供的服务之间进行比较。具有下列情形之一的，应当认定为“同一种商品、服务”：(1)行为人实际生产销售的商品名称、实际提供的服务名称与权利人注册商标核定使用的商品、服务名称相同的；(2)商品名称不同，但在功能、用途、主要原料、消费对象、销售渠道等方面相同或者基本相同，相关公众一般认为是同种商品的；(3)服务名称不同，但在服务的目的、内容、方式、对象、场所等方面相同或者基本相同，相关公众一般认为是同种服务的。行为人擅自在类似商品、服务上使用与他人注册商标相同或者相似的商标的，以及在同一种商品、服务上使用与他人注册商标相似的商标的行为，不构成假冒注册商标罪。例如，在汽车上使用他人在自行车上注册的“凤凰”商标，虽然也是侵犯商标权的行为，但不构成假冒注册商标罪。其二，“使用”与他人注册商标相同的商标，是指将注册商标或者假冒的注册商标用于商品、服务、商品包装或者容器以及产品说明书、商品交易文书，或者将注册商标或者假冒的注册商标用于广告宣传、展览以及其他商业活动等行为。其三，“与其注册商标相同的商标”，是指与被假冒的注册商标完全相同，或者与被假冒的注册商标基本无差别、足以对相关公众产生误导的商标。具有下列情形之一的，应当认定为与被假冒的注册商标基本无差别、足以对相关公众产生误导的商标：(1)改变注册商标的字体、字母大小写或者文字横竖排列，与注册商标基本无差别的；(2)改变注册商标的文字、字母、数字等之间的间距，与注册商标基本无差别的；(3)改变注册商标颜色，不影响体现注册商标显著特征的；(4)在注册商标上仅增加商品通用名称、型号等缺乏显著特征要素，不影响体现注册商标显著特征的；(5)与立体注册商标的三维标志及平面要素基本无差别的；(6)其他与注册商标基本无差别、足以对相关公众产生误导的。

最后，构成本罪，要求假冒注册商标行为必须情节严重。

3.本罪主体既可以是自然人，也可以是单位。

4.本罪主观方面为故意。行为人认识到自己使用的商标与他人已经注册的商标相同，认识到自己的行为未经注册商标所有人许可，但有意在同一种商品、服务上使用与他人注册商标相同的商标。成立本罪不要求行为人具有销售假冒注册商标商品的目的，动机不影响犯罪的成立。

犯本罪的，根据《刑法》第213条和第220条的规定处罚。

二、销售假冒注册商标的商品罪

本罪是指销售明知是假冒注册商标的商品，违法所得数额较大或者有其他严重情节的行为。“假冒注册商标的商品”，是指未经注册商标所有人许可，使用与其注册商标相同的商标的同一种商品。至于这种商品的质量与真正注册商标的商品质量有无差异，则在所不问。构成要件要求违法所得数额较大（指违法所得数额在3万元以上）或者有其他严重情节的行为。本罪主体既可以是自然人，也可以是单位，但不包括在该商品上假冒注册商标的犯罪人，即假冒注册商标的犯罪人销售自己假冒注册商标的商品的，只成立假冒注册商标罪，不另成立本罪。但是，上述结论仅就同一商品而言。如果行为人在此商品上假冒他人注册商标，同时又销售他人假冒注册商标的商品，则成立数罪。本罪在主观上表现为故意，其核心是要求行为人“明知”是假冒注册商标的商品而销售。

行为人仅是明知系假冒注册商标的商品而销售的，还没有与假冒注册商标的犯罪人形成共同故意，因而是一种独立的犯罪故意。但是，如果行为人事先与假冒注册商标的犯罪人通谋，然后分工合作，其中有的人制造假冒注册商标的商品，有的人销售假冒注册商标的商品的，便构成共同犯罪。在这种情况下，销售假冒注册商标的商品，实际上是假冒注册商标共同犯罪行为的组成部分。因此，对行为人均应以假冒注册商标罪的共犯论处。行为人实施假冒注册商标犯罪，又销售该假冒注册商标的商品构成犯罪的，应以假冒注册商标罪定罪处罚；但是，又销售明知是他人的假冒注册商标的商品构成犯罪的，则应以假冒注册商标罪与销售假冒注册商标的商品罪数罪并罚。

犯本罪的，根据《刑法》第214条和第220条的规定处罚。

三、假冒专利罪

本罪是指自然人或者单位，违反专利管理法规，故意假冒他人专利，情节严重的行为。下列行为均属假冒他人专利行为：(1)伪造或者变造他人的专利证书、专利文件或者专利申请文件的；(2)未经许可，在其制造或者销售的产品、产品包装上标注他人专利号的；(3)未经许可，在合同、产品说明书或者广告等宣传材料中使用他人的专利号，使人误认为是他人发明、实用新型或者外观设计的。构成本罪，要求假冒专利的行为“情节严重”。犯本罪的，根据《刑法》第216条和第220条的规定处罚。

四、侵犯著作权罪

本罪是指以营利为目的，违反著作权法的规定，侵犯他人著作权或者与著作权有关的权利，违法所得数额较大或者有其他严重情节的行为。

1.本罪客体是他人著作权或者与著作权有关的权利。著作权也称版权，是指作者对其作品所享有的权利。与著作权有关的权利，是指出版者对其出版的图书和期刊的版式设计享有的权利，表演者对其表演享有的权利，录音录像制作者对其制作的录音录像制品享有的权利，广播电台、电视台对其播放的广播、电视节目享有的权利。

2.客观方面表现为违反著作权法的规定，以特定的行为侵犯他人著作权，违法所得数额较大或者有其他严重情节。著作权法规定了多种侵犯他人著作权的表现形式，但《刑法》第217条仅规定了以下六种行为可以成立侵犯著作权罪：(1)未经著作权人许可，复制发行、通过信息网络向公众传播其文字作品、音乐、美术、视听作品、计算机软件及法律、行政法规规定的其他作品。(2)出版他人享有专有出版权的图书。(3)未经录音录像制作者许可，复制发行、通过信息网络向公众传播其制作的录音录像。录音、录像制作者，是指录音、录像制品的首次制作人。(4)未经表演者许可，复制发行录有其表演的录音录像制品，或者通过信息网络向公众传播其表演。(5)制作、出售假冒他人署名的美术作品。美术作品，是指绘画、书法、雕塑等以线条、色彩或者其他方式构成的有审美意义的平面或者立体的造型艺术作品。(6)未经著作权人或者与著作权有关的权利人许可，故意避开或者破坏权利人为其作品、录音录像制品等采取的保护著作权或者与著作权有关的权利的技术措施。实施侵犯著作权或者与著作权有关的权利的行为，没有取得著作权人、录音录像制作者、表演者授权，或者伪造、涂改授权许可文件，或者超出授权许可范围，应当认定为前述的“未经著作权人许可”、“未经录音录像制作者许可”、“未经表演者许可”。在涉案作品、录音录像制品种类众多且权利人分散的案件中，有证据证明涉案作品、录音录像制品系非法出版、复制发行、通过信息网络向公众传播，且出版者、复制发行者、信息网络传播者不能提供获得著作权人、录音录像制作者、表演者许可的相关证据材料的，可以认定为前述的“未经著作权人许可”、“未经录音录像制作者许可”、“未经表演者许可”。但是，有证据证明权利人放弃权利、涉案作品的著作权或者录音录像制品、表演者的有关权利不受我国著作权法保护、权利保护期限已经届满等情形除外。未经著作权人或者与著作权有关的权利人许可，既复制又发行或者为发行而复制作品、录音录像制品的行为，应当认定为前述的“复制发行”。未经著作权人或者与著作权有关的权利人许可，以有线或者无线的方式向公众提供，使公众可以在其选定的时间和地点获得作品、录音录像制品、表演的，应当认定为前述的“通过信息网络向公众传播”。

最后，上述侵犯著作权的行为成立本罪，还要求违法所得数额较大（指违法所得数额在3万元以上）或者有其他严重情节。

3.主体既可以是自然人，也可以是单位。出版单位与他人事前通谋，向其出售、出租或者以其他形式转让该出版单位的名称、书号、刊号、版号，他人实施侵犯著作权行为，构成犯罪的，对该出版单位应当以共犯论处。

4.主观方面只能是故意，并且具有营利目的。除销售外，具有下列情形之一的，可以认定为“以营利为目的”：（1）以在他人作品中刊登收费广告、捆绑第三方作品等方式直接或者间接收取费用的；（2）通过信息网络传播他人作品，或者利用他人上传的侵权作品，在网站或者网页上提供刊登收费广告服务，直接或者间接收取费用的；（3）以会员制方式通过信息网络传播他人作品，收取会员注册费或者其他费用的；（4）其他利用他人作品牟利的情形。

犯本罪的，根据《刑法》第217条和第220条的规定处罚。

五、销售侵权复制品罪

本罪是指自然人或者单位，以营利为目的，销售明知是侵权复制品的物品，违法所得数额巨大或者有其他严重情节的行为。侵权复制品，是指犯侵犯著作权罪而形成的复制品，即《刑法》第217条规定的侵权复制品。主体必须是侵犯著作权罪主体以外的自然人或者单位。主观方面必须明知自己所销售的是他人犯侵犯著作权罪而形成的侵权复制品，并具有营利目的。行为人实施侵犯著作权犯罪，又销售该侵权复制品构成犯罪的，以侵犯著作权罪定罪处罚；但是，又销售明知是他人的侵权复制品构成犯罪的，则应以侵犯著作权罪与销售侵权复制品罪数罪并罚。犯本罪的，根据《刑法》第218条和第220条的规定处罚。

六、侵犯商业秘密罪

本罪是指以不正当手段获取权利人的商业秘密，披露、使用或者允许他人使用以不正当手段获取的权利人的商业秘密，或者违反保密义务或者保密要求，披露、使用或者允许他人使用其所掌握的商业秘密，情节严重的行为。

1.本罪客体是国家竞业管理秩序和商业秘密专有权益。

2.客观上实施了特定的侵犯商业秘密的行为，且情节严重。（1）行为对象为商业秘密。商业秘密，是指不为公众所知悉、具有商业价值并经权利人采取相应保密措施的技术信息、经营信息等商业信息。权利人，是指商业秘密的所有人和经商业秘密所有人许可的商业秘密使用人。（2）实施了以下四种侵犯商业秘密的行为：第一，以盗窃、贿赂、欺诈、胁迫、电子侵入或者其他不正当手段获取权利人的商业秘密。采取非法复制等方式获取商业秘密的，应当认定为以“盗窃”手段获取商业秘密。未经授权或者超越授权使用计算机信息系统等方式获取商业秘密的，应当认定为以“电子侵入”手段获取商业秘密。第二，披露、使用或者允许他人使用以前项手段获取的权利人的商业秘密。第三，违反保密义务或者违反权利人有关保守商业秘密的要求，披露、使用或者允许他人使用其所掌握的商业秘密；这是指合法知悉商业秘密内容的人披露、使用或者允许他人使用商业秘密的行为，包括公司、企业内部的工作人员，曾在公司、企业内工作的调离人员、离退休人员以及与权利人订有保守商业秘密协议的有关人员。监督检查部门及其工作人员对调查过程中知悉的商业秘密负有保密义务。第四，明知上述三种行为，获取、披露、使用或者允许他人使用该商业秘密的，以侵犯商业秘密论。（3）情节严重。

侵犯商业秘密，具有下列情形之一的，应当认定为“情节严重”：①给商业秘密的权利人造成损失数额在30万元以上的；②因侵犯商业秘密违法所得数额在30万元以上的；③2年内因实施《刑法》第219条、第219条之一规定的行为受过刑事处罚或者行政处罚后再次实施，造成损失数额或者违法所得数额在10万元以上的；④其他情节严重的情形。

3.主体不限于经营者，既可以是自然人，也可以是单位。其中，实施第一种和第二种行为的人，是无权知悉商业秘密内容的人；实施第三种行为的人，是已经合法知悉他人商业秘密内容的人；实施第四种行为的人可谓第三人。

4.犯罪主观方面原则上为故意。对于以盗窃、贿赂、欺诈、胁迫、电子侵入或者其他不正当手段获取他人商业秘密，然后使用该商业秘密制造产品并假冒他人注册商标的，原则上应以数罪论处。对于单纯非法使用他人商业秘密制造产品并假冒他人注册商标的，应认定为一行为触犯了数个罪名，以一个重罪论处。触犯侵犯商业秘密罪，同时触犯为境外窃取、刺探、收买、非法提供商业秘密罪，为境外窃取、刺探、收买、非法提供国家秘密罪，非法获取国家秘密罪，故意泄露国家秘密罪的，属于想象竞合犯，从一重罪处罚。

犯本罪的，根据《刑法》第219条和第220条的规定处罚。

七、为境外窃取、刺探、收买、非法提供商业秘密罪

本罪是指为境外的机构、组织、人员窃取、刺探、收买、非法提供商业秘密的行为。行为人采取窃取、刺探、收买方式获取商业秘密的，本罪与侵犯商业秘密罪存在竞合。当商业秘密也属于国家秘密时，本罪与为境外窃取、刺探、收买、非法提供国家秘密罪、非法获取国家秘密罪、故意泄露国家秘密罪存在竞合。犯本罪的，根据《刑法》第219条之一、第220条的规定处罚。

【本节主要法律规定】

1.《刑法》第213～220条

2.最高人民法院、最高人民检察院《关于办理侵犯知识产权刑事案件适用法律若干问题的解释》

第八节　扰乱市场秩序罪

本节主要内容提示

应注意把握本节各种犯罪的犯罪构成。利用合同骗取他人财物，没有达到合同诈骗罪数额较大的标准，但达到诈骗罪数额较大标准的，应认定为诈骗罪。只有实施特定的4种行为，才能构成非法经营罪，应牢记被司法解释认定为非法经营罪的各种情形。以暴力、胁迫为手段，以商品交易为借口侵犯财产的，不构成强迫交易罪，成立抢劫、敲诈勒索等犯罪。

一、损害商业信誉、商品声誉罪

本罪是指捏造并散布虚伪事实，损害他人的商业信誉、商品声誉，给他人造成重大损失或者有其他严重情节的行为。本罪中的商业信誉包括商业信用与商业名誉，其中，商业信用是指商业行为与经济能力在经济活动中所受到的信赖，商业名誉，是指社会对他人在商业活动中的价值和地位的客观评价。本罪中的商品声誉，是指社会对商品的良好称誉。犯本罪的，根据《刑法》第221条和第231条的规定处罚。

二、虚假广告罪

本罪是指广告主、广告经营者、广告发布者，违反国家规定，利用广告对商品或者服务作虚假宣传，情节严重的行为。作虚假宣传主要包括两种情况：一是对商品或者服务作夸大失实的宣传，即对生产、经销的产品质量、制作成分、性能、用途、生产者、有效期限、产地、来源等情况，或者对所提供服务的质量规格、技术标准、价格等交易资料进行夸大、无中生有的与实际情况不符的宣传。二是对商品或者服务作语意含糊、令人误解的宣传，即通过措辞的技巧、明示或者暗示、省略或者含糊的手段，使消费者对商品或者服务产生误解。行为人利用广告对自己生产、销售的伪劣商品作虚假宣传的，可以认为是行为的手段触犯了其他罪名，只以一个重罪论处，即仅认定为生产、销售伪劣商品犯罪。明知他人从事欺诈发行证券，非法吸收公众存款，擅自发行股票、公司、企业债券，集资诈骗或者组织、领导传销活动等集资犯罪活动，为其提供广告等宣传的，以相关犯罪的共犯论处。犯本罪的，根据《刑法》第222条和第231条的规定处罚。

三、串通投标罪

本罪是指投标人相互串通投标报价，损害招标人或者其他投标人的利益，情节严重，或者投标人与招标人串通投标，损害国家、集体、公民的合法权益的行为。在拍卖过程中也可能存在串通行为，串通拍卖行为与串通投标行为虽有一定的相似性，但二者的性质不同，对串通拍卖的行为不能以本罪论处。犯本罪的，根据《刑法》第223条和第231条的规定处罚。

四、合同诈骗罪

本罪是指以非法占有为目的，在签订、履行合同过程中，使用欺诈手段，骗取对方当事人财物，数额较大的行为。合同诈骗罪是诈骗罪的一种特殊形式。

1.本罪客体是社会经济秩序和合同当事人的财产权利。

2.客观方面表现为在签订、履行合同过程中，使用欺诈手段，骗取对方当事人数额较大的财物的行为。欺诈手段是指下列情形：(1)以虚构的单位或者冒用他人名义签订合同的；(2)以伪造、变造、作废的票据或者其他虚假的产权证明作担保的；(3)没有实际履行能力，以先履行小额合同或者部分履行合同的方法，诱骗对方当事人继续签订和履行合同的；(4)收受对方当事人给付的货物、货款、预付款或者担保财产后逃匿的；(5)以其他方法骗取对方当事人财物的。实施上述行为之一，骗取对方当事人财物数额较大，即数额在2万元以上的，即可成立本罪。

3.主体既可以是自然人，也可以是单位。

4.主观方面只能是故意，并且具有非法占有目的。非法占有目的既可以存在于签订合同时，也可以存在于履行合同的过程中，但产生非法占有目的后并未实施诈骗行为的，不能成立合同诈骗罪。《刑法》第224条第4项规定的“收受对方当事人给付的货物、货款、预付款或者担保财产后逃匿”，仅限于行为人在收受对方当事人给付的货物、货款、预付款或者担保财产之前便存在非法占有目的，而且对方之所以给付货物、货款、预付款或者担保财产，是由于行为人的诈骗行为所致。行为人收受对方当事人给付的货物、货款、预付款或者担保财产之后，才产生非法占有目的，但仅仅是逃匿，而没有采取虚构事实、隐瞒真相的手段使对方免除其债务的，难以认定为合同诈骗罪。

认定本罪应注意以下问题：

1.正确区分本罪与经济合同纠纷的界限。二者之间为罪与非罪的区别，但容易混淆，尤其是行为人在签订、履行经济合同过程中，使用了一定欺诈手段时，难以区分罪与非罪。区分二者的关键在于是否具有非法占有对方当事人财物的目的。合同诈骗罪的行为人意欲利用合同非法占有对方当事人的财物，而经济合同纠纷的当事人，只是通过合同进行正常经济活动从而取得经济利益。在判断行为人主观上是否具有非法占有的目的时，首先要考察行为人是否采取了刑法所规定的欺诈手段。凡是使用刑法所规定的欺诈手段的，原则上均应认定为具有非法占有目的。其次要综合考虑其他情节，包括行为前、行为过程中以及行为后的各种情节。例如，对下列情形可以认定为具有非法占有目的：挥霍对方当事人交付的货物、货款、预付款、定金或者保证金，致使上述款物无法返还的；使用对方当事人的货物、货款、预付款或者定金、保证金进行违法犯罪活动的；合同签订后，以支付部分货款、开始履行合同为诱饵，骗取全部货物后，在合同规定的期限内或者双方约定的付款期限内，无正当理由拒不支付其余货款的；收到对方货款后，不按合同规定或双方约定组织货源，而是用于冒险投资的；等等。所应注意的是，刑法规定合同诈骗罪的行为是“在签订、履行合同过程中”实施的，因此，行为人在签订合同时没有非法占有的目的，但在履行过程中产生了非法占有的目的，进而实施诈骗行为，骗取对方当事人财物的，应认定为合同诈骗罪。反之，在签订合同时具有非法占有目的，但在履行过程中由于某种原因而放弃非法占有目的，积极全部履行合同义务的，不宜认定为合同诈骗罪。

2.正确区分本罪与普通诈骗罪的界限。区分合同诈骗罪与诈骗罪时，不能简单地以有无合同为标准。合同诈骗罪中的“合同”不限于书面合同，也包括口头合同，但就合同内容而言，宜限于经济合同，即合同的文字内容是通过市场行为获得利润，这是由本罪性质决定的。基于同样的理由，至少对方当事人应是从事经营活动的市场主体，否则也难以认定为合同诈骗罪。例如，甲得知自己的朋友乙（一般公民）有大量存款，便产生诈骗故意。甲声称，自己有一笔绝对赚钱的生意，投资50万元后，3个月内可以赚100万元，但自己一时没有50万元，希望乙投资30万元，3个月后返还乙60万元。甲按上述内容起草了一份书面合同，双方在合同上签字后，乙交付30万元给甲。甲获得乙的30万元后逃匿。对于甲的行为不宜认定为合同诈骗罪，而应认定为普通的诈骗罪。

3.正确处理本罪与金融诈骗罪、生产销售伪劣商品犯罪的关系。刑法规定的各种金融诈骗罪，大多也会利用经济合同的形式，如保险诈骗罪事实上利用了保险合同，贷款诈骗罪事实上利用了贷款合同。但由于刑法对金融诈骗罪作了特别规定，所以，对于符合金融诈骗罪的犯罪构成的，原则上以金融诈骗罪论处。如利用合同诈骗银行或者其他金融机构贷款的，应认定为贷款诈骗罪。但是，金融诈骗罪中也有一些不需要利用合同的，如票据诈骗罪，在这种情况下，不发生法条竞合问题。行为人与他人签订合同，收到他人货款后，提供伪劣商品的，一般应认定为生产、销售伪劣商品的犯罪，不认定为合同诈骗罪。

犯本罪的，根据《刑法》第224条和第231条的规定处罚。量刑时，既要考虑诈骗数额，也要考虑其他情节。

五、组织、领导传销活动罪

本罪是指组织、领导以推销商品、提供服务等经营活动为名，要求参加者以缴纳费用或者购买商品、服务等方式获得加入资格，并按照一定顺序组成层级，直接或者间接以发展人员的数量作为计酬或者返利依据，引诱、胁迫参加者继续发展他人参加，骗取财物，扰乱经济社会秩序的传销活动的行为。传销组织内部参与传销活动人员在30人以上且层级在3级以上的，应对组织者、领导者追究刑事责任。组织者或者经营者利用网络发展会员，要求被发展人员以缴纳或者变相缴纳“入门费”为条件，获得提成和发展下线的资格，通过发展人员组成层级关系，并以直接或者间接发展的人员数量作为计酬或者返利的依据，引诱被发展人员继续发展他人参加，骗取财物，扰乱经济社会秩序的，以组织、领导传销活动罪追究刑事责任。下列人员可以认定为传销活动的组织者、领导者：（1）在传销活动中起发起、策划、操纵作用的人员；（2）在传销活动中承担管理、协调等职责的人员；（3）在传销活动中承担宣传、培训等职责的人员；（4）因组织、领导传销活动受过刑事处罚，或者1年内因组织、领导传销活动受过行政处罚，又直接或者间接发展参与传销活动人员在15人以上且层级在3级以上的人员；（5）其他对传销活动的实施，传销组织的建立、扩大等起关键作用的人员。实施本罪的行为，同时触犯集资诈骗罪等罪的，从一重罪处罚。实施本罪的行为，并实施故意伤害、非法拘禁、敲诈勒索、妨害公务、聚众扰乱社会秩序等行为，构成犯罪的，依照数罪并罚的规定处罚。犯本罪的，根据《刑法》第224条之一和第231条的规定处罚。

六、非法经营罪

本罪是指自然人或者单位，违反国家规定，故意从事非法经营活动，扰乱市场秩序，情节严重的行为。非法经营行为包括以下四种类型：(1)未经许可，经营法律、行政法规规定的专营、专卖物品或者其他限制买卖的物品。在我国，对烟草制品等物品实行专营专卖。违反国家烟草专卖管理法律法规，未经烟草专卖行政主管部门许可，无烟草专卖生产企业许可证、烟草专卖批发企业许可证、特种烟草专卖经营企业许可证、烟草专卖零售许可证等许可证明，非法经营烟草专卖品情节严重的，构成本罪。持有烟草专卖零售许可证，但超范围和地域经营的，不宜按照非法经营罪处理，应由相关主管部门进行处理。违反国家规定，未经许可经营兴奋剂目录所列物质，涉案物质属于法律、行政法规规定的限制买卖的物品，扰乱市场秩序，情节严重的，应以非法经营罪定罪处罚。(2)买卖进出口许可证、进出口原产地证明以及法律、行政法规规定的其他经营许可证或者批准文件。(3)未经国家有关主管部门批准，非法经营证券、期货或者保险业务，或者非法从事资金支付结算业务。"非法从事资金支付结算业务"，是指使用受理终端或者网络支付接口等方法，以虚构交易、虚开价格、交易退款等非法方式向指定付款方支付货币资金；非法为他人提供单位银行结算账户套现或者单位银行结算账户转个人账户服务；非法为他人提供支票套现服务，以及其他非法从事资金支付结算业务的情形。(4)其他严重扰乱市场秩序的非法经营行为。是否属于其他严重扰乱市场秩序的非法经营行为，应当根据相关行为是否具有与《刑法》第225条前三项规定的非法经营行为相当的社会危害性、刑事违法性和刑事处罚必要性进行判断。对被告人的行为是否属于"其他严重扰乱市场秩序的非法经营行为"，有关司法解释未作明确规定的，应当作为法律适用问题，逐级向最高人民法院请示。上述非法经营行为只有情节严重的，才构成本罪。

非法经营行为同时构成其他犯罪的，如非法从事资金支付结算业务或者非法买卖外汇，构成非法经营罪，同时又构成帮助恐怖活动罪，生产、销售伪劣产品罪或者洗钱罪的，依照处罚较重的规定定罪处罚。

成立非法经营罪的前提，是违反国家规定，即违反全国人民代表大会及其常务委员会制定的法律和决定，国务院制定的行政法规、规定的行政措施、发布的决定和命令。其中，"国务院规定的行政措施"应当由国务院决定，通常以行政法规或者国务院制发文件的形式加以规定。以国务院办公厅名义制发的文件，符合以下条件的，亦应视为刑法中的"国家规定"：(1)有明确的法律依据或者同相关行政法规不相抵触；(2)经国务院常务会议讨论通过或者经国务院批准；(3)在国务院公报上公开发布。对于行政机关内部文件，应当全面审查其是否符合行政法律法规的相关规定，不得单独据以认定行为人的行为构成犯罪。对被告人的行为是否"违反国家规定"存在争议的，应当作为法律适用问题，逐级向最高人民法院请示。非法经营罪的前三种类型往往容易认定，难以认定的是"其他严重扰乱市场秩序的非法经营行为"。根据近几年的立法与司法解释，对下列行为应认定为非法经营罪：

1.在国家规定的交易场所以外非法买卖外汇，扰乱市场秩序，情节严重的，以非法经营罪论处（如果属于"非法从事资金支付结算业务"，则适用《刑法》第225条第3项的规定）。违反国家规定，实施倒买倒卖外汇或者变相买卖外汇等非法买卖外汇行为，扰乱金融市场秩序，情节严重的，以非法经营罪定罪处罚。

2.违反国家规定，出版、印刷、复制、发行严重危害社会秩序和扰乱市场秩序的非法出版物（构成《刑法》第103条、第105条、第217条、第218条、第246条、第250条、第363条、第364条规定之犯罪的除外),情节严重的,或者非法从事出版物的出版、印刷、复制、发行业务,严重扰乱市场秩序,情节特别严重构成犯罪的,以非法经营罪定罪处罚。

3.违反国家规定,采取租用国际专线、私设转接设备或者其他方法,擅自经营国际电信业务或者涉中国港澳台地区电信业务进行营利活动,扰乱电信市场管理秩序,情节严重的,以非法经营罪定罪处罚。

4.以提供给他人生产、销售食品为目的,违反国家规定,生产、销售国家禁止用于食品生产、销售的非食品原料,情节严重的,或者以提供给他人生产、销售食用农产品为目的,违反国家规定,生产、销售国家禁用农药、食品动物中禁止使用的药品及其他化合物等有毒、有害的非食品原料,或者生产、销售添加上述有毒、有害的非食品原料的农药、兽药、饲料、饲料添加剂、饲料原料,情节严重的,以非法经营罪定罪处罚;同时构成生产、销售不符合安全标准的食品罪,生产、销售有毒、有害食品罪等其他犯罪的,依照处罚较重的规定定罪处罚。

5.在生产、销售的饲料中添加盐酸克仑特罗等禁止在饲料和动物饮用水中使用的药品,或者销售明知是添加有该类药品的饲料,情节严重的,依照《刑法》第225条第4项的规定,以非法经营罪追究刑事责任。

6.违反国家规定,私设生猪屠宰厂(场),从事生猪屠宰、销售等经营活动,情节严重的,以非法经营罪定罪处罚。

7.违反国家规定,擅自从事互联网上网服务经营活动,情节严重的,以非法经营罪论处。

8.未经国家批准,擅自发行、销售彩票,构成犯罪的,以非法经营罪定罪处罚。

9.违反国家规定,未经依法核准擅自发行基金份额募集基金,情节严重的,以非法经营罪定罪处罚。

10.违反国家规定,使用销售点终端机具(POS机)等方法,以虚构交易、虚开价格、现金退货等方式向信用卡持卡人直接支付现金,情节严重的,以非法经营罪定罪处罚。

11.以提供给他人开设赌场为目的,违反国家规定,非法生产、销售具有退币、退分、退钢珠等赌博功能的电子游戏设施设备或者其专用软件,情节严重的,以非法经营罪定罪处罚。

12.非法生产、销售"黑广播"、"伪基站"、无线电干扰器等无线电设备情节严重的,以非法经营罪追究刑事责任。

13.违反国家规定,以营利为目的,通过信息网络有偿提供删除信息服务,或者明知是虚假信息,通过信息网络有偿提供发布信息等服务,扰乱市场秩序,情节严重的,以非法经营罪定罪处罚。

14.自2019年10月21日起,违反国家规定,未经监管部门批准,或者超越经营范围,以营利为目的,以超过36%的实际年利率经常性地向社会不特定对象发放贷款,扰乱金融市场秩序,情节严重的,以非法经营罪定罪处罚。"经常性地向社会不特定对象发放贷款"是指2年内向不特定多人(包括单位和个人)以借款或其他名义出借资金10次以上。为从事非法放贷活动,实施擅自设立金融机构、套取金融机构资金高利转贷、非法吸收公众存款等行为,构成犯罪的,应当择一重罪处罚。为强行索要因非法放贷而产生的债务,实施故意杀人、故意伤害、非法拘禁、故意毁坏财物、寻衅滋事等行为,构成犯罪的,应当数罪并罚。

15.自2020年1月1日起,违反国家规定,未经许可经营兴奋剂目录所列物质,涉案物质属于法律、行政法规规定的限制买卖的物品,扰乱市场秩序,情节严重的,以非法经营罪定罪处罚。

犯本罪的,根据《刑法》第225条和第231条的规定处罚。

七、强迫交易罪

本罪是指自然人或者单位,以暴力、威胁手段强买强卖商品,强迫他人提供或者接受服务,强迫他人参与或者退出投标、拍卖,强迫他人转让或者收购公司、企业的股份、债券或者其他资产,强迫他人参与或者退出特定的经营活动,情节严重的行为。虽然在市场活动中存在各种形式的强迫交易行为,但只有下列情节严重的强迫交易行为，才构成本罪：（1）强买强卖商品的；（2）强迫他人提供或者接受服务的；（3）强迫他人参与或者退出投标、拍卖的；（4）强迫他人转让或者收购公司、企业的股份、债券或者其他资产的；（5）强迫他人参与或者退出特定的经营活动的。

如何处理本罪与抢劫罪的关系，是司法实践中面临的一个重要问题。首先，由于本罪属于破坏市场秩序的犯罪，故只有在经营或交易活动中才可能发生本罪。换言之，主体是否经常进行商业活动，或者以商业营利为生，影响着强迫交易罪成立与否的判断。教师以暴力行为强迫学生以200元购买其价值2元的圆珠笔的行为，只能认定为抢劫。其次，本罪的暴力、胁迫没有程度的要求。如果暴力、胁迫达到抢劫罪的要求，则应认定为抢劫罪。最后，本罪虽然可能表现为强迫他人以不公平价格买卖商品、提供或者接受服务，但这里的“不公平价格”只能略高于公平价格。如果以暴力、胁迫为手段，以商品交易为借口侵犯财产的，则应认定为抢劫或敲诈勒索等罪。

犯本罪的，根据《刑法》第226条和第231条的规定处罚。

八、提供虚假证明文件罪

本罪是指承担资产评估、验资、验证、会计、审计、法律服务、保荐、安全评价、环境影响评价、环境监测等职责的中介组织的人员或者单位，故意提供虚假证明文件，情节严重的行为。这里的提供不只是单纯的交付行为，而应包括制作（无形伪造）与交付。本罪主体包括单位在内。本罪主观方面为故意。生产经营单位提供虚假材料、影响评价结论，中介组织的人员对评价结论与实际情况不符无主观故意的，不属于“故意”提供虚假证明文件。行为人严重不负责任，导致出具的证明文件有重大失实造成严重后果的，不构成本罪，以出具证明文件重大失实罪定罪处罚。中介组织的人员在提供虚假证明文件时，索取他人财物或者非法收受他人财物构成犯罪的，依照处罚较重的规定定罪处罚。

犯本罪的，根据《刑法》第229条第1款和第231条的规定处罚。

【本节主要法律规定】

《刑法》第221～231条

第十八章 侵犯公民人身权利、民主权利罪

本章主要内容提示

本章犯罪除经常作为总则考点的素材外，也是频繁考查的分则考点，应注意把握本章各种犯罪的犯罪构成。除应能准确认定本章各种犯罪外，还应能结合案情准确判断本章犯罪不作为犯、因果关系、犯罪排除事由、犯罪未完成形态、共同犯罪、罪数等问题。

一、故意杀人罪

本罪是指故意非法剥夺他人生命的行为。

1.本罪的客体是他人的生命权。

2.故意杀人罪的客观方面表现为非法剥夺他人生命的行为。

（1）行为对象为“他人”，故自杀行为不成立本罪。至于“他人”的范围则没有限定。人的生命，始于出生，终于死亡。关于出生的标准，我国一般采取独立呼吸说。据此，出生后的婴儿享有受法律保护的生命权，可以成为故意杀人罪的对象，溺婴是一种故意杀人行为，应以故意杀人罪论处。胎儿不能成为故意杀人罪的对象。关于死亡的标准，传统上采取综合标准说，即自发呼吸停止、心脏跳动停止、瞳孔反射机能停止。这一标准容易被国民接受。尸体不能成为故意杀人罪的对象。

（2）必须具有剥夺他人生命的行为即杀人行为，其特点是直接或者间接作用于人的肌体，使人的生命在自然死亡之前终结。剥夺他人生命的方式，既可以是作为（如刀砍、斧劈、拳击、枪杀等），也可以是不作为（如母亲故意不给婴儿哺乳致其死亡等）；既可以是物理的方式（如刺杀、毒杀），也可以是心理的方式（如以精神冲击方法致人休克死亡）。

（3）剥夺他人生命的行为必须具有非法性。依法执行命令枪决罪犯、符合法定条件的正当防卫杀人等行为，不构成故意杀人罪。杀人行为发生死亡结果的，成立故意杀人既遂；没有发生死亡结果的，成立故意杀人未遂、中止或者预备。

3.在《刑法修正案（十一）》施行之前，故意杀人罪的犯罪主体为年满14周岁，具有辨认控制能力的自然人。经《刑法修正案（十一）》修改后的《刑法》第17条第3款规定：已满12周岁不满14周岁的人，犯故意杀人、故意伤害罪，致人死亡或者以特别残忍手段致人重伤造成严重残疾，情节恶劣，经最高人民检察院核准追诉的，应当负刑事责任。据此，在符合该款规定时，故意杀人罪的犯罪主体的年龄被下调到12周岁。对于这一刑法修改，应当注意其时间效力问题，即对于2021年3月1日以前的故意杀人行为，即使杀人手段残忍，杀人动机卑劣，社会

反响强烈，已满12周岁不满14周岁的人对此也不负刑事责任；对于2021年3月1日以后的故意杀人行为，已满12周岁不满14周岁的人才有可能成为故意杀人罪的犯罪主体。

4.主观方面是故意，即明知自己的行为会发生他人死亡的危害结果，并且希望或者放任这种结果的发生。故意杀人的动机多种多样，不同的杀人动机，对构成故意杀人罪没有影响，但对量刑具有一定意义。

认定本罪应注意以下问题：

1.注意相关条文对故意杀人罪的特殊规定。根据《刑法》第238条、第247条、第248条、第289条、第292条的规定，对非法拘禁使用暴力致人死亡的，刑讯逼供或暴力取证致人死亡的，虐待被监管人致人死亡的，聚众“打砸抢”致人死亡的，聚众斗殴致人死亡的，应以故意杀人罪论处。这些条文属于拟制规定，而非注意规定。

2.对实施积极的安乐死的行为，应以故意杀人罪论处。所谓安乐死，通常是指为免除患有不治之症、濒临死亡患者的痛苦，受患者嘱托而使其无痛苦地死亡。刑法上所讨论的安乐死，限于积极的安乐死，即为了免除患者的痛苦，而提前结束其生命的方法。现在，世界上只有个别国家对积极的安乐死实行了非犯罪化。在我国，人为地提前结束患者生命的行为，还难以得到一般国民的认同；即使被害人同意，这种杀人行为也是对他人生命的侵害。特别是在法律对实行积极的安乐死的条件、方法、程序等没有明确规定的情况下，实行积极的安乐死所产生的其他一系列后果不堪设想。在法律未允许实行积极安乐死的情况下，实行积极安乐死的行为，仍然构成故意杀人罪；既不能认为这种行为不符合故意杀人罪的犯罪构成，也不宜以《刑法》第13条的“但书”为根据宣告无罪。当然，量刑时可以从宽处罚。

3.对与自杀有关的案件应具体分析，区别处理。自杀是自愿结束自己生命的行为，本身不构成犯罪，但引起、促成自杀的原因比较复杂，其中有的人对他人的自杀应当承担刑事责任。下面对涉及刑事责任的几种情况作些说明：

（1）相约自杀。即二人以上相互约定自愿共同自杀的行为。如果相约双方均自杀身亡，自不存在刑事责任问题；如果相约双方各自实施自杀行为，其中一方死亡，另一方自杀未逞，未逞一方也不负刑事责任；如果相约自杀，由其中一方杀死对方，继而自杀未逞的，应以故意杀人罪论处，但量刑时可以从轻处罚。

故意伤害罪与故意杀人罪的界限：主观上是否具有杀人的故意，通过考察客观事实来认定。对于使用枪支、匕首等凶器行凶，打击他人致命部位，放任他人死亡并造成死亡结果的，通常可以认定为故意杀人罪。

故意伤害罪与过失致人死亡罪的区别要点在于造成死亡结果的行为性质不同：一个是行为本身具有伤害性质；另一个是行为本身不具有伤害性质。如果行为人具有伤害的故意并实施了相应的伤害行为，导致死亡结果的，应当认定为故意伤害罪。如果行为本身不具有伤害性质，而是由于日常生活、工作中粗心、轻率行为不慎造成死亡结果的，是过失致人死亡罪。

（2）引起他人自杀。即行为人所实施的某种行为引起他人自杀身亡。第一，正当行为引起他人自杀的，不存在犯罪问题。第二，错误行为或者轻微违法行为引起他人自杀的，也不成立犯罪。不能因为引起了他人自杀，就将其错误行为或者轻微违法行为当作犯罪行为处理。第三，严重违法行为引起他人自杀身亡，将严重违法行为与引起他人自杀身亡的后果进行综合评价，达到了犯罪程度时，应当追究刑事责任。例如，诽谤他人引起他人自杀身亡的，可综合起来认定行为的情节严重，将该行为以诽谤罪论处。第四，犯罪行为引起他人自杀身亡，但对自杀身亡结果不具有故意时，应按先前的犯罪行为定罪并从重处罚。例如，强奸妇女引起被害妇女自杀的，以强奸罪从重处罚。

（3）教唆或帮助自杀。教唆自杀，是指行为人故意用引诱、怂恿、欺骗等方法，使他人产生自杀意图。以相约自杀为名诱骗他人自杀的，也是一种教唆自杀的行为。帮助自杀，是指在他人已有自杀意图的情况下，帮助他人实现自杀意图。我国刑法对杀人罪规定得比较简单，没有将教唆、帮助自杀的行为规定为独立的犯罪。在这种立法体例之下，是认为教唆、帮助自杀的行为根本不成立犯罪，还是认为教唆、帮助自杀的行为成立普通的故意杀人罪，的确是需要研究的问题。但可以肯定的是，对以下几种行为应认定为故意杀人罪：首先，欺骗不能理解死亡意义的儿童或者精神病患者等人，使其自杀的，属于故意杀人罪的间接正犯。其次，凭借某种权势或利用某种特殊关系，以暴力、威胁或者其他心理强制方法，使他人自杀身亡的，应以故意杀人罪论处。例如，组织和利用邪教组织制造、散布迷信邪说，指使、胁迫其成员或者其他人实施自杀行为的，邪教组织成员组织、策划、煽动、教唆、帮助邪教组织人员自杀的，应以故意杀人罪论处。最后，行为人教唆自杀的行为使被害人对权益的有无、程度、情况等产生错误认识，其对死亡的同意无效时，也应认定为故意杀人罪。例如，医生欺骗患者说，“你最多只能活三个月，而且一周后开始剧烈疼痛”，进而导致患者自杀的，患者对自杀的同意无效，对医生应认定为故意杀人罪。

4.对所谓“大义灭亲”的行为，应以故意杀人罪论处。我国不承认“家法”，行为人对违法犯罪的亲属，也只能交由司法机关处理，私自处死违法犯罪亲属的，同样构成故意杀人罪，但量刑时可以从轻处罚。

犯本罪的，根据《刑法》第232条的规定处罚。

案例分析　能力训练

二、过失致人死亡罪

本罪是指由于普通过失致人死亡的行为。过失致人死亡罪在主观上必须是过失。客观上必须实施了致人死亡的行为，并且已经造成死亡结果，行为与死亡结果之间必须存在因果关系。已满16周岁，具有辨认控制能力的自然人，均可成为本罪主体。

认定过失致人死亡罪，应正确区分过失致人死亡罪与过失引起被害人死亡的其他犯罪。刑法分则某些条文规定的过失犯罪，如失火罪、过失爆炸罪、交通肇事罪等，也往往发生过失致人死亡的结果，但它们是因为危害公共安全或者是业务过失而导致他人死亡的结果。规定这些犯罪的刑法条文与规定过失致人死亡罪的刑法条文，形成特别法条与普通法条的关系，在这种情况下，应按特别法条论处，不定过失致人死亡罪。此外，应根据刑法总则的原理，正确区分过于自信的过失致人死亡与间接故意杀人，疏忽大意的过失致人死亡与意外事件致人死亡的界限。对过失重伤进而引起被害人死亡的，应直接认定为过失致人死亡罪，不能套用故意伤害致死的模式，定过失伤害致人死亡罪。

犯本罪的，根据《刑法》第233条的规定处罚。

三、故意伤害罪

本罪是指故意非法损害他人身体健康的行为。

1.本罪的客体是他人的健康权。

2.客观方面表现为非法损害他人身体健康。（1）行为对象是他人的身体。伤害自己身体的，不成立故意伤害罪；但军人为了逃避军事义务，在战时自伤身体的，应按《刑法》第434条的规定追究刑事责任。毁坏尸体的行为，不成立故意伤害罪。伤害胎儿身体的，也不构成本罪。（2）实施了伤害行为。伤害，一般是指非法损害他人身体健康的行为。如果行为侵害了他人的生理机能，即使没有损害外形的完整性，也应当认定为伤害行为；反之，则没有必要认定为伤害。因此，原则上应当认为，只有侵害了他人生理机能的行为，才属于伤害。伤害行为既可以是作为，也可以是不作为。以不作为方式致人伤害构成故意伤害罪的，要求行为人负有保护他人身体健康的作为义务；其义务来源应当根据不作为犯罪义务来源的一般原理予以确定。伤害行为既可以是有形的，也可以是无形的。前者如使用暴力殴打、行凶等方法致人伤害；后者如故意以性行为等方式使他人染上严重性病，欺骗被害人服用毒药而造成生理机能损伤，以胁迫等方法致使被害人精神严重失常等。伤害行为的结果也是多种多样的，如内伤、外伤、肉体伤害、精神伤害等。根据我国《刑法》规定，伤害结果的程度分为轻伤、重伤与伤害致死。这三种情况直接反映伤害行为的罪行轻重，因而对量刑起重要作用。（3）伤害行为必须具有非法性，因正当防卫、紧急避险而伤害他人，因治疗上的需要为病人截肢，体育运动项目中规则所允许的伤害等，都不构成犯罪。

3.故意伤害罪的犯罪主体，需视伤害后果情况而定。故意伤害致人重伤或者死亡的主体是已满14周岁，具有辨认控制能力的自然人；故意伤害致人轻伤的主体则必须已满16周岁，并具有辨认控制能力。经《刑法修正案（十一）》修改后的《刑法》第17条第3款规定：已满12周岁不满14周岁的人，犯故意杀人、故意伤害罪，致人死亡或者以特别残忍手段致人重伤造成严重残疾，情节恶劣，经最高人民检察院核准追诉的，应当负刑事责任。据此，在符合该款规定时，故意伤害致人死亡或者以特别残忍手段致人重伤造成严重残疾的主体可以是已满12周岁不满14周岁，具有辨认控制能力的自然人。

4.主观上必须具有伤害的故意，即对伤害结果具有认识和希望或放任的态度。如果仅具有一般殴打的意图，只是希望或者放任造成被害人暂时的肉体疼痛或者轻微的神经刺激，则不能认定有伤害的故意。因此，在仅出于殴打的意图而无伤害故意的情况下，造成他人伤害的，不宜认定为故意伤害罪。基于同样的道理，在殴打行为导致他人死亡的情况下，不应认定为故意伤害致人死亡。在通常情况下，行为人对于自己的伤害行为会给被害人造成何种程度的伤害，事先不一定有明确认识。因此，如果实际造成轻伤结果，就按轻伤害处理；如果实际造成重伤结果，就按重伤害处理。因为无论是造成重伤还是轻伤，都包括在行为人的主观犯意之内。

认定本罪需要注意以下问题：

1.故意伤害罪的形态。一般来说，行为人主观上只想造成轻伤结果，而实际上未造成轻伤结果的，不宜以犯罪论处。重伤意图非常明显，且已经着手实行伤害行为，由于意志以外的原因未造成伤害的，宜按故意伤害罪（未遂）论处。在伤害故意支配下实施了伤害行为，造成他人身体伤害，达到轻伤程度的，即可认定为故意伤害罪的既遂。故意伤害造成重伤的，包含两种情况：一是行为人明显只具有轻伤的故意，但过失造成重伤；二是行为人明显具有重伤的故意，客观上也造成了重伤。故意伤害致人死亡的，是典型的结果加重犯。行为人主观上对伤害持故意，对致人死亡有过失。故意伤害没有致人死亡的，不得认定为故意伤害致死的未遂犯。

故意伤害致死的成立，客观上要求伤害行为与死亡结果之间具有因果关系，主观上要求行为人对死亡没有故意，但具有预见可能性。既然是伤害致死，当然应将死亡者限定为伤害的对象，即只有导致伤害的对象死亡时才能认定为伤害致死。但对于伤害的对象不能作僵硬的理解，尤其应注意事实认识错误的处理原则。（1）如果行为人甲对被害人乙实施伤害行为，虽然没有发生打击错误与对象认识错误，但明知自己的行为会同时伤害丙却仍然实施伤害行为，因而造成丙死亡的，应认定为故意伤害致死。（2）如果行为人A本欲对被害人B实施伤害行为，但由于对象认识错误或者打击错误，而事实上对C实施伤害行为，导致C死亡的，应认定为故意伤害致死。因为在这种情况下，根据处理事实错误的法定符合说，刑法规定故意伤害罪不只是为了保护特定人的身体健康，而是为了保护一切人的身体健康；只要行为人有伤害他人的故意，实施了伤害他人的行为，结果也伤害了他人，就成立故意伤害罪，而不要求其中的“他人”完全同一。故意伤害致死也是如此。B与C的身体均受刑法保护，发生对象认识错误或打击错误并不影响A的伤害行为性质，理当以故意伤害致死论处。（3）如果行为人张三对李四实施伤害行为，既没有发生事实认识错误，也不明知自己的行为会同时伤害王五，由于某种原因致使王五死亡的，则难以认定张三的行为成立故意伤害致死。

2.故意伤害罪的相关界限。

（1）故意伤害与一般殴打的界限。一般殴打行为只是给他人造成暂时性的肉体疼痛，或使他人神经受到轻微刺激，但没有侵害他人的生理机能，故不构成犯罪。值得注意的是，有些殴打行为表面上给他人身体造成了一定的损害，但显著轻微不构成轻伤的，不能以故意伤害罪论处。因此，在区分故意伤害与一般殴打时，既要考虑行为是否给他人生理机能造成了损害，又要考察损害的程度。

（2）重伤与轻伤的认定。重伤，是指使人肢体残废、毁人容貌、丧失听觉、丧失视觉、丧失其他器官机能或者其他对于人身健康有重大伤害的损害，包括重伤一级和重伤二级。轻伤，是指使人肢体或者容貌损害，听觉、视觉或者其他器官功能部分障碍或者其他对于人身健康有中度伤害的损伤，包括轻伤一级和轻伤二级。评定伤害程度，必须坚持实事求是的原则，具体伤情，具体分析。损伤程度包括损伤当时原发性病变、与损伤有直接联系的并发症，以及损伤引起的后遗症。鉴定时，应依据人体损伤当时的伤情及损伤的后果或者结局，全面分析，综合评定。既不能因临床治疗好转、愈后良好而减轻原损伤程度，也不能因治疗处理失误或者因损伤使原病情加重以及个体特异体质而加重原损伤程度。关于某一伤害是轻伤还是重伤，应严格依据2013年最高人民法院、最高人民检察院等部门联合发布的《人体损伤程度鉴定标准》来认定。

（3）故意伤害罪与故意杀人罪的界限。在杀人故意心理支配下，客观上实施了杀人行为的，应当认定为故意杀人罪；在伤害故意心理支配下，客观上实施了伤害行为的，应当认定为故意伤害罪。换言之，行为人主观上是否具有杀人的故意，要通过考察客观事实来认定。例如，行为人持枪瞄准被害人心脏开枪的，无论行为人怎样否认其杀人故意，司法机关都会将其行为认定为故意杀人罪；反之，行为人使用木棒，在完全可以打击被害人头部等要害部位的场合，却选择打击被害人背部、腿部的，即使他承认有杀人故意，司法机关也不应将其行为认定为故意杀人罪。所以，应当坚持犯罪构成的原理，综合考虑主客观方面的全部事实，正确区分故意杀人罪与故意伤害罪。在实践中，只要查明以下情况，不仅能直接说明行为是杀人性质还是伤害性质，而且能说明行为人的故意内容：①行为人使用的是何种犯罪工具？该犯罪工具的杀伤力如何？犯罪工具是预先选择的还是随手取得的？②打击的部位是哪里？是要害部位还是非要害部位？是特意选择要害部位打击，还是顺手可能打击什么部位就打击什么部位？③打击的强度如何？行为人是使用最大力量进行打击还是注意控制打击力度？④犯罪行为有无节制？在被害人丧失反抗能力的情况下，行为人是否继续打击？在他人劝阻的情况下行为人是否终止犯罪行为？⑤犯罪的时间、地点与环境如何？是行为人特意选择的时间、地点还是随机的时间、地点？案发当时是否有其他人在场？⑥行为人对被害人是否实施了抢救？对死亡结果表现出何种态度？⑦行为人有无犯罪预谋？行为人是如何预谋的？⑧行为人与被害人平时是什么关系？是素有怨仇还是关系较好，是素不相识还是相互认识？此外，对那些目无法纪、胆大妄为、动辄行凶、不计后果一类的侵犯人身权利的案件，应根据案情，区别对待：凡明显具有杀人故意，实施了杀人行为的，应按故意杀人罪论处；凡明显具有伤害故意，实施了伤害行为的，应按故意伤害罪论处；故意内容不很确定或不顾被害人死伤的，应按实际造成的结果确定犯罪行为的性质，因为在这种情况下，死亡与伤害的结果都在行为人的犯意之内；有些案件确实难以区分，意见分歧很大的，为了慎重起见，可以按较轻的犯罪处理。

（4）故意伤害致死与过失致人死亡罪的界限。过失致人死亡时，行为人主观上既无杀人的故意，也无伤害的故意。故意伤害致死显然以具有伤害的故意为前提，过失造成的死亡结果，则是故意伤害罪的加重情节。因此，不能将所有的"故意"殴打致人死亡的案件，认定为故意伤害致死。换言之，殴打不等于伤害，一般生活意义上的"故意"不等于刑法上的故意。如果行为人只具有一般殴打的意图，并无伤害的故意，由于某种原因或条件引起了被害人死亡的，就不能认定为故意伤害致死；如果行为人主观上对死亡结果具有过失，就应认定为过失致人死亡罪。特别是对于那些父母为教育子女而实施惩戒行为导致子女死亡，邻里之间由于民间纠纷一方殴打另一方造成死亡，以及其他轻微暴行致人死亡的案件，不能轻易认定为故意伤害致死。

（5）故意伤害罪与包含伤害内容的其他犯罪的界限。《刑法》第234条规定，本法另有规定的，依照规定。即行为人在实施其他犯罪的过程中，伤害他人，刑法另有规定的，应按有关条文定罪量刑。例如，犯强奸、抢劫、放火等罪致人伤害的，应分别依照各相应条款定罪量刑，不依故意伤害罪论处。

犯本罪的，根据《刑法》第234条的规定处罚。

四、组织出卖人体器官罪

本罪是指组织他人出卖人体器官的行为。所谓组织，是指经营人体器官或者以招募、雇佣（供养器官提供者）、介绍、利诱等手段，使他人出卖人体器官的行为。构成“组织”，要求被组织的对象达到3人以上。如果未经本人同意摘取其器官，或者摘取不满18周岁的人的器官，或者强迫、欺骗他人捐献器官的，构成组织出卖人体器官罪与故意伤害罪、故意杀人罪的想象竞合犯，应以故意伤害罪、故意杀人罪追究刑事责任。被组织出卖的人体器官必须是活体器官，如果组织出卖的是尸体器官，不构成本罪。违背本人生前意愿摘取其尸体器官，或者本人生前未表示同意，违反国家规定，违背其近亲属意愿摘取其尸体器官的，构成盗窃、侮辱、故意毁坏尸体罪。犯本罪的，根据《刑法》第234条之一的规定处罚。

五、过失致人重伤罪

本罪是指过失伤害他人身体，致人重伤的行为。客观上必须实施了伤害行为，且造成他人重伤的结果；主观上必须出于过失。应当注意的是，行为人主观上明显具有轻伤的故意，但由于过失造成他人重伤的，应定为故意伤害罪，适用重伤的法定刑；行为人由于过失当场致人重伤，但因抢救无效死亡的，应定过失致人死亡罪；如果过失重伤结果，是由于包含该结果的其他犯罪行为所造成，刑法条文另有规定的，则依照有关条文定罪量刑。犯本罪的，根据《刑法》第235条的规定处罚。

六、强奸罪

强奸罪分为两种类型：一类是普通强奸，即违背妇女意志，使用暴力、胁迫或者其他手段，强行与妇女发生性交的行为；另一类是奸淫幼女（准强奸），即与不满14周岁的幼女发生性交的行为。

（一）普通强奸的犯罪构成

1.客体是妇女的性自主权，其基本内容是妇女按照自己的意志决定性行为的权利。妇女的性自主权是妇女人身权利的一部分，又关系到妇女的人格与名誉，是女性身心健康权利的主要内容。

2.客观上必须违背妇女意志，采用暴力、胁迫或者其他手段，强行与妇女发生性交。

作为普通强奸对象的“妇女”没有特别限制，被害妇女的社会地位、思想品德、生活作风、结婚与否等均不影响本罪的成立。

强奸首先是指男女之间的性交行为，换言之，性交行为是行为人的目的行为。性交以外的猥亵行为，不构成强奸罪。

强奸行为以违背妇女意志为前提，即在妇女不同意发生性交的情况下，强行与之性交。如果妇女同意发生性交，行为人的行为就不构成强奸罪。换言之，被害妇女的性自主权是否受到侵害或者威胁，与她本人的意愿密不可分；只有当行为人的行为实际上违背了妇女意志时，才意味着她的性自主权受到了侵害或者威胁。因此，即使行为人以为自己的行为违背妇女意志，但实际上妇女完全同意或者自愿的，也不应认定为强奸罪。是否违背妇女意志，不应只从表面上看妇女有无反抗、拒绝的表示，还应考虑妇女是否能够反抗、是否知道反抗、是否敢于反抗等情况；也不以妇女明确表示反对或者同意为唯一证据，应当结合妇女的年龄、身体状况、被侵害前后表现以及双方关系、案发环境、案发过程等进行综合判断。由于强奸行为违背妇女意志，所以，行为人必须采取某种足以使妇女不能反抗、不敢反抗或不知反抗的手段，这便是暴力、胁迫或者其他手段，这些手段是强奸行为的有机组成部分。

所谓“暴力手段”，是指不法对被害妇女行使有形力的手段，即直接对被害妇女采取殴打、捆绑、堵嘴、卡脖子、按倒等危害人身安全或人身自由，使妇女不能反抗的手段。这里的暴力，不包括故意杀人，故意杀死妇女后又奸尸的，不应认定为强奸罪。此外，暴力是征服妇女意志的手段，必须直接针对被强奸的妇女实施。如果行为人为了强奸妇女，不仅对被害妇女实施暴力，而且对阻止其实施强奸行为的第三者实施暴力，则不仅构成强奸罪，而且构成另一独立的犯罪（故意伤害罪等）。

所谓“胁迫手段”，是指为了使被害妇女产生恐惧心理，而以恶害相通告的行为；胁迫的实质是足以引起被害妇女的恐惧心理，实现对被害妇女的精神强制，使妇女不敢反抗的手段，从而实现强行奸淫的意图。胁迫的手段多种多样，既可以直接对被害妇女进行威胁，也可以通过第三者进行威胁；既可以是口头胁迫，也可以是书面胁迫；既可以以暴力进行威胁，如持刀胁迫，也可以以非暴力进行威胁，如以揭发隐私、毁坏名誉相胁迫。需要注意的是，利用教养关系、从属关系、职务权力等与妇女发生性交的，不能一律视为强奸。关键在于行为人是否利用了这种特定关系进行胁迫而使妇女不敢反抗，而不在于有没有这种特定关系。换言之，特定关系只是认定是否胁迫的线索，而不是认定胁迫的根据。

所谓“其他手段”，是指暴力、胁迫以外的使被害妇女不知抗拒、不敢反抗或者不能抗拒的手段，具有与暴力、胁迫相同的强制性质。司法实践中常见的其他手段有：用酒灌醉或者药物麻醉的方法强奸妇女；利用妇女熟睡之机进行强奸；冒充妇女的丈夫或情夫进行强奸；利用妇女患重病之机进行强奸；造成或利用妇女处于孤立无援的状态进行强奸；组织和利用会道门、邪教组织或者利用迷信奸淫妇女等。

3.主体是已满14周岁，具有辨认控制能力的自然人，通常是男子，其中直接正犯只能是男子。妇女既可以成为强奸罪的教唆犯、帮助犯，也可以成为间接正犯与共同正犯。

4.主观方面是故意。行为人明知自己行为的危害性质与危害结果，明知自己的行为违背妇女意志，仍然决意强行实施奸淫行为。

（二）奸淫幼女的犯罪构成

奸淫幼女属于强奸罪的一种表现形式，但它与前述普通强奸存在区别。符合下列特征的，属于奸淫幼女：

1.客观上表现为与不满14周岁的幼女发生性交的行为。不满14周岁的女童为幼女，这是刑法规定的统一标准。由于幼女身心发育不成熟，缺乏辨别是非的能力，不理解性行为的后果与意义，也没有抗拒能力，故无论行为人采用什么手段，也不问幼女的生活作风是否良好，亦不论幼女事实上是否愿意，只要与幼女发生性交，就属于奸淫幼女，成立强奸罪。因此，支付钱款后，与卖淫的幼女性交即嫖宿幼女的，同样构成强奸罪。

2.主体是已满14周岁，具有辨认控制能力的自然人。已满14周岁不满16周岁的人偶尔与幼女发生性关系，情节轻微、未造成严重后果的，不认为是犯罪。

3.主观上是故意。行为人必须明知奸淫对象是不满14周岁的幼女。在本罪中，幼女属于特定对象，是犯罪客观要件的要素，行为人对此必须有认识，或者明知女方一定是幼女，或者明知女方可能是幼女，或者根本不管女方是否幼女，在此基础上决意实施奸淫行为的，就具备奸淫幼女的主观要件。根据司法解释，知道或者应当知道对方是不满14周岁的幼女，而实施奸淫等性侵害行为的，应当认定行为人“明知”对方是幼女；对于不满12周岁的被害人实施奸淫等性侵害行为的，应当认定行为人“明知”对方是幼女；对于已满12周岁不满14周岁的被害人，从其身体发育状况、言谈举止、衣着特征、生活作息规律等观察可能是幼女，而实施奸淫等性侵害行为的，应当认定行为人“明知”对方是幼女。

认定本罪需要注意以下问题：

1.正确处理奸淫女精神病患者的案件。患

有精神病或先天痴呆症的妇女，缺乏正常的认识能力与意志能力，不能正常表达自己的意志。所以，行为人明知妇女是精神病患者或痴呆者（程度严重的），而非法与之发生性交的，不管使用什么手段，也不问妇女是否“同意”，均应以强奸罪论处。如果行为人确实不知妇女是精神病患者或痴呆者，也未采用暴力、胁迫等手段，经本人同意与之发生性交的，则不构成强奸罪。此外，在间歇性的精神病患者精神正常期间，经本人同意与之发生性交的，也不成立强奸罪。

2.严格区分强奸与通奸的界限。通奸是双方或一方有配偶的男女，自愿发生的不正当性交行为。从理论上来讲，强奸与通奸不难区分。强奸行为违背妇女意志，通奸不违背妇女意志；强奸必须采用暴力、胁迫等强制手段，通奸不使用强制手段；强奸犯主观上具有强行奸淫的决意，通奸者没有强行奸淫的决意。值得注意的是，有的妇女与人通奸，一旦翻脸，关系恶化，或者事情败露后担心名誉受到损害、夫妻关系恶化或者恋爱关系破裂，或者为了推卸责任，嫁祸于人等，便将通奸说成强奸的，不能定为强奸。对此一定要深入调查，仔细分析，不能把妇女的“告发”作为定罪的唯一依据。

3.正确区分轮奸与聚众淫乱行为的界限。轮奸，是指二男以上出于共同强奸的故意，轮流强奸（或奸淫）同一妇女（或幼女）的行为。轮奸是强奸罪的一种特殊形式。两个以上的男子在同一时间、同一地点轮流与一个或几个女子自愿发生性交的，不是轮奸，而是聚众淫乱行为。当然，如果在作案时，既有男女之间的淫乱行为，又挟持妇女进行强奸或者轮奸的，则应将后者认定为强奸罪。

4.正确处理特殊的奸淫幼女案件。奸淫幼女是一种严重的刑事犯罪，应依法予以严厉打击。但是，又要看到这类案件存在许多特殊问题，需要区别对待，慎重处理。（1）幼女早熟，身材高大，且虚报年龄，行为人在确实不知其为幼女的情况下，经幼女同意发生性交的，不能认定为强奸罪。因为行为人并不明知对方是幼女，缺乏奸淫幼女的故意。如果对此认定为强奸罪，则有客观归罪之嫌。（2）个别幼女染有淫乱习性，主动与多名男子发生性交的，对这些男子也不宜都以强奸罪论处。（3）已满14周岁不满16周岁的男少年，与幼女交往密切，双方自愿发生性交的，或者因受某些不良影响，与幼女发生性交的，一般不宜以强奸罪论处。

根据《刑法》第236条的规定，强奸妇女的，处3年以上10年以下有期徒刑；奸淫幼女的，从重处罚。有下列情形之一的，处10年以上有期徒刑、无期徒刑或者死刑：（1）强奸妇女、奸淫幼女情节恶劣的；（2）强奸妇女、奸淫幼女多人的；（3）在公共场所当众强奸妇女、奸淫幼女的；（4）二人以上轮奸的；（5）奸淫不满10周岁的幼女或者造成幼女伤害的；（6）致使被害人重伤、死亡或者造成其他严重后果的。根据最高人民法院、最高人民检察院《关于办理强奸、猥亵未成年人刑事案件适用法律若干问题的解释》的规定，奸淫幼女，具有致使幼女轻伤、致使幼女患梅毒、淋病等严重性病、对幼女身心健康造成其他伤害的情形之一的，应当认定为上述第（5）项规定的“造成幼女伤害”。第（6）项中的“致使被害人重伤、死亡”，是指强奸行为导致被害人性器官严重损伤，或者造成其他严重伤害，甚至当场死亡或者经抢救无效死亡。对于强奸犯出于报复、灭口等动机，在实施强奸的过程中或强奸后，杀死或者伤害被害人的，应分别认定为强奸罪、故意杀人罪或故意伤害罪，实行数罪并罚。根据该司法解释，强奸已满14周岁的未成年女性或者奸淫幼女，致使其感染艾滋病病毒的，也应认定为第6项规定的“致使被害人重伤”。

七、负有照护职责人员性侵罪

本罪是指对已满14周岁不满16周岁的未成年女性负有监护、收养、看护、教育、医疗等特殊职责的人员，与该未成年女性发生性关系的行为。

本罪客观要件为与已满14周岁不满16周岁的未成年女性发生性关系。“发生性关系”，是指性交。与已满14周岁不满16周岁的未成年女性进行性交之外的其他性行为的，不构成本罪。对发生性关系该未成年女性表示同意甚至极为主动的，不影响本罪的成立。本罪主体为特殊主体，只有对未成年女性负有监护、收养、看护、教育、医疗等特殊职责的人员，包括与未成年人具有共同生活关系且事实上负有照顾、保护等职责的人员，才构成本罪。“特殊职责”是指行为人对已满14周岁不满16周岁的未成年女性负有维护其人身安全、身心发育或者提高知识与技能的特定义务或者责任，在外形上表现为监护、收养、看护、教育、医疗等特定职责，在实质上表现为行为人对已满14周岁不满16周岁的未成年女性具有影响力或支配力。“特殊职责”是相对于未成年女性而言的，是具体的而不是抽象的职责。例如，泛泛而论，小区保安负有保证本小区所有人员人身、财产安全的职责，自然对居住在本小区的未成年女性也负有保证其安全的职责。但是，这仅是一种抽象的职责，其对本小区的未成年女性难以产生影响力或支配力。因此，小区保安与本小区已满14周岁不满16周岁的未成年女性发生性关系的，不能以本罪追究刑事责任。同样地，不能因为学校负有对未成年人的教育职责，就将学校内的所有员工乃至临时工都认定为负有特殊职责的人员，应将主体范围限定在负有教育、管理职责的员工群体之内。形成特殊职责的原因不限，既可能基于法律的原因，也可能基于事实的原因。对行为人是否负有特殊职责的认定，应以行为时为准，要求在与未成年女性发生性关系之时，行为人负有监护、收养等职责。如与未成年女性发生性关系时，收养、看护等职责尚未建立，或者职责已经不复存在的，不构成本罪。此外，“特殊职责”不限于条文明文列举的“监护、收养、看护、教育、医疗”这些情形，只要行为人能够对已满14周岁不满16周岁的未成年女性产生一定的影响力或支配力，基本就能认定行为人对未成年女性负有特殊职责。例如，在打拐过程中，负有解救被拐卖妇女职责的国家工作人员，在解救被拐卖的妇女（15周岁）的过程中，利用解救、照料机会，与该女发生性关系的，其属于负有“解救”职责的人员，应以本罪追究行为人的刑事责任。对未成年女性并不负有特殊职责的人员，如邻居、朋友或者男同学在已满14周岁不满16周岁的未成年女性同意后，与其发生性关系的，不构成本罪。本罪为故意犯罪，要求行为人明知女性已满14周岁不满16周岁。如果行为人合理地误认女性已满16周岁，在该女性同意下与其发生性关系的，因欠缺本罪故意，不成立本罪。

从《刑法》第236条之一第2款的规定来看，成立本罪不以未成年女性自愿发生性关系为前提，故本罪与强奸罪不是对立关系。负有特殊职责的人员采用暴力、胁迫等手段与已满14周岁不满16周岁的未成年女性发生性关系的，成立本罪与强奸罪的想象竞合犯，应按强奸罪定罪处罚。对已满14周岁的未成年女性负有特殊职责的人员，利用优势地位或者被害人孤立无援的境地，迫使被害人与其发生性关系的，应以强奸罪定罪处罚。

犯本罪的，根据《刑法》第236条之一的规定处罚。

八、强制猥亵、侮辱罪

本罪是指以暴力、胁迫或者其他方法强制猥亵他人或者侮辱妇女的行为。

1.本罪的客体是他人的性自主权和人格尊严。

2.客观方面具有以下特征：

（1）行为对象。在猥亵的场合，《刑法修正案（九）》将本罪的行为对象由“妇女”修改为“他人”，从而无论猥亵的是妇女还是成年男子，都构成本罪。在侮辱的场合，行为对象只能是妇女。行为人故意杀害他人后，再针对尸体实施猥亵、侮辱行为的，不构成本罪，而应认定为故意杀人罪与侮辱尸体罪，实行数罪并罚。

（2）必须实施了猥亵他人或者侮辱妇女的行为。

首先，猥亵行为具有质的规定性。在本罪中，猥亵是指针对成年男女实施的，伤害他人的性羞耻心，侵害他人的性自主权的行为。主要包括以下情形：一是直接对被害人实施猥亵行为，或者迫使被害人容忍行为人或第三人对之实施猥亵行为；二是迫使被害人对行为人或者第三人实施猥亵行为；三是强迫被害人自行实施猥亵行为；四是强迫被害人观看他人的猥亵行为。从情形三可见，猥亵不以接触被害人身体为要件，即使没有实际接触被害人身体，强迫被害人自行实施猥亵行为，一样成立猥亵行为。这就使得利用网络，强迫被害人自行实施猥亵行为成为可能。因此，猥亵行为既包括在同一物理空间内接触被害人身体进行猥亵，也包括通过网络在虚拟空间内对被害人实施猥亵。“伤害他人的性羞耻心”实际上是指导致被害人产生了性的羞耻心。“侵害他人的性自主权”，是指猥亵行为违反了被害人的意志，使被害人的性的自主权受到侵害。强制猥亵、侮辱行为不以公然实施为前提，即使在非公开的场所，只有行为人与被害人在场，没有也不可能有第三人在场，行为人强制实施猥亵他人或者侮辱妇女的，也成立本罪。

其次，猥亵行为与侮辱行为具有同一性。换言之，侮辱行为并不是独立于猥亵行为之外的一种行为。因为猥亵行为包括了伤害被害人的性羞耻心，侵害被害人的性自主权的一切行为，而侮辱行为也不可能超出这一范围；任何针对被害人实施的与猥亵行为性质相同的侮辱行为，都必然伤害被害人的性羞耻心，侵害被害人的性自主权。《刑法》第237条第1款仅规定了“侮辱妇女”而没有规定侮辱“成年男性”，《刑法》第237条第3款仅规定了“猥亵儿童”而没有规定“侮辱儿童”，如果机械地区分猥亵行为与侮辱行为，必然造成以下两种结局之一：其一，猥亵成年男子、儿童的是犯罪行为，但侮辱成年男子、儿童的不是犯罪行为。这不合理。其二，猥亵成年男子、儿童的构成猥亵罪，侮辱成年男子、儿童的行为在具有公然性的场合成立《刑法》第246条的侮辱罪，而在没有公然性的场合则无罪。这不妥当。

再次，猥亵行为具有相对性。在不同的情形中，猥亵行为的范围并不相同。例如，强制猥亵成年男子时，猥亵行为包括与成年男子性交行为在内，而强制猥亵妇女与猥亵幼女的行为，只能是性交以外的行为。

最后，猥亵行为还具有变易性。随着人们的性观念、社会性行为秩序的变化，猥亵行为的外延会发生变化。

（3）必须以暴力、胁迫或者其他使被害人不能反抗、不敢反抗、不知反抗的方法强制猥亵他人或者侮辱妇女。换言之，对于本罪中“暴力、胁迫或者其他方法”，应当与强奸罪客观方面的“暴力、胁迫或者其他手段”作出相同的解释。值得注意的是，在不少案件中，暴力本身也可能是猥亵行为；反之某些猥亵行为本身也是暴力行为。

3.主体是已满16周岁，具有辨认控制能力的自然人。年满16周岁的妇女也可以成为本罪的主体。

4.主观上具有故意，行为人明知自己的猥亵、侮辱行为违背被害人意志，侵犯了被害人的性自主权，但仍然强行实施该行为。本罪的成立并不需要行为人主观上出于刺激或者满足性欲的内心倾向，行为人出于报复等动机强制猥亵他人或者侮辱妇女的，也成立本罪。

在被害人为妇女的场合，强制猥亵、侮辱罪与（普通）强奸罪都是侵犯妇女身心健康的犯罪，在客观上都使用了暴力、胁迫或其他方法，但二者的犯罪构成不同：（1）客观方面不完全相同：前者只要求对妇女实施性交以外的猥亵、侮辱行为；后者要求与妇女发生性交。（2）主体不完全相同：前者的直接正犯既可以是男子，也可以是妇女；后者的直接正犯只能是男子。（3）主观故意内容不同：前者不要求有强行奸淫的目的；后者以强行奸淫为目的。此外应注意的是，在强奸过程中实施的强制猥亵、侮辱行为，一般不另认定为强制猥亵、侮辱罪。

犯本罪的，根据《刑法》第237条第1款、第2款的规定处罚。

九、猥亵儿童罪

本罪是指猥亵不满14周岁的儿童的行为。猥亵行为既可以是强制性的，也可以是非强制性的；既可以是行为人主动对儿童实施猥亵，也可以是迫使或诱骗儿童做出淫秽动作；猥亵对象是不满14周岁的幼男或幼女；猥亵行为出于故意，且行为人必须明知被害人是或者可能是儿童；如儿童为幼女，则男性行为人不要求具有奸淫的意图；但如果儿童为幼男，妇女对之实施猥亵行为的，则包括性交行为与性交意图。在网络环境下，以满足性刺激为目的，虽未直接与被害儿童进行身体接触，但是通过QQ、微信等网络软件，以诱骗、强迫或者其他方法要求儿童拍摄、传送暴露身体的不雅照片、视频，行为人通过画面看到被害儿童裸体、敏感部位的，是对儿童人格尊严和心理健康的严重侵害，与实际接触儿童身体的猥亵行为具有相同的社会危害性，应当认定构成猥亵儿童罪。行为人实施线上猥亵女童行为后，又以散布私密照片、视频相要挟，强迫女童与其性交的，应以猥亵儿童罪和强奸罪数罪并罚。行为人胁迫、诱骗儿童通过网络直播方式，暴露身体隐私部位或者实施淫秽行为，同时符合《刑法》第237条、第365条的规定，构成猥亵儿童罪、组织淫秽表演罪的，依照处罚较重的规定定罪处罚。实施猥亵儿童犯罪，造成儿童轻伤以上后果，同时符合故意伤害罪、故意杀人罪的规定的，依照处罚较重的规定定罪处罚。犯本罪的，根据《刑法》第237条第3款的规定处罚。

十、非法拘禁罪

本罪是指故意非法拘禁他人或者以其他方法非法剥夺他人人身自由的行为。

1.本罪的客体是人的身体活动的自由。问题是，刑法规定本罪是仅保护现实的自由（限定说），还是既保护现实的自由也保护可能的自由（无限定说）？例如，将已入睡的人反锁在房间，待其醒来前又将锁打开的，是否成立本罪？应当认为，限定说具有合理性，即只有当行为侵犯了他人的现实自由时，才宜认定为非法拘禁罪。

2.客观上表现为非法剥夺他人身体自由的行为。

作为行为对象的“他人”没有限制，既可以是守法公民，也可以是犯有错误或有一般违法行为的人，还可以是犯罪嫌疑人、被告人等，但必须是具有身体活动自由的自然人；身体活动自由虽以意识活动自由为前提，但只要具有基于意识从事身体活动的能力即可，不要求具有刑法上的辨认控制能力与民法上的法律行为能力，故能够行走的幼儿、精神病患者均可成为本罪的对象。

行为的特征是非法拘禁他人或者以其他方法非法剥夺他人的人身自由。凡符合这一特征的，如非法逮捕、拘留、监禁、扣押、绑架，办封闭式“学习班”“隔离审查”等，均属非法剥夺人身自由的行为。概言之，非法剥夺人身自由包括两类：一类是直接拘束他人的身体，剥夺其身体活动自由，如捆绑他人四肢、使用手铐拘束他人双手。另一类是间接拘束人的身体，剥夺其身体活动自由，即将他人监禁于一定场所，使其不能或明显难以离开、逃出。剥夺人身自由的方法既可以是有形的，也可以是无形的。例如，将妇女洗澡时的换洗衣服拿走，使其基于羞耻心无法走出浴室的行为，就是无形的方法。此外，无论是以暴力、胁迫方法拘禁他人，还是利用他人的恐惧心理予以拘禁（如使被害人进入货车车厢后高速行驶，使之不敢轻易跳下车），均不影响本罪的成立。使用欺诈方法剥夺他人自由的，如果违反了被害人的现实意识，侵害了其身体活动自由，依然成立非法拘禁罪。非法拘禁还可能由不作为成立，即负有使被害人逃出一定场所的法律义务的人，故意不履行义务的，也可能成立非法拘禁罪。

非法拘禁是一种持续行为，该行为在一定时间内处于继续状态，使他人在一定时间内失去身体自由。时间持续的长短原则上不影响本罪的成立，只影响量刑。但时间过短、瞬间性的剥夺人身自由的行为，则难以认定为本罪。

剥夺人身自由的行为必须具有非法性。司法机关根据法律规定，对于有犯罪事实和重大犯罪嫌疑的人，依法采取拘留、逮捕等限制人身自由的强制措施的行为，不成立本罪。公民将正在实行犯罪或犯罪后及时被发觉的、通缉在案的、越狱逃跑的、正在被追捕的人，依法扭送至司法机关的，是合法行为。

3.主观上只能出于故意。行为人明知自己的行为会发生剥夺他人身体自由权利的危害结果，并希望或者放任这种结果的发生。

认定本罪需要注意如下问题：

1.严格区分本罪与合法拘捕而发生错误的界限。例如，司法机关依照法定程序拘捕了重大犯罪嫌疑分子，但后经查证该人无罪，予以释放的，只能认为是错误拘捕，不能认定为非法拘禁。

2.非法拘禁情节显著轻微的，不宜认定为本罪。如拘禁时间短且没有暴力与侮辱情节的，不宜认定为非法拘禁罪。

3.非法拘禁行为与结果又触犯其他罪名的，应根据其情节与有关规定处理。例如，以非法绑架、扣留他人的方法勒索财物的，成立绑架罪；以出卖为目的非法绑架妇女、儿童的，构成拐卖妇女、儿童罪；收买被拐卖的妇女、儿童后，非法剥夺其人身自由的，应实行数罪并罚。

根据《刑法》第238条的规定，犯非法拘禁罪的，处3年以下有期徒刑、拘役、管制或者剥夺政治权利。在拘禁过程中具有殴打、侮辱情节的，从重处罚。非法拘禁致人重伤的，处3年以上10年以下有期徒刑；致人死亡的，处10年以上有期徒刑。非法拘禁他人，使用暴力致人伤残、死亡的，应分别以故意伤害罪、故意杀人罪论处。国家机关工作人员利用职权犯《刑法》第238条前3款规定之罪的，从重处罚。

十一、绑架罪

本罪是指以勒索财物或满足其他不法要求为目的，绑架他人作为人质的行为。

1.本罪的客体是被绑架人的人身自由与安全。

2.客观方面表现为利用被绑架人的近亲属或其他人对被绑架人安危的忧虑，使用暴力、胁迫或者麻醉等方法劫持或以实力控制他人。绑架的对象是任何他人，包括妇女、儿童和婴幼儿乃至行为人的子女或者父母。绑架的实质是使被害人处于行为人或第三者的实力支配下，事实上存在使未成年人的父母离开生活场所而将未成年人控制在行为人实力范围内的情况，也存在使被害人滞留在本来的生活场所但使其丧失行动自由的绑架案件，所以，绑架不要求使被害人离开原来的生活场所。绑架行为应具有强制性，即使用暴力、胁迫或者麻醉方法控制他人。对于缺乏或者丧失行动能力的被害人，行为人采取偷盗、引诱等方法使其处于行为人或第三者实力支配下的，也可能成立绑架罪。例如，以勒赎为目的，偷盗婴幼儿的，成立绑架罪。根据通说，绑架行为属于单一行为，只要行为人出于绑架目的已经实力支配被害人，即使尚未来得及向第三人提出不法要求，也构成绑架既遂。据此，行为人出于绑架目的已经实力支配被害人，不久又自动释放被害人的，不构成绑架罪的中止犯，如果暴力并不严重、支配被害人的时间不长，可按“情节较轻”的绑架罪处理。

根据《刑法》第238条第3款的规定，行为人为索取债务非法扣押、拘禁他人的，只构成非法拘禁罪，不成立绑架罪。2000年7月13日最高人民法院《关于对为索取法律不予保护的债务非法拘禁他人行为如何定罪问题的解释》指出：“行为人为索取高利贷、赌债等法律不予保护的债务，非法扣押、拘禁他人的，依照刑法第二百三十八条的规定定罪处罚。”但是，如果行为人为了索取法律不予保护的债务或者单方面主张的债务，以实力支配、控制被害人后，以杀害、伤害被害人相威胁的，宜认定为绑架罪。行为人为了索取债务，而将与债务人没有共同财产关系，扶养、抚养关系的第三者作为人质的，也应认定为绑架罪。

3.主体必须是已满16周岁，具有辨认控制能力的自然人。已满14周岁不满16周岁的人实施绑架行为，故意杀害被绑架人的，应认定为故意杀人罪。已满12周岁不满14周岁的人故意杀害被绑架人、故意伤害被绑架人并致其死亡或者以特别残忍手段致其重伤造成严重残疾，情节恶劣的，虽不构成绑架罪，但在报请最高人民检察院核准追诉后，应以故意杀人罪、故意伤害罪追究刑事责任。

4.主观上只能出于故意，必须具有勒索财物或满足其他不法要求的目的。行为人一方面利用被绑架人的近亲属或者其他人对被绑架人安危的忧虑，这里的“其他人”包括单位乃至国家。另一方面以勒索财物或满足其他不法要求为目的。如果不具有这种心理状态，则不构成绑架罪。以勒赎为目的，偷盗婴幼儿的，应以本罪论处。同样地，为将婴儿作为人质以实现其他不法要求，而偷盗婴幼儿的，也成立本罪。勒索财物或满足其他不法要求的目的，不需要现实化。换言之，只要行为人具有这种目的，即使客观上没有对被绑架人的近亲属或其他人勒索财物或提出其他不法要求，也成立绑架罪；如果行为人客观上向被绑架人的近亲属或其他人勒索财物或提出了其他不法要求，也不另成立其他犯罪。行为人在绑架勒索过程中，又以暴力、胁迫等手段当场劫取被害人财物，构成犯罪的，择一重罪处罚。但是，如果行为人“绑架”他人仅是为了直接向被绑架人索取财物，则应认定为抢劫罪。

根据《刑法》第239条的规定，犯绑架罪的，处10年以上有期徒刑或者无期徒刑，并处罚金或者没收财产；情节较轻的，处5年以上10年以下有期徒刑，并处罚金；杀害被绑架人的，或者故意伤害被绑架人，致人重伤、死亡的，处无期徒刑或者死刑，并处没收财产。杀害被绑架人（俗称“撕票”），属于结合犯，即将绑架行为与故意杀人行为结合为一个罪。在理论上，很多人认为，这里的“杀害”是指“杀死”。但也有观点认为，结合犯规定属于基本的犯罪构成，结合犯也有修正的犯罪构成，故以杀死被绑架人为目的实施杀人行为，却因意外未能造成死亡结果的，应认定成立结合犯的未遂犯，对行为人同时适用“杀害”被绑架人的法律规定与未遂犯的处罚规定。此外，故意伤害被绑架人，仅在致人重伤、死亡时，才能处无期徒刑或者死刑，并处没收财产。

案例分析　能力训练

十二、拐卖妇女、儿童罪

本罪是指以出卖为目的，拐骗、绑架、收买、贩卖、接送、中转妇女、儿童的行为。本罪名是选择性罪名，可分解为拐卖妇女罪与拐卖儿童罪。

1.本罪的客体是妇女、儿童的人身自由权和人格尊严。

2.客观上实施了拐骗、绑架、收买、贩卖、接送、中转妇女、儿童的行为。妇女与儿童，既包括具有中国国籍的妇女与儿童，也包括具有外国国籍和无国籍的妇女与儿童。被拐卖的外国妇女、儿童没有身份证明的，不影响本罪的成立。拐骗，是指以欺骗、利诱等方法将妇女、儿童拐走。绑架，是指使用暴力、胁迫或者麻醉方法劫持、控制妇女、儿童。收买，是指以金钱或其他财物买取妇女、儿童。贩卖，是指出卖妇女、儿童以获取非法利益。接送，是指为拐卖妇女、儿童的罪犯接收、运送妇女、儿童。中转，是指为拐卖妇女、儿童的罪犯提供中途场所或机会。此外，还包括以出卖为目的偷盗婴儿的行为。以贩卖牟利为目的“收养”子女（借收养名义拐卖儿童）的，应以拐卖儿童罪处理。只要实施上述其中一种行为的，就构成本罪。同时实施上述几种行为的，或者既拐卖妇女又拐卖儿童的，只构成一罪，不实行数罪并罚。

根据相关司法解释，以出卖为目的强抢儿童，或者捡拾儿童后予以出卖，符合《刑法》第240条第2款规定的，应当以拐卖儿童罪论处。以抚养为目的偷盗婴幼儿或者拐骗儿童，之后予以出卖的，以拐卖儿童罪论处。以非法获利为目的，出卖亲生子女或者其他女性亲属的，应当以拐卖妇女、儿童罪论处。以贩卖牟利为目的“收养”子女的，应以拐卖儿童罪处理。医疗机构、社会福利机构等单位的工作人员以非法获利为目的，将所诊疗、护理、抚养的儿童贩卖给他人的，以拐卖儿童罪论处。

3.主体是已满16周岁，具有辨认控制能力的自然人。已满14周岁不满16周岁的人在拐卖妇女、儿童的过程中强奸妇女或者奸淫幼女的，以强奸罪论处。

4.主观上只能出于故意，而且必须以出卖为目的。至于行为人实施拐卖妇女、儿童的行为后实际上是否获利，则不影响本罪的成立。在共同犯罪案件中，没有出卖目的的人认识到他人具有出卖目的，而参与拐卖妇女、儿童的，成立本罪的共犯。

认定本罪应当注意如下问题：

1.注意划清拐卖妇女、儿童罪与借介绍婚姻索取财物、介绍收养索取财物的行为的界限。

借介绍婚姻索取财物，是指行为人借为男女双方做婚姻介绍人的机会，向其中一方或双方索取财物的行为，不构成拐卖妇女罪。借介绍收养索取财物行为，是指行为人借为他人介绍收养的机会，向收养一方索取财物的行为，不成立拐卖儿童罪。

2.注意区分拐卖妇女罪与诈骗罪。实践中常常出现以介绍妇女与人结婚为名骗取钱财的案件。例如，行为人与妇女通谋，将该妇女介绍与某人成婚，获得钱财后，行为人与该妇女双双逃走，使对方人财两空。这是行为人与妇女合谋所制造的骗局，不能认定为拐卖妇女罪；如果诈骗数额较大，应以诈骗罪论处。此外，有的行为人以介绍对象为名，获取他人钱财后便携款、携物潜逃的，也只能认定为诈骗行为，不构成拐卖妇女、儿童罪。

3.注意处理拐卖妇女、儿童罪与绑架罪的关系。拐卖妇女、儿童罪包括以出卖为目的绑架妇女、儿童的行为，故二者有相似之处。区别在于：（1）犯罪目的不同：前者以出卖为目的；后者以勒索财物或满足其他不法要求为目的。（2）对象不同：前者的对象仅限于妇女、儿童；后者的对象可以是任何人。

4.注意罪数的认定。对被拐卖的妇女、儿童进行故意杀害、伤害、猥亵、侮辱的，应当以故意杀人罪、故意伤害罪或者强制猥亵、侮辱罪、猥亵儿童罪与拐卖妇女、儿童罪实行并罚。但奸淫、拘禁被拐卖的妇女、儿童的，或者诱骗、强迫被拐卖的妇女、儿童卖淫的，不实行并罚。拐卖妇女、儿童或者收买被拐卖的妇女、儿童，又组织、教唆被拐卖、收买的妇女、儿童进行犯罪的，以拐卖妇女、儿童罪或者收买被拐卖的妇女、儿童罪与其所组织、教唆的罪数罪并罚。

根据《刑法》第240条的规定，拐卖妇女、儿童的，处5年以上10年以下有期徒刑，并处罚金。拐卖妇女、儿童有下列情形之一的，处10年以上有期徒刑或者无期徒刑，并处罚金或者没收财产；情节特别严重的，处死刑，并处没收财产：（1）拐卖妇女、儿童集团的首要分子；（2）拐卖妇女、儿童3人以上的；（3）奸淫被拐卖的妇女的；（4）诱骗、强迫被拐卖的妇女卖淫或者将被拐卖的妇女卖给他人迫使其卖淫的；（5）以出卖为目的，使用暴力、胁迫或者麻醉方法绑架妇女、儿童的；（6）以出卖为目的，偷盗婴幼儿的；（7）造成被拐卖的妇女、儿童或者其亲属重伤、死亡或者其他严重后果的；（8）将妇女、儿童卖往境外的。按照司法解释规定，其中第（3）项，是指拐卖妇女的犯罪分子在拐卖过程中，与被害妇女发生性关系的行为。无论行为人是否使用了暴力或者胁迫手段，也无论被害妇女是否有反抗行为，都应当按照该项规定处罚。其中第（6）项，不限于通常的盗窃婴幼儿，对婴幼儿采取欺骗、利诱等手段使其脱离监护人或者看护人的，视为偷盗婴幼儿。第（7）项，是指由于犯罪分子拐卖妇女、儿童的行为，直接、间接造成被拐卖的妇女、儿童或者其亲属重伤、死亡或者其他严重后果的。例如，由于犯罪分子采取拘禁、捆绑、虐待等手段，致使被害人重伤、死亡或者造成其他严重后果的；由于犯罪分子的拐卖行为以及拐卖中的侮辱、殴打等行为引起的被害人或者其亲属自杀、精神失常或者其他严重后果的；等等。

十三、收买被拐卖的妇女、儿童罪

本罪是指故意用金钱或财物收买被拐卖的妇女、儿童的行为。

客观上表现为收买被拐卖的妇女、儿童的行为。首先，犯罪对象必须是被拐卖的妇女、儿童。其次，必须有收买行为。所谓收买，是指行为人用金钱或者其他财物，作为被拐卖的妇女、儿童的代价，将妇女、儿童买归自己占有或支配。收买的基本特征是将妇女、儿童当作商品买回，因此不同于收养。

主观上只能是故意，即明知是被拐卖的妇女、儿童而收买。成立本罪不要求以出卖为目的；换言之，如果行为人具有出卖的目的，则成立拐卖妇女、儿童罪。此外，收买被拐卖的妇女、儿童后，产生出卖的意图并出卖妇女、儿童的，也以拐卖妇女、儿童罪论处。

犯本罪的，根据《刑法》第241条的规定处罚。《刑法》第241条第6款还规定：“收买被拐卖的妇女、儿童，对被买儿童没有虐待行为，不阻碍对其进行解救的，可以从轻处罚；按照被买妇女的意愿，不阻碍其返回原居住地的，可以从轻或者减轻处罚。”根据司法解释，收买被拐卖的妇女，业已形成稳定的婚姻家庭关系，解救时被买妇女自愿继续留在当地共同生活的，可视为按照被买妇女的意愿，不阻碍其返回原居住地。

十四、诬告陷害罪

本罪是指故意捏造犯罪事实，向监察机关、司法机关等相关国家机关或有关单位告发，意图使他人受刑事追究，情节严重的行为。

1.客观上表现为捏造他人犯罪的事实，向监察机关、司法机关等相关国家机关或有关单位告发，或者采取其他方法足以引起监察机关、司法机关的追究活动。(1)必须捏造犯罪事实。这主要是指，无中生有，捏造犯罪事实陷害他人；栽赃陷害，在发生了某种犯罪事实的情况下，捏造证据陷害他人；借题发挥，将不构成犯罪的事实夸大为犯罪事实，进而陷害他人；歪曲事实，将轻罪的事实、一罪的事实杜撰为重罪的事实、数罪的事实。所捏造的犯罪事实，只要足以引起监察机关、司法机关追究被害人的刑事责任即可，并不要求捏造详细情节与证据。捏造他人一般违法事实的，不成立诬告陷害罪。因为刑法明文要求行为人主观意图必须是“使他人受刑事追究”。(2)必须向相关国家机关或有关单位告发，或者采取其他方法足以引起监察机关、司法机关的追究活动。利用被害人进行告发的，也成立本罪。告发方式多种多样，如口头、书面、署名、匿名、直接、间接的等。(3)必须诬告特定的“他人”。第一，向监察机关、司法机关虚告自己犯罪的，不成立诬告陷害罪。第二，所诬告的对象应当是特定、实在的人，否则就不可能导致监察机关、司法机关追究某人的刑事责任，因而不会侵犯他人的人身权利。当然，特定对象并不要求行为人指名道姓，只要告发的内容足以使监察机关、司法机关确认对象，就可以成立诬告陷害罪。至于被诬陷的对象是遵纪守法的公民，还是正在服刑的犯人以及是否因被诬告而受到刑事处分，均不影响本罪的成立。第三，诬陷没有达到法定年龄或者没有辨认或控制能力的人犯罪，仍构成诬告陷害罪。虽然监察机关、司法机关查明真相后不会对这些人科处刑罚，但将他们作为侦查的对象，使他们卷入刑事诉讼，就侵犯了其人身权利。第四，形式上诬告单位犯罪，但所捏造的事实导致可能追究自然人刑事责任的，也成立本罪。第五，由于刑法规定本罪是为了保护公民的人身权利，故征得他人同意或者经他人请求而诬告他人犯罪的，不成立本罪（如果将本罪规定在妨害司法罪中，则该行为可能成立犯罪）。

2.主观上必须是故意。行为人必须明知自己所告发的是虚假的犯罪事实，并具有使他人受到刑事追究的目的；但不要求将该目的作为其行为的唯一目的或者主要目的，只要行为人主观上存在该目的即可。需要指出的是，为了不致不当地限制公民的告发权，应当要求行为人明知自己所告发的是虚假的犯罪事实。因此，当行为人估计某人实施了犯罪行为，认识到所告发的犯罪事实仅具有可能性时而予以告发的，不宜认定为本罪。

3.诬告陷害行为情节严重的，才构成犯罪。如果行为人故意捏造的犯罪事实以及告发的方式足以引起监察机关、司法机关的追究活动，就应认定为情节严重；不足以引起监察机关、司法机关追究活动的诬告，应视为情节轻微，不以犯罪论处。

认定本罪应当注意如下问题：

1.本罪与错告或检举失实明显不同。前者明知自己告发的是捏造的犯罪事实，具有陷害他人的故意；后者认为自己告发的是真实犯罪事实，没有陷害他人的故意。要判明这一点，就必须查明行为人告发的背景、原因、告发的事实来源、告发人与被告发人之间的关系等。

2.本罪与诽谤罪的犯罪构成不同：(1)客观方面不同：前者要求捏造他人犯罪的事实并向有关国家机关或有关单位告发；后者只要求捏造有损他人名誉的事实，散布于第三者或更多的人，但不要求向有关国家机关或有关单位告发。如果行为人虽然捏造他人犯罪的事实，但并不告发，而是私下散布，旨在损害他人名誉，则构成诽谤罪。(2)主观方面不同：前者旨在使他人受刑事追究；后者旨在破坏他人名誉。但不排除一个行为同时触犯诬告陷害罪与诽谤罪，在这种情况下，应当从一重罪论处。

犯本罪的，根据《刑法》第243条的规定处罚；国家机关工作人员犯本罪的，从重处罚。

十五、强迫劳动罪

本罪是指以暴力、威胁或者限制人身自由的方法强迫他人劳动，或者明知他人以暴力、威胁或者限制人身自由的方法强迫他人劳动，而为其招募、运送人员或者有其他协助强迫他人劳动行为的行为。本罪有两种类型：一是直接强迫劳动；二是以招募、运送人员或者其他协助的形式间接强迫劳动。在直接强迫劳动中，无论是暴力还是威胁，都不要求达到足以压制被害人反抗的程度；限制人身自由的方法，是指将他人的人身自由控制在一定范围、一定限度内的方法，如不准职工外出、不准职工参加社交活动等，如果采取剥夺人身自由的方法(如将他人长时间关闭在劳动场所)，则是本罪与非法拘禁罪的想象竞合犯。至于行为人是否提供劳动报酬，不影响本罪的成立。用人单位依法对职工的劳动作严格要求的，不成立本罪。本罪的主体为自然人或者单位，主观方面为故意。犯本罪的，根据《刑法》第244条的规定处罚。

十六、雇用童工从事危重劳动罪

本罪是指违反劳动管理法规，雇用未满16周岁的未成年人从事超强度体力劳动的，或者从事高空、井下作业的，或者在爆炸性、易燃性、放射性、毒害性等危险环境下从事劳动，情节严重的行为。雇用童工从事危重劳动，符合本罪的犯罪构成，同时违反劳动管理法规，以限制人身自由方法强迫其劳动，情节严重的，应当实行数罪并罚。雇用童工从事危重劳动，造成事故，又构成其他犯罪的，依照数罪并罚的规定处罚。犯本罪的，根据《刑法》第244条之一的规定处罚。

十七、非法搜查罪

本罪是指无权搜查的人擅自非法对他人的身体或者住宅进行搜查的行为。犯本罪的，根据《刑法》第245条的规定处罚。

十八、非法侵入住宅罪

本罪是指非法强行闯入他人住宅，或者经要求退出仍拒绝退出，影响他人正常生活和居住安宁的行为。所谓“非法”，是指不经住宅主人同意，又没有法律根据，或不依法定程序强行侵入。所谓“侵入”，一般认为包括两种情况：一是未经住宅主人允许，不顾主人的反对、阻挡，强行进入他人住宅；二是进入住宅时主人并不反对，但主人要求其退出时拒不退出。所谓“他人”，包括住宅所有权人、对住宅有居住或出入权利的人，以及暂住在某住处的人。对于“住宅”，应从本质意义上理解，凡供人起居寝食之用的场所(用于进行日常生活所占居的场所)均为住宅，至于其结构、形式如何，则在所不问；住宅不限于普通建筑物，供人居住的山洞、地窖等也不失为住宅；住宅不要求被害人永久居住其中，供人起居的帐篷以及供人住宿的宾馆房间，也属于住宅；住宅不要求是建筑物的全部，住宅的屋顶、周围相对封闭的围绕地，同样可以成为本罪对象；住宅不要求居住者合法占有，也不要求居住者身处其中。无人居住的空房、仓库等，不应认定为住宅；不供起居寝食之用的店铺、研究室，不属于住宅。本罪的主观方面只能是故意，由于某种原因误入他人住宅的，不构成本罪；但根据刑法理论，误入他人住宅后，经要求退出而拒不退出的，仍然可能成立本罪。从司法实践来看，非法侵入他人住宅，常常与其他犯罪结合在一起。例如，非法侵入他人住宅后，进行盗窃、强奸、杀人等犯罪活动，在这种情况下，非法侵入他人住宅只是为了实现另一犯罪目的，也可以说是实施其他犯罪的必经步骤。因此，只应按照行为人旨在实施的主要罪行定罪量刑，不按数罪并罚处理。通常只是对那些非法侵入他人住宅，严重妨碍了他人的居住与生活安宁，而又不构成其他犯罪的，才以非法侵入住宅罪论处。犯本罪的，根据

《刑法》第245条的规定处罚；司法工作人员滥用职权犯本罪的，从重处罚。

十九、侮辱罪

本罪是指使用暴力或者其他方法，公然败坏他人名誉，情节严重的行为。

1.客观上表现为使用暴力或者其他方法，公然败坏他人名誉。（1）必须有败坏他人名誉的侮辱行为。侮辱，是指对他人予以轻蔑的价值判断的表示。侮辱方式可以分为四种：一是暴力侮辱。这里的暴力不是指杀人、伤害、殴打，而是指使用强力败坏他人的名誉。如扒光男子的衣裤，当众羞辱（强行扒光妇女衣裤的，成立强制猥亵、侮辱罪）；使用强力逼迫他人做难堪的动作；强行将粪便塞入他人口中；等等。二是非暴力的动作侮辱，即用动作表示出对他人轻蔑的价值判断和蔑视。三是言词侮辱。表现为使用言词对被害人进行戏弄、诋毁、谩骂，使其当众出丑。四是文字侮辱。即书写、张贴、传阅有损他人名誉的大字报、小字报、漫画、标语等。在信息网络上采取肆意谩骂、恶意诋毁、披露隐私等方式，公然侮辱他人，情节严重的，以侮辱罪定罪处罚。（2）侮辱行为必须公然进行。所谓“公然”侮辱，是指采用不特定或者多数人可能知悉的方式对他人进行侮辱。公然并不一定要求被害人在场。如果仅仅面对着被害人进行侮辱，没有第三者在场，也不可能被第三者知悉，则不构成侮辱罪。另外，只要不特定人或者多数人可能知悉，即使现实上没有知悉，也不影响本罪的成立。（3）侮辱对象必须是特定的人。特定的人既可以是一人，也可以是数人，但必须是具体的，可以确认的。在大庭广众之中进行无特定对象的谩骂，不构成侮辱罪。死者不能成为本罪的侮辱对象，但如果行为人表面上侮辱死者，实际上是侮辱死者家属的，则应认定为侮辱罪。法人也不能成为本罪对象。（4）侮辱行为构成犯罪，必须情节严重。

2.主观上只能是故意，动机不影响本罪的成立。

3.根据《刑法》的规定，只有情节严重的侮辱行为才构成侮辱罪。情节严重主要是指以下情况：手段恶劣的，如当众将粪便塞入他人口中等；侮辱行为造成严重后果的，如被害人不堪侮辱自杀的，因受侮辱导致精神失常的；多次实施侮辱行为的；等等。

在侮辱的对象为妇女时，侮辱罪与强制侮辱罪有相似之处，二者的区别表现在：前者侵犯的是他人名誉，后者侵犯的是他人的性自主权；前者不要求采取强制方法，后者必须采取暴力、胁迫等强制方法；前者必须公然实施侮辱行为，后者不要求公然实施；前者要求情节严重，后者不要求情节严重；前者是告诉才处理的犯罪，后者不是告诉才处理的犯罪。

出于报复等心理对妇女实施伤害其性羞耻心，侵犯其性自主权，违反性行为秩序的行为（如甲出于报复当众或者在非公共场所强行脱掉妇女乙衣裤的行为），是对妇女的性自主权的侵犯，也是对妇女名誉的侵犯，但对妇女而言，性自主权这一权益性质重于其他方面的名誉，于是刑法对侵犯妇女的性自主权的行为作了特别规定。因此，凡是使用暴力、胁迫等强制手段损害妇女的性羞耻心，侵犯妇女的性自主权的行为，就不再属于《刑法》第246条的侮辱行为。换言之，除强奸罪之外，侵犯妇女的性自主权的行为，都属于《刑法》第237条规定的猥亵行为。据此，不管出于什么动机与目的，不管在什么场所，强行剥光妇女衣裤的行为，都属于强制猥亵、侮辱罪。如果将上述甲的行为认定为侮辱罪，则存在疑问。与单纯侵犯名誉的侮辱罪相比，甲的行为更为严重地侵害了乙的性自主权与性羞耻心，仅以侮辱罪论处会违反罪刑相适应原则。

根据《刑法》第246条的规定，犯侮辱罪的，处3年以下有期徒刑、拘役、管制或者剥夺政治权利。犯本罪的，告诉的才处理，但是严重危害社会秩序和国家利益的除外。通过信息网络实施侮辱行为，被害人向人民法院告诉，但提供证据确有困难的，人民法院可以要求公安机关提供协助。公安机关应当根据人民法院要求和案件具体情况，及时查明行为主体，收集相关侮辱信息传播扩散情况及造成影响等证据材料。

二十、诽谤罪

本罪是指捏造并散布某种事实，足以败坏他人名誉，情节严重的行为。

1.本罪客观上表现为捏造并散布某种事实，足以败坏他人名誉，情节严重。首先，所谓“捏造并散布”，是指散布捏造的事实。所谓捏造的事实，是指无中生有、凭空制造的虚假事实，而且所捏造的事实，是有损对他人的社会评价、具有某种程度的具体内容的事实。根据司法解释，明知是捏造的损害他人名誉的事实，在信息网络上散布，情节恶劣的，以“捏造事实诽谤他人”论。换言之，在信息网络上制造、散布谣言，贬损他人人格、损害他人名誉，情节严重的，以诽谤罪定罪处罚。如果行为人散布的是有损他人名誉的真实事实，则不构成诽谤罪（有可能构成侮辱罪）。其次，必须针对特定的人进行诽谤。特定的人既可以是一人，也可以是数人。诽谤时虽未具体指明被害人的姓名，但能推知具体被害人的，仍构成诽谤罪。最后，构成本罪要求情节严重。

2.本罪主观上必须出于故意，行为人必须明知自己散布的是虚假的事实。通过信息网络检举、揭发他人犯罪或者违法违纪行为，只要不是故意捏造事实或者明知是捏造的事实而故意散布的，不应当认定为诽谤违法犯罪。针对他人言行发表评论、提出批评，即使观点有所偏颇、言论有些偏激，只要不是肆意谩骂、恶意诋毁的，不应当认定为侮辱违法犯罪。

3.根据《刑法》的规定，诽谤行为情节严重的才构成诽谤罪。情节严重主要是指手段恶劣、内容恶毒、后果严重等。

诽谤罪与侮辱罪在客体、主体、主观方面都有相同或相似之处，它们的区别主要有两点：（1）诽谤罪的方法只能是口头或文字的，不可能是暴力的；侮辱罪的方法既可以是口头、文字的，也可以是暴力的。（2）诽谤罪必须有捏造并散布有损他人名誉的虚假事实的行为；侮辱罪既可以不用具体事实，也可以用真实事实损害他人名誉。例如，被害妇女并无婚外性行为，但行为人捏造并散布被害妇女有婚外性行为的事实，情节严重的，构成诽谤罪。如果被害妇女有婚外性行为，行为人为了损害其名誉，散布这种婚外性行为的事实，情节严重的，则构成侮辱罪。

根据《刑法》第246条第1款的规定，犯诽谤罪的，处3年以下有期徒刑、拘役、管制或者剥夺政治权利。

《刑法》第246条第2款规定，犯侮辱、诽谤罪，“告诉的才处理，但是严重危害社会秩序和国家利益的除外”。第3款规定，通过信息网络实施诽谤行为，被害人向人民法院告诉，但提供证据确有困难的，人民法院可以要求公安机关提供协助。该款规定并不意味着通过信息网络实施侮辱、诽谤的案件转化为公诉案件，仅是意味着在法院的要求下，被害人在收集证据方面可以获得公安机关的协助。所谓“告诉的才处理”，是指被害人告诉才处理，如因受强制、威吓无法告诉的，人民检察院和被害人的近亲属也可以告诉。刑法之所以将侮辱、诽谤罪规定为告诉才处理的犯罪，主要是因为侮辱、诽谤行为大都发生在邻居、同事之间，在多数场合可以通过调解方式解决。此外，被害人可能不愿意让更多的人知道自己受侮辱、诽谤的事实，如果违反被害人的意志提起诉讼，会产生相反的效果。所谓“严重危害社会秩序和国家利益的除外”，一般是指在下列三种情况下，可以或者应当由人民检察院提起诉讼：一是侮辱、诽谤情节特别严重，引起了被害人自杀身亡或者精神失常等后果，被害人失去自诉能力的；二是侮辱、诽谤党和国家领导人、外国元首、外交代表等特定对象，既损害他人名誉，又危害国家利益的；三是侮辱、诽谤行为指向任何的个人，并对他人名誉造成巨大贬损和特别恶劣社会影响，从而严重危害社会秩序的。实施网络侮辱、诽谤行为，具有下列情形之一的，应当认定为“严重危害社会秩序”：（1）造成被害人或者其近亲属精神失常、自杀等严重后果，社会影响恶劣的；（2）随意以普通公众为侵害对象，相关信息在网络上大范围传播，引发大量低俗、恶意评论，严重破坏网络秩序，社会影响恶劣的；（3）侮辱、诽谤多人或者多次散布侮辱、诽谤信息，社会影响恶劣的；（4）组织、指使人员在多个网络平台大量散布侮辱、诽谤信息，社会影响恶劣的；(5)其他严重危害社会秩序的情形。

二十一、刑讯逼供罪

本罪是指司法工作人员对犯罪嫌疑人、被告人使用肉刑或者变相肉刑，逼取口供的行为。

1.本罪的客体是犯罪嫌疑人、被告人的健康权和司法机关的正常活动。

2.客观上表现为对犯罪嫌疑人、被告人使用肉刑或者变相肉刑，逼取口供的行为。(1)刑讯的对象是侦查过程中的犯罪嫌疑人和起诉、审判过程中的刑事被告人。犯罪嫌疑人、被告人的行为实际上是否构成犯罪，对本罪的成立没有影响。(2)刑讯方法必须是使用肉刑或者变相肉刑。所谓肉刑，是指对被害人的肉体施行暴力，如吊打、捆绑、殴打以及其他折磨肉体的方法。所谓变相肉刑，一般是指对被害人使用非暴力的摧残和折磨，如冻、饿、烤、晒等。二者不存在实质区别，无论是使用肉刑还是变相肉刑，均可成立本罪。(3)必须有逼供行为，即逼迫犯罪嫌疑人、被告人作出行为人所期待的口供。没有使用肉刑与变相肉刑的诱供、指供，是错误的审讯方法，但不是刑讯逼供。

3.主体是司法工作人员，即有侦查、检察、审判、监管职责的工作人员。监察人员办理职务犯罪案件或者监管职务犯罪嫌疑人时，行使的是侦查、监管职责，在刑法上也属于司法人员，可以成为本罪主体。企业事业单位的公安机构在机构改革过程中虽尚未列入公安机关建制，其工作人员在行使侦查职责时，可以成为本罪主体。未受公安机关正式录用，受委托履行侦查、监管职责的人员或者合同制民警，也可以成为本罪主体。其他人员与司法工作人员伙同刑讯逼供的，以刑讯逼供罪的共犯论处。

4.主观上只能出于故意，并且具有逼取口供的目的。至于行为人是否得到供述，犯罪嫌疑人、被告人的供述是否符合事实，均不影响本罪成立。犯罪动机不影响本罪成立。

认定本罪需要注意如下问题：

1.司法实践中有人采取诱供、指供等错误审讯方式，有人采用情节显著轻微的刑讯逼供方法，对此不能以犯罪论处。另外，根据法律规定与实际需要，对犯罪嫌疑人、被告人使用械具进行审问的，是合法行为，不能视为刑讯逼供。

2.本罪与非法拘禁罪的犯罪构成不同：(1)对象不同：前者的对象是犯罪嫌疑人与被告人；后者的对象没有特别限制。(2)行为表现不同：前者是使用肉刑或者变相肉刑；后者是非法拘禁或以其他方法剥夺他人人身自由。(3)主观内容不同：前者以逼取口供为目的；后者不要求以逼取口供为目的。(4)主体不同：前者是司法工作人员；后者是一般主体。一般公民将他人非法拘禁后进行“审问”的，应以非法拘禁罪论处，而不能认定为本罪。

3.《刑法》第247条明文规定：刑讯逼供“致人伤残、死亡的”，依照故意伤害罪、故意杀人罪定罪并从重处罚。这里的“伤残”应理解为重伤或残废，不包括轻伤在内。因为一般伤害的法定刑与刑讯逼供的法定刑相同，故对刑讯逼供造成轻伤的，可以在刑讯逼供罪的法定刑内从重处罚，无须以故意伤害罪从重处罚。刑讯逼供致人死亡，是指由于暴力摧残或者其他虐待行为，致使被害人当场死亡或者经抢救无效死亡。刑讯逼供导致被害人自杀的，一般不宜认定为刑讯逼供致人死亡。

犯本罪的，根据《刑法》第247条的规定处罚；刑讯逼供致人伤残、死亡的，以故意伤害罪、故意杀人罪定罪从重处罚。

二十二、暴力取证罪

本罪是指司法工作人员使用暴力逼取证人证言的行为。本罪客观上表现为使用暴力逼取证人证言的行为。暴力，是指对证人使用有形力的一切方法，暴力的程度没有限定；暴力的对象是证人，但对这里的“证人”宜作广义理解，即包括被害人；逼取证人证言，是指强迫证人作出特定内容的证言(包括被害人陈述)。本罪主观方面只限于故意，以逼取证人证言为目的。犯本罪的，根据《刑法》第247条的规定处罚；暴力取证致人伤残、死亡的，以故意伤害罪、故意杀人罪定罪从重处罚。

二十三、虐待被监管人罪

本罪是指监狱、拘留所、看守所、强制隔离戒毒所等监管机构的监管人员，对被监管人进行殴打或体罚虐待，或者指使被监管人殴打或体罚虐待其他被监管人，情节严重的行为。被监管人包括在监狱、拘役所等场所服刑的已决犯，在看守所羁押的犯罪嫌疑人与被告人，在拘留所等场所被行政拘留、刑事拘留、司法拘留的人员，在强制隔离戒毒所进行强制隔离戒毒的戒毒人员。殴打，是造成被监管人肉体上的暂时痛苦的行为。体罚虐待，是指殴打以外的对被监管人实行折磨、摧残的行为。这里的殴打、体罚虐待不要求具有一贯性，一次性殴打、体罚虐待情节严重的，就足以构成犯罪。行为人直接实施殴打、体罚虐待行为，或者利用被监管人实施殴打、体罚虐待行为的，均可成立本罪。但是，在犯人可能有逃跑、暴行或其他危险性行为的时候，经批准使用械具的以及依法对犯人给予禁闭处罚的，属于合法行为，不成立本罪。犯本罪的，根据《刑法》第248条的规定处罚；致人伤残、死亡的，依照《刑法》第232条、第234条关于故意伤害罪、故意杀人罪的规定定罪从重处罚。

二十四、侵犯通信自由罪

本罪是指故意隐匿、毁弃或者非法开拆他人信件，侵犯公民通信自由权利，情节严重的行为。信件是特定人向特定人传达意思、表达感情、记载事实的文书(包括电子邮件)。信件不要求通过邮政局投递。明信片是隐匿、毁弃的对象，但不能成为非法开拆的对象。此外，他人信件是指他人所有的信件(只要发件人与收件人中有一方为公民即可)，不包括单位之间的公函。隐匿，是指妨害权利人发现信件的一切行为；毁弃，是指妨害信件本来效用的一切行为；非法开拆，是指擅自使他人信件内容处于第三者(指发件人与收件人以外的人，包括行为人)可能知悉的状态的一切行为，但不要求第三者已经知悉信件的内容。行为人实施隐匿、毁弃、非法开拆他人信件三种行为之一，情节严重的，即可构成本罪。

非法开拆他人信件，侵犯公民通信自由权利，情节严重，并从中窃取少量财物，或者窃取汇票、汇款支票，骗取汇兑款数额不大的，依照刑法关于侵犯通信自由罪的规定，从重处罚；非法开拆他人信件，侵犯公民通信自由权利，情节严重，并从中窃取数额较大财物的，依照刑法关于盗窃罪的规定从重处罚；非法开拆他人信件，侵犯公民通信自由权利，情节严重，并从中窃取汇票或汇款支票，冒名骗取汇兑款数额较大的，应依照刑法关于侵犯通信自由罪和(票据)诈骗罪的规定，依法实行数罪并罚。

犯本罪的，根据《刑法》第252条的规定处罚。

二十五、侵犯公民个人信息罪

本罪是指违反国家有关规定，向他人出售或者提供公民个人信息，情节严重，以及窃取或者以其他方法非法获取公民个人信息的行为。

作为本罪行为对象的公民个人信息，是指以电子或者其他方式记录的能够单独或者与其他信息结合识别特定自然人身份或者反映特定自然人活动情况的各种信息，包括但不限于姓名、身份证件信息、通讯联系方式、住址、账号密码、财产状况、行踪轨迹等信息。据此，公民的工作单位、学历、履历、通信内容、通信记录、征信信息、交易信息、住宿信息，生理状态、遗传特征等个人生物识别等信息均属于公民个人信息。根据相关司法文件规定，具有信息发布、即时通讯、支付结算等功能的互联网账号密码，也属于公民个人信息。个人信息是以电子或者其他方式记录的与已识别或者可识别的自然人有关的各种信息，不包括匿名化处理后的信息。所以，使用人脸识别技术处理的人脸信息以及基于人脸识别技术生成的人脸信息均具有高度的可识别性，能够单独或者与其他信息结合识别特定自然人身份或者反映特定自然人活动情况，属于刑法规定的公民个人信息。服务提供者专门发给特定手机号码的数字、字母等单独或者其组合构成的验证码具有独特性、隐秘性，能够单独或者与其他信息结合识别特定自然人身份或者反映特定自然人活动情况的，属于刑法规定的公民个人信息。经过处理无法识别特定自然人且不能复原的信息，虽然也可能反映自然人活动情况，但与特定自然人无直接关联，不属于公民个人信息的范畴。与死者或者单位相关的信息，不属于“公民”个人信息。对于企业工商登记等信息中所包含的手机、电话号码等信息，应当明确该号码的用途。对由公司购买、使用的手机、电话号码等信息，不属于个人信息的范畴，从而严格区分“手机、电话号码等由公司购买，归公司使用”与“公司经办人在工商登记等活动中登记个人电话、手机号码”两种不同情形。

本罪行为包括以下类型：

1.违反国家有关规定，向他人出售或者提供公民个人信息，情节严重。违反国家有关规定，是指违反法律、行政法规、部门规章有关公民个人信息保护的规定。出售，是指有偿转让公民个人信息。出售原本也属于“提供”，因为出售是一种常见类型，故法条将其独立规定。提供的方式没有限定，凡是使他人可以知悉公民个人信息的行为，均属于提供。因此，向特定人提供公民个人信息，以及通过信息网络或者其他途径发布公民个人信息的，属于提供公民个人信息。未经被收集者同意，将合法收集的公民个人信息向他人提供的，也属于提供公民个人信息，但是经过处理无法识别特定个人且不能复原的除外。向他人出售或者提供公民个人信息，只有情节严重的，才能构成本罪。相关司法解释对于如何认定“情节严重”，作了明文规定。违反国家有关规定，购买已注册但未使用的微信账号等社交媒体账号，通过具有智能群发、添加好友、建立讨论群组等功能的营销软件，非法制作带有公民个人信息可用于社交活动的微信账号等社交媒体账号出售、提供给他人，情节严重的，属于“违反国家有关规定，向他人出售或者提供公民个人信息”行为，构成本罪。

2.违反国家有关规定，将在履行职责或者提供服务过程中获得的公民个人信息，出售或者提供给他人的，根据《刑法》第253条之一第2款的规定应当从重处罚。在履行职责或者提供服务过程中获得的公民个人信息，包括作为主体的单位以及自然人在履行职责或者提供服务过程中正当、正常获得的公民个人信息。例如，银行工作人员在工作中获得的储户个人信息，网络、电信服务商在提供网络、电信服务过程中获得的公民个人信息，等等。

3.窃取或者以其他方法非法获取公民个人信息。“窃取”也是“非法获取”的一种方式，只是由于窃取的方式较为常见，故法条将其独立规定。在窃取或者以其他方法非法获取公民个人信息的行为中，需要着重把握“其他方法”的范围问题。“其他方法”，是指“窃取”以外，与窃取行为具有同等危害性的方法，其中，购买是最常见的非法获取手段。侵犯公民个人信息犯罪作为电信网络诈骗的上游犯罪，诈骗分子往往先通过网络向他人购买公民个人信息，然后自己直接用于诈骗或转发给其他同伙用于诈骗，诈骗分子购买公民个人信息的行为属于非法获取行为，其同伙接收公民个人信息的行为明显也属于非法获取行为。同时，一些房产中介、物业管理公司、保险公司、担保公司的业务员往往与同行通过QQ、微信群互相交换各自掌握的客户信息，这种交换行为也属于非法获取行为。此外，行为人在履行职责、提供服务过程中，违反国家有关规定，未经他人同意收集公民个人信息，或者收集与提供的服务无关的公民个人信息的，也属于非法获取公民个人信息的行为。未经公民本人同意，或未具备具有法律授权等《个人信息保护法》规定的理由，通过购买、收受、交换等方式获取在一定范围内已公开的公民个人信息进行非法利用，改变了公民公开个人信息的范围、目的和用途，不属于法律规定的合理处理，属于“以其他方法非法获取公民个人信息”行为，情节严重的，构成本罪。设立用于实施非法获取、出售或者提供公民个人信息违法犯罪活动的网站、通讯群组，情节严重的，应以非法利用信息网络罪定罪处罚；同时构成侵犯公民个人信息罪的，依照侵犯公民个人信息罪定罪处罚。根据相关规定，组织“人肉搜索”，违法收集并向不特定多数人发布公民个人信息，情节严重，符合《刑法》第253条之一规定的，以侵犯公民个人信息罪定罪处罚；同时构成其他犯罪的，依照处罚较重的规定定罪处罚。虽然条文并未明文要求窃取或者以其他方法非法获取公民个人信息必须情节严重的才能构成本罪，但情节过于轻微的，不能以本罪论处。

本罪主观方面为故意，特定目的与动机不影响本罪的成立。因此，为合法经营活动而非法购买公民个人信息的，也有可能构成本罪。

犯本罪的，根据《刑法》第253条之一的规定处罚。

二十六、暴力干涉婚姻自由罪

本罪是指以暴力干涉他人结婚自由或离婚自由的行为。

1.本罪客体是他人的婚姻自由权。

2.客观方面表现为以暴力干涉他人婚姻自由的行为。首先，要求行为人实施暴力行为，即实施捆绑、殴打、禁闭、抢掠等对人行使有形力的行为。仅有干涉行为而没有实施暴力的，不构成本罪；仅以暴力相威胁进行干涉的，也不构成本罪；暴力极为轻微的（如打一耳光），不能视为本罪的暴力行为。其次，暴力行为只是干涉他人婚姻自由的手段，换言之，必须有干涉他人婚姻自由的行为。干涉婚姻自由主要表现为强制他人与某人结婚或者离婚，禁止他人与某人结婚或者离婚，这里的“某人”包括行为人与第三人。暴力行为不是干涉婚姻自由的手段，或者干涉婚姻自由而没有使用暴力的，均不构成本罪。

3.主体为已满16周岁，具有辨认控制能力的自然人。行为人与被害人是否具有某种特定关系，不影响本罪的成立。

4.主观方面为故意，行为人明知自己以暴力干涉婚姻自由的行为会造成他人不能自由结婚或离婚的危害结果，并且希望或者放任这种结果发生。犯罪的动机不影响本罪的成立。

认定本罪需要注意如下问题：

1.没有使用暴力或使用极为轻微的暴力干涉他人婚姻自由的，不能认定为暴力干涉婚姻自由罪。反之，以故意杀人、故意重伤方法干涉他人婚姻自由的，则对人身权利的侵害超过了对婚姻自由的妨害，应以故意杀人、故意伤害罪论处。一贯以暴力干涉婚姻自由，只要其中一次属于故意杀人或故意伤害行为，则构成暴力干涉婚姻自由罪与故意杀人罪或故意伤害罪，实行数罪并罚。

2.丈夫因不同意妻子与自己离婚而对妻子实施暴力的，考虑到夫妻之间的特定关系，一般不以本罪处理。如果符合虐待罪的犯罪构成，可按虐待罪论处。

3.对抢婚案件应具体分析，区别处理。某些民族地区的抢婚习俗，是结婚的一种方式，不能以本罪论处。因向女方求婚遭到拒绝，而纠集多人使用暴力将女方劫持或绑架于自己家中，强迫女方与自己结婚的，应以本罪论处；如符合非法拘禁罪的犯罪构成，则属于一个行为触犯数罪名，从一重罪论处。因向女方求婚遭到拒绝，为造成既成事实，而纠集多人使用暴力将女方劫持或绑架于自己家中，强行与之性交的，构成强奸罪。女方与男方已办理结婚登记手续，而后由于种种原因女方不愿与男方同居，男方使用暴力将女方抢到自己家中甚至强行同居的，一般不宜以犯罪论处。

依照《刑法》第257条的规定，本罪的处罚分为两种情况：犯本罪的，处2年以下有期徒刑或者拘役，但只有被害人告诉的才处理；犯本罪致使被害人死亡的，处2年以上7年以下有期徒刑，并且不适用告诉才处理的规定。“致使被害人死亡”，是指在实施暴力干涉婚姻自由行为的过程中过失导致被害人死亡，以及因暴力干涉婚姻自由而直接引起被害人自杀身亡。故意导致被害人死亡以及暴力干涉与自杀身亡之间没有因果关系的，都不能认定为“致使被害人死亡”。

二十七、重婚罪

重婚罪，是指有配偶而又与他人结婚，或者明知他人有配偶而与之结婚的行为。

1.本罪客体是国家的婚姻制度。

2.客观方面是有配偶而又与他人结婚，或者明知他人有配偶而与之结婚。

3.主体分为两种人：一是重婚者，即已有配偶并且没有解除婚姻关系，又与他人结婚的人。二是相婚者，即明知对方有配偶而与之结婚的人。后一种主体就其本身而言，并没有“重婚”，但从重婚关系的整体来看，这种主体仍然是重婚的一方，在性质上与重婚者的行为完全相同，故我国刑法明文规定这种主体构成重婚罪。

4.主观方面为故意。重婚者明知自己有配偶而又故意与他人结婚，如果认为自己的配偶死亡或者认为自己与他人没有配偶关系而再结婚的，不构成重婚罪。相婚者必须明知他人有配偶而与之结婚；如果确实不知道对方有配偶而与之结婚的，不构成重婚罪。

认定本罪需要注意如下问题：

1.重婚行为是两个婚姻关系的重合，故行为人先与一方有事实婚姻，在事实上解除了该事实婚姻后，与他人登记结婚或形成事实婚姻的，不构成重婚罪。同理，有配偶而与他人通奸或临时姘居的，以及明知他人有配偶而与之通奸或临时姘居的，也不构成重婚罪。

2.因遭受自然灾害外流谋生而重婚的，因配偶长期外出下落不明，造成家庭生活严重困难，又与他人结婚的，因强迫、包办婚姻或因婚后受虐待外逃重婚的，被拐卖后再婚的，都是由于受客观条件所迫，不能期待行为人不实施重婚行为，故不宜以重婚罪论处。

3.已经登记结婚但未同居，或者在提出离婚、提起离婚诉讼的期间，由于前者已经存在合法的夫妻关系，后者仍然存在合法的夫妻关系，此时双方或一方与第三者登记结婚或者形成事实婚姻的，构成重婚罪。

4.办理假离婚手续后又结婚的，依是否解除了婚姻关系而判断是否构成重婚罪。例如，夫妻为了达到某种目的而商议假离婚，并从法律上解除了婚姻关系，其中一方再结婚的，不成立重婚罪。反之，如果夫妻只是宣布离婚，但并没有解除婚姻关系，其中一方再结婚的，成立重婚罪。

犯本罪的，依照《刑法》第258条的规定处罚。

二十八、破坏军婚罪

本罪是指明知是现役军人的配偶，而与之结婚或者同居的行为。现役军人，是指具有军籍并正在中国人民解放军或者人民武装警察部队服役的军人。所谓“现役军人的配偶”，是指现役军人的妻子或丈夫，即与现役军人登记结婚，建立了合法婚姻关系的人。所谓“结婚”，是指与现役军人的配偶登记结婚，或者形成事实婚姻。所谓“同居”，是指在一定时期内与现役军人的配偶姘居且共同生活。破坏军婚罪的行为，基本上（除同居外）都是重婚行为。刑法将其规定为不同的犯罪，旨在对现役军人的婚姻关系进行特殊保护。破坏军婚罪与重婚罪的区别主要表现在：破坏军婚罪中与行为人相对的另一方必须是现役军人的配偶，重婚罪则无这一要求；破坏军婚罪的行为包括与现役军人的配偶结婚或者同居的行为，重婚罪的行为是有配偶而重婚或者明知他人有配偶而与之结婚；破坏军婚罪中的现役军人的配偶一般不构成本罪，重婚罪中的对方只要符合犯罪构成也构成重婚罪。犯本罪的，依照《刑法》第259条的规定处罚。利用职权、从属关系，以胁迫手段奸淫现役军人妻子的，依照强奸罪定罪处罚。

二十九、虐待罪

本罪是指对共同生活的家庭成员，经常以打骂、冻饿、禁闭、强迫过度劳动、有病不给治疗、限制自由、恐吓、侮辱、谩骂等手段，从肉体上和精神上进行摧残、折磨，情节恶劣的行为。在被虐待人出现伤亡后果时，应根据所实施的暴力手段与方式、是否立即或者直接造成被害人伤亡后果、被告人的主观故意等综合判断行为人属于虐待犯罪致人重伤、死亡还是故意伤害、故意杀人犯罪致人重伤、死亡。对于被告人主观上不具有侵害被害人健康或者剥夺被害人生命的故意，而是出于追求被害人肉体和精神上的痛苦，长期或者多次实施虐待行为，逐渐造成被害人身体损害，过失导致被害人重伤或者死亡的；或者因虐待致使被害人不堪忍受而自残、自杀，导致重伤或者死亡的，属于虐待“致使被害人重伤、死亡”，应当以虐待罪定罪处罚。对于被告人虽然实施家庭暴力呈现经常性、持续性、反复性的特点，但其主观上具有希望或者放任被害人重伤或者死亡的故意，持凶器实施暴力，暴力手段残忍，暴力程度较强，直接或者立即造成被害人重伤或者死亡的，应当以故意伤害罪或者故意杀人罪定罪处罚。如果将该伤害行为、杀人行为独立评价后，其他虐待行为仍符合虐待罪构成要件的，应当以故意伤害罪或者故意杀人罪与虐待罪数罪并罚。本罪的主体为与被虐待对象共同生活的家庭成员。在实务上，夫妻虽然离婚，但仍以夫妻名义共同生活，属于“家庭成员”，一方虐待另一方，情节恶劣的，构成本罪。与父（母）的未婚同居者处于较为稳定的共同生活状态的未成年人，也属于“家庭成员”。非家庭成员不能成为本罪的主体，如幼儿园老师虐待儿童、看护人虐待被看护人等，均不能以本罪论处，符合《刑法》第260条之一规定的，可以虐待被监护、看护人罪论处。犯本罪的，告诉的才处理，但被害人没有能力告诉（如因年幼无法行使告诉权利的），或者因受到强制、威吓无法告诉的除外。犯本罪的，依照《刑法》第260条的规定处罚。

三十、虐待被监护、看护人罪

本罪是指对未成年人、老年人、患病的人、残疾人等负有监护、看护职责的人虐待被监护、看护的人，情节恶劣的行为。本罪的行为对象仅限于未成年人、老年人、患病的人、残疾人等被监护、看护的人。行为主体是对上述人员负有监护、看护职责的人，包括自然人与单位。至于哪些人负有监护、看护职责，应当根据不作为义务的来源进行判断。例如，养老院、孤儿院、幼儿园等单位的相关工作人员，对于老年人、孤儿、儿童等负有监护、看护职责；被雇请看护未成年人、老年人、患病的人、残疾人的人员，能够成为本罪主体。虐待行为既包括以积极的方式给被害人造成肉体上或者精神上痛苦的一切行为，也包括以消极的方式不满足被害人生活需要的行为。根据司法解释，对未成年人、残疾人负有监护、看护职责的人组织未成年人、残疾人在体育运动中非法使用兴奋剂，具有下列情形之一的，应当认定为本罪的“情节恶劣”，以虐待被监护、看护人罪定罪处罚：（1）强迫未成年人、残疾人使用的；（2）引诱、欺骗未成年人、残疾人长期使用的；（3）其他严重损害未成年人、残疾人身心健康的情形。本罪与虐待罪存在交叉关系，但不是法条竞合关系，而是想象竞合。换言之，当行为人不仅对未成年人、老年人、患病的人、残疾人等负有监护、看护职责，而且与被虐待的被监护、看护的人属于家庭成员时，行为同时触犯了本罪与虐待罪，成立想象竞合；由于本罪的法定刑高于虐待罪，故应按本罪的法定刑处罚。本罪主观方面为故意。实施本罪行为同时构成其他犯罪的，依照处罚较重的规定定罪处罚。犯本罪的，根据《刑法》第260条之一的规定处罚。

三十一、遗弃罪

本罪是指对于年老、年幼、患病或者其他没有独立生活能力的人，负有扶养义务而拒绝扶养，情节恶劣的行为。

本罪客体是国家的家庭关系制度和没有独立生活能力的家庭成员的生存权。客观方面表现为对年老、年幼、患病或者其他没有独立生活能力的人，应当扶养而拒绝扶养的行为。“年老、年幼、患病或者其他没有独立生活能力的人”，是指因年老、年幼、患病或其他原因，没有劳动能力或生活自理能力，不能独立生活的人。对于“拒绝扶养”应作广义理解，不仅包括不提供经济供给、不给予必要照料等不履行扶养义务的行为，而且包括对处于危险境地的人不予以救助（如不救助他人生命、身体）的行为。遗弃行为情节恶劣的，才构成犯罪。根据司法实践，具有对被害人长期不予照顾、不提供生活来源；驱赶、逼迫被害人离家，致使被害人流离失所或者生存困难；遗弃患严重疾病或者生活不能自理的被害人；遗弃致使被害人身体严重损害或者造成其他严重后果等情形，属于遗弃“情节恶劣”，应当依法以遗弃罪定罪处罚。主体必须是对被遗弃人负有法律上的扶养义务而且具有扶养能力的人。至于哪些人负有法律上的扶养义务，应根据作为义务的来源确定。例如，夫妻有相互扶养的义务；父母（及养父母、继父母）对子女（及养子女、继子女）有抚养义务；孤儿院、养老院对孤儿、老人有扶养义务；等等。负有扶养义务的人，还必须具有扶养的实际能力，否则不构成本罪。主观方面为故意。即行为人明知自己应当履行扶养义务，明知自己不履行扶养义务的行为使他人生命、身体处于危险状态，并希望或者放任这种结果的发生。

遗弃罪与故意杀人罪的性质及危害程度相差较大，在通常情况下容易区别，但遗弃罪与故意杀害家庭成员的犯罪有时也难以区分。从司法实践来看，主要是行为人对婴儿或没有任何独立生活能力的老人不予任何扶养甚至将其移置于室外的案件，难以区分是遗弃罪还是故意杀人罪。在这些案件中，行为人均负有扶养义务，而拒不履行扶养义务的行为，既可能构成遗弃罪，也可能构成不作为的故意杀人罪。在这种情况下，应重点考察生命所面临的危险是否紧迫，生命对作为义务的依赖程度，行为人履行义务的难易程度，行为是否会立即导致他人死亡等因素，判断成立遗弃罪还是故意杀人罪。就主观方面而言，遗弃罪的行为人并不希望或者放任被害人死亡，只是对被害人生命、身体的危险持希望或者放任态度；而故意杀人罪的行为人则希望或者放任被害人死亡。例如，行为人将婴儿置于福利院、医院、派出所等单位或者广场、车站等行人较多的场所的，只能认定为遗弃罪。反之，如果行为人将婴儿置于没有行人的场所，将行动艰难的老人带往悬崖边上扔下不管，或者将老人带至荒山野岭等人迹罕至的场所扔弃，使其难以得到他人救助的，则应认定为故意杀人罪。

犯本罪的，依照《刑法》第261条的规定处罚。

三十二、拐骗儿童罪

本罪是指采用蒙骗、利诱或其他方法，使不满14周岁的未成年人脱离家庭或者监护人的行为。本罪的行为对象是不满14周岁的未成年人。客观上表现为拐骗不满14周岁的儿童脱离家庭或者监护人的行为；拐骗行为既可以针对儿童实行，也可以针对儿童的家长或监护人实行；拐骗的手段主要表现为蒙骗、利诱，将儿童偷走、抢走的行为也不影响本罪的成立。主观上表现为故意，即明知是不满14周岁的未成年人，而故意拐骗使之脱离家庭或者监护人。

拐骗儿童罪与拐卖儿童罪有相似之处：对象都是不满14周岁的儿童，都主要使用蒙骗、利诱手段，但二者有严格区别：拐骗儿童罪的成立不要求以出卖为目的，通常是为了收养或使唤、奴役等，拐卖儿童罪的成立必须以出卖为目的。因此，行为人是否具有出卖的目的，是区分两罪的关键。

拐骗儿童罪与绑架罪也有相同之处，但后者是拐骗他人作为人质，用以向其家长、监护人、亲属等人勒索钱财或实现其他不法要求，二者的性质与危害存在很大区别。拐骗儿童后产生出卖或勒赎目的，进而出卖儿童或者以暴力、胁迫等手段对儿童进行实力支配向第三人勒索钱财的，应分别以拐卖儿童罪或绑架罪论处。

犯本罪的，依照《刑法》第262条的规定处罚。

三十三、组织未成年人进行违反治安管理活动罪

本罪是指组织未成年人进行盗窃、诈骗、抢夺、敲诈勒索等违反治安管理活动的行为。客观方面表现为组织未成年人实施盗窃、诈骗、抢夺、敲诈勒索等违反治安管理活动的行为，不要求未成年人的客观行为符合犯罪的客观要件；换言之，行为人只要实施了组织行为即为本罪既遂，并不要求被组织的未成年人完成了盗窃、诈骗、抢夺、敲诈勒索等违反治安管理活动的行为。如果组织未成年人所实施的行为符合犯罪的客观要件，则应认定组织者为盗窃、诈骗等罪的间接正犯。在实务上，组织未成年人在KTV等娱乐场所进行有偿陪侍的，构成本罪。主观方面表现为故意，要求行为人明知被组织者为未成年人。犯本罪的，根据《刑法》第262条之二的规定处罚。

【本章主要法律规定】

1.《刑法》第232～262条之二
2.最高人民法院《关于审理拐卖妇女儿童犯罪案件具体应用法律若干问题的解释》

第十九章 侵犯财产罪

本章主要内容提示

本章犯罪是重点考查的对象，应注意把握本章各种犯罪的犯罪构成、未完成形态的认定、共犯的处理以及罪数问题。各种侵犯财产罪的具体区分是本章难点。使用轻微暴力对人夺取财物，暴力是否达到足以压制他人反抗的程度，是抢夺罪与抢劫罪的界限所在。暴力或者以暴力相胁迫，是否达到足以压制他人反抗的程度，是敲诈勒索罪与抢劫罪的界限所在。被害人是否基于认识错误处分财物，是盗窃罪与诈骗罪的界限所在。是否转移对财物的占有，是侵占罪与盗窃罪的界限所在。是否具有非法占有的目的，是挪用资金罪等挪用型犯罪与盗窃、诈骗等犯罪的界限所在。是否毁灭了财物的价值，是故意毁坏财物罪与盗窃等犯罪的界限所在。

一、抢劫罪

抢劫罪，是指以非法占有为目的，以暴力、胁迫或者其他方法，强行劫取公私财物的行为。

1.本罪客体是他人的财产权和人身权利。本罪的对象为他人的公私财物。抢劫、盗窃等侵犯财产罪中的公私财物，包括虚拟财产在内的无形财物及财产性利益。

2.客观方面表现为当场使用暴力、胁迫或者其他强制方法，强行劫取公私财物。暴力、胁迫或者其他强制方法，是抢劫罪的手段行为；强行劫取公私财物，是抢劫罪的目的行为。

暴力方法，是指对财物的所有人、占有人、管理人不法行使有形力，使被害人不能反抗的行为，如殴打、捆绑、伤害、禁闭等。抢劫罪中的暴力只能是最狭义的暴力，即必须针对人实施，并足以压制对方的反抗。实施暴力的对方并不限于财物的直接持有者，对有权处分财物的人以及其他妨碍劫取财物的人使用暴力的，不影响抢劫罪的成立。

胁迫方法，一般是指以当场立即使用暴力相威胁，使被害人产生恐惧心理因而不敢反抗的行为，这种胁迫也应达到足以压制对方反抗的程度。行为人既可以使用语言进行胁迫，也可以通过动作、手势进行胁迫；胁迫的内容是当场立即对财物的所有人、占有人等实施暴力，亦即如不交付财物或者进行反抗，便立即实现胁迫的内容；以将来实施暴力相威胁的，以及以当场立即实现损毁名誉等非暴力内容进行威胁的，不成立抢劫罪。

其他方法，是指除暴力、胁迫以外的造成被害人不能反抗的强制方法。最典型的是采用药物、酒精等使被害人暂时丧失自由意志，然后劫走财物。只是单纯利用被害人不能反抗的状态取走财物的，成立盗窃罪，而非抢劫罪。

至于以什么为基准判断暴力、胁迫等行为是否达到了足以压制对方反抗的程度，在理论上存在主观说与客观说。前者主张以被害人的主观状态为基准，后者主张以一般人的主观状态为基准。主观说可能导致被害人的胆量大小直接决定行为人的行为性质，客观说可能导致已经压制了被害人反抗而取得财物的行为仅成立抢劫未遂或者仅成立敲诈勒索罪。暴力、胁迫等达到足以压制被害人的反抗，是客观的构成要件要素，所以必须进行客观的判断。但这种客观的判断，不可能是一般性的抽象判断，只能是通过考察暴力、胁迫的程度、样态、手段、时间、场所，行为人与被害人的人数、年龄、性别等因素进行的具体判断。如果被害人胆小，行为人的暴力、胁迫虽然不能压制一般人的反抗，但事实上已经压制了被害人的反抗，就应认定符合抢劫罪的构成要件。如果行为人知道被害人胆小，则能肯定行为人具有抢劫罪的故意，进而认定为抢劫罪；反之，如果行为人不知道被害人胆小，则应否定行为人具有抢劫罪的故意，只能认定为敲诈勒索罪。如果被害人胆大，行为人的暴力、胁迫等行为虽然足以压制一般人的反抗，但未能压制被害人的反抗，就只能认定为抢劫未遂（可能同时触犯敲诈勒索罪）。

强取财物，是指违反被害人的意志将财物转移给自己或者第三者占有。例如，行为人自己直接夺取、取走被害人占有的财物；迫使被害人交付（处分）财物；实施暴力、胁迫等强制行为，趁被害人没有注意财物时取走其财物；在使用暴力、胁迫等行为之际，被害人由于害怕而逃走，将身边财物留在现场，行为人取走该财物。概言之，强取财物意味着，行为人以暴力、胁迫等强制手段压制被害人的反抗，与夺取财物之间必须存在因果关系。一方面，只要能够肯定上述因果关系，就应认定为抢劫（既遂），故并不限于“当场”取得财物。例如，明知被害人当时身无分文，但使用严重暴力压制其反抗，迫使对方次日交付财物的，应认定为抢劫罪（视对方次日是否交付成立抢劫既遂与未遂）。另一方面，如果不能肯定上述因果关系，即使当场取得财物，也不能认定为强取财物。例如，实施的暴力、胁迫等行为虽然足以压制反抗，但实际上没有压制对方的反抗，对方基于怜悯而交付财物的，只成立抢劫未遂。再如，甲以抢劫故意实施暴力，导致被害人逃跑时失落财物，甲在追赶时“拾得”该财物的，不属于强取财物，宜认定为抢劫未遂与侵占罪（或者盗窃罪），实行数罪并罚。因为甲取得的财物，并不是“强取”行为的结果，或者说，并非压制了被害人为确保自己的占有而进行的反抗所取得的财物。

抢劫罪的对象包含财产性利益，所以在抢劫财产性利益时，由于压制他人的反抗，而使财产性利益在法律上或者事实上发生了转移时，应认定为强取财产性利益。例如，债务人乙向甲借款后一直未还，后使用暴力、胁迫方法迫使甲向自己书写收条的，应认定为抢劫罪（既遂）。再如，债务人为了逃避债务而杀害债权人的（与故意杀人罪成立想象竞合），乘坐出租车后使用暴力迫使司机放弃出租车费的，成立抢劫罪（既遂）。此外，抢劫的对象也不排除不动产（当然应区分作为有体物的不动产与不动产的权益等财产性利益）。例如，使用暴力、胁迫手段迫使他人将不动产过户给自己的，成立抢劫罪（针对财产性利益）。以长期居住为目的，使用暴力、胁迫手段将房屋主人赶走，事实上控制了房屋的，也宜认定为抢劫罪（针对不动产本身）。

3.主体是已满14周岁，具有辨认控制能力的自然人。

4.主观上除具有抢劫的故意外，还要求有非法占有目的。抢劫的故意，是指行为人明知自己的抢劫行为会发生侵犯他人人身与财产的危害结果，并且希望或者放任这种结果的发生。行为人对他人造成财产上的损害虽然一般出于希望心理（不排除例外情况下存在放任心理），但对他人造成人身上的侵害，则可能持放任态度。为索取合法债务而使用暴力的，不成立抢劫罪，视情况成立故意伤害罪、非法拘禁罪、非法侵入住宅罪等。行为人出于其他目的实施暴力行为，暴力行为致人昏迷或者死亡，然后产生非法占有财物的意图，进而取走财物的，不成立抢劫罪。例如，以强奸故意使用暴力，在被害妇女昏迷后发现了财物进而取得该财物的，不管强奸行为是否既遂，均应认定为强奸罪与盗窃罪。但是，行为人出于其他故意，于正在实施暴力、胁迫的过程中产生夺取财物的意思，并夺取财物的，则成立抢劫罪。例外情况是，在实行聚众"打砸抢"行为过程中，毁坏公私财物的，即使没有非法占有目的，对首要分子也应根据《刑法》第289条的规定认定为抢劫罪。在行为人故意抢劫财物但实际上抢劫了枪支、弹药、爆炸物、危险物质或者相反的情况下，应在主客观相统一的范围内认定犯罪。如果行为人明知所抢劫的对象既有财物，又有枪支、弹药、爆炸物、危险物质，倘若不是明显具有两个行为，则属于一行为触犯两个罪名，按照想象竞合犯从一重罪处罚。

根据《刑法》第269条的规定，犯盗窃、诈骗、抢夺罪，为窝藏赃物、抗拒抓捕或者毁灭罪证而当场使用暴力或者以暴力相威胁的，以抢劫罪论处。这种情况在理论上称为事后抢劫或者准抢劫，但根据刑法规定，这种行为应认定为抢劫罪，而不能定事后抢劫罪等罪名。适用《刑法》第269条认定为抢劫罪的行为，必须同时符合以下三个条件：

1.行为人实施了盗窃、诈骗、抢夺犯罪。尽管刑法的表述是"犯盗窃、诈骗、抢夺罪"，但并不意味着行为事实上已经构成盗窃、诈骗、抢夺罪的既遂，而是意味着行为人有犯盗窃罪、诈骗罪、抢夺罪的故意，已经着手实施盗窃、诈骗、抢夺行为，这样理解，才能谈得上盗窃、诈骗、抢夺罪向抢劫罪的转化，否则不能认为是一种转化。

另外，抢劫罪的成立也没有数额限制，故事后抢劫也不宜有数额限制。因此，行为人以犯罪故意实施盗窃、诈骗、抢夺行为，只要已经着手实行，客观上有可能盗窃、诈骗、抢夺数额较大的财物，不管是既遂还是未遂，不管实际所取得的财物数额大小（但数额明显低于数额较大的标准，又不具有下列司法解释所列五种情形之一的情节除外），都符合"犯盗窃、诈骗、抢夺罪"的条件。相关司法解释指出：行为人实施盗窃、诈骗、抢夺行为，未达到"数额较大"，为窝藏赃物、抗拒抓捕或者毁灭罪证当场使用暴力或者以暴力相威胁，情节较轻、危害不大的，一般不以犯罪论处。但具有下列情节之一的，可依照《刑法》第269条的规定，以抢劫罪定罪处罚：（1）盗窃、诈骗、抢夺接近"数额较大"标准的；（2）入户或在公共交通工具上盗窃、诈骗、抢夺后在户外或交通工具外实施上述行为的；（3）使用暴力致人轻微伤以上后果的；（4）使用凶器或以凶器相威胁的；（5）具有其他严重情节的。

2.必须当场使用暴力或者以暴力相威胁。总体来说，"当场"是指在盗窃、诈骗、抢夺的现场以及行为人刚离开现场即被他人发现并抓捕的情形。"当场"既不只是一个表示时间的概念，也不只是一个表示空间的概念，而是综合表示时间与空间的概念。亦即，只有当暴力、胁迫与盗窃等行为具有时间与空间上的紧密性时，才能认定为"当场"。从实质上说，只有当暴力、胁迫与之前的盗窃、诈骗、抢夺等行为在时间与空间上具有紧密性时，才可能被评价为一个犯罪；将在时间与空间存在明显距离的两个行为评价为一个行为，难以被一般社会观念所接受。

以下情形属于"当场"使用暴力或者以暴力相威胁：（1）在盗窃等行为的现场当时对他人实施暴力或者胁迫行为的。（2）在行为人刚离开盗窃等现场时被人发现而对他人实施暴力或者胁迫行为的。（3）行为人实施盗窃等行为后，离开现场的时间短暂而被警察、被害人等发现的。（4）行为人实施盗窃等行为，当场被人发现因而被追捕时，被追捕的整个过程，均应认定为"当场"；即使中途有短暂的中断，但只要行为人没有摆脱追捕人，就应当认定为"当场"。

反之，下列情形不属于"当场"使用暴力或者以暴力相威胁：（1）行为人实施盗窃等行为后，离开现场一段时间，基于其他原因再回到盗窃等行为现场时，被警察、被害人等发现的，不应认定为"当场"。（2）行为人实施盗窃等行为后，离开现场一定距离，基于其他原因偶然被警察或者被害人等发现的，不应认定为"当场"。（3）行为人实施盗窃等行为，当场被人发现因而被追捕，在行为人完全摆脱追捕后，又被偶然发现时，不应认定为“当场”。

在抓捕主体变更的场合，行为人实施暴力或者胁迫行为，是否成立抢劫罪，也取决于是否符合“当场”条件。例如，在被害人的追赶与警察的抓捕之间，存在短暂的时间与空间的距离，但仍然具有连续性与紧密性，行为人并没有完全摆脱追捕，而是持续处于被抓捕的状态的，应认定为“当场”。

问题是，先前的盗窃等罪属于连续犯的情形时，应当如何定罪？亦即，行为人连续犯盗窃等罪，在最后一个盗窃行为的当场，出于窝藏赃物等目的实施暴力或者胁迫行为的，应当如何定罪？例如，甲、乙、丙三人开着面包车在A镇盗窃两个电瓶（每个价值4000元）放在面包车中后，继续开车前往另一镇盗窃第三个电瓶时（其间30余分钟），被警察在监控中发现。当甲等三人将第三个电瓶（价值4000元）装上面包车后，警察便立即开车追赶。警察追上后，甲等三人对警察使用暴力，导致其中一名警察轻伤。甲等三人的第三次盗窃行为与暴力行为具有时间和空间上的紧密性，但是，甲等三人的第一、二次盗窃行为与暴力行为之间却没有时间和空间上的紧密性。不能因为三次盗窃行为之间具有连续性，就认为三次盗窃行为均与暴力行为之间具有时间和空间的紧密性。例如，行为人第一、二次盗窃发生在两三天之前，第三次盗窃被发现时，出于窝藏赃物等目的当场实施暴力行为。如若认定为一个抢劫罪，亦即，认为暴力行为与三次盗窃行为均存在时间与空间上的紧密性，便明显不符合客观事实。由此看来，先前的盗窃等行为是成立一罪还是成立数罪是一个问题，而暴力行为是否属于“当场”实施，则是另一问题。不能因为先前的多个行为被评价为一罪，其中一次行为与暴力行为之间具有时间与空间上的紧密性，就认定暴力行为与先前的多个行为之间均存在时间与空间上的紧密性。据此，对甲等三人应当认定为两个犯罪：前两次盗窃成立盗窃罪（盗窃数额为8000元），后一次盗窃与当场实施暴力的行为成立抢劫罪（抢劫数额为4000元），实行数罪并罚。

事后抢劫罪中的暴力和以暴力相威胁，应当与普通抢劫罪中的暴力和以暴力相威胁作相同解释。换言之，事后抢劫罪中的暴力和以暴力相威胁，也必须达到足以压制他人反抗的程度。至于这种行为是否足以造成被害人的身体伤害或者死亡，则是另一问题。换言之，即使行为人的行为不会导致被害人身体伤害或者死亡，但只要属于暴力或者以暴力相威胁，并且足以压制被害人的反抗，就能够成立事后抢劫罪。单纯持所盗窃的刀具等逃窜，或者单纯持原本持有的凶器逃跑的，不应认定为以暴力相威胁。行为人为了迫使他人不对自己实施抓捕等行为，以加害自己（如自杀、自伤）相通告的，不属于以暴力相威胁。根据最高人民法院《关于审理抢劫刑事案件适用法律若干问题的指导意见》的规定，对于以摆脱的方式逃脱抓捕，暴力强度较小，未造成轻伤以上后果的，可不认定为“使用暴力”，不以抢劫罪论处。

值得讨论的是暴力或者以暴力相威胁的对象。刑法理论一般认为只能是被害人或者抓捕人，甚至要求被害人、抓捕人认识到行为人实施了盗窃、诈骗、抢夺罪。但是，《刑法》第269条既没有对暴力、胁迫的对象做出特别限定，也没有要求暴力、胁迫行为起因于先前的盗窃等行为被发现。换言之，《刑法》第269条仅要求犯盗窃等罪的行为人出于窝藏赃物等目的而当场实施暴力或者胁迫行为。这是因为，在盗窃等罪行被发现时当场实施暴力、胁迫行为，与盗窃等罪行没有被发现时实施暴力、胁迫行为，在社会危害性上没有任何差异。而且，只要符合“当场”的条件，就不能否认暴力、胁迫行为与先前的盗窃等罪在时间与空间上的紧密性，因而可以评价为一个犯罪。但应注意的是，事后抢劫罪中的暴力或者以暴力相威胁必须针对特定的他人实施。一般来说，暴力是针对特定人实施的，而以暴力相威胁则不尽然。行为人犯盗窃等罪后，虽然出于窝藏赃物等目的威胁他人，但如果并没有特定的威胁对象时，不应认定为事后抢劫罪。

3.目的是窝藏赃物、抗拒抓捕或者毁灭罪证。窝藏赃物，是指保护已经取得的赃物不被恢复应有状态；抗拒抓捕，是指拒绝司法人员的拘留、逮捕和一般公民的扭送；毁灭罪证，是指毁坏、消灭本人犯罪证据。如果行为人在实行盗窃、诈骗、抢夺过程中，尚未取得财物时被他人发现，为了非法取得财物，而使用暴力或者以暴力相威胁的，应直接认定为抢劫罪，不适用《刑法》第269条。

根据司法解释，已满14周岁不满16周岁的人盗窃、诈骗、抢夺他人财物，为窝藏赃物、抗拒抓捕或者毁灭罪证，当场使用暴力，故意伤害致人重伤或者死亡，或者故意杀人的，应当分别以故意伤害罪或者故意杀人罪定罪处罚。

认定抢劫罪需要注意如下问题：

1.正确区分抢劫罪与非罪的界限。抢劫罪是最严重的财产犯罪，刑法没有对抢劫数额与其他情节进行限制，因此，即使是情节轻微的抢劫行为，也成立抢劫罪。但是，这并不意味着认定抢劫罪不需要考虑抢劫的数额与其他情节，而应以犯罪的本质特征为核心理解抢劫罪的犯罪构成。因此，对情节显著轻微危害不大的强行劫取财物的行为，不能认定为抢劫罪。例如，强索价值极为微薄的财物、抢吃他人少量食物的行为，就不符合抢劫罪的犯罪构成。为个人使用，以暴力、胁迫等手段取得家庭成员或近亲属财产的，一般不以抢劫罪定罪处罚，构成其他犯罪的，依照刑法的相关规定处理；教唆或者伙同他人采取暴力、胁迫等手段劫取家庭成员或近亲属财产的，可以抢劫罪定罪处罚。

2.正确区分抢劫罪与其他犯罪的界限。

（1）抢劫罪与故意杀人罪的界限。①为了事后图财，先将被害人杀死的，属于图财杀人，成立故意杀人罪，不成立抢劫罪。②抢劫财物后，为了灭口而杀害他人的，成立抢劫罪与故意杀人罪，实行数罪并罚。③由于其他原因故意实施杀人行为致人死亡，然后产生非法占有财物的意图，进而取得财物的，应认定为故意杀人罪与盗窃罪或侵占罪。④为了当场取得财物，当场使用暴力将被害人杀死的，成立抢劫罪。换言之，抢劫罪中的“致人死亡”包括过失与故意致人死亡。首先，《刑法》第263条并没有明文将“致人死亡”限定为过失；认为只能是过失与间接故意，则不符合犯罪构成原理。其次，将当场杀死他人取得财物的行为认定为抢劫罪，完全可以做到罪刑相适应，不会轻纵抢劫犯。最后，将当场杀害他人取得财物的行为认定为抢劫罪，容易区分抢劫罪与故意杀人罪，避免在定罪问题上造成混乱；将当场杀害他人取得财物的认定为抢劫罪，与将故意致人重伤后当场取走财物的认定为抢劫罪，也是协调一致的。2001年5月23日最高人民法院《关于抢劫过程中故意杀人案件如何定罪问题的批复》也指出：“行为人为劫取财物而预谋故意杀人，或者在劫取财物过程中，为制服被害人反抗而故意杀人的，以抢劫罪定罪处罚。”

（2）抢劫罪与绑架罪的界限。绑架罪中存在以勒索财物为目的而绑架他人的情况，抢劫罪中的暴力也可能是绑架行为，故容易混淆。二者的关键区别在于，前者只能是向被绑架人的近亲属或者其他有关人勒索财物；后者是直接迫使被绑架人交付财物，而不是向第三者勒索财物。行为人使用暴力、胁迫手段非法扣押被害人或者迫使被害人离开日常生活处所后，仍然向该被害人勒索财物的，只能认定为抢劫罪，不应认定为绑架罪。绑架过程中又当场劫取被害人随身携带财物的，同时触犯绑架罪和抢劫罪两罪名，应择一重罪定罪处罚。

（3）抢劫罪与强迫交易罪的关系。从事正常商品买卖、交易或者劳动服务的人，以暴力、胁迫手段迫使他人交出与合理价钱、费用相差不大的钱物，情节严重的，以强迫交易罪定罪处罚；以非法占有为目的，以买卖、交易、服务为幌子采用暴力、胁迫手段迫使他人交出与合理价钱、费用相差悬殊的钱物的，以抢劫罪定罪处刑。在具体认定时，既要考虑超出合理价钱、费用的绝对数额，还要考虑超出合理价钱、费用的比例，加以综合判断。

3.抢劫罪的既遂与未遂的界限。根据有关司法解释，抢劫罪侵犯的是复杂客体，既侵犯财产权利又侵犯人身权利，具备劫取财物或者造成他人轻伤以上后果之一的，均属抢劫既遂；既未劫取财物，又未造成他人人身伤害后果的，属抢劫未遂。据此，《刑法》第263条规定的八种处罚情节中除“抢劫致人重伤、死亡的”这一结果加重情节之外，其余七种处罚情节同样存在既遂、未遂问题，其中属抢劫未遂的，应当根据刑法关于加重情节的法定刑规定，结合未遂犯的处理原则量刑。

4.抢劫罪的共犯。在普通抢劫的场合，甲先实施暴力、胁迫行为压制了被害人的反抗，没有共谋的乙知道真相后，与甲共同强取被害人财物的，对乙宜认定为抢劫罪的共犯，而不应认定为盗窃罪。

对于事后抢劫的共犯，应按照总论关于共同犯罪的原理认定和处理。根据司法解释，两人以上共同实施盗窃、诈骗、抢夺犯罪，其中部分行为人为窝藏赃物、抗拒抓捕或者毁灭罪证而当场使用暴力或者以暴力相威胁的，对于其余行为人是否以抢劫罪共犯论处，主要看其对实施暴力或者以暴力相威胁的行为人是否形成共同犯意、提供帮助。基于一定意思联络，对实施暴力或者以暴力相威胁的行为人提供帮助或实际成为帮凶的，可以抢劫共犯论处。下面对一些特定情形予以论述。

（1）甲与乙共谋盗窃，甲入室行窃，乙在门外望风，但甲在盗窃时为抗拒抓捕而当场对被害人实施暴力，乙对此并不知情。乙虽然在客观上为甲的抢劫起到了作用（不法层面的共犯），但由于乙没有抢劫的故意，所以，对甲应认定为事后抢劫，对乙仅以盗窃罪论处，乙应当对甲抢劫财物的数额承担盗窃罪的责任。

（2）甲与乙共谋盗窃，甲入室行窃，乙在门外望风，甲、乙刚要逃离现场时被人发现，乙被抓获后当场对被害人实施暴力，甲对此并不知情。甲、乙成立共同犯罪，乙虽然只是帮助盗窃，但仍然属于“犯盗窃罪”（并非只有正犯才能成立事后抢劫），对乙应认定为事后抢劫，对甲仅以盗窃罪论处。

（3）甲单独入室盗窃被发现后逃离现场（盗窃已既遂）。在甲逃离过程中，知道真相的乙为了使甲逃避抓捕，与甲共同当场对他人实施暴力。乙虽然没有犯盗窃罪，但其参与了甲的事后抢劫的一部分行为，即实施了部分事后抢劫行为，成立事后抢劫。

（4）甲单独入室盗窃被发现后逃离现场（盗窃已既遂）。在甲逃离过程中，知道真相的乙为了使甲逃避抓捕，而对抓捕者实施暴力。但甲对此并不知情。犯盗窃罪的甲不可能成立事后抢劫；而乙并没有犯盗窃罪，也不可能成立事后抢劫，对其应以窝藏罪论处（如果行为导致他人伤亡，则是故意杀人罪、故意伤害罪与窝藏罪的想象竞合犯）。

（5）甲与乙共同入室盗窃。乙在里屋行窃，甲在外屋行窃。适逢室主回家，甲为了抗拒抓捕，对室主实施暴力，将室主打昏。乙知情但没有参与实施暴力，也难以认为乙对甲的抢劫行为提供了心理的帮助。乙没有实施事后抢劫的行为，仅成立盗窃罪。

（6）甲犯盗窃罪被被害人发现，在甲逃跑和被害人抓捕的途中，知道真相的乙，唆使甲对被害人实施暴力，以便逃避抓捕。甲接受乙的教唆，对被害人实施了暴力。乙与甲均成立抢劫罪。

5.抢劫罪的罪数。行为人实施伤害、强奸等犯罪行为，在被害人未失去知觉的情况下，利用被害人不能反抗、不敢反抗的处境（以能够评价为抢劫罪的手段行为为前提），临时起意劫取他人财物的，应以此前所实施的具体犯罪与抢劫罪实行数罪并罚；在被害人失去知觉或者没有发觉的情形下，以及实施故意杀人犯罪行为之后，临时起意拿走他人财物的，应以此前所实施的具体犯罪与侵占罪（或者盗窃罪）实行数罪并罚。抢劫违禁品后又以违禁品实施其他犯罪的，应以抢劫罪与具体实施的其他犯罪实行数罪并罚。例如，抢劫毒品后又贩卖该毒品的，应当以抢劫罪与贩卖毒品罪实行数罪并罚。又如，行为人对被害人实施暴力，压制被害人反抗，迫使其交付信用卡并说出密码，在验证密码无误后杀害被害人的，应认定为抢劫罪（对象为信用卡）与故意杀人罪（事后利用信用卡在自动取款机或者银行柜台取款的，另成立盗窃罪或者信用卡诈骗罪）。行为人盗窃或者侵占他人信用卡后，使用暴力迫使他人说出密码然后取款的，也应认定为抢劫。但是，抢劫的对象并不是密码本身（因为难以将密码本身评价为财物），而应认为是现金。虽然现金是银行管理者占有，但从交易规则来看，被害人事实上可以通过告知密码的方式处分自己对银行享有的债权，进而使行为人获得现金。

根据《刑法》第263条的规定，犯抢劫罪的，处3年以上10年以下有期徒刑，并处罚金。犯抢劫罪有下列情形之一的，处10年以上有期徒刑、无期徒刑或者死刑，并处罚金或者没收财产：(1)入户抢劫的；(2)在公共交通工具上抢劫的；(3)抢劫银行或者其他金融机构的；(4)多次抢劫或者抢劫数额巨大的；(5)抢劫致人重伤、死亡的；(6)冒充军警人员抢劫的；(7)持枪抢劫的；(8)抢劫军用物资或者抢险、救灾、救济物资的。

"入户抢劫"，是指为实施抢劫行为而进入他人生活的与外界相对隔离的住所，包括封闭的院落、牧民的帐篷、渔民作为家庭生活场所的渔船、为生活租用的房屋等进行抢劫的行为。集体宿舍、旅店宾馆、临时搭建的工棚不宜认定为"户"。对于部分时间从事经营、部分时间用于生活起居的场所，行为人在非营业时间强行入内抢劫或者以购物等为名骗开房门入内抢劫的，应认定为"入户抢劫"。对于部分用于经营、部分用于生活且之间有明确隔离的场所，行为人进入生活场所实施抢劫的，应认定为"入户抢劫"；如场所之间没有明确隔离，行为人在营业时间入内实施抢劫的，不认定为"入户抢劫"，但在非营业时间入内实施抢劫的，应认定为"入户抢劫"。认定"入户抢劫"，要注重审查行为人"入户"的目的，将"入户抢劫"与"在户内抢劫"区别开来。以侵害户内人员的人身、财产为目的，入户后实施抢劫，包括入户实施盗窃、诈骗等犯罪而转化为抢劫的，应当认定为"入户抢劫"。因访友办事等原因经户内人员允许入户后，临时起意实施抢劫，或者临时起意实施盗窃、诈骗等犯罪而转化为抢劫的，不应认定为"入户抢劫"。

"在公共交通工具上抢劫"，既包括在从事旅客运输的各种公共汽车，大、中型出租车，火车、地铁、轻轨、轮船、飞机等正在运营中的机动公共交通工具上对旅客、司售、乘务人员实施的抢劫，也包括对运行途中的机动公共交通工具加以拦截后，对公共交通工具上的人员实施的抢劫，但不包括在未运营的公共交通工具上针对司售、乘务人员实施抢劫。以暴力、胁迫或者麻醉等手段对公共交通工具上的特定人员实施抢劫的，一般应认定为"在公共交通工具上抢劫"。小型出租车不应视为公共交通工具。对于虽不具有商业营运执照，但实际从事旅客运输的大、中型交通工具，可认定为"公共交通工具"。接送职工的单位班车、接送师生的校车等大、中型交通工具，视为"公共交通工具"。在公共交通工具上盗窃、诈骗、抢夺后，为了窝藏赃物、抗拒抓捕或者毁灭罪证，在公共交通工具上当场使用暴力或者以暴力相威胁的，构成"在公共交通工具上抢劫"。

"抢劫银行或者其他金融机构"，是指抢劫银行或者其他金融机构的经营资金、有价证券和客户的资金等。抢劫正在使用中的银行或者其他金融机构的运钞车的，视为"抢劫银行或者其他金融机构"。

"多次抢劫"应指三次以上抢劫；"抢劫数额巨大"，参照各地认定盗窃罪数额巨大的标准执行。抢劫数额以实际抢劫到的财物数额为依据。对以数额巨大的财物（如抢劫博物馆、重要文物）为明确目标，由于意志以外的原因，未能抢到财物或实际抢得的财物数额不大的，应同时认定"抢劫数额巨大"和犯罪未遂的情节，根据刑法有关规定，结合未遂犯的处理原则量刑。

"抢劫致人重伤、死亡"，既包括行为人的暴力等行为过失致人重伤、死亡，也包括行为人为劫取财物而预谋故意杀人，或者在劫取财物过程中，为制服被害人反抗而故意杀人。只要是抢劫罪的任何组成行为导致重伤、死亡的，就都属于抢劫致人重伤、死亡。在事后抢劫中，暴力等行为导致抓捕者等人重伤、死亡的，也应认定为致人重伤、死亡。

"冒充军警人员抢劫的"，是指冒充军人或警察抢劫财物。认定"冒充军警人员抢劫"，要注重对行为人是否穿着军警制服、携带枪支、是否出示军警证件等情节进行综合审查，判断是否足以使他人误以为是军警人员。对于行为人仅穿着类似军警的服装或仅以言语宣称系军警人员但未携带枪支，也未出示军警证件而实施抢劫的，要结合抢劫地点、时间、暴力或威胁的具体情形，依照常人判断标准，确定是否认定为“冒充军警人员抢劫”。军警人员利用自身的真实身份实施抢劫的，不认定为“冒充军警人员抢劫”，应依法在基本犯的限度内从重处罚。

“持枪抢劫”，是指行为人使用枪支或者向被害人显示持有、佩带的枪支进行抢劫的行为。“枪支”的概念和范围，适用《枪支管理法》的规定。这里的“枪”仅限于能发射子弹的真枪，不包括仿真手枪与其他假枪；但不要求枪中装有子弹。

“抢劫军用物资或者抢险、救灾、救济物资”中的“军用物资”仅限于武装部队（包括武警部队）使用的物资，不包括公安警察使用的物资。“抢险、救灾、救济物资”，是指已确定用于或者正在用于抢险、救灾、救济的物资。

二、盗窃罪

盗窃罪，是指以非法占有为目的，窃取公私财物数额较大，或者多次盗窃、入户盗窃、携带凶器盗窃、扒窃的行为。《刑法修正案（八）》增设了“入户盗窃”“携带凶器盗窃”“扒窃”构成盗窃罪的规定，并废除了本罪的死刑。

1.本罪客体是公私财产权。

2.客观上表现为窃取公私财物数额较大，或者多次盗窃、入户盗窃、携带凶器盗窃、扒窃的行为。

（1）盗窃罪的对象是财物。这里的财物既包括有体物，也包括无体物；既包括他人合法占有的财物，也包括违禁品以及他人犯罪所得及其产生的收益；既包括狭义的财物，也包括财产性利益。网络域名具备法律意义上的财产属性，也是盗窃罪的对象。虽然在理论上有不同看法，但在实务上，行为人出售、出租本人名下银行卡给上游犯罪分子后，又起犯意通过挂失补卡等方式截留卡内资金的，构成盗窃罪。根据《刑法》第196条、第210条和第265条的规定，盗窃信用卡并使用的，盗窃增值税专用发票或者可以用于骗取出口退税、抵扣税款的其他发票的，以牟利为目的盗接他人通信线路、复制他人电信码号或者明知是盗接、复制的电信设备、设施而使用的，以盗窃罪论处。将电信卡非法充值后使用，造成电信资费损失数额较大的，以盗窃罪定罪处罚。盗用他人公共信息网络上网账号、密码上网，造成他人电信资费损失数额较大的，以盗窃罪定罪处罚。盗窃他人医疗保障凭证（社会保障卡等），并盗刷个人医保账户资金的，以盗窃罪定罪处罚。但盗窃枪支、弹药、公文、印章等物的，不以盗窃罪论处，而应以盗窃枪支、弹药罪、盗窃公文、印章罪等犯罪论处。

根据现行刑法的规定，作为盗窃罪对象的财物，不限于数额较大的财物。换言之，即使数额较小的财物，如果值得刑法保护，也能成为盗窃罪的对象。例如，入户盗窃他人具有纪念意义的照片的，扒窃了他人信用卡、身份证件的，也成立盗窃罪。但是，既不具有交换价值，也不具有使用价值的财物，难以成为盗窃罪的对象。

盗窃罪的对象必须是他人占有的财物，对于自己占有的他人财物不可能成立盗窃罪。其中的占有是指事实上的占有，或者说是指事实上的支配、现实的支配。对财物的事实上的支配，意味着被害人在通常情况下能够左右财物，对财物的支配没有障碍。事实上的支配，不是根据物理的事实或者现象进行判断，而是根据社会的一般观念进行判断。因为当社会一般观念认为财物属于他人占有时，就意味着一般人认为不得擅自转移该占有。于是，按照社会的一般观念进行判断符合一般预防的要求。所谓“不是根据物理的事实进行判断”，是指不能将物理的事实本身作为判断标准，但并不否认物理的事实是判断资料。由于社会的一般观念侧重于通过考虑财物的所有者、生活经验以及财物的特性来判断占有者，所以，物理的事实（财物是否在被害人身边、是否处于被害人支配的空间范围内等）对占有判断的影响不是绝对的。例如，甲将蔬菜分装在袋中后，标明每袋的价格，明确告示购买者将相应货款投入特定铁盒中，然后回到3公里外的家中或者在3公里外的另一市场从事经营活动。虽然从物理的事实上看，甲离蔬菜的距离很远，其对蔬菜缺乏物理上的支配，但根据社会的一般观念，甲仍然占有其蔬菜。再如，乙买了一部新手机，上班时丙要求看一看乙的新手机，乙将手机递给丙后，即便丙的两手紧握手机，该手机也是由乙占有，而不是由丙占有。

不难看出，刑法上的占有与民法上的占有不是等同的概念。例如，民法上一般要求占有人具有为了自己的利益而占有的意思，但刑法上的占有可以是为了他人的利益而占有；民法上的代理占有、间接占有与占有改定，不是刑法上的占有；此外，刑法上也不承认占有的继承。刑法上的占有重在事实上的支配，占有意思往往只是对认定是否占有起补充作用。一方面，刑法上的占有只要求他人对其事实上支配的财物具有概括的、抽象的支配意识（或自然的支配意识），既包括明确的支配意识，也包括潜在的支配意识，而且不要求有为了自己而占有的意思。另一方面，当物理上的占有虽然明显松弛甚至短暂脱离了占有，但他人所具有的明显、强烈的占有意思，对事实上支配的认定起补充作用。例如，处于不特定人通行的道路上的钱包，一般来说属于脱离他人占有的财物；但如果被害人不慎从阳台上将钱包掉在该道路上后，一直在阳台上看守着该钱包时，该钱包仍然由被害人占有。不过，由于刑法上对于事实上的支配是根据社会一般观念判断的，民法上的某些“观念占有”也可能被认定为刑法上的占有，但民法上的“观念占有”不一定都是刑法上的占有。

对占有的判断分为占有的有无以及占有的归属的判断，两个判断所起的作用不同：如果是没有人占有的财物，就不能成为盗窃罪的对象（如果是遗忘物，可以成为侵占罪的对象）；如果是自己基于委托关系而占有的他人财物，也不能成为盗窃罪的对象（可以成为普通侵占罪的对象）。由于二者密切联系，下面一并讨论。

①一般来说，他人（尤其是所有权人）手提、肩背的财物，处于他人的直接支配下，属于他人占有的财物，对此当无疑问。但是，如果手提、肩背只是表现为对他人占有的辅助，则并没有占有该财物。例如，秘书或者助理与上司同行时帮助上司提着公文包的，该公文包依然由上司占有。再如，在帮助乘客从火车站内搬运行李至站外的过程中，行李依然由乘客占有。

②只要是在他人的事实支配领域内（他人支配的空间内）的财物，即使他人没有现实地握有或监视，也属于他人占有的财物。例如，他人住宅内、车内、信箱内的财物，即使他人完全忘记其存在，也属于他人占有。住在宾馆的行为人即使穿着宾馆提供的睡衣，该睡衣也由宾馆主人占有。商店里的衣服，即使顾客试穿在身上，也由店主或店员占有，而不是由顾客占有。部队实射实投实爆训练场内的炮弹残片，由训练场控制单位占有，而不是无人占有之物。

③虽然表面上处于他人支配领域之外，但存在可以推知由他人事实上支配的状态时，也属于他人占有的财物。例如，他人门前停放的自行车，即使没有上锁，也应认为由他人占有。他人停在路边或者停车场内的汽车（不管是否已经锁门），由他人占有。他人果园里的果实、农民地里的作物、他人鱼池中的水产品，即使没有围墙、栏杆，也属于他人占有。又如，挂在他人门上、窗户上的任何财物，都由他人占有。大学生在校园食堂先用自己的钱包、手提电脑等占座位，然后购买饭菜时，该钱包、电脑依然由大学生占有。房主甲将房屋租给乙居住，但约定乙不得转移、使用衣柜里的财物的，应认为衣柜里的财物属于房主甲占有，而非乙占有。再如，大海中发生沉船事故后，即使货主或者运输者离开原地，也应认为该船舶以及船中的货物由货主或者运输者占有。还如，因为地震或者其他自然灾害，他人的房屋倒塌，即使财物显露在外，没有人看管，也应认为该财物由他人占有。此外，主人饲养的具有回到原处的能力或习性的宠物，不管宠物处于何处，都应认定为饲主占有。

④明显属于他人支配、管理的财物，即使他人短暂遗忘或者短暂离开，但只要财物处于他人支配力所能涉及的范围，或者说只要他人可以没有障碍地取回财物，也应认定为他人占有该财物。例如，甲在餐馆就餐时，将提包放在座位上，付款时忘记拿提包，或者离店时忘了拿提包，但只要时间比较短暂，就仍应认定甲仍然占

有着自己的提包。再如，乙在售楼处与售楼员商谈购房事宜后，一时忘了拿走提包，但只要离开的时间不长，就应认定乙仍然占有自己的提包。但是，乘客下车后，车已开走时，其遗忘在公共汽车、地铁上的财物，不再由乘客占有；由于是公共场所，也难以认为由司机占有。顾客将财物遗忘在大型商店的，如果经过了一定时间，也不再占有财物。

⑤即使原占有者丧失了占有，但当该财物转移为建筑物的管理者或者第三者占有时，也应认定为他人占有的财物。例如，旅客遗忘在旅馆房间的财物，属于旅馆管理者占有，而非遗忘物；他人遗忘在银行储蓄所大厅内的现金等财物，由银行管理者占有。甲遗忘在乙家的财物，由乙占有。再如，游人向公园水池内投掷的硬币，属于公园管理者占有。高尔夫运动员抛弃在高尔夫球场内的高尔夫球，属于球场管理者占有。

⑥是否肯定死者的占有，也直接影响行为的性质。死者的占有主要有三种情况：第一，行为人以抢劫故意杀害他人后，当场取得他人财物；第二，行为人出于其他目的杀害他人后，产生非法占有他人财物的意思，取得死者的财物；第三，无关的第三者从死者身上取得财物。对于第一种情况，应认定为抢劫罪。争论较大的是后两种情况。死者占有肯定说认为，后两种情况成立盗窃罪；死者占有否定说认为，后两种情况成立侵占罪；此外还有不同的折中看法，如认为第二种情况成立盗窃罪，第三种情况成立侵占罪，或者主张根据死亡时间长短决定死者是否继续占有。2005年6月8日，最高人民法院印发的《关于审理抢劫、抢夺刑事案件适用法律若干问题的意见》规定，行为人实施故意杀人犯罪行为之后，临时起意拿走他人财物的，应以此前所实施的具体犯罪与盗窃罪实行数罪并罚。可见，司法实务事实上采取了死者占有肯定说。

⑦在封闭的特定空间，只要所有权人、占有人在场，原则上应认定为所有权人、占有人占有，而不是由场所的管理者占有。例如，飞机上的乘客的手提行李，不管其放在何处，都由乘客占有。再如，乙提着自己的包去甲家做客时，应当认定该包由乙占有，而不是甲占有；即使乙与甲一起到户外散步聊天、短暂离开甲家，乙放置在甲家的包也仍由乙占有。

⑧存款的占有归属，是国内外刑法理论均有争议的问题。“存款”具有不同含义：一是指存款人对银行享有的债权，二是存款债权所指向的现金。无论是从事实上还是从法律上，存款人都占有（享有）了债权，因此，利用技术手段将他人存款债权转移于行为人账户中的，当然成立对债权的盗窃罪。至于存款债权所指向的现金，则由银行管理者占有，而不是存款人占有。例如，乙将存款误划入甲的储蓄卡，甲利用储蓄卡从自动取款机取出相应现金的，应认定为盗窃罪；盗窃的对象是银行管理者占有的现金，而不是乙占有的现金（因为乙根本没有占有现金）。再如，某公司需要向甲支付1万元现金，由于公司没有现金，公司管理者将公司的储蓄卡（内有10万元存款）交给甲，让甲自行取款1万元后归还储蓄卡，但甲从自动取款机中取出了10万元现金据为己有的，宜认定甲对银行管理者占有的9万元现金成立盗窃罪。

⑨当数人共同管理某种财物，而且存在上下主从关系时，下位者是否也占有该财物？这关系到下位者的犯罪行为性质。例如，私营商店的店主与店员共同管理商店的财物，店员是否占有商店的财物？如持肯定回答，则店员取走该财物的行为不构成盗窃罪；如持否定回答，则店员取走该财物的行为可能成立盗窃罪。在这种情况下，刑法上的占有通常属于上位者（店主），而不属于下位者（店员）。即使下位者物理上握有财物，或者物理上支配财物，也只不过是单纯的监视者或者占有辅助者。因此，下位者基于非法占有目的取走财物的，成立盗窃罪。但是，如果上位者与下位者具有高度的信赖关系，下位者被授予某种程度的处分权时，就应承认下位者的占有，下位者任意处分财物，就不构成盗窃罪，而构成其他犯罪（如侵占罪）。

⑩行为人受他人委托占有某种封缄的包装物时，是否同时占有封缄物的内容（财物）？区别说认为，封缄物整体由受托人占有，但内容物为委托人占有。受托人不法取得封缄物整体

的，成立侵占罪；取出其中的内容物的，成立盗窃罪。修正区别说认为，封缄物整体由受托人占有，但内容物由受托人与委托人共同占有。因此，受托人不法取得封缄物整体的，成立侵占罪；不法取得内容物的，成立盗窃罪与侵占罪的竞合，以盗窃罪论处。非区别说认为，封缄物整体与其中的内容物没有区别，性质相同；其中有人认为均由受托人占有，有人认为均由委托人占有。对这些学说应如何取舍，还需进一步研究。

⑪关于运输中的财物（非封缄物）的占有，在所有权人安排了押运员的情况下，财物由所有权人占有（也可能由押运人占有，或者所有权人与押运人共同占有）；在所有权人没有安排押运员的场合，需要根据运输距离、财物的种类（特别是移动的难易程度）、所有权人是否控制行车路线等事实进行判断。换言之，运输距离越短、财物的移动难度越大，所有权人对行车路线的控制越强，就越容易认定为所有权人占有，而不是运输司机占有。

⑫占有包括共同占有。共同占有，是指二人以上共同占有财物，例如，夫妻对共同财产的占有就是同等的共同占有。“共管账户”应认定为共同占有（债权）。是否属于共同占有，也要根据社会的一般观念判断。在共同占有的场合，其中一人没有经过其他共同占有者的同意，将财物转移为自己单独占有或者转移给第三者占有的，由于侵害了其他共同占有者对财物的占有，因而成立盗窃罪。

（2）客观上行为人实施了盗窃行为。首先，盗窃，即秘密窃取，是指行为人采用自认为不使他人发觉的方法占有他人财物。只要行为人主观上是意图秘密窃取（主观性），即使客观上已被第三人发觉或者注视（相对性），也不影响盗窃性质的认定。当然，也有学说认为，盗窃包括但不限于秘密窃取的情形。其次，盗窃行为是排除他人对财物的支配，建立新的支配关系的过程，倘若只是单纯排除他人对财物的支配，如将他人喂养的鱼放走，便不是窃取行为。窃取的手段与方法没有限制，即便使用了欺骗方法，但如果该欺骗行为并没有使对方基于认识错误处分财产的，仍然成立盗窃罪。例如，行为人将他人从室内骗至室外后，自己进入室内窃取财物的，成立盗窃罪。再如，行为人伪装成顾客，到商店试穿高档西服，然后逃走的，也成立盗窃罪。

就不动产而言，由于一般难以转移不动产本身，所以，对不动产本身难以建立新的事实上的占有。但是，如果行为人对不动产的产权建立了新的事实上的占有，则能认定为对财产性利益的盗窃。例如，违反产权人的意志，擅自将他人的不动产的产权转移给自己所有的，对产权本身成立盗窃罪。违反产权人的意志，将产权人的不动产谎称为自己的不动产出卖给第三者的，对产权人成立盗窃罪，对第三者成立诈骗罪（二者属于想象竞合）。但是，单纯盗窃他人不动产的产权证书的行为，仅对产权证书本身成立盗窃，对不动产本身及不动产的产权不成立盗窃罪。

被害人丧失占有的财物与行为人设立新的支配的财物必须具有同一性（素材的同一性）。所以，当行为人持他人的信用卡从自动取款机中取出现金时，应认定其盗窃的是银行的现金，而不是持卡人的债权。对于盗窃不记名、不挂失的债权凭证后并使用的行为，仅认定为盗窃罪即可，并且应当按照票面数额认定盗窃数额。因为不记名、不挂失的债权凭证，不仅具有财产价值，而且如同货币一样流通；行为人窃取了该债权凭证，就应评价为窃取了财物。由于债权凭证不记名、不挂失，被害人难以通过正常途径挽回自己的损失，因此，盗窃不记名、不挂失的债权凭证的行为本身就给被害人造成了财产损失。行为人窃取不记名、不挂失的债权凭证后的使用行为，难以另成立诈骗行为。这是因为，既然债权凭证不记名、不挂失，那么，行为人在使用时，既不需要冒用他人名义，也不需要说明债权凭证来源，因而不存在欺骗行为；接收债权凭证的人，就不会审查领取人的姓名以及债权凭证的来源，故不存在受骗问题。进一步而言，即使行为人窃取了不记名、不挂失的债权凭证后并未使用，也不影响盗窃罪的成立。因为当行为人窃取了不记名、不挂失的债权凭证后，就完全可以无障碍地使用，与窃取货币后没有使用的情形相同。所以，即使行为人没有使用，也应按照票面数额认定盗窃数额。

需要说明的是，行为人在转移被害人财物时，以类似物品进行“填补”的，不影响盗窃罪的成立。例如，在盗窃他人提包中的现金时，将同等面额的假币放入他人提包的，在盗窃油罐中的汽油时，将等量燃料油输入油罐车的，在盗窃他人优质煤时，将等量的煤渣掺入其中的，均不影响盗窃罪的成立。即便填补的价值明显超过了被害人的财产价值，也不影响盗窃罪的成立。

此外，盗窃行为必须违反被害人（占有者）的意志。亦即，不是基于占有者的意志或者违背占有者的意志而转移财物的占有的，才能认定为侵害了他人的占有。基于被害人承诺或推定的承诺而转移财物的，不属于窃取。例如，店主暂时离开商店时，顾客按照标价放置相当的现金取走商品的，不能认定为盗窃罪。另外，不能因为被害人发现了盗窃事实而未制止，就认定行为没有违反被害人意志。例如，被害人发现了行为人的扒窃行为但不敢制止的，不影响盗窃罪的成立。再如，被害人为了使行为人盗窃既遂而不制止的，也不影响盗窃罪的成立。此外，在附条件转移占有的场合，不符合条件的转移占有，应认定为违反占有者的意志。例如，使用假币取得自动售货机中的商品的，对商品成立盗窃罪（与使用假币罪成立想象竞合）。再如，利用自动取款机的故障取得其中的现金的，对现金成立盗窃罪。

当然，所谓违反被害人的意志，不是指违反被害人的任何意志，而是指违反被害人有关盗窃罪的保护法益的意志。例如，乙利用自动贩卖机贩卖香烟时，即便贩卖机上标明“未满18周岁的人不得购买香烟”，但17周岁的甲利用自动贩卖机购买香烟的，也不成立盗窃罪。这是因为，甲的行为只是违反了乙有关“未满18周岁的人不得购买香烟”的意志，而没有违反乙“禁止不付对价而取得香烟”的这一有关盗窃罪的保护法益的意志。

（3）构成盗窃罪，要求盗窃公私财物数额较大，或者多次盗窃、入户盗窃、携带凶器盗窃、扒窃。根据宽严相济的刑事政策，并非只要窃取了公私财物，即构成盗窃罪。盗窃行为在以下五种情形构成盗窃罪：

一是盗窃公私财物，数额较大。根据司法解释，盗窃公私财物价值1000元至3000元以上的，为“数额较大”。不过，“数额较大”是一个相对的概念。首先是相对于地区而言：由于中国地域辽阔，各地经济发展不平衡，故各省、自治区、直辖市高级人民法院、人民检察院可根据本地区经济发展状况，并考虑社会治安状况，在上述数额幅度内，分别确定本地区执行的“数额较大”标准，报最高人民法院、最高人民检察院批准。其次是相对于情节而言：如果其他方面的情节严重，数额要求则应相对低一些；如果其他方面的情节轻微，数额要求则应相对高一些。正因如此，上述司法解释指出，具有下列情形之一的，“数额较大”的标准可以按照上述标准的50%确定：①曾因盗窃受过刑事处罚的；②1年内曾因盗窃受过行政处罚的；③组织、控制未成年人盗窃的；④自然灾害、事故灾害、社会安全事件等突发事件期间，在事件发生地盗窃的；⑤盗窃残疾人、孤寡老人、丧失劳动能力人的财物的；⑥在医院盗窃病人或者其亲友财物的；⑦盗窃救灾、抢险、防汛、优抚、扶贫、移民、救济款物的；⑧因盗窃造成严重后果的。

二是多次盗窃。根据司法解释，2年内盗窃3次以上的，应当认定为“多次盗窃”。对“多次盗窃”不能作形式化的理解，首先要考虑盗窃的是否为值得刑法保护的财产，其次要综合考虑行为的时间、对象、方式，以及已经窃取的财物数额等。对于虽然多次盗窃，但行为人属于贪图小利、顺手牵羊，盗窃少量财物、价值较小的，不宜认定为盗窃罪。

三是入户盗窃。根据司法解释，非法进入供他人家庭生活，与外界相对隔离的住所盗窃的，应当认定为“入户盗窃”。入户盗窃成立盗窃罪虽然没有盗窃数额或者盗窃次数的限定，但是，如果窃取的是客观价值与使用价值均相当低廉的财物的，不宜认定为盗窃罪。例如，非法进入农户家窃取一个馒头或者两个鸡蛋之类的财物的，不宜认定为盗窃罪。

四是携带凶器盗窃。根据司法解释，携带枪支、爆炸物、管制刀具等国家禁止个人携带的器械盗窃，或者为了实施违法犯罪携带其他足以危害他人人身安全的器械盗窃的，应当认定为“携带凶器盗窃”。携带凶器盗窃，不要求行为人明示、暗示带有凶器，更不要求行为人使用凶器。对被害人使用凶器从而取得财物的，成立抢劫罪。

携带凶器盗窃构成盗窃罪，不以数额较大为前提。换言之，携带凶器盗窃具有一定交换价值或者使用价值的财物的，即可认定为盗窃罪。一般来说，凶器是指在性质上或者用法上，足以杀伤他人的器物。凶器必须是可以用于杀伤他人的物品，与犯罪（作案）工具不是等同概念，故仅具有毁坏物品的特性而不具有杀伤他人机能的物品，不属于凶器。例如，为了入户盗窃而携带的各种钥匙以及用于划破他人衣服口袋、手提包的不足以杀伤他人的微型刀片，不应评价为凶器。凶器分为性质上的凶器与用法上的凶器。性质上的凶器，是指枪支、管制刀具等本身用于杀伤他人的物品。性质上的凶器无疑属于凶器。用法上的凶器，是指从使用的方法来看，可能用于杀伤他人的物品。如家庭使用的菜刀，用于切菜时不是凶器，但用于或准备用于杀伤他人时则是凶器。对于用法上的凶器，应综合考虑物品的杀伤机能的高低，物品供杀伤他人使用的盖然性程度，根据一般社会观念该物品所具有的对生命、身体的危险感的程度以及物品被携带的可能性大小，来认定作案物品是否属于凶器。

携带凶器盗窃，不要求行为人明示、暗示凶器，更不要求行为人对被害人使用凶器。对被害人使用凶器实施暴力，或者使用凶器胁迫被害人，进而取得财物的，成立抢劫罪。如后所述，根据《刑法》第267条第2款的规定，携带凶器抢夺的，以抢劫罪定罪处罚。从字面含义来说，《刑法》第264条中的“携带凶器”与第267条第2款中的“携带凶器”的含义似乎相同，因为使用的用语完全相同。但是，二者实际上存在重大区别。《刑法》第267条第2款的规定属于法律拟制，对携带凶器抢夺的以抢劫罪论处；携带凶器盗窃的，依然成立盗窃罪，而不是成立抢劫罪。所以，对携带凶器盗窃的解释，就不应当像解释携带凶器抢夺那样进行严格限制。①携带凶器盗窃中的凶器，虽然也包括性质上的凶器与用法上的凶器，却只需要器物可能使人产生危险感、可能攻击他人即可，而不需要具有明显的杀伤力。盗窃所用的一些工具（如老虎钳、扳手等），也应当评价为凶器。②携带凶器盗窃不要求具有随时使用凶器的可能性，只要能评价为携带即可。所谓携带，是指在日常生活的住宅或者居室以外的场所，将某种物品带在身上或者置于身边附近，将其置于现实的支配之下的行为。因此，A将凶器放在车内，下车后步行一段距离（如十几米或几十米）盗窃的，也可以认定为携带凶器盗窃。③携带凶器盗窃时，虽然要求行为人认识到自己随身携带了凶器，但不要求行为人具有随时对被害人使用的意思。换言之，即使行为人仅具有对物使用的意思而携带凶器盗窃的，也能认定为携带凶器盗窃。

五是扒窃。根据司法解释，在公共场所或者公共交通工具上盗窃他人随身携带的财物的，应当认定为“扒窃”。扒窃成立盗窃罪，必须具备如下条件：①行为发生在公共场所，亦即，不特定人可以进入、停留的场所以及有多数人在内的场所，如人行道、公共汽车、地铁、火车、公园、影剧院、大型商场等。只要行为发生在公共场所，即使公共场所的人不是很多，也不影响扒窃的成立。例如，在公共汽车上只有少数几人时，行为人实施扒窃行为的，也应认定为盗窃罪。②所窃取的应是他人随身携带的财物，亦即他人带在身上或者置于身边附近的财物。例如，在公共汽车上窃取他人口袋内、提包内的财物，在飞机、火车、地铁上窃取他人置于货架上、床底下的财物的，均属于扒窃。但是，已经交付托运的行李，不属于随身携带的财物（在交付托运之前，依然属于随身携带的财物）。③所窃取的财物应是值得刑法保护的财物。例如，扒窃他人口袋里的信用卡、交通卡、身份证件等财物的，宜认定为盗窃罪。但是，扒窃他人口袋内的餐巾纸、名片、廉价手帕等物品的，不应认定为盗窃罪。

关于扒窃，还需要说明以下几点：第一，扒窃的财物不限于体积微小的财物。例如，将他人火车货架上体积较大的行李盗走的行为，也属于扒窃。第二，扒窃并不要求具有技术性。一次扒窃行为就可能构成犯罪，司法机关难以根据一次扒窃行为认定该行为是否具有技术性。事实上，许多扒窃本身并不表现出技术性。第三，扒窃不要求行为人具有惯常性。刑法规定了多次盗窃，如果要求扒窃具有惯常性，就意味着在多次盗窃的基础上提出了更高的入罪标准，这显然不符合增加扒窃规定的立法宗旨。此外，既然一次扒窃就能构成盗窃罪，就不可能要求扒窃行为具有惯常性。第四，扒窃不需要秘密窃取，公开扒窃的也成立盗窃罪。

3.盗窃罪的主体只能是已满16周岁，具有辨认控制能力的自然人。单位组织、指使盗窃，符合盗窃罪相关规定的，以盗窃罪追究组织者、指使者、直接实施者的刑事责任。

4.盗窃罪的主观方面只能是故意，即明知自己的盗窃行为会发生侵害公私财产的结果，并且希望或者放任这种结果的发生，还具有非法占有目的。行为人必须认识到自己所盗窃的是他人占有的财物，如误认为是自己占有的财物而转移的，则不成立盗窃罪。即使是自己所有的财物，倘若处于他人合法占有的状态，行为人窃取该财物的，也成立盗窃罪。例如，行为人通过铁路运营部门将自己的财物从甲处托运至乙处，交付托运后行为人窃取该财物，对此应认定为盗窃罪。此外，盗接他人通信线路、复制他人电信码号或者明知是盗接、复制的电信设备、设施而使用的，“以牟利为目的”时，才成立盗窃罪。根据司法解释，这里的“以牟利为目的”，是指为了出售、出租、自用、转让等谋取经济利益的行为。

非法占有目的，是指排除权利人，将他人的财物作为自己的所有物进行支配，并遵从财物可能具有的用途进行利用、处分的意思。非法占有目的由“排除意思”与“利用意思”构成。

排除意思的主要机能是，将不值得科处刑罚的骗用、盗用行为排除在犯罪之外。以下三种情形应认定为具有排除意思：第一，行为人虽然只有一时使用的意思，但没有返还的意思；相反，具有在使用后毁弃、放置的意思而窃取财物的，由于具有持续性地侵害他人对财物的利用可能性的意思，所以应认定存在排除意思，成立盗窃罪。例如，行为人盗开他人轿车开到目的地后，将轿车抛弃在目的地的，存在排除意思，构成盗窃罪。第二，行为人虽然具有返还的意思，但具有侵害相当程度的利用可能性的意思时，由于存在严重的社会危害性，应肯定排除意思的存在，认定为盗窃罪。对此，应通过考察被害人的利用可能性与必要性的程度、预定的妨害被害人利用的时间、财物的价值等来判断是否具有可罚性。例如，行为人在2011年司法考试前窃取他人正在使用的2011年司法考试辅导用书、法规汇编等（假定数额较大），即使具有归还的意思，且在2011年司法考试结束后归还的，也有必要认定为盗窃罪。第三，行为人虽然具有返还的意思，而且对被害人的利用可能性的侵害相对轻微，但具有消耗财物中的价值的意思时，由于对作为所有权内容的利益造成了重大侵害，应肯定存在排除意思，认定为盗窃罪。例如，行为人为了伪装退货、取得商品对价，而从超市拿出商品的，应认定具有排除意思，成立盗窃罪。

利用意思的主要机能，在于将单纯毁坏、隐匿财物的行为排除在盗窃罪之外。利用意思，是指遵从财物可能具有的用法进行利用、处分的意思。第一，利用意思不限于遵从财物的经济用途进行利用、处分的意思。例如，男性基于癖好窃取、骗取女士内衣的，虽然不是基于遵从内衣的经济用途进行利用、处分的意思，但不排除行为人具有利用意思，仍然属于盗窃与诈骗。第二，利用意思不限于遵从财物的本来用途进行利用、处分的意思。例如，为了燃柴取暖而窃取他人家具的，仍然具有利用意思。第三，一般来说，凡是以单纯毁坏、隐匿意思以外的意思而取得他人财物的，都可能评价为具有遵从财物可能具有的用法进行利用、处分的意思。第四，以毁坏的意思取得他人财物后，没有毁坏财物而是单纯予以放置的，成立故意毁坏财物罪，因为该行为导致被害人丧失了财物的效用。以毁坏的意思取得他人财物后，又利用该财物的，则成立侵占罪。

认定盗窃罪需要注意如下问题：

1.正确区分盗窃罪与非罪的界限。对于盗窃财物数额较小，也不属于多次盗窃、入户盗窃、携带凶器盗窃或者扒窃的行为，原则上不应认定为盗窃罪。但这并不意味着凡是盗窃未遂的均不以犯罪论处，对于以数额巨大的财物以及珍贵文物为盗窃目标或者具有其他情节严重的情形的，即使盗窃未遂，也应以盗窃罪追究刑事责任。盗窃家庭成员或者近亲属的财物，获得谅解的，一般可以不认为是犯罪；追究刑事责任的，应当酌情从宽。

2.正确区分盗窃罪与其他犯罪的界限。(1)盗窃广播电视设施、公用电信设施价值数额不大，但是构成危害公共安全犯罪的，依照《刑法》第124条的规定定罪处罚；盗窃广播电视设施、公用电信设施同时构成盗窃罪和破坏广播电视设施、公用电信设施罪的，择一重罪处罚。(2)着手盗窃油气或者正在使用的油气设备、电力设备，构成犯罪，但未危害公共安全的，以盗窃罪定罪处罚；由于意志以外的原因未得逞，如果具备以数额巨大的油气为盗窃目标等情形，以盗窃罪（未遂）追究刑事责任。盗窃油气或者使用中的油气设备、电力设备，同时构成盗窃罪和破坏易燃易爆设备罪或破坏电力设备罪的，择一重罪处罚。(3)盗窃枪支、弹药、爆炸物、危险物质的，只要行为人认识到对象可能是枪支、弹药、爆炸物、危险物质，就成立盗窃枪支、弹药、爆炸物、危险物质的犯罪。相反，没有认识到对象可能是枪支、弹药、爆炸物、危险物质的，只能认定为盗窃罪。(4)偷开机动车，导致车辆丢失的，以盗窃罪定罪处罚；为盗窃其他财物，偷开机动车作为犯罪工具使用后非法占有车辆，或者将车辆遗弃导致丢失的，被盗车辆的价值计入盗窃数额；为实施其他犯罪，偷开机动车作为犯罪工具使用后非法占有车辆，或者将车辆遗弃导致丢失的，以盗窃罪和其他犯罪数罪并罚；将车辆送回未造成丢失的，按照其所实施的其他犯罪从重处罚。(5)采用破坏性手段盗窃公私财物，造成其他财物损毁的，以盗窃罪从重处罚；同时构成盗窃罪和其他犯罪的，择一重罪从重处罚；实施盗窃犯罪后，为掩盖罪行或者报复等，故意毁坏其他财物构成犯罪的，以盗窃罪和构成的其他犯罪数罪并罚；盗窃行为未构成犯罪，但损毁财物构成其他犯罪的，以其他犯罪定罪处罚。(6)盗窃技术成果等商业秘密的，按照《刑法》第219条的规定定罪处罚。(7)盗窃罪与抢夺罪有相似之处，但有区别：首先，二者的对象都是他人占有的财物，但抢夺罪中被害人对财物的占有比盗窃罪中被害人的占有更为紧密，或者说，作为犯罪对象的财物被他人支配的强度不同。其次，二者都是不法取得他人财物，但抢夺行为主要表现为对物暴力，而盗窃行为只要求财物的转移。

3.正确计算盗窃数额。盗窃数额的计算，涉及直接损失与间接损失、买进价与卖出价、批发价与零售价、作案地价与销售地价、作案时价与处理时价等，应依据相关司法解释合理计算。

4.正确认定盗窃罪的着手、未遂与既遂。对于盗窃罪的着手，应根据不同的盗窃类型予以确定。例如，关于侵入住宅盗窃的案件，少数人主张以侵入住宅作为盗窃罪的着手，多数人认为，侵入住宅后开始实施具体的物色财物的行为时为着手。再如，关于扒窃案件，一般认为，行为人的手接触到被害人实际上装有钱包或者现金的口袋外侧时，就是着手。又如，关于侵入无人看守的仓库的盗窃案件，一般来说，开始侵入仓库时就是着手。

关于盗窃罪的既遂标准，理论上有接触说、转移说、隐匿说、失控说、控制说、失控加控制说。应当认为，只要行为人取得（控制）了被害人的财物，就成立盗窃既遂。一般来说，只要被害人丧失了对自己的财产的控制，就可以认定行为人取得了财物。至于行为人事后是否利用了财物，则不影响盗窃既遂的成立。例如，行为人以非法占有为目的，从火车上将他人财物扔到偏僻的轨道旁，打算下车后再捡回该财物。不管行为人事后是否捡回了该财物，都应当认定为犯罪既遂。所应注意的是，在认定盗窃罪的既遂与未遂时，必须根据财物的性质、形状、体积大小，被害人对财物的占有状态，行为人的窃取样态等进行判断。如在商店行窃，就体积很小的财物（如戒指）而言，行为人将该财物夹在腋下、放入口袋、藏入怀中时就是既遂；但就体积很大的财物（如冰箱）而言，一般只有将该财物搬出商店才能认定为既遂。再如，盗窃工厂内的财物，如果工厂是任何人可以出入的，则将财物搬出原来的仓库、车间时就是既遂；如果工厂的出入相当严格，出入大门必须经过检查，则只有将财物搬出大门外才是既遂。又如，间接正犯的盗窃，如果被利用者控制了财物，即使利用者还没有控制财物，也应认定为既遂。

犯本罪的，根据《刑法》第264条的规定处罚。

三、诈骗罪

诈骗罪，是指以非法占有为目的，使用虚构事实或者隐瞒真相的方法，骗取数额较大的公私财物的行为。

《刑法》第266条规定了普通诈骗罪，其他章规定了12种特殊诈骗罪。前者与后者是法条竞合的关系，在适用中采取特别法条优于普通法条的原则。诈骗犯罪有独特的行为构造：行为人以非法占有为目的实施欺诈行为—对方产生或者继续维持错误认识—对方基于错误认识处分财物—行为人取得财物—被害人遭受损失。

1.客观上表现为使用欺骗方法骗取数额较大的公私财物。

（1）欺骗行为。行为人必须实施了欺骗行为。从实质上说，欺骗行为是使对方陷入处分财物的错误认识的行为。欺骗行为的内容是，在具体状况下，使对方产生错误认识，并做出行为人所希望的处分财物的行为。如果欺骗行为的内容不是使对方做出处分行为，就不是诈骗罪中的欺骗行为。例如，没有购买车票的人趁列车人员未注意溜进列车车厢的，将他人骗出户外后乘机入户取得财物的，不成立诈骗罪。从形式上说，欺骗行为包括两类：一是虚构事实，二是隐瞒真相。虚构事实与隐瞒真相，都属于向受骗人传递不真实的资讯。事项的虚假，既可以表现为全部事项的虚假，也可以表现为部分事项的虚假。虚假的表示既可以通过提出某种证据予以证明，也可以不提出任何证据。

最典型的欺骗行为，是就事实进行欺骗。其中的事实不仅包括自然事实，而且包括行为人或他人已经实施的行为，行为人的身份、能力等。事实也包括内心的确信认知、主观目的等心理事实。例如，没有付款意图却让加油站工作人员给自己的机动车加油的，没有付款的意思却在餐馆消费的，均属隐瞒心理事实的欺骗行为。再如，以借为名的欺骗行为隐瞒了不归还财物的心理事实，构成诈骗罪（理论上称为借款诈骗）。行为人既可以虚构、隐瞒过去的事实或者现在的事实，也可能虚构、隐瞒将来的事实或者虚构将来事实的可能性。例如，行为人不具有从事证券咨询业务的资格与专业知识，向他人声称某股票价格将来会大涨，以推荐股票赚钱为由，收取股民咨询费的，成立诈骗罪。此外，就法律规则、价值判断进行具体的虚假陈述或表示的，也可以成立欺骗。当然，就价值判断进行欺骗时，以存在一定的判断标准为前提。对于完全不存在判断标准的价值判断，不可能构成欺骗行为。

欺骗行为的手段、方法没有限制，既可以是语言欺骗，也可以是文字欺骗。欺骗行为还可以是举动的虚假表示，包括明示的举动欺骗与默示的举动欺骗（默示的表示）。前者如无业人员穿着工商人员制服的行为，就可能成为诈骗罪中的欺骗行为；身体健全的人打扮成残疾人在马路上乞讨的，也是欺骗行为。后者如行为人在外币兑换处拿出一张作废的外国纸币交给负责兑换的职员时，就默示了这张纸币在该外国是法定的流通货币；如果默示的内容与事实相反，就属于默示的举动欺骗。又如，减少机动车的里程数后将机动车出卖给他人的，也成立默示的欺骗。欺骗行为本身既可以是作为，也可以是不作为，即有告知某种事实的义务却不履行这种义务，使对方陷入错误认识或者继续维持错误认识，进而利用这种错误认识取得财物的，也是欺骗行为。例如，出卖不动产时隐瞒不动产被抵押的事实的，属于不作为的欺骗行为。再如，首饰店将真金首饰与镀金首饰并陈橱窗中，顾客以为镀金首饰为真金首饰而提出购买；店员不履行告知义务，以真金首饰价格出售镀金首饰的，属于不作为的欺骗行为。欺骗行为既可以是在他人没有任何认识错误的情况下使之产生处分财物的认识错误，也可以是在他人已经由于某种原因陷入认识错误的情况下，使他人继续维持或者强化其处分财物的认识错误。

欺骗行为必须达到足以使对方产生错误认识的程度，即使欺骗行为不足以使一般人陷入认识错误，但足以使欺骗对象产生认识错误的，也属于欺骗行为。例如，针对缺乏相关常识的人冒充孙中山、张学良等人实施欺骗行为取得财物的，不影响诈骗罪的成立。一般性的夸张表述，或者一般性的价值夸大判断，不具有使他人处分财物的具体危险的行为，不是欺骗行为。例如，售楼人员声称房价会上涨而劝他人购买住房，即使房价后来下跌，也不能认定为欺骗行为。再如，一般性地对投资者声称其投资极为安全必定获得回报的，不是欺骗行为。同样地，在商业广告中对商品的功效进行一般性夸张宣传的，或者单纯声称商品质量好、价格低的，也不是欺骗行为。

（2）对方产生认识错误。欺骗行为必须使对方（受骗者）产生或者继续维持错误认识，反过来说，受骗者产生或者维持错误认识是行为人的欺骗行为所致。即使受骗者在判断上有一定的错误，也不妨碍欺骗行为的成立。但是，认识错误的内容必须是处分财物的认识错误，而不是任何错误。例如，甲事先购买了与乙的商店中的金项链形状相同的镀金项链，然后假装在乙商店购买金项链，待乙将金项链交给甲察看时，甲趁乙接待其他顾客之机，将金项链藏在身上，然后声称不购买并将镀金项链“退还”给乙。根据社会的一般观念，乙将金项链递给甲察看时，该金项链仍然由乙占有。所以，一方面，乙并没有陷入处分金项链的认识错误。另一方面，根据交易常规，乙将金项链递给甲察看的行为，也不是处分行为。即使外表上形同处分行为，但也不是基于认识错误的处分行为。所以，甲的行为不成立诈骗罪，只成立盗窃罪。受骗者对行为人所诈称的事项有所怀疑但仍然处分财物的，也不影响诈骗罪的成立。概言之，欺骗行为与受骗者处分财物之间，必须介入受骗者的错误认识；如果受骗者不是因欺骗行为产生错误认识而处分财物，行为人的行为就不成立诈骗罪（但有成立诈骗未遂的可能性）。

上述“对方产生认识错误”的要求，决定了欺骗行为的对方（受骗者）必须是具有处分财物的权限或者处于可以处分财物地位的人（但不必是财物的所有权人或占有人）。动物显然不能成为诈骗罪中的受骗者。诈骗罪中的受骗者只能是自然人，而且是具有一定行为能力的自然人。“骗取”幼儿、严重精神病患者财物的，成立盗窃罪。法人虽然可以成为诈骗罪的受害人，但法人本身不可能成为诈骗罪的受骗者，只有法人内部具有财物处分权限的自然人可以成为受骗者。机器更不能成为诈骗罪的受骗者，因为机器不可能存在认识错误。换言之，行为人不可能对机器行骗，不存在如果机器知道真相就不会处分财物的问题。例如，甲利用乙的储蓄卡在机器上取款时，不可能对机器讲明储蓄卡的来源，不可能向机器告知任何真相，因而不存在欺骗行为。如果认为机器也可能成为受骗人，就会导致诈骗罪丧失定型性，从而使诈骗罪的构成要件丧失罪刑法定主义机能。此外，如果认为机器也可以成为欺骗行为的受骗者，就几乎不可能区分诈骗罪与盗窃罪。例如，根据机器可以成为受骗者的观点，将普通铁币投入自动贩卖机而取出商品的行为，构成诈骗罪。这是难以令人接受的。再如，汽车装有智能锁，其钥匙具有识别功能。如果采纳机器也可能成为受骗者的观点，那么，使用某种工具打开汽车的智能锁开走汽车的，也成立诈骗罪。不仅如此，倘若采纳机器也可能成为受骗者的观点，当被害人的住宅大门安装智能锁时，行为人使用工具使该门打开的，也属于欺骗机器；从住宅取得财物的，也成立诈骗罪。这显然不合适。也不能认为，凡是针对机器实施的“欺骗”行为，均可以认定为针对自然人实施的欺骗行为。例如，行为人使用他人的或者伪造的信用卡从自动取款机中取出现金时，没有欺骗任何自然人。司法机关进行事后调查时，银行的任何职员都不可能声称自己被骗。行为人之所以能够取出现金，并不是因为向取款机或者银行职员传递了不真实的资讯，相反是因为资讯“真实”（密码、操作程序等没有错误），所以，该行为不是欺骗行为，只能认定为盗窃罪。

（3）基于认识错误处分财物。欺骗行为必须使对方陷入错误认识之后处分财物。处分财物不限于民法意义上的处分财物（不限于所有权权能之一的处分），而意味着将被害人的财物转移为行为人或第三者占有，或者说使行为人或第三者取得被害人的财物。转移占有，是指转移事实上的占有，与作为盗窃罪对象的事实上的占有一样，需要根据社会的一般观念判断。做出这样的要求是为了区分诈骗罪与盗窃罪。处分财物表现为直接交付财物、承诺行为人取得财物、承诺转移财产性利益、承诺免除行为人的债务等。行为人实施欺骗行为，使他人放弃财物，行为人拾取该财物的，也宜认定为诈骗罪。受骗者的处分行为，只要是使财物或者财产性利益转移给行为人或第三者占有就够了，不要求有转移财物的所有权或其他本权的意思表示。例如，甲没有返还的意思，却隐瞒其意图向乙借用汽车，得到汽车后逃匿。乙只有转移占有的意思，但甲的行为也成立诈骗罪。处分行为既可以表现为受骗者直接将财物处分给行为人或第三者（直接交付），也可能表现为间接交付，即通过辅助者转移给行为人或第三者。处分财物的行为不限于法律行为，也包括事实行为。在法律行为的场合，其法律行为在民法上是否有效或者是否可以撤销，均不影响诈骗罪的成立。处分行为不限于积极的举动。处分行为必须是导致被害人遭受损失的“直接”原因，即被害人的损害必须“直接”产生于处分行为。换言之，必须是处分行为本身导致财物的直接转移，而不是由于行为人新的不法行为取得财物。

受骗者是否必须具有处分意识，存在争论。应当认为，受骗者处分财物时必须有处分意识，即认识到自己将某种财物转移给行为人或第三者占有，但不要求对财物的数量、价格等具有完全的认识。其一，在受骗者没有认识到财物的真实价值（价格）但认识到处分了该财物时，应认为具有处分意识。例如，甲在某商场购物时，将便宜照相机的价格条形码与贵重照相机的价格条形码予以更换，使店员将贵重照相机以便宜照相机的价格“出售”给甲。店员客观上处分了照相机，但他没有意识到所处分的是贵重照相机，应认定具有处分意识。其二，在受骗者没有认识到财物的数量但认识到处分了一定的财物时，也宜认定为具有处分意识。例如，乙将一个照相机包装盒里的泡沫取出，使一个包装盒里装入两个照相机，然后拿着装有两个照相机的一个包装盒付款，店员以为包装盒里只装有一个照相机，仅收取了一个照相机的货款。店员认识到自己将包装盒里的“财物”处分给了乙，也具有处分意识。其三，在受骗者没有意识到财物的种类而将财物转移给行为人时，不宜认定具有处分意识。例如，丙在某商场购物时，偷偷地从一箱方便面中取出几袋方便面，并将一个照相机放在方便面箱子里，然后拿着方便面箱子付款，店员没有发现方便面箱子里的照相机，只收取了一箱方便面的货款。店员虽然认识到自己将方便面箱子里面的“财物”处分给了丙，但没有认识到处分方便面之外的照相机，应当认为店员没有处分照相机的意识，丙的行为成立盗窃罪。其四，在受骗者没有认识到财物的性质而将财物转移给行为人时，也不宜认定具有处分意识。例如，丁发现被害人的一本名为《诈骗罪探究》的书中夹有一张清代邮票，便讨要该书，被害人在没有意识到该书中夹有贵重邮票的情况下，将书送给丁，丁将其中的邮票据为己有。被害人客观上有处分邮票的行为，但主观上没有处分邮票的意识。丁的行为成立盗窃罪，因为丁实际上是以要书为名掩盖盗窃事实。

（4）行为人或第三者取得财物。欺骗行为使对方处分财物后，行为人或第三者获得财物。这里的取得财物不限于骗取有体物，还包括骗取无形物与财产性利益。使用欺骗手段骗取增值税专用发票或者可以用于骗取出口退税、抵扣税款的其他发票的，成立诈骗罪（《刑法》第210条）。以虚假、冒用的身份证件办理入网手续并使用移动电话，造成电信资费损失数额较大的，以诈骗罪定罪处罚。以欺诈、伪造证明材料或者其他手段骗取养老、医疗、工伤、失业、生育等社会保险金或者其他社会保障待遇的，以诈骗罪定罪处罚。

获得财物包括两种情况：一是积极财物的增加，如将被害人的财物转移为行为人或第三者占有，或者获得债权等财物性利益；二是消极财物的减少，如使对方免除或者减少行为人或第三者的债务。后者还包括使用欺骗方法使自己不缴纳应当缴纳的财物（但法律有特别规定的除外），如使用伪造、变造、盗窃的武装部队车辆号牌，骗免通行费等各种规费，数额较大的，成立诈骗罪。行为人虽然获得了财产性利益，但被害人并没有处分财物的，不成立诈骗罪。例如，甲在收费的高速公路驾驶车辆后，不经过收费站，而是通过破坏公路旁的栅栏逃避收费的，既不成立诈骗罪，也不成立盗窃罪。再如，乙在经过收费站时，假装掏钱付费，在收费人员提前打开栏杆时突然逃走的，既不成立诈骗罪，也不成立盗窃罪。一方面，被害人虽然有处分行为，但没有处分意识，故行为人不成立诈骗罪。另一方面，行为人没有将他人占有的财物转移给自己或者第三者占有，因而不成立盗窃罪。

行为人或第三者取得的财物与被害人处分的财物必须具有同一性，这被称为素材的同一性（但不要求被害人的损失数额与行为人或第三者的获利数额完全等同）。例如，甲盗窃乙的银行存折后，冒充乙从银行柜台取款的，应当认定为对存折的盗窃和对银行现金的诈骗，既不能认定甲盗窃了乙的现金，也不能认定甲骗取了乙的现金（乙损失的是存折与债权而非现金，也不能认定甲将乙的债权转移为自己占有，故不存在对债权的盗窃）。再如，乙将车钥匙遗忘在超市的收银台上，收银员丙发现后便问是谁的，甲谎称是自己的，丙将车钥匙交给甲后，甲将乙的车开走据为己有。丙不可能对车具有处分权限，充其量只对车钥匙具有处分权限，所以，甲对车钥匙成立诈骗，但对车本身成立盗窃。

（5）被害人遭受财物损失。在我国，诈骗罪虽然不是对整体财物的犯罪，但成立诈骗既遂，要求欺骗行为导致被害人遭受财物损失（在未遂情况下有导致财物损失的紧迫危险）。其中的被害人不仅包括自然人，而且包括单位与国家。例如，以欺诈、伪造证明材料或者其他手段骗取养老、医疗、工伤、失业、生育等社会保险金或者其他社会保障待遇的，成立诈骗罪。

在诈骗不法原因给付物的情况下，由于诈骗行为在前，被害人的不法原因给付在后，没有行为人的诈骗行为被害人就不会处分财物，故被害人的财物损害是由行为人的诈骗行为造成的，这就说明行为侵害了他人财物，当然成立诈骗罪。例如，将白纸冒充假币出卖给他人的，成立诈骗罪（被害人不成立任何犯罪）；将面粉冒充毒品出售的，成立诈骗罪（被害人不成立任何犯罪）。使用欺骗手段使对方免除无效请求权的，不成立诈骗罪。通过欺骗方法使他人免除非法债务的，不成立诈骗罪。例如，行为人原本没有支付嫖宿费的意思，欺骗卖淫女使之提供性服务的，不成立诈骗罪。行为人原本打算支付嫖资，与对方实施性行为后，又采取欺骗手段使对方免收嫖资的，也不成立诈骗罪。但是，行为人向卖淫者支付了嫖资后，使用欺骗手段骗回嫖资的，则成立诈骗罪。以欺骗方法取得对方不法占有的自己所有的财物的，不成立诈骗罪。但是，如果乙盗窃了甲的此财物，而甲采取欺骗方法骗取了乙的彼财物的，应认定为诈骗罪。以欺骗方法取得对方合法占有的自己所有的财物的，应认定为诈骗罪。具有从对方取得财物的正当权利（如享有到期且无抗辩理由的债权）的人，为了实现其权利而使用了欺骗手段的，不成立诈骗罪。

行为人虽然提供了价格相当的商品，但在告知了事实真相后对方将不付金钱的场合，故意就商品的效能等作虚假陈述，使对方误信商品的效能，而接受对方交付的金钱的，构成诈骗罪。换言之，即使行为人提供了相当的给付，但受骗者的交换目的基本未能实现(包括给付缺乏双方约定的重要属性的物品)时,宜认定为诈骗罪(目的失败论)。例如,将混纺羊毛衫谎称为由纯羊毛制成,仍以混纺羊毛衫价格出售给消费者的,由于购买者的交换目的基本得到了实现(除非购买者根本不穿混纺羊毛衫),不宜认定为诈骗罪。但是,如果经营者乙因为混纺羊毛衫销路不好,而只经营纯羊毛衫,批发商甲将混纺羊毛衫谎称为纯羊毛衫出售给经营者乙的,即使仍按混纺羊毛衫价格出售,也应认定经营者乙存在财物损失,甲的行为成立诈骗罪。再如,谎称他人患肝炎,进而将药品卖给他人的,成立诈骗罪。谎称他人患病需要做外科手术,通过做外科手术而获得所谓对价的,成立故意伤害罪与诈骗罪,应当实行数罪并罚。又如,使用虚假的证明文件将盗窃的机动车冒充自己合法所有的机动车出售给他人的,成立诈骗罪,与盗窃罪实行数罪并罚。

行为人实施欺骗行为,导致受骗者就所交付财物的用途、财物的接受者存在法益关系的认识错误时,即使受骗者没有期待相当给付,也应认为存在财物损失,行为人的行为成立诈骗罪。例如,声称将募捐的钱交给灾民,但事实上将募捐的钱交给父母的,成立诈骗罪。再如,声称卖出某种产品的收入将捐献给灾民,但事实上将收入据为己有的,也成立诈骗罪。

此外,根据我国刑法的规定,诈骗公私财物数额较大的,才构成犯罪。但是,这并不意味着诈骗未遂的,不构成犯罪。司法解释规定,诈骗未遂,以数额巨大的财物为诈骗目标的,或者具有其他严重情节的,应当定罪处罚。利用发送短信、拨打电话、互联网等电信技术手段对不特定多数人实施诈骗,诈骗数额难以查证,但具有下列情形之一的,应当认定为《刑法》第266条规定的“其他严重情节”,以诈骗罪(未遂)定罪处罚:①发送诈骗信息5000条以上的;②拨打诈骗电话500人次以上的;③诈骗手段恶劣、危害严重的。

2.诈骗罪的主观方面是故意,并具有非法占有目的。

认定诈骗罪时,需要注意特殊类型的诈骗行为。

1.三角诈骗。通常的诈骗行为只有行为人与被害人,被害人因为被欺骗而产生认识错误,自己处分自己的财物。在这种情况下,被害人与被骗人是同一人。但诈骗罪也可能存在被害人与被骗人不是同一人的情况。例如,乙上班后,其保姆丙在家做家务。行为人甲敲门后欺骗保姆说:“你们家的主人让我上门取他的西服去干洗。”丙信以为真,将乙的西服交给甲。乙回家后才知保姆被骗。丙为被骗人,但不是被害人;乙是被害人,但没有被骗。这种财物处分人与被害人不同一的情况称为三角诈骗。所应指出的是,在三角诈骗中,虽然被骗人与被害人可以不是同一人,但被骗人与财物处分人必须是同一人。因为如果被骗人与财物处分人不是同一人,就缺乏“基于错误而处分财物”这一诈骗罪的本质要素。

不仅如此,被骗人还必须具有处分被害人财物的权限或处于可以处分被害人财物的地位。三角诈骗与盗窃罪的间接正犯的区别,就在于受骗者是否具有处分财物的地位与权限。例如,洗衣店店主上班时发现张某家的一楼阳台上晾着三套西服。到了洗衣店后,店主对员工李某说:“张某要洗西服,但没有时间送来,特意晾在阳台上,让我们自己取,你去取来吧。”李某信以为真,将张某的西服取来后交给店主,店主将西服据为己有。李某不具有处分张某的西服的权限或地位,不是诈骗罪中的财物处分者,只是店主盗窃西服的工具。因此,店主的行为不成立三角诈骗,只能成立盗窃罪(间接正犯)。再如,甲在某超市捡到失主乙遗失在该超市的取包牌之后,拿着取包牌从超市的保管人员丙那里将乙存放在寄存处的一只皮包取出(内有价值2万元的财物)。本案中的管理人员丙具有处分(交付)皮包的权限,故应认定甲的行为属于三角诈骗。实践中经常发生行为人伪造相关材料后将他人的股权非法转归自己名下的案件。倘若认为股权登记机关具有处分权限,则成立三角诈骗,否则便成立盗窃罪。不过,由于股权登记机关并不进行任何实质审查,难以认为其享有处分财物的权限,因此应认定为盗窃罪。还应注意的是，即便客观上具有处分权限，但被骗者没有意识到自己占有了相应财物时，也不能认定其处分了财物。例如，乙将钱包遗忘在超市的收银台，后面的顾客丙发现了钱包，于是问钱包是谁的，正在结账的甲声称钱包是自己的，随即取走钱包，但收银员没有阻拦。由于丙没有占有钱包，收银员也没有意识到自己占有了钱包，因而缺乏处分行为与处分意识，故甲的行为成立盗窃罪，而非三角诈骗。

2.无钱饮食、住宿。原本没有支付饮食、住宿费用的意思，而伪装具有支付费用的意思，欺骗对方，使对方提供饮食、住宿的，如果数额较大，成立诈骗罪。值得研究的问题是，行为人原本具有支付饮食、住宿费用的意思，但在饮食、住宿后，采取欺骗手段不支付费用的，是否成立诈骗罪？例如，行为人在高档酒店吃完后，声称送走朋友后回来付款。但在将朋友送出酒店后产生了不支付费用的意思，于是趁机逃走。由于被害人并没有因此而免除行为人的债务，即没有处分行为，故对该行为难以认定为诈骗罪。

3.二重买卖。例如，甲先将自己的不动产卖给乙，在乙经过登记取得不动产所有权之后，甲为了骗取丙的财物，又隐瞒真相，将该不动产卖给丙，使丙遭受损害。甲的行为成立诈骗罪，丙为被骗人与被害人。但是，如果A将自己的钢琴出卖给B，同时约定，A继续占有钢琴一个月（所有权已转移给B）；A在此期间又将该钢琴卖给C（A与C无通谋），使B遭受损失的，对A应认定为侵占罪（A不法处分了自己占有但归B所有的财物）。

4.电信网络诈骗。电信网络诈骗构成诈骗罪。在处理电信网络诈骗犯罪时，需要正确处理罪数问题。使用非法获取的公民个人信息实施电信网络诈骗，构成侵犯公民个人信息罪与诈骗罪的，应当依法予以并罚。冒充国家机关工作人员实施电信网络诈骗，同时构成诈骗罪和招摇撞骗罪的，依照处罚较重的规定定罪处罚。电信网络诈骗行为人实施《刑法》第287条之一、第287条之二规定之行为，构成非法利用信息网络罪、帮助信息网络犯罪活动罪，同时构成诈骗罪的，依照处罚较重的规定定罪处罚。

5.“套路贷”。“套路贷”并非一律构成诈骗罪。根据相关规定，“套路贷”，是对以非法占有为目的，假借民间借贷之名，诱使或迫使被害人签订“借贷”或变相“借贷”“抵押”“担保”等相关协议，通过虚增借贷金额、恶意制造违约、肆意认定违约、毁匿还款证据等方式形成虚假债权债务，并借助诉讼、仲裁、公证或者采用暴力、威胁以及其他手段非法占有被害人财物的相关违法犯罪活动的概括性称谓。这一概念仅是描述了“套路贷”的手法与步骤，并未将其直接定性为诈骗罪，因为在有些“套路贷”中，被害人确实被欺骗，基于认识错误实施了处分行为（签订了使自己负债的合同），对此应以诈骗罪论处；而在有些“套路贷”中，被害人并未被欺骗，对签订相关协议将会产生何种后果有明确认识，因而不属于被害人基于认识错误处分财物，对此就不能以诈骗罪论处。尤其是，不能因为存在阴阳合同，就认定“套路贷”的出借人构成诈骗罪。出借人为了使高利贷形成合法借贷的假象，自然会与借款人签订阴阳合同；借款人知道阴阳合同的真相，并且按约定的高利贷还款，或者虽未还款，但出借人只是向借款人催讨债务的，不成立诈骗罪。例如，冯某等人成立小额贷款公司，先后实际贷款给蔡某7000元、8000元，却签订了金额为1.4万元、1.6万元的虚高借款合同，并以砍头息、保证金等名义向蔡某事前收取1865元、2280元费用。冯某事前告知蔡某，如果按期偿还，虚高的金额无须支付；如果违约，虚高的金额将作为违约金、催收费要求蔡某支付。因蔡某未按期还款，冯某等人电话催讨未果后，持虚高的借款合同上门索债。在该“套路贷”案件中，冯某等人没有实施欺骗行为，蔡某对所有事实与后果清清楚楚，故不能认为冯某等人的行为构成诈骗罪。当然，如果冯某等人的索债行为符合其他犯罪构成，可按其他犯罪处理；如果冯某等人以金额为1.4万元、1.6万元的虚高借款合同向法院提起诉讼，使法院陷入认识错误，判决蔡某应履行1.4万元和1.6万元债务的，则属于“三角诈骗”，冯某等人构成诈骗罪。

认定诈骗罪还需注意如下问题：

1.正确区分诈骗罪与非罪的界限。根据刑法规定，诈骗公私财物数额较大的，才成立诈骗罪，反之不以犯罪论处。当然，欺骗行为虽然未使行为人获取财物，但情节严重的，应以诈骗未遂论处。借贷款物后因某种原因长期拖欠，但行为人没有非法占有目的，确实打算或准备偿还债务的，不能认定为诈骗罪。诈骗近亲属的财物，近亲属谅解的，一般可不按犯罪处理；确有追究刑事责任必要的，具体处理也应酌情从宽。

2.正确处理诈骗罪与其他特殊诈骗罪的关系。刑法除规定上述普通诈骗罪之外，还规定了一些特殊诈骗罪，后者主要是指《刑法》第192条至第200条规定的各种金融诈骗罪，以及《刑法》第224条规定的合同诈骗罪。这些特殊诈骗罪主要在诈骗对象、手段上与普通诈骗罪存在区别，规定这些特殊诈骗罪的法条与《刑法》第266条是特别法条与普通法条的关系，根据特别法条优于普通法条的原则，对符合特殊诈骗罪构成要件的行为，应认定为特殊诈骗罪。因此，《刑法》第266条在规定了诈骗罪的罪状与法定刑之后规定："本法另有规定的，依照规定。"

3.正确区分诈骗罪与盗窃罪的界限。可以认为，诈骗罪与盗窃罪是对立关系，关键在于行为人是否实施了使他人陷入处分财物的认识错误的欺骗行为，以及被害人是否基于错误认识处分财物。不能根据所谓主要作用区分诈骗罪与盗窃罪，换言之，不能认为，诈骗起主要作用的就构成诈骗罪，盗窃起主要作用的就是盗窃罪。也不能以所谓主行为与从行为的区分、前行为与后行为的关联等为标准区分诈骗罪与盗窃罪。

在行为人已经取得财物的情况下，二者的关键区别在于被害人是否基于错误认识而处分财物。如果不存在被害人处分财物的事实，则不可能成立诈骗罪。实践中发案较多的"以借用手机为名进而非法占有"的行为，实际上属于盗窃，而非诈骗。因为被害人将手机给行为人使用的行为，不是处分手机的行为；行为人在当场借用手机时，根据社会的一般观念，手机仍然由被害人占有。换言之，即便行为人当时手握手机，也没有占有手机；相反地，被害人在当时仍然占有自己的手机，故没有将自己的手机交付给行为人占有。如果认为这种行为成立诈骗，便意味着被害人将手机交给行为人时，行为人的诈骗行为便已经既遂。但这会形成许多疑问，尤其可能导致将日常生活行为认定为诈骗既遂，因而明显不当。基于同样的理由，行为人佯装购车，以试车为名驾驶车辆时，从车主规定（支配）的试车场所驾驶逃离的，成立盗窃罪，而非诈骗罪。在行为人未取得财物（未遂）的情况下，二者的关键区别在于，行为是否属于足以使对方产生处分财物的错误认识的欺骗行为。

从没有处分能力的幼儿、严重精神病患者那里"骗取"财物的，因为不符合诈骗罪中的欺骗特点，被害人也无处分意识与处分行为，故该行为不成立诈骗罪，只成立盗窃罪。

机器不可能被骗，因此，向自动售货机中投入类似硬币的金属片，从而取得售货机内的商品的行为，不构成诈骗罪，只能成立盗窃罪。利用他人支付凭证在自动取款机取得财物的，也成立盗窃罪。冒用他人支付凭证通过银行职员、特约商户职员取得他人财物的，成立（金融）诈骗罪。需要说明的是，在自然人利用机器处理事务时，行为人的欺骗行为导致自然人产生错误认识进而处分财物的，应认定为诈骗罪。例如，甲将低价商品的价格标签调换到高价商品上，导致收银员利用扫码器确认价格后少收货款。显然，不能认定甲在欺骗机器（扫码器），而应认定甲对收银员实施了诈骗行为，即应当认定为诈骗罪。再如，行为人伪造高速公路的ETC卡，即便在通过ETC通道时卡由机器识别，但只要收费站有工作人员在场（不要求工作人员在ETC通道旁），就可以认定行为人构成诈骗罪。

他人没有处分行为或者处分行为没有直接造成损失，而是由行为人的新的取得行为转移被害人财物的，不成立诈骗罪，而应根据新的取得行为的性质认定犯罪。例如，欺骗他人离开房间，然后乘机拿走他人房间内的财物的，由于他人没有处分行为，只能认定为盗窃罪。行为人的欺骗行为使被害人对财物的占有弛缓，进而取走财物的，也仅成立盗窃罪。例如，行为人谎称购买项链，让店主将项链递给自己看一下，然后拿着项链逃跑的，成立盗窃罪（与借用手机的情形相同）。又如，骗得他人的汽车钥匙（如谎称将物品放在汽车内）后，将汽车开走据为己有的，对汽车成立盗窃罪，而非诈骗罪。

对于所谓“调包案件”，也需要综合具体案情，根据被害人是否有处分财物的行为与意识认定行为性质。概言之，只要被害人在当时继续占有自己的财物或者已经合法占有对方的财物，行为人采取调包方法取得财物的，就应当认定为盗窃罪。例如，甲欺骗乙，谎称可以将面额10元的人民币变为面额50元的人民币，于是让乙将200张面额10元的人民币交给甲，由甲当场变成200张面额50元的人民币。甲在“变”的过程中，将乙的2000元装入自己的包内，将一包废纸交给乙，让乙回家再打开看。甲的行为构成盗窃罪。因为乙将2000元交给甲时也继续占有其现金，而没有处分现金（没有将2000元交给甲占有）的意识。再如，甲谎称低价销售手机，乙答应购买并将3000元交给甲，甲将手机交给乙之后，谎称要取出手机中的SIM卡，乙让甲取卡时，甲趁机调换手机，将假手机交给乙。按照交易规则，当乙交付了货款并取得手机时，手机就已经由乙占有并且所有。即便甲在行为时隐瞒了最终要通过调包手段不让乙取得手机的想法，但该交易行为仍然有效。所以，甲的欺骗行为并没有侵害乙的财物，导致乙遭受损失的是甲后来实施的调包行为。但在调包时，由于手机已经由乙占有且所有，而且乙没有处分财物的意识，只是让甲取出SIM卡，所以，甲的行为仍然成立盗窃罪。反之，如果张三谎称低价销售手机，李四答应购买并将3000元交给张三，张三将假手机交给李四的，张三对3000元现金构成诈骗罪。

将他人的财物当作自己的财物出卖给第三者的，成立盗窃罪，同时触犯诈骗罪。例如，甲见外地人来本地买树，便将同村乙家（均在外地打工）价值近万元的活树卖给外地人。可以肯定甲盗窃了乙的活树，问题是，甲的行为是否同时对买树人成立诈骗罪（想象竞合）？甲无疑欺骗了买树人，使买树人误以为树为甲所有，进而向甲支付了对价。所以，关键在于买树人是否存在损失。根据无权处分完全有效说，买树人通过支付对价获取树是有效的，因而没有损失，甲对其不成立诈骗罪。根据无权处分无效说，甲的处分行为不具有效力，买树人存在损失。根据无权处分效力待定说，买树人是否存在损失，取决于所有权人事后是否追认以及行为人事后是否取得处分权。应当认为，甲的行为同时触犯了诈骗罪和盗窃罪，因为根据目的失败论，买树人虽然支付了对价却未能买到没有瑕疵的树，故仍然存在损失。但是，由于甲只实施了一个行为，宜认定为想象竞合，从一重罪处罚。

窃取他人所有的财物后，利用所盗窃的财物骗取财物所有者的其他财物的，属于两个行为触犯两个罪名，成立数罪（难以认为二者之间存在牵连关系）。例如，从超市盗窃商品后又“退货”换取现金的，从商店盗窃兑换券然后“领取”奖品的，从游戏机中窃取弹珠（或者游戏币）又“兑换”现金的，分别触犯盗窃罪与诈骗罪。两个行为不具有通常的牵连性，宜实行数罪并罚。

行为人正常大量用电后，在电力公司人员即将按电表收取电费时，产生不缴或少缴电费之念，使用不法手段将电表显示数调至极小额度，使收费人员误以为行为人没有用电，从而免除行为人的电费缴纳义务的，成立诈骗罪。因为在这种场合，电力公司不存在电力返还请求权，只有货款（电费）请求权。行为人所骗取的不是电力本身，而是对方的电费请求权这一财产性利益。行为人为了不缴或者少缴电费，事先采用不法手段，使电表停止运行的，所窃取的是电力本身，成立盗窃。上述两种情形不宜混淆。

行为人甲租用租赁公司的机动车后，使用欺骗手段将机动车作为自己的机动车质押给第三人，从第三人处“借得”30万元人民币，随后又窃回机动车，也不返还“借款”的，对“借款”成立诈骗罪，对机动车成立盗窃罪（因为机动车由第三人合法占有)。至于是实行数罪并罚还是作为狭义的包括的一罪处理,抑或认定为牵连犯,还存在争议。

4.正确认定诈骗罪的形态与罪数。行为人开始实施欺骗行为时,才是诈骗罪的着手;为了诈骗而伪造有关证件的,属于诈骗的预备行为。行为人实施欺骗行为后,没有使他人陷入错误认识,或者虽使他人陷入错误认识但他人未处分财物的,属于诈骗未遂。行为人为了骗取财物,往往使用法律所禁止的手段,如伪造并使用伪造的公文、证件、印章进行欺骗。在这种情况下,通常按照从一重罪从重处罚的原则处理,但法律另有规定的除外。实施一个欺骗行为,数次从同一人那里获得财物的,只成立一个诈骗罪。

犯本罪的,根据《刑法》第266条的规定处罚。

四、抢夺罪

本罪是指以非法占有为目的,直接夺取他人紧密占有的数额较大的公私财物,或者多次夺取他人紧密占有的公私财物的行为。

本罪客观方面表现为直接夺取他人紧密占有的数额较大的财物,或者多次夺取他人紧密占有的公私财物。抢夺行为是直接夺取财物的行为,即直接对财物实施暴力。行为人在被害人当场可以得知财物被抢的情况下实施抢夺行为,被害人可以当场发觉但通常来不及抗拒。抢夺行为不必在不特定人或多数人面前实施。抢夺的对象仅限于他人占有的动产。多次夺取,在与多次盗窃、多次敲诈勒索相平衡的意义上,应指2年内抢夺3次以上。本罪主观方面只能是故意,并具有非法占有目的。

关于抢夺罪与抢劫罪的区别:

抢夺行为主要表现为直接对物使用暴力(对物暴力);行为人实施抢夺行为时,被害人通常来不及抗拒,而不是被暴力压制不能抗拒,也不是受胁迫不敢抗拒。这是抢夺罪与抢劫罪的关键区别。

对于驾驶机动车、非机动车夺取他人财物的行为性质,不宜一概而论,关键在于利用行驶的机动车、非机动车辆夺取他人财物的行为是否具有对人暴力的性质。如果得出肯定结论,则应认定为抢劫罪。夺取他人财物时因被害人不放手而强行夺取的,驾驶车辆逼挤、撞击或者强行逼倒他人夺取财物的,明知会致人伤亡仍然强行夺取并放任造成财物持有人轻伤以上后果的应当认定为抢劫罪。

《刑法》第267条第2款规定,携带凶器抢夺的,以抢劫罪定罪处罚。

1.只要行为人携带凶器抢夺的,就以抢劫罪论处,而不要求行为人使用暴力、胁迫或者其他方法。刑法之所以设立该规定,是因为抢夺的被害人当场会发现被抢夺的事实,而且在通常情况下会要求行为人返还自己的财物;而行为人携带凶器抢夺的行为,客观上为自己抗拒抓捕、窝藏赃物创造了便利条件,再加上主观上具有使用凶器的意识,使用凶器的盖然性非常高,从而导致其行为的危害程度与抢劫罪没有实质区别。

2.所谓凶器,是指在性质上或者用法上,足以杀伤他人的器物。凶器必须是用于杀伤他人的物品,与犯罪工具不是等同概念。凶器分为性质上的凶器与用法上的凶器。性质上的凶器,是指枪支、管制刀具等本身用于杀伤他人的物品。性质上的凶器无疑属于《刑法》第267条第2款规定的凶器。用法上的凶器,是指从使用的方法来看,可能用于杀伤他人的物品。如家庭使用的菜刀,用于切菜时不是凶器;但用于或准备用于杀伤他人时则是凶器。问题在于:在何种情形下,可以将具有杀伤力的物品认定为凶器?对此,应综合考虑以下几个方面的因素:(1)物品的杀伤机能的高低。某种物品的杀伤机能越高,被认定为凶器的可能越大。因此,行为人使用的各种仿制品,如塑料制成的手枪、匕首等不属于凶器。(2)物品用于杀伤他人的可能性大小。一方面,在司法实践中,行为人所携带的物品是否属于违法犯罪人通常用于违法犯罪的凶器。如果得出肯定结论,则被认定为凶器的可能性大。另一方面,行为人所携带的物品在案件中被用于杀伤他人的盖然性程度。这一点与“携带”的认定密切联系。(3)根据一般社会观念，该物品所具有的对生命、身体的危险感的程度。当不具有持有资格的人持有枪支时，一般人会产生很强的危险感。但是，并非具有杀伤机能的物品都是凶器，物品的外观也是需要考虑的因素。汽车撞人可能导致瞬间死亡，但开着汽车抢夺的，难以认定为携带凶器抢夺。这是因为一般人面对停在地面或者正常行驶的汽车时不会产生危险感。(4)物品被携带的可能性大小。即在通常情况下，一般人外出或在马路上通行时，是否携带这种物品。换言之，根据一般人的观念，在当时的情况下，行为人携带该物品是否具有合理性。一般人在马路上行走时，不会携带菜刀、杀猪刀、铁棒、铁锤、斧头、锋利的石块等；携带这些物品抢夺的，理当认定为携带凶器抢夺。

3.所谓携带，是指在日常生活的住宅或者居室以外的场所，将某种物品带在身上或者置于身边附近，将其置于现实的支配之下的行为。携带是一种现实上的支配，行为人随时可以使用自己所携带的物品。手持凶器、怀中藏着凶器、将凶器置于衣服口袋、将凶器置于随身的手提包等容器中的行为无疑属于携带凶器。此外，使随从者实施这些行为的，也属于携带凶器。例如，甲使乙手持凶器与自己同行，即使由甲亲手抢夺丙的财物，也应认定甲的行为是携带凶器抢夺。

携带凶器应具有随时可能使用或当场能够及时使用的特点，即具有随时使用的可能性。但是，不要求行为人显示凶器(将凶器暴露在身体外部)，也不要求行为人向被害人暗示自己携带着凶器，更不要求行为人使用所携带的凶器。如果行为人使用所携带的凶器强取他人财物，则应直接适用《刑法》第263条的规定；行为人在携带凶器而又没有使用凶器的情况下抢夺他人财物的，才应适用第267条第2款的规定。所谓没有使用凶器，应包括两种情况：一是没有针对被害人使用凶器实施暴力；二是没有使用凶器进行胁迫。如果行为人携带凶器并直接针对财物使用凶器进而抢夺的，则仍应适用《刑法》第267条第2款。例如，行为人携带管制刀具尾随他人，突然使用管制刀具将他人背着的背包带剪(划)断，取得他人背包的，应适用《刑法》第267条第2款，而不能直接适用《刑法》第263条的规定。

犯本罪的，根据《刑法》第267条的规定处罚。

五、侵占罪

侵占罪，是指将代为保管的他人财物非法占为己有，数额较大，拒不退还的，或者将他人的遗忘物或者埋藏物非法占为己有，数额较大，拒不交出的行为。侵占罪分为普通侵占与侵占脱离占有物两种类型。

1.普通侵占。普通侵占，是指将代为保管的他人财物非法占为己有，数额较大，拒不退还的行为。

(1)本罪客体是他人的财产所有权。行为的对象是自己代为保管的他人财物，但不是一般意义的他人财物，而必须是行为人"代为保管"的他人财物。应当将代为保管理解为占有，包括事实上的支配与法律上的支配。事实上的支配，与盗窃罪对象——他人占有的财物中的占有含义相同，只要行为人对财物具有这种事实上的支配即可，不要求事实上握有该财物。因此，事实上的支配(或占有)不同于民法上的占有，只要行为人持有或者保管着某种财物，即使在民法上不认为是占有，也能成为本罪的对象。法律上的支配，是指行为人虽然没有事实上占有财物，但在法律上对财物具有支配力。例如，不动产的名义登记人，占有该不动产；提单等有价证券的持有人，占有提单等有价证券所记载的财物。因为侵占罪的特点是将自己占有的财产不法转变为所有，因此，只要某种占有具有处分的可能性，便属于侵占罪中的代为保管即占有。不动产的名义登记人完全可能处分不动产；提单等有价证券的持有人也完全可能处分提单等记载的财物；所以，应认定为侵占罪中的代为保管(占有)。但是，无论是事实上的支配还是法律上的支配，都应以财物的所有人与行为人之间存在委托关系为前提，委托关系发生的原因多种多样，如租赁、担保、借用、委任、寄存等。委托关系不一定要有成文的合同，根据日常生活规则，事实上存在委托关系即可。行为人所占有的财物，必须是他人所有的财物；对自己所有的财物不可能成立侵占罪。

关于基于不法原因而委托给付的财物能否成为侵占罪的对象，刑法理论上存在争论。例如，甲欲向国家工作人员行贿，将财物委托给乙转交，但乙将该财物据为己有，乙的行为是否构成侵占罪？肯定说认为，刑法与民法的目的不同，即使上述委托关系在民法上不受保护，也不影响侵占罪的成立，因为对于乙而言，该财物仍然属于“自己占有的他人财物”。否定说认为，甲对财物没有权利请求返还，故可以认为该财物所有权已经不属于甲，因此，乙没有将“他人财物”据为己有，故不成立侵占罪。折中说主张，分清不法原因给付与不法原因委托，前者是基于不法原因终局性地转移财物；后者只是基于不法原因将财物暂时委托给他人。将不法原因给付物据为己有的，不成立犯罪；但将不法原因委托物据为己有的，则成立侵占罪。如何进行学说取舍，还需进一步研究。

窝藏或者代为销售的赃物能否成为侵占罪的对象，同样存在争论。例如，甲为盗窃犯，将其盗窃的财物委托乙窝藏或者代为销售，但乙知道真相却将该财物据为己有或者将销售后所得的现金据为己有。肯定说认为，虽然乙接受的是盗窃犯的委托，但其受托占有的财物仍然是他人的财物，而且事实上占有着该财物，故其行为属于将自己占有的他人财物据为己有，成立侵占罪。否定说认为，乙虽然接受了盗窃犯的委托，但盗窃犯并不是财物的所有权人，甲与乙之间就不存在任何形式的所有权人与受托人之间的委托关系，故不成立侵占罪；相对于原所有权人而言，赃物属于脱离占有物，乙将赃物据为己有的行为，属于侵占脱离占有物，但由于乙将赃物或犯罪所得收益据为己有的行为，成立赃物犯罪，侵占脱离占有物的行为被吸收，仅以赃物犯罪论处。如何进行学说取舍，还需进一步研究。

（2）客观上必须有侵占行为。侵占，是指将自己暂时占有的他人财物不法转变为自己所有的财物，不按协议与要求退还给他人；或者以财物的所有人自居，享受财物的所有权的内容，实现其不法所有的意图。侵占行为既可以是作为，也可以是不作为，具体表现为将自己代为保管的财物出卖、赠与、消费、抵偿债务等。正因为如此，侵占罪的行为没有侵犯财物的占有，只是侵犯了他人财产所有权。根据《刑法》的规定，只有非法侵占他人数额较大的财物才成立犯罪。

“非法占为己有”与“拒不退还”表达的是相同含义：将自己占有的他人财物变为自己所有的财物。首先，就现金以外的财物而言。倘若行为人已经非法占为己有，如将自己代为保管的财物出卖、赠与、消费、抵偿债务等时，就充分表明他拒不退还。反之，行为人拒不退还时，也表明他“非法占为己有”。而且，当行为人将自己占有的他人财物变为自己所有的财物时，就已经表明他“拒不退还”。当然，行为人没有以所有人自居处分财物，仍然保管着财物时，只要所有人或其他权利人未要求归还，即使超过了归还期限，也难以认定为“非法占为己有”，因而不宜认定为侵占罪。但如果所有人或其他权利人要求行为人归还而行为人拒不归还的，即使没有进行财产处分，也表明其“非法占为己有”。所以，“拒不退还”只是对“非法占为己有”的强调，或者说只是对认定行为人是否“非法占为己有”的一种补充说明。其次，就现金而言。由于现金只要转移占有便转移所有，所以，乙将现金委托给甲管理时，即使甲使用了该现金，也因为不属于“他人财物”而不直接成立委托物侵占；只有当乙要求甲退还而甲不退还时，才能认定为委托物侵占。在这种情况下，“拒不退还”似乎与“非法占为己有”相并列，其实也不尽然。因为当乙向甲索要现金，甲如数归还时，根本无法认定甲已经“非法占为己有”；只有当甲拒不退还时，才能认定“非法占为己有”。所以，“拒不退还”只是对“非法占为己有”的强调，或者说只是对认定行为人是否“非法占为己有”的一种补充说明。

（3）主体必须是代为保管他人财物的人，或者说是他人财物的占有者，因而本罪属于身份犯。

（4）主观方面表现为故意，即明知是代为保管的他人财物，而不法据为己有。不具有不法所有目的的行为，不可能成立侵占罪。

2.侵占脱离占有物。侵占脱离占有物，是指将他人的遗忘物或者埋藏物非法占为己有，数额较大，拒不交出的行为。遗忘物，是指非基于他人本意而脱离他人占有，偶然（不是基于委托关系）由行为人占有或者占有人不明的财物。因此，他人因为认识错误而交付给行为人的金钱，邮局误投的邮件，楼上飘落的衣物，河流中的漂流物等，只要他人没有放弃所有权的，均属于遗忘物。民法上的遗失物，也属于刑法上的遗忘物。埋藏物，是指埋藏于地下，所有人不明或应由国家所有的财物。如果是他人有意埋藏于地下的财物，则属于他人占有的财物，而非埋藏物。行为人不法取得的，成立盗窃罪；如果行为人不知道有所有人，则属于事实认识错误，虽不成立盗窃罪，但成立侵占罪。

认定本罪需要注意以下问题：

1.侵占罪与盗窃罪的关系。盗窃罪只能是盗窃他人占有的财物，对自己占有的财物不可能成立盗窃罪；普通侵占是侵占自己占有的他人财物，侵占脱离占有物是侵占遗忘物或者埋藏物。所以，判断财物由谁占有、是否脱离占有，是判断行为成立侵占罪还是盗窃罪的关键。例如，沈某骑自行车到摩托车修理店，见有一辆摩托车停在修理店门口，遂起占有之念，又见该修理店的货架上没有摩托车锁，于是问店主："你店里有没有摩托车锁？"店主说："这里没有，你要的话，等一会我回去拿。"沈某便说："你快点去拿吧，我要办事去呢。"店主在沈某的催促下，离开了修理店到50米外的家里取锁，临走时对沈某讲："我去拿锁，你帮我看下店。"店主离开后，沈某骑走摩托车。在本案中，虽然沈某欺骗店主使其离开修理店，但店主并没将财产转移给沈某占有。店主虽然说了一声"帮我看下店"，但此时沈某充其量只是修理店财物的占有辅助者。根据社会的一般观念，即使店主暂时离开了修理店，修理店中的财物仍然由店主占有，所以，沈某的行为成立盗窃罪。再如，帮他人照看房屋的人，并没有占有房屋与房屋内的财物，其将他人房屋内的财物据为己有的，应认定为盗窃罪，而非侵占罪。

关于取得乘客"遗忘"在小型出租车内的财物（暂时不考虑数额要求），应进行如下处理：（1）乘客刚下车时，将行李"遗忘"在车内，在短暂的时间内，只要出租车尚未离开，该行李仍由乘客占有。司机在乘客刚下车后，发现车内留有行李而迅速逃离的，应当认定为盗窃罪。基于同样的理由，在前乘客刚下车、后乘客立即上车的情形下，后乘客立即将前乘客"遗忘"在出租车座位上的行李据为己有的，也成立盗窃罪。（2）前乘客遗忘在出租车后备厢的行李，如果脱离了前乘客的占有，就当然转移为司机占有。司机事后据为己有的，成立侵占罪。如果后乘客也将自己的行李放在后备厢，在下车时同时将前乘客的行李一并取走的，成立盗窃罪。（3）前乘客遗忘在出租车座位上的行李，如果脱离了前乘客的占有，就当然转移给司机占有。因为出租车虽然是任何人都可以乘坐的车辆，但出租车本身由司机占有。既然如此，出租车内的财物也当然由司机占有。即使司机没有意识到前乘客将行李遗忘在出租车的座位上，由于财物处于司机的支配范围内，根据社会的一般观念，也应认定司机事实上支配了前乘客的行李。所以，如果后乘客将前乘客的行李转移为自己占有，应认定为盗窃罪；司机将前乘客的财物据为己有的，成立侵占罪。

他人利用行为人的银行卡存款，实际上属于行为人受委托管理他人的存款（法律上占有了存款），行为人以拒不归还的意思从银行取款据为己有的（无论是从柜台取款还是从自动取款机取款），只成立侵占罪，不成立其他犯罪（行为人对银行不存在犯罪行为）。他人要求行为人取款，行为人拒不为他人取款的，也成立侵占罪。拾得他人信用卡后，在自动取款机取款的，成立盗窃罪（在银行柜台取款的，成立信用卡诈骗罪）。

在分期付款购物的场合，如果在买方付清货款之前，货物的所有权由卖方享有（所有权保留），买主在付清货款之前处分货物的，属于（委托物）侵占行为（如果具有付清货款的意思，则缺乏侵占罪的故意与目的，而不成立犯罪）；反之，卖方违反买方的意志窃回货物的，成立盗窃罪。在动产质押的场合，质物由债权人合法占有。债务人窃取质物的，成立盗窃罪；债权人在债务履行期未满时处分质物的，属于（委托物）侵占行为，同时具备责任要素的，成立侵占罪。

一般来说，侵占罪与盗窃罪是一种对立关系。但是，对此不能绝对化。因为侵占脱离占有物犯罪中的“遗忘”与“埋藏”是表面的构成要件要素，亦即，它不是为违法性提供根据的要素，而是为了与盗窃罪相区别所规定的要素。因此，即使客观上不是遗忘物与埋藏物，而是他人占有的财物，也可能成为侵占罪的对象。例如，在误将他人占有的财物当作遗忘物而转移为自己占有时，虽然客观行为符合盗窃罪的构成要件，但主观上不具有盗窃罪的故意时，应认为符合侵占罪的犯罪构成（既遂）。

2.侵占罪与诈骗罪的关系。行为人出于非法占有目的，欺骗被害人，使其将财物交付给行为人“代为保管”，进而非法占为己有的，应认定为诈骗罪。通说认为，行为人接受委托代为保管他人财物，非法将财物占为己有后，在被害人请求返还时，虚构财物被盗等理由，使被害人免除行为人的返还义务的，仅成立侵占罪。因为该行为仅侵害了被害人的同一法益，事后的欺骗行为属于为了确保对同一侵占物的不法占有而实施的共罚的事后行为，故不另成立诈骗罪。当然，也有少数说认为，后面的欺骗行为所获得的是财产性利益，因而不属于共罚的事后行为，而是包括的一罪，应从一重罪论处。

行为人正当租用汽车后，使用虚假资料，谎称汽车为自己所有而出卖给他人的，对汽车的所有者成立侵占罪，对汽车的购买者成立诈骗罪，应当实行数罪并罚。行为人以租用汽车为名骗取他人汽车后，使用虚假资料，谎称汽车为自己所有而出卖给他人的，对汽车的所有者与购买者均成立诈骗罪，应当累计诈骗数额。

在邮递员误将乙的邮件准备交付给甲时，甲明知不是自己的邮件却伪装成乙而签收的，属于诈骗；倘若甲误以为是自己的邮件而签收，发现后拒不退还的，则是侵占。取款人在银行取款时，银行职员多交付现金的。即使银行职员在交付时要求取款人确认，取款人明知多付了现金而不说明的，也不应当认定为诈骗罪（取款人没有作为义务）；取款人收取多付的现金后，银行职员要求其返还多付的现金时，取款人采取欺骗手段使对方免除返还义务的，成立诈骗罪（对债权的诈骗罪）；取款人收取银行职员多交付的现金单纯拒不退还的，则是侵占（对现金的侵占）。行为人为被害人雇请专家从事咨询活动，原本只需要向专家支付10万元，行为人也只打算向专家支付10万元，却向被害人谎称需要30万元。被害人交付30万元后，行为人将10万元支付给专家，将20万元据为己有的，成立诈骗罪。如果行为人原本打算向专家支付30万元，或者被害人要求行为人向专家支付30万元，行为人收到被害人交付的30万元后，仅将10万元支付给专家，将剩下的20万元据为己有的，则成立侵占罪。

案例分析　能力训练

犯本罪的，告诉的才处理，根据《刑法》第270条第1款的规定处罚。

六、职务侵占罪

本罪是指公司、企业或者其他单位的工作人员，利用职务上的便利，将本单位财物非法占为己有，数额较大的行为。

1.本罪客体是单位的财产权。

2.客观方面表现为利用职务上的便利，将数额较大的单位财物非法占为己有的行为。首先，行为人必须利用了职务上的便利，即利用自己主管、管理、经营、经手单位财物的便利条件。他人与油气企业人员勾结共同盗窃油气，没有利用油气企业人员职务便利，仅是利用其易于接近油气设备、熟悉环境等方便条件的，以盗窃罪的共同犯罪论处，不能以职务侵占罪的共同犯罪论处，就是因为这里不存在利用职务上的便利问题。其次，必须将单位财物非法占为己有。这种行为除了将基于职务管理的单位财物非法占为己有的侵占外，还包括利用职务之便的窃取、骗取等行为。根据《刑法》第183

条的规定，保险公司的工作人员（但国有保险公司的工作人员和国有保险公司委派到非国有保险公司从事公务的人员除外），利用职务上的便利，故意编造未曾发生的保险事故进行虚假理赔，骗取保险金归自己所有的，以职务侵占罪论处。最后，必须非法占有了数额较大的单位财物，即财物数额在3万元以上。

3.主体必须是公司、企业或者其他单位的工作人员，但国有公司、企业或者其他国有单位中从事公务的人员和国有公司、企业或者其他国有单位委派到非国有公司、企业以及其他单位从事公务的人员，利用职务上的便利侵占公共财物的，成立贪污罪。村民委员会等村基层组织人员，利用职务便利侵吞集体财产的，以职务侵占罪论处；但是如果在协助人民政府从事行政管理工作时，利用职务上的便利侵占公共财物的，则成立贪污罪。对村民小组组长利用职务上的便利，将村民小组集体财产非法占为己有，数额较大的行为，以职务侵占罪定罪处罚。在国有资本控股、参股的股份有限公司中从事管理工作的人员，除受国家机关、国有公司企业、事业单位委派从事公务的以外，不属于国家工作人员。对其利用职务上的便利，将本单位财物非法占为己有，数额较大的行为，应当以职务侵占罪论处。

4.主观上必须出于故意，并具有不法所有（就行为人已经占有的财物而言）或非法占有（就行为人没有占有的财物而言）的目的。

犯本罪的，根据《刑法》第271条第1款的规定处罚。

七、挪用资金罪

本罪是指公司、企业或者其他单位的工作人员，利用职务上的便利，挪用本单位资金归个人使用或者借贷给他人使用，数额较大、超过3个月未还的，或者虽未超过3个月，但数额较大、进行营利活动的，或者进行非法活动的行为。具有下列情形之一的，属于挪用本单位资金"归个人使用"：（1）将本单位资金供本人、亲友或者其他自然人使用的；（2）以个人名义将本单位资金供其他单位使用的；（3）个人决定以单位名义将本单位资金供其他单位使用，谋取个人利益的。根据相关规定，挪用本单位资金归个人使用或者借贷给他人，涉嫌下列情形之一的，应予立案追诉：（1）挪用本单位资金数额在5万元以上，超过3个月未还的；（2）挪用本单位资金数额在5万元以上，进行营利活动的；（3）挪用本单位资金数额在3万元以上，进行非法活动的。对于挪用单位资金进行非法活动构成其他犯罪的，应当实行数罪并罚。本罪主体为公司、企业或者其他单位的工作人员。小区业主委员会向市场监督管理部门登记注册并取得组织机构代码证，符合相关司法解释所规定的"其他单位"的特征，故业主委员会工作人员可以成为挪用资金罪的犯罪主体。本罪主观方面为故意。犯本罪的，根据《刑法》第272条第1款的规定处罚。行为人在提起公诉前将挪用的资金退还的，可以从轻或者减轻处罚。其中犯罪较轻的，可以减轻或者免除处罚。

八、挪用特定款物罪

本罪是指违反国家财经管理制度，将专用于救灾、抢险、防汛、优抚、扶贫、移民、救济款物挪作他用，情节严重，致使国家和人民群众利益遭受重大损害的行为。挪用失业保险基金与下岗职工基本生活保障资金的，属于挪用救济款物。本罪的挪用，只限于由有关单位改变专用款物用途，不包括挪作个人使用。犯本罪的，根据《刑法》第273条的规定处罚。

九、敲诈勒索罪

本罪是指以非法占有为目的，对他人实行威胁，索取公私财物数额较大或者多次索取公私财物的行为。敲诈勒索罪的基本结构是：行为人以非法占有为目的对他人实行威胁—对方产生恐惧心理—对方基于恐惧心理处分财产—行为人或第三者取得财产—被害人遭受财产损失。

1.客观方面表现为威胁他人，使之处分财产，从而索得数额较大的公私财物，或者多次向他人索取公私财物。威胁，是指以恶害相通告迫使被害人处分财产，即如果不按照行为人的要求处分财产，就会当场或在将来的某个时间遭受恶害(如果当场遭受的恶害是足以压制他人反抗的暴力,则成立抢劫罪)。威胁内容的种类没有限制,包括对被害人及其亲属等人的生命、身体、自由、名誉等进行威胁。例如,以在信息网络上发布、删除等方式处理不利于他人的网络信息为由,威胁他人,索取公私财物的,属于敲诈勒索行为。威胁行为只要足以使他人产生恐惧心理即可,不要求现实上使被害人产生了恐惧心理。威胁的内容是由行为人自己实现,还是由他人实现,在所不问。威胁内容的实现本身不必具有违法性。例如,行为人得知他人的犯罪事实后,向司法机关告发属合法行为,但行为人以向司法机关告发进行威胁索取财物的,也成立敲诈勒索罪。威胁的方法没有限制,既可能是明示的,也可能是暗示的;既可以使用语言文字,也可以使用动作手势,还可以使用没有达到抢劫程度的轻微暴力;既可以直接通告被害人,也可以通过第三者通告被害人,或者利用信息网络通告被害人。威胁的结果,是使被害人产生恐惧心理,然后为了保护自己更大的利益而处分其数额较大的财产,进而使行为人取得财产。被害人处分财产,并不限于被害人直接交付财产,也可以是因为恐惧而默许行为人取得财产,还可以是与被害人有特别关系的第三者基于被害人的财产处分意思交付财产。成立本罪,行为人必须敲诈勒索了数额较大的财物。在敲诈勒索的财物数额不大时,如果属于多次敲诈勒索,同样可以构成本罪。根据司法解释,2年内敲诈勒索3次以上的,属于多次敲诈勒索。

2.主观方面只能是故意,并具有非法占有目的。

认定本罪需要注意如下问题:

1.正确区分敲诈勒索罪与非罪的界限。在不少情况下,行为人为了行使自己的权利而使用威胁手段。例如,债权人为了实现债权,而对债务人实施胁迫行为。对这种行为,原则上不以犯罪论处。即如果没有超出权利的范围,具有行使实力的必要性,而且其手段行为本身不构成刑法规定的其他犯罪,就应认为没有造成对方财产上的损害,不宜认定为犯罪。敲诈勒索近亲属的财物,获得谅解的,一般不认为是犯罪;认定为犯罪的,应当酌情从宽处理。

2.注重处理敲诈勒索罪与抢劫罪的关系。二者都以非法占有为目的,不仅都可以使用威胁方法,而且敲诈勒索罪也可能包含暴力行为。二者的关键区别在于暴力、胁迫的程度不同:抢劫罪中的暴力、胁迫达到了足以压制他人反抗的程度;敲诈勒索罪的暴力、胁迫只要足以使他人产生恐惧心理即可。因此,行为人胁迫被害人当场交付财物,否则日后将杀害被害人,或者对被害人实施轻微暴力、胁迫令被害人当场交付财物的,仅成立敲诈勒索罪。

3.注意区分敲诈勒索罪与绑架罪的界限。绑架罪中包括向被绑架人的近亲属及其他人勒索财物的情况,它与敲诈勒索罪的关键区别在于是否实际上绑架了他人。例如,甲、乙合谋后,由与丙相识的甲将丙骗往外地游玩,乙给丙的家属打电话,声称已经“绑架”了丙,借以要求“赎金”的,不成立绑架罪,而成立敲诈勒索罪(可能与诈骗罪相竞合)。

4.注意正确处理“碰瓷”案件。所谓“碰瓷”,是指行为人通过故意制造或者编造其被害假象,采取诈骗、敲诈勒索等方式非法索取财物的行为。实施“碰瓷”,具有下列行为之一,敲诈勒索他人财物,符合《刑法》第274条规定的,以敲诈勒索罪定罪处罚:(1)实施撕扯、推搡等轻微暴力或者围困、阻拦、跟踪、贴靠、滋扰、纠缠、哄闹、聚众造势、扣留财物等软暴力行为的;(2)故意制造交通事故,进而利用被害人违反道路通行规定或者其他违法违规行为相要挟的;(3)以揭露现场掌握的当事人隐私相要挟的;(4)扬言对被害人及其近亲属人身、财产实施侵害的。

“碰瓷”还可能构成其他犯罪。实施“碰瓷”,虚构事实、隐瞒真相,骗取赔偿,符合《刑法》第266条规定的,以诈骗罪定罪处罚;骗取保险金,符合《刑法》第198条规定的,以保险诈骗罪定罪处罚;当场使用暴力、胁迫或者其他方法,当场劫取他人财物的,应以抢劫罪定罪处罚。实施“碰瓷”,故意造成他人财物毁坏,符合《刑法》第275条规定的,以故意毁坏财物罪定罪处罚。

5.注意区分敲诈勒索罪的既遂与未遂的界限。被害人基于恐惧心理处分财产，行为人取得财物时，就是敲诈勒索罪的既遂。但是，如果被害人不是基于恐惧心理，而是基于怜悯心理提供财物，或者为了配合警察逮捕行为人而按约定时间与地点交付财物的（显然不属于处分财产的行为），只能认定为敲诈勒索罪的未遂。

犯本罪的，根据《刑法》第274条的规定处罚。

十、故意毁坏财物罪

本罪是指故意毁坏公私财物，数额较大或者有其他严重情节的行为。

客观上表现为毁坏公私财物。对象为公私财物，既可以是动产，也可以是不动产。行为表现为毁坏。毁坏，是指有损财物的效用的一切行为。不限于从物理上变更或者消灭财物的形体，而是包括丧失或者减少财物的效用的一切行为。所谓财物效用的丧失与减少，不仅包括因为物理上、客观上的损害而导致财物的效用丧失或减少，而且包括因为心理上、感情上的缘故而导致财物的效用丧失或者减少（如将粪便装入餐具）；不仅包括财物本身的丧失，而且包括被害人对财物占有的丧失等情况。毁坏财物数额较大或者有其他严重情节的，才成立本罪。但毁坏耕地或者进行破坏性采矿的，以其他犯罪论处；毁坏交通工具、交通设施、易燃易爆等设备，危害公共安全的，成立危害公共安全的犯罪。本罪主观上只能出于故意，过失毁坏他人财物的，不成立犯罪。

犯本罪的，根据《刑法》第275条的规定处罚。

十一、破坏生产经营罪

本罪是指由于泄愤报复或者其他个人目的，毁坏机器设备、残害耕畜或者以其他方法破坏生产经营的行为。行为人实施了破坏生产经营的行为，这是构成本罪的核心。这里的“生产经营”，包括一切经济形式的生产经营，不问其所有制性质。破坏生产经营的方法，包括毁坏机器设备、残害耕畜或者其他方法。“其他方法”是指与毁坏机器设备、残害耕畜具有相当性的方法，即能够导致生产经营的某个环节难以正常进行的破坏性方法，如损毁设计图纸、污损原材料、切断生产所需电力等。破坏的对象是进行正常生产经营活动所需的物质条件。破坏不属于正常生产经营所需的物质条件，如破坏已经报废的机器设备的，不构成本罪。对本罪客观要件的把握，应与网络时代的社会现实相适应。例如，行为人通过在网络交易平台恶意大量购买他人商品或服务，导致商家被网络交易平台认定为虚假交易进而被采取商品搜索降权的管控措施，造成商家损失严重的，该行为属于以其他方法破坏生产经营，构成本罪。成立本罪要求行为人主观上具有泄愤报复或者其他个人目的。只要破坏生产经营行为无正当理由，就可以认定行为人存在“其他个人目的”。如为打击、排挤对手或者掩盖自己业绩不达标，而破坏生产经营的行为，成立本罪。以放火、爆炸等方法破坏厂矿、企业的机器设备、生产设施和耕畜、农具以及其他生产资料等，足以危害公共安全的，成立放火罪、爆炸罪等犯罪与破坏生产经营罪的想象竞合犯，从一重罪处断，对行为人应以放火罪、爆炸罪等犯罪论处。犯本罪的，根据《刑法》第276条的规定处罚。

十二、拒不支付劳动报酬罪

本罪是指以转移财产、逃匿等方法逃避支付劳动者的劳动报酬或者有能力支付而不支付劳动者的劳动报酬，数额较大，经政府有关部门责令支付仍不支付的行为。

本罪在客观方面表现为：（1）行为人拒不支付数额较大的劳动报酬。劳动报酬，是指劳动者依照劳动法等法律规定应得的劳动收入，包括工资、奖金、津贴、补贴、延长工作时间的工资报酬及特殊情况下支付的工资等。拒不支付劳动报酬是指行为人负有支付劳动报酬的义务，却以转移财产、逃匿等方法逃避支付劳动报酬，或者有能力支付而不支付劳动报酬。（2）经政府有关部门责令支付仍不支付。经人力资源社会保障部门或者政府其他有关部门依法以限期整改指令书、行政处理决定书等文书责令支付劳动者的劳动报酬后，在指定的期限内仍不支付的，属于“经政府有关部门责令支付仍不支付”，但有证据证明行为人有正当理由未知悉责令支付或者未及时支付劳动报酬的除外。经政府有关部门责令支付后，立即支付劳动报酬的，不成立本罪。拒不支付劳动者的劳动报酬，尚未造成严重后果，在刑事立案前支付劳动者的劳动报酬，并依法承担相应赔偿责任的，可以认定为情节显著轻微危害不大，不认为是犯罪；在提起公诉前支付劳动者的劳动报酬，并依法承担相应赔偿责任的，可以减轻或者免除刑事处罚。本罪主体为负有支付劳动报酬义务的自然人和单位。不具备用工主体资格的单位或者个人，违法用工，拒不支付劳动者的劳动报酬的，构成本罪。行为人与发包方之间的民事纠纷，不能成为不支付劳动者工资的法定理由。如果存在恶意欠薪行为，应以拒不支付劳动报酬罪追究刑事责任。本罪主观方面为故意。

犯本罪的，根据《刑法》第276条之一的规定处罚。单位犯本罪的，对单位判处罚金，并对其直接负责的主管人员和其他直接责任人员，依照上述规定处罚。

【本章主要法律规定】

1.《刑法》第263～276条之一
2.最高人民法院《关于审理抢劫案件具体应用法律若干问题的解释》
3.最高人民法院、最高人民检察院《关于办理盗窃刑事案件适用法律若干问题的解释》
4.最高人民法院、最高人民检察院《关于办理诈骗刑事案件具体应用法律若干问题的解释》
5.最高人民法院、最高人民检察院《关于办理抢夺刑事案件适用法律若干问题的解释》
6.最高人民法院、最高人民检察院《关于办理敲诈勒索刑事案件适用法律若干问题的解释》

第二十章
妨害社会管理秩序罪

第一节　扰乱公共秩序罪

本节主要内容提示

本节犯罪表现为妨害国家对社会的管理活动，破坏社会秩序，因此，大多属于作为犯罪。社会管理秩序的内容、范围广泛，所以，本节犯罪行为的具体内容与表现形式多样。应注意掌握本节各种犯罪的犯罪构成。

一、妨害公务罪

本罪是指以暴力、威胁方法阻碍国家机关工作人员依法执行职务，阻碍人大代表依法执行代表职务，阻碍红十字会工作人员依法履行职责的行为，以及故意阻碍国家安全机关、公安机关依法执行国家安全工作任务，未使用暴力、威胁方法，造成严重后果的行为。

妨害公务罪侵犯的客体为“公务”，公务的范围包括国家机关工作人员依法执行的职务，人民代表大会代表依法执行的代表职务，红十字会工作人员依法履行的职责，国家安全机关、公安机关依法执行的国家安全工作任务。根据构成要件的不同，妨害公务罪分为四种类型。

1.阻碍国家机关工作人员依法执行职务，是妨害公务罪的典型类型。

（1）客体是国家机关的公务活动秩序。

（2）客观方面表现为以暴力、胁迫方法阻碍国家机关工作人员依法执行职务。

①行为所针对的对象必须是国家机关工作人员，即在中国各级立法机关、行政机关、司法机关中从事公务的人员。从现实出发，还应包括中国共产党的各级机关、中国人民政治协商会议的各级机关中从事公务的人员。对于以暴力、威胁方法阻碍国有事业单位人员依照法律、行政法规的规定执行行政执法职务的，或者以暴力、威胁方法阻碍国家机关中受委托从事行政执法活动的事业编制人员执行行政执法职务的，可以对侵害人以妨害公务罪追究刑事责任。阻碍军人执行职务的，构成《刑法》第368条规定的阻碍军人执行职务罪。阻碍外国公务员在中国境内执行职务的，不成立本罪。

2002年12月28日全国人大常委会《关于〈中华人民共和国刑法〉第九章渎职罪主体适用问题的解释》指出：“在依照法律、法规规定行使国家行政管理职权的组织中从事公务的人员，或者在受国家机关委托代表国家机关行使职权的组织中从事公务的人员，或者虽未列入国家机关人员编制但在国家机关中从事公务的人员，在代表国家机关行使职权时，有渎职行为，构成犯罪的，依照刑法关于渎职罪的规定追究刑事责任。”该解释明文指出是对“渎职罪主体”的解释，没有明示是对“国家机关工作人员”的解释，但由于渎职罪的主体均为国家机关工作人员，故可以认为该解释实为对“国家机关工作人员”的解释。

②行为的内容是阻碍国家机关工作人员依法执行职务。职务是指国家机关工作人员作为公务所处理的一切事务。执行，是指一般意义上的履行、实施，而非仅指强制执行。职务的执行必须具有合法性，即“依法”执行职务。对国家机关工作人员的违法行为予以阻碍的，当然不成立本罪。合法意味着国家机关工作人员执行职务的行为不仅实体上合法，而且程序上合法。换言之，不仅实质上合法，而且形式上合法。

③必须在国家机关工作人员执行职务时实施阻碍行为。从保护依法执行职务的角度来考虑，执行职务，不仅包括正在执行职务，而且包括将要开始执行职务的准备过程，以及与执行职务密切联系的待机状态。就一体性或连续性的职务行为而言，不能将其行为分割、分段考虑进而分别判断其职务行为的开始与终了，而应从整体上认定其职务行为的开始与终了，即使外观上暂时中断或偶尔停止，也应认为是在职务的执行过程中。

④必须以暴力、胁迫方法阻碍执行职务。这里的暴力，是指广义的暴力。不要求直接针对国家机关工作人员的身体实施，只要求针对正在执行职务的国家机关工作人员实施，既可以通过针对与国家机关工作人员执行职务具有密不可分关系的辅助者实施暴力，以阻碍国家机关工作人员执行职务，也可以通过对物行使有形力，从而给国家机关工作人员的身体以物理影响（间接暴力），以阻碍国家机关工作人员执行职务。胁迫，是指以使国家机关工作人员产生恐惧心理为目的，以恶害相通告，迫使国家机关工作人员放弃职务行为或者不正确执行职务行为。恶害的内容、性质、通告方法没有限制。暴力、胁迫行为只要足以阻碍国家机关工作人员执行职务即可，不要求客观上已经阻碍了国家机关工作人员执行职务。

（3）主体为一般主体，至于行为人与国家机关工作人员的职务行为有无特定关系，则在所不问。国家机关工作人员也可能成为本罪主体。

（4）主观方面只能是故意，行为人明知国家机关工作人员正在依法执行职务，而故意以暴力、胁迫方法予以阻碍，阻碍的动机不影响本罪的成立。国家机关工作人员本来是在合法执行职务，但行为人误认为是非法的，进而以暴力、胁迫进行阻碍的，属于事实认识错误，不成立本罪。当然，行为人主观上是否存在认识错误、存在何种认识错误，要根据当时的具体情况进行判断，不能仅凭行为人的陈述来判断。

2.阻碍人大代表依法执行代表职务，是妨害公务罪的第二种类型。具体表现为，以暴力、胁迫方法阻碍全国人民代表大会和地方各级人民代表大会代表依法执行代表职务的行为。人大代表依法在本级人民代表大会会议期间的工作和在本级人民代表大会闭会期间的活动，都是执行代表职务。

3.阻碍红十字会工作人员依法履行职责，是妨害公务罪的第三种类型。具体表现为，以暴力、胁迫方法阻碍红十字会工作人员依法履行职责的行为。

4.阻碍国家安全机关、公安机关依法执行国家安全工作任务，是妨害公务罪的第四种类型。具体表现为，故意阻碍国家安全机关、公安机关依法执行国家安全工作任务，未使用暴力、威胁方法，造成严重后果的行为。与前三种类型不同，阻碍执行国家安全工作任务的行为，不要求使用暴力、胁迫方法，但要求造成严重后果。行为人以暴力、胁迫方法阻碍国家安全机关、公安机关依法执行国家安全任务，没有造成严重后果的，应认定为阻碍国家机关工作人员依法执行职务，适用《刑法》第277条第1款。

认定本罪需要注意如下问题：

1.应当正确区分罪与非罪的界限。对于人民群众抵抗国家机关工作人员的违法乱纪活动的行为，人民群众因合理要求没有得到满足而与国家机关工作人员发生轻微冲突的行为，使用了轻微暴力、胁迫手段但客观上不足以阻碍国家机关工作人员依法执行职务的行为，都不能认定为犯罪。此外，对于依法执行公务的对方（如被逮捕者）实施的一般暴力、胁迫行为，不宜认定为妨害公务罪。

2.应当正确区分一罪与数罪。妨害公务的行为，可能成为其他犯罪的手段，在这种情况下，原则上应从一重罪论处，但刑法有特别规定的，应当依照刑法的特别规定处理。例如，以暴力、胁迫方法抗拒缉私的，应以走私罪和本罪实行数罪并罚。再如，在运送他人偷越国（边）境中以暴力、胁迫方法抗拒检查的，应选择刑法规定的较重法定刑。此外，本罪的暴力行为如果触犯了其他罪名（如暴力行为致人重伤，抢夺依法执行职务的司法工作人员的枪支等），原则上应从一重罪论处。

犯本罪的，根据《刑法》第277条第1款的规定处罚。

二、袭警罪

本罪是指暴力袭击正在依法执行职务的人民警察的行为。

本罪在客观方面表现为暴力袭击正在依法执行职务的人民警察。首先，要求存在暴力袭击行为。所谓暴力袭击，是指对人民警察实施暴力。司法解释对“暴力袭击”的程度有明确要求：实施撕咬、掌掴、踢打、抱摔、投掷物品等行为，造成轻微伤以上后果的，或者实施打砸、毁坏、抢夺人民警察乘坐的车辆、使用的警械等行为，足以危及人身安全的，才属于本罪的“暴力袭击”。至于人民警察对此是否有所防备，不影响暴力袭击的认定。与人民警察发生轻微肢体冲突，或者为摆脱抓捕、约束实施甩手、挣脱、蹬腿等一般性抗拒行为，危害不大的，或者仅实施辱骂、讽刺等言语攻击行为的，不属于本罪的“暴力袭击”。行为人并未实施暴力，而是以威胁或者其他方法阻碍人民警察依法执行职务的，不构成本罪，对此应以妨害公务罪论处。暴力袭击正在依法执行职务的人民警察，致其重伤、死亡，行为人对重伤、死亡结果存在明知的，成立本罪与故意伤害罪、故意杀人罪的想象竞合犯，应以故意伤害罪、故意杀人罪定罪处罚。行为人暴力袭击时使用枪支、管制刀具，或者驾驶机动车撞击人民警察，严重危及其人身安全的，构成本罪的加重犯，应按本罪的第二档法定刑处罚（处3年以上7年以下有期徒刑）。行为人驾驶机动车撞击、碾轧、拖拽、剐蹭人民警察，如果车速极快、现场人员极多，足以危害公共安全的，成立本罪与以危险方法危害公共安全罪的想象竞合，应按以危险方法危害公共安全罪定罪处罚。其次，暴力袭击的对象为人民警察，包括公安机关、国家安全机关、监狱等部门的人民警察和人民法院、人民检察院的司法警察。暴力袭击正在依法配合人民警察执行职务的警务辅助人员的，不构成本罪；符合妨害公务罪规定的，以妨害公务罪定罪处罚。同时暴力袭击正在依法执行职务的人民警察和配合人民警察执行职务的警务辅助人员，符合本罪规定的，以本罪从重处罚。最后，要求暴力袭击的是正在依法执行职务的人民警察。对在非工作时间遇有紧急情况依法履行职责的人民警察实施暴力袭击，符合本罪构成的，以本罪定罪处罚。对非执行职务的人民警察实施报复性暴力袭击的，不构成本罪；符合故意伤害罪、故意杀人罪的犯罪构成的，应按相应犯罪从重处罚。例如，甲曾因交通违法行为被警察乙处理而记恨，后甲路遇乙，便踢其一脚后逃走，或者乙在路边与人寒暄时，甲打了乙一拳后逃走的，均不构成本罪。

本罪在主观方面为故意，要求行为人明知暴力袭击的对象是人民警察，并认识到对方正在依法执行职务。出于人民警察身穿便装等原因，行为人虽然认识到对方在执行公务，但确实没有认识到对方是人民警察的，不成立本罪，应以妨害公务罪追究刑事责任。

适用本罪时需要注意，对于人民警察执法活动存在过错，在认定行为人暴力袭击行为是否构成袭警罪时，应当综合考虑行为人的暴力程度、危害后果及执法过错程度等因素，依法妥当处理。人民警察执法活动存在严重过错的，对行为人一般不作为犯罪处理。执法过错较大，袭击行为暴力程度较轻、危害不大的，可以不作为犯罪处理。袭击行为造成严重后果，确需追究刑事责任的，应当依法从宽处理。

本罪与妨害公务罪是特别法条与一般法条的关系，成立本罪以符合妨害公务罪的犯罪构成为前提；反之，不符合本罪犯罪构成的行为，可能构成妨害公务罪。所以，本罪并不是单纯地对正在执行职务的人民警察实施暴力，而是指通过暴力袭警妨碍警察依法执行职务。

犯本罪的，根据《刑法》第277条第5款的规定处罚。

三、招摇撞骗罪

本罪是指冒充国家机关工作人员进行招摇撞骗的行为。

1.客观方面表现为冒充国家机关工作人员的身份进行招摇撞骗。冒充军人招摇撞骗的，不成立本罪，而成立刑法规定的其他犯罪。冒充行为主要包括两种情况：一是非国家机关工作人员冒充国家机关工作人员；二是此种国家机关工作人员冒充他种国家机关工作人员，如行政机关工作人员冒充司法机关工作人员，职务低的国家机关工作人员冒充职务高的国家机关工作人员。招摇撞骗，是指以假冒的身份进行炫耀、欺骗，如骗取爱情、职位、荣誉、资格等，原则上不包括骗取财物。

2.主观方面只能是故意，即明知自己的行为会发生损害国民对国家机关信赖的结果，并且希望或者放任这种结果发生。

本罪与诈骗罪的犯罪构成不同：(1)客观方面不同：本罪必须是冒充国家机关工作人员进行招摇撞骗；而诈骗罪的行为可以是虚构事实、隐瞒真相的任何手段。(2)主观方面不同：本罪不要求以骗取财物为目的；而诈骗罪以非法占有他人财物为目的。冒充国家机关工作人员进行诈骗，同时构成诈骗罪和招摇撞骗罪的，依照处罚较重的规定定罪处罚。

犯本罪的，根据《刑法》第279条的规定处罚。冒充人民警察招摇撞骗的，从重处罚。

四、伪造、变造、买卖国家机关公文、证件、印章罪

本罪是指伪造、变造、买卖国家机关的公文、证件、印章的行为。

1.客观上表现为伪造、变造、买卖国家机关的公文、证件、印章的行为。公文，是指以国家机关名义制作的处理公务的文书即公文书；文书，是指使用文字或者代替文字的符号制作的，具有某种程度的持续存在状态，表达意识或者观念的文件（广义的文件）。公文必须具有表达意识或观念的内容，故仅有公文的固定格式，而无实际内容的纸张等，不属于公文。证件，一般是指有权制作的国家机关颁发的，用以证实身份、权利义务关系或者其他事项的凭证。印章，应包括印形与印影。印形，是指固定了国家机关名称等内容并可以通过一定方式表示在其他物体上的图章；印影，是指印形加盖在纸张等物体上所呈现的形象。印章既包括表示国家机关名称的印章，也包括国家机关用以表示某种特殊用途的专用章。但专用章与省略文书的界限是微妙的。例如，人民法院在判决书上所盖的“本件与原件无异”的骑缝章，不属于印章，而属于省略文书。因为文书重在表达意思，而印章重在证明人或单位的同一性，故一般来说，应将省略文书视为文书，而不应认定为印章。伪造公文、证件，是指伪造应当由国家机关制作的公文、证件，包括有形伪造与无形伪造。有形伪造公文、证件，是指没有制作权限的人，冒用国家机关名义制作公文、证件。无形伪造公文、证件，是指有制作权限的人，擅自以国家机关的名义制作与事实不相符合的公文、证件。伪造印章，是指没有权限而制造国家机关的印章的印形（私刻公章），或者在纸张等物体上表示出足以使一般人误认为是真实印章的印影（如用红笔描绘公章印影）。变造，是指对真实的国家机关公文、证件、印章进行加工，改变其非本质内容的行为，如果改变了公文、证件、印章的本质部分，则应认定为伪造。买卖，是指购买或者出售国家机关制作或应当由国家机关制作的公文、证件、印章的行为。实施上述行为之一的，即可成立本罪；同时实施上述行为的，也只认定为一罪，不实行数罪并罚。还需指出的是，《刑法》第280条第1款与司法解释均未规定本罪的入罪门槛，这不意味着只要伪造、变造、买卖国家机关的公文、证件、印章，不问公文、证件、印章的数量、重要程度、具体用途、造成的后果、违法所得等情况，都构成本罪。从明确区分刑

事处罚与行政处罚的需要出发，通常要求达到一定的情节才构成本罪。

2.主观方面必须是故意，即明知是国家机关制作或者应由国家机关制作的公文、证件、印章，而故意伪造、买卖，或者明知是国家机关制作的真实的公文、证件、印章而故意变造。行为人的目的一般不影响本罪的成立。

伪造、变造、买卖机动车牌证及机动车入户、过户、验证的有关证明文件的，依照《刑法》第280条第1款的规定处罚。伪造、变造、买卖各级人民政府设立的行使行政管理权的临时性机构的公文、证件、印章行为，构成犯罪的，应当以本罪追究刑事责任。对于伪造、变造、买卖林木采伐许可证、木材运输证件，森林、林木、林地权属证书，占用或者征用林地审核同意书、育林基金等缴费收据以及其他国家机关批准的林业证件构成犯罪的，以伪造、变造、买卖国家机关公文、证件罪定罪处罚。对于买卖允许进出口证明书等经营许可证明，同时构成其他犯罪的，依照处罚较重的规定定罪处罚。实施上述行为构成犯罪，同时构成非法经营罪的，从一重处罚。此外，伪造、变造、买卖国家机关的公文、证件、印章后，又利用该公文、证件、印章实施其他犯罪的，从一重罪论处，不实行数罪并罚。

买卖伪造、变造的国家机关公文、证件、印章的行为，成立买卖国家机关公文、证件、印章罪。例如，行为人明知是伪造的车辆年检证而购买并出售给他人，由于行为人与伪造者并不成立共犯，其行为又严重侵害了公文、证件、印章的公共信用，故宜认定为本罪。《关于惩治骗购外汇、逃汇和非法买卖外汇犯罪的决定》第2条也规定，买卖伪造、变造的海关签发的报关单、进口证明、外汇管理部门核准件等凭证和单据或者国家机关的其他公文、证件、印章的，依照《刑法》第280条的规定定罪处罚。

犯本罪的，根据《刑法》第280条第1款的规定处罚。

五、盗窃、抢夺、毁灭国家机关公文、证件、印章罪

本罪是指盗窃、抢夺、毁灭国家机关公文、证件、印章的行为。行为人所盗窃、抢夺、毁灭的必须是国家机关已经制作的真实的公文、证件、印章。盗窃、抢夺的对象不包括武装部队的公文、证件、印章，但毁灭行为的对象则包括武装部队的公文、证件、印章。毁灭，是指使国家机关公文、证件、印章丧失效用的一切行为。同时实施上述行为的，也只认定为一罪，不实行数罪并罚。犯本罪的，根据《刑法》第280条第1款的规定处罚。

六、伪造公司、企业、事业单位、人民团体印章罪

本罪是指没有制作权限的人，擅自伪造公司、企业、事业单位、人民团体的印章的行为。伪造印章，包括伪造印形与印影。由于只处罚伪造印章的行为，故正确区分印章与省略文书，是认定本罪的一个关键。对于省略文书，一般不能认定为印章。邮政局的邮戳不仅显示了信件处理时间，而且表明了处理的邮政局，故认定为印章比较合适。相关司法解释规定：“对于伪造高等院校印章制作学历、学位证明的行为，应当依照《刑法》第二百八十条第二款的规定，以伪造事业单位印章罪定罪处罚。明知是伪造高等院校印章制作的学历、学位证明而贩卖的，以伪造事业单位印章罪的共犯论处。”需要指出的是，明知是伪造高等院校印章制作的学历、学位证明而贩卖的，只有事前与伪造者通谋的，才能认定为伪造事业单位印章罪的共犯；如果在伪造者伪造学历、学位证明后再贩卖的，即使明知为伪造的学历、学位证明，也不能认定为伪造事业单位印章罪的共犯。犯本罪的，根据《刑法》第280条第2款的规定处罚。

七、伪造、变造、买卖身份证件罪

本罪是指伪造、变造、买卖居民身份证、护照、社会保障卡、驾驶证等依法可以用于证明身份的证件的行为。伪造不仅包括无权制作身份证件的人擅自制作居民身份证、护照、社会保障卡、驾驶证等依法可以用于证明身份的证件，而且包括有权制作人制作虚假的上述身份证件。变造身份证件，是指对真实有效的身份证件的

非本质部分进行加工、修改；如果对真实有效的身份证件的本质部分进行加工、修改，则属于伪造身份证件，如更改真实身份证的姓名、照片的行为，应认定为伪造身份证件。因此，在网上注册办理手机卡、信用卡、银行账户、非银行支付账户时，为通过网上认证，使用他人身份证件信息并替换他人身份证件相片，属于伪造身份证件行为，应以伪造身份证件罪追究刑事责任（同时构成其他犯罪的，依照处罚较重的规定定罪处罚，但法律和司法解释另有规定的除外）。买卖身份证件，是指有偿转让或者有偿取得身份证件。无论是出售还是购买身份证件，都构成买卖身份证件罪。犯本罪的，根据《刑法》第280条第3款的规定处罚。

八、冒名顶替罪

本罪是指盗用、冒用他人身份，顶替他人取得的高等学历教育入学资格、公务员录用资格、就业安置待遇的行为。如果行为人顶替他人取得前述三种资格、待遇之外的其他资格、待遇的，如盗用、冒用他人身份，顶替他人取得重点中学的入学资格、私营企业的录用资格、荣誉称号待遇的，不构成本罪。被顶替人同意行为人使用其身份，顶替其取得的高等学历教育入学资格、公务员录用资格、就业安置待遇的，属于违法行为，但不构成本罪。

根据《刑法》第280条之二第2款的规定，组织、指使行为人盗用、冒用他人身份，顶替他人取得的高等学历教育入学资格、公务员录用资格、就业安置待遇的，以本罪从重处罚。根据《刑法》第280条之二第3款的规定，国家工作人员实施冒名顶替行为，或者组织、指使他人实施冒名顶替行为，又构成其他犯罪的，依照数罪并罚的规定处罚。

犯本罪的，根据《刑法》第280条之二的规定处罚。

九、非法获取国家秘密罪

本罪是指以窃取、刺探、收买方法，非法获取国家秘密的行为。客观方面表现为以窃取、刺探、收买方法，非法获取国家秘密。这里的国家秘密包括国家绝密、国家机密与国家秘密。获取国家秘密，既可以表现为直接取得国家秘密，也可以表现为通过获取国家秘密的载体进而取得国家秘密。行为人实际上非法获取了国家秘密的，才成立本罪。主观上必须出于故意，即明知是国家秘密，而故意非法获取。但是，行为人为境外机构、组织、人员窃取、刺探、收买国家秘密，成立《刑法》第111条规定的犯罪。行为人实施窃取、刺探、收买国家秘密的行为时，没有非法提供给境外机构、组织、人员的故意，但非法获取国家秘密之后，非法提供给境外机构、组织或人员的，原则上仅成立《刑法》第111条规定的犯罪，不必实行数罪并罚。犯本罪的，根据《刑法》第282条第1款的规定处罚。

十、组织考试作弊罪

本罪是指在法律规定的国家考试中组织作弊，以及为组织作弊提供作弊器材或者其他帮助的行为。“法律规定的国家考试”，仅限于全国人民代表大会及其常务委员会制定的法律所规定的考试。根据有关法律规定，下列考试属于“法律规定的国家考试”：(1)普通高等学校招生考试、研究生招生考试、高等教育自学考试、成人高等学校招生考试等国家教育考试；(2)中央和地方公务员录用考试；(3)国家统一法律职业资格考试、国家教师资格考试、注册会计师全国统一考试、会计专业技术资格考试、资产评估师资格考试、医师资格考试、执业药师职业资格考试、注册建筑师考试、建造师执业资格考试等专业技术资格考试；(4)其他依照法律由中央或者地方主管部门以及行业组织的国家考试。上述考试涉及的特殊类型招生、特殊技能测试、面试等考试，属于“法律规定的国家考试”。在法律规定的国家考试以外的其他考试中，组织作弊，为他人组织作弊提供作弊器材或者其他帮助，或者非法出售、提供试题、答案，符合非法获取国家秘密罪，非法生产、销售窃听、窃照专用器材罪，非法使用窃听、窃照专用器材罪，非法利用信息网络罪，扰乱无线电通讯管理秩序罪等犯罪构成要件的，依法追究刑事责任。“组织作弊”，是指组织、策划、指挥考试作弊。组织行为虽然不排除集团犯罪的形式，但不必形成犯罪集团与聚众犯罪，个人组织他人进行考试作弊的，也能成立本罪。在普通高等学校招生、公务员录用等法律规定的国家考试涉及的体育、体能测试等体育运动中，组织考生非法使用兴奋剂的，应以组织考试作弊罪定罪处罚。组织考试作弊，在考试开始之前被查获，但已经非法获取考试试题、答案或者具有其他严重扰乱考试秩序情形的，应当认定为组织考试作弊罪既遂。

根据《刑法》第284条之一第2款的明文规定，为组织作弊提供作弊器材或者其他帮助的，按组织考试作弊罪定罪处罚。“作弊器材”是指具有避开或者突破考场防范作弊的安全管理措施，获取、记录、传递、接收、存储考试试题、答案等功能的程序、工具，以及专门设计用于作弊的程序、工具。“其他帮助”是指提供作弊器材之外的其他一切可使考试作弊顺利进行的各种便利。如明知他人在普通高等学校招生、公务员录用等法律规定的国家考试涉及的体育、体能测试等体育运动中，组织考生非法使用兴奋剂，而为其提供兴奋剂的，即属于这一类型。《刑法》第284条之一第2款的规定不是典型的帮助犯的正犯化，只是帮助犯量刑的正犯化。这意味着若乙为甲组织作弊提供了作弊器材，但甲并没有实施组织作弊行为的，因不存在任何法益侵害与危险，对乙的行为不能以犯罪论处；只有当甲利用乙提供的作弊器材组织他人作弊时，才能认定乙的行为构成组织考试作弊罪。犯本罪的，根据《刑法》第284条之一第1款的规定处罚。

十一、非法出售、提供试题、答案罪

本罪是指为实施考试作弊行为，向他人非法出售或者提供法律规定的国家考试的试题、答案的行为。为实施考试作弊行为，行为人向任何参加法律规定的国家考试的人员、亲友或者其他相关人员提供试题、答案的，均成立本罪。为实施考试作弊行为，向他人非法出售或者提供法律规定的国家考试的试题、答案，试题不完整或者答案与标准答案不完全一致的，或者获得试题、答案的人员是否利用行为人所出售、提供的试题、答案，均不影响本罪的认定。行为人向组织作弊的人员提供试题、答案的，同时触犯了本罪与组织考试作弊罪，宜按本罪论处。成立本罪，要求行为人所提供的试题、答案是真实的，而不是虚假的，但只要求部分真实，所以，存在部分虚假时不影响本罪的成立。本罪还要求出售、提供试题、答案的行为应在考试前或者考试过程中，考试结束后出售、提供试题、答案的，不成立本罪。以窃取、刺探、收买方法非法获取法律规定的国家考试的试题、答案，又组织考试作弊或者非法出售、提供试题、答案，分别符合《刑法》第282条、第284条之一规定的，以非法获取国家秘密罪和组织考试作弊罪或者非法出售、提供试题、答案罪数罪并罚。犯本罪的，根据《刑法》第284条之一第1款的规定处罚。

十二、代替考试罪

本罪是指代替他人或者让他人代替自己参加法律规定的国家考试的行为。一般来说，代替他人考试的人（替考人）与让他人代替自己参加考试的人（应考人）会形成共犯关系（可谓对向性的共同正犯），但不也尽然。例如，应考人丙因生病住院不能参加考试，丙的父亲乙让甲代替丙参加考试，但丙并不知情。此时，甲是代替考试，乙不是“让他人代替自己参加考试”，而是“代替他人参加考试”的教唆犯。犯本罪的，根据《刑法》第284条之一第4款的规定处罚。

十三、非法侵入计算机信息系统罪

本罪是指违反国家规定，侵入国家事务、国防建设、尖端科学技术领域的计算机信息系统的行为。侵入，是指未取得有关部门的合法授权与批准，通过计算机终端访问国家事务、国防建设、尖端科学技术领域的计算机信息系统或者进行数据截收的行为。超出授权范围使用账号、密码登录计算机信息系统，属于侵入计算机信息系统。侵入上述计算机信息系统窃取国家秘密或者构成其他犯罪的，按照刑法的有关规定定罪处罚（参见《刑法》第287条）。犯本罪的，根据《刑法》第285条第1款的规定处罚。

十四、非法获取计算机信息系统数据、非法控制计算机信息系统罪

本罪是指自然人或者单位违反国家规定，侵入国家事务、国防建设、尖端科学技术领域的计算机信息系统以外的其他计算机信息系统或者采用其他技术手段，获取该计算机信息系统中存储、处理或者传输的数据，或者对该计算机信息系统实施非法控制，情节严重的行为。通过植入木马程序的方式，非法获取网站服务器的控制权限，进而通过修改、增加计算机信息系统数据，向相关计算机信息系统上传网页链接代码的，属于“采用其他技术手段”非法控制计算机信息系统的行为。只要是通过非法侵入方式或者其他技术手段，违反他人意志，获取他人计算机信息系统中存储、处理或者传输的部分数据或者全部数据的，均属于本罪的“获取”；获取后是否利用该数据，不影响本罪的成立。因此，侵入计算机信息系统后下载其储存的数据，可以认定为非法获取计算机信息系统数据。通过非法侵入方式或者通过修改、增加计算机信息系统数据，违反他人意志完全控制或者部分控制他人计算机信息系统的（能够接受行为发出的指令，完成相应的操作），均属于“非法控制”。明知是他人非法控制的计算机信息系统，而对该计算机信息系统的控制权加以利用的，也属于“非法控制”。犯本罪的，根据《刑法》第285条第2款的规定处罚。

十五、提供侵入、非法控制计算机信息系统程序、工具罪

本罪是指自然人或者单位提供专门用于侵入、非法控制计算机信息系统程序、工具，或者明知他人实施侵入、非法控制计算机信息系统的违法犯罪行为而为其提供程序、工具，情节严重的行为。根据司法解释的规定，具有下列情形之一的程序、工具，应当认定为“专门用于侵入、非法控制计算机信息系统程序、工具”：（1）具有避开或者突破计算机信息系统安全保护措施，未经授权或者超越授权获取计算机信息系统数据的功能的；（2）具有避开或者突破计算机信息系统安全保护措施，未经授权或者超越授权对计算机信息系统实施控制的功能的；（3）其他专门设计用于侵入、非法控制计算机信息系统、非法获取计算机信息系统数据的程序、工具。成立本罪，要求情节严重。犯本罪的，根据《刑法》第285条第3款的规定处罚。

十六、破坏计算机信息系统罪

本罪是指违反国家规定，对计算机信息系统功能进行删除、修改、增加、干扰，造成计算机信息系统不能正常运行，对计算机信息系统中存储、处理或者传输的数据和应用程序进行删除、修改、增加的操作，或者故意制作、传播计算机病毒等破坏性程序，影响计算机系统的正常运行，后果严重的行为。智能手机终端企业的机械远程监控系统、环境质量监测系统属于刑法保护的计算机信息系统。锁定智能手机导致不能使用的行为，可认定为破坏计算机信息系统。违反国家规定，对企业的机械远程监控系统功能进行破坏，造成计算机信息系统不能正常运行，后果严重的，构成破坏计算机信息系统罪。用棉纱等物品堵塞环境质量监测采样设备，干扰采样，致使监测数据严重失真的，构成破坏计算机信息系统罪。以修改域名解析服务器指向的方式劫持域名，造成计算机信息系统不能正常运行的，或者冒用购物网站买家身份进入网站内部评价系统删改购物评价的，或者通过修改路由器、浏览器设置、锁定主页或者弹出新窗口等技术手段，强制网络用户访问指定网站的“DNS劫持”行为的，均属于破坏计算机信息系统，后果严重的，构成破坏计算机信息系统罪。对于利用计算机病毒等破坏性程序非法占有他人财物的或者实施其他犯罪的，应当依照刑法的有关规定定罪处罚。例如，利用计算机病毒盗窃财物的，应认定为盗窃罪；利用计算机病毒实施金融诈骗的，应认定为金融诈骗罪。犯本罪的，根据《刑法》第286条的

规定处罚。

十七、非法利用信息网络罪

本罪是指设立用于违法犯罪活动的网站、通讯群组，或者发布有关制作或者销售违禁物品、管制物品或者其他违法犯罪信息，以及为实施诈骗等违法犯罪活动发布信息，情节严重的行为。本罪中的“违法犯罪”，既包括犯罪行为，也包括属于刑法分则规定的行为类型但尚未构成犯罪的违法行为。本罪行为包括以下类型：(1)设立用于实施诈骗、传授犯罪方法、制作或者销售违禁物品、管制物品等违法犯罪活动的网站、通讯群组，情节严重。即行为人以实施违法犯罪活动为目的而设立网站、通讯群组，或者网站、通讯群组在设立后主要用于实施违法犯罪活动。例如，设立用于实施考试作弊的网站、通讯群组或者发布有关考试作弊的信息，情节严重的，应以非法利用信息网络罪定罪处罚；同时构成组织考试作弊罪，非法出售、提供试题、答案罪，非法获取国家秘密罪等其他犯罪的，依照处罚较重的规定定罪处罚。(2)发布有关制作或者销售毒品、枪支、淫秽物品等违禁物品、管制物品或者其他违法犯罪信息，情节严重。这一犯罪类型的实质是将部分犯罪的预备行为提升为实行行为，完成了预备行为的就视为犯罪既遂。因此，只有发布违法犯罪信息属于相应犯罪的预备行为，而且情节严重时，才能成立本罪。所以，行为人发布了一般违法信息，但发布该信息并不是为相应犯罪做准备的，或者虽然是为相应犯罪做准备，但情节并不严重的，不能以本罪论处。(3)为实施诈骗等违法犯罪活动发布信息，情节严重。这一犯罪类型实际上也是诈骗等犯罪的预备行为。虽然法条表述为“为实施……违法犯罪活动发布信息”，但为实施一般违法活动而发布信息的，不应以本罪论处。利用信息网络提供信息的链接、截屏、二维码、访问账号密码及其他指引访问服务的，属于“发布信息”。基于蹭炒热度、推广引流等目的，利用互联网用户公众账号等推送、传播有关网络暴力违法犯罪的信息，可以非法利用信息网络罪定罪处罚，同时构成其他犯罪的，依照处罚较重的规定定罪处罚。犯本罪的，根据《刑法》第287条之一的规定处罚。

十八、帮助信息网络犯罪活动罪

本罪是指自然人或者单位明知他人利用信息网络实施犯罪，为其犯罪提供互联网接入、服务器托管、网络存储、通讯传输等技术支持，或者提供广告推广、支付结算等帮助，情节严重的行为。从实务来看，本罪主要集中在电信网络诈骗、网络赌博等领域，行为人非法买卖银行卡、电话卡，为上游犯罪提供转移支付、套现、取现的工具，是最为常见的情形。

本罪在客观上表现为行为人为他人利用信息网络实施犯罪提供互联网接入、服务器托管、网络存储、通讯传输等技术支持，或者提供广告推广、支付结算等帮助，情节严重的行为。(1)成立本罪，以帮助的对象构成犯罪为前提。对于这里的“犯罪”应作广义理解。一方面，被帮助对象实施的犯罪行为可以确认，但尚未到案、尚未依法裁判或者因未达到刑事责任年龄等原因依法未予追究刑事责任的，不影响本罪的认定。另一方面，根据最高人民法院、最高人民检察院《关于办理非法利用信息网络、帮助信息网络犯罪活动等刑事案件适用法律若干问题的解释》的规定，明知他人利用信息网络实施犯罪，为其犯罪提供帮助，确因客观条件限制无法查证被帮助对象是否达到犯罪的程度，但支付结算金额、违法所得等相关数额总计达到情节严重标准的5倍以上，或者造成特别严重后果的，应以帮助信息网络犯罪活动罪追究行为人的刑事责任。对该解释应进行限缩适用：其一，仅适用于被帮助对象人数众多的情形。对于帮助单个或者少数对象利用信息网络实施犯罪的，必须以被帮助对象构成犯罪为前提。其二，确因客观条件限制无法证实被帮助对象实施的行为达到犯罪程度，但经查证确系刑法分则规定的行为的，如果是一般的违法行为，不能适用该解释。(2)行为人帮助的犯罪必须是利用信息网络实施的犯罪。如果他人实施诈骗、贩卖淫秽物品犯罪时并未利用网络，行为人对此进行帮助，情节严重的，不构成本罪，应以诈骗罪、贩卖淫秽物品牟利罪的共犯（帮助犯）追究刑事责任。（3）帮助行为不要求是线上的帮助行为，也包括线下帮助行为在内，如明知他人利用信息网络实施犯罪，而为其收购、出售、出租他人手机卡、流量卡、物联网卡的，成立本罪。（4）成立本罪，要求情节严重。

本罪的主体包括自然人与单位。本罪的主观方面为故意。成立本罪，不要求行为人与被帮助者之间存在共谋，但以行为人明知他人利用信息网络实施犯罪为要件。这里的“明知”是一种概括的明知，主观上并不要求知道所帮助的违法犯罪行为的具体类型。认定行为人是否“明知”他人利用信息网络实施犯罪，应当坚持主客观相一致原则，即要结合行为人的认知能力、既往经历、交易对象、与信息网络犯罪行为人的关系、提供技术支持或者帮助的时间和方式、内容、获利情况，以及行为人的供述等主客观因素，同时注重听取行为人的辩解并根据其辩解合理与否，予以综合认定。根据该解释，为他人实施犯罪提供技术支持或者帮助，具有下列情形之一的，可以认定行为人明知他人利用信息网络实施犯罪，但是有相反证据的除外：（1）经监管部门告知后仍然实施有关行为的；（2）接到举报后不履行法定管理职责的；（3）交易价格或者方式明显异常的；（4）提供专门用于违法犯罪的程序、工具或者其他技术支持、帮助的；（5）频繁采用隐蔽上网、加密通信、销毁数据等措施或者使用虚假身份，逃避监管或者规避调查的；（6）为他人逃避监管或者规避调查提供技术支持、帮助的；（7）其他足以认定行为人明知的情形。

关于本罪的认定，还需注意以下问题：

1.《刑法》第287条之二第1款的性质

无论是从字面含义上解释《刑法》第287条之二第1款的规定，还是对该款规定进行实质的分析，都应当认为，该规定并没有将帮助犯正犯化，只是对特定的帮助犯规定了独立的法定刑，而不再适用刑法总则关于帮助犯（从犯）的处罚规定。这是根据共犯从属性的原理、相关犯罪的保护法益以及相关行为是否侵犯法益及其侵犯程度得出的结论。例如，甲明知乙可能或者将要实施网络诈骗犯罪，还主动为乙提供互联网技术支持，但乙根本没有实施网络诈骗犯罪时，一方面，乙没有实施任何不法侵害行为；另一方面，甲提供互联网技术支持的行为本身不可能侵犯任何法益，所以，对甲的行为不可能以犯罪论处（也可以认为，甲的行为属于不能犯）。再如，A明知B正在实施网络诈骗犯罪，还主动为B提供互联网技术支持，但B并未利用A所提供的技术时，即使B的行为骗取了他人数额较大的财物，但这一结果与A的行为之间不具有因果性，或者说，A的行为对B骗取财物的侵害结果没有起任何作用，而且，《刑法》第287条之二第1款并不是只要求提供互联网技术支持的行为人明知他人利用信息网络实施犯罪，还要求客观上“为其犯罪提供互联网……技术支持”，但A的行为明显不符合这一要件；此外，A的行为本身也不可能独立地侵害法益。既然如此，对A的行为就不应以犯罪论处。总之，为他人犯罪提供互联网技术支持，或者提供广告推广、支付结算等帮助的行为依然是帮助行为，其成立犯罪以正犯实施了符合构成要件的不法行为为前提。

2.本罪与其他犯罪的关系

本罪与非法利用信息网络罪通常容易区分，如本罪是将帮助他人利用信息网络实施犯罪的行为独立成罪，成立本罪以存在上游犯罪为前提；而非法利用信息网络罪是将特定的“网上”行为独立入罪，成立非法利用信息网络罪不以存在上游犯罪为前提。本罪与非法利用信息网络罪的法定刑相同，在两罪界分存在困难时，可优先适用非法利用信息网络罪。行为人明知他人实施电信诈骗等犯罪，利用网站、通讯组群为其发布违法犯罪信息的，构成本罪与帮助信息网络犯罪活动罪的竞合，因两罪的法定刑相同，可优先适用非法利用信息网络罪。

在出租、出售或者提供信用卡的案件中，需要正确区分帮助信息网络犯罪活动罪、掩饰、隐瞒犯罪所得、犯罪所得收益罪与诈骗罪、盗窃罪的界限：（1）明知他人利用信息网络实施犯罪，仅向他人出租、出售信用卡，未实施其他行为，达到情节严重标准的，可以帮助信息网络犯罪活动罪论处。（2）行为人向他人出租、出售信用卡后，在明知是犯罪所得及其收益的情况下，又代为转账、套现、取现等，或者为配合他人转账、套现、取现而提供刷脸等验证服务的，可以掩饰、隐瞒犯罪所得、犯罪所得收益罪论处。（3）明知他人实施电信网络诈骗犯罪，参加诈骗团伙或者与诈骗团伙之间形成较为稳定的配合关系，长期为他人提供信用卡或者转账取现的，可以诈骗罪论处。（4）行为人出售、出租本人名下银行卡给上游犯罪分子后，又起犯意通过挂失补卡等方式截留卡内资金的，该截留卡内资金的行为构成盗窃罪（卡内资金的性质并不影响犯罪认定）。

3.罪数

《刑法》第287条之二第3款规定，实施本罪行为，同时构成其他犯罪的，依照处罚较重的规定定罪处罚。例如，倘若A提供互联网技术支持的行为，与网络诈骗的正犯B构成共同正犯，骗取数额巨大或者特别巨大财物时，对A应当以诈骗罪的共同正犯论处，而不能适用《刑法》第287条之二第1款的法定刑。再如，明知他人利用信息网络实施犯罪，行为人出售、出租本人名下银行卡给上游犯罪分子后，又起犯意通过挂失补卡等方式截留卡内资金的，对行为人出租、出售银行卡的行为与截留卡内资金的行为，应以帮助信息网络犯罪活动罪和盗窃罪数罪并罚。犯本罪的，根据《刑法》第287条之二的规定处罚。

十九、聚众扰乱社会秩序罪

本罪是指聚众扰乱社会秩序，情节严重，致使工作、生产、营业和教学、科研、医疗无法进行，造成严重损失的行为。聚众，是指首要分子纠集特定或者不特定之多数人于一定地点，而成为可以从事共同行为的一群人。在聚众的情况下，参与者往往处于随时增多与减少的状态。扰乱，是指造成社会秩序的混乱与社会心理的不安，具体表现为使社会秩序的有序性变为无序性，使社会秩序的稳定性变为动乱性，使社会秩序的连续性变为间断性。在各级党委、人大、政协、行政、监察、审判、检察、军事机关，厂矿、商场等企业单位，学校、医院、报社、电视台、科研院所等事业单位，工会、妇联等社会团体单位，机场、车站、码头等重要交通场站，或者在上述场所周边的其他公共场所，聚众实施统一着装、佩戴统一标识、静坐滞留、张贴散发材料、喊口号、打横幅、穿状衣等行为，或者实施跳楼、服毒等自杀、自伤行为以及扬言实施自杀、自伤行为，情节严重，致使工作、生产、营业和教学、科研、医疗活动无法进行，造成严重损失的，对首要分子和其他积极参加者，应以聚众扰乱社会秩序罪定罪处罚。犯本罪的，根据《刑法》第290条第1款的规定处罚。

二十、聚众扰乱公共场所秩序、交通秩序罪

本罪是指聚众扰乱车站、码头、民用航空站、商场、公园、影剧院、展览会、运动场或者其他公共场所秩序，聚众堵塞交通或者破坏交通秩序，抗拒、阻碍国家治安管理人员依法执行职务，情节严重的行为。犯本罪的，根据《刑法》第291条的规定处罚。

二十一、编造、故意传播虚假恐怖信息罪

本罪是指故意编造爆炸威胁、生化威胁、放射威胁、劫持航空器威胁、重大灾情、重大疫情等严重威胁公共安全的事件为内容的虚假恐怖信息，或者明知是编造的虚假恐怖信息而故意传播、散布，严重扰乱社会秩序的行为。编造行为不仅包括完全凭空捏造的行为，而且包括对某些信息进行加工、修改的行为。传播是指将虚假恐怖信息传达至不特定或者多数人的行为，向特定人传达但怂恿其向其他人传达的行为，也应认定为传播。编造与传播行为都必须出于故意；以为是真实信息而传播的，不成立本罪。单纯的胁迫行为（向国家机关声称，如不满足其要求就实施放火、爆炸），不能认定为本罪。犯本罪的，根据《刑法》第291条之一的规定处罚。

二十二、编造、故意传播虚假信息罪

本罪是指编造虚假的险情、疫情、灾情、警情，在信息网络或者其他媒体上传播，或者明知是上述虚假信息，故意在信息网络或者其他媒体上传播，严重扰乱社会秩序的行为。对于行为人传播涉险情、疫情、灾情、警情虚假信息后又自行删除是否构成本罪，不能一概而论，需要区分情况予以认定，一是看行为人主观上是否有传播虚假信息的故意，二是要综合考虑虚假信息传播面大小、对社会秩序造成的实际影响等。行为人故意传播虚假敏感信息，被删除前几分钟就已广泛传播，危害很大，即使行为人很快自行删除的，也应以本罪论处。犯本罪的，根据《刑法》第291条之一第2款的规定处罚。

二十三、高空抛物罪

本罪是指从建筑物或者其他高空抛掷物品，情节严重的行为。

本罪在客观方面表现为从建筑物或者其他高空抛掷物品，情节严重。“高空”，是指高于基准面，能够利用自由落体运动危及人身、财产安全的空间。从建筑物、山上、树上、巨轮上乃至从升空的热气球、飞艇上抛掷物品，均属于从“高空”抛掷物品。在地下商城或者地铁站中，从楼梯上方向下抛掷物品的，同样属于“高空”抛掷物品。“抛掷物品”，是指有意使物品从空中落下，是直接从空中丢下物品，还是将物品抛到空中使其落下，均属于抛掷物品。行为人所抛掷的物品没有限定，不管是危险物品还是普通物品，也不论物品的体积大小与重量轻重，只要存在致人伤亡或者财产损失的危险性的，均属于本罪的“物品”。因此，从高空扔下碎纸屑、几片羽毛的，不成立犯罪，但扔下几本厚书的，可能成立本罪。成立本罪以“情节严重”为前提，对此需要根据行为人所抛掷物品的数量、重量、危险程度，抛掷物品的高度，物品坠落场所的人员、财物的现状，以及行为的次数和所造成的结果等进行综合判断。本罪只能由故意构成，过失导致物品坠落的，不成立本罪。

实施高空抛物行为同时构成其他犯罪的，属于想象竞合，从一重罪处罚。(1)故意从高空抛掷燃烧物或者爆炸物，足以或者已经引起火灾或者爆炸，危害公共安全的，按放火罪、爆炸罪定罪处罚；过失行为引起火灾或者爆炸，符合《刑法》第115条第2款规定的，按失火罪、过失爆炸罪定罪处罚。(2)在高空下有人的情形下，故意实施的高空抛物行为已经致人死亡的，应当认定为故意杀人既遂，按故意杀人罪定罪处罚。因为任何人都知道高空抛物可能致人死亡，既然如此，就可以肯定行为人对被害人的死亡至少具有间接故意。(3)在高空下有人的情形下，故意实施的高空抛物行为具有致人死亡的具体危险的，应当认定为故意杀人未遂，按故意杀人罪(未遂)定罪处罚。同时具备以下两个条件的，应当认定为高空抛物行为具有致人死亡的具体危险：一是物品可能砸中他人，亦即，在行为人高空抛物时，高空下有具体的人；二是所抛之物产生了剥夺他人生命的危险。至于高空下的具体人数是多少，则不影响故意杀人罪的认定。换言之，即使高空下的人员众多，即使行为人所抛之物很多，也只需要认定为故意杀人罪，一般不应认定为以危险方法危害公共安全罪，因为高空抛物行为通常只能危害特定的个人，不足以危害公共安全。(4)过失实施的高空抛物行为致人死亡的，应按过失致人死亡罪定罪处罚；致人重伤的，按过失致人重伤罪定罪处罚。(5)在生产、作业中违反有关安全管理的规定，从高空坠落物品，发生重大伤亡事故或者造成其他严重后果的，按重大责任事故罪定罪处罚。强令工人违章高空抛物，因而发生重大伤亡事故或者造成其他严重后果的，按强令、组织他人违章冒险作业罪定罪处罚。(6)故意实施的高空抛物行为，没有致人伤亡的危险，导致财物毁坏，达到数额较大或者情节严重标准的，应按故意毁坏财物罪定罪处罚。(7)故意实施的高空抛物行为，导致他人身体伤害的，应按故意伤害罪定罪处罚。

犯本罪的，根据《刑法》第291条之二的规定处罚。

二十四、聚众斗殴罪

聚众斗殴罪，是指聚集多人攻击对方身体

或者相互攻击对方身体的行为。

聚众斗殴是指以聚众的方式斗殴，即聚集多人攻击对方身体或者相互攻击对方身体。聚众斗殴不以使用器械为前提。本罪为必要共同犯罪。其一，成立聚众斗殴罪虽然需要多人参与，但不要求斗殴的各方都必须3人以上。例如，一方1人或2人、另一方3人以上进行斗殴的，仍然成立本罪。“众”包括没有达到法定年龄、没有责任能力的人。例如，甲乙双方各3人，其中双方都有2人未满16周岁的，对此也应认定为聚众斗殴（只有达到法定年龄的人才承担刑事责任）。其二，一人与对方多人相约斗殴的，也可能构成聚众斗殴罪。其三，双方相约在公共场所斗殴，但在双方多人到达现场后，双方均只有一人动手与对方互殴的，也可能构成聚众斗殴罪。其四，聚众斗殴并不限于双方，亦即不排除三方、四方斗殴的情形。其五，聚众斗殴可以分解为“聚众斗”与“聚众殴”。“聚众斗”是指各方相互攻击对方的身体。“聚众殴”是指多众一方单纯攻击对方身体（单纯被攻击的人不成立聚众斗殴罪，但首要分子除外）。其六，聚众斗殴一般有首要分子，但不要求双方都有首要分子，斗殴一方的首要分子约定与对方人员斗殴的，不影响本罪的成立。其七，联系本罪的犯罪客体，对于确实没有扰乱公共秩序的聚众斗殴行为，不宜认定为犯罪。

本罪主体为一般主体，主观方面为故意犯罪，但不要求双方均有斗殴的故意，其中一方有斗殴故意时，对有斗殴故意的一方以聚众斗殴罪论处。成立本罪，不要求行为人具有流氓动机。

根据《刑法》第292条第2款的规定，聚众斗殴致人重伤、死亡的，以故意伤害罪、故意杀人罪定罪处罚。其一，该款规定属于法律拟制，故行为人在斗殴过程中虽无杀人的故意（但行为人对重伤、死亡具有预见可能性），但客观上致人重伤、死亡的，应认定为故意伤害罪、故意杀人罪。致人重伤、死亡，不限于致斗殴的对方成员重伤、死亡，斗殴行为导致本方成员重伤、死亡的，也应认定为故意伤害罪、故意杀人罪（成立偶然防卫的情形除外）。其二，鉴于聚众斗殴的特殊性，根据主客观相统一原则，只应对首要分子和直接造成重伤、死亡的斗殴者认定为故意伤害罪、故意杀人罪，对其他参与者不应认定为故意伤害罪与故意杀人罪；在不能查明重伤、死亡原因的情况下，也不能将所有的斗殴者均认定为故意伤害罪与故意杀人罪，只能对首要分子以故意伤害罪、故意杀人罪论处。如果不作上述限制，那么，在一人重伤、死亡的情况下，斗殴双方的所有参加者都成立故意伤害罪、故意杀人罪，这显然有悖于刑法的谦抑性。其三，《刑法》第292条仅处罚首要分子与积极参加者，如果一般参加者或者旁观者的行为导致他人重伤、死亡的，不能适用该拟制规定，而应根据其行为所符合的犯罪构成认定犯罪。例如，行人甲在一旁观看双方的斗殴行为时，发现一方成员乙为免遭殴打而逃离现场，甲突然捡起一块石头猛砸乙的头部，导致乙死亡。对甲应直接适用《刑法》第232条认定为故意杀人罪。其四，在斗殴过程中，参与斗殴的成员起杀人之念故意杀害他人的，不需要适用本罪的拟制规定，而是直接适用《刑法》第232条认定为故意杀人罪；如果杀人之外的斗殴行为构成聚众斗殴罪，则应当实行数罪并罚。在这种情形下，如果杀人结果能够归责于首要分子的行为，对首要分子也应适用拟制规定，以故意杀人罪论处。

犯本罪的，根据《刑法》第292条的规定处罚。

二十五、寻衅滋事罪

寻衅滋事罪是指随意殴打他人，情节恶劣，追逐、拦截、辱骂、恐吓他人，情节恶劣，强拿硬要或者任意损毁、占用公私财物，情节严重，或者在公共场所起哄闹事，造成公共场所秩序严重混乱的行为。成立寻衅滋事罪，要求行为人实施了如下寻衅滋事行为：

1.随意殴打他人，情节恶劣。

殴打是指直接对他人身体行使有形力的行为。其一，殴打要求针对人的身体行使有形力。单纯对物暴力，不会影响到人的身体的，不属于殴打。只要是针对人的身体行使有形力，即使没有接触到身体，也属于殴打。如用棍棒打人但没有打到他人身体的，成立殴打。其二，殴打不是伤害罪的未遂犯，所以，殴打不以具有造成伤害结果的危险性为前提。换言之，某种行为只能造成他人身体痛苦，不可能造成伤害的，也属于殴打。当然，殴打虽不以造成伤害为前提，但造成了伤害结果的伤害行为，无疑符合殴打的要件，因寻衅滋事罪的法定刑重于故意轻伤的法定刑，故殴打造成轻伤害结果的，也可能被认定为随意殴打类型的寻衅滋事罪，按想象竞合犯从一重罪处罚。

随意，一般意味着殴打的理由、对象、方式等明显异常。殴打行为是否“随意”，不是单纯以行为人的动机作为判断资料，而是必须同时考虑其他相关要素。例如，行为人虽然只是殴打他人一次，但殴打的原因是他人对行为人提出了良好的建议，对此应评价为随意殴打。再如，数人中只有一人作出了对行为人不利的举动，行为人却殴打了在场的数人，对此也应评价为随意殴打。随意殴打他人，致人死亡的，应视客观行为性质与主观心理状态，同时成立故意杀人罪或者过失致人死亡罪，按想象竞合犯从一重罪处罚。

2.追逐、拦截、辱骂、恐吓他人，情节恶劣。

追逐，一般是指妨碍他人停留在一定场所的行为；拦截，一般是指阻止他人转移场所的行为。这两种行为都是妨碍他人行动自由的行为。追逐与拦截可能以暴力方式实施，也可能以威胁等方式实施。辱骂，是指以言语对他人予以轻蔑的价值判断。辱骂不要求针对特定个人，针对一群人、一类人的谩骂，也可能成立本罪的辱骂。恐吓是以恶害相通告的行为。利用信息网络辱骂、恐吓他人，情节恶劣，破坏社会秩序的，应以寻衅滋事罪定罪处罚。黑恶势力为谋取不法利益或形成非法影响，有组织地采用滋扰、纠缠、哄闹、聚众造势等手段扰乱正常的工作、生活秩序，使他人产生心理恐惧或者形成心理强制，属于“恐吓”他人。

3.强拿硬要或者任意损毁、占用公私财物，情节严重。

强拿硬要，是指违背他人意志强行取得他人财物的行为，既可以表现为夺取财物，也可以表现为迫使他人交付财物。对其中的“财物”宜作广义解释，即包括财产性利益。例如，乘坐出租车后，迫使对方免除出租车费用的行为，也宜解释为强拿硬要行为。强拿硬要行为虽然具有一定的强制性，但不需要达到足以压制被害人反抗的程度。强拿硬要数额较大财物的行为，完全可能既符合敲诈勒索罪的犯罪构成，也符合寻衅滋事罪的犯罪构成，对此应从一重罪处罚。寻衅滋事罪与抢劫罪也不是对立关系，一个行为完全可能同时触犯这两个犯罪，对此也应从一重罪处罚。

损毁财物，是指使公私财物的使用价值减少或者丧失的一切行为。任意与随意的意义相近，但其程度低于随意的要求，侧重于说明行为不具有合法根据与理由。就损毁财物而言，任意，意味着行为违背被害人的意志。任意损毁公私财物的行为，既可能构成故意毁坏财物罪，也可能构成寻衅滋事罪。不能认为，“任意”损毁公私财物的，不成立故意毁坏财物罪，因为成立故意毁坏公私财物罪，并不以“非任意”为要件。也不能认为，任意损毁公私财物数额较大的，不成立寻衅滋事罪，因为任意损毁数额较小财物的行为可能成立寻衅滋事罪，任意损毁数额较大财物的，更能成立寻衅滋事罪。所以，当任意损毁公私财物的行为，同时触犯上述两罪时，应按想象竞合犯从一重罪处罚。

占用公私财物，是指不当、非法使用公私财物的一切行为。任意不仅是对损毁公私财物的限制，也是对占用公私财物的限制。占用公私财物的行为必须具有不正当性，但并不要求行为人具有非法占有目的。

4.在公共场所起哄闹事，造成公共场所秩序严重混乱。

公共场所，是指不特定人或者多数人可以自由出入的场所。起哄闹事，是指用语言、举动等方式，扰乱公共场所秩序，使公共场所的活动不能顺利进行，或者说，妨碍不特定或多数人在公共场所的有序活动。起哄闹事行为，应是具有煽动性、蔓延性、扩展性的行为，而不是单纯影响公共场所局部活动的行为。例如，甲、乙在电影院看电影时，因争座位而相互斗殴的行为，不能评价为“起哄闹事”。在实践中，往往表现为数人共同起哄闹事，但本罪的成立并不以数人共同实施为前提。换言之，起哄闹事类型的寻衅滋事罪，并不是必要共同犯罪。根据司法解释，编造虚假信息，或者明知是编造的虚假信息，在信息网络上散布，或者组织、指使人员在信息网络上散布，起哄闹事的，属于“在公共场所起哄闹事”，造成公共秩序严重混乱的，应以寻衅滋事罪定罪处罚。当然，这一解释是扩大解释还是类推解释，学界存在不同看法。

在公共场所起哄闹事，造成公共秩序严重混乱的行为，既可能构成寻衅滋事罪，也可能成立聚众扰乱公共场所秩序、交通秩序罪。虽然是否聚众是这两个犯罪的重要区别，但起哄闹事类型的寻衅滋事罪，既可能一个人单独实施，也可能以聚众方式共同实施。当行为人以聚众方式在公共场所起哄闹事，造成公共秩序严重混乱时，“是否聚众”便不再是两罪之间的区别。所以，司法机关面对具体案件时，依然要首先判断行为是否符合聚众扰乱公共场所秩序、交通秩序罪的犯罪构成，再判断行为是否符合寻衅滋事罪的犯罪构成。如只能对其中之一得出肯定结论，则以相应犯罪论处；如对二者都得出肯定结论，则认定为想象竞合，从一重罪处罚。

上述四种寻衅滋事行为罪与非罪的区别在于，是否“情节恶劣”“情节严重”或者“造成公共场所秩序严重混乱”。相关司法解释对于“情节恶劣”“情节严重”“造成公共场所秩序严重混乱”的认定，有详细规定，这里不再赘述。

本罪主体为一般主体。主观方面为故意，动机多样。根据司法解释，行为人因日常生活中的偶发矛盾纠纷，借故生非，实施《刑法》第293条的行为，应当认定为“寻衅滋事”，但矛盾系由被害人故意引发或者被害人对矛盾激化负有主要责任的除外。行为人因婚恋、家庭、邻里、债务等纠纷，实施殴打、辱骂、恐吓他人或者损毁、占用他人财物等行为的，一般不认定为“寻衅滋事”，但经有关部门批评制止或者处理处罚后，行为人继续实施这些行为，破坏社会秩序的除外。

犯本罪的，根据《刑法》第293条的规定处罚。

二十六、组织、领导、参加黑社会性质组织罪

本罪是指组织、领导、参加黑社会性质组织的行为。

成立本罪，要求行为人有组织、领导或者参加行为。发起、创建黑社会性质组织，或者对黑社会性质组织进行合并、分立、重组的行为，应当认定为“组织”黑社会性质组织。实际对整个组织的发展、运行、活动进行决策、指挥、协调、管理的行为，应当认定为“领导”黑社会性质组织。知道或者应当知道是以实施违法犯罪为基本活动内容的组织，仍加入并接受其领导和管理的行为，应当认定为“参加”黑社会性质组织。参加黑社会性质组织，不以是否履行手续、是否取得组织会籍、是否举行专门仪式等作为认定的标准。没有加入黑社会性质组织的意愿，受雇到黑社会性质组织开办的公司、企业、社团工作，未参与黑社会性质组织违法犯罪活动的，不应认定为参加黑社会性质组织。对于那些主观上并无加入意图，客观上也不受犯罪组织领导和管理，因被纠集、雇佣、收买、威逼或者受蒙蔽为黑社会性质组织实施违法犯罪活动或者提供帮助、支持、服务的人员，也不应认定为参加黑社会性质组织定罪；这些人员构成其他犯罪的，按照具体犯罪处理。

行为人组织、领导或者参加的必须是黑社会性质组织，才能构成本罪。根据《刑法》第294条第5款的规定，黑社会性质组织应同时具备下列四个特征：

（1）组织特征。表现为形成较稳定的犯罪组织，人数较多，有明确的组织者、领导者，骨干成员基本固定。组织形成后，在一定时期内持续存在，应当认定为“形成较稳定的犯罪组织”。对黑社会性质组织存在时间、成员人数问题不宜作出“一刀切”的规定。黑社会性质组织成员既包括已有充分证据证明但尚未归案的组织成员，也包括虽有参加黑社会性质组织的

行为但因尚未达到刑事责任年龄或因其他法定情形而未被起诉，或者根据具体情节不作为犯罪处理的组织成员。

（2）经济特征。表现为有组织地通过违法犯罪活动或者其他手段获取经济利益，具有一定的经济实力，以支持该组织的活动。在组织的形成、发展过程中，有组织地通过违法犯罪活动或其他不正当手段聚敛，有组织地以投资、控股、参股、合伙等方式通过合法的生产、经营活动获取经济利益，由组织成员提供或通过其他单位、组织、个人资助取得经济利益，属于“有组织地通过违法犯罪活动或者其他手段获取经济利益”。通过上述方式获得一定数量的经济利益，应当认定为“具有一定的经济实力”，同时也包括调动一定规模的经济资源用以支持该组织活动的能力。通过上述方式获取的经济利益，即使是由部分组织成员个人掌控，也应计入黑社会性质组织的“经济实力”。组织成员主动将个人或者家庭资产中的一部分用于支持该组织活动，其个人或者家庭资产可全部计入“一定的经济实力”，但数额明显较小或者仅提供动产、不动产使用权的除外。在实务中，不能一般性地要求黑社会性质组织所具有的经济实力必须达到特定规模或特定数额。

（3）行为特征。表现为以暴力、威胁或者其他手段，有组织地多次进行违法犯罪活动，为非作恶，欺压、残害群众。黑社会性质组织实施的违法犯罪活动不仅包括利用信息网络实施违法犯罪活动，而且包括非暴力性的违法犯罪活动，但暴力或以暴力相威胁始终是黑社会性质组织实施违法犯罪活动的基本手段，并随时可能付诸实施。暴力、威胁色彩虽不明显，但实际是以组织的势力、影响和犯罪能力为依托，以暴力威胁的现实可能性为基础，足以使他人产生恐惧、恐慌进而形成心理强制或者足以影响、限制人身自由、危及人身财产安全或者影响正常生产、工作、生活的手段，属于以“其他手段”获取经济利益。“其他手段”，包括但不限于所谓的“谈判”“协商”“调解”以及滋扰、纠缠、哄闹、聚众造势等手段。为确立、维护、扩大组织的势力、影响、利益或者按照纪律规约、组织惯例多次实施违法犯罪活动，侵犯不特定多人的人身权利、民主权利、财产权利，破坏经济秩序、社会秩序，应当认定为“有组织地多次进行违法犯罪活动，为非作恶，欺压、残害群众”。

（4）危害性特征。表现为通过实施违法犯罪活动，或者利用国家工作人员的包庇或者纵容，称霸一方，在一定区域或者行业内，形成非法控制或者重大影响，严重破坏经济、社会生活秩序。鉴于黑社会性质组织非法控制和影响的“一定区域”的大小具有相对性，不能简单地要求“一定区域”必须达到某一特定的空间范围，而应当根据具体案情，并结合黑社会性质组织对经济社会生活秩序的危害程度加以综合分析判断。通过实施违法犯罪活动，或者利用国家工作人员的包庇或者不依法履行职责，放纵黑社会性质组织进行违法犯罪活动的行为，称霸一方，并具有以下情形之一的，可认定为“在一定区域或者行业内，形成非法控制或者重大影响，严重破坏经济、社会生活秩序”：①致使在一定区域内生活或者在一定行业内从事生产、经营的多名群众，合法利益遭受犯罪或严重违法活动侵害后，不敢通过正当途径举报、控告的；②对一定行业的生产、经营形成垄断，或者对涉及一定行业的准入、经营、竞争等经济活动形成重要影响的；③插手民间纠纷、经济纠纷，在相关区域或者行业内造成严重影响的；④干扰、破坏他人正常生产、经营、生活，并在相关区域或者行业内造成严重影响的；⑤干扰、破坏公司、企业、事业单位及社会团体的正常生产、经营、工作秩序，在相关区域、行业内造成严重影响，或者致使其不能正常生产、经营、工作的；⑥多次干扰、破坏党和国家机关、行业管理部门以及村委会居委会等基层群众自治组织的工作秩序，或者致使上述单位、组织的职能不能正常行使的；⑦利用组织的势力、影响，帮助组织成员或他人获取政治地位，或者在党政机关、基层群众自治组织中担任一定职务的；⑧其他形成非法控制或者重大影响，严重破坏经济、社会生活秩序的情形。

只有同时具备上述四个特征的，才能认定

为黑社会性质组织。由于实践中许多黑社会性质组织并非这四个特征都很明显，在具体认定时，应根据立法本意，认真审查、分析黑社会性质组织“四个特征”相互间的内在联系，准确评价涉案犯罪组织所造成的社会危害，做到不枉不纵。如果确实缺少某一特征又要追究刑事责任的，应以其他犯罪追究相应的刑事责任。

组织、领导、参加黑社会性质的组织本身便是犯罪行为，因此，如果行为人组织、领导、参加黑社会性质的组织，又实施了其他犯罪的，应当依照数罪并罚的规定处罚。例如，参加黑社会性质的组织，并实施敲诈勒索罪、强迫交易罪的，应认定为参加黑社会性质组织罪与敲诈勒索罪、强迫交易罪，实行数罪并罚。

本罪主观方面为故意。对于参加者而言，不要求其在加入犯罪组织时明确知道该组织具有黑社会性质。参加者只要知道或者应当知道所参加的是由多人组成、具有一定层级结构，主要从事违法犯罪活动的组织群体，或者该组织虽有形式合法的生产、经营活动，但仍是以有组织地实施违法犯罪活动为基本行为方式，欺压、残害群众的组织，就可以认定其具有主观明知。

在认定本罪时，应当注意严格区分本罪与恶势力犯罪之间的界限。在扫黑除恶专项斗争过程中，为了从严处理涉恶犯罪案件，产生了“恶势力”概念。在司法上，将黑社会性质组织犯罪与恶势力犯罪合称为“黑恶势力”犯罪。组织、领导、参加恶势力所实施的违法行为具体构成何罪，应以其所符合的相关犯罪的犯罪构成而定。

无论是定罪还是处罚方面，与普通团伙犯罪相比，对恶势力犯罪的处理都是从严的。首先，相关规定放宽了恶势力犯罪的追诉标准。如黑恶势力有组织地多次短时间非法拘禁他人的，应被认定为《刑法》第238条规定的“以其他方法非法剥夺他人人身自由”；非法拘禁他人3次以上、每次持续时间在4小时以上，或者非法拘禁他人累计时间在12小时以上的，应以非法拘禁罪定罪处罚。如果是普通团伙实施上述同样的行为，很有可能不会以非法拘禁罪追诉。再如，以黑恶势力名义敲诈勒索的，“数额较大”的认定标准可以放宽到普通案件“数额较大”的50%。其次，在处罚方面，对恶势力犯罪的处罚也重于对普通团伙犯罪的处罚。如对恶势力犯罪应当严格掌握取保候审，严格掌握不起诉，严格掌握缓刑、减刑、假释，严格掌握保外就医适用条件，充分利用资格刑、财产刑等法律手段全方位从严惩处。

因此，有必要严格认定团伙犯罪是否属于恶势力犯罪。《反有组织犯罪法》第2条第2款明确界定了“恶势力组织”，由此可推知“恶势力”是指经常纠集在一起，以暴力、威胁或者其他手段，在一定区域或者行业领域内多次实施违法犯罪活动，为非作恶，欺压群众，扰乱社会秩序、经济秩序，造成较为恶劣的社会影响，但尚未形成黑社会性质组织的犯罪势力。构成恶势力犯罪，需要具备以下条件：（1）组织特征。“恶势力”是黑社会性质组织的雏形，表现为一般为成员3人以上，经常纠集在一起，纠集者相对固定。与黑社会性质组织相比，其稳定性相对欠缺，成员之间的层级划分、职能分工不够固定、明确。构成恶势力犯罪，必须要有纠集者。纠集者是指在恶势力实施的违法犯罪活动中起组织、策划、指挥作用的违法犯罪分子。（2）行为特征。表现为以暴力、威胁或者其他手段，在一定区域或者行业领域内多次实施违法犯罪活动，为非作恶，欺压百姓。“为非作恶，欺压百姓”是恶势力的重要标志。单纯为牟取不法经济利益而实施的“黄、赌、毒、盗、抢、骗”等违法犯罪活动，不具有为非作恶、欺压百姓特征的，或者因本人及近亲属的婚恋纠纷、家庭纠纷、邻里纠纷、劳动纠纷、合法债务纠纷而引发以及其他确属事出有因的违法犯罪活动，不应作为恶势力案件处理。“以暴力、威胁或者其他手段，在一定区域或者行业内多次实施违法犯罪活动”，是指犯罪嫌疑人、被告人于2年之内，以暴力、威胁或者其他手段，在一定区域或者行业内多次实施违法犯罪活动，且包括纠集者在内，至少应有2名相同的成员多次参与实施违法犯罪活动。对于“纠集在一起”时间明显较短，实施违法犯罪活动刚刚达到“多次”标准，且尚不足以造成较为恶劣影响的，一般不应认定为恶势力。“多次实施违法犯罪活动”至少应包括1次犯罪活动。(3)危害性特征。表现为扰乱社会秩序、经济秩序，造成较为恶劣的社会影响。对此，应当结合侵害对象及其数量、违法犯罪次数、手段、规模、人身损害后果、经济损失数额、违法所得数额、引起社会秩序混乱的程度以及对人民群众安全感的影响程度等因素综合把握。与黑社会性质组织相比，恶势力尚未达到称霸一方，在一定区域或者行业内，形成非法控制或者重大影响，严重破坏经济、社会生活秩序的地步。

随着黑恶犯罪不断向互联网延伸，充分利用网络实施黑恶犯罪的现象不断增多，如有组织地长期进行网络裸聊敲诈，或者以曝光负面信息或不实信息相威胁或曝光相关信息后提供有偿删帖服务等方式，敲诈他人财物或强迫提供服务，等等。对于这些涉及网络的犯罪，符合恶势力犯罪的认定条件的，应当认定为恶势力犯罪。

符合恶势力全部认定条件，同时又符合犯罪集团法定条件的犯罪组织，构成恶势力犯罪集团。恶势力犯罪集团应当具备“为非作恶、欺压百姓”特征，其行为“造成较为恶劣的社会影响”，因而实施违法犯罪活动必然具有一定的公然性，且手段应具有较严重的强迫性、压制性。普通犯罪集团实施犯罪活动如仅为牟取不法经济利益，缺乏造成较为恶劣社会影响的意图，在行为方式的公然性、犯罪手段的强迫压制程度等方面与恶势力犯罪集团存在区别，可按犯罪集团处理，但不应认定为恶势力犯罪集团。恶势力犯罪集团的首要分子，是指在恶势力犯罪集团中起组织、策划、指挥作用的犯罪分子，应对恶势力犯罪集团所犯的全部罪行负责。

案例分析 能力训练

根据《反有组织犯罪法》第19条、第22条、第50条第2款、第68条的规定，国家工作人员组织、领导、参加有组织犯罪的，应当依法从重处罚；对有组织犯罪的组织者、领导者和骨干成员，应当严格掌握取保候审、不起诉、缓刑、减刑、假释和暂予监外执行的适用条件，充分适用剥夺政治权利、没收财产、罚金等刑罚；可以禁止犯罪人员从事相关职业，并通报相关行业主管部门；对因组织、领导黑社会性质组织被判处刑罚的人员，设区的市级以上公安机关可以决定其自刑罚执行完毕之日起，按照国家有关规定向公安机关报告个人财产及日常活动，报告期限不超过5年。

还需注意的是，黑社会性质组织的组织者、领导者除应对组织、领导黑社会性质组织本身承担刑事责任外，还应对其所组织、领导的黑社会性质组织所犯的全部罪行承担刑事责任。黑社会性质组织的组织者、领导者，既包括通过一定形式产生的有明确职务、称谓的组织者、领导者，也包括在黑社会性质组织中被公认的事实上的组织者、领导。组织者、领导者对于具体犯罪所承担的刑事责任，应当根据其在该起犯罪中的具体地位、作用来确定，并非在任何具体犯罪中都是主犯。对于在黑社会性质组织形成、发展过程中已经退出的组织者、领导者，或者在加入黑社会性质组织之后逐步发展成为组织者、领导者的犯罪分子，应对其本人参与及其实际担任组织者、领导者期间该组织所犯的全部罪行承担刑事责任。

犯组织、领导、参加黑社会性质组织罪的，根据《刑法》第294条的规定处罚。

二十七、包庇、纵容黑社会性质组织罪

本罪是指国家机关工作人员包庇黑社会性质的组织，或者纵容黑社会性质的组织进行违法犯罪活动的行为。

本罪的主体为国家机关工作人员。本罪客观行为包括两种情形：(1)包庇黑社会性质的组织。“包庇”是指国家机关工作人员为使黑社会性质组织及其成员逃避查禁，而通风报信，隐匿、毁灭、伪造证据，阻止他人作证、检举揭发，指使他人作伪证，帮助逃匿，或者阻挠其他国家机关工作人员依法查禁等行为。包庇行为既可能表现为包庇黑社会性质组织本身，也可能表现为包庇黑社会性质组织的组织者、领导者与

参加者。包庇行为不要求相关国家机关工作人员利用职务便利。利用职务便利包庇黑社会性质组织的，酌情从重处罚。（2）纵容黑社会性质的组织的活动。“纵容”主要是指对黑社会性质组织具有查禁职责的国家机关工作人员不依法履行职责，放纵黑社会性质组织进行违法犯罪活动的行为；但是，对于已经存在的黑社会性质组织，即使其在某个时期出于某种原因没有实施违法犯罪活动，但由于其存续、发展本身就是犯罪行为，故对于黑社会性质组织的存续、发展予以纵容的，也构成本罪。包庇、纵容黑社会性质组织，事先有通谋的，以具体犯罪的共犯论处。本罪主观方面为故意。只要行为人知道或者应当知道是从事违法犯罪活动的组织，仍对该组织及其成员予以包庇，或者纵容其实施违法犯罪活动，即可认定本罪。至于行为人是否明知该组织系黑社会性质组织，不影响本罪的成立。

犯本罪的，根据《刑法》第294条第3款的规定处罚。

二十八、传授犯罪方法罪

本罪是指故意使用各种手段将犯罪方法传授给他人的行为。传授方法包括口头传授、书面传授与动作示范传授，包括公开传授与秘密传授、直接传授与间接传授。犯罪方法，包括预备犯罪、实行犯罪的技术、步骤、办法等。传授暴力恐怖或者其他犯罪技能、经验，依法不能认定为组织、领导、参加恐怖组织罪的，以传授犯罪方法罪定罪处罚。被传授人，既可以是达到法定年龄的人，也可以是没有达到法定年龄的人。被传授的人是否掌握、接受了犯罪方法，不影响本罪的成立。例如，对于利用互联网发布、传播制造毒品等犯罪的方法、技术、工艺的，以传授犯罪方法罪定罪处罚，被传授者是否接受或者是否以此方法实施了制造毒品等犯罪不影响对本罪的认定。行为人对同一犯罪内容同时实施教唆行为与传授犯罪方法的行为，或者用传授犯罪方法的手段使他人产生犯罪决意的，原则上从一重罪论处。但是，如果行为人分别对不同的对象实施教唆行为与传授犯罪方法，或者向同一对象教唆此罪而传授彼罪的犯罪方法，则应按所教唆的罪与传授犯罪方法罪实行数罪并罚。犯本罪的，根据《刑法》第295条的规定处罚。

二十九、赌博罪

赌博罪，是指以营利为目的聚众赌博、以赌博为业的行为。赌博，是指就偶然的输赢以财物进行赌事或者博戏的行为。偶然的输赢，是指结果取决于偶然因素，这种偶然因素对当事人而言具有不确定性，至于客观上是否已经确定则无关紧要；偶然因素既可以是将来的因素，也可能是现在或者过去的因素。即使当事人的能力对结果产生一定影响，但只要结果有部分取决于偶然性，就是赌博。如果对于一方当事人而言，胜败的结果已经确定，则不能称为赌博。赌博还必须是胜者取得财物，败者交付财物；这里的财物包括财产性利益。如果双方以财物以外的利益进行赌事或者博戏，则不属于赌博。

并非任何赌博行为都成立犯罪。根据《刑法》的规定，成立赌博罪，首先，在客观上必须符合下列情形之一：一是聚众赌博，即纠集多人从事赌博；二是以赌博为业，即将赌博作为职业或者兼业。其次，在主观上必须具有营利目的。这里的营利目的主要有两种情况：一是通过在赌博活动中取胜进而获取财物的目的；二是通过抽头渔利或者收取各种名义的手续费、入场费等获取财物的目的。

认定赌博罪，应注意区分罪与非罪的界限。这要根据赌博罪的主客观特征进行区分。行为人不是聚众赌博、以赌博为业的，不成立赌博罪；换言之，只是单纯参加赌博的行为，不成立赌博罪。行为人的目的不在于营利而在于一时娱乐而参加赌博的，不成立赌博罪。此外，赌博与打赌不是等同概念，参与打赌者的动机与目的在于确认彼此间互相对立的意见争执，至于赌赢的赏金则不是重点，也不是打赌本身的目的；打赌的结果还可能是双方均获利或者第三者获利。所以，对打赌行为不应认定为赌博罪。

犯本罪的，根据《刑法》第303条第1款的规定处罚。

三十、开设赌场罪

本罪是指开设以行为人为中心、在其支配下使他人赌博的场所的行为。设置具有退币、退分、退钢珠等赌博功能的电子游戏设施设备，并以现金、有价证券等贵重款物作为奖品，或者以回购奖品方式给予他人现金、有价证券等贵重款物组织赌博活动的，属于“开设赌场”。以营利为目的，通过邀请人员加入微信群的方式招揽赌客，根据竞猜游戏网站的开奖结果等方式进行赌博，设定赌博规则，利用微信群进行控制管理，在一段时间内持续组织网络赌博活动的，或者以营利为目的，通过邀请人员加入微信群，利用微信群进行控制管理，以抢红包方式进行赌博，在一段时间内持续组织赌博活动的行为的，属于“开设赌场”。利用互联网、移动通讯终端等传输赌博视频、数据，组织赌博活动，具有下列情形之一的，属于“开设赌场”行为：(1)建立赌博网站并接受投注的；(2)建立赌博网站并提供给他人组织赌博的；(3)为赌博网站担任代理并接受投注的；(4)参与赌博网站利润分成的。至于开设的是临时性的赌场，还是长期性的赌场，则不影响本罪成立。中华人民共和国公民在我国领域外周边地区开设赌场，以吸引中华人民共和国公民为主要客源的，应当以开设赌场罪论处。明知他人开设赌场，而为其提供资金支付结算服务、互联网接入、服务器托管、网络存储空间、通讯传输通道、投放广告、发展会员、软件开发、技术支持等服务或者帮助的，以开设赌场罪的共犯论处。犯本罪的，根据《刑法》第303条第2款、第3款的规定处罚。

【本节主要法律规定】

1.《刑法》第277～304条
2.最高人民法院、最高人民检察院《关于办理袭警刑事案件适用法律若干问题的解释》
3.最高人民法院、最高人民检察院《关于办理组织考试作弊等刑事案件适用法律若干问题的解释》
4.最高人民法院、最高人民检察院《关于办理寻衅滋事刑事案件适用法律若干问题的解释》
5.最高人民法院、最高人民检察院、公安部、司法部《关于办理黑恶势力犯罪案件若干问题的指导意见》
6.最高人民法院、最高人民检察院《关于办理赌博刑事案件具体应用法律若干问题的解释》

第二节　妨害司法罪

本节主要内容提示

应注意把握本节各种犯罪的犯罪构成。需要注意本节犯罪与相关犯罪的区分。如对于包庇行为，除了包庇罪外，刑法关于包庇犯罪的特别规定还有：国家机关工作人员包庇黑社会性质的组织的，构成包庇黑社会性质组织罪；帮助当事人毁灭、伪造证据的，构成帮助毁灭、伪造证据罪；包庇走私、贩卖、运输、制造毒品的犯罪分子的，构成包庇毒品犯罪分子罪。

一、伪证罪

伪证罪，是指在刑事诉讼中，证人、鉴定人、记录人、翻译人对与案件有重要关系的情节，故意作虚假证明、鉴定、记录、翻译，意图陷害他人或者隐匿罪证的行为。

1.本罪客体是国家的刑事诉讼秩序。

2.客观方面具有以下特征:(1)必须作虚假的证明、鉴定、记录、翻译。“虚假”一般包括两种情况:一是无中生有,捏造或者夸大事实以陷人入罪;二是将有说无,掩盖或者缩小事实以开脱罪责。伪证行为的方式没有限制,如在口头陈述中作虚假陈述,在文字鉴定中作虚假鉴定,不记录或者擅自增添重要事实,删除录音录像中记录的重要事实,在笔译或者口译中作虚假翻译,等等。(2)必须是对与案件有重要关系的情节作虚假的证明、鉴定、记录、翻译。这里的案件只限于刑事案件。与案件有重要关系的情节,是指对案件结论有影响的情节,即与是否构成犯罪、犯罪的性质、罪行的轻重、量刑的轻重具有重要关系的情节。伪证行为只要足以影响案件结论即可,不要求实际上影响了案件结论。(3)必须在刑事诉讼中作虚假的证明、鉴定、记录、翻译。即在立案侦查后、审判终结前的过程中作伪证。在诉讼前作假证明包庇犯罪人的,成立包庇罪;在诉讼前作虚假告发,意图使他人受刑事追究的,成立诬告陷害罪。

3.主体为证人、鉴定人、记录人、翻译人,包括在监察机关办理职务犯罪过程中的证人、鉴定人、记录人、翻译人在内,均须是已满16周岁、具有辨认控制能力。

4.主观方面只能是故意,具有陷害他人或者隐匿罪证的意图。行为人明知自己的行为会发生妨害司法客观公正进而陷害他人或者开脱罪责的结果,并且希望或者放任这种结果的发生。证人因记忆不清作了与事实不相符合的证明、鉴定人因技术不高作了错误鉴定、记录人因粗心大意错记漏记、翻译人因水平较低而错译漏译的,均不成立本罪。

伪证罪与诬告陷害罪有相似之处,在认定犯罪时应注意区分。二者的主要区别是:(1)伪证罪发生在刑事诉讼的过程中;诬告陷害罪发生在立案侦查之前,而且可能是引起立案侦查的原因。(2)伪证罪是对与刑事案件有重要关系的情节作虚假的证明、鉴定、记录、翻译;诬告陷害罪表现为捏造犯罪事实进行虚假告发。(3)伪证罪的主体是证人、鉴定人、记录人、翻译人;诬告陷害罪的主体是一般主体。(4)伪证罪的主观上既可以是意图陷害他人,也可能是意图为他人开脱罪责;而诬告陷害罪的意图是使他人受刑事追究。行为人诬告他人犯罪,引起司法机关的追诉活动后,在刑事诉讼中又作伪证的,原则上宜从一重罪处罚。

犯本罪的,根据《刑法》第305条的规定处罚。

二、妨害作证罪

妨害作证罪,是指以暴力、威胁、贿买等方法阻止证人作证或者指使他人作伪证的行为。其中“证人”,不应限于狭义的证人,而应包括被害人、鉴定人;“以暴力、威胁、贿买等方法”的规定,既是对阻止证人作证的行为方式的限定,也是对指使他人作伪证的行为方式的限定。犯本罪的,根据《刑法》第307条第1款的规定处罚。

三、帮助毁灭、伪造证据罪

本罪是指帮助诉讼活动的当事人毁灭、伪造证据,情节严重的行为。

毁灭、伪造自己是当事人的案件的证据的,不成立犯罪。毁灭证据,并不限于从物理上使证据消失,而是包括妨碍证据显现、使证据的价值减少、消失的一切行为。伪造证据,一般是指制作出不真实的证据。如将与犯罪无关的物改变成证据的行为,就属于伪造。帮助毁灭、伪造证据罪中的“帮助”,与共犯中的帮助犯的“帮助”不是等同含义。本罪中的“帮助”是一种实行行为,刑法条文使用“帮助”一词,主要是为了表明诉讼活动的当事人毁灭、伪造证据的,不成立本罪,同时表明行为人是为当事人毁灭、伪造证据。所以,下列行为均属于帮助毁灭、伪造证据:第一,行为人单独为当事人毁灭、伪造证据的;第二,行为人与当事人共同毁灭、伪造证据,在这种情况下,行

案例分析　能力训练

为人与当事人并不成立共犯；第三，行为人为当事人毁灭、伪造证据提供各种便利条件，在这种情况下，行为人并不是帮助犯，而是正犯；第四，行为人唆使当事人毁灭、伪造证据，在这种情况下，行为人并不是教唆犯，而是正犯（实行犯）。

本罪只能由故意构成。

犯本罪的，根据《刑法》第307条第2款的规定处罚，司法工作人员本罪的，从重处罚。

四、虚假诉讼罪

本罪是指以捏造的事实提起民事诉讼，妨害司法秩序或者严重侵害他人合法权益的行为。

本罪发生于民事诉讼过程中。“以捏造的事实提起民事诉讼”是指采取伪造证据、虚假陈述等手段，捏造民事法律关系，虚构民事纠纷，向人民法院提起民事诉讼。行为人与他人之间存在民事法律关系和民事纠纷，为了达到胜诉目的，篡改了部分证据，但没有从实质上改变原民事法律关系和民事纠纷的，不属于“以捏造的事实提起民事诉讼”，不构成本罪（构成其他违法犯罪的，按照其他违法犯罪处理）。向人民法院申请执行基于捏造的事实作出的仲裁裁决、公证债权文书，或者在民事执行过程中以捏造的事实对执行标的提出异议、申请参与执行财产分配的，属于以捏造的事实提起民事诉讼。隐瞒债务已经全部清偿的事实，向人民法院提起民事诉讼，要求他人履行债务的，以“以捏造的事实提起民事诉讼”论。

成立本罪，要求虚假诉讼行为妨害司法秩序或者严重侵害他人合法权益，如致使法院基于捏造的事实采取财产保全或者行为保全措施，或者致使法院基于捏造的事实作出裁判文书、制作财产分配方案，或者立案执行基于捏造的事实作出的仲裁裁决、公证债权文书等。

行为人以捏造的事实提起民事诉讼，非法占有他人财产或者逃避合法债务，又构成诈骗罪，职务侵占罪，拒不执行判决、裁定罪，贪污罪等犯罪的，依照处罚较重的规定定罪从重处罚。司法工作人员利用职权，与他人共同实施虚假诉讼行为的，从重处罚；同时构成滥用职权罪，执行判决、裁定滥用职权罪等犯罪的，依照处罚较重的规定定罪从重处罚。

犯本罪的，根据《刑法》第307条之一的规定处罚。

五、窝藏、包庇罪

本罪可分解为窝藏罪与包庇罪。窝藏罪，是指明知是犯罪的人而为其提供隐藏处所、财物，帮助其逃匿的行为；包庇罪，是指明知是犯罪的人而作假证明包庇的行为。

1.本罪客体是国家的刑事司法秩序。

2.客观上必须实施了窝藏或包庇犯罪人的行为。

首先，行为人所窝藏或者包庇的必须是“犯罪的人”。第一，应从一般意义上理解“犯罪的人”，而不能从“无罪推定”的角度作出解释。换言之，虽然包括严格意义上的“罪犯”，但不是仅指已经被法院作出有罪判决的人。第二，即使暂时没有被司法机关作为犯罪嫌疑人，但确实实施了犯罪行为，因而将被公安、司法机关作为犯罪嫌疑人、被告人而成为侦查、起诉对象的人，同样属于“犯罪的人”。第三，“犯罪的人”以被窝藏、包庇的人的行为确实构成犯罪为前提。根据司法解释，被窝藏、包庇的人实施的犯罪事实清楚，证据确实、充分，但尚未到案、尚未依法裁判或者因不具有刑事责任能力依法未予追究刑事责任的，不影响窝藏、包庇罪的认定，但被窝藏、包庇的人归案后被宣告无罪的，应当依照法定程序宣告窝藏、包庇行为人无罪。

其次，行为人必须实施了窝藏、包庇行为。窝藏行为主要表现为，为犯罪的人提供隐藏处所、财物，帮助其逃匿的行为。“为犯罪的人提供隐藏处所、财物”与“帮助其逃匿”是否为手段行为与目的行为的关系，存在不同看法，司法实务持肯定意见。根据司法解释，明知是犯罪的人，为帮助其逃匿，实施下列行为之一的，应以窝藏罪定罪处罚：(1)为犯罪的人提供房屋或者其他可以用于隐藏的处所的；(2)为犯罪的人提供车辆、船只、航空器等交通工具，或者提供手机等通讯工具的；(3)为犯罪的人提供金钱的；(4)其他为犯罪的人提供隐藏处所、财物，帮助其逃匿的情形。保证人在犯罪的人取保候审期间，协助其逃匿，或者明知犯罪的人的藏匿地点、联系方式，但拒绝向司法机关提供的，对保证人以窝藏罪定罪处罚。

包庇，是指向公安、司法机关提供虚假证明掩盖犯罪的人。根据司法解释，明知是犯罪的人，为帮助其逃避刑事追究，或者帮助其获得从宽处罚，实施下列行为之一的，应以包庇罪定罪处罚：(1)故意顶替犯罪的人欺骗司法机关的；(2)故意向司法机关作虚假陈述或者提供虚假证明，以证明犯罪的人没有实施犯罪行为，或者犯罪的人所实施行为不构成犯罪的；(3)故意向司法机关提供虚假证明，以证明犯罪的人具有法定从轻、减轻、免除处罚情节的；(4)其他作假证明包庇的行为。

3.本罪为一般主体。犯罪的人自己窝藏、逃匿的，不能成立本罪。共同犯罪人之间互相实施的窝藏、包庇行为，不以窝藏、包庇罪定罪处罚，但对共同犯罪以外的犯罪人实施窝藏、包庇行为的，以所犯共同犯罪和窝藏、包庇罪并罚。犯罪的人教唆他人对自己实施窝藏、包庇罪时，实施了窝藏、包庇的人构成本罪，但犯罪的人不成立本罪的教唆犯。

4.主观上必须出于故意，即明知是犯罪的人而实施窝藏、包庇行为。明知，是指认识到自己窝藏、包庇的是犯罪的人。行为人将犯罪的人所犯之罪误认为其他犯罪的，不影响“明知”的认定。在开始实施窝藏、包庇行为时明知是犯罪人的，当然成立本罪；在开始实施窝藏、包庇行为时不明知是犯罪人，但发现对方是犯罪人后仍然继续实施窝藏、包庇行为的，也成立本罪。行为人虽然实施了提供隐藏处所、财物等行为，但现有证据不能证明行为人知道犯罪的人实施了犯罪行为的，不能认定为“明知”。此外，行为人实施窝藏行为时，要求其具有帮助犯罪的人逃匿的目的；虽然为犯罪的人提供隐藏处所、财物，但不是出于帮助犯罪的人逃匿的目的，不以窝藏罪定罪处罚。

根据《刑法》第362条的规定，旅馆业、饮食服务业、文化娱乐业、出租汽车业等单位的人员，在公安机关查处卖淫、嫖娼活动时，为违法犯罪分子通风报信，情节严重的，以本罪论处。

认定本罪需要注意如下问题：

1.正确区分本罪与非罪的界限。明知发生犯罪事实或者明知犯罪人的去向，而不主动向公安、司法机关举报的行为，属于单纯的知情不举行为，不成立本罪。知道犯罪事实，在公安、司法机关调查取证时，单纯不提供证言的，也不构成本罪；但如果提供虚假证明包庇犯罪人，则成立包庇罪或伪证罪；如果拒不提供间谍犯罪证据，则成立相关犯罪。

2.正确区分本罪与事前有通谋的共同犯罪。窝藏、包庇行为是在被窝藏、包庇的人犯罪后实施的，其犯罪故意也是在他人犯罪后产生的，即只有在与犯罪人没有事前通谋的情况下，实施窝藏、包庇行为的，才成立本罪。如果行为人事前与犯罪人通谋，商定待犯罪人实行犯罪后予以窝藏、包庇的，则成立共同犯罪。因此，《刑法》第310条第2款规定，犯窝藏、包庇罪，事前通谋的，以共同犯罪论处。在这种情况下，即使共同犯罪所犯之罪的法定刑低于窝藏、包庇罪的法定刑，也应以共同犯罪论处。

3.正确区分本罪与伪证罪。(1)本罪为一般主体；而伪证罪是特殊主体，只限于证人、鉴定人、记录人与翻译人。(2)本罪发生的时间没有限制；而伪证罪必须发生在刑事诉讼中。(3)本罪是通过使犯罪人逃匿或者采取其他庇护方法，使其逃避刑事制裁；伪证罪掩盖的是与案件有重要关系的犯罪情节。(4)窝藏、包庇的对象既可以是犯罪嫌疑人、被告人，也可以是受有罪宣告的犯罪人；而伪证罪所包庇的对象只能是犯罪嫌疑人、被告人。

4.正确认定罪数。为帮助同一个犯罪的人逃避刑事处罚，实施窝藏、包庇行为，又实施洗钱行为，或者掩饰、隐瞒犯罪所得及其收益行为，或者帮助毁灭证据行为，或者作伪证行为的，依照处罚较重的犯罪定罪，并从重处罚，不实行数罪并罚。

案例分析　能力训练

犯本罪的，根据《刑法》第310条的规定处罚。

六、掩饰、隐瞒犯罪所得、犯罪所得收益罪

本罪是指明知是犯罪所得及其产生的收益，而予以窝藏、转移、收购、代为销售或者以其他方法掩饰、隐瞒的行为。本罪名属于选择性罪名。刑法理论上一般将本罪简称为赃物犯罪。

1.本罪客体为司法机关（包括监察机关）的正常活动。具体而言，掩饰、隐瞒犯罪所得及其收益的行为，妨害了司法机关顺利进行刑事案件的侦查、起诉、审判以及追缴赃物的活动。

2.本罪客观方面表现为对犯罪所得及其产生的收益，予以窝藏、转移、收购、代为销售或者以其他方法掩饰、隐瞒的行为。

（1）本罪的对象为犯罪所得及其产生的收益。“犯罪所得”是指犯罪所得的赃物（狭义的赃物），即通过犯罪行为直接得到的赃款、赃物，故犯罪工具不是赃物。这里的犯罪，既包括财产犯罪、经济犯罪，也包括其他可能获取财物的犯罪，如赌博罪、受贿罪所取得的财物，也能成为本罪的赃物。犯罪所得产生的收益，是指利用犯罪所得的赃物获得的孳息、租金等利益（广义的赃物）。如贿赂存入银行后所获得的利息，利用走私犯罪所得投资房地产所获取的利润。“犯罪所得及其产生的收益”中的“犯罪”应是指客观上呈现既遂形态犯罪。行为人在上游犯罪人（本犯）犯罪既遂前故意参与的，应认定为共同犯罪。如行为人事前与盗窃、抢劫、诈骗、抢夺等犯罪分子通谋，掩饰、隐瞒犯罪所得及其产生的收益的，应以盗窃、抢劫、诈骗、抢夺等犯罪的共犯论处。如果上游犯罪人已经占有或者取得了财物，但行为并没有既遂，而行为人参与处理财物的，原则上也成立共同犯罪。例如，甲得知乙受委托占有丙的财物，乙与甲共谋将该财物出卖给他人的，乙与甲构成侵占罪的共犯。但是，如果A不法处分自己占有的他人财物，B是在明知的情况下而购买的，则不成立共犯，但可能成立赃物犯罪。

《刑法修正案（十一）》规定“自洗钱”构成洗钱罪，但并未同步对“自窝赃”作出规定。因此，本罪中的“犯罪所得及其产生的收益”，还必须是“他人”的犯罪所得及其产生的收益，而不包括本人的犯罪所得及其产生的收益。

（2）行为人必须实施了窝藏、转移、收购、代为销售等掩饰、隐瞒赃物的行为。窝藏，是指隐藏、保管等使司法机关不能或难以发现赃物的行为。转移，是指改变赃物的存放地的行为。转移行为应达到足以妨害司法机关追缴赃物的程度，在同一房屋内转移赃物的，不宜认定为本罪，但将某建筑物内的赃物从一个房间转移到另一个房间的，不失为转移。收购，是收买不特定的犯罪人的赃物或者购买大量赃物的行为；对于购买特定的少量赃物自用的，不宜认定为犯罪，但对购买他人犯罪所得的机动车等重大财物的，应认定为收购赃物。代为销售，是指替本犯有偿转让赃物的行为。对于在本犯与购买人之间进行斡旋的，也应认定为代为销售赃物。除上述四种行为之外，居间介绍买卖，收受，持有，使用，加工，提供资金账户，协助将财物转换为现金、金融票据、有价证券，协助将资金转移、汇往境外等，属于以“其他方法”掩饰、隐瞒犯罪所得及其产生的收益，成立本罪。明知是盗窃、抢劫、诈骗、抢夺等犯罪所得的机动车，而予以窝藏、转移、买卖、介绍买卖、典当、拍卖、抵押或者用其抵债的，拆解、拼装或者组装的，修改发动机号、车辆识别代号的，更改车身颜色或者车辆外形的，提供或者出售机动车来历凭证、整车合格证、号牌以及有关机动车的其他证明和凭证的，提供或者出售伪造、变造的机动车来历凭证、整车合格证、号牌以及有关机动车的其他证明和凭证的，都应以本罪论处。明知是非法获取计算机信息系统数据犯罪所获取的数据、非法控制计算机信息系统犯罪所获取的计算机信息系统控制权，而予以转移、收购、代为销售或者以其他方法掩饰、隐瞒，违法所得5000元以上的，成立本罪。

3.本罪主体既可以是自然人，也可以是单位，但不包括本犯，即上游犯罪人窝藏、转移、销售、掩饰、隐瞒自己犯罪所得及其产生的收益的行为，不成立本罪。国家指定的车辆交易市

场、机动车经营企业（含典当、拍卖行）以及从事机动车修理、零部件销售企业的主管人员或者其他直接责任人员，明知是盗窃、抢劫的机动车而予以窝藏、转移、拆解、改装、拼装、收购、代为销售或者以其他方法掩饰、隐瞒的，应以本罪追究刑事责任。盗用单位名义实施掩饰、隐瞒犯罪所得及其产生的收益行为，违法所得由行为人私分的，应当依照刑法和司法解释有关自然人犯罪的规定定罪处罚。

4.本罪主观方面为故意，即明知是犯罪所得及其产生的收益，而予以窝藏、转移、收购、代为销售或者以其他方法掩饰、隐瞒。至于如何判断行为人是否“明知”是赃物，则是至关重要的问题。明知是赃物，包括明知肯定是赃物和明知可能是赃物。明知可能是赃物，是指行为人根据有关事项，认识到可能是犯罪所得的赃物，但又不能充分肯定其为赃物。因此，行为人对赃物的认识不要求是确定的，只要认识到或许是赃物、可能是赃物即可。基于这一理由，本罪也可以是间接故意犯罪。总体来说，应当结合被告人的认知能力，接触他人犯罪所得及其收益的情况，犯罪所得及其收益的种类、数额，犯罪所得及其收益的转换、转移方式以及被告人的供述等主、客观因素认定“明知”。

认定本罪需要注意如下问题：

1.正确区分罪与非罪的界限。一方面，本罪的成立以上游犯罪事实成立为前提。上游犯罪尚未依法裁判，但查证属实的，不影响本罪的认定。上游犯罪事实经查证属实，但因行为人未达到刑事责任年龄等原因依法不予追究刑事责任的，也不影响本罪的认定。如果上游犯罪事实不成立，掩饰、隐瞒行为就不成立本罪。如单位工作人员职务侵占价值2万元本单位财物的行为并不构成职务侵占罪，故行为人掩饰、隐瞒该2万元财物的行为不构成本罪。

另一方面，数额标准不是区分罪与非罪的界限。司法解释曾规定，掩饰、隐瞒犯罪所得及其产生的收益价值3000元以上的，以本罪定罪处罚。2021年4月13日最高人民法院《关于修改〈关于审理掩饰、隐瞒犯罪所得、犯罪所得收益刑事案件适用法律若干问题的解释〉的决定》明确规定“掩饰、隐瞒犯罪所得、犯罪所得收益罪的数额标准不再适用。人民法院审理掩饰、隐瞒犯罪所得、犯罪所得收益刑事案件，应综合考虑上游犯罪的性质、掩饰、隐瞒犯罪所得及其收益的情节、后果及社会危害程度等，依法定罪处罚”。根据该解释，明知是犯罪所得及其产生的收益而予以窝藏、转移、收购、代为销售或者以其他方法掩饰、隐瞒，具有下列情形之一的，应以本罪定罪处罚：（1）1年内曾因掩饰、隐瞒犯罪所得及其产生的收益行为受过行政处罚，又实施掩饰、隐瞒犯罪所得及其产生的收益行为的；（2）掩饰、隐瞒的犯罪所得系电力设备、交通设施、广播电视设施、公用电信设施、军事设施或者救灾、抢险、防汛、优抚、扶贫、移民、救济款物的；（3）掩饰、隐瞒行为致使上游犯罪无法及时查处，并造成公私财物损失无法挽回的；（4）实施其他掩饰、隐瞒犯罪所得及其产生的收益行为，妨害司法机关对上游犯罪进行追究的。

具有上述4种行为之一，即使其掩饰隐瞒犯罪所得、犯罪所得收益的数额不满3000元，亦可成立本罪。例如，A曾因掩饰、隐瞒他人盗窃犯罪所得1000元的行为受过行政处罚，1年内又掩饰、隐瞒他人抢劫所得价值500元的赃物，若行为人明知该500元系抢劫所得的，应当成立本罪。又如，B明知并掩饰、隐瞒他人抢劫犯罪所得500元的财物，对前来调查的侦查人员矢口否认或拒不交出赃物，妨害司法机关对抢劫犯罪进行追究的，亦当构成本罪。

2.本罪与洗钱罪的区别。首先，洗钱罪只限于掩饰、隐瞒毒品犯罪、黑社会性质的组织犯罪、恐怖活动犯罪、走私犯罪、贪污贿赂犯罪、破坏金融管理秩序犯罪、金融诈骗犯罪的所得及其产生的收益的来源和性质行为，而本罪包括对其他犯罪所得及其产生收益的掩饰与隐瞒。其次，两罪的行为不完全相同。洗钱罪包括各种掩饰、隐瞒犯罪所得及其收益的来源和性质的行为，而本罪是对犯罪所得及其产生的收益本身实行窝藏、转移、收购、代为销售等掩饰与隐瞒行为。但是，不排除一个行为同时触犯本罪与洗钱罪的情形。明知是犯罪所得及其产生的收益而予以掩饰、隐瞒，既构成本罪，同时又构成洗钱罪的，依照洗钱罪的规定定罪处罚。

犯本罪的，根据《刑法》第312条的规定处罚。

七、拒不执行判决、裁定罪

本罪是指负有执行义务的人对人民法院的判决、裁定有能力执行而拒不执行，情节严重的行为。

本罪的客观要件为：(1)拒不执行的对象为人民法院的判决、裁定，是指人民法院依法作出的具有执行内容并已发生法律效力的判决、裁定，既包括刑事判决、裁定，也包括民事、行政等方面的判决、裁定。人民法院的调解书不属于判决、裁定的范畴，但人民法院为依法执行生效的调解书、支付令、仲裁裁决、公证债权文书等所作的裁定，属于本罪中的裁定。此外，人民法院的判决、裁定应是指合法的判决、裁定。如果行为人拒不执行的是不合法的判决、裁定，如该判决、裁定是法官滥用职权、违背事实作出的，或者原判决、裁定已被再审撤销的，则不构成本罪。(2)行为方式为有能力执行人民法院的判决、裁定而拒不执行。"有能力执行"是指负有执行义务的人有全部执行或者部分执行给付财产义务或履行特定行为义务的能力。在认定执行能力时，应当扣除负有执行义务的人及其所扶养家属的生活必需费用。有能力执行而拒不执行判决、裁定的时点，通常从判决、裁定发生法律效力时起算，但是，行为人为逃避执行义务，在诉讼开始后、裁判生效前实施隐藏、转移财产等行为，在判决、裁定生效后经查证属实，要求其执行而拒不执行的，可以认定其有能力执行而拒不执行。(3)构成本罪，要求情节严重。根据立法解释，"有能力执行而拒不执行，情节严重"，是指下列情形：①被执行人隐藏、转移、故意毁损财产或者无偿转让财产、以明显不合理的低价转让财产，致使判决、裁定无法执行的；②担保人或者被执行人隐藏、转移、故意毁损或者转让已向人民法院提供担保的财产，致使判决、裁定无法执行的；③协助执行义务人接到人民法院协助执行通知书后，拒不协助执行，致使判决、裁定无法执行的；④被执行人、担保人、协助执行义务人与国家机关工作人员通谋，利用国家机关工作人员的职权妨害执行，致使判决、裁定无法执行的；⑤其他有能力执行而拒不执行，情节严重的情形。上述情形中的"致使判决、裁定无法执行"，一般是指人民法院依据法律及相关规定采取执行措施后仍无法执行的情形，包括判决、裁定全部无法执行，也包括部分无法执行。对于上述"⑤其他有能力执行而拒不执行，情节严重的情形"，2024年10月30日最高人民法院、最高人民检察院发布的《关于办理拒不执行判决、裁定刑事案件适用法律若干问题的解释》第3条列举了10项情形，如以放弃债权、放弃债权担保等方式恶意无偿处分财产权益，或者恶意延长到期债权的履行期限，或者以虚假和解、虚假转让等方式处分财产权益，致使判决、裁定无法执行的；等等，都属于"其他有能力执行而拒不执行，情节严重的情形"。行为人虽有拒不执行判决、裁定的行为，但情节显著轻微危害不大的，不认为是犯罪；在提起公诉前，履行全部或者部分执行义务，犯罪情节轻微的，可以依法不起诉。在一审宣告判决前，履行全部或者部分执行义务，犯罪情节轻微的，可以依法从轻或者免除处罚。

本罪主体是被执行人、协助执行义务人、担保人等负有执行判决、裁定义务的自然人或者单位。案外人明知负有执行义务的人有能力执行而拒不执行人民法院的判决、裁定，与其通谋，协助实施隐藏、转移财产等拒不执行行为，致使判决、裁定无法执行的，以本罪的共犯论处。

罪数方面，行为人拒不执行判决、裁定，同时构成拒不执行判决、裁定罪、妨害公务罪、袭警罪、非法处置查封、扣押、冻结的财产罪等犯罪的，依照处罚较重的规定定罪处罚。国家机关工作人员与行为人通谋，利用国家机关工作人员的职权妨害执行，致使判决、裁定无法执行的，国家机关工作人员在构成本罪共犯的同时，又构成受贿罪、滥用职权罪的，对其依照处罚较重的规定定罪处罚。

犯本罪的，根据《刑法》第313条的规定处罚。

八、非法处置查封、扣押、冻结的财产罪

本罪是指故意隐藏、转移、变卖、毁损已被司法机关查封、扣押、冻结的财产，情节严重的行为。这里的查封、扣押与冻结，应是依法的查封、扣押与冻结。对他人财产滥用职权非法进行查封、扣押与冻结的，有关当事人为保障自己的权利所实施的隐藏、转移、变卖等行为，不应以本罪论处。犯本罪的，根据《刑法》第314条的规定处罚。

九、破坏监管秩序罪

本罪是指依法被关押的罪犯，违反监管法规，破坏监管秩序，情节严重的行为。客观方面表现为以下行为：(1)殴打监管人员的；(2)组织其他被监管人破坏监管秩序的；(3)聚众闹事，扰乱正常监管秩序的；(4)殴打、体罚或者指使他人殴打、体罚其他被监管人的。监管人员指使依法被关押的罪犯，殴打或者体罚虐待被监管人的，对监管人员的行为，认定为虐待被监管人罪。犯本罪的，根据《刑法》第315条的规定处罚。

十、脱逃罪

本罪是指依法被关押的罪犯、被告人、犯罪嫌疑人脱逃的行为。

本罪客体是国家监管机关的监管秩序。客观方面表现为脱逃。脱逃，是指脱离监管机关的实力支配的行为，具体表现为逃离关押场所。脱逃的方式没有限制，如乘监管人员疏忽而逃离关押场所，乘外出劳动逃离关押场所，对监管人员使用暴力、威胁手段而逃离关押场所，打破门窗或毁损械具后逃离关押场所，等等。受到监狱奖励，节假日受准回家的罪犯，故意不在规定时间返回监狱，采取逃往外地等方式逃避入狱的，也应以脱逃罪论处。主体是依法被关押的罪犯（已决犯）、被告人与犯罪嫌疑人；未被关押的罪犯、被告人与犯罪嫌疑人，不是本罪主体。但是，这只是就实行犯而言，未被关押的人如果教唆、帮助上述人员脱逃的，成立本罪的共犯。主观方面只能是故意，且出于逃避监管机关监管的目的。如果没有这种目的，由于某种特殊原因，暂时离开关押场所，特殊原因消失后立即回到关押场所的，一般不宜认定为脱逃罪。但是，这并不意味着逃避监管机关的监管的目的，只能是永久性或长期性逃避监管的目的；出于一时性逃避劳动改造的目的而脱逃的，原则上也成立本罪。例如，在劳改农场服刑的罪犯，为了在某段艰苦时间逃避执行机关的监管，逃离半个月后又回到该劳改农场的，应认定为脱逃罪。

行为人摆脱了监管机关与监管人员的实力支配（控制）时，成立脱逃罪的既遂。脱逃罪的本质是脱离监管机关的实力支配，脱逃罪行为人的主观目的也在于摆脱监管机关与监管人员的实力支配，因此，摆脱了监管机关与监管人员的实力支配时，就应认定为既遂。如果行为人仍处于关押场所内，则不可能摆脱监管机关与监管人员的实力支配；但逃出关押场所的并不都摆脱了监管机关与人员的实力支配。因此，没有必要同时要求逃出关押场所与摆脱监管人员的控制。基于这一标准，行为人逃出关押场所后，只要明显处于被监管人员追捕的过程中，就应认定为脱逃未遂。

犯本罪的，根据《刑法》第316条第1款的规定处罚。

【本节主要法律规定】

1.《刑法》第305～317条
2.最高人民法院、最高人民检察院《关于办理虚假诉讼刑事案件适用法律若干问题的解释》
3.最高人民法院、最高人民检察院《关于办理窝藏、包庇刑事案件适用法律若干问题的解释》
4.最高人民法院《关于审理掩饰、隐瞒犯罪所得、犯罪所得收益刑事案件适用法律若干问题的解释》

第三节　妨害国（边）境管理罪

本节主要内容提示

除应注意把握本节各种犯罪的犯罪构成外，还需要注意本节犯罪的罪数问题：组织他人偷越国（边）境，剥夺或者限制被组织人人身自由或者以暴力、威胁方法抗拒检查的，属于法定刑升格的条件，只构成组织他人偷越国（边）境罪一罪；对被组织人有杀害、伤害、强奸、拐卖等犯罪行为，或者对检查人员有杀害、伤害等犯罪行为的，构成数罪。

一、组织他人偷越国（边）境罪

本罪是指违反国（边）境管理法规，组织他人偷越国（边）境的行为。

客观方面表现为违反出入境管理法规，组织他人偷越国（边）境的行为。领导、策划、指挥他人偷越国（边）境或者在首要分子指挥下，实施拉拢、引诱、介绍他人偷越国（边）境等行为，属于“组织他人偷越国（边）境”。组织者既可以只是组织他人偷越国（边）境而自己并不偷越，也可以组织他人与自己共同偷越国（边）境。“偷越国（边）境”是指具有下列情形之一的行为：(1)没有出入境证件出入国（边）境或者逃避接受边防检查的；(2)使用伪造、变造、无效的出入境证件出入国（边）境的；(3)使用他人出入境证件出入国（边）境的；(4)使用以虚假的出入境事由、隐瞒真实身份、冒用他人身份证件等方式骗取的出入境证件出入国（边）境的；(5)采用其他方式非法出入国（边）境的。组织他人通过虚构事实、隐瞒真相等方式掩盖非法出入境目的，骗取出入境边防检查机关核准出入境的，或者组织依法限定在我国边境地区停留、活动的人员，违反国（边）境管理法规，非法进入我国非边境地区的，属于组织他人偷越国（边）境。主观方面必须出于故意，营利目的不是本罪的主观要件。

以组织他人偷越国（边）境为目的，招募、拉拢、引诱、介绍、培训偷越国（边）境人员，策划、安排偷越国（边）境行为，在他人偷越国（边）境之前或者偷越国（边）境过程中被查获的，应当以组织他人偷越国（边）境罪（未遂）论处。

事前与组织、运送他人偷越国（边）境的犯罪分子通谋，在偷越国（边）境人员出境前或者入境后，提供接驳、容留、藏匿等帮助的，以组织他人偷越国（边）境罪或者运送他人偷越国（边）境罪的共同犯罪论处。

在犯本罪的过程中，对被组织人有杀害、伤害、强奸、拐卖等犯罪行为，或者对检查人员有杀害、伤害等犯罪行为的，依照数罪并罚的规定处罚。犯本罪的同时，又构成骗取出境证件罪、提供伪造、变造的出入境证件罪、运送他人偷越国（边）境罪的，依照处罚较重的规定定罪处罚。

犯本罪的，根据《刑法》第318条的规定处罚。

二、运送他人偷越国（边）境罪

本罪是指违反国（边）境管理法规，运送他人偷越国（边）境的行为。客观上表现为使用车辆、船只等交通工具或者其他方式将偷越国（边）境的人运送出、入国（边）境的行为。根据相关司法解释，徒步带领他人通过隐蔽路线逃避边防检查偷越国（边）境的，属于“运送”他人偷越国（边）境。运送不要求全程运送，分段运送偷越国（边）境人员前往国（边）境的，属于运送他人偷越国（边）境。主观上表现为明知被运送者是偷越国（边）境人员，而故意运送。

本罪与组织他人偷越国（边）境罪的区别表现在：本罪是运送行为，后者是组织行为。如果行为人既组织又运送，而且运送行为是组织他人偷越国（边）境行为的组成部分，被运送者与被组织者具有同一性，则只认定为组织他人偷越国（边）境罪；如果运送行为不是组织行为的组成部分，被运送者与被组织者不具有同一性，则应分别定罪，实行数罪并罚。

犯运送他人偷越国（边）境罪，对被运送人有杀害、伤害、强奸、拐卖等犯罪行为，或者对检查人员有杀害、伤害等犯罪行为的，依照数罪并罚的规定处罚。

犯本罪的，根据《刑法》第321条的规定处罚。

三、偷越国（边）境罪

本罪是指违反国（边）境管理法规，偷越国（边）境，情节严重的行为。偷越的主体既可以是中国公民，也可以是外国公民。构成本罪，要求偷越国（边）境的行为情节严重，如多次偷越国（边）境，或者多人结伙偷越国（边）境。

走私犯偷越国（边）境的，按走私罪处理，不另认定为本罪。国家机关工作人员或者掌握国家秘密的国家工作人员偷越国边（境）叛逃的，以叛逃罪论处，也不另认定为本罪。为参加恐怖活动组织、接受恐怖活动培训或者实施恐怖活动，偷越国（边）境的，不数罪并罚，按本罪一罪处理。实施偷越国（边）境犯罪，又实施妨害公务、袭警、妨害传染病防治等行为，并符合有关犯罪构成的，应当数罪并罚。

犯本罪的，根据《刑法》第322条的规定处罚。

【本节主要法律规定】

《刑法》第318～323条

第四节　妨害文物管理罪

本节主要内容提示

除应牢记本节犯罪的犯罪构成外，还需要注意本节犯罪的罪数问题：盗掘古文化遗址、古墓葬，并盗窃珍贵文物或者造成珍贵文物严重破坏的，以成盗掘古文化遗址、古墓葬罪一罪论处。

一、故意损毁文物罪

本罪是指故意损毁国家保护的珍贵文物或者被确定为全国重点文物保护单位、省级文物保护单位的文物的行为。损毁，是指损坏、毁坏、破坏文物以及其他使文物的历史、艺术、科学、史料、经济价值或纪念意义、教育意义丧失或者减少的行为。损毁的对象必须是国家保护的珍贵文物或者被确定为全国重点文物保护单位、省级文物保护单位的文物，包括全国重点文物保护单位、省级文物保护单位的本体。文物是指具有历史、艺术、科学价值的遗址或者遗物。根据立法解释，“刑法关于文物的规定，适用于具有科学价值的古脊椎动物化石、古人类化石”。主观方面必须出于故意，行为人必须明知自己所损毁的是文物或者可能是文物，但不要求行为人对文物的种类、级别等具有明确认识。犯本罪的，根据《刑法》第324条第1款的规定处罚。

二、倒卖文物罪

本罪是指自然人或者单位以牟利为目的，倒卖国家禁止经营的文物，情节严重的行为。

客观上表现为倒卖国家禁止经营的文物。倒卖，是指出售或者为出售而收购、运输、储存文物。行为人所倒卖的文物，必须是文物保护法规定的国家禁止买卖的文物。主观上只能出于故意，并具有牟利目的。成立本罪，还要求情节严重。

犯本罪的，根据《刑法》第326条的规定处罚。

三、盗掘古文化遗址、古墓葬罪

本罪是指盗掘具有历史、艺术、科学价值的古文化遗址、古墓葬的行为。

本罪的对象是具有历史、艺术、科学价值的古文化遗址、古墓葬，主要指清代和清代以前的具有历史、艺术、科学价值的古文化遗址、古墓葬以及辛亥革命后与著名历史事件有关的名人墓葬、遗址和纪念地，包括水下古文化遗址、古墓葬，但不以公布为不可移动文物的古文化遗址、古墓葬为限。针对古建筑、石窟寺等不可移动文物中包含的古文化遗址、古墓葬部分实施盗掘，如该古文化遗址、古墓葬部分具有历史、艺术、科学价值的，以盗掘古文化遗址、古墓葬罪追究刑事责任。采用破坏性手段盗窃古文化遗址、古墓葬以外的古建筑、石窟寺、石刻、壁画、近代现代重要史迹和代表性建筑等其他不可移动文物的，应以盗窃罪追究刑事责任。本罪的行为是盗掘，盗掘既不是单纯的盗窃，也不是单纯的损毁，而是指未经国家文物主管部门批准，私自挖掘古文化遗址、古墓葬。因此，盗掘可谓集盗窃与损毁于一体，其危害程度相当严重。盗掘并不限于挖掘埋藏于地下的古文化遗址、古墓葬，打捞被水淹没的古文化遗址、古墓葬的，也应认定为“盗掘”。盗掘行为不必具有秘密性，公开盗掘的，也成立本罪。本罪主观方面只能出于故意，行为人必须明知是古文化遗址、古墓葬而私自挖掘，但不要求行为人对古文化遗址、古墓葬具有专业人士的认识，只需要具有外行人领域的相当认识即可。

实施盗掘行为，已损害古文化遗址、古墓葬的历史、艺术、科学价值的，应当认定为盗掘古文化遗址、古墓葬罪既遂。以盗掘为目的，在古文化遗址、古墓葬表层进行钻探、爆破、挖掘等作业，因意志以外的原因，尚未损害古文化遗址、古墓葬的历史、艺术、科学价值的，属于盗掘古文化遗址、古墓葬未遂。盗掘古文化遗址、古墓葬的行为，同时构成故意损毁文物罪、故意损毁名胜古迹罪的，依照处罚较重的规定定罪处罚。行为人盗掘古文化遗址、古墓葬后，将其中的文物非法据为己有的，仍以盗掘古文化遗址、古墓葬罪一罪论处。

犯本罪的，根据《刑法》第328条的规定处罚。

四、抢夺、窃取国有档案罪

本罪是指抢夺、窃取国家所有的档案的行为。犯本罪又构成刑法规定的其他犯罪的，依照处罚较重的规定定罪处罚。例如，如果盗窃属于国家秘密的国有档案，则行为触犯了窃取国有档案罪与非法获取国家秘密罪，应从一重罪论处。

犯本罪的，根据《刑法》第329条的规定处罚。

【本节主要法律规定】

《刑法》第324～329条

第五节　危害公共卫生罪

本节主要内容提示

除应牢记本节犯罪的犯罪构成外，还应注意医疗事故罪与非法行医罪的区分：造成就诊人死亡或者严重损害就诊人身体健康，若是医务人员由于严重不负责任造成的，构成医疗事故罪；若是未取得医生执业资格的人非法行医造成的，构成非法行医罪。

一、妨害传染病防治罪

本罪是指自然人或者单位违反传染病防治法的规定，实施引起甲类传染病以及依法确定采取甲类传染病预防、控制措施的传染病传播或者有传播严重危险的行为。“违反传染病防治法的规定”包括违反《传染病防治法》《突发事件应对法》《突发公共卫生事件应急条例》等一系列与疫情防控有关的法律法规和国务院有关规定。违反传染病防治法的行为表现为五种情形：（1）供水单位供应的饮用水不符合国家规定的卫生标准的；（2）拒绝按照疾病预防控制机构提出的卫生要求，对传染病病原体污染的污水、污物、场所和物品进行消毒处理的；（3）准许或者纵容传染病病人、病原携带者和疑似传染病病人从事国务院卫生行政部门规定禁止从事的易使该传染病扩散的工作的；（4）出售、运输疫区中被传染病病原体污染或者可能被传染病病原体污染的物品，未进行消毒处理的；（5）拒绝执行县级以上人民政府、疾病预防控制机构依照传染病防治法提出的预防、控制措施的。

成立本罪，还要求行为引起甲类传染病以及依法确定采取甲类传染病预防、控制措施的传染病传播或者有传播严重危险。违反《传染病防治法》的行为是否造成法定传染病传播或者有传播严重危险，可从以下三个方面判断：一是行为主体方面，行为人是否感染甲类传染病或者与甲类传染病人有过密切接触，或者曾进出甲类传染病疫情高发地区等；二是行为方式方面，行为人是否实施了拒绝甲类传染病疫情防控措施的行为，如拒不执行隔离措施，瞒报谎报病情、旅行史、居住史、接触史、行踪轨迹，进入公共场所或者公共交通工具，密切与多人接触等；三是行为后果方面，根据案件具体情况，综合判断行为人造成的危害后果是否达到“引起甲类传染病传播或者有传播严重危险”的程度，如造成多人被确诊为甲类传染病病人或者多人被诊断为疑似甲类传染病病人等。实践中，考虑到妨害传染病防治罪是危害公共卫生犯罪，因此对行为人造成共同生活的家人之间传播、感染的，一般不宜作为犯罪处理。

本罪主观方面为过失。行为人过失传播甲类传染病病原体从而危害公共安全的，无论是否发生实害结果，也无论是否出现法条竞合，对此均应以妨害传染病防治罪论处。如果本罪是过失犯，则与之对应的故意犯就是以危险方法危害公共安全罪，因而妨害传染病防治罪与以危险方法危害公共安全罪就是具有对应关系的过失犯与故意犯的关系。当然，也有少数说认为本罪的主观方面为故意。犯本罪的，根据《刑法》第330条的规定处罚。

二、非法组织卖血罪

本罪是指违反法律规定，组织他人出卖血液的行为。根据《刑法》第333条的规定，犯本罪的，处5年以下有期徒刑，并处罚金。犯本罪对他人造成伤害的，以故意伤害罪定罪处罚。这里的“伤害”应限于重伤，即非法组织出卖血液，造成他人轻伤的，仍应认定为本罪；但造成重伤的，则应认定为故意伤害罪，并适用重伤的法定刑。如果行为致人死亡，则宜认定为故意伤害（致死）罪。

三、强迫卖血罪

本罪是指以暴力、威胁方法强迫他人出卖血液的行为。本罪与非法组织卖血罪的关键区别在于：本罪使用了暴力、威胁手段，出卖血液者不是自愿的；而非法组织卖血罪，只是通过策划、动员、拉拢、联络等方式组织他人出卖血液，行为人不使用暴力、威胁手段，出卖血液者是自愿的。根据《刑法》第333条的规定，犯强迫卖血罪的，处5年以上10年以下有期徒刑，并处罚金。犯本罪对他人造成伤害的，依照故意伤害罪定罪量刑。

四、医疗事故罪

本罪是指医务人员由于严重不负责任，造成就诊人死亡或者严重损害就诊人身体健康的行为。

本罪客体是国家医疗管理制度和就诊人的人身权利。

客观方面表现为严重不负责任，造成就诊

人死亡或者严重损害就诊人身体健康。严重不负责任，是指医务人员在诊疗护理过程中，违反医疗卫生管理法律、行政法规、部门规章和诊疗护理规范、常规，不履行或者不正确履行诊疗护理职责，粗心大意，马虎草率。行为既可以是作为，也可以是不作为，前者如护理人员打错针、发错药，后者如值班医生擅离职守。行为造成就诊人死亡或者严重损害就诊人身体健康的，才成立本罪。直接造成病员死亡、残废、组织器官损伤导致功能障碍的，在胸腔、腹腔、盆腔、颅内及深部组织遗留纱布、器械等异物的，开错手术部位，造成较大创伤的，或者造成严重毁容以及其他严重后果的，可认定为医疗事故。但反应轻微，或体内遗留的异物微小，不需再行手术，或异物被及时发现、取出，无明显不良后果者，不能认定为医疗事故。

主体必须是医务人员，即直接从事诊疗护理事务的人员，包括国家、集体医疗单位的医生、护士、药剂人员，以及经主管部门批准开业的个体行医人员。由于诊疗护理工作是群体性的活动，构成医疗事故的行为人，还应包括从事医疗管理、后勤服务等人员。

主观上只能出于过失，故意造成患者人身伤亡的，视行为性质认定为故意杀人、故意伤害等罪。

认定本罪时，应注意处理好如下问题：

1.应当正确划清医疗事故罪与医疗技术事故的界限。责任事故是指医务人员因违反规章制度、诊疗护理常规等失职行为所致的事故；技术事故是指医务人员因技术过失所致的事故。技术事故一般是指医务人员因技术水平不高、缺乏临床经验等技术上的失误所导致的事故，而不是因为严重不负责任所导致的事故。所以，对医疗技术事故一般不能认定为本罪。但是，明知自己缺乏相应的技术能力却过于自信造成事故的，也可能成立医疗事故罪。

2.应当正确区分医疗事故罪与医疗意外事故的界限。这里所说的医疗意外事故，是指由于医务人员不能预见或者不可抗拒的原因而导致就诊人死亡或者严重损害就诊人身体健康的事故。在这种情况下，由于医务人员主观上没有过失，故不能认定为本罪。

3.应当正确区分医疗事故罪与就诊人或其亲属造成的事故。在有些情况下，就诊人的死亡或者其他严重后果，是由于就诊人或者其亲属不配合治疗或者擅自采用其他药物等造成的；如果医务人员采取了有效的防范，则不能认定为医疗事故罪。

4.应当正确区分医疗事故罪与一般医疗事故。这里所说的一般医疗事故，是指医务人员虽然有不负责任的行为，也造成了一定的危害结果，但没有造成刑法所规定的致人死亡或严重损害人身健康的情况。一般医疗事故因为不符合医疗事故罪的客观要件，故不成立犯罪。此外，虽然医务人员严重不负责任，事实上也发生了刑法所规定的严重结果，但如果医务人员严重不负责任的行为与结果之间没有因果关系，也不能认定医务人员的行为构成医疗事故罪。

5.正确区分责任人员的责任程度。(1)要区分直接责任人员与间接责任人员。(2)在复合原因造成的结果中，要分清主要责任人员和次要责任人员，分别根据他们在造成不良结果过程中所起的作用，确定其所负责任的大小。(3)要区分具体实施人员的直接责任与指导人员的直接责任。(4)要分清职责范围与直接责任的关系。如果事故责任不属责任人法定职责或特定义务范围，责任人对其不良后果不负直接责任。如果分工不清、职责不明，又无具体制度规定，则以其实际工作范围和公认的职责作为认定责任的依据。如无特殊需要责任人无故擅自超越职责范围，造成事故的，也应追究责任。(5)如果在非职责范围和职责岗位，包括业余或离退休人员，无偿为人民群众进行诊疗护理活动，或于紧急情况下抢救危重病员而发生失误造成不良后果的，一般不应追究责任。

犯本罪的，根据《刑法》第335条的规定处罚。

五、非法行医罪

本罪是指未取得医生执业资格的人非法行

医，情节严重的行为。

本罪客体是国家医疗管理制度和就诊人的人身权利。

客观方面表现为非法行医，情节严重。非法行医是指非法从事诊断、治疗、医务护理工作，属于典型的职业犯，刑法所规定的犯罪构成包括了行为人反复非法行医的行为，因此，不管非法行医的时间多长，也只能认定为一罪。行医具有两个基本特征：

（1）行医是指从事医疗业务即“医业”，医疗业务是只有医生才能从事的业务即医疗行为。行医行为，是指在医疗、预防、保健业务中，只能由医师根据医学知识与技能实施的行为。医师业务行为的中心是诊断和治疗。诊断是指就患者的伤病、身体的现状等进行诊察（包括问诊、视诊、听诊、触诊、打诊、检查等），根据现代医学的立场大体上可以判断疾病原因、选择治疗方法的活动；治疗是指以恢复患者的伤病、增进健康为目的且应由医生实施的行为，包括手术、注射、投药、处置、理学疗法等。

（2）行医是以实施医疗行为为业的活动，因此，非法行医罪属于职业犯。这是因为，第一，行医就是从事医师执业活动，而医师执业活动是将医疗、预防、保健作为一种业务实施的，故行医必然是一种业务行为。第二，非法行医罪是危害公共卫生的犯罪，具体而言，是危害不特定患者或者多数患者生命、健康的犯罪，而不是单纯违反医疗机构管理的行为。如果行为人只是针对特定的个人从事医疗、预防、保健等活动，就不可能危害公共卫生。只有当行为人将行医作为一种业务活动而实施时，才可能危害公共卫生。所以，本罪的性质决定了行医是一种以医疗、预防、保健为业的行为。

业务是基于社会生活上的地位而反复、继续从事的事务。在认定是否行医即行为人是否将医疗、预防、保健作为业务时，应当根据行为人的行为方式、样态、时间、场所等进行判断。特别应注意的是以下几点：第一，只要性质上是要反复、继续实施的，或者只要行为人以反复、继续实施的意思从事医疗、预防、保健活动，其第一次行医就是一种业务活动，在首次诊疗活动中被查获的，也属于非法行医（是否构成犯罪则是另一回事）。第二，行医虽然是一种业务行为，但并不要求行为人将行医作为唯一职业，行为人在具有其他职业的同时，将行医作为副业、兼业的，也属于非法行医。第三，行医行为不要求具有不间断性，只要行为是反复实施的，即使具有间断性质，也不影响对业务性质的认定。第四，不能因为行为人在一次特定的医疗等活动中收取了报酬，就认定为非法行医。收取报酬只是认定是否业务行为的根据之一，而非唯一根据。

不符合行医特征的行为，不成立非法行医罪，应视性质与情节认定为其他犯罪。行为人采用封建迷信等方法为他人治病的，不属于非法行医；采用迷信乃至邪教方法致人死亡，应适用《刑法》第300条。声称自己的“药品”能够治好某种疾病，使他人信以为真而购买，或者以行医为名采取非法手段取得他人财物的，也不是非法行医，只能视性质与情节认定为诈骗、盗窃、生产、销售、提供假药，生产、销售、提供劣药等罪。不具有医生执业资格的人，没有反复、继续实施的意思，偶然为特定人医治疾病的，不成立非法行医罪。例如，某医院护士甲，没有医生执业资格，但答应同事乙的请求，商定以1500元为乙之子丙戒除毒瘾。甲在没有对丙进行必要的体格检查和并不了解其毒瘾程度的情况下，便照搬其利用工作之便抄下来的一张戒毒处方为丙戒毒。在对丙使用大剂量药品时，丙出现不良反应，后经送医院抢救无效死亡。甲虽然没有医生执业资格，但他并没有反复、继续私自为他人戒毒的意思，客观上也没有反复实施这种行为，故不能认定甲在非法从事医疗业务，因而不构成非法行医罪。对于甲的行为应认定为过失致人死亡罪。

成立本罪还要求情节严重，如造成就诊人轻度残疾、器官组织损伤导致一般功能障碍的；造成甲类传染病传播、流行或者有传播、流行危险的；使用假药、劣药或不符合国家规定标准的卫生材料、医疗器械，足以严重危害人体健康的；非法行医被卫生行政部门行政处罚两次以后，再次非法行医的；其他情节严重的情形。

本罪主体必须是未取得医生执业资格的人，已经取得医生执业资格的人行医的，即使没有办理其他有关手续，也不成立本罪。《医师法》第35条规定：参加临床教学实践的医学生和尚未取得医师执业证书、在医疗卫生机构中参加医学专业工作实践的医学毕业生，应当在执业医师监督、指导下参与临床诊疗活动。医疗卫生机构应当为有关医学生、医学毕业生参与临床诊疗活动提供必要的条件。据此，尚未取得医师执业证书的医科毕业生分配到医院担任见习医生，在试用期内从事相应的医疗活动，不属于非法行医。根据司法解释，有下列情形之一的，属于“未取得医生执业资格的人非法行医”：(1)未取得或者以非法手段取得医师资格从事医疗活动的；(2)被依法吊销医师执业证书期间从事医疗活动的；(3)未取得乡村医生执业证书，从事乡村医疗活动的；(4)家庭接生员实施家庭接生以外的医疗行为的。

“未取得医生执业资格的人”是一种消极的身份。所以，非法行医罪属于消极的身份犯，具有医生执业资格的人，不可能成为本罪的实行犯。具有医生执业资格的人，教唆或者帮助没有取得医生执业资格的人非法行医的，成立非法行医罪的共犯（教唆犯或帮助犯），但不构成共同正犯。例如，取得医生执业资格的人雇请未取得该资格的人和自己共同行医的，成立非法行医罪的共犯。

本罪主观上出于故意，即明知自己未取得医生执业资格却非法行医。尽管实践中的非法行医者大多出于营利目的，但我国刑法并没有规定非法行医罪以出于营利目的为必要，故不以营利为目的的非法行医行为也可能成立本罪。

犯本罪的，根据《刑法》第336条第1款的规定处罚。

【本节主要法律规定】

1.《刑法》第330～337条

2.最高人民法院《关于审理非法行医刑事案件具体应用法律若干问题的解释》

第六节　破坏环境资源保护罪

本节主要内容提示

除应牢记本节犯罪的犯罪构成外，还应注意如下要点：危害珍贵、濒危野生动物行为同时触犯盗窃罪的，属于想象竞合犯，应从一重罪论处；使用爆炸、投毒等危险方法危害珍贵、濒危野生动物，同时构成爆炸罪、投放危险物质罪的，依照处罚较重的规定定罪处罚；危害珍贵、濒危野生动物，又以暴力、威胁方法抗拒查处，构成妨害公务等犯罪的，依照数罪并罚的规定处罚。

一、污染环境罪

本罪是指违反国家规定，排放、倾倒或者处置有放射性的废物、含传染病病原体的废物、有毒物质或者其他有害物质，严重污染环境的行为。

1.本罪的客体是环境保护制度。

2.本罪在客观方面表现为行为人违反国家规定，排放、倾倒或者处置有放射性的废物、含传染病病原体的废物、有毒物质或者其他有害物质，严重污染环境。

成立本罪，首先，要求相应行为违反国家规定。违反国家规定，主要是指违反《大气污染防治法》《固体废物污染环境防治法》《水污染防治法》《海洋环境保护法》《环境保护法》等法律以及国务院颁布的有关实施细则。

其次，要求存在排放、倾倒或者处置有放射性的废物、含传染病病原体的废物、有毒物质或者其他有害物质的行为。排放、倾倒与处置的共同点是，将危险废物、有毒物质或者其他有害物质置于大气或者水土（包括海洋、湖泊等）之中。根据相关司法解释，“有毒物质”具体包括：(1)危险废物，是指列入国家危险废物名录，或者根据国家规定的危险废物鉴别标准和鉴别方法认定的，具有危险特性的固体废物；(2)《关于持久性有机污染物的斯德哥尔摩公约》附件所列物质；(3)重金属含量超过国家或者地方污染物排放标准的污染物；(4)其他具有毒性，可能污染环境的物质。“有害物质”是指有放射性的废物、含传染病病原体的废物、有毒物质以外的能够严重污染环境的有害物质。常见的有害物质主要有：工业危险废物以外的其他工业固体废物；未经处理的生活垃圾；有害大气污染物、受控消耗臭氧层物质和有害水污染物；在利用和处置过程中必然产生有毒有害物质的其他物质；国务院生态环境主管部门会同国务院卫生主管部门公布的有毒有害污染物名录中的有关物质等。

最后，构成本罪要求上述行为严重污染环境。2023年8月8日最高人民法院、最高人民检察院《关于办理环境污染刑事案件适用法律若干问题的解释》第1条对“严重污染环境”的认定作了详细规定，如在饮用水水源保护区、自然保护地核心保护区等依法确定的重点保护区域排放、倾倒、处置有放射性的废物、含传染病病原体的废物、有毒物质，或者非法排放、倾倒、处置危险废物3吨以上等，都属于严重污染环境。行为人已经着手实施非法排放、倾倒、处置有毒有害污染物的行为，由于有关部门查处或者其他意志以外的原因未得逞的，可以污染环境罪（未遂）追究刑事责任。单位污染环境的定罪量刑标准，适用相应自然人犯本罪的定罪量刑标准。

3.本罪主体既可以是自然人，也可以是单位。为了单位利益，实施环境污染行为，并具有下列情形之一的，应当认定为单位犯罪：(1)经单位决策机构按照决策程序决定的；(2)经单位实际控制人、主要负责人或者授权的分管负责人决定、同意的；(3)单位实际控制人、主要负责人或者授权的分管负责人得知单位成员个人实施环境污染犯罪行为，并未加以制止或者及时采取措施，而是予以追认、纵容或者默许的；(4)使用单位营业执照、合同书、公章、印鉴等对外开展活动，并调用单位车辆、船舶、生产设备、原辅材料等实施环境污染犯罪行为的。

4.本罪主观方面为故意。由于本罪的危害结果比较复杂，所以，不要求行为人对污染环境的具体结果有确定的认识，只要行为人明知自己的行为可能发生污染环境的结果，并且希望或者放任这种结果发生，即成立本罪的故意。明知他人无经营许可证或者超出经营许可范围，向其提供或者委托其收集、贮存、利用、处置危险废物，严重污染环境的，以污染环境罪的共同犯罪论处。过失排放、倾倒或者处置危险物质，致人重伤、死亡或者使公私财产遭受重大损失的，以过失投放危险物质罪论处。

无危险废物经营许可证从事收集、贮存、利用、处置危险废物经营活动，严重污染环境的，按照污染环境罪定罪处罚；同时构成非法经营罪的，依照处罚较重的规定定罪处罚。明知他人无危险废物经营许可证，向其提供或者委托其收集、贮存、利用、处置危险废物，严重污染环境的，以共同犯罪论处。违反国家规定，排放、倾倒、处置含有毒害性、放射性、传染病病原体等物质的污染物，同时构成污染环境罪、投放危险物质罪等犯罪的，依照处罚较重的规定定罪处罚。

犯本罪的，根据《刑法》第338条与第346条的规定处罚。

二、非法捕捞水产品罪

本罪是指违反保护水产资源法规，在禁渔区、禁渔期或者使用禁用的工具、方法捕捞水产品，情节严重的行为。非法捕捞水产品的行为可以发生在有水产资源的任何水域（包括公海），必须违反《渔业法》《水产资源繁殖保护条例》等保护水产资源的法律、法规。非法捕捞水产品行为表现为四种类型:(1)在禁渔区捕捞水产品。禁渔区,是指对某些主要鱼虾蟹贝藻类以及其他主要水生生物产卵场、索饵场、越冬场和洄游通道,划定禁止全部作业或者部分作业的一定区域。(2)在禁渔期捕捞水产品。禁渔期,是指根据上述主要水生生物幼体出现的不同盛期,划定禁止全部作业或者部分作业的一定期限。(3)使用禁用的工具捕捞水产品。禁用的工具,是指禁止使用的超过国家按不同捕捞对象所分别规定的最小网眼尺寸的渔具或其他禁止使用的渔具。(4)使用禁用的方法捕捞水产品。禁用的方法,是指禁止使用的损害水产资源正常繁殖、生长的方法,如炸鱼、毒鱼、滥用电力捕捞等。实施上述行为之一的,即可构成本罪;同时实施上述行为的,也只成立一罪。但如果使用炸鱼、毒鱼等危险方法捕捞水产品,危害公共安全的,属于想象竞合,从一重罪处罚。实施本罪行为同时触犯盗窃等罪的,也是想象竞合,从一重罪处罚。成立本罪还要求情节严重。主体既可以是自然人,也可以是单位。主观方面为故意。成立本罪故意,原则上不要求行为人对有关禁渔区、禁渔期或者禁用的工具、方法等法律规定具有明确的认知,只要其认识到行为可能违法、被禁止即可。对于行为人作出合理解释,或者有证据证明其确系对禁捕区域、禁捕时间、禁用方法或者禁用工具不知情的,不成立本罪。行为人误以为不是禁渔区、禁渔期、禁用的工具或方法而捕捞水产品的,属于事实认识错误,影响本罪故意的认定,不成立本罪。犯本罪的,根据《刑法》第340条和第346条的规定处罚。

三、危害珍贵、濒危野生动物罪

本罪是指非法猎捕、杀害国家重点保护的珍贵、濒危野生动物,或者非法收购、运输、出售国家重点保护的珍贵、濒危野生动物及其制品的行为。

1.本罪客体是珍贵、濒危野生动物资源。仅在行为确实侵害或者威胁了珍贵、濒危野生动物资源时,才能构成本罪。居民搬家时运输已经祖传数代的虎皮大衣的,该行为没有危害珍贵、濒危野生动物资源,不能形式化地认定构成本罪。

2.客观要件。本罪对象为国家重点保护的珍贵、濒危野生动物及其制品。珍贵的野生动物,是指在生态平衡、科学研究、文化艺术、发展经济以及国际交往等方面具有重要价值的陆生、水生野生动物。濒危的野生动物,是指品种和数量稀少且濒于灭绝或者有濒于灭绝危险的陆生、水生野生动物。根据最高人民法院、最高人民检察院《关于办理破坏野生动物资源刑事案件适用法律若干问题的解释》(以下简称《动物案件解释》)第4条的规定,本罪中“国家重点保护的珍贵、濒危野生动物”包括:(1)列入《国家重点保护野生动物名录》的野生动物;(2)经国务院野生动物保护主管部门核准按照国家重点保护的野生动物管理的野生动物。当前,不少野生动物的人工繁育得到突破,一些珍贵、濒危野生动物已经形成了稳定的、完全不依赖野外资源的人工繁育种群。对于危害人工繁育野生动物的案件与危害野外环境生长繁殖野生动物的案件,应当区别对待。根据《动物案件解释》,涉案动物系人工繁育,具有下列情形之一的,对所涉案件一般不作为犯罪处理;需要追究刑事责任的,应当依法从宽处理:(1)列入人工繁育国家重点保护野生动物名录的;(2)人工繁育技术成熟、已成规模,作为宠物买卖、运输的。珍贵、濒危野生动物制品,是指以前述野生动物为原料所制作的物品。以食用为目的,非法猎捕、收购、运输、出售国家重点保护的珍贵、濒危野生动物以外的在野外环境自然生长繁殖的陆生野生动物,不能以本罪论处,情节严重需要追究刑事责任的,应以非法猎捕、收购、运输、出售陆生野生动物罪定罪量刑。

本罪行为表现为非法猎捕、杀害国家重点保护的珍贵、濒危野生动物,或者非法收购、运输、出售国家重点保护的珍贵、濒危野生动物及其制品。“猎捕”,不限于以狩猎的方法捕获,包括一切捕捉、获得珍贵、濒危野生动物的行为。“杀害”,是指非法剥夺国家重点保护的珍贵、濒危野生动物的生命。故意伤害珍贵、濒危野生动物的,应以故意毁坏财物罪论处。“收购”，是指有偿取得的行为，包括以营利、自用等为目的的购买行为。全国人大常委会《关于〈中华人民共和国刑法〉第三百四十一条、第三百一十二条的解释》明确规定，知道或者应当知道是国家重点保护的珍贵、濒危野生动物及其制品，为食用或者其他目的而非法购买的，属于非法“收购”国家重点保护的珍贵、濒危野生动物及其制品。“运输”，包括采用携带、邮寄、利用他人、使用交通工具等方法进行运送的行为。“出售”，包括出卖和以营利为目的的加工利用行为。只有非法实施上述行为才能构成本罪，猎捕、杀害等行为具有合法根据的，不构成本罪。例如，在珍贵、濒危野生动物侵害人的生命、身体的情况下，不得已杀害之的，属于紧急避险，不构成本罪。

3.本罪为一般主体，既可以是自然人，也可以是单位。单位犯罪的，依照相应自然人犯罪的定罪量刑标准，对直接负责的主管人员和其他直接责任人员定罪处罚，并对单位判处罚金。

4.本罪主观方面为故意，行为人必须明知是国家重点保护的珍贵、濒危野生动物（但不要求认识到野生动物的级别与具体名称）及其制品，而故意猎捕、杀害或者收购、运输、出售。

认定本罪需要注意罪数问题。在非法猎捕、杀害、收购、运输、出售五种行为之中，无论行为人实施了其中一种行为还是数种行为，均以危害珍贵、濒危野生动物罪一罪追究刑事责任，不应数罪并罚。使用爆炸、投毒、设置电网等危险方法破坏野生动物资源，构成危害珍贵、濒危野生动物罪，同时构成《刑法》第114条或者第115条规定之罪的，属于想象竞合，从一重罪处罚。非法猎捕、杀害行为同时触犯盗窃罪的，也属于想象竞合，应从一重罪处罚。实施本罪行为，又以暴力、威胁方法抗拒查处，构成其他犯罪的，依照数罪并罚的规定处罚。

行为人直接向走私人非法收购国家禁止进出口的珍贵动物及其制品（包括国家重点保护的珍贵、濒危野生动物及其制品）的，在内海、领海运输、收购、贩卖国家禁止进出口的珍贵动物及其制品的，非法将珍贵、濒危野生动物运输出境的，构成走私珍贵动物、珍贵动物制品罪，不以本罪论处。对于非法猎捕、杀害珍贵、濒危野生动物或收购珍贵、濒危野生动物及其制品后，又走私的，或者先走私入境，后实施杀害行为的，宜以本罪与走私珍贵动物、珍贵动物制品罪数罪并罚。

当行为人非法捕捞水产品时，需注意把握本罪与非法捕捞水产品罪的界限。非法捕捞水产品罪的保护对象是“水产品”，包括一般的水生动物与珍贵、濒危的水生动物，而本罪的保护对象则是“国家重点保护的珍贵、濒危野生动物”。行为人基于同一主观故意，实施同一非法捕捞行为，但捕捞对象同时涉及一般水生动物与珍贵、濒危水生动物的，应区分以下情况处理：（1）同一行为同时构成两罪，应当从一重罪论处，以本罪定性并酌情从重处理；（2）同一行为不能分别构成两罪，但涉案水生生物的数量或价值按相应比例折算后合计达到非法捕捞水产品罪入罪标准的，应以非法捕捞水产品罪定性处理；（3）同一行为构成非法捕捞水产品罪，但尚不构成危害珍贵、濒危野生动物罪的，对涉案珍贵、濒危水生动物的数量或价值按相应比例折算后，一并以非法捕捞水产品罪定性处理；（4）同一行为构成危害珍贵、濒危野生动物罪，但尚不构成非法捕捞水产品罪的，对涉案一般水生生物的数量或价值作为量刑情节考虑，以本罪定性并酌情从重处理。

犯本罪的，根据《刑法》第341条第1款和第346条的规定处罚。

四、非法狩猎罪

本罪是指自然人或者单位违反狩猎法规，在禁猎区、禁猎期或者使用禁用的工具、方法进行狩猎，破坏野生动物资源，情节严重的行为。禁猎区，是指国家对适宜野生动物生息繁衍或者资源贫乏、破坏比较严重的地区，划定禁止狩猎的区城。禁猎期，是指国家野生动物行政管理部门根据野生动物的繁殖或者皮毛、肉食、药材的成熟季节，而规定的禁止狩猎的期间。禁用的工具，是指足以破坏野生动物资源，危害人兽安全的工具。禁用的方法，是指禁止使用的损害野生动物资源正常繁殖、生长以及破坏森林、草原等的方法。根据司法解释，情节严重是指：(1)非法猎捕野生动物价值1万元以上的；(2)在禁猎区使用禁用的工具或者方法狩猎的；(3)在禁猎期使用禁用的工具或者方法狩猎的；(4)其他情节严重的情形。实施非法狩猎行为，根据猎获物的数量、价值和狩猎方法、工具等，认为对野生动物资源危害明显较轻的，综合考虑猎捕的动机、目的、行为人自愿接受行政处罚、积极修复生态环境等情节，可以认定为犯罪情节轻微，不起诉或者免予刑事处罚；情节显著轻微危害不大的，不作为犯罪处理。非法狩猎行为同时触犯危害珍贵、濒危野生动物罪的，应根据行为性质与具体情况，以危害珍贵、濒危野生动物罪论处或者实行数罪并罚。非法狩猎行为同时触犯盗窃罪的，从一重罪处罚。犯本罪的，根据《刑法》第341条第2款和第346条的规定处罚。

五、盗伐林木罪

本罪是指盗伐森林或者其他林木，数量较大的行为。

客观方面表现为盗伐森林或者其他林木，数量较大的行为。(1)行为对象必须是森林或者其他林木。这里的“森林”，是指大面积的原始森林和人造林，包括防护林、用材林、经济林、薪炭林和特种用途林等；“其他林木”，是指小面积的树林和零星树木，但不包括农村农民房前屋后个人所有的零星树木。(2)必须有盗伐行为。所谓盗伐，是指以非法占有为目的，擅自砍伐森林或者其他林木的行为。根据司法解释，盗伐行为包括：未取得采伐许可证，擅自采伐国家、集体或者他人所有的林木；违反《森林法》第56条第3款的规定，擅自采伐国家、集体或者他人所有的林木；在采伐许可证规定的地点以外采伐国家、集体或者他人所有的林木。不以非法占有为目的，违反《森林法》的规定，进行开垦、采石、采砂、采土或者其他活动，造成国家、集体或者他人所有的林木毁坏，不构成本罪，符合《刑法》第275条规定的，以故意毁坏财物罪定罪处罚。(3)要求数量较大。多次盗伐林木未经处罚，且依法应当追诉的，数量累计计算。

主体既可以是自然人，也可以是单位。对雇用他人盗伐林木构成犯罪的案件，如果被雇者不知是盗伐他人林木的，应由雇主承担刑事责任(雇主为间接正犯)；如果被雇者明知是盗伐他人林木的，除参与利润分成或者领取高额固定工资的以外，一般不以犯罪论处，但曾因破坏森林资源受过处罚的除外。单位盗伐林木的，适用相应自然人犯罪的定罪量刑标准。

主观方面是故意，并具有非法占有目的。以毁坏为目的砍伐国家、集体或者他人林木的，应认定为故意毁坏财物罪。

在认定本罪时，应注意处理好以下几个问题：

1.应当妥善处理聚众盗伐(哄抢)林木的事件。对聚众哄抢的首要分子、积极参加者，应依法追究刑事责任；对其他一般参加者，不宜认定为犯罪。

2.应当正确区分本罪与盗窃罪的界限。对于盗窃国家、集体或者他人所有并已经伐倒的树木，或者偷砍他人在自留地或者房前屋后种植的零星树木的行为，应以盗窃罪定罪处罚。非法实施采种、采脂、掘根、剥树皮等行为，符合《刑法》第264条规定的，以盗窃罪论处。在决定应否追究刑事责任和裁量刑罚时，应当综合考虑对涉案林木资源的损害程度以及行为人获利数额、行为动机、前科情况等情节；认为情节显著轻微危害不大的，不作为犯罪处理。

3.应当正确处理盗伐林木罪与危害国家重点保护植物罪的关系。盗伐珍贵树木的行为，实际上也会触犯了盗伐林木罪与危害国家重点保护植物罪两个罪名，对此应从一重罪论处。对于盗伐林木数额较大，同时另有盗伐珍贵树木、保护植物行为的，应实行数罪并罚。

犯本罪的，根据《刑法》第345条第1款、第4款与第346条的规定处罚。

六、滥伐林木罪

本罪是指违反森林法的规定，滥伐森林或者其他林木，数量较大的行为。

本罪客观方面表现为违反森林法的规定，

滥伐森林或者其他林木，数量较大的行为。这里的森林与其他林木的范围与盗伐林木罪的对象范围基本相同。但是，滥伐属于自己所有的林木的，也可能成立本罪，因为属于个人所有的林木，也是国家森林资源的一部分，虽然不能成为盗伐林木罪的对象，却可以成为滥伐林木罪的对象。根据有关司法解释，下列行为属于滥伐林木：(1)未取得采伐许可证，或者违反采伐许可证规定的时间、地点、数量、树种、方式，任意采伐本单位或者本人所有的林木的；(2)违反《森林法》第56条第3款的规定，任意采伐本单位或者本人所有的林木的；(3)在采伐许可证规定的地点，超过规定的数量采伐国家、集体或者他人所有的林木的。林木权属存在争议，一方未取得采伐许可证擅自砍伐的，以滥伐林木论处。实施滥伐林木的行为，所涉林木系风倒、火烧、水毁或者林业有害生物等自然原因死亡或者严重毁损的，一般不以犯罪论处；确有必要追究刑事责任的，应当从宽处理。本罪主体既可以是自然人，也可以是单位。对于受雇佣为滥伐林木犯罪提供劳务的人员，除参与利润分成或者领取高额固定工资的以外，一般不以犯罪论处，但曾因破坏森林资源受过处罚的除外。单位滥伐林木的，适用相应自然人犯罪的定罪量刑标准。主观方面只能出于故意。

滥伐林木罪与盗伐林木罪的客体不完全相同：前者破坏了林业资源保护；后者不仅破坏了林业资源保护，而且侵犯了财产权。因此，二者的犯罪构成存在区别：(1)犯罪对象不完全相同：前者包括自己所有的林木；后者不包括自己所有的林木。(2)行为方式不同：前者是不按要求任意砍伐的行为；后者是盗伐行为。(3)主观方面不完全相同：前者不要求具有非法占有目的；而后者要求具有非法占有目的。

犯本罪的，根据《刑法》第345条第2款、第4款和第346条的规定处罚。

【本节主要法律规定】

1.《刑法》第338～346条

2.最高人民法院、最高人民检察院《关于办理环境污染刑事案件适用法律若干问题的解释》

第七节　走私、贩卖、运输、制造毒品罪

本节主要内容提示

应注意把握本节各种犯罪的犯罪构成。走私、贩卖、运输、制造毒品，无论数量多少，都应当追究刑事责任；但非法持有毒品，只有达到一定数量的，才应当追究刑事责任。应重点注意走私、贩卖、运输、制造毒品行为的认定，代购毒品与居间介绍买卖毒品的定性以及毒品再犯的认定。

一、走私、贩卖、运输、制造毒品罪

本罪是指违反毒品管理法规，走私、贩卖、运输、制造毒品的行为。

1.本罪客体是国家对麻醉药品和精神药品的监管秩序。

2.行为人实施了走私、贩卖、运输、制造毒品的行为。行为人走私、贩卖、运输、制造的必须是毒品。根据《刑法》第357条的规定，毒品，是指鸦片、海洛因、甲基苯丙胺（冰毒）、吗啡、大麻、可卡因以及国家规定管制的其他能够使人形成瘾癖的麻醉药品和精神药品。麻醉药品是指连续使用后易产生身体依赖性、能成瘾癖的药品。精神药品是指直接作用于中枢神经系统，使之兴奋或抑制，连续使用能产生依赖性的

药品。麻醉药品、精神药品的具体品种，以国家相关部门发布的《麻醉药品品种目录》《精神药品品种目录》为依据。"国家规定管制"是毒品的刚性特征。某种物质虽然容易使人形成瘾癖，但未被国家规定管制的，即使危害性与毒品相当，也不属于刑法中的"毒品"（构成其他犯罪的，可按其他犯罪处理）。在实践中，国家规定管制的麻醉药品和精神药品，并非一概认定为"毒品"。确有证据证明行为人出于治疗疾病等相关目的，违反药品管理法规，未取得药品相关批准证明文件，生产国家规定管制的麻醉药品、精神药品，进口在境外也未合法上市的国家规定管制的麻醉药品、精神药品，或者明知是上述未经批准生产、进口的国家规定管制的麻醉药品、精神药品而予以销售，构成妨害药品管理罪的，依法定罪处罚。要确定案件中的物品是否为刑法所规定的毒品，通常必须进行认定。认定的方法一般是化学鉴定方法，但对有关物品作一部分化学鉴定，能够合理认定其他部分与所鉴定的毒品是相同物品时，也能将其他部分认定为毒品。在有些情况下，虽未经过化学鉴定，但根据其他证据能够合理推定为毒品的，也应认定为毒品。不仅如此，即使司法机关未能收押毒品，但也可能根据其他证据认定行为人走私、贩卖、运输、制造的是毒品。在存在毒品的前提下，成立本罪，行为人需实施了下列行为之一：

（1）走私毒品。走私毒品是指非法运输、携带、邮寄毒品进出国（边）境的行为。行为方式主要是输入毒品与输出毒品，此外对在领海、内海运输、收购、贩卖国家禁止进出口的毒品，以及直接向走私毒品的犯罪人购买毒品的，应视为走私毒品。根据刑法的规定，影响走私毒品行为的危害程度的因素，主要是走私毒品的数量、主体的情况（是否首要分子、是否参与国际贩毒组织）、方式（是否武装掩护）等。

（2）贩卖毒品。贩卖毒品是指有偿转让毒品的行为。有偿转让毒品，即行为人将毒品交付给对方，并从对方获取物质利益。贩卖方式既可能是公开的，也可能是秘密的；既可以在物理空间进行，也可在网络进行；既可能是行为人请求对方购买，也可能是对方请求行为人转让；既可能是直接交付给对方，也可能是间接交付给对方。在间接交付的场合，如果中间人认识到是毒品而帮助转交给买方的，则该中间人的行为也属于贩卖毒品；如果中间人没有认识到是毒品，则不构成贩卖毒品罪。贩卖是有偿转让，但行为人交付毒品既可能是获取金钱，也可能是获取其他物质利益。因此，用毒品支付劳务报酬、偿还债务或者换取其他财产性利益的，或者用毒品向他人换取毒品用于贩卖的，以贩卖毒品罪定罪处罚，但双方以吸食为目的互换毒品，不成立本罪，构成非法持有毒品罪等其他犯罪的，依法定罪处罚。如果是无偿转让毒品，如赠与等，则不属于贩卖毒品。就汉语的词义解释而言，"贩卖"毒品，包括为转卖而收买毒品的行为和出卖毒品的行为。因此，有偿转让的毒品来源既可能是自己所购买的毒品，也可能是自己制造的毒品，还可能是通过其他方法取得的毒品，如行为人将拾到的毒品或者受赠的毒品出卖给他人的，同样成立贩卖毒品罪。贩卖的对方没有限制，即不问对方是否达到法定年龄，是否具有辨认控制能力，是否与贩卖人具有某种关系。为他人代购毒品时，代购者加价或者变相加价从中牟利的，以贩卖毒品罪定罪处罚。代购者收取、私自截留部分购毒款、毒品，或者通过在交通、食宿等开销外收取"介绍费""劳务费"等方式从中牟利的，属于变相加价。如果代购者从托购者事先联系的贩毒者处，为托购者购买仅用于吸食的毒品，并收取、私自截留少量毒品供自己吸食的，一般不以贩卖毒品罪论处。没有证据证明代购者明知他人实施毒品犯罪而为其代购毒品，代购者亦未从中牟利，代购毒品数量达到非法持有毒品罪的最低数量标准，代购者因购买、存储毒品被查获的，以非法持有毒品罪定罪处罚；因运输毒品被查获的，一般以运输毒品罪定罪处罚。

长期以来，刑法理论与司法实践都将为了出卖而购买毒品的行为认定为贩卖毒品罪的未遂犯乃至既遂犯，但这种做法存在疑问。一方面，《刑法》第347条仅规定了贩卖毒品罪，而没有规定购买毒品罪，这意味着单纯购买毒品的行为不属于刑法的规制对象(刑法仅处罚购买毒品之后持有毒品的行为)。另一方面,"贩卖"毒品并不以购买毒品为前提,如行为人拾到毒品后出卖给他人的,同样成立贩卖毒品罪。既然如此,出于贩卖目的而非法购买毒品的行为就不是贩卖毒品罪的实行行为,而是贩卖毒品罪的预备行为(当然,可能同时触犯非法持有毒品罪)。

(3)运输毒品。运输毒品是指采用携带、邮寄、利用他人或者使用交通工具等方法在我国领域内转移毒品。运输毒品必须限制在国内,而且不是在领海、内海运输国家禁止进出口的毒品,否则便是走私毒品。运输毒品具体表现为转移毒品的所在地,如将毒品从甲地运往乙地。虽然从结局上看没有变更毒品所在地,但使毒品的所在地曾经发生了变化的行为,也是运输毒品。例如,行为人先将毒品从甲地运往乙地,由于某种原因,又将毒品运回甲地的,属于运输毒品。

(4)制造毒品。制造毒品,除传统、典型的非法利用毒品原植物直接提炼和用化学方法加工、配制毒品的行为以外,还包括以改变毒品的成分和效用为目的用物理方法加工、配制毒品的行为。它包括以下几种情况:一是将毒品以外的物作为原料,提取或制作成毒品。如将罂粟制成鸦片。二是毒品的精制,即去掉毒品中的不纯物,使之成为纯毒品或纯度更高的毒品。如去除海洛因中所含的不纯物。三是使用化学方法使一种毒品变为另一种毒品。如使用化学方法将吗啡制作成海洛因。四是使用化学方法以外的方法使一种毒品变为另一种毒品。如将盐酸吗啡加入蒸馏水,使之成为注射液。五是非法按照一定的处方针对特定人的特定情况调制毒品。上述五种行为都属于制造毒品。至于制造毒品的原料是什么、原料是否合法,不影响制造毒品罪的认定。行为人利用原生植物为原料,通过提炼等方法制成含有国家管制的麻醉药品、精神药品的物质的,或者利用未列入国家管制的化学品为原料,生产含有国家管制的麻醉药品、精神药品成分的食品,均属于制造毒品。为欺骗购毒者或者逃避查缉等,对毒品掺杂使假,通过物理方法使毒品溶解、混合、吸附于某种物质,或者以自用为目的对少量毒品添加其他物质、改变形态的,不认定为制造毒品。

虽然走私、贩卖、运输、制造毒品,无论数量多少,都应追究刑事责任,但毒品数量、含量无疑影响行为人的量刑。对多次走私、贩卖、运输、制造毒品,未经处理的,毒品数量累计计算。走私、贩卖、运输、制造、非法持有两种以上毒品,《刑法》及相关司法解释明确规定了定罪量刑数量标准的,可以根据现有定罪量刑数量标准,将不同种类的毒品分别折算为海洛因的数量,以折算后累加的毒品总量作为定罪量刑的根据;《刑法》及相关司法解释未规定定罪量刑数量标准的,参考已有折算标准,综合考虑其毒害性、滥用情况、受管制程度、纯度及犯罪形势、交易价格等因素,依法定罪量刑。涉案毒品既无定罪量刑数量标准,亦无折算标准的,应当委托有关专业机构确定涉案毒品的致瘾癖性、毒害性、纯度等,综合考虑其滥用情况、受管制程度及犯罪形势、交易价格等因素,依法定罪量刑。

3.主体既可以是自然人,也可以是单位。在自然人主体中,已满14周岁不满16周岁,具有辨认控制能力的人,可以成为贩卖毒品罪的主体;走私、运输、制造毒品罪的主体必须是已满16周岁,具有辨认控制能力的人。

4.本罪只能由故意构成,过失不能构成本罪。成立本罪,要求行为人认识到自己走私、贩卖、运输、制造的是毒品,但不要求行为人认识到毒品的名称、化学成分、效用等具体性质。而且,不管行为人是认识到肯定是毒品,还是认识到可能是毒品,都属于认识到是毒品,不影响犯罪的成立。对毒品种类产生错误认识的,也不影响本罪的成立(但有时可能影响到量刑)。行为人否认明知是毒品,又缺乏其他证据证明其明知的,可以根据其实施毒品犯罪的方式、过程及毒品被查获时的情形,结合其年龄、文化程度、生活状况、职业背景、是否有毒品违法犯罪经历及与共同犯罪人之间的关系等情况,综合分析判断。具有下列情形之一,被告人不能作出合理解释的,可以认定其明知走私、贩卖、运输、非法持有的是毒品,但有证据证明其确实不知情或者确系被蒙骗的除外:(1)执法人员在口岸、机场、车站、港口、邮局、快递站点等场所检查时，要求申报为他人运输、携带、寄递的物品和其他毒品疑似物，并告知法律责任，但被告人未如实申报，在其运输、携带、寄递的物品中查获毒品的；(2)以伪报、藏匿、伪装等蒙蔽手段逃避海关、边防等检查，或者行程路线故意绕开检查站点，在其运输、携带、寄递的物品中查获毒品的；(3)在执法人员检查时有逃跑、藏匿、丢弃、试图销毁其携带的物品、弃车逃离或者其他逃避、抗拒检查行为，在其携带的物品或者遗弃的车辆中查获毒品的；(4)采用高度隐蔽方式运输、携带、交接物品，明显违背合法物品的惯常运输、携带、交接方式，从中查获毒品的；(5)以虚假的身份、地址或者物品名称办理托运、寄递手续，从托运、寄递的物品中查获毒品的；(6)采用隐匿真实身份、支付不等值报酬等不合理方式，指使、雇用他人运输、携带、寄递物品或者代为接收物流寄递的物品，从中查获毒品的；(7)为获取不同寻常的高额、不等值报酬，为他人运输、携带、寄递物品或者接收物流寄递的物品，从中查获毒品的；(8)其他可以认定被告人明知的情形。

认定本罪需要注意如下问题：

1.正确适用罪名。走私、贩卖、运输、制造毒品罪是选择性罪名，确定罪名时不以行为实施的先后、毒品数量或者危害大小排列，一律按照刑法条文规定的顺序表述。对同一宗毒品实施了不同种犯罪行为且有确凿证据证明的，应当按照犯罪行为的性质并列确定罪名，毒品数量不重复计算，不实行数罪并罚。对同一宗毒品可能实施了不同种犯罪行为，但根据证据只能认定其中一种或者几种行为，认定其他行为的证据不属确实、充分的，则按照依法能够认定的行为性质定罪。对不同宗毒品分别实施了不同种犯罪行为的，应对不同行为并列确定罪名，累计毒品数量，不实行数罪并罚。

2.正确区分本罪与其他犯罪的界限。对于走私其他货物、物品的，以实际走私的货物、物品的性质认定犯罪，不能认定为走私毒品罪。行为人在一次走私活动中，既走私毒品又走私其他货物、物品的，一般应按走私毒品罪和构成的其他走私罪，实行数罪并罚。行为人故意以非毒品冒充真毒品或者明知是假毒品而贩卖牟利的，应认定为诈骗罪，而非贩卖毒品罪。行为人在生产、销售的食品中掺入微量毒品的，应视性质与情节，认定为生产、销售有毒、有害食品罪或欺骗他人吸毒罪，不宜认定为贩卖毒品罪。

3.正确区分本罪的既遂与未遂。走私、贩卖、运输、制造毒品罪有四种行为方式，其既遂与未遂的标准因行为方式而异。(1)走私毒品主要分为输入毒品与输出毒品，只要明确了输入毒品的既遂与未遂标准，输出毒品的既遂与未遂标准就容易解决了。关于输入毒品的既遂标准，宜采取到达说，即装载毒品的船舶到达本国港口或航空器到达本国领土内时为既遂，否则为未遂。(2)刑法理论一般认为，贩卖以毒品实际上转移给买方为既遂，转移毒品后行为人是否已经获取了利益，则并不影响既遂的成立。毒品实际上没有转移时，即使已经达成转移的协议，或者行为人已经获得了利益，也不宜认定为既遂。(3)行为人为了运输而开始搬运毒品时，是运输毒品罪的着手，由于行为人意志以外的原因不能或没有进入正式的运输状态时为未遂；否则即为既遂。例如，行为人以邮寄方式运输毒品时，在邮件包装过程中被查获的，属于未遂；如果已将装有毒品的邮件交付给邮局，则为既遂。再如，使用交通工具运输毒品的，当毒品置入交通工具内，交通工具已经进入行驶状态时，即为既遂。(4)制造毒品罪应以实际上制造出毒品为既遂标准，至于所制造出来的毒品数量多少、纯度高低等，都不影响既遂的成立。着手制造毒品后，没有实际上制造出毒品的，则是制造毒品未遂。需注意的是，行为人以为自己所使用的原料与配料能够制造出毒品，但事实上未能制造出毒品，且客观上也没有制造出毒品的具体危险的，不能以犯罪论处。

4.共同犯罪的认定。办理贩卖毒品案件，应当准确认定居间介绍买卖毒品行为。对于居间介绍买卖毒品行为，应当准确认定，并与居中倒卖毒品行为相区别。居间介绍者在毒品交易中处于中间人地位，发挥介绍联络作用，通常与交易一方构成共同犯罪，但不以牟利为要件。

受购毒者或者贩毒者委托，为其提供交易信息、介绍交易对象、居中协调交易数量、价格，或者提供其他帮助，促成毒品交易的，属于居间介绍买卖毒品。居中倒卖者则属于毒品交易主体，与前后环节的交易对象是上下家关系，直接与上家、下家联系，自主决定交易毒品的数量、价格并赚取差价。受贩毒者委托，为其居间介绍贩卖毒品的，与贩毒者构成贩卖毒品共同犯罪。明知购毒者以贩卖为目的购买毒品，受委托为其介绍联络贩毒者的，与购毒者构成贩卖毒品共同犯罪。受以吸食为目的的购毒者委托，为其提供购毒信息或者介绍认识贩毒者，毒品数量达到《刑法》第348条规定的最低数量标准的，一般与购毒者构成非法持有毒品共同犯罪；同时与贩毒者、购毒者共谋，联络促成双方交易的，与贩毒者构成贩卖毒品共同犯罪。居间介绍者实施帮助行为，对促成毒品交易起次要或者辅助作用，一般应当认定为从犯。以居间介绍者的身份介入毒品交易，但在交易中实际已超出居间介绍者的地位，对交易的发起和达成起重要作用的，可以认定为主犯。

二人以上同行运输毒品的，应当从是否明知他人带有毒品、有无共同运输毒品的犯意联络、有无实施配合、掩护他人运输毒品的行为等方面，综合审查认定是否构成共同犯罪。受雇于同一雇主同行运输毒品，但受雇者之间没有共同犯罪故意，或者虽然明知他人受雇运输毒品，但各自的运输行为相对独立，既未实施配合、掩护他人运输毒品的行为，又分别按照各自运输的毒品数量获取报酬的，不认定为共同犯罪，受雇者对各自运输的毒品承担刑事责任。受雇于同一雇主分段运输同一宗毒品，但受雇者之间没有共谋的，也不认定为共同犯罪。雇用他人运输毒品的雇主，以及其他对受雇者起到一定组织、指挥作用的人员，与各受雇者分别构成运输毒品共同犯罪，对运输的全部毒品承担刑事责任。

犯本罪的，根据《刑法》第347条的规定处罚。量刑时，既要考虑毒品的数量与种类，也要考虑其他情节。不能单纯以毒品数量特别巨大为由决定死刑的适用。只有那些死不足惜、死有余辜的毒品犯罪分子，对其判处死刑立即执行才是较为合适的。

根据《刑法》的规定，具有下列情节的应当从重处罚：(1)利用、教唆未成年人走私、贩卖、运输、制造毒品或者向未成年人出售毒品的，从重处罚。这里的未成年人是指未满18周岁的人。(2)因走私、贩卖、运输、制造、非法持有毒品被判过刑，又犯走私、贩卖、运输、制造毒品罪的，从重处罚。这是关于再犯从重处罚的规定。无论前罪何时受处罚，无论判处何种刑罚，无论处刑轻重，无论是在前罪刑罚执行完毕或者赦免后，还是在缓刑、假释、暂予监外执行期间或者缓刑考验期满后，均能成立毒品再犯。对于同时构成累犯和毒品再犯的被告人，在裁判文书中应当同时引用刑法关于累犯和毒品再犯的条款。对于因同一毒品犯罪前科同时构成累犯和毒品再犯的，量刑时不得重复从重处罚。

单位犯走私、贩卖、运输、制造毒品罪的，对单位判处罚金，并对其直接负责的主管人员和其他直接责任人员，依照《刑法》第347条的规定处罚。

二、非法持有毒品罪

本罪是指明知是毒品而非法持有且数量较大的行为。

1.客观方面表现为非法持有数量较大的毒品。(1)行为人所持有的必须是毒品。(2)持有毒品的行为必须具有非法性。即行为人持有毒品时，没有合法的根据；或者说，行为人持有毒品，不是基于法律、法令、法规的规定或允许。依法生产、使用、研究毒品的人持有毒品的，是正当行为，不构成犯罪。例如，医生因病人病情的需要，为使用毒品而持有毒品的，经过有权机关批准从事毒品管理职业的，经过有权机关批准制造毒品后持有毒品或依法运输毒品的，不构成非法持有毒品罪。(3)必须实施持有毒品的行为。持有是一种事实上的支配，行为人与物之间存在一种事实上的支配与被支配的关系。所谓持有毒品，也就是行为人对毒品的事实上的支配。第一，持有具体表现为直接占有、携有、藏有或者以其他方法支配毒品。第二，持有不要求物理上的握有，不要求行为人时时刻刻将毒品握在手中、放在身上和装在口袋里；只要行为人认识到它的存在，能够对之进行管理或者支配，就是持有。第三，持有时并不要求行为人是毒品的“所有者”“占有者”；即使属于他人“所有”“占有”的毒品，但事实上置于行为人支配之下时，行为人即持有毒品；行为人是否知道“所有者”“占有者”，不影响持有的成立。第四，持有并不要求直接持有，即介入第三者时，也不影响持有的成立。如行为人认为自己管理毒品不安全，将毒品委托给第三者保管时，行为人与第三者均持有该毒品。第三者为直接持有，行为人为间接持有。第五，持有不要求单独持有，二人以上共同持有毒品的，也成立本罪；持有也不要求具有排他性，完全可以由二人以上重叠持有。第六，持有是一种持续行为，只有当毒品在一定时间内由行为人支配时，才构成持有；至于时间的长短，则并不影响持有的成立，只是一种量刑情节，但如果时间过短，不足以说明行为人事实上支配着毒品时，则不能认为是持有。（4）非法持有毒品达到一定数量才构成犯罪。即非法持有鸦片200克以上、海洛因或者甲基苯丙胺10克以上或者其他毒品数量较大的，才成立非法持有毒品罪。

2.主观要件是故意，行为人必须明知自己持有的是毒品或者可能是毒品，但不要求行为人明确知道毒品的具体种类与数量。

走私、贩卖、运输、制造毒品的犯罪人，都必然非法持有毒品，因此，如果行为人是因为走私、贩卖、运输、制造毒品而非法持有毒品的，不能认定为本罪，而应认定为走私、贩卖、运输、制造毒品罪，也不能将该罪与非法持有毒品罪实行并罚。因为，在走私、贩卖、运输、制造毒品的情况下，非法持有毒品要么是其行为的当然结果或者必经阶段，因而属于吸收犯；要么是一行为触犯数罪名，因而只需从一重罪论处。值得研究的是如何区分运输毒品罪与非法持有毒品罪。因为运输毒品的行为同时也表现为非法持有毒品，持有包括携带行为，携带便可能表现为运输。例如，行为人利用自己的身体、衣服等将毒品从甲地运往乙地时，一方面行为人实施了运输行为；另一方面也表现为非法持有的行为。在这种情况下，不能将毒品转移的行为都认定为运输毒品罪，只有与走私、贩造、制造有关联的行为，才宜认定为运输毒品罪。例如，行为人居住在甲地，在乙地出差期间购买了毒品，然后将毒品带回甲地。如果是为了吸食，数量大的，宜认定为非法持有毒品罪；如果是为了贩卖，则应认定为贩卖、运输毒品罪。没有证据证明行为人明知他人实施毒品犯罪而为其代购毒品，行为人亦未从中牟利，代购毒品数量达到非法持有毒品罪的最低数量标准，行为人因购买、存储毒品被查获的，以非法持有毒品罪定罪处罚；因运输毒品被查获的，一般以运输毒品罪定罪处罚。

犯本罪的，根据《刑法》第348条的规定处罚。量刑时，既要考虑行为人所持有的毒品数量与种类，也要考虑其他情节，还应注意适用《刑法》第356条关于再犯从重处罚的规定。

三、包庇毒品犯罪分子罪

本罪是指包庇走私、贩卖、运输、制造毒品的犯罪分子的行为。与《刑法》第310条的包庇罪相比，本罪是一种特殊的包庇罪。犯本罪的，根据《刑法》第349条的规定处罚。

四、窝藏、转移、隐瞒毒品、毒赃罪

本罪是指为走私、贩卖、运输、制造毒品的犯罪分子窝藏、转移、隐瞒毒品或者犯罪所得的财物的行为。对符合本罪构成要件的行为，不能认定为包庇罪或者掩饰、隐瞒犯罪所得、犯罪所得收益罪。事先与毒品犯罪分子共同策划，允诺事后帮助毒品犯罪分子窝藏、转移、隐瞒毒品、毒赃的，应以毒品犯罪的共犯论处。犯本罪的，根据《刑法》第349条的规定处罚。

五、非法生产、买卖、运输制毒物品罪

非法生产、买卖、运输制毒物品罪，是指自然人或者单位，违反国家规定，非法生产、买卖、运输醋酸酐、乙醚、三氯甲烷或者其他用于制造毒品的原料、配剂，情节较重的行为。

客观方面表现为违反国家规定，非法生产、买卖、运输醋酸酐、乙醚、三氯甲烷或者其他用

于制造毒品的原料、配剂，情节较重。醋酸酐、乙醚、三氯甲烷或者其他用于制造毒品的原料或者配剂，简称为“制毒物品”，其具体品种范围按照国家关于易制毒化学品管理的规定确定。非法“生产”制毒物品，是指违反国家规定以制造、加工、配制、提炼等方法获得制毒物品。非法“买卖”制毒物品，是指违反国家规定有偿转让或者有偿取得制毒物品。非法“运输”制毒物品，是指违反国家规定实现制毒物品的空间位移；实现运输制毒物品的跨境位移的，构成走私制毒物品罪。成立本罪，要求非法生产、买卖、运输制毒物品的行为情节较重。

主观方面只能是故意，行为人必须明知生产、买卖、运输的对象是制毒物品。明知他人制造毒品而为其生产、买卖、运输制毒物品的，以制造毒品罪的共犯论处。对于非法生产、买卖、运输制毒物品行为，有下列情形之一，且查获了易制毒化学品，结合犯罪嫌疑人、被告人的供述和其他证据，经综合审查判断，可以认定其“明知”是制毒物品而生产、买卖、运输制毒物品，但有证据证明确属被蒙骗的除外：(1)改变产品形状、包装或者使用虚假标签、商标等产品标志的；(2)以藏匿、夹带或者其他隐蔽方式运输、携带易制毒化学品逃避检查的；(3)抗拒检查或者在检查时丢弃货物逃跑的；(4)以虚假身份、地址办理托运、邮寄手续的；(5)以其他方法隐瞒真相，逃避对易制毒化学品依法监管的。

易制毒化学品生产、经营、购买、运输单位或者个人未办理许可证明或者备案证明，生产、销售、购买、运输易制毒化学品，确实用于合法生产、生活需要的，不以非法生产、买卖、运输制毒物品罪论处。

为了制造毒品或者非法生产、买卖、运输制毒物品犯罪而采用生产、加工、提炼等方法非法制造易制毒化学品的，根据《刑法》第22条的规定，按照其制造易制毒化学品的不同目的，分别以制造毒品、非法生产、买卖、运输制毒物品的预备行为论处。

非法生产、买卖、运输制毒物品行为同时构成其他犯罪的，依照处罚较重的规定定罪处罚。

犯本罪的，根据《刑法》第350条的规定处罚。量刑时，应注意适用《刑法》第356条关于再犯从重处罚的规定。

六、非法种植毒品原植物罪

本罪是指非法种植罂粟、大麻等毒品原植物，情节严重的行为。具有下列情形之一的，属于“情节严重”：(1)种植罂粟500株以上不满3000株或者其他毒品原植物数量较大的；(2)经公安机关处理后又种植的；(3)抗拒铲除的。犯本罪的，根据《刑法》第351条的规定处罚。

七、引诱、教唆、欺骗他人吸毒罪

本罪是指引诱、教唆、欺骗他人吸食、注射毒品的行为。引诱、教唆，都属于在他人本无吸食、注射毒品意愿的情况下，通过向他人宣扬吸食、注射毒品后的感受、传授或示范吸毒方法、技巧以及利用金钱、物质等进行诱惑的方法，引起他人产生吸食、注射毒品的意愿或者欲望的行为；欺骗，是指隐瞒真相或者制造假象，使他人吸食、注射毒品的行为。引诱、教唆、欺骗的对象没有任何限制，不管对方是否达到法定年龄，是否具有辨认控制能力。吸食毒品，是指用口吸、鼻吸、吞服、饮用等方法吸入或者食取毒品；注射毒品，是指采用皮下或者静脉等注射方法使用毒品。行为人明知系国家管制的麻醉药品、精神药品而向他人的饮料、食物中投放，欺骗他人吸食的，应当以欺骗他人吸毒罪追究刑事责任。对于有证据证明行为人为实施强奸、抢劫等犯罪而欺骗他人吸食麻醉药品、精神药品的，应当按照处罚较重的罪名追究刑事责任。犯本罪的，根据《刑法》第353条第1款、第3款的规定处罚。

八、强迫他人吸毒罪

本罪是指使用暴力、威胁等生理强制或心理强制方法，迫使他人吸食、注射毒品的行为。采用某种方法使他人暂时丧失知觉或者利用他人暂时丧失知觉的状态，给他人注射毒品的，应认定为强迫他人吸毒罪。本罪与引诱、教唆、欺骗他人吸毒罪的关键区别在于方法不同。犯本罪的，根据《刑法》第353条第2款和第3款的规定处罚。

九、容留他人吸毒罪

本罪是指容留他人吸食、注射毒品的行为。容留，是指允许他人在自己管理的场所吸食、注射毒品或者为他人吸食、注射毒品提供场所的行为。容留行为既可以是主动实施的，也可以是被动实施的；既可以是有偿的，也可以是无偿的。向他人贩卖毒品后又容留其吸食、注射毒品，或者容留他人吸食、注射毒品并向其贩卖毒品的，以贩卖毒品罪和容留他人吸毒罪数罪并罚。容留近亲属吸食、注射毒品，情节显著轻微危害不大的，不作为犯罪处理；需要追究刑事责任的，可酌情从宽处罚。犯本罪的，根据《刑法》第354条的规定处罚。

【本节主要法律规定】

1.《刑法》第347～357条

2.最高人民法院《关于审理毒品犯罪案件适用法律若干问题的解释》

第八节　组织、强迫、引诱、容留、介绍卖淫罪

本节主要内容提示

除应牢记本节犯罪的犯罪构成外，还需要注意本节的罪数问题。强奸后迫使卖淫的，应以强迫卖淫罪与强奸罪数罪并罚。在组织他人卖淫的活动中，对被组织者实施强迫行为的，只认定为组织、强迫卖淫罪；但如果被强迫者与被组织者不具有同一性的，则应以组织卖淫罪与强迫卖淫罪并罚。

一、组织卖淫罪

本罪是指以招募、雇佣、强迫、引诱、容留等手段，控制他人从事卖淫活动的行为。

1.客观方面表现为组织3人以上卖淫的行为。组织，是指以招募、雇佣、纠集等手段，控制3人以上从事卖淫活动的行为。一般表现为两种情况：一是设置卖淫场所或者变相卖淫场所，控制卖淫者，招揽嫖娼者。如以办旅馆为名，行开妓院之实。二是没有固定的卖淫场所，通过控制卖淫人员，有组织地进行卖淫活动。如服务业的负责人员，组织本单位的服务人员向顾客卖淫。构成组织行为，要求卖淫人员达到3人以上的规模，仅安排或者控制1～2人长期从事卖淫的，不属于组织卖淫。组织的对象既包括女性，也包括男性（组织男性当男妓）。卖淫，是指以营利为目的，满足不特定对方（不限于异性）的性欲的行为，包括与不特定的对方发生性交和从事其他猥亵活动。以营利为目的与不特定的对方从事性交之外的猥亵活动的行为，与以营利为目的与不特定对方发生性交一样，都是为了获得金钱与财物而出卖肉体，都是毒害社会风气、败坏社会风尚的行为，都有传播性病的可能性，二者没有本质的区别。据此，组织男性为男性提供性服务，或者组织女性为女性提供性服务的，也成立组织卖淫罪。

在组织卖淫犯罪活动中，对被组织卖淫的人有引诱、容留、介绍卖淫行为的，依照处罚较重的规定定罪处罚。但是，对被组织卖淫的人以外的其他人有引诱、容留、介绍卖淫行为的，应当分别定罪，实行数罪并罚。

2.主观上只能出于故意，虽然卖淫以营利为目的，组织卖淫者通常也以营利为目的，但刑法并没有将营利目的规定为主观要件的内容。从理论上来说，卖淫具有营利目的，不意味着组织者必然具有营利目的。

犯本罪的，根据《刑法》第358条、第361条的规定处罚。

二、强迫卖淫罪

本罪是指使用暴力、威胁、虐待等强制方法迫使他人卖淫的行为。本罪的对象既包括妇女，也包括幼女，还包括幼男在内的男性。行为的方法必须具有强迫性，表现为在他人不愿意从事卖淫活动的情况下，使用各种强制性手段迫使其从事卖淫活动。行为的内容必须是迫使他人卖淫。主观方面必须出于故意，是否出于营利目的，不影响本罪的成立。

行为人既有组织卖淫行为，又有强迫卖淫犯罪行为的，按照组织、强迫卖淫罪一罪处理；但如果被强迫者与被组织者不具有同一性的，则应以组织卖淫罪与强迫卖淫罪实行数罪并罚。组织、强迫他人卖淫，并有杀害、伤害、强奸、绑架等犯罪行为的，依照数罪并罚的规定处罚。

行为人强迫妇女仅与自己发生性交，并支付性行为对价的，应认定为强奸罪，不得认定为强迫卖淫罪。原因在于：一方面，被害妇女的行为完全不符合卖淫的特征；另一方面，如果将这种行为认定为强迫卖淫罪，那么，以金钱、财物引诱妇女与自己通奸的行为，也成立引诱卖淫罪，这恐怕不合适。但是，如果行为人强迫他人从事卖淫，并在他人卖淫的过程中，与其发生性交或者实施其他猥亵行为的，或者为了迫使妇女卖淫而强奸妇女的，则应认定为强迫卖淫罪，并与强奸等犯罪数罪并罚。

犯本罪的，根据《刑法》第358条和第361条的规定处罚。

三、协助组织卖淫罪

本罪是指为组织卖淫的人招募、运送人员或者有其他协助组织他人卖淫行为的行为。本罪是在组织他人卖淫的共同犯罪中实施协助活动的行为，如明知他人实施组织卖淫犯罪活动而为其招募、运送人员或者充当保镖、打手、管账人等。如果刑法没有规定本罪，对协助组织他人卖淫的行为，应认定为组织卖淫罪的共犯行为，但刑法特别将这种行为规定为独立犯罪。据此，对协助组织他人卖淫的行为应以协助组织卖淫罪定罪处罚，不再以组织卖淫罪的从犯论处。但是，协助组织卖淫行为人参与杀害、伤害、强奸、绑架卖淫者等犯罪行为的，应以相应犯罪的共同犯罪论处。在具有营业执照的会所、洗浴中心等经营场所担任保洁员、收银员、保安员等，从事一般服务性、劳务性工作，仅领取正常薪酬，且无上述协助组织卖淫行为的，不认定为协助组织卖淫罪。犯本罪的，根据《刑法》第358条第4款的规定处罚。

四、引诱、容留、介绍卖淫罪

本罪是指引诱、容留、介绍他人卖淫的行为。客观方面表现为引诱、容留、介绍他人卖淫的行为。这里的他人，既包括女性，也包括男性，但引诱行为的对象不包括幼女（引诱幼女卖淫的，构成引诱幼女卖淫罪）。引诱，是指在他人本无卖淫意愿的情况下，使用勾引、利诱等手段使他人从事卖淫活动的行为。容留，是指允许他人在自己管理的场所卖淫或者为他人卖淫提供场所的行为。场所经营者明知他人租赁其场所后以招募、雇佣等手段管理或者控制他人卖淫，仍为其提供场所，并管理、约定嫖资分配比例，管理卖淫场所和人员的，已超出“容留”的范围，应当认定为组织卖淫罪。介绍，一般是指在卖淫者与嫖客之间牵线搭桥，沟通撮合，使他人卖淫得以实现的行为。但有两点值得注意：(1)在意欲卖淫者与卖淫场所的管理者之间进行介绍的行为，应认定为介绍卖淫罪。(2)单纯向意欲嫖娼者介绍卖淫场所，而与卖淫者没有任何联络的情况下，不成立介绍卖淫罪。因为法律使用的表述的是“介绍他人卖淫”，而不是“介绍他人嫖娼”。实施引诱、容留、介绍三种行为之一的，即可构成本罪；同时实施上述行为的，也只认定为一罪，不实行数罪并罚。主观方面必须出于故意，但是否出于营利目的，不影响本罪的成立。

在组织卖淫犯罪活动中，对被组织卖淫的人有引诱、容留、介绍卖淫行为的，依照处罚较重的规定定罪处罚。但是，对被组织卖淫的人以外的其他人有引诱、容留、介绍卖淫行为的，应当分别定罪，实行数罪并罚。要注意从行为手段、卖淫人是否出于自愿等方面区分本罪与强迫卖淫罪的界限。利用信息网络发布招嫖违法信息，情节严重的，依照《刑法》第287条之一的规定，以非法利用信息网络罪定罪处罚；同时构成介绍卖淫罪的，依照处罚较重的规定定罪处罚。

犯本罪的，根据《刑法》第359条第1款和第361条的规定处罚。

五、引诱幼女卖淫罪

本罪是指引诱不满14周岁的幼女卖淫的行为。如果只是容留、介绍幼女卖淫，则不成立本罪，仅成立容留、介绍卖淫罪。引诱幼女卖淫，同时又容留、介绍卖淫的，应分别认定为引诱幼女卖淫罪与容留、介绍卖淫罪，实行数罪并罚。被引诱卖淫的人员中既有不满14周岁的幼女，又有其他人员的，分别以引诱幼女卖淫罪和引诱卖淫罪定罪，实行数罪并罚。犯本罪的，根据《刑法》第359条第2款的规定处罚。

六、传播性病罪

本罪是指明知自己患有梅毒、淋病等严重性病而卖淫、嫖娼的行为。卖淫是指以营利为目的，满足不特定对方的性欲的行为，包括与不特定的对方发生性交和从事其他猥亵活动；嫖娼则是指以交付金钱或其他财物为代价，使对方满足自己性欲的行为，包括与卖淫者发生性交或从事其他猥亵活动。行为主体必须是患有梅毒、淋病等严重性病的自然人；行为人必须明知自己患有梅毒、淋病等严重性病。犯本罪的，根据《刑法》第360条的规定处罚。

【本节主要法律规定】

1.《刑法》第358～362条

2.最高人民法院、最高人民检察院《关于办理组织、强迫、引诱、容留、介绍卖淫刑事案件适用法律若干问题的解释》

第九节 制作、贩卖、传播淫秽物品罪

本节主要内容提示

应注意把握本节各种犯罪的犯罪构成。行为人传播淫秽物品时是否具有牟利目的，是传播淫秽物品牟利罪与传播淫秽物品罪的区别所在。具有牟利目的的人利用没有牟利目的（但有传播故意）的人传播淫秽物品的，成立共同犯罪。

一、制作、复制、出版、贩卖、传播淫秽物品牟利罪

本罪是指自然人或者单位以牟利为目的，制作、复制、出版、贩卖、传播淫秽物品的行为。

行为表现为制作、复制、出版、贩卖、传播淫秽物品。淫秽物品，是指具体描绘性行为或者露骨宣扬色情的诲淫性书刊、影片、录像带、录音带、图片及其他淫秽物品。“其他淫秽物品”，包括具体描绘性行为或者露骨宣扬色情的诲淫性的视频文件、音频文件、电子刊物、图片、文章、短信息等互联网、移动通讯终端电子信息和声讯台语音信息。有关人体生理、医学知识的科学著作不是淫秽物品。包含有色情内容的有艺术价值的文学、艺术作品不视为淫秽物品。制作，是指生产、录制、编写、绘画、印刷等创造、产生淫秽物品的行为。复制，是指通过翻印、翻拍、复印、转录等方式将原已存在的淫秽物品制作一份或多份的行为。出版，是指将淫秽作品编辑加工后，经过复制向公众发行的行为。贩卖，通常是指低价购进再高价卖出的行为，但也应包括单纯的有偿转让淫秽物品的行为。传播，是指通过播放、陈列等方式使淫秽

物品让不特定或者多数人感知以及通过出借、赠送等方式散布、流传淫秽物品的行为。实施上述行为之一的，即可成立本罪；同时实施上述行为的，也只认定为一罪，不实行数罪并罚。对利用互联网、移动通讯终端制作、复制、出版、贩卖、传播淫秽电子信息、通过声讯台传播淫秽语音信息的，应根据其具体实施的行为，以制作、复制、出版、贩卖、传播淫秽物品牟利罪论处。对于以牟利为目的，利用网络云盘制作、复制、贩卖、传播淫秽电子信息的行为，也应以制作、复制、出版、贩卖、传播淫秽物品牟利罪论处。电信业务经营者、互联网信息服务提供者明知是淫秽网站，为其提供互联网接入、服务器托管、网络存储空间、通讯传输通道、代收费等服务，并收取服务费，数量、数额较大或造成严重后果的，以传播淫秽物品牟利罪定罪处罚。以牟利为目的，网站建立者、直接负责的管理者明知他人制作、复制、出版、贩卖、传播的是淫秽电子信息，允许或者放任他人在自己所有、管理的网站或者网页上发布，达到一定情形的，以传播淫秽物品牟利罪定罪处罚。

主观方面为故意，行为人必须认识到自己制作、复制、出版、贩卖、传播的是淫秽物品，此外还必须具有牟利目的。行为人传播淫秽物品时是否具有牟利目的，是传播淫秽物品牟利罪与传播淫秽物品罪的区别所在。在宾馆、酒店房间内安装偷拍设备，偷拍入住旅客的性行为，制作成视频，进行销售牟利的，构成制作、贩卖淫秽物品牟利罪；若仅是行为人自己观看相关视频，并未进行扩散的，只能以非法使用窃照专用器材罪论处。

具有牟利目的的人利用没有牟利目的（但有传播故意）的人传播淫秽物品的，成立共同犯罪。

犯本罪的，根据《刑法》第363条第1款和第366条的规定处罚。

二、传播淫秽物品罪

本罪是指自然人或者单位，传播淫秽的书刊、影片、音像、图片或者其他淫秽物品，情节严重的行为。传播的含义，与制作、复制、出版、贩卖、传播淫秽物品牟利罪中的“传播”的含义相同。利用互联网建立主要用于传播淫秽电子信息的群组，成员众多或者造成严重后果的，对建立者、管理者和主要传播者，以传播淫秽物品罪定罪处罚。本罪只能由故意构成，但不要求行为人主观上具有牟利目的。犯本罪的，根据《刑法》第364条第1款、第4款和第366条的规定处罚。

【本节主要法律规定】

《刑法》第363～367条

第二十一章
危害国防利益罪

本章主要内容提示

应注意把握本章各种犯罪的犯罪构成。本章多数犯罪与其他章犯罪存在法条竞合关系。行为符合本章犯罪构成要件的，应按本章犯罪论处。

一、阻碍军人执行职务罪

本罪是指以暴力、威胁方法阻碍军人依法执行职务的行为。

客观上表现为使用暴力、威胁方法阻碍军人依法执行职务。首先，行为人必须使用了暴力、威胁方法。暴力方法，是指对军人不法行使有形力的一切行为。暴力行为致军人重伤或者死亡的，应从一重罪论处。威胁方法，是指以恶害相通告，使他人产生恐惧心理进而实现行为人要求的行为。其次，必须针对军人实施暴力、威胁行为。最后，必须阻碍军人依法执行职务，即导致军人不能或者难以依法执行职务。阻碍军人的非法行为的，不能以本罪论处。本罪主体只能是除军人以外的一般自然人。主观方面表现为故意，即明知军人正在依法执行职务，而故意以暴力、威胁方法予以阻碍。不明知是军人执行职务而阻碍的，不成立本罪；误以为军人实施非法行为而阻碍的，不成立本罪。

规定本罪的法条与规定妨害公务罪的《刑法》第277条具有法条竞合关系，对阻碍军人执行职务的，应认定为本罪，不再适用《刑法》第277条。

犯本罪的，根据《刑法》第368条第1款的规定处罚。

二、冒充军人招摇撞骗罪

本罪是指假冒军人身份进行招摇撞骗的行为。主要包括两种情况：一是非军人冒充军人；二是此种军人冒充彼种军人，如级别较低的军人假冒级别较高的军人，一般部门的军人假冒要害部门的军人。冒充军人使用伪造、变造、盗窃的武装部队车辆号牌，造成恶劣影响的，应以本罪论处。由于刑法将冒充军人招摇撞骗的行为规定了独立的犯罪，故对这种行为不适用《刑法》第279条认定为招摇撞骗罪。行为人在连续性的招摇撞骗过程中，有时冒充军人，有时冒充其他国家机关工作人员的，宜根据行为人主要冒充的对象确定犯罪性质。如果主要冒充军人、偶尔冒充其他国家机关工作人员招摇撞骗的，宜认定为本罪；反之亦然。但是，如果行为人在一段时间内冒充军人招摇撞骗，在另一段时间又冒充其他国家机关工作人员招摇撞骗，分别都构成犯罪的，则应实行数罪并罚。犯本罪的，根据《刑法》第372条的规定处罚。

三、盗窃、抢夺武装部队公文、证件、印章罪

本罪是指盗窃、抢夺武装部队的公文、证件、印章的行为。本罪的对象为武装部队的公文、证件、印章。根据司法解释，盗窃、抢夺伪造、变造的武装部队公文、证件、印章的，构成本罪。规定本罪的法条与规定盗窃、抢夺、毁灭国家机关公文、证件、印章罪的《刑法》第280条是特别法条与普通法条的关系，因此，只要盗窃、抢夺武装部队的公文、证件、印章的，就认定为本罪，而不适用《刑法》第280条。但由于本条没有规定毁灭行为，而毁灭武装部队公文、证件、印章的行为本身就是毁灭国家机关公文、证件、印章的行为，故对该行为应适用《刑法》第280条，认定为毁灭国家机关公文、证件、印章罪。犯本罪的，根据《刑法》第375条第1款的规定处罚。

【本章主要法律规定】

《刑法》第368～381条

第二十二章 贪污贿赂罪

本章主要内容提示

应注意把握本章各种犯罪的犯罪构成。贪污罪、挪用公款罪、受贿罪都是国家工作人员利用职务上的便利实施的职务犯罪。贪污罪的本质是化公为私，挪用公款罪的本质是公款私用，受贿罪的本质是钱权交易。要注意贪污罪与(职务)侵占罪、挪用公款罪与挪用资金罪、受贿罪与非国家工作人员受贿罪的区分。

一、贪污罪

本罪是指国家工作人员利用职务上的便利，侵吞、窃取、骗取或者以其他手段非法占有公共财物数额较大或者有其他较重情节的行为。

1.本罪客体是国家工作人员的职务廉洁性和公共财产权。

2.客观方面表现为国家工作人员利用职务上的便利，侵吞、窃取、骗取或者以其他手段非法占有公共财物，数额较大或者有其他较重情节。

(1)必须利用职务上的便利。利用职务上的便利，是指利用职务上主管、管理、经营、经手公共财物的权力及方便条件。主管，主要是指负责调拨、处置及其他支配公共财物的职务活动；管理，是指负责保管、处理及其他使公共财物不被流失的职务活动；经营，是指将公共财物作为生产、流通手段等使公共财物增值的职务活动；经手，是指领取、支出等经办公共财物因而占有公共财物的职务活动。此外，利用职务上的便利，既包括利用本人的职务便利，也包括利用职务上有隶属关系的其他国家工作人员的职务便利。利用与职务无关仅因工作关系熟悉作案环境或易于接近作案目标、凭工作人员身份容易进入某些单位等方便条件非法占有公共财物的，不成立贪污罪。不过，利用职务上的便利这一要件，相对于不同的贪污行为而言，具有不同的含义。

需要注意的是，并非只要国家工作人员非法占有公共财物的行为利用了职务上的便利，就必然成立贪污罪。换言之，不是任何利用职务上的便利非法占有公共财物的行为都能成立贪污罪，只有当国家工作人员现实地对公共财物享有支配权、决定权，或者对具体支配财物的人员处于领导、指示、支配地位，进而利用了职务上的便利的，才能认定为贪污罪。否则，只能认定为盗窃、诈骗等罪。例如，村民甲谎称危房翻新，村主任乙代其填写虚假材料并以村主任名义签字同意后上报镇政府，从镇政府骗取1万元的危房补助给甲。虽然乙从事扶贫管理等属于国家工作人员，也利用了职务上的便利，但不能认定为贪污罪，对乙与甲的行为应以诈骗罪论处。再如，乡镇领导利用职务上的便利，骗取县市财政的经费据为己有的，不能认定为贪污罪，只能认定为诈骗罪。反之，县市领导利用职务上的便利非法占有乡镇财政经费的，则应以贪污罪论处。

（2）必须侵吞、窃取、骗取或者以其他手段非法占有公共财物。侵吞，与狭义的侵占是同义语，即将自己因为职务而占有、管理的公共财物据为己有或者使第三者所有，包括对公共财物进行事实上的处分与法律上的处分。如财会人员收款不入账而据为己有，执法人员将罚没款据为己有，管理人员将自己管理的公共财物变卖后占有所变卖的款项，等等。根据《刑法》第394条的规定，国家工作人员在国内公务活动或者对外交往中接受礼物，依照国家规定应当交公而不交公，数额较大的，以贪污罪论处。这种行为应属于侵吞公共财物。

窃取，是指违反占有者的意思，利用职务上的便利，将他人占有的公共财物转移给自己或者第三者占有。刑法理论一般认为，这里的窃取就是指“监守自盗”，如出纳员窃取自己管理的保险柜内的金钱。可是，这种“监守自盗”行为属于将自己占有、管理的财物据为己有的“侵吞”。其实，只有当行为人与他人共同占有公共财物时，行为人利用职务上的便利窃取该财物的，才属于贪污罪中的“窃取”。例如，当单位保险柜需要同时使用钥匙与密码才能打开，而钥匙与密码由甲、乙二人分别掌握时，甲利用自己掌握的钥匙并猜中密码取得保险柜中的现金的，或者乙利用自己掌握的密码和私自配制的钥匙取得保险柜中的现金的，可以认定为利用职务上的便利窃取。显然，利用职务上的便利窃取公共财物进而构成贪污罪的情形，是极为罕见的。有一些行为表面上是窃取，但实际上是侵吞。例如，国有加油站的负责人下班时将现金锁入加油站的铁柜后，深夜砸开铁柜取走现金，而不使用自己手中的钥匙的，并不是盗窃行为，而是侵吞。因为行为人原本基于职务占有了该现金，对自己占有的财物不可能成立盗窃。

骗取，是指假借职务上的合法形式，采用欺骗手段，使具有处分权的受骗人产生认识错误，进而取得公共财物。例如，国有保险公司工作人员和国有保险公司委派到非国有保险公司从事公务的人员，利用职务上的便利，故意编造未曾发生的保险事故进行虚假理赔，骗取保险金归自己所有的，属于骗取形式的贪污（参见《刑法》第183条）。利用职务上的便利骗取财物时，行为人并不具有处分财物的权限与地位，所以，必须欺骗具有处分权限与地位的人使之处分财物，并且在实施欺骗行为时利用了职务上的便利。会计、出纳等通过做假账直接取得公共财物的，不属于骗取，而是侵吞。值得注意的是，必须区分利用职务便利的骗取与没有利用职务便利的骗取。

其他手段，是指除侵吞、窃取、骗取以外的其他利用职务之便的手段。上述行为的共同特点是，将公共财物转移为行为人或第三者不法占有。这种不法占有，一方面可能表现为行为人在法律形式上或者事实上不法占有公共财物，如将公车登记为自己所有，将公款存入自己的私人存折，将公物作为私有物予以支配；另一方面也可能表现为行为人在法律上或者事实上处分了公共财物，如将公款赠与他人，将公物变卖等，但不包括单纯毁坏公共财物的行为。从另一角度来说，贪污行为既可能表现为将基于职务占有的公共财物转变为自己不法所有的财物，也可能表现为利用职务上的便利将自己没有占有的公共财物转变为自己不法占有的财物。

（3）必须非法占有公共财物，并且数额较大或者有其他较重情节。贪污罪的对象必须是公共财物（参见《刑法》第91条），而非公民私人所有的财物，但不限于国有财物，因为贪污罪的主体包括国家机关、国有单位委派到非国有单位从事公务的人员，这些主体完全可能贪污国有财物以外的公共财物。但是，受国家机关、国有公司、企业、事业单位、人民团体委托管理、经营国有财产的人员成立贪污罪，必须是非法占有了国有财物。救灾、抢险、防汛、优抚、扶贫、移民、救济、防疫、社会捐助等特定款物，以及养老、医疗、工伤、失业、生育等社会保险基金，均可成为贪污罪的对象。关于国家科研经费能否成为贪污罪的对象，尚有不同看法。倾向性的意见认为，科研人员套取国家科研经费的行为，一般不宜认定为贪污罪。

作为贪污罪的对象，不要求单位对公共财物的占有具备合法性。例如，贪污国家机关非法征收的款项的，贪污国有企业收受的回扣的，贪污国有公司合同诈骗所取得的财物的，均成立贪污罪。违反国家财经法规及其他有关规定，侵占、截留国家和单位收入，未列入本单位财务会计部门账内或未纳入预算管理，私存私放的各项资金，属“小金库”；“小金库”的钱款系私存私放的公款，也是贪污罪、挪用公款罪的对象。此外，公共财物不限于有体物，财产性利益也是贪污罪的对象。例如，单位、集体享有的土地使用权就是财产性利益，属于公共财物，可以成为贪污罪的对象。

3.主体应是国家工作人员。根据《刑法》第93条的规定，国家工作人员是指在国家机关中从事公务的人员；国有公司、企业、事业单位、人民团体中从事公务的人员和国家机关、国有公司、企业、事业单位委派到非国有公司、企业、事业单位、社会团体从事公务的人员，以及其他依照法律从事公务的人员，以国家工作人员论。不难看出，国家工作人员主要有两个特征：第一，必须是国家机关、国有公司、企业、事业单位、人民团体中的人员或者上述机关、单位委派到其他单位的人员。第二，必须是依照法律从事公务。根据全国人大常委会《关于〈中华人民共和国刑法〉第九十三条第二款的解释》，村民委员会等基层组织人员协助人民政府从事行政管理工作，利用职务上的便利贪污公共财产的，应以贪污罪论处。通过伪造国家机关公文、证件担任了国家工作人员的，也能成为贪污罪的主体。

根据《刑法》第382条第2款的规定，受国家机关、国有公司、企业、事业单位、人民团体委托管理、经营国有财产的人员，可以成为本罪的主体。适用本规定的条件是：第一，被委托人原本不是管理、经营国有财产的人员；第二，委托单位必须是国家机关、国有公司、企业、事业单位、人民团体；第三，委托的内容是承包、租赁、聘用等管理、经营国有财产；第四，委托具有合法性。

国有保险公司的工作人员和国有保险公司委派到非国有保险公司从事公务的人员利用职务上的便利，故意编造未曾发生的保险事故进行虚假理赔，骗取保险金归自己所有的，以贪污罪论处。国有公司、企业或者其他国有单位中从事公务的人员和国有公司、企业或者其他国有单位委派到非国有公司、企业以及其他非国有单位从事公务的人员，利用职务上的便利，将本单位财物非法占为己有的，以贪污罪论处。

《刑法》第382条第3款规定，一般公民与具备贪污罪主体身份的人员“勾结，伙同贪污的，以共犯论处”。一般来说，所谓“以共犯论处”是指以贪污罪的共犯论处。不过，由于共同犯罪是不法形态，以共犯论处主要意味着应当将公共财物损失的结果归属于一般公民的行为。至于对一般公民是否必然适用贪污罪的法定刑，也并不绝对。换言之，由于共犯对正犯的罪名并不具有从属性，所以，不排除在少数情况下认定一般公民的行为同时构成贪污罪共犯与盗窃罪、诈骗罪的正犯。如果二者属于想象竞合，对一般公民的行为也可能以盗窃罪、诈骗罪的正犯论处。

曾经具有但不再具有国家工作人员身份的离职人员，利用以前的职务便利非法获取公共财产的，不成立贪污罪，只能根据其行为性质认定为盗窃、诈骗等侵犯财产罪。

4.主观方面只能是故意，并具有非法占有目的。贪污故意的内容为，明知自己的行为侵犯了职务行为的廉洁性，会发生侵害公共财产的结果，并且希望或者放任这种结果的发生。当贪污对象是行为人没有占有的公共财物时，非法占有目的与盗窃罪、诈骗罪中的非法占有目的相同；当贪污对象是行为人已经占有的公共财物时，非法占有目的与侵占罪的不法所有目的相同。

认定贪污罪需要注意如下问题：

1.既遂标准。贪污罪是一种以非法占有为目的的财产性职务犯罪，与盗窃、诈骗、抢夺等侵犯财产罪一样，应当以行为人是否实际控制财物作为区分贪污罪既遂与未遂的标准。对于行为人利用职务上的便利，实施了虚假平账等贪污行为，但公共财物尚未实际转移，或者尚未被行为人控制就被查获的，应当认定为贪污未遂。行为人控制公共财物后，是否将财物据为己有，不影响贪污既遂的认定。

2.正确区分贪污罪与盗窃罪、诈骗罪、侵占罪的界限。贪污罪的行为包括了侵占、窃取、骗取公共财物的行为，它们之间的主要区别在于：前者的对象仅限于公共财物，后者的对象既可以是公共财物，也可以是公民私人所有的财物；前者的行为包括利用职务之便的侵吞、窃取、骗取及其他手段，后者的行为分别是特定的窃取、骗取与侵占行为，不要求利用职务之便；前者的主体是特殊主体，后者的主体为一般主体。

3.正确处理贪污罪与职务侵占罪的关系。区分贪污罪与职务侵占罪的关键在于行为主体是否为国家工作人员。此外，贪污的对象只能是公共财物，其中主要是国有财物；而职务侵占罪的对象虽然可以是公共财物（如集体所有的财物），但还包括私营公司、企业的财物。

当行为人将基于职务占有的单位财物据为己有时，贪污罪中的侵吞行为与职务侵占罪是一种特别关系（贪污罪对身份与对象的要求高于职务侵占罪），侵吞类型的贪污行为也必然符合职务侵占罪的犯罪构成，但应当认定为贪污罪，而不能认定为职务侵占罪。

实践中存在公司、企业或者其他单位的人员与国家工作人员共同非法占有本单位财物的现象。2000年6月30日最高人民法院《关于审理贪污、职务侵占案件如何认定共同犯罪几个问题的解释》规定："公司、企业或者其他单位中，不具有国家工作人员身份的人与国家工作人员勾结，分别利用各自的职务便利，共同将本单位财物非法占为己有的，按照主犯的犯罪性质定罪。"

根据《刑法》第383条的规定，对犯贪污罪的，根据情节轻重，分别依照下列规定处罚：（1）贪污数额较大或者有其他较重情节的，处3年以下有期徒刑或者拘役，并处罚金。（2）贪污数额巨大或者有其他严重情节的，处3年以上10年以下有期徒刑，并处罚金或者没收财产。（3）贪污数额特别巨大或者有其他特别严重情节的，处10年以上有期徒刑或者无期徒刑，并处罚金或者没收财产；数额特别巨大，并使国家和人民利益遭受特别重大损失的，处无期徒刑或者死刑，并处没收财产。关于贪污数额与情节的具体认定，2016年4月18日最高人民法院、最高人民检察院《关于办理贪污贿赂刑事案件适用法律若干问题的解释》（以下简称《贪污贿赂案件解释》）作了详细规定。

对多次贪污未经处理的，按照累计贪污数额处罚。一般认为，这里的未经处理，是指由于某种原因，既没有受过刑事处罚，也没有受过行政处理的情况。如何认定贪污数额，影响行为人刑事责任的轻重。在共同贪污中，贪污数额不是泛指整个共同犯罪的数额，也不是指分赃数额，而是指个人应当承担责任的数额。对此，应根据共同犯罪的责任原理确定。例如，贪污犯罪集团贪污100万元，由于首要分子对整个犯罪集团的罪行承担责任，故首要分子的贪污数额是100万元；由于集团犯罪中的主犯按其所参与的全部犯罪承担责任，故主犯的贪污数额按其实际参与贪污的全部数额计算。如果主犯参与贪污60万元，则其贪污数额为60万元。同样地，从犯也是以其参与的贪污数额作为其贪污数额。国家工作人员出于贪污的故意，非法占有公共财物之后，将赃款赃物用于单位公务支出或者社会捐赠的，不影响贪污罪的认定，但量刑时可以酌情考虑。

犯贪污罪，在提起公诉前如实供述自己罪行、真诚悔罪、积极退赃，避免、减少损害结果的发生，如系贪污数额较大或者有其他较重情节的，可以从轻、减轻或者免除处罚；如系贪污数额巨大或者有其他严重情节，或者贪污数额特别巨大或者有其他特别严重情节的，可以从轻处罚。

犯贪污罪，贪污数额特别巨大或者有其他特别严重情节，被判处死刑缓期执行的，人民法院根据犯罪情节等情况可以同时决定在其死刑缓期执行2年期满依法减为无期徒刑后，终身监禁，不得减刑、假释。决定对贪污犯是否终身监禁的依据是贪污犯的犯罪情节，即除了贪污数额特别巨大或者有其他特别严重情节外，贪污行为致使国家和人民利益遭受特别重大损失，社会影响特别重大，对贪污犯原本可以判处死刑立即执行，但基于严格控制死刑的刑事政策而判处其死刑缓期执行的情形，才能决定对贪污犯终身监禁。

二、挪用公款罪

本罪是指国家工作人员利用职务上的便利，挪用公款归个人使用，进行非法活动的；或者挪用公款数额较大、进行营利活动的；或者挪用公款数额较大、超过3个月未还的行为。

1.本罪客体是国家工作人员职务行为的廉洁性和公共财产权。

2.客观方面表现为，国家工作人员利用职务上的便利挪用公款归个人使用，在此前提下分为三种情况：一是挪用公款进行非法活动；二是挪用公款数额较大、进行营利活动；三是挪用公款进行营利活动、非法活动以外的活动，数额较大，挪用时间超过了3个月。

挪用人必须利用职务上的便利实施挪用行为，即利用职务权力与地位所形成的主管、管理、经营、经手公款或特定款物的便利条件实施挪用行为。挪用，是指未经合法批准，或者违反财经纪律，擅自使公款脱离单位的行为。行为人使公款脱离单位后，即使尚未使用该公款的，也属于挪用。例如，行为人将公款转出，准备日后购买个人住房；即使尚未使用该公款购买住房，也属于挪用。“‘挪而未用’‘挪而不用’不属于挪用公款”的观点，没有道理。但是，没有使公款脱离单位的，不应认定为挪用。例如，国有公司会计，为了帮助甲银行工作人员完成揽存任务，擅自将公款从其他银行转入甲银行，户名依然为国有公司的，不应认定为挪用公款罪。另外，使公款脱离单位占有也包括使公款由单位与他人共同占有的情形。换言之，当公款原本由单位占有支配，但行为人利用职务上的便利，导致公款由单位与其他个人共同占有支配（单位不能独立占有支配）时，也能认定为挪用公款。

行为对象是公款，包括挪用用于救灾、抢险、防汛、优抚、扶贫、移民、救济款物归个人使用。挪用失业保险基金和下岗职工基本生活保障资金归个人使用，构成犯罪的，以挪用公款罪论处。公款不等于现金。挪用公有国库券的行为，以挪用公款论处；挪用金融凭证、有价证券用于质押，使公款处于风险之中，与挪用公款为他人提供担保没有实质的区别，应以挪用公款罪论处，挪用公款数额以实际或者可能承担的风险数额认定。挪用非特定公物归个人使用的，不以挪用公款罪论处；如构成其他犯罪的，依照刑法的相关规定定罪处罚。

根据2002年4月28日全国人大常委会《关于〈中华人民共和国刑法〉第三百八十四条第一款的解释》的规定，有下列情形之一的，属于挪用公款“归个人使用”：(1)将公款供本人、亲友或者其他自然人使用的；(2)以个人名义将公款供其他单位使用的；(3)个人决定以单位名义将公款供其他单位使用，谋取个人利益的。在司法实践中，对于将公款供其他单位使用的，认定是否属于“以个人名义”，不能只看形式，要从实质上把握。对于行为人逃避财务监管，或者与使用人约定以个人名义进行，或者借款、还款都以个人名义进行，将公款给其他单位使用的，应认定为“以个人名义”。“个人决定”既包括行为人在职权范围内决定，也包括超越职权范围决定。“个人”并不限于一个人，而是相对于单位、集体而言。例如，没有经过单位领导集体研究，只是由其中的少数领导违反决策程序决定将公款供其他单位使用的，属于“个人决定”。“谋取个人利益”，既包括行为人与使用人事先约定谋取个人利益实际尚未获取的情况，也包括虽未事先约定但实际已获取了个人利益的情况。其中的“个人利益”，既包括不正当利益，也包括正当利益；既包括财产性利益，也包括非财产性利益，但这种非财产性利益应当是具体的实际利益，如升学、就业等。此外，为单位少数人谋取利益的，也属于“谋取个人利益”。

挪用公款归个人使用分为三种类型，各种

类型的成立条件不完全相同。根据《刑法》以及1998年4月29日最高人民法院《关于审理挪用公款案件具体应用法律若干问题的解释》(以下简称《挪用案件解释》)和《贪污贿赂案件解释》的规定,挪用公款的三种类型是:

(1)挪用公款归个人使用,进行赌博、走私等非法活动的,构成挪用公款罪,不受"数额较大"和挪用时间的限制。但根据《贪污贿赂案件解释》的规定,"挪用公款归个人使用,进行非法活动的",数额在3万元以上的,应当追究刑事责任。挪用公款给他人使用,不知道使用人将公款用于非法活动,数额较大、超过3个月未还的,构成挪用公款罪;明知使用人将公款用于非法活动的,应当认定为挪用人挪用公款进行非法活动。

(2)挪用公款数额较大,归个人进行营利活动的,构成挪用公款罪,不受挪用时间和是否归还的限制。在案发前部分或者全部归还本息的,可以从轻处罚;情节轻微的,可以免除处罚。挪用公款存入银行、用于集资、购买股票、国债等,属于挪用公款进行营利活动。所获取的利息、收益等违法所得,应当追缴,但不计入挪用公款的数额。根据司法实践,挪用公款归还个人欠款的,应当根据产生欠款的原因,分别认定属于挪用公款的何种情形。归还个人进行非法活动或者进行营利活动产生的欠款,应当认定为挪用公款进行非法活动或者进行营利活动。申报注册资本是为进行生产经营活动作准备,属于成立公司、企业进行营利活动的组成部分。因此,挪用公款归个人用于公司、企业注册资本验资证明的,应当认定为挪用公款进行营利活动。根据《贪污贿赂案件解释》的规定,挪用公款归个人使用,"数额较大、进行营利活动的",以5万元为"数额较大"的起点。挪用公款给他人使用,不知道使用人将公款用于营利活动,数额较大、超过3个月未还的,构成挪用公款罪;明知使用人将公款用于营利活动的,应当认定为挪用人挪用公款进行营利活动。

(3)挪用公款归个人使用(进行其他活动),数额较大、超过3个月未还的,构成挪用公款罪。"超过3个月未还",实际上是指行为人挪用公款后在3个月之内没有归还,或者说,行为人挪用公款的时间超过了3个月。根据《挪用案件解释》的规定,挪用正在生息或者需要支付利息的公款归个人使用,数额较大,超过3个月但在案发前全部归还本金的,可以从轻处罚或者免除处罚。给国家、集体造成的利息损失应予追缴。挪用公款数额巨大,超过3个月,案发前全部归还的,可以酌情从轻处罚。根据《贪污贿赂案件解释》的规定,挪用公款归个人使用,"数额较大、超过3个月未还的",以5万元为"数额较大"的起点。

此外,挪用救灾、抢险、防汛、优抚、扶贫、移民、救济款物归个人使用的数额标准,参照挪用公款归个人使用进行非法活动的数额标准。

3.主体必须是国家工作人员。挪用公款给他人使用,使用人与挪用人共谋,指使或者参与策划取得挪用款的,以挪用公款罪的共犯定罪处罚。

4.主观方面只能是故意,但不要求行为人具有将公款不法据为己有的目的。构成本罪,要求行为人明知自己的行为侵犯了公款的占有权、使用权与收益权以及职务行为的廉洁性,并希望或者放任这种结果的发生。如果具有非法占有目的(不归还公款的意思或不法所有的意思),则以贪污罪论处。

关于挪用公款罪的认定,需要注意以下问题:

1.对挪用公款罪的三种用途的认定,原则上应根据客观的使用性质予以判断。例如,国家工作人员为了购房而挪出公款,但因为房价上涨而没有购房,于是将公款用于赌博。对此,应认定为挪用公款进行非法活动。再如,原本打算挪出公款赌博,但因为股市行情好而用于炒股的,应认定为挪用公款进行营利活动。又如,原本打算挪出公款炒股,但到案发时为止一直没有利用公款炒股的,宜认定为挪用公款归个人使用进行其他活动。因为《刑法》条文是按照公款用途的风险大小分为三种情形的,而风险大小基本上取决于实际的使用途径。但是,这并不意味着"使用"行为是挪用公款罪的构成要件要素;相反,使用行为只是确认用途的资料与根据。

2.行为人多次挪用公款，分别用于非法活动、营利活动与其他活动，但用于某项活动的公款数额未达到该项的定罪标准，或者分别来看，用于各项用途的公款数额都没有达到各项的定罪标准，但挪用公款的总数额达到某项定罪标准，对于此类案件应当如何处理？显然，在分则条文规定了几种行为类型的情况下，只有行为符合其中一种或数种行为类型时，才可能认定为犯罪。如果对行为进行评价的结局是并不符合其中的任何一种行为类型，则不可能认定为犯罪。所以，应根据法益保护目的与法定的构成要件，妥当归纳案件事实，正确判断构成要件符合性。

例一：甲挪用公款2万元用于非法活动，挪用公款4万元进行营利活动，挪用公款4万元进行其他活动，而且均超过3个月未还。对此，应认定甲挪用公款10万元进行其他活动，成立挪用公款罪。因为挪用公款进行非法活动或者营利活动的法益侵害性，重于挪用公款进行其他活动的法益侵害性，将前者的数额计算入后者的数额，并无不当；而且前者挪用公款后超过3个月未还，也符合挪用公款进行其他活动的时间要件。换言之，在上述案件中，司法人员完全可以不考虑甲挪用公款2万元进行非法活动的“非法”性质，也可以不考虑甲挪用公款4万元进行营利活动的“营利”性质，而是将这两项挪用行为均评价为进行不以非法与营利为前提的其他活动。于是，甲的行为完全符合“挪用公款数额较大、超过3个月未还”的行为类型。显然，这样的评价并不违反罪刑法定原则，也没有歪曲事实本身。

例二：乙挪用公款2万元进行赌博、走私等非法活动，挪用公款4万元进行营利活动。对此，应认定挪用公款6万元进行营利活动，成立挪用公款罪。因为挪用公款进行非法活动与营利活动都没有时间要求，而挪用公款进行非法活动的法益侵害性，重于挪用公款进行营利活动，故将挪用公款进行非法活动的数额计算入挪用公款进行营利活动的数额，并不违反罪刑法定原则。换言之，非法活动一般是可以评价为营利活动的。例如，挪用公款2万元赌博、走私、生产伪劣产品等，均可以评价为挪用公款进行营利活动。

例三：丁挪用公款1万元用于非法活动，3个月内归还；挪用公款3万元进行营利活动，3个月内归还；挪用公款4万元进行其他活动，超过3个月未还。对此，难以认定为挪用公款罪。首先，不应将挪用公款进行营利活动与进行其他活动的数额计入挪用公款进行非法活动的数额，亦即，不能将轻行为的数额计入重行为的数额，所以，不能认定为挪用公款进行非法活动。其次，虽然可以将挪用公款进行非法活动的数额计入挪用公款进行营利活动的数额，但二者的总和并未达到定罪标准，故不成立挪用公款进行营利活动。最后，虽然可以将挪用公款进行非法活动与进行营利活动计入挪用公款进行其他活动，但挪用公款进行其他活动必须超过3个月未还；如果挪用公款进行非法活动与进行营利活动，但在3个月内归还公款，则不符合挪用公款进行其他活动的时间要件。结局是，对丁的行为不能以挪用公款罪论处。由此看来，不能认为，只要各项活动的累计数额达到任何一项定罪的数量标准，就以该数额为准定罪处罚。

与此相关的问题是，如果行为人的其中一项挪用行为达到了司法解释所规定的定罪标准，而其他两项没有达到定罪标准，虽然可以认定成立挪用公款罪，但如何计算挪用公款的数额？对此，应当根据不同情况具体分析。

例一：甲挪用公款3万元进行非法活动，挪用公款4万元进行营利活动。对此，一方面，可以认定为挪用公款进行非法活动，而且挪用公款数额为3万元，而不能认定为挪用公款7万元进行非法活动，因为其中的4万元并未用于非法活动。另一方面，也可以认定为挪用公款7万元进行营利活动，因为非法活动可以评价为营利活动（不能作此评价的除外，下同）。在实践中，按处罚较重的情形认定。

例二：乙挪用公款2万元进行非法活动，挪用公款5万元进行营利活动。对此，只能认定为挪用公款进行营利活动，但由于挪用公款进行非法活动对法益的侵害性重于挪用公款进行营利活动，故可以认定乙挪用公款7万元进行营利活动。

例三：丙挪用公款2万元进行非法活动，并超过3个月未还，又挪用公款5万元进行其他活动超过3个月未还。基于同样的理由，也应认定丙挪用公款7万元进行其他活动。

例四：丁挪用公款2万元进行非法活动，并在3个月内归还，又挪用公款5万元进行其他活动。对此，只能认定丁挪用公款5万元进行其他活动。如果该5万元超过3个月未还，就成立挪用公款罪（数额为5万元）。

例五：李某挪用公款5万元进行营利活动，又挪用公款6万元进行其他活动，且均超过3个月未还。对此，应认定李某挪用公款11万元进行其他活动。

例六：王某挪用公款5万元进行营利活动，并在3个月内归还，又挪用公款6万元进行其他活动，超过3个月未还。对此，只能认定王某挪用公款6万元进行其他活动。总之，对于类似情形，只能按照构成要件归纳案件事实，即重行为的数额可以计算在轻行为的数额之中，但轻行为的数额不能计算在重行为的数额之中；3个月之内归还的数额不能计算在“超过3个月未还”的挪用数额中。

3. 根据《挪用案件解释》的规定，挪用公款给他人使用，使用人与挪用人共谋，指使或者参与策划取得挪用款的，以挪用公款罪的共犯定罪处罚。但应注意，不应扩大使用人构成共犯的范围，对于使用人只是单纯提出、要求借用公款的，不得认定为挪用公款罪的共犯。此外，使用人具有诈骗故意时，不影响国家工作人员成立挪用公款罪。例如，乙向国有公司会计甲谎称借用公司100万元用于购房首付，3个月后肯定归还。但乙隐瞒了拒不归还的真实想法，得到100万元后逃之夭夭。乙的行为构成诈骗罪，但甲依然成立挪用公款罪（甲如果明知乙不归还，则成立贪污罪）。

4. 挪用公款罪与贪污罪不是对立关系，贪污公款的行为一般也符合挪用公款罪的犯罪构成。在处理挪用公款罪与贪污罪关系的问题上，不能说：“贪污罪必须具有非法占有目的，挪用公款罪必须不具有非法占有目的”。正确的表述是：“挪用公款罪的责任形式为故意，如果行为人具有非法占有目的（不归还公款的意思），则以贪污罪论处。”因此，在行为人将公款转移给个人占有时，即使不能查明行为人是否具有归还的意思，也能够认定为挪用公款罪。反之，只要查明行为人具有非法占有目的，就应认定为贪污罪。根据刑法规定与审判实践，对于下列行为，应以贪污罪论处：（1）携带挪用的公款潜逃的；（2）挪用公款后采取虚假发票平账、销毁有关账目等手段，使所挪用的公款已难以反映在单位财务账目上，且没有归还行为的；（3）截取单位收入不入账，非法占有，使所占有的公款难以反映在单位财务账目上，且没有归还行为的；（4）有证据证明行为人有能力归还所挪用的公款而拒不归还，并隐瞒挪用的公款去向的。

是否平账（没有归还公款，但财务账上不能显示行为人挪用公款），只是判断行为是否构成贪污罪的判断资料，而不是唯一的决定根据。例如，行为人具有归还的意思，只是为了应付上级的突击检查而暂时平账的，依然应认定为挪用公款罪。反之，只要其他证据证明行为人不具有归还的意思，即便没有平账，也应认定为贪污罪。

5.《挪用案件解释》第7条规定，因挪用公款索取、收受贿赂构成犯罪的，依照数罪并罚的规定处罚。挪用公款进行非法活动构成其他犯罪的，依照数罪并罚的规定处罚。例如，甲挪用公款用于贩卖毒品的，客观上有两个行为，而且侵害了两个客体，主观上有两个故意，应当以挪用公款罪与贩卖毒品罪实行数罪并罚。值得研究的是，明知他人使用公款进行犯罪活动，而挪用公款给他人使用的，能否实行数罪并罚？例如，甲明知乙使用公款用于贩卖毒品，而将公款挪用给乙。可以肯定的是，甲的行为成立挪用公款罪的正犯与贩卖毒品罪的帮助犯。问题是，能否认定甲实施了两个行为？如果不能得出肯定结论，就只能认定为想象竞合，从一重罪处罚。显然，如果甲将公款直接交付给乙时（如将公款直接转入乙的账户），就只有一个行为，应认定为想象竞合。如若甲将公款转入自己或者第三者的账户后，再转入乙的账户的，则能够认定为两个行为，可以实行数罪并罚。

根据《刑法》第384条的规定，犯挪用公款罪的，处5年以下有期徒刑或者拘役；情节严重的，处5年以上有期徒刑。挪用公款数额巨大不退还的，处10年以上有期徒刑或者无期徒刑。挪用公款数额巨大“不退还的”，是指挪用公款数额巨大，因客观原因在一审宣判前不能退还的；如果由于某种原因从挪用公款的故意转化为贪污罪的故意，则应认定为贪污罪。多次挪用公款不还，挪用公款数额累计计算；多次挪用公款，并以后次挪用的公款归还前次挪用的公款，挪用公款数额以案发时未还的实际数额认定。

三、受贿罪

受贿罪，是指国家工作人员，利用职务上的便利，索取他人财物的，或者非法收受他人财物为他人谋取利益，数额较大或者有其他较重情节的行为。

1.受贿罪侵犯的客体是国家工作人员职务行为的廉洁性。国家工作人员的公务行为具有廉洁性，不可被收买，受贿行为破坏了公务行为的廉洁性。

职务行为既包括正在实施或者已经实施的职务行为，也包括将要实施的职务行为与所许诺的职务行为。即国家工作人员既不能以正在实施或者已经实施的职务行为为依据，向他人索取或者收受财物，也不能以将来可能实施的职务行为或者对职务行为的许诺为依据，向他人索取或者收受财物。因此，职务行为的不可收买性，包括将来的职务行为、正在实施的职务行为、已经实施的职务行为与财物的不可交换性。

职务行为既包括完全属于职务范围的合法行为，也包括与职务有关的超越或者滥用职务的行为。易言之，只要是与职务有关的行为即可。与职务有关的行为，主要包括两种情况：一是与国家工作人员一般的、抽象的职务权限有关的行为，不要求与国家工作人员具体的职务权限有关；二是与职务有密切关联的行为。

职务行为的不可收买性至少具有两个方面的内容：一是职务行为的不可收买性本身，二是国民对职务行为不可收买性的信赖。由于刑法保护职务行为的不可收买性以及国民对职务行为不可收买性的信赖，所以，刑法对受贿罪的构成要件的描述，必须说明受贿行为侵犯了犯罪客体。而行为是否侵犯了受贿罪的犯罪客体，关键在于国家工作人员索取或者收受的财物，是否与其已经实施的、正在实施的、将来实施的或者许诺实施的职务行为之间具有对价关系，即国家工作人员所索取或者收受的财物，是不是其职务行为（包括已经实施的、正在实施的、将来实施的或者许诺实施的）的不正当报酬。显而易见的是，只要国家工作人员就其职务行为索取或者收受的财物，不是其依法应当取得的利益，就是其职务行为的不正当报酬，因而侵犯了受贿罪的客体。同样明了的是，对价关系的存在，并不取决于双方的事前约定。即使事前没有任何约定，也可能肯定职务行为与财物之间的对价关系。更为清楚的是，对价关系的存在，也不取决于索取或者收受财物的时间（离职后索取、收受财物的除外）。无论是事先索取或者收受财物，还是事后索取或者收受财物，只要是就职务行为索取或者收受财物的，就可以认定存在对价关系。

2.客观方面表现为利用职务上的便利，索取他人财物，或者非法收受他人财物为他人谋取利益，数额较大或者有其他较重情节的行为。

（1）受贿行为所索取、收受的是财物，该财物称为“贿赂”。贿赂的本质在于，它是与国家工作人员的职务行为有关的，作为不正当报酬的利益。贿赂与国家工作人员的职务行为具有关联性。职务是国家工作人员基于其地位应当作为公务处理的一切事务，其范围由法律、法令或职务的内容决定。职务行为既可能是作为，也可能是不作为。贿赂与职务行为的关联性，是指因为行为人具有某种职务，已经、正在或者能够实施某种职务行为，才可能向他人索取贿赂，他人才向其提供贿赂。不仅如此，贿赂还是作为职务行为的不正当报酬的利益，它与职务行为之间存在对价关系。即贿赂是对国家工作人员职务行为的不正当报酬。不正当报酬，并不意味着国家工作人员的职务行为本身具有不正当性，而是指国家工作人员实施职务行为时不应当索取或者收受利益却索取、收受了这种利益。贿赂还必须是一种能够满足人的某种需要的利益。

《刑法》第385条将贿赂的内容限定为财物。这里的财物是指具有价值的可以管理的有体物、无体物以及财产性利益。能够转移占有的有体物与无体物属于财物自不待言，但财产性利益也应包括在内。因为财产性利益可以通过金钱计算其价值，而且许多财产性利益的价值超出了一般物品的经济价值，没有理由将财产性利益排除在财物之外。受贿罪是以权换利的不正当交易，将能够转移占有与使用的财产性利益解释为财物，完全符合受贿罪的本质。例如，提供房屋装修、含有金额的会员卡、代币卡（券）、旅游等，均应包括在内。《贪污贿赂案件解释》第12条就明确规定："贿赂犯罪中的'财物'，包括货币、物品和财产性利益。财产性利益包括可以折算为货币的物质利益如房屋装修、债务免除等，以及需要支付货币的其他利益如会员服务、旅游等。后者的犯罪数额，以实际支付或者应当支付的数额计算。"至于非财产性利益，则不属于财物。值得一提的是所谓的性贿赂。人们通常所说的性贿赂存在不同类型，不可一概而论。国家工作人员在色情场所嫖宿或者接受其他性服务，由请托人支付费用的，或者请托人支付费用雇请卖淫者为国家工作人员提供性服务的，国家工作人员实际上收受了财产性利益，属于受贿。但是，请托人直接为国家工作人员提供性服务的，不能认定国家工作人员的行为构成受贿罪。

（2）受贿行为表现为索取或者收受财物。索取财物包括要求、索要与勒索财物。收受财物，是指在行贿人主动提供财物时，国家工作人员以将该财物作为自己的所有物的意思而接收、取得。事实上，还存在一种约定的方式，即行贿人与受贿人就财物一事相互沟通、达成协议。《刑法》第385条第2款规定："国家工作人员在经济往来中，违反国家规定，收受各种名义的回扣、手续费，归个人所有的，以受贿论处。"这实质上是一种约定方式。以谁提出为标准，将其归入索取与收受：国家工作人员先提出约定的，属于索取；对方先提出约定的，国家工作人员属于收受。

索取或者收受财物，并不限于行为人将财物直接据为己有，而是包括使请托人向第三者提供财物的情形。例如，丙有求于国家工作人员甲的职务行为，甲便要求或者暗示丙向乙提供财物，乙欣然接受；或者甲利用职务上的便利为丙谋取利益，事后丙欲向甲提供作为职务行为的不正当报酬的财物时，甲要求或者暗示丙将财物提供给乙，乙没有拒绝。在这种情况下，甲依然成立受贿罪。如果乙不明知丙所提供的财物与国家工作人员甲的职务行为具有关联，乙不成立受贿罪的共犯；如果乙明知丙所提供的财物与国家工作人员甲的职务行为具有关联，则成立受贿罪的共犯。国家工作人员要求、暗示请托人向第三者提供财物时，该第三者必定与国家工作人员具有某种亲密关系：要么国家工作人员需要报答第三者或者需要满足第三者的需求，要么第三者在接受财物后将所接受的财物私下转交给国家工作人员，要么第三者会采取其他方式报答国家工作人员，要么第三者与国家工作人员具有配偶、父子、情人等关系。说到底，国家工作人员仍然是为了自己的利益而要求、暗示请托人向第三者提供财物。同样，请托人也必然认识到第三者与国家工作人员的密切关系，否则，也不会向第三者提供财物。现实生活中，一些请托人在有求于国家工作人员的职务行为却又无法接触国家工作人员时，想方设法通过与国家工作人员有密切关系的人牵线搭桥，进而实现行贿的事实，也充分说明了这一点；请托人以及其他知情者都清楚地认识到，在国家工作人员要求、暗示向第三者提供财物的情况下，向第三者提供财物当然是满足国家工作人员的要求或欲望的一个途径，因而也是收买国家工作人员职务行为的一种方式。既然如此，就应当肯定这种行为侵犯了国家工作人员职务行为的不可收买性，理当以受贿罪论处。

（3）索取财物只需要利用职务上的便利就成立受贿罪，不要求为他人谋取利益。但收受财物的只有为他人谋取利益才成立受贿罪。在索取财物时，财物与职务行为之间的对价关系非常清楚，但在他人主动向国家工作人员交付财物时，该财物是否与国家工作人员的职务行为之间具有对价关系，便不明了。例如，他人事前主动向国家工作人员交付财物，但没有任何请托事项的，难以肯定该财物与职务行为的对价关系。再如，即使国家工作人员实施了某种职务行为之后，他人向国家工作人员交付财物的，如果他人向国家工作人员交付财物与国家工作人员事前实施的职务行为没有任何关系，也不能肯定财物与职务行为之间具有对价关系。因此，只有具备其他要素，使国家工作人员收受的财物与其职务行为之间具有对价关系，才能认定其行为侵犯了受贿罪的法益。于是，刑法条文在“非法收受他人财物”之后，添加了“为他人谋取利益”的要件。由于“为他人谋取利益”显然是基于国家工作人员的职务行为，所以，这一要件旨在说明国家工作人员收受的财物与其职务行为之间具有对价关系。如果脱离这种对价关系，单纯从字面上理解“为他人谋取利益”，则会使该要件丧失真实含义，从而导致受贿罪范围的不当扩大或不当缩小。对此，《贪污贿赂案件解释》第13条规定，具有下列情形之一的，应当认定为“为他人谋取利益”，构成犯罪的，应当依照刑法关于受贿犯罪的规定定罪处罚：①实际或者承诺为他人谋取利益的；②明知他人有具体请托事项的；③履职时未被请托，但事后基于该履职事由收受他人财物的。国家工作人员索取、收受具有上下级关系的下属或者具有行政管理关系的被管理人员的财物价值3万元以上，可能影响职权行使的，视为承诺为他人谋取利益。

为他人谋取利益的许诺本身是一种行为。许诺既可以是明示的，也可以是暗示的。当他人主动行贿并提出为其谋取利益的要求后，国家工作人员虽未明确承诺，但只要不予拒绝，就应当认为是一种暗示的许诺。许诺既可以直接对行贿人许诺，也可以通过第三者对行贿人许诺。许诺既可以是真实的，也可以是虚假的。虚假许诺，是指国家工作人员具有为他人谋取利益的职权或者职务条件，在他人有求于自己的职务行为时，并不打算为他人谋取利益，却又承诺为他人谋取利益。但虚假承诺构成受贿罪是有条件的：其一，收受财物后作虚假许诺的，成立受贿罪。在这种情况下，客观上约定了以其职务行为为他人谋取利益，其职务行为的不可收买性已经受到侵害。事先作虚假许诺并要求他人交付财物的，则是索取型的受贿罪或者诈骗罪，不属于收受型的受贿罪。其二，许诺的内容与国家工作人员的职务行为相关联。如果国家工作人员根本没有为他人谋取利益的职权与职务条件，却谎称为他人谋取利益，原则上构成诈骗罪。其三，许诺行为导致财物与所许诺的职务行为之间形成了对价关系，使财物成为国家工作人员所许诺的“为他人谋取利益”的不正当报酬。但是，只要他人有求于国家工作人员的职务行为而给予国家工作人员财物时，国家工作人员作了明示或者暗示承诺的，就应当认定财物与所许诺的职务行为之间具有对价关系。

“为他人谋取利益”的“他人”不限于行贿人，完全可能是行贿人所指示或暗示的第三人。因为只要能够认定职务行为与某种财物之间具有对价关系，便能说明国家工作人员收受该财物的行为侵害了职务行为的不可收买性，所以，交付财物的人与获得或可能获得利益的人是否为同一人，便不是重要问题。“为他人谋取利益”中的他人，也不限于自然人。根据刑法的规定，国家工作人员收受单位财物的，仍然成立受贿罪。因此，国家工作人员完全可能因为收受财物而为单位谋取利益，或者因为为单位谋取了利益而收受财物。

“为他人谋取利益”中的“利益”，既可以是正当利益，也可以是不正当利益（一般违法乃至犯罪的利益）。国家工作人员通过正当职务行为，为他人谋取的利益，大抵上都是正当利益。但是，国家工作人员的性质决定了其正当职务行为不能获得不正当报酬；如果国家工作人员因为正当职务行为获得相对人的不正当报酬，则侵害了职务行为的不可收买性。既然如此，国家工作人员不当地行使职务或者以不正当目的履行职务，为相对人谋取不正当利益而收受财物时，不仅侵害了职务行为的不可收买性，而且侵害了职务行为的合法性、公正性，更应以犯罪论处。

（4）受贿行为必须利用职务上的便利。不管是索取财物还是收受财物，利用职务上的便利都表现为两个密切联系的内容：一是他人有求于国家工作人员的职务行为，或者国家工作人员正在或已经通过职务行为为他人谋取利益；二是索取或者收受的财物是国家工作人员职务行为的不正当报酬。简言之，只要国家工作人员所索取或者收受的财物与其职务行为有关，就可认定为利用了职务上的便利，因为索取或者收受与职务行为有关的财物，就意味着对方必须为国家工作人员的职务行为付出财产上的代价，因而侵犯了职务行为的不可收买性。

（5）受贿行为要成立受贿罪，还要求数额较大或者有其他较重情节。

3.主体必须是国家工作人员。国家工作人员的范围根据《刑法》第93条的规定确定。村民委员会等基层组织人员协助人民政府从事行政管理工作，利用职务上的便利实施本罪行为的，应以受贿罪论处。国家工作人员利用职务上的便利为请托人谋取利益，并与请托人事先约定，在其离退休后或者离职后收受请托人财物，构成犯罪的，以受贿罪定罪处罚。一般公民与国家工作人员相勾结，伙同受贿的，以受贿罪的共犯论处。例如，国家工作人员的亲属教唆或者帮助国家工作人员受贿的，成立受贿罪的共犯。

医疗机构中的国家工作人员，在药品、医疗器械、医用卫生材料等医药产品采购活动中，利用职务上的便利，索取销售方财物，或者非法收受销售方财物，为销售方谋取利益，构成犯罪的，以受贿罪定罪处罚。学校及其他教育机构中的国家工作人员，在教材、教具、校服或者其他物品的采购等活动中，利用职务上的便利，索取销售方财物，或者非法收受销售方财物，为销售方谋取利益，构成犯罪的，以受贿罪定罪处罚。依法组建的评标委员会、竞争性谈判采购中谈判小组、询价采购中询价小组中国家机关或者其他国有单位的代表，在招标、政府采购等事项的评标或者采购活动中，索取他人财物，或者非法收受他人财物为他人谋取利益，构成犯罪的，以受贿罪定罪处罚。

2008年11月20日最高人民法院、最高人民检察院《关于办理商业贿赂刑事案件适用法律若干问题的意见》第11条指出，非国家工作人员与国家工作人员通谋，共同收受他人财物，构成共同犯罪的，根据双方利用职务便利的具体情形分别定罪追究刑事责任：第一，利用国家工作人员的职务便利为他人谋取利益的，以受贿罪追究刑事责任；第二，利用非国家工作人员的职务便利为他人谋取利益的，以非国家工作人员受贿罪追究刑事责任；第三，分别利用各自的职务便利为他人谋取利益的，按照主犯的犯罪性质追究刑事责任，不能分清主从犯的，可以受贿罪追究刑事责任。

4.主观方面只能是故意。首先，行为人主观上具有索取或者接受财物的意思，即具有将对方提供的财物作为自己的所有物的意思。如果没有索取或者接受财物的意思，事实上也没有接受的，不可能成立受贿罪；行为人根本不知道自己收受了财物，或者只是暂时收下，准备交给有关部门处理的，也不成立受贿罪。其次，行为人认识到自己索取、收受的是职务行为的不正当报酬，认识到自己的行为会侵害职务行为的不可收买性。最后，行为人对上述结果持希望或者放任发生的态度。值得注意的是，上述结果是受贿行为本身对职务行为不可收买性的侵害，行为人是对受贿行为本身的结果持希望或者放任态度。至于行为人因受贿对为他人谋取非法利益的行为所造成的结果持希望或者放任态度的，则是另一犯罪的故意内容。

认定受贿罪需要注意如下问题：

1.正确划清受贿罪与取得合理报酬、接受正当馈赠的界限。国家工作人员在法律允许的范围内，利用业余时间，以自己的劳动为他人提供某种服务，从而获得报酬的，不成立受贿罪。

但国家工作人员在业余时间，利用职务上的便利为他人谋取利益，进而获得报酬的，仍然成立受贿罪。国家工作人员在经济往来中，违反国家规定，收受各种名义的回扣、手续费，归个人所有（包括使第三者所有）的，应以受贿罪论处，不能作为取得合理报酬对待。行为人接受亲友的正当馈赠的行为，不成立受贿罪。在区分接受馈赠与受贿罪时，应注意从以下几个方面进行综合判断：（1）接受方与提供方是否存在亲友关系；（2）提供方是否有求于接受方的职务行为；（3）接受方是否许诺为他人谋取利益，是否正在或者已经为提供方谋取利益；（4）所接受财物的数量与价值；（5）接受方是否利用了职务之便；（6）有无正当馈赠的适当理由；（7）接受与提供方式是否具有隐蔽性；等等。

2.正确区分特殊方式的受贿与一般交易、投资、娱乐等行为的界限。对此，2007年7月8日最高人民法院、最高人民检察院《关于办理受贿刑事案件适用法律若干问题的意见》作了如下规定：（1）国家工作人员利用职务上的便利为请托人谋取利益，以明显低于市场的价格向请托人购买房屋、汽车等物品的，或者以明显高于市场的价格向请托人出售房屋、汽车等物品的，或者以其他交易形式非法收受请托人财物的，以受贿论处；受贿数额按照交易时当地市场价格与实际支付价格的差额计算。上述市场价格包括商品经营者事先设定的不针对特定人的最低优惠价格。根据商品经营者事先设定的各种优惠交易条件，以优惠价格购买商品的，不属于受贿。（2）国家工作人员利用职务上的便利为请托人谋取利益，收受请托人提供的干股（未出资而获得的股份）的，以受贿论处。进行了股权转让登记，或者相关证据证明股份发生了实际转让的，受贿数额按转让行为时股份价值计算，所分红利按受贿孳息处理。股份未实际转让，以股份分红名义获取利益的，实际获利数额应当认定为受贿数额。（3）国家工作人员利用职务上的便利为请托人谋取利益，由请托人出资，“合作”开办公司或者进行其他“合作”投资的，以受贿论处。受贿数额为请托人给国家工作人员的出资额。国家工作人员利用职务上的便利为请托人谋取利益，以合作开办公司或者其他合作投资的名义获取“利润”，没有实际出资和参与管理、经营的，以受贿论处。（4）国家工作人员利用职务上的便利为请托人谋取利益，以委托请托人投资证券、期货或者其他委托理财的名义，未实际出资而获取“收益”，或者虽然实际出资，但获取“收益”明显高于出资应得收益的，以受贿论处。受贿数额，前一情形，以“收益”额计算；后一情形，以“收益”额与出资应得收益额的差额计算。（5）国家工作人员利用职务上的便利为请托人谋取利益，通过赌博方式收受请托人财物的，构成受贿。实践中应注意区分受贿与赌博活动、娱乐活动的界限。具体认定时，主要应当结合以下因素进行判断：赌博的背景、场合、时间、次数；赌资来源；其他赌博参与者有无事先通谋；输赢钱物的具体情况和金额大小。（6）国家工作人员利用职务上的便利为请托人谋取利益，要求或者接受请托人以给特定关系人（与国家工作人员有近亲属、情妇、情夫以及其他共同利益关系的人）安排工作为名，使特定关系人不实际工作却获取所谓薪酬的，以受贿论处。（7）国家工作人员利用职务上的便利为请托人谋取利益，授意请托人以上述形式，将有关财物给予特定关系人的，以受贿论处。特定关系人与国家工作人员通谋，共同实施前款行为的，对特定关系人以受贿罪的共犯论处。（8）国家工作人员利用职务上的便利为请托人谋取利益，收受请托人房屋、汽车等物品，未变更权属登记或者借用他人名义办理权属变更登记的，不影响受贿的认定。认定以房屋、汽车等物品为对象的受贿，应注意与借用的区分。具体认定时，除双方交代或者书面协议之外，主要应当结合以下因素进行判断：有无借用的合理事由、是否实际使用、借用时间的长短、有无归还的条件、有无归还的意思表示及行为。（9）国家工作人员收受请托人财物后及时退还或者上交的，不是受贿。国家工作人员受贿后，因自身或者与其受贿有关联的人、事被查处，为掩饰犯罪而退还或者上交的，不影响认定受贿罪。（10）国家工作人员利用职务上的便利为请托人谋取利益之前或者之后（但应限定为在职时)，约定在其离职后收受请托人财物，并在离职后收受的，以受贿论处。国家工作人员利用职务上的便利为请托人谋取利益，离职前后连续收受请托人财物的，离职前后收受部分均应计入受贿数额。

3.正确区分受贿罪与正当借贷、正当投资的界限。国家工作人员利用职务上的便利，以借贷、投资为名向他人索取财物，或者非法收受财物为他人谋取利益的，应当认定为受贿罪。在区分受贿与借贷时，不能仅看有无书面借款手续，应当综合考察以下因素，作出合理判断:(1)有无正当、合理的借款事由;(2)款项的去向;(3)双方平时关系如何、有无经济往来;(4)出借方是否要求国家工作人员利用职务上的便利为其谋取利益;(5)借款后是否有归还的意思表示与行为;(6)是否具有归还能力;(7)归还的原因;等等。总之，国家工作人员向请托人借款的，不能轻易否定受贿罪的成立。在区分受贿与投资时，应当重点审查国家工作人员是否实际出资、是否实际承担市场风险等因素，如果没有实际出资，或者虽有出资但收受固定回报、不承担风险，则与直接贿送钱款并无区别，构成受贿罪。

4.斡旋受贿的认定。根据《刑法》第388条的规定，国家工作人员利用本人职权或者地位形成的便利条件，通过其他国家工作人员职务上的行为，为请托人谋取不正当利益，索取请托人财物或者收受请托人财物的，以受贿论处。这在刑法理论上称为斡旋受贿。斡旋受贿不是国家工作人员就自身的职务行为索取或者收受财物，而是利用国家工作人员的职权或者地位形成的便利条件，就其他国家工作人员的职务行为进行斡旋，使其他国家工作人员利用职务上的便利为请托人谋取不正当利益，从而索取或者收受财物。构成斡旋受贿，需要具备如下条件:

首先，利用本人职权或者地位形成的便利条件，并不要求行为人积极地利用其职权或地位，只要立于国家工作人员的立场实施斡旋行为即可。具体而言，行为人与被其利用的国家工作人员之间在职务上虽然没有隶属、制约关系，但是行为人利用了本人职权或者地位产生的影响和一定的工作联系，如单位内不同部门的国家工作人员之间，上下级单位没有职务上隶属、制约关系的国家工作人员之间，有工作联系的不同单位的国家工作人员之间，都符合斡旋受贿的条件。如果国家工作人员利用本人职务上主管、负责、承办某项公共事务的职权，或者利用职务上有隶属、制约关系的其他国家工作人员的职权索取、收受财物的，应直接适用《刑法》第385条。担任单位领导职务的国家工作人员通过不属自己主管的下级部门的国家工作人员的职务为他人谋取利益的，也应直接适用《刑法》第385条。

其次，接受他人请托，使其他国家工作人员实施(包括放弃)职务上的行为，为请托人谋取不正当利益。与普通受贿相对应，只要请托人的事项不正当，行为人对此有认识即可，不要求已经为请托人谋取了不正当利益，也不要求其他国家工作人员认识到行为人索取、收受财物，但要求行为人对其他国家工作人员提出了为请托人谋取不正当利益的请求、约定。至于其他国家工作人员是否许诺、答应行为人的请求，是否为请托人谋取了不正当利益，则不影响斡旋受贿的成立。因为斡旋受贿中的财物，是指斡旋行为的对价(不正当报酬)，而不是其他国家工作人员职务行为的对价。

最后，向请托人索取财物或者收受请托人的财物，这种财物是行为人使其他国家工作人员为请托人谋取不正当利益的行为的不正当报酬。例如，甲请国家工作人员乙向国家工作人员丙(税务工作人员)说情，为其非法减免税款，乙利用自己的职权与地位形成的便利条件，使丙为甲减免税款。乙以此为条件事先索取、收受甲的财物的，或者以此为根据事后索取、收受甲的财物的，成立斡旋受贿。

5.受贿罪的既遂与未遂。一般认为，受贿罪以取得财物为既遂。收受了他人交付的转账支票后，还没有提取现金的，应认定为受贿既遂。收受购物卡后，即使还没有购物，也应认定为受贿既遂(受贿数额按购物卡记载的数额计算)。收受银行卡后，即使没有使用，也应认定为受贿既遂（卡内的存款数额应按全额认定为受贿数额）；收受财物后，将财物用于公益事业的，不影响受贿既遂的认定，更不影响受贿罪的成立与受贿数额的认定。

6.受贿罪的共犯。（1）一般公民或者国家工作人员的亲属教唆或者帮助国家工作人员受贿的，成立受贿罪的共犯（教唆犯或者帮助犯），但不可能成立间接正犯与共同正犯。（2）国家工作人员的家属事前接受请托人的财物后，将实情告知国家工作人员，国家工作人员不要求家属及时退还或者上交的，成立受贿罪的共同犯罪；国家工作人员要求家属及时退还或者上交，家属隐瞒真相没有退还或者上交的，国家工作人员不构成受贿罪，对家属也不能以受贿罪的共犯论处。（3）在请托人有求于国家工作人员的职务行为时，国家工作人员要求请托人将财物交付给第三者时，如果第三者知情并接收财物的，应以受贿罪的共犯论处。（4）国家工作人员将收受的房屋、汽车等登记在第三人名下时，第三人在登记前或者登记时知情并提供相关证件等帮助的，对第三人应以受贿罪的共犯论处。第三人事后才知情，不能认定为受贿罪的共犯。（5）国家工作人员索取、收受储蓄卡、购物卡、现金支票以及其他债权凭证后，第三者帮助国家工作人员将债权凭证转换为现金或者其他财物的，由于国家工作人员的受贿行为已经既遂，故第三者的行为不成立受贿罪的共犯；如果第三者知情，则应以洗钱罪或者掩饰、隐瞒犯罪所得罪论处。（6）国家工作人员与公司、企业等单位的工作人员（非国家工作人员）通谋，利用国家工作人员的职务便利，或者同时利用双方的职务便利，索取或者收受财物的，对双方均应认定为受贿罪。

7.受贿罪的罪数。国家工作人员既可能先收受财物而后实施为他人谋取利益的行为，也可能先实施为他人谋取利益的行为而后收受财物。国家工作人员所实施的为他人谋取利益的行为构成犯罪时，除刑法有特别规定的以外，应当认定为数罪，实行并罚。例如，国有公司中从事公务的人员收受他人财物后，私自将公司的公款挪出给他人使用的，成立受贿罪与挪用公款罪，实行并罚。

8.受贿罪的数额计算。在实务中，受贿数额的认定有时比较复杂。国家工作人员不明知财物的具体价值而索取或者收受的，按事后鉴定的财物数额计算。国家工作人员误以为是数额较大财物才收受（如果数额巨大或者特别巨大则拒绝收受），但事后鉴定财物数额巨大或者特别巨大的，只能适用数额较大的法定刑。国家工作人员收受请托人的毒品用于吸食的，可不计算数额，直接按情节轻重选择法定刑。

国家工作人员收受财产性利益时，应当按获得财产性利益时的价值计算，而不应按行贿人实际支出的成本计算。例如，乙有求于甲的职务行为，在甲购买了一套住房后，甲委托乙负责装修。在未做预算、未签订合同的情况下，乙让丙垫资装修，装修款共180万元。乙告知甲后，甲表示装修太贵，只支付了100万元，乙表示余款不必再付。此后，乙另向丙支付20万元装修款，并向丙许诺以后会给丙介绍一些装修业务，丙遂表示不要剩余的装修款。在本案中，当甲仅支付100万元，乙表示余款不必再付时，就意味着财物已经完成。甲实际得到的是价值180万元的财产性利益，但其仅支付100万元，故受贿数额应为80万元，而不是20万元。

国家工作人员收受请托人交付的赝品的，应当分不同情况处理。例如，请托人花2万元购买了赝品与相关“证书”（标价50万元），将其给予国家工作人员的，即使国家工作人员误以为是真品，也只能认定受贿数额为2万元。对此应当没有疑问。再如，请托人乙事先受骗，误将赝品当作真品花50万元而购买，然后将赝品与相关“证书”（标价50万元）给予国家工作人员。案发后查明是赝品，经鉴定仅值2万元。对此宜不计算数额，仅按情节轻重处理，认定为受贿既遂。

对于“退还”后再索取或者收受的情形，需要具体判断。国家工作人员收受请托人20万元现金后，因为担心被查处而悉数退还，后来认为风声已过，又向请托人索回已退还的20万元的，是认定为受贿20万元还是40万元？在这种场合，可以肯定的是，前一次收受20万元现金的行为已经既遂。问题在于后一次索回是不是新的受贿行为？对此，应综合考虑对方的请托事项的多少（是否只有同一请托事项），请托事项是否已经完成（是否仍有其他请托事项），退回的财物与索回的财物是否具有同一性，在单位行贿的场合退回时的接收者与索回时的对象是否具有同一性等因素，判断后一次索回是否构成新的受贿行为。如果得出肯定结论，就应当将前后两次受贿数额相加计算（在上例中认定为40万元）。

国家工作人员收受财物后所获得的孳息，不应计入受贿数额。例如，开发商乙于2014年1月10日送给国家工作人员甲一套门面房，在还没有办理产权登记的情况下，甲便将门面房出租给他人，两年间收取40万元租金，两年后才将产权登记在甲的妻子名下。在这种情况下，应当以2014年1月10日时门面房的实际价值计算甲的受贿数额，40万元租金不计入受贿数额，但应追缴。但是，如果当时由于各种原因不能出卖门面房，乙于2014年1月10日将门面房“借给”甲用于出租，在甲收取40万元租金后，乙为了谋取不正当利益将该门面房送给甲并办理产权登记的，则应将40万元租金与产权登记时的门面房价值的总和作为受贿数额。

9.在受贿罪与其他犯罪的关系方面，需要注意如下问题：

（1）正确处理受贿罪与贪污罪的关系。二者的构成要件存在明显的区别，但存在一些形式上是受贿、实质上是贪污的案件。例如，乡镇领导为某个项目向县财政局申请20万元拨款时，财政局局长要求乡镇申请50万元拨款，然后将30万元给自己。50万元拨给乡镇后，乡镇领导将其中的30万元交给财政局局长，财政局局长将其据为己有。表面上看，似乎是乡镇领导行贿、财政局局长受贿，实际上是财政局局长贪污财政局的公款（乡镇领导可能构成共犯）。反之，如果乡镇原本申请50万元用于某个项目，获得50万元行政拨款后，乡镇领导为了感谢财政局局长，而将其中一部分给财政局局长的，则财政局局长的行为构成受贿罪。显然，在这类案件中，不仅要考虑财物的来源，还要考虑国家工作人员的职务权限，双方共谋的内容，侵害的具体法益等。另外，也不排除贪污罪与受贿罪的想象竞合。例如，在乡政府有求于县长的职务行为时，县长要求乡政府领导从乡财政中拿出30万元给自己。在这种情况下，可以认定县长的行为是贪污罪与受贿罪的想象竞合。

（2）正确处理索取型受贿罪与敲诈勒索罪的关系。索贿与敲诈勒索有相似之处，但索贿的行为主体必须是国家工作人员，而敲诈勒索罪的行为主体不必是国家工作人员；索贿必须利用职务上的便利，敲诈勒索罪不需要利用职务上的便利。国家工作人员利用职务上的便利向请托人勒索财物的，国家工作人员成立受贿罪与敲诈勒索罪的想象竞合，被勒索者（获得不正当利益的）成立行贿罪。当然，行为人虽然是国家工作人员，但对方有求于他的事项与其职务行为没有关系，行为人利用对方的困境，以此相要挟，索取财物的，只成立敲诈勒索罪。

（3）正确处理受贿罪与诈骗罪的关系。国家工作人员的家属，以通过国家工作人员的职务行为为他人谋取利益之名，欺骗对方，获取财物的，是诈骗的一种方式，应以诈骗罪论处。国家工作人员利用职务上的便利收受请托人的财物后，作出为他人谋取利益的虚假承诺的，应认定为受贿罪。国家工作人员在他人有求于自己的职务行为时，谎称（能）为他人谋取利益并主动要求对方提供财物的，是受贿罪与诈骗罪的想象竞合。

犯本罪的，根据《刑法》第386条和第383条的规定处罚。

四、单位受贿罪

本罪是指国家机关、国有公司、企业、事业单位、人民团体，索取、非法收受他人财物，为他人谋取利益，情节严重的行为。本罪主体为国家机关、国有公司、企业、事业单位与人民团体。本罪在客观方面表现为，索取、非法收受他人财物，为他人谋取利益，情节严重。根据《刑法》第387条第2款的规定，“前款所列单位，在经济往来中，在帐外暗中收受各种名义的回扣、手续费的，以受贿论，依照前款的规定处罚”。2023年12月29日通过的《刑法修正案（十二）》

修订了本罪的法定刑，降低了本罪第一档法定刑的最高刑，通过增设第二档法定刑提高了本罪的法定最高刑。在适用本罪时，应注意妥善处理刑法的时间效力问题。犯本罪的，根据《刑法》第387条的规定处罚。

五、利用影响力受贿罪

本罪是指国家工作人员的近亲属或者其他与该国家工作人员关系密切的人，通过该国家工作人员职务上的行为，或者利用该国家工作人员职权或者地位形成的便利条件，通过其他国家工作人员职务上的行为，为请托人谋取不正当利益，索取请托人财物或者收受请托人财物，数额较大或者有其他较重情节的行为。

本罪包括两种类型：一是国家工作人员的近亲属或者其他与该国家工作人员关系密切的人，通过该国家工作人员职务上的行为，或者利用该国家工作人员职权或者地位形成的便利条件，通过其他国家工作人员职务上的行为，为请托人谋取不正当利益，索取请托人财物或者收受请托人财物，数额较大或者有其他较重情节的行为；二是离职的国家工作人员或者其近亲属以及其他与其关系密切的人，利用该离职的国家工作人员原职权或者地位形成的便利条件，通过其他国家工作人员职务上的行为，为请托人谋取不正当利益，索取请托人财物或者收受请托人财物，数额较大或者有其他较重情节的行为。

在本罪中，“近亲属”的范围容易确定，如何确定“关系密切的人”，值得研究。一般来说，关系密切的人是指与国家工作人员或者离职的国家工作人员具有共同利益关系的人，其中的共同利益不仅包括物质利益，而且包括其他方面的利益。例如，情人关系、恋人关系、前妻前夫关系、密切的上下级关系(如国家工作人员的秘书、司机等)、密切的姻亲或血亲关系等。但是，“与国家工作人员关系密切的人”不等于“与国家工作人员关系好的人”，而是指由于某种原因国家工作人员容易为其不正当行使职权的人，如基于偶然原因掌握国家工作人员隐私的人，也属于“与国家工作人员关系密切的人”。换言之，客观上能够通过国家工作人员职务上的行为，或者利用国家工作人员职权或者地位形成的便利条件，通过其他国家工作人员职务上的行为，为请托人谋取不正当利益的人，基本上都是与国家工作人员关系密切的人。

犯本罪的，根据《刑法》第388条之一的规定处罚。

六、行贿罪

本罪是指为谋取不正当利益，给予国家工作人员以财物的行为。

本罪在客观方面表现为给予国家工作人员以财物的行为，主要表现为以下四种情况：一是为了利用国家工作人员的职务行为（包括利用国家工作人员的斡旋行为），主动给予国家工作人员以财物。二是在有求于国家工作人员的职务行为时，由于国家工作人员的索取而给予国家工作人员以财物。当然，根据《刑法》第389条第3款的规定，因被勒索给予国家工作人员以财物，没有获得不正当利益的，不是行贿。三是与国家工作人员约定，以满足自己的要求为条件给予国家工作人员以财物。四是在国家工作人员利用职务上的便利为自己谋取利益之时或者之后，给予国家工作人员以财物，作为其职务行为的报酬。此外，《刑法》第389条第2款规定：“在经济往来中，违反国家规定，给予国家工作人员以财物，数额较大的，或者违反国家规定，给予国家工作人员以各种名义的回扣、手续费的，以行贿论处。”

“给予国家工作人员以财物”，意味着给予国家工作人员以不正当的报酬，或者说，将财物作为国家工作人员已经、正在、将要或者许诺实施的职务行为的对价，使国家工作人员接受。“给予国家工作人员以财物”，既可能表现为直接将财物交付给国家工作人员，也可能表现为通过第三者（不管是否知情）将财物交付给国家工作人员；既可以是直接将财物交付给国家工作人员本人，也可以是将财物交付给国家工作人员的亲属或者国家工作人员指定的第三者。例如，甲向国家工作人员乙请托不正当事项，乙谎称请托事项需要第三者丙（非国家工作人员）

的参与才能完成，并要求甲送给丙10万元。丙实为乙的朋友，10万元由丙占有。甲的行为依然成立行贿罪。

刑法虽然没有将数额较大规定为行贿罪的构成要件要素，但根据相关司法解释，为谋取不正当利益，向国家工作人员行贿，数额在3万元以上的，才应以行贿罪追究刑事责任。行贿数额在1万元以上不满3万元，具有下列情形之一的，也应以行贿罪追究刑事责任：(1)向三人以上行贿的；(2)将违法所得用于行贿的；(3)通过行贿谋取职务提拔、调整的；(4)向负有食品、药品、安全生产、环境保护等监督管理职责的国家工作人员行贿，实施非法活动的；(5)向司法工作人员行贿，影响司法公正的；(6)造成经济损失数额在50万元以上不满100万元的。多次行贿未经处理的，累计行贿的数额。

本罪主观方面为故意，行为人具有谋取不正当利益的目的。根据相关司法解释，“谋取不正当利益”，是指行贿人谋取的利益违反法律、法规、规章、政策规定，或者要求国家工作人员违反法律、法规、规章、政策、行业规范的规定，为自己提供帮助或者方便条件。违背公平、公正原则，在经济、组织人事管理等活动中，谋取竞争优势的，应当认定为“谋取不正当利益”。因此，行贿人虽然符合晋级、晋升的条件，但为了使自己优于他人晋级、晋升，而给予有关国家工作人员以财物的，应认定为行贿罪。至于行为人实际上是否因行贿谋取了不正当利益，则不影响行贿罪的成立。此外，为了谋取不正当利益而给予国家工作人员以财物时，即使具有事后索回财物的意思，也不影响行贿罪的成立。例如，甲为了获取某项工程，向国家工作人员乙交付20万元，打算获取工程后再索回。乙收受20万元后，将工程交给甲。甲完工后，以告发相要挟，要求乙退回20万元。乙担心甲告发，退还甲20万元。甲的行为不仅成立行贿罪，而且另成立敲诈勒索罪。

行贿罪与受贿罪属于对向犯，在通常情况下，行贿方与受贿方的行为均成立犯罪。因此，司法机关不能仅处罚其中一方。但是，这并不意味着一方行为成立犯罪时另一方行为也必然成立犯罪，仅一方的行为成立犯罪的现象是大量存在的。例如，因被勒索给予国家工作人员以财物，没有获得不正当利益的，不是行贿，但国家工作人员的行为仍然是索取贿赂，成立受贿罪。再如，为了谋取正当利益而给予国家工作人员以财物的，不是行贿，但国家工作人员接受财物的行为成立受贿罪。又如，为了谋取不正当利益而给予国家工作人员以财物的，构成行贿罪；但国家工作人员没有接受贿赂的故意，立即将财物送交有关部门处理的，不构成受贿罪。

在行贿既未遂的认定方面，为谋取不正当利益给予国家工作人员以财物，国家工作人员客观上接收（占有）了财物时，如财物已经放在国家工作人员家里或者办公室，财物已经转移至国家工作人员或者其亲属控制之下，行贿罪便既遂。即便国家工作人员事后退回财物或者及时上交，也不影响行贿罪既遂。换言之，即使国家工作人员不成立受贿罪或者受贿未遂，也不影响行贿罪既遂的认定。因为行贿罪的既遂标准是根据行贿罪的构成要件确定的，而不是根据受贿罪的构成要件确定的。但是，如果行为人是在被监察机关控制下向国家工作人员交付财物的，不能认定为行贿既遂，甚至有可能成立行贿的不能犯。

在行贿共犯的认定方面，在由第三者向国家工作人员交付财物时，第三者不知情的，当然不成立行贿罪的共犯，但第三者知情的，则成立行贿罪的共同犯罪。在认定行贿罪的共同犯罪时，不能简单地根据财物的来源判断主从犯。如甲缺乏与国家工作人员接触的机会，为了谋取不正当利益，甲将财物交付给熟悉国家工作人员的乙，由乙将财物交付给国家工作人员时，完全可能认定乙是行贿罪的主犯，而不能一概将乙认定为行贿罪的从犯。

罪数方面，行贿人反复要求国家工作人员接受自己给予的财物的，仅成立行贿罪，不同时成立受贿罪的教唆犯。但是，行为人不仅自己向国家工作人员行贿，而且劝说国家工作人员接受第三者给予的财物的，则成立行贿罪与受贿罪的共犯，实行数罪并罚。行贿人谋取不正当利益的行为构成犯罪的，应当与行贿犯罪实行数罪并罚。例如，个体企业老板甲请国有供电所抄表员乙帮忙，让后者从其负责的电表箱中牵出一根电线为企业免费供电，并送给乙3万元现金，于是，乙为甲的企业安装了一根电线。至案发时，甲的企业窃电量价值30万元。对甲的行为应以行贿罪与盗窃罪实行数罪并罚。但是，有两点值得注意：其一，不得进行重复评价，当行贿犯罪与其他犯罪由一个行为所触犯时，只能认定为想象竞合。例如，行贿人为了谋取不正当利益，必然向国家工作人员表达请托事项，不能将请托事项的表达认定为独立的教唆犯罪，即使构成教唆犯罪，也应当认定为想象竞合。其二，就未经行政许可而构成犯罪的行政犯而言，行贿人通过行贿取得许可后从事相应行为的，不得另认定为犯罪。例如，甲通过行贿获得了专营、专卖物品的经营权，然后经营专营、专卖物品的，只成立行贿罪，不另成立非法经营罪。再如，李某通过行贿获得了医生执业资格后从事行医活动，只成立行贿罪，不另成立非法行医罪。还如，张三通过行贿获准超额购买爆炸物品用于生产活动的，也仅成立行贿罪，而不另成立非法买卖爆炸物罪。

犯本罪的，根据《刑法》第390条的规定处罚。2023年12月29日通过的《刑法修正案(十二)》修订了本罪的法定刑，降低了本罪第一档法定刑的最高刑与第二档法定刑的最低刑，并明确了应当从重处罚的七种情形。在审理受贿犯罪案件时，应注意妥善处理本条的时间效力问题。

七、对有影响力的人行贿罪

本罪是指自然人或者单位为谋取不正当利益，向国家工作人员的近亲属或者其他与该国家工作人员关系密切的人，或者向离职的国家工作人员或者其近亲属以及其他与其关系密切的人行贿的行为。本罪与利用影响力受贿罪是对向关系。本罪的特点是，行为人为了利用(离职的)国家工作人员的近亲属等特定关系人的影响力，而给予其财物。由于这些特定关系人与国家工作人员具有密切关系，所以，需要正确处理本罪与行贿罪的关系。行为人将财物交付给特定关系人，特定关系人仅成立利用影响力受贿罪，国家工作人员不成立受贿罪时，行为人成立对有影响力的人行贿罪。行为人将财物交付给特定关系人，特定关系人虽然与国家工作人员构成受贿罪的共犯，但行为人没有认识到该受贿共犯事实时，行为人仍然成立对有影响力的人行贿罪。反之，行为人将财物交付给特定关系人，特定关系人与国家工作人员构成受贿罪的共犯，行为人也明知该受贿共犯事实时，不管财物最终是否由国家工作人员占有，行为人均成立行贿罪。犯本罪的，根据《刑法》第390条之一的规定处罚。

八、介绍贿赂罪

本罪是指向国家工作人员介绍贿赂，情节严重的行为。根据刑法分则关于行贿罪、受贿罪的规定以及刑法总则关于共同犯罪成立条件的规定，凡是行贿罪、受贿罪的帮助行为，都是行贿罪、受贿罪的共犯行为，理当分别认定为行贿罪与受贿罪，而不得认定为介绍贿赂罪。如果某行为同时对行贿、受贿起帮助作用，则属于一行为触犯数罪名，应从一重处罚，也不宜认定为介绍贿赂罪。犯本罪的，根据《刑法》第392条的规定处罚。

九、巨额财产来源不明罪

本罪是指国家工作人员的财产、支出明显超过合法收入，差额巨大，不能说明来源的行为。

本罪主体只限于国家工作人员。国家工作人员退休或者辞职后，监察机关发现其有巨额来源不明的财产，行为人不能说明来源的，由于其不具有国家工作人员身份，不能以本罪论处。反之，行为人以前并非国家工作人员，成为国家工作人员后监察机关发现其拥有巨额财产，要求其说明来源，行为人不能说明来源的，则应以本罪论处。值得研究的问题是，夫妻双方均为国家工作人员，家庭财产明显超过合法收入，差额巨大时，有关机关责令双方说明来源，而双方均不说明来源的，是仅认定其中一方成立本罪，还是认定双方均成立本罪？对此，只要认定夫妻双方都拥有超出合法收入的巨额财产，而且夫妻双方都不能说明财产来源，便均应认定为本罪。但是，如果妻子已经退休或者辞职，在有关机关责令作为国家工作人员的丈夫说明来源时，丈夫声称财产源于妻子的行为时，妻子不说明来源的，难以认定夫妻二人的行为构成本罪。

客观行为表现为，财产、支出明显超过合法收入，差额巨大，在有关机关责令行为人说明来源时，行为人不能说明其来源。但是，财产、支出明显超过合法收入，并不是本罪的实行行为，只是本罪的前提条件，也可以说是行为状况，即在财产、支出明显超过合法收入，被责令说明来源的状况下不能说明财产来源。所以，本罪是真正不作为犯，而不是所谓复行为犯。“财产、支出明显超过合法收入”，包括现有财产明显超过合法收入，已有的支出明显超过合法收入，以及现有财产与已有的支出之和明显超过合法收入。在具体计算时，应注意以下问题：(1)应把国家工作人员个人财产和与其共同生活的家庭成员的财产、支出等一并计算，而且一并减去他们所有的合法收入以及确属与其共同生活的家庭成员个人的非法收入。(2)行为人所有的财产包括房产、家具、生活用品、学习用品及股票、债券、存款等动产和不动产；行为人的支出包括合法支出和不合法的支出，包括日常生活、工作、学习费用、罚款及向他人行贿的财物等；行为人的合法收入包括工资、奖金、稿酬、继承等法律和政策允许的各种收入。(3)为了便于计算犯罪数额，对于行为人的财产和合法收入，一般可以从行为人有比较确定的收入和财产时开始计算。

“不能说明来源”，包括以下情况：(1)行为人拒不说明财产来源；(2)行为人无法说明财产的具体来源；(3)行为人所说的财产来源经司法机关查证并不属实；(4)行为人所说的财产来源因线索不具体等，司法机关无法查实，但能排除存在来源合法的可能性和合理性的。应当注意的是，本罪中的“说明”不等于刑事诉讼中的证明，故不要求行为人的说明达到刑事诉讼的证明程度。行为人说明后司法机关不查证的，不得对行为人以本罪论处。所以，本罪也并非所谓的举证倒置。

关于“不能说明来源”的确切含义，还需要进一步研究。可以肯定的是，第一，行为人说明了巨额财产来源于一般违法行为，按照一般违法行为的证明标准查证属实的，不能认定为巨额财产来源不明罪，只能按一般违法行为处理。在这种情形下，对“不能说明来源”作平义解释即可。第二，行为人说明了巨额财产来源于犯罪行为(完全履行了说明义务)，但按照犯罪的证明标准不能查证属实的，应认定为巨额财产来源不明罪。在这种情形下，对“不能说明来源”应限制解释为“不能说明合法来源”。

本罪的主观方面为故意。或许有人认为，行为人完全可能忘记了财产来源因而不能说明，如果将此行为认定为犯罪，便属于严格责任。其实，本罪中的“说明”不等于证明，因而并不要求行为人说明每一笔财产的具体来源，只要行为人说明财产来源的渠道、途径即可。行为人在拥有巨额财产的情况下却不能说明，应当认定为故意。

在认定犯罪的过程中，会出现以下几种情况：(1)行为人拥有巨额财产，但不能说明来源，对此，应认定为本罪。(2)行为人拥有巨额财产，本人说明了其合法来源的，不能认定为犯罪；如果说明了其非法来源，并查证属实的，应按其行为性质认定违法犯罪，不认定为本罪。(3)行为人拥有巨额财产，本人不能说明其来源的，人民法院判决成立本罪，行为人在服刑期间或者刑罚完毕以后说明其财产来源系合法所得或者系一般违法行为所得的，原判决依然有效，不得改判无罪。(4)行为人拥有巨额财产，本人不能说明其来源的，人民法院判决成立本罪，但司法机关后来查清了该巨额财产的来源：如果来源是合法的，原来的判决必须维持，不能更改；如果来源于一般违法行为，也应维持原来的判决；如果来源于犯罪行为，并查证属实的，则按非法来源的性质再次定罪，也不能推翻原来的判决。

犯本罪的，根据《刑法》第395条第1款的规定处罚。

十、私分国有资产罪

本罪是指国家机关、国有公司、企业、事业单位、人民团体，违反国家规定，以单位名义将国有资产集体私分给个人，数额较大的行为。国有资产，是指国家依法取得和认定的，或者国家以各种形式对企业投资和投资收益、国家向行政事业单位拨款等形成的资产。集体私分给个人，是指经集体研究决定将国有资产分配给单位的所有成员或者多数人。将国有资产私自分给单位少数成员的，应认定是共同贪污。犯本罪的，根据《刑法》第396条的规定处罚。

【本章主要法律规定】

1.《刑法》第382～396条
2. 最高人民法院、最高人民检察院《关于办理贪污贿赂刑事案件适用法律若干问题的解释》
3. 最高人民法院、最高人民检察院《关于办理受贿刑事案件适用法律若干问题的意见》
4. 最高人民法院《关于审理挪用公款案件具体应用法律若干问题的解释》

第二十三章
渎职罪

本章主要内容提示

应注意把握本章各种犯罪的犯罪构成。《刑法》第397条规定的滥用职权罪和玩忽职守罪是一般条款，同本章其他特定的滥用职权、玩忽职守犯罪存在法条竞合关系，对此应按特别法（条）优于普通法（条）原则定罪量刑。

一、滥用职权罪

本罪是指国家机关工作人员滥用职权，致使公共财产、国家和人民利益遭受重大损失的行为。

1.本罪客体是国家机关职权的不可亵渎性。

2.客观方面表现为滥用职权，致使公共财产、国家和人民利益遭受重大损失的行为。滥用职权，是指不法行使职务上的权限的行为，即就形式上属于国家机关工作人员一般职务权限的事项，以不当目的或者以不法方法，实施违反职务行为宗旨的活动。首先，滥用职权应是滥用国家机关工作人员的一般职务权限，如果行为人实施的行为与其一般的职务权限没有任何关系，则不属于滥用职权。其次，行为人或者是以不当目的实施职务行为或者是以不法方法实施职务行为；在出于不当目的实施职务行为的情况下，即使从行为的方法上看没有超越职权，也属于滥用职权。最后，滥用职权的行为违反了职务行为的宗旨，或者说与其职务行为的宗旨相违背。滥用职权的行为主要表现为以下几种情况：一是超越职权，擅自决定或处理没有具体决定、处理权限的事项；二是玩弄职权，随心所欲地对事项作出决定或者处理；三是故意不履行应当履行的职责，或者说任意放弃职责；四是以权谋私、假公济私，不正确地履行职责。根据刑法的规定，滥用职权行为，只有致使公共财产、国家和人民利益遭受重大损失的，才成立犯罪。

3.主体必须是国家机关工作人员。国家机关工作人员，是指在国家机关中从事公务的人员，包括在各级国家权力机关、行政机关、监察机关、司法机关和军事机关中从事公务的人员。在依照法律、法规规定行使国家行政管理职权的组织中从事公务的人员，或者在受国家机关委托代表国家行使职权的组织中从事公务的人员，或者虽未列入国家机关人员编制但在国家机关中从事公务的人员，在代表国家机关行使职权时，视为国家机关工作人员。在乡（镇）以上中国共产党机关、人民政协机关中从事公务的人员，视为国家机关工作人员。非国家机关工作人员滥用职权，致使公共财产、国家和人民利益遭受重大损失的，依性质与情节可能构成其他犯罪，不成立本罪。

4.主观方面必须出于故意，行为人明知自己滥用职权的行为会发生破坏国家机关的正常活动，损害公众对国家机关工作人员职务活动的合法性、客观公正性的信赖的危害结果，并且希望或者放任这种结果发生。

成立滥用职权罪，必须有滥用职权的行为，如果完全是在具体的职权范围内依法客观公正地处理事项，则不能认定为滥用职权罪。但是，不能为了给行为人开脱罪责，而扩大行为人的具体的职权范围；也不能以属于官僚主义为由开脱行为人的罪责，因为官僚主义行为中包括了滥用职权的行为，因而包括了犯罪行为。成立滥用职权罪以造成重大损失为要件，但“重大损失”不限于有形的损失，而应包括无形的损失。

国家机关工作人员滥用职权犯罪并收受贿赂，同时构成受贿罪的，除刑法另有规定外，以滥用职权罪和受贿罪数罪并罚。

犯本罪的，根据《刑法》第397条的规定处罚。

二、玩忽职守罪

本罪是指国家机关工作人员玩忽职守，致使公共财产、国家和人民利益遭受重大损失的行为。

客观方面表现为玩忽职守，致使公共财产、国家和人民利益遭受重大损失的行为。玩忽职守，是指严重不负责任，不履行职责或者不正确履行职责的行为。不履行，是指行为人应当履行且有条件、有能力履行职责，但违背职责没有履行，其中包括擅离职守的行为；不正确履行，是指在履行职责的过程中，违反职责规定，马虎草率、粗心大意。由于不同的国家机关工作人员具有不同的职责，而且同一国家机关工作人员在不同时期、不同条件下的职责不一定相同，因此，玩忽职守行为有各种不同的具体表现。玩忽职守行为致使公共财产、国家和人民利益遭受重大损失的，才成立本罪。主体必须是国家机关工作人员。主观方面出于过失。

认定本罪需要注意如下问题：

1.注意区分玩忽职守罪与一般玩忽职守行为的界限。二者的关键区别在于是否造成了公共财产、国家和人民利益的重大损失。

2.正确区分玩忽职守罪与过失危害公共安全的犯罪的界限。《刑法》分则第二章规定了一些过失危害公共安全的犯罪，如生产、作业责任事故罪、工程重大安全事故罪、消防责任事故罪等，后者的主体也可能是国家机关工作人员。玩忽职守罪与这些犯罪的区别表现在：前者是渎职罪，后者是危害公共安全的犯罪；前者主体必须是国家机关工作人员，后者主体不限于国家机关工作人员；前者发生在各种事务管理的过程中，后者一般发生在各种生产、作业以及直接从事指挥、作业的过程中。当然，不排除想象竞合犯的现象。

3.应当正确区分玩忽职守罪与滥用职权罪的界限。二者的关键区别在于行为方式与主观要件不同：滥用职权罪是一种积极利用、违背职责的行为（但不限于作为），玩忽职守罪是疏忽、不认真履行职责的行为（但不限于不作为）；玩忽职守罪是过失犯罪，滥用职权罪是故意犯罪。

4.应当正确处理法条竞合关系。《刑法》第397条关于滥用职权、玩忽职守罪的规定属于普通法条，此外，刑法还规定了其他一些特殊的滥用职权、玩忽职守的犯罪即特别法条。国家机关工作人员滥用职权、玩忽职守的行为触犯特别法条时，也可能同时触犯《刑法》第397条的普通法条。在这种情况下，应按照特别法条优于普通法条的原则来处理。例如，监狱、拘留所、看守所等监管机构的监管人员对被监管人进行殴打或者体罚虐待，情节严重的行为，实际上也是滥用职权的行为，但由于刑法对此作了特别规定，故对这种行为只能认定为虐待被监管人罪，不能认定为滥用职权罪。再如，司法工作人员失职致使在押人脱逃的，也是玩忽职守行为，由于刑法对该行为作了特别规定，故应严格适用特别法条优于普通法条的原则，认定这种行为构成失职致使在押人员脱逃罪。

国家机关工作人员滥用职权或者玩忽职守，因不具备特殊主体身份或者不具备徇私舞弊等情形，不符合渎职罪特别法条的规定，但符合《刑法》第397条规定的，应以滥用职权罪或者玩忽职守罪定罪处罚。

犯本罪的，根据《刑法》第397条的规定处罚。

三、故意泄露国家秘密罪

本罪是指国家机关工作人员或其他有关人员，违反保守国家秘密法的规定，故意泄露国家秘密，情节严重的行为。泄露，是指违反保守国家秘密法的规定，使国家秘密被不应当知悉者知悉，以及使国家秘密超出了限定的接触范围，而不能证明未被不应知悉者知悉。行为人将国家秘密泄露给境外的机构、组织、人员的，应认定为为境外非法提供国家秘密罪。犯本罪的，根据《刑法》第398条的规定处罚。

四、徇私枉法罪

本罪是指司法工作人员徇私枉法、徇情枉法，对明知是无罪的人而使他受追诉，对明知是有罪的人而故意包庇不使他受追诉，或者在刑事审判活动中故意违背事实和法律作枉法裁判的行为。本罪犯罪构成如下：

1.本罪客体是国家司法职权的不可亵渎性。

2.客观方面表现为两种起因（动机）、三种行为。

（1）两种起因（动机）：一是徇私，即为了谋取个人利益、小集体利益而枉法；二是徇情，即出于私情而枉法，主要表现为出于照顾私人关系或感情、袒护亲友或者泄愤报复而枉法。刑法要求“徇私枉法、徇情枉法”，旨在将司法工作人员因法律水平不高、事实掌握不全而过失造成的错判排除在本罪之外。

（2）三种行为：一是对明知是无罪的人而使他受追诉。这是指对没有实施危害社会行为，或者根据《刑法》第13条的规定，情节显著轻微危害不大，不认为是犯罪以及其他依照刑法规定不负刑事责任的人，采取伪造、隐匿、毁灭证据或者其他隐瞒事实、违背法律的手段，以追究刑事责任为目的进行立案侦查（含采取强制性措施）、起诉、审判等追诉活动。这里的“追诉”，不要求法律形式上属于追诉，只要实质上属于追诉即可；不要求程序上合法，只要事实上追诉即可；不要求追诉的全部过程，只要进入追诉阶段即可；不要求采取法定的强制措施，只要属于通常的追诉行为即可。对于明知是无罪的人，采取不立案、不报捕，但予以关押的手段，待被害人“交代”后再立案、采取强制措施的，应当认定为本罪（如果不符合本罪构成要件，则应认定为非法拘禁罪）。行为人明知他人无罪，而将其作为“逃犯”在网上通缉的，成立本罪。

二是明知是有罪的人而故意包庇不使他受追诉。这里的“追诉”应是指法定的全部追诉过程与追诉结果。不使有罪的人受追诉，是指对明知有犯罪事实需要追究刑事责任的人，采取伪造、隐匿、毁灭证据或者其他隐瞒事实、违背法律的手段，故意包庇使其不受立案、侦查（含采取强制措施）、起诉、审判；或者在立案后，故意违背事实和法律，应该采取强制措施而不采取强制措施，或者虽然采取强制措施，但无正当理由中断侦查或者超过法定期限不采取任何措施，实际放任不管，以及违法撤销、变更强制措施，致使犯罪嫌疑人、被告人实际脱离司法机关侦控。对于明知是有罪的人，而故意不收集有罪证据，导致有罪证据消失，因“证据不足”不能认定有罪的，应当认定为本罪。

三是在刑事审判活动中故意违背事实和法律作枉法裁判。这是指故意枉法进行判决、裁定，使有罪判无罪、使无罪判有罪、使此罪判彼罪或者重罪轻判、轻罪重判。

3.主体必须是司法工作人员，即具有侦查、检察、审判、监管职责的工作人员。根据司法实践，司法机关专业技术人员，也可以成为本罪主体。司法机关为了谋取某种利益，集体研究共同犯本罪的，应当依法追究直接负责的主管人员和其他直接责任人员的刑事责任。

4.主观方面只能出于故意，包括直接故意与间接故意。刑法条文两处规定了“明知”、两处规定了“故意”，旨在明确将过失排除在外。因此，过失导致追诉无罪的人、包庇有罪的人或者错误判决、裁定的，不成立本罪。

认定本罪需要注意如下问题：

1.正确区分罪与非罪的界限。司法机关必须严格掌握这两个犯罪的构成要件和情节。根据前述司法解释，确定依法追究徇私枉法犯罪者的刑事责任，要综合考虑行为给国家、社会和人民利益造成的损失，给有关当事人的生命、身体、自由、财产等方面的权益造成的损失，以及造成的政治影响等方面的情况。情节显著轻微危害不大的，不能以本罪追究刑事责任。对于由于认识水平不高、工作能力有限而造成错案的，不能以犯罪论处。

2.正确区分本罪与非法拘禁罪的界限。两罪的构成要件存在明显区别，但司法工作人员也可能利用职权实施非法拘禁罪，徇私枉法罪中使无罪的人受追诉的行为也可能表现为采取拘禁措施，因而需要区分。使无罪的人受追诉的行为，不具有剥夺他人自由的性质的，应认定为徇私枉法罪；通过伪造证据等方式对无罪的人采取强制措施的，应认定为徇私枉法罪；不是为了追诉而非法剥夺他人自由的，应认定为非法拘禁罪。

3.正确区分徇私枉法罪与包庇罪的界限。徇私枉法罪中的包庇有罪的人使其不受追诉的行为与包庇罪有相似之处。主要区别在于：（1）本罪主体必须是司法工作人员；而包庇罪不要求是司法工作人员。（2）本罪是利用司法职务之便包庇有罪的人使其不受追诉；包庇罪是通过向司法机关作假证明包庇有罪的人。（3）本罪包庇的应是犯罪嫌疑人、被告人；而包庇罪可能包庇犯罪嫌疑人、被告人与已决犯。（4）本罪发生在立案侦查、起诉、审判过程中；包庇罪则没有时间上的限制。

4.正确处理本罪与受贿罪的关系。《刑法》第399条第4款规定，司法工作人员收受贿赂，有徇私枉法等行为，同时又构成《刑法》第385条规定的受贿罪的，依照处罚较重的规定定罪处罚。但不能因为受贿罪的最高法定刑高于本罪的法定刑，而简单地理解为一律按受贿罪论处。例如，行为人徇私枉法的情节特别严重，但收受的财物不满5万元。如果按受贿罪论处，最高只能处10年有期徒刑；如果按徇私枉法罪论处，最高可处15年有期徒刑。因此，不仅要考虑法定刑，还要考虑行为本身的主要性质与情节。此外，《刑法》第399条第4款是一个特别规定，不能将其内容普遍适用于其他犯罪。即国家工作人员利用职务上的便利，索取或者收受贿赂，为他人谋取利益的行为构成其他犯罪的，只要没有刑法的特别规定，就应实行数罪并罚。

犯本罪的，根据《刑法》第399条的规定处罚。

五、执行判决、裁定失职罪

本罪是指司法工作人员在执行判决、裁定活动中，严重不负责任，不依法采取诉讼保全措施、不履行法定执行职责，致使当事人或者其他人的利益遭受重大损失的行为。本罪应为过失犯罪；行为既可能表现为不作为，也可能表现为作为；行为使当事人或者其他人的利益遭受重大损失的，才成立本罪。犯本罪的，根据《刑法》第399条第3款的规定处罚；司法工作人员收受贿赂犯本罪，同时又构成受贿罪的，依照处罚较重的规定定罪处罚。

六、执行判决、裁定滥用职权罪

本罪是指司法工作人员在执行判决、裁定活动中，滥用职权，违法采取诉讼保全措施、强制执行措施，致使当事人或者其他人的利益遭受重大损失的行为。本罪应为故意犯罪。犯本罪的，根据《刑法》第399条第3款的规定处罚；司法工作人员收受贿赂犯本罪，同时又构成受贿罪的，依照处罚较重的规定定罪处罚。

七、私放在押人员罪

本罪是指司法工作人员私放在押的犯罪嫌疑人、被告人或者罪犯的行为。

1.本罪客体是国家司法职权的不可亵渎性。

2.客观方面表现为将在押的犯罪嫌疑人、被告人或者罪犯私自非法释放的行为。首先，释放的应是被关押的犯罪嫌疑人、被告人或者罪犯；释放被行政拘留、司法拘留人员的，不成立本罪。其次，释放在押人员的行为利用了职务上的便利，既可以表现为作为，也可以表现为不作为。例如，私自释放在押的犯罪嫌疑人、被告人、罪犯；伪造、变造有关法律文书，以使在押的犯罪嫌疑人、被告人、罪犯脱逃；明知罪犯脱逃而故意不阻拦、不追捕。最后，释放行为具有非法性，即没有法律（文书）根据而释放在押的犯罪嫌疑人、被告人或者罪犯。

3.主体必须是司法工作人员，从实践中看，主要是负有监管在押人职责的司法工作人员。工人等非监管机关在编监管人员在被监管机关聘用受委托履行监管职责的过程中私放在押人员的，应以私放在押人员罪追究刑事责任。此外，对于未被公安机关正式录用，受委托履行监管职责的人员，受委派承担了监管职责的狱医，私放在押人员的，应以本罪论处。

4.主观方面必须出于故意，行为人必须明知是在押的犯罪嫌疑人、被告人或者罪犯，明知自己的私放行为会使犯罪嫌疑人、被告人或者罪犯逃避监管，并且希望或者放任这种结果发生。

私放在押人员罪与脱逃罪的共犯应加以区别。非司法工作人员帮助在押人员脱逃的，应以脱逃罪的共犯论处；司法工作人员虽帮助在押人员脱逃，但没有利用职务之便的，也应以脱逃罪的共犯论处；此外，司法工作人员私放在押人员时，被释放的在押人员原则上构成脱逃罪，而不是成立私放在押人员罪的共犯。

司法工作人员利用职务上的便利，徇私枉法，对明知是有罪的人而故意包庇不使他受追诉或者故意宣告无罪，致使罪犯被放走的，应认定为徇私枉法罪。

犯本罪的，根据《刑法》第400条第1款的规定处罚。

八、失职致使在押人员脱逃罪

本罪是指司法工作人员由于严重不负责任，致使在押的犯罪嫌疑人、被告人或者罪犯脱逃，造成严重后果的行为。对于未被公安机关正式录用，受委托履行监管职责的人员，由于严重不负责任，致使在押人员脱逃，造成严重后果的，应当以本罪定罪处罚。不负监管职责的狱医，不构成失职致使在押人员脱逃罪的主体。但是，受委派承担了监管职责的狱医，由于严重不负责任，致使在押人员脱逃，造成严重后果的，应当以本罪论处。此外，工人等非监管机关在编监管人员在被监管机关聘用受委托履行监管职责的过程中，由于严重不负责任，致使在押人员脱逃，造成严重后果的，应以本罪追究刑事责任。犯本罪的，根据《刑法》第400条第2款的规定处罚。

九、徇私舞弊减刑、假释、暂予监外执行罪

本罪是指司法工作人员徇私舞弊，对不符合减刑、假释、暂予监外执行条件的罪犯，予以减刑、假释或者暂予监外执行的行为。具体表现为三种情况：一是对在执行期间，没有认真遵守监规，接受教育改造，不具有悔改、立功表现的罪犯予以减刑；超过减刑的限度予以减刑，如将被判处4年有期徒刑的罪犯，减去3年刑期。二是对没有认真遵守监规，接受教育改造，不具有悔改表现，假释后可能再危害社会的罪犯予以假释；对没有达到执行期限的罪犯予以假释；对累犯予以假释；对因暴力性犯罪被判处10年以上有期徒刑、无期徒刑的罪犯予以假释。三是对不符合《刑事诉讼法》第265条规定的暂予监外执行条件的罪犯暂予监外执行。犯本罪的，根据《刑法》第401条的规定处罚。

十、徇私舞弊不移交刑事案件罪

本罪是指行政执法人员徇私舞弊，对依法应当移交司法机关追究刑事责任的不移交，情节严重的行为。行政执法人员在查处违法案件的过程中，发现行为构成犯罪应当进行刑事追诉，但不将案件移送司法机关处理，即属于“对依法应当移交司法机关追究刑事责任的不移交”。至于行为人是将案件作为一般违法行为处理，还是不作任何处理，一般不影响本罪的成立。“徇私舞弊”是指为徇私利私情而舞弊。本罪中的“舞弊”是“对依法应当移交司法机关追究刑事责任的不移交”的同位语，只要“对依法应当移交司法机关追究刑事责任的不移交”就属于“舞弊”，除此之外不再需要其他客观行

为（如积极弄虚作假）。主体必须是行政执法人员，即依法具有执行行政法职权的行政机关工作人员。本罪与徇私枉法罪中"明知是有罪的人而故意包庇不使他受追诉"的行为有相似之处，两罪的明显区别在于行为主体不同：本罪主体是行政执法人员，而徇私枉法罪的主体是司法工作人员。需要注意的是公安机关工作人员的性质，若其为对犯罪负有侦查职责的人员，则是司法工作人员；若其为负责行政法实施的人员，则是行政执法人员。如公安人员在治安执法过程中，明知他人的赌博行为已构成犯罪，应当移交公安机关的侦查部门进行侦查，但徇私舞弊不移交，仅给予治安处罚的，就构成本罪；反之，刑事犯罪的侦查人员遇到犯罪嫌疑人是自己的亲友，而故意包庇不使其受追诉，擅自不作为刑事案件处理的，成立徇私枉法罪。主观方面为故意，行为人必须明知案件应当移交司法机关追究刑事责任而故意不移交。因法律水平不高、事实掌握不全而过失不移交的，不构成本罪。行政执法人员索取、收受贿赂，不移交刑事案件，分别构成受贿罪与本罪的，应当实行数罪并罚。犯本罪的，根据《刑法》第402条的规定处罚。

十一、徇私舞弊不征、少征税款罪

本罪是指税务机关的工作人员徇私舞弊，不征或者少征应征税款，致使国家税收遭受重大损失的行为。客观方面表现为徇私舞弊，不征或者少征应征税款，致使国家税收遭受重大损失的行为。应征税款，是指根据法律、行政法规规定的税种、税率，税务机关应当向纳税人征收的税款。不征，是指违反税法规定，不向纳税人征收应征税款，包括擅自免征税款的行为。少征，是指违反税法规定，降低税收额或征税率进行征收，包括擅自减征税款。不征或者少征应征税款的行为，必然使国家税收遭受损失，但根据刑法规定，只有造成重大损失的，才成立本罪。主体是税务机关的工作人员。主观方面必须出于故意，即明知是应征税款，但故意不征或者少征，并出于徇私的动机。过失行为不成立本罪，构成犯罪的，可以玩忽职守罪论处。犯本罪的，根据《刑法》第404条的规定处罚。

十二、放纵走私罪

本罪是指海关工作人员徇私舞弊，放纵走私，情节严重的行为。所谓徇私舞弊，放纵走私，是指为徇私利私情，弄虚作假，放任、纵容走私的行为。如放行走私罪犯，不缉查走私货物、物品，不征收关税等。被放纵的是走私罪还是一般走私行为，则不影响本罪的成立。海关工作人员事前与走私罪犯通谋，为走私罪犯提供方便的，应认定为走私罪的共犯，而不能认定为放纵走私罪（参见《刑法》第156条）。犯本罪的，根据《刑法》第411条的规定处罚。

十三、不解救被拐卖、绑架妇女、儿童罪

本罪是指对被拐卖、绑架的妇女、儿童负有解救职责的国家机关工作人员，接到被拐卖、绑架的妇女、儿童及其亲属的解救要求或者接到其他人的举报，而对被拐卖、绑架的妇女、儿童不进行解救，造成严重后果的行为。犯本罪的，根据《刑法》第416条第1款的规定处罚。

十四、帮助犯罪分子逃避处罚罪

本罪是指有查禁犯罪活动职责的国家机关工作人员，向犯罪分子通风报信、提供便利，帮助犯罪分子逃避处罚的行为。例如，为使犯罪分子逃避处罚，向犯罪分子泄露有关部门查禁犯罪活动的部署、人员、措施、时间、地点等情况的；为使犯罪分子逃避处罚，向犯罪分子提供交通工具、通讯设备、隐藏处所等便利条件的；为使犯罪分子逃避处罚，向犯罪分子泄露案情，帮助、指示其隐匿、毁灭、伪造证据及串供、翻供的；公安人员对盗窃、抢劫的机动车辆，非法提供机动车牌证或者为其取得机动车牌证提供便利，帮助犯罪分子逃避处罚的，均应以本罪论处。犯本罪的，根据《刑法》第417条的规定处罚。

【本章主要法律规定】

《刑法》第397～419条

第二十四章
军人违反职责罪

本章主要内容提示

应注意把握本章各种犯罪的犯罪构成。军人的犯罪行为既触犯军人违反职责罪的条文，又触犯刑法分则其他章的条文的，应根据特别法（条）优于普通法（条）的原则，以军人违反职责罪论处。

一、为境外窃取、刺探、收买、非法提供军事秘密罪

本罪是指为境外的机构、组织、人员窃取、刺探、收买、非法提供军事秘密的行为。《刑法修正案（十一）》修改了本罪的处罚，但对本罪的罪状未作修改。

窃取、刺探、收买、非法提供是行为的四种表现形式，只要实施其中之一便构成犯罪，同时实施多种行为的也不实行并罚；军事秘密包括一切军事秘密。本罪的主观上只能出于故意，明知是国家军事秘密，而为境外机构、组织、人员窃取、刺探、收买或者非法提供。

本罪与《刑法》第111条的为境外窃取、刺探、收买、非法提供国家秘密、情报罪的主要区别是：前者的对象是国家军事秘密，后者的对象是国家秘密或者情报（但不排除军事秘密）；前者是军职人员，后者是一般主体。因此，军职人员为境外机构、组织、人员窃取、刺探、收买、非法提供军事秘密以外的国家秘密、情报的，以及一般公民为境外机构、组织、人员窃取、刺探、收买、非法提供国家军事秘密的，只能成立《刑法》第111条的为境外窃取、刺探、收买、非法提供国家秘密、情报罪。

犯本罪的，根据《刑法》第431条第2款的规定处罚。

二、战时自伤罪

本罪是指在战时自伤身体，逃避军事义务的行为。

客观方面表现为在战时自伤身体，逃避军事义务的行为。自伤行为必须发生在战时，在平时自伤身体的不成立本罪。战时，是指国家宣布进入战争状态、部队受领作战任务或者遭敌突然袭击时；部队执行戒严任务或处置突发性暴力事件时，以战时论。战时自杀未遂，造成身体伤害的，也符合战时自伤罪的客观要件；主体是参加作战或者担负作战任务的军职人员，其他公民自伤的不成立本罪；主观方面表现为故意，目的是逃避作战义务，过失致自己身体受伤的不成立本罪。

犯本罪的，根据《刑法》第434条的规定处罚。

【本章主要法律规定】

《刑法》第420～451条

本编重点、难点与疑点辨析

在刑法分论中，罪名繁多，多数罪名之间的联系也不紧密，于此论述某章犯罪或者某个犯罪的重点、难点与疑点，难免挂一漏万。寻找学习刑法分论的门道，研究其中的规律，这才是学好刑法分论的重点所在。所以，这里主要谈谈学习、研究刑法分论的方法。

一、反复阅读各罪条文

只有熟悉分论各罪条文的罪状规定，才能得出具体犯罪的相应概念，才能由此推导出该罪的犯罪构成。虽然于理论而言，行为是否符合某罪的犯罪构成是判断该行为是否成立犯罪的唯一法律标准，但于事实而言，通常都是以行为是否符合相关罪刑条文规定，来分析具体刑事案件的。不首先阅读罪刑条文的具体规定，就开始学习分论各罪，这不是一种合理、高效的学习方法。反复阅读条文规定，将罪刑条文作为思维的前提，这是学好刑法分论的重要一步。

二、精确把握犯罪构成

刑法分论的首要任务是阐明具体犯罪的犯罪构成。犯罪构成是学习分论各罪的抓手，只有牢记各罪犯罪构成的具体内容，才能精准把握各罪。

1.犯罪客体

学习分论各罪，首先需要掌握该罪的犯罪客体。得到被害人同意的诬告行为是否成立诬告陷害罪，向外国警方诬告中国公民在境外犯罪的行为是否构成诬告陷害罪，这些问题是不可能从《刑法》第243条的文字表述中找到答案的，只有把握了诬告陷害罪的犯罪客体，才能回答这些问题。再如，所有权人窃回质押给他人的财物的行为是否成立盗窃罪，也只有明确了盗窃罪的犯罪客体，才能得出合理结论。

在具体案件中对某一行为应当如何定性，同样首先需要判断该行为侵犯了何种犯罪客体。如果对行为所侵犯的同类客体产生错误判断，对行为的具体定性就会出现偏差。例如，甲对拆迁不满，在高速公路中间车道用树枝点燃一个焰高约20厘米的火堆，将其分成两堆后离开，火堆很快就被通行车辆轧灭（2016年司法考试卷二第12题）。根据本案火焰高度、火被分成两堆、很快就被车辆轧灭这些客观事实，可以得出甲在高速公路上点燃树枝的行为并不足以危害公共安全。因此，甲的行为既不构成放火罪，也不构成以危险方法危害公共安全罪，更不构成破坏交通设施罪。然而，本题答题正确率一般，原因就在于不少人对本题犯罪客体的判断出现失误。

2.客观要件

在犯罪构成四要件中，客观要件具有重要地位。学习分论各罪，必须牢牢把握各罪的客观要件。例如，在学习盗窃罪的客观要件时，必须把握如下内容：(1)盗窃行为的含义。盗窃的含义决定着盗窃与抢夺的界限。如果认为盗窃只能是“秘密窃取”，则公然取财行为就只能成立抢夺罪，无法成立盗窃罪；反之，如果认为盗窃的本质是以不危及人身安全的方式取得财物，不危及人身安全的公然取财行为就只能构成盗窃罪，而不可能构成抢夺罪。学习分论时不可忽视这些理论争议。在国家统一法律职业资格考试主观题部分，经常考查对某一行为可能有几种处理方案。学习分论时，如果不关注这些理论争议，一定会影响主观题的答题质量。(2)盗窃的对象。盗窃的对象只能是他人占有之下的公私财物。对于已被行为人占有的财物，或者已经脱离他人占有的财物，不能成为盗窃罪的对象。只有掌握这一点，才能正确区分盗窃罪与侵占罪。(3)盗窃入罪的情形。盗窃行为成立盗窃罪，虽然通常要求数额较大，但在多次盗窃、入户盗窃、携带凶器盗窃、扒窃的场合，盗窃数额虽然不大，但只要不属于情节显著轻微危害不大的情形，就能以盗窃罪追究刑事责任。(4)盗窃的既遂标准。一方面，要掌握盗窃既遂与未遂的区分标准；另一方面，盗窃未遂，如果不属于情节严重的情形，对此可不追究刑事责任，仅对情节严重的盗窃未遂行为（如以数额巨大的财物或者珍贵文物为盗窃目标而未得逞），才有以未遂犯追究刑事责任的必要。此外还应注意，盗窃既有既遂，又有未遂，分别达到不同量刑幅度的，依照处罚较重的规定处罚；达到同一量刑幅度的，以盗窃罪既遂处罚。

考试中，不少题目都是对某罪客观要件的测试。例如，郑某冒充银行客服发送短信，称张某手机银行即将失效，需重新验证；张某信以为真，按短信提示输入银行卡号、密码等信息后，又将收到的编号为135423的"验证码"输入手机页面；后张某发现，其实是将135423元汇入了郑某账户（2017年司法考试卷二第17题）。本题中对郑某的行为应当如何定性，取决于其行为符合盗窃罪的客观要件还是符合诈骗罪的客观要件。一方面，张某在输入所谓的"验证码"时，并没有财产处分意识，不存在处分行为，故郑某的行为不符合诈骗罪的客观要件；另一方面，郑某取得135423元的行为不会危及张某的人身安全，属于趁被害人不注意，利用其疏忽窃取被害人财物，这符合盗窃罪的客观要件，故郑某的行为构成盗窃罪。

3.犯罪主体

在分论各罪的犯罪主体部分，需要注意之处有：(1)本罪是否包括单位犯罪。(2)如果仅是自然人犯罪，一方面，要注意该罪对行为人刑事责任年龄的要求。通常的犯罪要求行为人必须年满16周岁以上。根据《刑法》第17条第2款的规定，犯故意杀人、故意伤害致人重伤或者死亡、强奸、抢劫、贩卖毒品、放火、爆炸、投放危险物质罪的，已满14周岁不满16周岁的人应负刑事责任。根据《刑法》第17条第3款的规定，犯故意杀人、故意伤害罪，致人死亡或者以特别残忍手段致人重伤造成严重残疾，情节恶劣，经最高人民检察院核准追诉的，已满12周岁不满14周岁的人也应负刑事责任。另一方面，对于自然人犯罪，还应注意该罪对主体身份是否有特定要求。对于真正身份犯，只有具有相应身份的人，才能构成该罪。

4.主观要件

在分论各罪的主观要件部分，需要注意之处有：(1)该罪是故意犯罪还是过失犯罪。如果属于故意犯罪，犯罪故意的具体内容是什么，该罪是否有特定目的的要求。(2)如果侵犯同一客体的故意行为与过失行为均被刑法规定为犯罪时，还应注意故意与过失的区分方案。能够在具体案件中明确判断行为人的罪过形式是故意还是过失乃至属于意外事件，这是常见的考点。例如，2013年司法考试卷二第53题即属于这方面的典型试题。该题A选项认为，甲、乙是马戏团演员，甲表演飞刀精准，从未出错；某日甲表演时，乙突然移动身体位置，飞刀掷进乙胸部致其死亡的，甲的行为属于意外事件。A选项正确。甲、乙是马戏团演员，甲表演飞刀精准，从未出错，这表明甲、乙长期配合默契。在投掷飞刀时，甲能够合理地信赖乙不会移动身体，因而其投掷飞刀的行为不会伤害到乙。根据信赖原则，可以认定甲不存在过失，乙的死亡属于意外事件所致。该题B选项认为，甲、乙在路边争执，甲推乙一掌，致其被路过车辆轧死的，甲的行为构成故意伤害（致死）罪。B选项错误。虽然乙的死亡很不幸，但从日常生活经验来看，推被害人一掌致其被路上的车辆轧死的概率较低，据此，对于死亡结果的发生应认定甲主观上为过失。

三、注意罪与非罪的区分

明确区分具体犯罪的罪与非罪的界限，也是刑法分论的重要任务。罪与非罪的区分存在于两个层面：其一，暂时撇开具体案件事实，在解释具体犯罪的犯罪构成的过程中，如何将不值得科处刑罚的行为，排除在犯罪构成之外。例如，《刑法》第389条第1款规定："为谋取不正当利益，给予国家工作人员以财物的，是行贿罪。"那么，对于为谋取不正当利益，给予国家工作人员以少量财物的行为，能否以行贿罪论处？这一层面的罪与非罪的区分，涉及的是犯罪构成的解释问题。其二，事实认定层面的罪与非罪的界限，即某个具体案件事实是构成犯罪还是不构成犯罪。例如，身体健康的甲冒充残疾人向行人乞讨，行人误以为甲是残疾人，才向其交付财物。在类似这样的案件中，需要讨论的是甲的行为是否符合诈骗罪的犯罪构成。如果能够得出肯定结论，甲就成立犯罪；反之，则不成立犯罪。概言之，事实认定层面的罪与非罪的界限，基本上是判断行为是否符合犯罪构成的问题。

从司法实践来看，罪与非罪的界限主要是一般违法行为与犯罪之间的区别。一般违法行为与犯罪行为当然是有区别的，但这种区别并不意味着二者存在对立关系。换言之，不能因为某个行为符合一般违法行为的特征，就否认其构成犯罪。例如，某一案件事实满足民法上的不当得利的要件时，不能以"该行为属于民法上的不当得利"为由，立即得出该案不成立财产犯罪的结论。财产犯罪具有双重性质，一是违反了刑法，二是违反了民法。所以，侵犯财产的行为，只有不触犯刑法时，才仅依照民法处理。刑法并没有规定不当得利罪，所以，民法上的不当得利不可能一概成为刑法上的犯罪行为。但是，民法上的部分不当得利行为完全可能触犯刑法上的侵占、盗窃等犯罪，此时就应按照相应财产犯罪处理。

在考试中，罪与非罪的界限也是经常测试的考点。例如，某地突发百年未遇的冰雪灾害，乙离开自己的住宅躲避自然灾害；两天后，大雪压垮了乙的房屋，家中财物散落一地，灾后最先返回的邻居甲路过乙家时，将乙垮塌房屋中的2万元现金拿走（2008年司法考试卷二第16题）。对邻居甲的行为的定性，就涉及仅成立民法上的不当得利，还是涉嫌财产犯罪的问题。显然，甲的行为属于秘密窃取他人财物，符合盗窃罪的犯罪构成，应按盗窃罪论处。以本案属于不当得利为由，主张甲的行为不构成犯罪，这是没有道理的。

四、理顺此罪与彼罪的关系

刑法分论规定了大量的具体犯罪，如何正确认识与处理此罪与彼罪的关系，也是刑法分论的重要任务之一。由于犯罪错综复杂，为了避免处罚空隙，刑法不得不从不同侧面、以不同方式规定各种类型的犯罪。因此，部分条文规定的犯罪之间具有相似性，一些条文之间形成了包容关系与交叉关系。另外，由于行为人并非按照刑法规定的犯罪构成实施犯罪，一个行为可能具有多重属性，侵犯多个犯罪客体，因而触犯多个罪名。于是，此罪与彼罪的区分就成为刑法教科书与司法实践经常讨论的话题。

必须指出，刑法分论所规定的大部分犯罪之间并不是非此即彼的关系，一个案件事实完全可能亦此亦彼。换言之，由于用语具有多义性、边缘模糊性等特征，使得一个案件事实符合多个犯罪构成的现象极为普遍。刑法理论应当承认一个案件事实可能触犯多个罪名。一方面，即使从法条关系上看是毫不相干的两个犯罪，也可能由一个行为同时触犯，从而成立想象竞合犯；另一方面，为了准确适用刑法条文，还必须注重法条竞合关系。所以，在明确了犯罪构成最低要求的前提下，人们要初步判断案件事实可能触犯的罪名，既可能由重罪到轻罪作出判断，也可能由轻罪到重罪作出判断。例如，在行为人随意殴打他人致人轻伤的场合，应当首先判断行为是否成立故意伤害罪；如果得出肯定结论，还应继续判断行为是否符合寻衅滋事罪的犯罪构成；如果得出肯定结论，则成立故意伤害罪与寻衅滋事罪的想象竞合犯，从一重罪处罚。又如，在行为人采取暴力手段不法取得他人财物的场合，应当首先判断行为是否符合敲诈勒索罪的犯罪构成；如果得出肯定结论，还应继续判断行为是否达到了压制他人反抗的程度，即是否构成抢劫罪；如果得出肯定结论，就仅认定为抢劫罪（法条竞合）。

此罪与彼罪的关系也是频繁出现的考点。2017年司法考试卷二第15题A、B选项是这方面的典型考题。该题A选项认为，甲对家庭成员负有扶养义务而拒绝扶养，故意造成家庭成员死亡的，甲不构成遗弃罪，成立不作为的故意杀人罪。A选项错误。甲对家庭成员负有扶养义务而拒绝扶养，故意造成家庭成员死亡属于"情节恶劣"，甲的行为完全符合遗弃罪的犯罪构成，首先构成遗弃罪。

同时，甲故意造成家庭成员死亡，还触犯故意杀人罪。在A选项中，甲的行为构成遗弃罪与故意杀人罪的想象竞合犯。该题B选项认为，乙闯入银行营业厅挟持客户王某，以杀害王某相要挟，迫使银行职员交给自己20万元，乙不构成抢劫罪，仅成立绑架罪。B选项也是错误的。绑架罪不以行为人挟持被绑架者离开其原来所处地点为前提，绑架犯也有可能是当场取得财物，因而绑架罪与抢劫罪有时也能形成竞合。乙闯入银行营业厅挟持客户王某，以杀害王某相要挟，迫使银行职员交给自己20万元，乙的行为同时符合绑架罪与抢劫罪的犯罪构成，成立绑架罪与抢劫罪的想象竞合犯。

学习刑法分论的方法有很多，按照以上方法学习刑法分论未必能够保证学习者成为刑法分论的高手，唯愿对考生复习备考略有裨益。